U0589405

运动营养全书

（全彩图解版）

玛利亚·A. 斯帕诺（Marie A. Spano）

[美] 劳拉·J. 克鲁斯卡（Laura J. Kruskall） 著　张雪峰　汪婧琪　译

特拉维斯·托马斯（Travis Thomas）

人民邮电出版社

北　京

图书在版编目（CIP）数据

运动营养全书：全彩图解版 / （美）玛利亚·A.斯
帕诺（Marie A. Spano），（美）劳拉·J.克鲁斯卡
（Laura J. Kruskall），（美）特拉维斯·托马斯
（Travis Thomas）著；张雪峰，汪婧琪译. -- 北京：
人民邮电出版社，2020.6
ISBN 978-7-115-53527-6

Ⅰ．①运… Ⅱ．①玛… ②劳… ③特… ④张… ⑤汪
… Ⅲ．①体育卫生—营养学 Ⅳ．①G804.32

中国版本图书馆CIP数据核字（2020）第042151号

版权声明

免责声明

本书内容旨在为大众提供有用的信息。所有材料（包括文本、图形和图像）仅供参考，不能用于对特定疾病或症状的
医疗诊断、建议或治疗。所有读者在针对任何一般性或特定的健康问题开始某项锻炼之前，均应向专业的医疗保健机
构或医生进行咨询。作者和出版商都已尽可能确保本书技术上的准确性以及合理性，且并不特别推崇任何治疗方法、
方案、建议或本书中的其他信息，并特别声明，不会承担由于使用本出版物中的材料而遭受的任何损伤所直接或间接
产生的与个人或团体相关的一切责任、损失或风险。

内 容 提 要

本书是学习运动营养学基础知识不可或缺的专业工具书。全书分为四部分14章，内容按照逻辑顺序组织，每一章
都根据前面介绍的信息构建而成。在第一部分中，概述了营养在每个人的生活中所发挥的重要作用，讲解了健康营养
学的基础知识；第二部分关注的是宏量营养素及其对健康和疾病的影响，并给出了维持健康与积极生活方式的膳食建
议；第三部分介绍了微量营养素在健康和运动表现方面的作用；第四部分提供了关于运动、锻炼和健康的营养应用信
息。本书适合与运动营养相关领域的专业人士和学生阅读与参考。

◆ 著 　 ［美］玛利亚·A.斯帕诺（Marie A. Spano）
　　　　　　 劳拉·J.克鲁斯卡（Laura J. Kruskall）
　　　　　　 特拉维斯·托马斯（Travis Thomas）
　　译　 张雪峰　汪婧琪
　　责任编辑　 寇佳音
　　责任印制　 周昇亮
◆ 人民邮电出版社出版发行　 北京市丰台区成寿寺路11号
　 邮编 100164　 电子邮件 315@ptpress.com.cn
　 网址 https://www.ptpress.com.cn
　 固安县铭成印刷有限公司印刷
◆ 开本：700×1000　1/16
　 印张：32.5　　　　　　　　2020年6月第1版
　 字数：592千字　　　　　　 2025年11月河北第19次印刷
　 著作权合同登记号　 图字：01-2017-7983号

定价：248.00元
读者服务热线：(010)81055296　印装质量热线：(010)81055316
反盗版热线：(010)81055315

目录

第一部分　总体概述　　　　　　　　　　　　　1

第二部分　宏量产能营养素的作用　　　　73

营养以多种方式影响着身体健康和运动表现。在本书中，我们旨在为读者提供实用的信息，它们可用于改善你的日常生活，也可用来提升构成你生活的一部分——体育运动和体力活动的水平。对于那些有兴趣从事运动营养学、运动医学或是相关领域工作的学生，我们希望这本书，为你提供开启职业生涯所需具备的基础知识。

鉴于消费者从电视、网络、杂志、教练、培训人员、家长或同伴那里听到和看到了太多营养学方面的错误信息，这本综合性的书将帮助读者辨别哪些营养学建议是基于严谨可靠的科学研究，而哪些是缺乏科学依据且没有基础生物化学或生理学理论做支撑的。

阅读的对象

本书适合学习健身、运动科学、健康、营养、物理治疗以及与此密切相关的各专业学生阅读。本书也为以下人士提供了很好的参考：运动训练师、力量教练、健康专家、健身教练、健康和体育教师、专项教练、健身指导员、竞技体育主管、运动生理学家、注册营养师，以及其他从事健康与人体运动表现工作的相关人士。

涵盖的主题

本书涵盖了健康营养学的基础知识，其中包括产生能量的三大宏量营养素（碳水化合物、蛋白质和脂肪）及微量营养素的功能与每日建议摄取量，健康与疾病预防中的营养学知识，基于不同人群的运动和训练营养学考量，以及测量和改变身体成分的实用信息。

本书是按逻辑顺序组织的，每一章都建立在前一章所学内容的基础上。在第一部分中，概述了营养对人一生的健康所起到的作用；还讨论了能量代谢，包括宏量营养素和微量营养素的作用，以及体育锻炼是如何影响营养需求的。第二部分主要讨论了每一种宏量营养素及其对健康和疾病的影响，并给出了维持健康与积极生活方式的膳食建议。在了解了宏量营养素之后，第三部分为读者介绍了微量营养素对健康和生理表现的影响。关于维生素与矿物质的各章，则给出了特定人群维生素和矿物质的摄入建议，讨论了维生素和矿物质摄入过量或不足的后果，以及补充性摄入。第三部分还介绍了水、电解质以及营养补剂和药物，讨论了流质在健康和人体生理表现中的作用，并给出了流质和电解液方面的指导意见；营养补剂和药物的章节，谈到了当下流行的饮食补剂、补充要求、第三方测试、运动中使用的药物，以及酒精对运动表现的不利影响。第四部分提供了营养学在健康方面的应用信息，其中论述了理想的体重和身体成分，包括如何测量身体成分，以及如何达到最佳身体成分与体重，还给出了有氧耐力和阻抗训练方面的营养学建议。在本书的最后一章中，针对特定人群和处在不同人生阶段的个体，给出了营养学上的关注点和建议，这些人包括儿童、青少年、高级运动员、糖尿病患者、素食者、孕妇，以及饮食失调者。

特色学习提示

本书特色鲜明，不仅突出了重点概念，还提供了强化理解的实例。各章节均包括以下板块。

> 本章目标

位于每章的开头，给出这一章的内容概述。

> 拓展信息

通过为读者提供与其相关的信息而吸引他们，这些信息包括案例学习、提高运动表现或是达到理想体型的小贴士；此外，该板块还提供了其他能在日常生活中应用的知识。

> "你知道吗？"侧边栏

这些简短而有价值的信息提供了重要的见解、鲜为人知的细节，以及可能会令人惊讶的事实。

> "思考时间"侧边栏

这个板块促使读者深入思考，如何将书中阐述的概念与其日常生活联系起来。

> "小窍门"侧边栏

为学习者提供与营养学相关的有趣又实在的建议。

> 复习题

引导读者深入思考，确保已经掌握了每章的知识要点。

> 术语表

一个便捷的术语汇编表，能帮助读者补充记忆库或便于读者进行查阅。

篇目照片按时间顺序排列如下：

©Monkey Business Images Ltd/ age footstock; Bojan89/Getty Images/ iStockphoto; Alexander Chernyakov/ Getty Images; karma_pema/Getty Images/iStockphoto;Jordanlye/Getty Images/iStockphoto; © HumanKinetics; © Human Kinetics; © Human Kinetics;© Human Kinetics; GlobalStock/Getty Images/iStockphoto; © Human Kinetics; ©Human Kinetics;©pressmaster/ fotolia.com; skynesher/Getty Images/ iStockphoto; P1: ©Andres Rodriguez/ fotolia.com; P14:© Human Kinetics; P73: © 2001 RubberBall Productions;P95(from top to bottom): xxmmxx/iStock/ Getty Images;tanuha2001/iStock/ Getty Images; SharonDay/iStock/ Getty Images; Ekaterina_Lin/iStock/ Getty Images;Magone/iStock/Getty Images; KMNPhoto/iStock/Getty Images; P114(clockwise from top): Kitty Ellis/ iStockphoto/Getty Images; SharonDay/ iStock/Getty Images; Srdjan Stefanovic /iStockphoto/Getty Images;P129: © Human Kinetics; P167(from top to bottom): Yasonya/Getty Images/ iStockphoto; loops7/Getty Images; Magone/Getty Images/iStockphoto;Kaan Ates/Getty Images; Dimitris66/Getty Images/iStockphoto; P172: © Human Kinetics; P176(clockwise from top): Creativeye99 /iStockphoto/Getty Images; DeeNida /iStockphoto/Getty Images; OLEKSANDR PEREPELYTSIA/ iStockphoto/Getty Images;popovaphoto /iStockphoto/Getty Images; Valentyn-Volkov /iStockphoto/Getty Images; P180(clockwisefrom top): bdspn / iStockphoto/Getty Images;Srdjan Stefanovic /iStockphoto/Getty Images; Dominik Pabis/Getty Images; gbh007 /iStockphoto/Getty Images; P191(clockwise from top): IgorDutina /iStockphoto/Getty Images; Srdjan Stefanovic /iStockphoto/Getty Images; Kaan Ates/Getty Images; Srdjan Stefanovic /iStockphoto/Getty Images;

Kaan Ates/Getty Images; Srdjan Stefanovic /iStockphoto/Getty Images; P193(clockwise from top): Lee Rogers/ iStockphoto/Getty Images; Selektor/ Getty Images; Kaan Ates/Getty Images; getsaraporn/iStockphoto/Getty Images; li jingwang/Getty Images; naran/iStockphoto/ Getty Images; bhofack2 /iStockphoto/Getty Images; Nell Redmond/iStockphoto/Getty Images;Carlos Gawronski/Getty Images; papkin/iStockphoto/Getty Images; P197(clockwise from top): Picsfive/ iStockphoto/Getty Images; Kateryna Maksimenko/iStockphoto/Getty Images; popovaphoto/iStockphoto/Getty Images; bhofack2 /iStockphoto/Getty Images;AlasdairJames/Getty Images; Kaan Ates/Getty Images;P198(clockwise from top): Ekaterina_Lin/iStock/Getty Images; Kaan Ates/iStockphoto/Getty Images; Antonio Scarpi/iStockphoto/ Getty Images; IgorDutina /iStockphoto/ Getty Images; ithinksky/iStockphoto/ Getty Images; milanfoto/Getty Images; P199: ©Human Kinetics; P202: © Human Kinetics; P206(from top to bottom): Praiwun /iStockphoto/Getty Images; Creativeye99 /iStockphoto/ Getty Images; Kaan Ates/Getty Images; bhofack2 /iStockphoto/Getty Images; P207(clockwise from top): © Human Kinetics; Creativeye99 / iStockphoto/Getty Images; Ekaterina_ Lin/iStock/Getty Images; Sjoerd van der Wal/Getty Images/iStockphoto; vitalssss/Getty Images/iStockphoto; margouillatphotos/Getty Images/ iStockphoto; Maris Zemgalietis/Getty Images/iStockphoto; P210(from top to bottom): nezabudka123/Getty Images/ iStockphoto; AlinaMD/Getty Images/ iStockphoto; Carlos Gawronski/Getty Images; P212(clockwise from top left): vikif/iStockphoto/Getty Images; Ekaterina_Lin/iStock/Getty Images; Kaan Ates/Getty Images; SharonDay/

第一部分

总体概述

营养学是一门复杂而庞大的科学，它涵盖了食物、补剂和水分摄入在生长发育、新陈代谢、健康、疾病预防以及运动中所起的作用。纵观全局，整个生命周期中的营养需求是不断变化的。在整个生命周期中，营养丰富的饮食可为机体提供理想的生长发育、健康快乐生活所需的宏量和微量营养素。营养医疗（medical nutrition therapy）是营养学领域的分支学科，它涵盖了特定疾病状态或健康状况下的营养需求。第 1 章概述了整个生命周期中，健康、疾病状态和运动中各自所需的营养。此外，还论及了为公众打造的膳食指导体系（food guidance system），以及相关的科研进展和可靠的营养学信息来源。

在介绍了健康所需的营养后，第 2 章探讨了能量代谢。在深入探讨营养在体育锻炼及运动中所起的作用之前，你将先了解到身体可以利用不同的能量系统为不同强度的运动提供燃料。

优化一生的健康和幸福

▶ 本章目标

在完成本章的学习后，你将能做到以下几点：

> 解释各种营养素的功能及其对健康的影响；

> 描述宏量营养素与微量营养素之间的区别；

> 解释一般营养学信息和医学营养治疗之间的区别；

> 识别和了解美国的各主要膳食指导体系（膳食指南、食品标签、膳食营养素参考摄入量以及饮食餐盘）；

> 描述体育锻炼和运动训练的基本原则；

> 讨论营养在提高运动表现中的作用；

> 概括运动营养学方面的科学研究进程和研究设计形式，以及如何评估可信的各种营养学资源；

> 了解运动科学中可获得的各类证书，以及营养学专业人士和运动专业人士之间的实践范围。

营养学，作为一门科学，研究的是食物及其营养成分如何影响生长发育、新陈代谢、健康、疾病，以及精神和身体表现。食物，指人们通过吃喝摄取的，用于维持生存和生长的所有物质。营养素，指引起人体内生化或生理反应的物质。进一步来说，营养学研究的是食物的消耗、摄入、消化、吸收、代谢、运输、储存和排泄的过程。除了其背后的基础科学外，营养学涉及的领域也十分广泛，涵盖了从食物供应和食品安全到饮食习惯，以及有助于改善健康状况的营养建议等内容[44, 58]。在此基础上，运动营养学作为一门融合了营养学和运动学的专业学科，它的研究成果是：为优化训练表现、运动表现和运动恢复而给出的有关营养学方面的指导意见。

营养素

营养素有六大类：碳水化合物、脂肪、蛋白质、维生素、矿物质和水。需要注意的是，酒精不是营养素，但它确实可提供能量。其中，碳水化合物、脂肪（包括脂肪酸和胆固醇）、蛋白质（包括氨基酸）、纤维素和水是宏量营养素，它们需要通过饮食来大量摄入。因为碳水化合物、脂肪和蛋白质能为身体提供所需的绝大部分能量，所以也被称为宏量产能营养素（energy-yielding macronutrients）。维生素和矿物质是微量营养素（micronutrients），与宏量营养素相比，人体对它们的需求量较少。人们常错误地认为维生素和矿物质可以提供能量。其实不然，尽管在能量生成过程中，它们发挥着不可或缺的作用——缺乏某些维生素和矿物质会导致疲劳，但只有宏量营养素和微量营养素共同作用，才能优化生理功能[44, 58]。食物的能量单位被称为千卡路里（kilocalorie），通常也称千卡（kcal）。1千卡表示的是将1kg水的温度升高1℃所吸收的热量。一个人的每日能量需求指的是，他每天所需的千卡数。食品标签列出了每份食物中所含的千卡数。其中，每克碳水化合物或蛋白质在体内氧化所产生的能量值为4kcal，而脂肪则是每克供能9kcal，从而令其有着更大的能量密度，即在每单位质量或体积中，它比碳水化合物或蛋白质提供更多的热量[44, 58]。

膳食营养素参考摄入量

美国农业部（United States Department of Agriculture，USDA）医学研究所（Institute of Medicine，IOM）提出了膳食营养素参考摄入量（Dietary Reference Intakes，DRIs）。这是依据"健康人群所需营养的科学知识"[46]（图1.1）而做出的推荐体系，膳食营养素参考摄入量包括：

> 平均需要量（Estimated Average Requirement，EAR）。平均需要量（EAR），是为了满足各个年龄段和性

小窍门　如果你正在算自己的碳水化合物摄入量，请注意，虽说所有的蔬菜都以碳水化合物为主，不过其各自的含量并不一样。蔬菜可分为淀粉类和抗性淀粉类。富含淀粉类的蔬菜，如土豆、玉米和豌豆，每半杯的分量中含有约15克碳水化合物。含有抗性淀粉类的蔬菜，如西蓝花、甜菜和芦笋，含有的碳水化合物则少得多——每半杯约含5克，因此，如果你想减少碳水化合物的摄入量，就请选择抗性淀粉类的蔬菜。

别群体（在不同的年龄和特定阶段，如怀孕期和哺乳期，身体所需营养物质的量是不同的）中一半健康人群的需求而估计每天需要摄入某营养素的平均值。该值的依据是减少疾病和其他健康指标，不是反映个体的日常营养需求，而是为了设定建议膳食营养素的每日摄入量，以及研究需要。

▷ 建议膳食营养素的每日摄入量（Recommended Dietary Allowance，RDA）。建议膳食营养素的每日摄入量，是为了满足各个年龄段和性别群体中，绝大多数（97%～98%）健康人群的营养需求而提出的建议。推荐的膳食营养素总量应该建立在每日消耗的基础上。根据个体需求的可变性，建议膳食营养素的每日摄入量会高于平均需要量两个标准差。若标准差未知，则建议膳食营养素的每日摄入量是平均需要量的1.2倍。

▷ 适宜摄入量（Adequate Intake，AI）。适宜摄入量是所有健康人士对某种营养素适宜的日均摄入水平。适宜摄入量基于估计——观察到的或实验确定的近似值——并且在由于数据不足而无法确定建议膳食营养素的每日摄入量时使用。

▷ 可耐受最高摄入量（Tolerable Upper Intake Level，UL）。可耐受最高摄入量（UL）是对一般人群中的几乎所有个体而言，它被认为是安全范围内日均摄入量的最高值，代表着所有膳食来源（包括食物、水和补剂）的日均摄入量。由于目前的研究还不够充分，不能确定可耐受最高摄入量的数据[46]，因此大量的营养摄入不一定是安全的。

▷ 宏量营养素可接受范围（Acceptable Macronutrient Distribution Range，AMDR）。宏量营养素可接受范围表示的是某种宏量营养素供应能量占总摄入卡路里数的百分比，它与减少患慢性疾病的风险和必需营养素的适宜摄入量相关[18]。

▷ 估计能量需要量（Estimated Energy Requirement，EER）。估计能量需要量是为了维持一个健康人的能量平衡，应当达到的日均能量摄入量。在计算这一数值时，需要考虑到性别、年龄、身高、体重、活动水平等因素[46]。

■　平均需要量（EAR）：50% 的人不能满足需要。
■　建议膳食营养素的每日摄入量（RDA）：2% ~3% 的人不能满足需要。
■　适宜摄入量（AI）：适宜所有健康人士的推荐日均营养素摄入量。在不能确定建议膳食营养素的每日摄入量时，就使用适宜摄入量。
■　可耐受最高摄入量（UL）：是最高的安全摄入水平，当高出此线时，会增加副作用的风险。

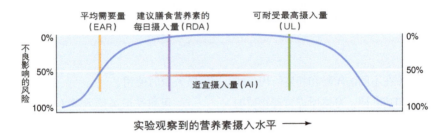

图1.1　膳食营养素参考摄入量。适宜摄入量（AI）或建议膳食营养素的每日摄入量（RDA）描述了某营养素的每日推荐摄入量，而可耐受最高摄入水平（UL）则描述的是不要超过的最高摄入量。营养素摄入量过多或过少都会提升造成不良影响的风险

宏量产能营养素

　　碳水化合物的主要功能是提供能量，因此，在进行高强度的运动时，碳水化合物就更为重要。高强度的运动会增加身体对能量的需求，而碳水化合物则是快速的能量来源物质——身体能快速利用碳水化合物所提供的能量。脂肪，作为身体中的另一种能量来源，却在满足人体高强度的运动中在能量的需求方面会慢很多。碳水化合物在一定程度上可以作为人体的能量储备，一般以糖原的形式储存于肝脏和肌肉中。19 岁及以上年龄的男性和女性体内，碳水化合物的宏量营养素可接受的范围为总热量的 45%~65%[18]。常见的碳水化合物来源有：大米、意大利面及其他小麦制品，还有各类谷物如玉米、豆类，以及水果、蔬菜和牛奶。一些碳水化合物被认为是营养素密集

型的物质，因为它们含有对保持良好的健康状态非常重要的营养物质，包括维生素、矿物质和膳食纤维。膳食纤维作为碳水化合物的一类，将在第 3 章中详细讨论。

　　膳食脂肪和油是典型的脂质，它们能够提供能量，并辅助吸收脂溶性维生素和食物成分。作为能量储备，脂肪可以无限量地储存在身体里[18]。在例如极限耐力赛这样需要长时间保持的耐力运动中，脂肪就是重要的供能物质。对于 19 岁及以上年龄的男性和女性来说，脂肪的宏量营养素可接受的范围为总热量的 20%~35%[18]。常见的脂肪来源有：肉类、坚果、种子、油、乳制品和蔬菜酱[47]。

　　蛋白质虽也可以产能，但其主要功能是维持细胞和组织的生长、功能

和修复。不同于碳水化合物和脂肪，蛋白质的主要目的不在于提供能量，所以，定期获取足够的蛋白质是很重要的[18]。对于 19 岁及以上年龄的男性，蛋白质的建议每日摄入量是 56 克，而对于 14 岁及以上年龄的女性则为 46 克。对于孕期和哺乳期妇女蛋白质的建议每日摄入量是 71 克。尽管这么建议，还是有大量证据表明，蛋白质的建议膳食营养素的日摄入量太低不足以维持肌肉的生长和功能，运动员和老年人尤其如此[32, 34, 35]。对于 19 岁及以上年龄的男性和女性来说，蛋白质的宏量营养素可接受的范围为总热量的 10%~35%。常见的蛋白质来源有：家禽肉、牛肉、鱼肉、鸡蛋、乳制品，以及一些植物类食物，尤其是大豆类、坚果和种子[44, 47, 58]。

微量营养素

维生素作为必需营养素，在碳水化合物、脂肪及蛋白质释放和利用能量的代谢过程中，都是非常必要的。此外，维生素还参与维持很多机体的功能，如生长发育、视觉形成、器官功能、免疫功能、肌肉的紧张和放松、氧气的输送、骨骼和软骨的形成与保持、肌肉组织的形成和修复，以及保护细胞免受损害。根据其在体内吸收、运输和存储的方式，维生素可分为脂溶性维生素和水溶性维生素。多数水溶性维生素（比如维生素 C 和部分维生素 B）是不会存储在体内的，会通过各种渠道排出体外，而不仅是尿液的形式；脂溶性维生素（比如维生素 A、维生素 D、维生素 E、维生素 K）存储在脂肪组织中[18]。许多微量营养素的可耐受最高摄入量都已经比较明确了[46]，但通常维生素的需求取决于许多因素，包括健康状况、性别、生命阶段和年龄[27]。尽管没有明确证据表明参加比赛或运动训练的人，除了要维持其整体健康外，是否还需要摄入更多的维生素，但是缺乏或不足，会对训练成果和运动表现产生负面影响[24, 44, 58]。

矿物质是许多身体组织（包括骨骼、指甲和牙齿）的结构组成成分。此外，它们也有助于调节体液平衡、肌肉酸碱度、肌肉收缩（包括心跳）、神经脉冲、氧气运输、免疫功能，以及肌肉的形成和修复，并且还是酶（促成体内多种代谢功能）的组成部分[15, 44, 58]。

身体对常量矿物质（macrominerals）的需要量（以克和毫克为单位）要高于微量矿物质（trace minerals）（以微克为单位）。尽管没有研究证明，超量（即超出膳食营养素参考摄入量）摄入矿物质会改善训练计划的结果或增强运动表现，但是，矿物质摄入不足也会损害健康，并对运动和训练表现产生不利影响。

水

水能参与体内的营养运输、废物清除、生化反应、血压和体温调节等。人体对水的需求取决于许多因素，包括年龄、体格大小、健康状态、用药情况、环境（温度）、海拔以及身体活动情况，特别是汗液流失。身体的日常用水需求可以通过获取流质和食物中的水[28]，尤其是在汤、水果和蔬菜中都含有很多水分[38, 44, 58]。

一般性营养学指南

营养在健康生活中起着重要的作用。健康人士和特定疾病患者都需要营养指南。医学营养治疗（Medical Nutrition Therapy，MNT）的手段包括通过干预饮食来治疗或预防疾病[2]。此外，还有针对积极开展特殊活动或运动的个体及运动员的营养指南。重要的是，对一般群众与专项运动员这两类人的营养指南，我们都要去了解，以便区分何时应使用哪一种。

膳食指南

这些年来，许多传染性疾病的发病率在很大程度上由于接种疫苗得以持续下降[6]，而不良的膳食营养习惯和锻炼的缺乏，则使得与之相关的许多慢性疾病的发病率在增加[59]。这其中比较典型的包括心血管疾病、高血压、Ⅱ型糖尿病、某些癌症，以及骨质疏松症[4]。此外，超过 2/3 的成人和近 1/3 的儿童与青少年超重或（过度）肥胖[31]。《美国居民膳食指南 2015-2020 年》（The 2015-2020 Dietary Guidelines for Americans）为专业人士提供了有确凿依据的建议和指南，他们可以据此帮助美国人形成更加健康的饮食模式，并提高体力活动水平（Physical Activity Levels，PALs），从而提高并维持健康水平，降低慢性疾病的发病风险[48]。

《美国居民膳食指南 2015-2020 年》被用于制订美国的食物、营养和健康政策与计划。虽然这本书的科学依据确凿，但它是面向政策制定者和营养与健康专家的，而不是面向公众的。相关的教育材料和计划才是根据《美国居民膳食指南 2015-2020 年》

拓展信息

一般性营养学信息与医学营养治疗（Medical Nutrition Therapy）

一般性的、非医学的营养学信息是为健康人士设计，旨在提高健康水平和预防疾病的有关食物和营养方面的指南。很多像这样的指南出自美国农业部等机构。如果一个人出现健康问题或患病，而食物和营养在预防和控制这些疾病方面又能起到作用的话，我们就称其为医学营养治疗。该治疗普遍是由注册营养师（Registered Dietitian，RD 或 Registered Dietitian Nutritionist，RDN）完成的。在美国的许多州，只有持执照的从业人员才可以提供医学营养治疗服务。

制订出来并面向大众的。目前这一版《美国居民膳食指南 2015-2020 年》将营养学和体力活动研究的成果解释为以食品为基础的营养指南和身体活动建议。人们可以利用它们选择食物，并将不同类型的体力活动纳入其生活当中，以提高健康水平和降低慢性病的发生率[49]。该指南的细则涉及范围甚广，在本书中没有充分阐述，但可以在美国农业部的网站中免费获取。此外，从该指南中，也可以为专业人士和消费者开发更多资源并设计出可利用的工具[48, 49]。

食品标签

美国食品与药物管理局（United States Food and Drug Administration，FDA）要求大部分食品都应贴上营养标签，并要求上面注明的任何营养成分和健康信息都要符合该机构的规定。当然，也有一些不需要贴营养标签的食品，例如生鲜农产品和没有多大营养价值的食品，包括咖啡、多数香料[57]。对于需要贴标签的食品，必须列出以下 5 个关键信息[57]：

1. 产品名称或能说明该产品的信息。
2. 包装内含的净重、体积或数量。
3. 所含成分的常用名称，并按重量降序排列。
4. 制造商、包装商或分销商的名称和地址。
5. 营养成分标识栏（图 1.2）。

比较幸运的是，政府机构的帮助将营养需求转化为食物选择的这一过程变得相对简单了。美国食品与药物管理局对美国境内包装产品上大多数食品标签的内容进行了规定，而肉类和家禽产品标签则归美国农业部的食品安全检疫局（Food Safety and Inspection Service，FSIS）负责。除了营养物质外，食品标签还显示了每份产品中碳水化合物、纤维、脂肪和蛋白质的含量。各种产品每份的大小（重量），多多少少都是标准化的，更重要的是，它们的重量是用常见的家居食品盛器，如杯子、汤勺来衡量的。

（食品的）重量是个重要的考量因素。例如，一种运动饮料可能每瓶有 3 份的量，但营养信息是按份列出的——也就是说，只列出了 1/3 瓶饮料的营养信息，因此，每份食品中的营养成分，必须以常用的家庭盛器和公制单位（克）同时列出。产能营养素——碳水化合物、脂肪和蛋白质——的含量，均要以克为单位列出，以便能在以克 / 天或是在以克 / 千克体重为单位的运动营养指南中作为参考量使用。宏量营养素和微量营养素也以每日摄入值（Daily Value，DV）的百分比的形式来表示。每日摄入值是以一天 2000kcal 的饮食为基

> **你知道吗** ❓
> 维生素D、钙、铁和钾，之所以都被列在营养成分标识栏中，是因为许多美国人对这些营养素的摄入量都未达到建议标准。[52]

(a)

营养成分		
每份大小 2/3杯 （55g）		
每包装约含8份		
每份中营养成分含量		
卡路里 230kcal	40kcal来自脂肪	
		每日摄入值百分比（%）*
脂肪总量8 g		12%
饱和脂肪 1 g		5%
反式脂肪 0 g		
胆固醇 0 mg		0%
钠 160 mg		7%
碳水化合物总量 37g		12%
膳食纤维 4g		16%
糖 1 g		
蛋白质 3 g		
维生素A 10%	钙 20%	
维生素C 8%	铁 45%	

*每日摄入值百分比是以每日饮食2000kcal为参照的。您的每日摄入值可能低于或高于这个值，这取决于个人的能量需求：

	卡路里	2000kcal	2500kcal
脂肪总量	低于	65g	80g
饱和脂肪	低于	20g	25g
胆固醇	低于	300mg	300mg
钠	低于	2400mg	2400mg
碳水化合物总量		300g	375g
膳食纤维		25g	30g

(b)

营养成分	
每包装8份	
每份大小2/3杯 （55g）	
每2/3杯	
含卡路里	**230kcal**
	每日摄入值百分比（%）*
脂肪总量8 g	12%
饱和脂肪 1 g	5%
反式脂肪 0 g	
胆固醇 0 mg	0%
钠 160 mg	7%
碳水化合物总量 37g	12%
膳食纤维 4g	14%
糖总量 1g	
添加糖 0g	
蛋白质 3g	
维生素D 2 mcg	10%
钙 260 mg	20%
铁 8 mg	45%
钾 235 g	6%

*每日摄入值百分比告诉了您，一份食品中的营养成分占每日饮食中的比例情况。一般建议每天摄入2000kcal的营养素。

图1.2 为了更易于人们理解其上所列信息，营养成分标识栏已经更新。（a）这种标识栏是这几年来大家一直看到的。（b）这种更新后的标识栏，至2018年7月26日为止，已被广泛使用，但年销售额不足1000万美元的食品制造商，可能还需要再花一年的时间，才能符合美国食品与药物管理局的新规定[52]

础，说明一份食物对一个人所需营养的贡献度的指标。每日摄入值百分比（%DV）是将营养信息放入整日膳食中加以考量，对一种营养素而言，低于5%的日摄入值表示含量较低，高于20%的日摄入值表示含量较高[55]。最后，在营养成分标识栏底部的注脚对每日摄入值百分比做了一番描述："每日摄入值百分比告诉了您，一份食品中的营养成分占每日饮食中的比例情况。一般建议每天摄入2000kcal的营养素。"

根据美国食品与药物管理局的规定，食品和膳食补剂是可以标出营养成分声明（nutrient content claims）和健康声明（health claims）的。其中，营养成分声明描述了食品中营养素或组成成分的含量，例如，在营养成分声明中可以写："燕麦麸皮含量高""不含脂肪"或"轻芝士蛋

拓展信息

部分重量失真

营养成分表上的产品重量是以加大、加粗字样标出的，它反映出的是人们通常所吃的量，但是，实际摄入的重量可能与所列的有些出入——可以用量杯把一份食品倒入盘子或碗中，这样就能看出一份食品的重量有多少了。

糕"。由美国食品与药物管理局定义的专用术语有："少量""清淡""不含钠""含微量的钠""低脂""无糖""低热量""富含""大量""更多"，以及"高效"。其中，一些术语（例如"富含"）将食品中的营养素含量水平与该营养素的每日摄入值进行比较，而另一些术语则将一种食品与参照食品进行比较。参照食品被定义为同一类食品（例如薯片和椒盐卷饼）或类似食品（例如两个不同品牌的薯片）。在美国食品与药物管理局的网站上可以找到有关获得 FDA 批准的营养成分声明的详细说明[30, 51, 53]。

健康声明适用于食品和膳食补剂，用来描述其所含成分与健康相关状况或疾病之间的关系。健康声明在获得美国食品与药物管理局的批准之前，必须满足几个要求，其中包括：所提交的健康声明在科学上要获得显著的认定，因此仅有为数不多的健康声明被获准使用。在美国食品与药物管理局的网站上能找到完整的获批名单[54, 56]。

我的餐盘（MyPlate）

我的餐盘作为一个"一切食品与

饮料的选择都很重要"的视觉化提醒，以膳食指南为依据，大致勾勒出了健康的饮食模式。它重点关注食品的品种、数量和营养，鼓励从 5 大食物种类（水果、蔬菜、谷物、蛋白质和乳制品）中选择更富营养的食品。例如，天然谷物比加工过的白面包或意大利面更好，更多细节请见图 1.3。此外，我的餐盘也建议人们限制每天的热量摄入量[45]。

图1.3　**我的餐盘简明易懂。它是一个简单的提示，告诉我们各类食物都很重要。盘子中的1/2应该装水果和蔬菜，1/4装蛋白质，1/4装谷物，而乳制品则代表一份配菜或酒水类，正如我们平时最常吃的那样**
美国国家农业部营养政策及推广中心（Center for Nutrition Policy and Promotion, CNPP）

在 MyPlate 的网址上，只要你输入性别、年龄、当前的运动水平和目标体重，即在创建了个人档案后，系统就会为你制订一个饮食计划，并给出在 5 大类食物中每一类的建议食用重量。用户可以详细研究每一类食物，从而确定最健康的选择，并获取食用重量多少的指南。该网站也可以跟踪用户的每日饮食摄入量和体力活动情况，还可以跟踪营养摄入的详细情况和能量平衡模式。尽管市场上还有其他更为复杂的饮食和体力活动的跟踪程序，但 MyPlate 的网站是免费的[45]。在评价任何一个饮食分析程序时，准确性和易用性同样重要。除了在包装食品上的食品标签信息外，准确性高的程序还会使用美国国家农业部的数据库，来获取食品中的热量和营养素含量。

我的餐盘可以为运动员提供食品的重量是多少及其所含的营养成分方面的信息。例如，半杯熟米饭就是一份谷物的食用量，它能提供约 15 克的碳水化合物。不过，在我的餐盘和基于它而编写的教材中所提出的热量摄入指南，是针对一周中进行中等强度的体力活动少于 30 分钟的人，因此，运动员在使用这些指南时，需要做适当调整。

针对运动员的指南

膳食营养素参考摄入量是不考虑运动因素的。尽管提高某些微量营养素的摄取量，将其在体内的含量保持在正常水平的范围内对运动员有利，但许多运动员也可以通过合理规划的、符合热量需求的膳食，来达到此水平。相反，过多的热量摄入会消耗过多的食物，因此也会摄取过多的营养素。第 6 章和第 7 章讨论了运动员更加关心的微量营养素。运动员一般不参考宏量营养素可接受范围这个指标，他们有对碳水化合物、脂肪和蛋白质的特殊需求，这些需求以克或克 / 千克体重来表示。这些内容会在第 3、第 4 和第 5 章中详细讨论。可耐受最高摄入水平适用于运动员和运动量较大的人群。在考虑维生素和矿

小窍门 "低热量的"和"低脂"当用于描述食品时，可能会有很多含义。这些术语是由美国食品与药物管理局规定的，但还是会让消费者感到困惑。当此类词出现一个时，则表示该（份）食品含有占原食品不到1/3或不到1/2的脂肪。这类词也可以指钠的含量，意味着该食品的钠含量是同类食品钠含量的1/2不到。例如，"低卡的"沙拉调料，指的是热量和脂肪的含量低，而低卡的酱油，则表示该酱油中的钠含量是普通酱油钠含量的1/2不到。麻烦之处在于，这些术语也可以指颜色和质地，在这种情况下，它们与营养价值是没有关系的。例如，"浅色"红糖描述的是颜色，而"清淡和松软"描述的则是食物的质地。

物质的可耐受最高摄入水平时，必须算上所有摄入来源的营养素，包括食物、运动营养食品（如能量棒、蛋白粉）和补剂。

学习阅读食品标签，可以帮助运动员规划自己的饮食。多数为运动员指定的宏量营养素的指南，都是以克为计量单位的，并会在食品标签上列出——每份食品所含的碳水化合物、脂肪和蛋白质的克数，这些都清楚地列在营养成分标识栏中。

运动

运动是指有计划的、重复性的身体活动。运动在人的一生中很重要，因为它能预防、延缓许多疾病和健康问题的发生，包括某些类型的癌症、心血管疾病、骨质疏松症和肌肉萎缩（与年龄相关的肌肉量流失）。针对特定运动的训练可以提高身体适应性，从而提升运动表现。

运动对健康的益处

《美国居民身体活动指南》（*Physical Activity Guidelines for Americans*）[50] 是一份公开文件，它总结了有关体力活动如何给健康带来益处的研究成果。其中，一些主要发现如下：

> 所有成年人都应避免不运动；多少有些体力活动总比没有强；定期进行身体活动，能减少许多不良健康状况发生的风险。

> 对大多数健康状况而言，存在着运动量——身体反馈这样一层关系。随着身体活动量通过更高的强度、更高的频率或更长的时间得到增加，许多健康状况会得到改善。

> 多数（运动带来的）健康益处出现的条件是，每周至少进行 150 分钟中等强度的有氧运动，或每周进行 75 分钟高强度的有氧运动，又或是两种强度运动的等效组合。

> 要获得更多的健康益处，成人应致力于每周进行 300 分钟中等强度的有氧运动，或每周进行 150 分钟高强度的有氧运动，又或是两种强度运动的等效组合。如果运动时间超过此量，则可以获得额外的健康益处。

> 耐力（有氧）训练和抗阻训练都是有益的。抗阻训练应是中等或高强度的，并要锻炼到所有的大肌肉群，每周要有 2 天或以上进行抗阻训练。

> 儿童、青少年、青年人、中年

你知道吗

有些人认为自己年纪太大，不会从运动中得到健康益处。事实上，从中受益永远不晚！虽然肌肉量会随着年龄的增长而减少，但老年人可以通过抗阻训练来增加肌肉力量。这可以提高健康水平，并提升身体的灵活性、维持日常功能[7, 22]。

人、老年人，还有残疾人，都会从运动中得到健康益处。

▶ 体力活动的好处远大于其可能引起的不良反应。

许多优秀运动员的运动量都远远超出了这些仅从健康角度考虑而提出的一般建议量。

健康的组成要素

身体健康牵涉到为达到预期效果，协调工作的很多个身体系统。健康的关键组成要素包括：心肺耐力、肌肉力量及耐力、柔韧性和身体成分。有氧能力取决于氧气的持续供应能力，并通过测量最大摄氧量（也指氧气的最大消耗量）来确定。最大摄氧量（VO_{2max}）指的是肌肉为了产能、吸收、运输，以及利用氧气（O_2）的最大体积（V）。它是在功率自行车或跑步机上，使用递增负荷测试（增加速度或倾斜度，又或者双管齐下）测量出来的。最大摄氧量越大，意味着运动员能消耗利用更多的氧气，并将其输送给正在努力工作的肌肉。最大摄氧量会随着年龄的增加而降低，对包括老年人在内的所有年龄段的人来说，有氧运动都能增加最大摄氧量。短时间高强度的训练和长时间低强度的运动，都会使最大摄氧量得到相似程度的提升[42]。

无氧的字面意思是没有氧气。无氧运动（anaerobic activities）是指在短时间内没有充足氧气供应的情况下，进行的剧烈活动（图1.4）。短跑就是一个无氧运动的例子。无氧爆发力或能力的提高，取决于无氧能量系统 – 磷酸原系统（ATP-CP系统）和无氧糖酵解系统的改善（更多细节请见第2章）。优化无氧爆发力意味着要训练身体中的这些系统，以最大限度地产生三磷酸腺苷（ATP）。这是一种高

运动不仅可以延长注意力集中的时间，提高记忆效率，还能减轻压力。当你忙于准备期末考试时，与其放弃锻炼，不如将学习场所变成健身房

能量分子，所有细胞在运动期间都要用到它[20]。

　　肌肉力量（muscular strength）是骨骼肌或肌群可以产生的最大力量，而肌肉爆发力（muscular power）反映的是肌肉收缩的速率，是由肌肉力量与收缩速度决定的。肌肉耐力（muscular endurance）是骨骼肌反复收缩的能力，或是在一段时间内维持肌肉收缩的能力。骨骼肌的力量和耐力都可以通过训练得到提升。肌肉柔韧性（muscular flexibility）是指在关节活动范围内，肌肉的伸展运动能力。跟其他素质一样，柔韧性也可以通过锻炼得到提高[20]。

　　身体成分（body composition）描述的是体内各组织的构成情况。体脂率（percent body fat）是指除肌肉、器官、水、结缔组织、骨头等不含脂肪的物质外，脂肪占体重的比例[20]。与健康和运动表现有关的体脂率范围，将在本书的后面几章中进行讨论。体脂率过高可能会增加罹患多种慢性疾病的风险性，但过低的体脂率对健康也同样有害。在一些运动中，运动员需要具备大块的肌肉和强大的肌肉力量，而另一些运动则要求运动员精瘦、具备优良的肌肉耐力。第 10 章和第 13 章会对身体成分展开更多的详细讨论。

　　遗传因素和环境因素（身体活动、

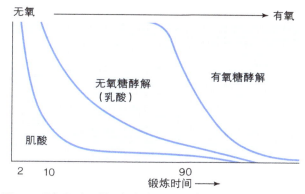

图1.4　无氧运动不需要氧气来产生三磷酸腺苷。训练能够优化这一系统，从而提高三磷酸腺苷的产量并提升运动表现力

日常起居活动、营养等）都会影响身体成分[5, 9, 11, 60]。虽然遗传因素可能会引起超重或肥胖，也会使身体的某些部位（臀部、大腿、胸部等）沉积脂肪，但是，很多有肥胖基因的人却从未超重或肥胖[16]，可见，环境因素起着巨大的作用，而且和遗传因素也有关联[61]。做出正确的营养选择，减少热量的摄入以减重、消耗足够的热量以维持而不增加体重，还有进行体力活动，这些都会对容易导致超重或肥胖的遗传因素产生重大的影响[4, 37, 39, 40]。

运动训练的原则

　　运动训练描述的是身体对持续运动的反应，其结果是产生各种达到预期目标的生理适应性[20]。一份规划合理的训练计划，加上适宜的营养摄入、充足的睡眠和恢复时间，通常能够提高运动水平，但是过度训练或训练不足，都会导致运动表现的下滑。

特异性原则

特异性原则指出，训练的适应性和运动表现力的提高，会因训练强度、类型和持续时间的不同而有所不同。训练需要能引起一种为提高运动表现而所需系统的特异性生理紧张。例如，铁人三项运动员必须进行持续时间较长，并囊括其特定项目（游泳、自行车和跑步）的各种耐力运动。举重能促进肌肉力量的提升，这对强调力量型的举重运动员来说，是有利的适应性变化，但单是开展耐力训练，并不会促进举重所需的肌肉力量的提升。简言之，本着实际应用的原则，训练计划必须针对特定的体育项目或活动，并要能维持在相应的体育项目或运动中取得成效所需的生理适应性变化[20,50]。

超负荷原则

要想看到运动表现力的提高，就有必要对正在接受训练的系统（如心血管系统、肌肉系统）施加一个比平时更大的负荷，这就叫超负荷。例如，你在进行卧推时，最多能重复8次68.04千克（150磅）的重量，之后肌肉就力竭了。那68.04千克（150磅）的意思是在该重量下，你的最多重复次数为8次，记为8RM。随着时间的推移，在进行定期训练后，你还是可以举起68.04千克（150磅），但可以超过8次而不力竭。此时，你如果想变得更强壮，就必须再增加一些重量

以达到重复8次后感受到完全疲劳，从而建立起与新的8RM对应的重量。随着抗阻训练的持续进行，需要增加重量，直到6~8次重复举起后感到力竭。在调整重量和重复次数的同时，专注于肌肉的离心收缩，能够使肌纤维增生、增加力量。要提高耐力水平，就必须通过增加训练强度或延长持续时间，又或两者并行，来提升总的训练量[20,50]。

> **你知道吗** ❓
>
> 两组练习的间歇时间较短，会增加肌肉的疲劳感；在两组练习之间休息稍长时间——比如休息3分钟而非1分钟——则可以提升抗阻训练的个体获得的肌纤维增生和力量增长的程度[41]。

周期性原则

周期性原则指的是将特定的运动训练或活动划分成较小的时间模块来开展（图1.5）。合理的周期性既要考虑达到预期要求的训练结果时的训练强度，又要顾及充分的休息和恢复时间。传统的周期性计划的时间跨度通常很长，可能1~4年不等。在这个时间框架内，还有各种月周期（大周期）、周周期（中周期）、日周期（小周期），以及个人的训练时间段。这样的计

> **你知道吗** ❓
>
> 当你开始实施抗阻训练计划时，可能很快就疲劳了。一旦你变得更加强壮，这种练习也就相应变容易了。如果你不增加负重、提高举起的重量，你将无法体验到力量的进一步增加。

划可能非常适用于像马拉松这种单项比赛的个体训练——侧重锻炼某个系统（马拉松锻炼心血管系统）。训练模块也可以依据某一种特定的项目或运动定制，以便能够一次性关注几项运动表现的结果，或是一次性设计好数个小模块。这些模块的持续时间可能比单项运动训练的时间短（例如几个星期）。根据体育项目或体力活动的不同，训练模块的数量、顺序和预期效果都可以灵活安排[19]。

停训

　　定期的抗阻或耐力训练，会产生对运动员或健身者都有益的生理反应。不幸的是，当中断训练时，从中得到的很多益处就会消失，这也叫作停训现象，所以，需要制订维持运动水平的训练计划，以防止生理机能较训练时的状态下滑。停训造成的生理机能下滑，可能是部分的也可能是全部的，而心肺耐力的下降似乎要大于肌肉力量和爆发力的损失。关于肌肉力量、爆发力和耐力下滑的指数各不相同，一些研究表明，仅两周不运动，就会导致肌肉耐力的下降，而所幸恢复训练就可以令心肺耐力和骨骼肌的性能回升[8, 23, 29]。

过度训练

　　人们已经广为接受了这一观念：适当的训练，加上充分的恢复和休息可以提高运动表现，但不幸的是，很多运动员都以为训练得越多越好，他们还认为运动表现的提升是无上限的。其实，过度训练通常会导致运动表现的下降，并且往往会继之以更多的体能方面的行为来作为补偿。美国运动医学会（The American College of Sports Medicine，ACSM）和

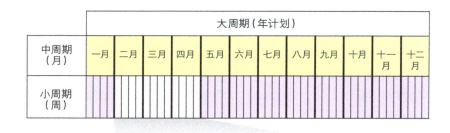

图1.5　周期性原则指的是将训练方案和目标简化为较小的时间模块。训练强度和持续时间可能会因预期运动表现结果的不同而各异。每个模块的实际时长或时段，均取决于具体的运动项目或体力活动

欧洲运动学会（the European College of Sports Science）就这个问题发表了一份联合共识声明（Joint Consensus Statement）[26]。用来描述过度训练的有两个词：过度努力（overreaching）和过度训练（overtraining）。其中，过度努力指的是由于训练量过大而导致的短期内运动表现的下降，通常发生在比赛期间。这种情况可以通过几天~几周的合理训练、营养干预和休息调整过来。主要需补充的营养素包括恢复水分所需的足量液体、用来补充糖储备的碳水化合物，以及用来优化（尤其是肌肉中的）蛋白质合成和修复的蛋白质。过度努力伴随的症状包括全身疲惫、肌肉疲劳、慢性肌肉压痛和酸痛、注意力不集中、饮食习惯紊乱或厌食。过度训练会导致出现一系列被称为过度训练综合征（Overtraining of Syndrome，OTS）的症状（图1.6）。这种情况比过度努力要严重得多，通常会造成运动表现的长时间下滑，且可能需要好几周甚至几个月才能恢复过来。过度训练综合征之所以比较复杂，是因为它既有生理上的异常状况，也有因竞争压力、家庭和社会关系，以及其他生活需求而导致的心理上的挑战。过度训练综合征没有明确的诊断标准，因为不同运动员的症状不同，并且呈现出高度的个性化。疑似患有过度训练综合征的运动员应去就医，以排除其他易与之混淆的疾病，从而制订出一个可行的康复计划[26]。

运动营养学

运动生理学（exercise physiology）研究的是身体对运动的反应——从急性反应到身体在重复运动和长期训练下产生的慢性、适应性变化[20]。营养学的研究范围包括营养物质的摄入、消化、吸收和代谢，以及与之相伴的这些营养物质的生理、生化功能[18]。运动营养学综合了运动生理学和营养学。运动员和运动爱好者应坚持合理的膳食营养原则来改善健康状况，同时也需要摄取适量的营养素来改善训练、运动表现和运动后的恢复情况。各类营养指南都应该建立起来，以满足各种运动和身体活动的需要。

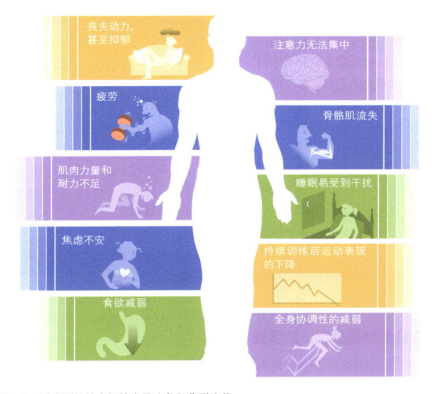

丧失动力，甚至抑郁

疲劳

肌肉力量和耐力不足

焦虑不安

食欲减弱

注意力无法集中

骨骼肌流失

睡眠易受到干扰

持续训练后运动表现的下降

全身协调性的减弱

图1.6　过度训练综合征的常见迹象和典型症状

通用原则

多数运动员的最终目标都是提高自己所从事的运动项目的水平。需要通过训练产生能提高运动水平的代谢适应性变化。同样地，营养策略也很重要，它可以为训练提供充足的燃料和营养素。运动营养策略包括定期或每日的食物摄入、营养素的吸收与利用，之后还专门针对在比赛或运动的前、中、后期，包括对食物的摄入及营养的吸收与利用。在每个体育项目中以及不同的体育项目之间，每个运动员的营养目标都需要进行个性化的设定。例如，尽管耐力运动员有一个

通用的碳水化合物摄入指南，但对于一个体形娇小的女性运动员和一个身材魁梧的男性运动员来说，他们俩实际的消耗量可能相差很大。此外，耐力型运动员与力量型运动员对碳水化合物和蛋白质的需求也全然不同。个性化的设定还应考虑到运动员的进食偏好、对食物的耐受程度或过敏现象，以及其他能帮助运动员保持依从性的特殊设计。

除了因人而异的个性需求外，运动营养指南还应是动态的——它会随训练周期的变化而变化：在营养周期化中，营养指南会根据训练周期或个

体的训练时段进行调整。例如，营养需求会根据运动员是处在训练中、赛前、赛中还是非赛季而有所不同。许多营养周期化的方案，都可以加以个性化，以满足不同运动员的需求。常见的方案是划分为与运动训练相同的周期：大周期、中周期和小周期。在非赛季，如果运动员没有参加训练，那么其营养需求将明显减少。许多运动员的目标都是达到有利于运动表现的身体成分。如果运动员要减重或减脂，通常建议在非赛季或训练的早期进行，这是为了避免因能量不足而导致的运动表现下滑[43]。

建立在证据基础之上的实践

多数与健康护理相关的著名专业组织都有自己的一套道德准则。虽然各个组织的准则各不相同，但有一条却是相通的，那就是建立在证据基础之上的实践。一般而言，凡是建立在有理论依据基础之上的实践，都需要先使用一套系统化的流程来识别、评估、分析和整合现有的证据；然后根据这些最确凿的证据来提出建议，并在证据不足时，提倡利用专业知识来

进行补充[13]。所有建立在证据基础之上的实践，都是基于既定的科学指导原则，且从不依赖传闻信息的。

科学依据

营养学的信息经常会互相矛盾，这大部分要归咎于媒体的宣传。在确定信息是否准确而完整时，可以采用科学的研究方法（图1.7）。科学的研究方法是科学家和其他专业人员用来解答研究问题的标准化过程的方法。这一过程是以观察两个或更多因素之间的联系作为开端的。之后，科学家和专业人员会就观察到的现象背后的原因，提出一个假设或有根据的猜测。这个假设也是一个研究的问题。例如，提出假设的基础可以是饮食干预对运动表现的影响，也可以是运动补剂对身体成分的影响，抑或是两个变量之间的关系（例如，维生素D缺乏与骨折发生概率之间的关系）。假设一旦建立，科学家就会先设计出一个包括适当数量的实验对象、方法和统计学控制处理在内的研究方案，然后进行数据的收集和分析，再通过实验得出结论。注意：所设计的研究方案和统

小窍门　由于在许多运动和训练方案中都有营养指南，因此你可能认为运动员必须极其严格地执行它才能获得成功。虽然摄入足够的能量和营养素对于训练和运动后的恢复十分重要，但极端严格地饮食，会导致强迫性行为或饮食模式紊乱的发生，比如暴食，这和进食紊乱一样，也是一种心理问题。在你遵循的营养指南中，应该调节自己的食物选择和饮食模式，使其能够达到一种良好的平衡[25]。

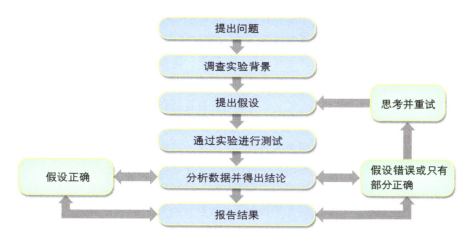

图1.7 在检查科学证据和评估一些声明时，科学的研究方法是一种确保使用了标准化过程的方法

计分析必须能够合理地解释研究的问题，并且实验设计必须是可重复开展的，以便其他科学家可以重复实验，看是否也能获得类似的结果。在多次重复实验得出类似的结果之后，就可以提出理论了。

可靠的营养学信息来源

在营养学领域里，充斥着许多误导人、未经证实的或毫无依据的信息，它们是由市场而非科学驱动的，其背后的目的是为了获得经济利益，因此，很难把错误信息和确凿的科学依据区分开来。在评估一则营养或膳食补剂的说明时，应考虑以下几个因素：

> 是谁在提出这样的声明或报告？他们受过怎样的培训，有什么资质？任何人都可以声称自己是某一学科的专家，并在出版物或互联网上发表声明（就

连有执照的人，都可能会对科学研究做出错误的解释）。

> 该信息发表在哪里？虽然优质的信息也可以在刊物（媒体）上发表，但不能保证其正确性，也不能保证它不会误导大众，因此有科学依据的说明通常都发表在可供同行专家评审的刊物上，且其中刊登的研究和检查的信息应得到该领域其他专家的评阅。

> 该报告是否基于可靠的研究？该研究是否得到了合理的解释？为了说服消费者，一些膳食补剂网站引用的研究并不是针对其产品的，或者会夸大关于其对产品研究的真相。

> 这份报告是建立在个人观察、有证据的基础之上的，还是建立在较小的、未公布的研究发现之上的？

> 提出的声明是否过于理想化而不太真实？该报告是否批判了科学界？一些生产"突破性"产品的公司有时会抨击科学家的观点。

由于可获取的营养学信息太过泛滥，因此，确保考虑到合理的科学准则就显得非常重要了。有的科学研究很难完全被理解，而有的则几乎接触不到。虽然在搜索引擎中输入问题或浏览刊物与网站非常容易，但在考虑食用某种饮食补剂或改变膳食结构之前，值得先花时间对营养方面的声明和信息进行批判性的评估。

相关执照和实践范围

营养学、膳食学和运动学，这3者对执照和证书的要求差异非常大。营养学和膳食学有一个被美国50个州都统一认可的执照，但对运动专业人员却不适用。加拿大营养师协会（Dietitians of Canada，DC）是一个管理加拿大营养学和膳食学，并发放相关执照的组织。各领域的认证可能略有不同，但大多数使用的名称是注册营养师。这两种行业（营养学和膳食学）都需要接受教育、学习技能，以便为公众提供适当的护理服务。

运动学和健康认证

在运动学领域，没有一家授权的身体管理的学术项目获得国家（美国）

认可的实践资质认证机构。任何人都可以使用运动行业的各种头衔——私人教练、健身顾问、运动生理学家等，而且，"认证"一词也可能毫无意义，这要看是在哪里得到认证的。一些证书由可靠的运动和健身专业组织颁发，而另一些也可以在网上买到，这就使公众在寻求专业的运动建议时感到困惑。更加扑朔迷离的是，许多自称营养专家的人，可能仅仅是上过周末的营养学课程，而没有接受过正式的营养学方面的培训或教育。此外，一些运动学学位的课程可能需要修一门或两门营养学课程，而有的则可能根本不需要。有限的营养教学，是无法（特别是对那些有健康问题或疾病的人）提供开展个性化的营养评估和干预所需的指导和技能的。

出于对这些因素的考虑，美国运动医学会、美国国家体能协会（National Strength and Conditioning Association，NSCA）、美国运动委员会（American Council on Exercise，ACE），以及其他专业组织提出建议，大众应寻找那些持有美国国家执照事务委员会（National Commission for Certifying Agencies，NCCA）认可证书的运动专业人员。该委员会对认证程序和之后的考查提供标准化、独立、客观的第三方评估[17]。

营养学与膳食学方面的资格

饮食与营养学会（Academy of Nutrition and Dietetics，AND）（简

拓展信息

评估网站

在互联网上充斥着很多营养学方面的错误信息。以下是一些有助于找到可靠网站的技巧：

> 谁在赞助该网站？个人、私营公司、非营利性机构或是政府机构，都会创建网站。为此，要去查看网站内容提供者的资历和培训信息，还有网站赞助者的相关信息。如果是食品或食品补剂制造商又或是贸易商赞助了该网站，那么，网站上的信息可能是可信的，但会有些偏见，所以一定要仔细评估其内容。

> 网站最近一次更新是在什么时候？营养学领域的知识不断更新发展，因而，相关信息应该是实时的。

> 检查一下网址中"."后的 3 个字母。.gov 用于政府网站，.edu 用于教育机构，.org 用于非营利性或专业组织，.com 用于商业和企业网站。其中，前两种网站通常可信度较高。

> 该网站是否不信任可靠的组织？网站作者像是可以从中获得经济收益的吗？

称学会）管理着注册营养师（RD 或 RDN，两者可以互换，我们在本书中使用 RD）的职业资格。该资格由学会的营养师注册委员会（Commission on Dietetic Registration，CDR）批准。为了有资格参加国家注册营养师的考试（National Registration Examination for Dietitians，NRED），从而获得注册营养师的资格，必须满足以下条件：（1）获得学士学位；（2）修完学会的营养学与膳食学教育认证委员会（Accreditation Council for Education in Nutrition and Dietetics，ACEND）认可的营养学与膳食学课程（DPND）；（3）完成营养学与膳食学教育认证委员会认证的膳食学实习项目，至少要有 1200

个小时有人监督的实践经历（或是国际奥委会颁发的运动营养学证书，外加 700 个小时有人监督的实践经历）。除了注册营养师的证书外，还有其他的入行执业证书，其中包括运动膳食学专家认证（Certified Specialist in Sports Dietetics，CSSD）[3]。持有该运动证书的人，具备运动膳食学方面的专业经验，并且能够在与不同运动项目的各级运动员打交道时，将这些信息转换成特定的膳食指导，同时还会进行适当的营养评估，并利用所得数据采取安全而有效的营养干预措施，旨在提升健康水平和优化运动表现[21, 43]。

目前，（美国的）46 个州、哥伦比亚特区和波多黎各，都颁布了（无

信誉良好的运动营养学组织

你可能想要花些时间了解以下这些组织，看看哪些是你最感兴趣的。

> 运动、心血管及健康营养学（Sports, Cardiovascular, and Wellness Nutrition, SCAN）。运动、心血管及健康营养学是营养与膳食学会的一个膳食实践团体。作为一个可信赖的运动营养学信息的来源，可以用它来找到运动膳食学认证专家（Certified Specialist in Sports Dietetics, CSSD）。虽然这个组织的大部分资源仅对其成员开放，但还是为消费者提供了一些公开、可用的建议书和运动营养学方面的电子文件资料的链接，以及一些运动营养学相关信息的网站。此外，其他资源也可通过购买获得。运动、心血管及健康营养学还会举办年度研讨会，并向与会者介绍当前的运动营养学相关知识。

> 体育运动营养专家（Professionals in Nutrition for Exercise and Sport, PINES）。体育运动营养专家是一个致力于促进运动营养学实践和研究的国际性组织。那些在要求接受继续教育的健康科学领域工作的人员，均可获得该组织的会员资格。此外，参加运动营养学、运动学或运动医学项目的学生，也有获得会员的资格。体育运动营养专家提供了各种运动营养学的资源，以及该领域其他组织和文件的链接。

> 美国运动医学会（ACSM）。美国运动医学会既是运动学，也是运动营养学的来源。其内部有一个营养学兴趣小组。该医学会采取多级会员制，从学生会员到各级专业会员都有。该组织不仅提供运动医学和相关建议的信息，而且对会员提供相关期刊，同时还提供与许多运动相关的认证服务。

> 美国国家体能协会（NSCA）。美国国家体能协会作为一个专业性的会员组织，其成员包括数千名顶级力量教练、私人教练，以及尽心尽力从事研究和提供教育服务的人。它不同级别的会员包括学生、非美国国家体能协会认证的个人，以及美国国家体能协会认证的专业人士。会员可以获得各种学习材料、活动信息和职业服务。

论是通过州许可还是法规认证的）营养学与膳食学的相关法规，通过国家执照或法定认证来规范膳食营养学执业状况。许多州都要求注册营养师必须获得许可，才能开展营养学和膳食学方面的业务。在这些州，违反州执业许可法是一种犯罪行为，会受到从收到制止令到被判处罚款和监禁等轻重程度不等的惩罚。法定认证将特定头衔（如认证膳食专家和认证营养师）的使用范围，限制达到州认证标准以上的人。约有 10 个州对营养学和膳食学专业人员会进行法定认证或头衔保护。对注册营养师特殊的头衔保护，意味着只有有资格的人才能拥有它们[21]。

虽然有些人可能持有营养学硕士学位或博士学位，但却不具备注册营养师资格。根据各个州情况的不同，他们在有些州是不能从事膳食学相关工作的（例如进行营养评估、干预，或提供医学营养治疗）。不过，这些人可能接受过大量的营养学教育，倒也是可靠的营养学知识来源[21]。

实践范围

州执业许可可以取代注册和证明，因此，在实施执业许可制度的州，只有持执照的人才能从事营养学和膳食学方面的工作，那么，这是否意味着只有注册营养师才可以提供相关的教育服务？答案是否定的。其他健康专家也可以探讨营养学，只要讨论内容仅涉及一般性的非医疗营养学信息即可。例如，这些人可以说"膳食纤维对肠道健康和预防便秘很重要"，这就是个一般性营养指南的例子。注意：相关指导应仅限于针对健康的个人，并要以合理的科学营养学原则为基础。开展营养评估和提供营养干预被认为是属于膳食学范畴内的活动，在某些州，需要持执业许可证才能开展此类活动。不仅如此，如果是针对病人或有健康问题的人开展相关活动，那么对营养状态的评估和营养干预就被认为是医学营养治疗（Medical Nutrition Therapy，MNT），应该只能由注册营养师来开展相关活动。

一般说来，非医学营养治疗包括任何公共性质的指导体系，比如《膳食指南 2015–2020 年》（2015-2020 Dietary Guidelines）、美国食品与药物管理局规定的供消费者阅读的食品标签、膳食营养素参考摄入量，以及我的餐盘这种互动体系。相关主题还可能包括体内各营养物质的功能，以及健康食品的准备原则，更详细的清单请参见表 1.1。在个人的执业范围内开展营养教育，在其专业许可授权下进行相关活动，这样的原则对公众有

拓展信息

证书和认证

许多组织都提供培训证书或与营养学相关的认证。一个人要想获得证书，通常需要参加（面授或在线）并完成 1 门课程。课程可以是单独一节课，也可以是一系列的课程。证书通常不会过期，也不要求持证者接受继续教育。认证还包括制订和实施一个学习计划，但通常需要继续教育并再认证。各种证书的含金量千差万别，可能有的提供了可靠的信息，而有的则无。如果你生活的州对营养学和膳食学专业人士是持许可证制度的，那么请注意，许可证将胜过任何营养学相关的证书或认证[21]。

表1.1　通用的非医学营养治疗的示例

营养学原则	该原则的应用实例
健康食品的准备原则	烤的鱼肉和鸡肉比煎的和炸的更健康
健康人日常饮食中要纳入的食物	健康平衡的饮食包括水果、蔬菜、优质谷物、瘦肉蛋白质、低脂乳制品和健康的脂类食物
营养物质对身体的作用	碳水化合物是骨骼肌肉和各器官的能量来源;铁是血红素的组成部分
健康人必需营养素的参考摄入量	另见美国农业部膳食营养素参考摄入量表格
营养缺失或过剩的影响	能量过剩会导致肥胖;缺铁会导致缺铁性贫血
必需营养素的食物来源	橙汁是维生素C的极佳来源;全麦谷物富含膳食纤维
提供有关饮食指导体系(如膳食指南、食品标签,以及选择我的餐盘)的相关信息	展示食品标签(food label)的实物或我的餐盘体系
碳水化合物、蛋白质、脂肪、维生素、矿物质和水的基本作用	蛋白质在组织的生长和修复过程中发挥着重要作用;钙是骨骼健康所需的重要矿物质;水在体温调节方面起着重要作用
给出能说明慢性病与特定营养物质过剩或缺乏之间关系的统计学信息	肥胖是Ⅱ型糖尿病的主要病因

思考时间

与运动员共事的营养学专业人士

　　你对与运动员共事的职业感兴趣吗?注册营养师可以获得运动膳食学认证专家的专业证书。该证书持有者具备开展营养学活动的专业知识,除了能够提供一般性的运动营养学指导外,还可以为运动员提供个性化的营养方案来提高其运动表现。作为注册营养师,可以与患有(或可能患有)疾病或与营养相关病症的运动员共事。在至少从事过1500个小时的运动膳食学方面的实践工作后,注册营养师便可以获得该证书。有关获得此证书的更多信息,请访问相关网站。

益，所以是值得被倡导的。在向公众传达相关信息之前，先了解你所在地区的法律，清楚自己的营养学知识处在什么样的水平是至关重要的[21]。

本章总结

营养学是一门研究食物及其营养成分对生理功能和健康作用的科学。营养学正在迅速发展，时常会有新的研究成果发布。这些科学发现被转换成营养指南，指导人们应摄取哪些食品和营养物质。宏量营养素——碳水化合物、脂肪和蛋白质——在补充能量方面起着重要作用。此外，蛋白质还有助于机体的修复。微量营养素——维生素和矿物质——在人体的生理功能中起着许多作用。水是生存必需的主要营养物质，对体温调节等多个生理机制都至关重要。各种营养素共同作用，以维持身体各系统的平稳运行。

寻找建立在实证基础之上的营养指南——这些指南已经过编辑整理、加工，以便将科学转化为适合所有个体的食品和营养选择。食品标签、膳食营养素参考摄入量，以及我的餐盘，都是一些可用于所有年龄段健康个体的膳食指导体系。虽然这些体系和工具不是专门为运动员设计的，但是，当根据所需的营养成分选择食物时，它们还是有用的。

在体力活动和健康水平之间有很强的关联。由于训练对于提高运动员的运动表现是非常必要的，因此他们的运动量通常都超过了一般体力活动指南所要求的标准。不过，运动员必须了解一些训练的基本原则——能让其在运动中获得更高效的运动表现。虽然运动表现的提高需要充分的训练，但过度训练也可能会损坏正常的生理功能，从而影响运动表现。

运动营养学是一门比较年轻的学科，它融合了营养学和运动生理学。这是一个不断变化着的领域，新的研究正在慢慢发酵。许多针对促进健康和预防疾病的营养学原理，适用于所有的运动员和运动爱好者。然而，还是有一些针对专项运动的多种营养素摄入的明确指导模式。营养学和运动营养学领域良莠不齐，因此在做出决定并实施之前，请务必先找到确凿的科学依据。开展营养学和膳食学方面的活动，在很多州都有规定，因此营养学教育的提供者必须小心谨慎地在其执业范围内开展相关活动。

■ 复习题 ▶

1. 什么是每日摄入值百分比，为什么要使用它？
2. 请解释营养成分声明和健康声明之间的区别。
3. 对于成年人的有氧训练和抗阻训练而言，一般性的体力活动指南是什么？
4. 列出影响身体成分的各种因素。
5. 请描述过度努力和过度训练的区别。
6. 你如何才能找到准确的营养学信息？
7. 运动员是否应遵循膳食营养素参考摄入量和我的餐盘的指导？请说出各自的原因。
8. 请列出定期锻炼的好处。

能量代谢

▶ 本章目标

在完成本章的学习后，你将能做到以下几点：

- 概括能量代谢和三磷酸腺苷产生的原理；
- 描述如何测量和估算能量消耗；
- 识别各个能量系统；
- 解释不同的能量系统使用什么样的能源物质；
- 解释在不同运动强度下，代谢中使用相应能源物质的原因；
- 讨论能提高运动表现的其他系统：糖异生系统（gluconeogenesis）、乳酸循环（cori cycle）和葡萄糖–丙氨酸循环（glucose-alanine cycle）等；
- 描述如何测量食物所含的能量成分。

摄取适当的能量是运动员饮食的基础，因为它有助于优化身体功能，同时也决定着宏量营养素和微量营养素的摄取能力，并协助调控身体成分。幸运的是，人体就像一个努力运转着的高效工厂，通过消化、吸收和代谢，将从食物当中摄取的化学能量，转化为肌肉收缩所需要的动能，同时也可以利用这种化学能量来合成新的产物，如化学信使（chemical messengers）或结构蛋白（structural proteins），并将部分能量储存在糖原和脂肪组织中，而且还有助于废物排出。人体能量工厂的一个关键部门就是肌肉组织。在活性肌肉组织的能量代谢中，相当于代谢工厂的部分包括细胞酶（cellular enzymes）、细胞器，以及许多负责转化和利用化学能来帮助肌肉收缩的代谢通路。肌肉代谢工厂时刻运转着，无论来自食物的化学能充足或稀少，它都总是处于应答状态。

能源物质如何为身体提供能量

笼统来讲，为包括所有化学变化在内的生理过程动用能量，就叫新陈代谢。代谢过程涉及数千种化学反应，它们可进一步分为合成代谢（anabolism）和分解代谢（catabolism）。其中，合成代谢，有时也被称为"生长"，指利用能源来合成结构单元，从而产生新分子的代谢过程。分解代谢的特征是，分解化学分子来形成可利用的能量。

"代谢通路"一词描述的是，一系列可引起分解代谢或合成代谢结果的化学反应。这些代谢通路从来不会完全不工作，并不断地对身体受到的外部刺激做出反应（图2.1）。例如，假设某人打算在下午上课前，与朋友进行较为剧烈的运动，那么在这些日子里，午餐所摄入的碳水化合物就会被分解成单糖（glucose units）。肌细胞会进一步在位于细胞质和线粒体里发生的代谢通路中，分解这些单糖，从而产生三磷酸腺苷，为肌肉收缩提供能量。一旦运动结束后，这群学生回到教室中为恢复体能吃一些香蕉，他们的身体就会吸收并消耗摄入的碳水化合物，通过合成代谢将单糖合成为糖原。

能量守恒定律指出，能量既不能凭空创造也不能凭空消失，它只会从一种形式转变为另一种形式。宇宙中"能量"的总量是恒定的。虽然能量可以从一种形式变为另一种形式，也可以从一个位置移动到另一个位置，但系统本身是从不获得或损失能量的。能量守恒定律作为热力学第一定律的一个主要组成部分是如何在人体中体现的呢？为身体提供动力的能量又来自哪里呢？虽然宇宙中有几种形式的

> **你知道吗** ❓
>
> 尽管人体中所有类型细胞的工作都需要能量，但在体力活动中，最活跃的代谢部位包括肌肉和肝细胞。它们使用的是来自宏量产能营养素的能量。

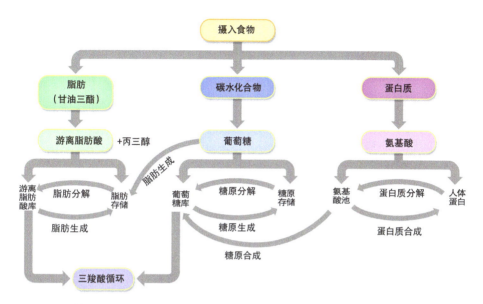

图 2.1　代谢通路。摄入的食物通过各种生物合成途径引发合成代谢

源自: L.W. Kenney, J.H. Wilmore, and D.L. Costill, 2015, *Physiology of sport and exercise*, 6th ed. (Champaign, IL: Human Kinetics), 51.

能量，其中包括热能、机械能、电能等，但是，是来自食物中的化学能为我们的身体提供能量。这种形式的能量在人类生命中是必不可少的，它的作用远不止为肌肉工作提供动力这么简单。化学能可以为许多生理过程都提供所需的能量，其中包括呼吸、泵送血液、维持体温、向组织输送氧气、去除废物、合成新组织，所有这些，都是为了生长、适应运动和压力，以及修复受损或报废的组织。即使在睡眠中，人体对能量的需求也不会停止。在清醒时身体不仅需要能量来完成上述的生理过程，还需要额外的能量来维持体力活动，以及食物的消化和吸收。

化学能来源于组成碳水化合物、脂肪、蛋白质这些营养素的分子键。这些营养素从糖原、脂肪组织和骨骼肌（尽管骨骼肌富含蛋白质，正如第 1 章所提到过的那样——它并不能充当氨基酸的备用原料）中消耗或分解而来。在本书后面的章节中还会讨论到，能量也可以来自酒精的分解过程。

这个过程的下一步便是我们的身体利用这些能量，并将它们转化为细胞所需的能量，以维持生理功能。我们的身体分 3 个阶段从食物中获取能量：第 1 阶段是消化、吸收和运输产能营养素，包括碳水化合物中的单糖、蛋白质中的氨基酸、脂质中的脂肪酸，以及酒精；第 2 阶段是将食物衍生出的小分子，更深入地分解为主要的产能代谢物。例如，从糖类中提取的单糖可以转化为丙酮酸代谢物，如一个 6 碳的葡萄糖分子经过分解，可以形成两个 3 碳的丙酮酸代谢物，其中这些重要的分子充当代谢的中间产物。这种将葡萄糖分解为丙酮酸的过程，不仅释放了可供身体利用的能量，更重要的是，它还充当了第 3 阶段的先头部队。在第 3 阶段，身体细胞能够使用产能代谢物［如丙酮酸衍生出来的乙酰辅酶 A（acetyl-CoA）］来完全分解（燃烧）这些化合物，使之转化为身体能够利用的能量形式。虽然这一过程确实以热能的形式释放了一些能量，但是人体并不擅长利用热能为细胞发挥功能提供动力，而是细胞将这种能量转化为三磷酸腺苷，因为这才是人体可以利用的化学能形式。这种能量的转换并不完全高效，在消耗食物产生的能量中，很大一部分以热能的形式损失掉了[30]。不过，我们从所摄入的食物中利用的能量，以及储存在糖原、脂肪组织中的能量，可以通过三磷酸腺苷从能量仓中持续合成。能量仓相当于能量的"银行账户"，从食物中获取的能量除了满足当下的需求外，剩余的还可以"存储"起来，以供将来使用。

人体能量代谢

为了充分理解身体如何利用能量，并将其转化为三磷酸腺苷，我们需要了解细胞内部的几个从事这项工作的核心部件。尽管身体是由各类细胞组成的，但它们都有很多相同的基本结构，来促进新陈代谢的发生。细胞的两个主要组成部分是细胞质和细胞核。其中，细胞质由细胞膜包围，由被称为细胞液（cytosol）的半流质组成。这种细胞液便是糖酵解（分解代谢过程）、脂肪酸合成和糖原合成（合成代谢过程）发生的场所。在细胞质中还有一些特殊的微型代谢工厂，称为细胞器，它们具有特异的代谢功能。毫无疑问，在谈及能量时最重要的细胞器就是线粒体了，它是细胞的发电站（图 2.2）。肝、脑、肾和肌细胞都具有相似的细胞器结构和多种线粒体。这是因为这一细胞器中存在着多条代谢通路，是能量转移机制的最后一站——在氧气的参与下，碳水化合物、蛋白质、脂肪和酒精，会通过代谢产生三磷酸腺苷、二氧化碳和少量的水。线粒体的结构包括两层具有高度特异性的膜：一层外膜和一层围绕着线粒体基质的多褶皱内膜。与细胞质中发生的重要代谢过程相呼应的是最关键的代谢通路发生在线粒体内的特异性部位。在基质中，三羧酸（Tricarboxylic Acid，TCA）循环［也称为克雷布斯循环（krebs cycle）］，可以接受来自细胞液的各种代谢物（如丙酮酸、脂肪酸和氨基酸），接着氧化形成乙酰辅酶 A（图 2.3）。在三羧酸循环中，乙酰辅酶 A 的分解过程被称为氧化脱羧（oxidative decarboxylation）。这个过程破坏碳链，产生与辅酶结合的自由电子，辅酶将电子携带到电子传递链（Electron Transport Chain，ETC）。电子传递链由一系列复杂的蛋白质通道组成，这些通道接受来自辅酶的电子。该过程利用能量来促成三磷酸腺苷的最终形成，这一步被称为氧化磷酸化（OP）。三磷酸腺苷常被称为我们身体执行工作的"货币"（分子单位），是驱动细胞发挥其功能最基本的能量分子。催化酶在生成三磷酸腺苷的过程中发挥了关键作用——这些酶与一种被称为辅酶的、更小的维生素衍生分子相结合，可以加速三磷酸腺苷生物合成通路的化学反应。 具体而言，它们和还原态黄素腺嘌呤二核苷酸（$FADH_2$）作为重要载体，携带着在分解代谢中以能量形式释放出来的电子，将其传递给电子传递链，用于三磷酸腺苷的合成。在

产能营养素——碳水化合物、脂肪和蛋白质——被分解时，碳链会被分解酶切断。这一过程释放出必须得到利用的高能电子，这些电子被带到三磷酸腺苷的生产场所——电子传递链。为了实现这一点，这些电子会附着在特殊的电子受体分子——氧化态烟酰胺腺嘌呤二核苷酸（NAD^+）和完全氧化态黄素腺嘌呤二核苷酸（FAD）上。这两类分子分别是 B 族维生素烟酸和核黄素的衍生物，且带有几个能量转移点。在这些点上，氧化剂形态的 NAD^+ 和 FAD 接受两个高能电子和两个质子（$2H^+$），以形成还原态烟酰胺腺嘌呤二核苷酸（NADH）和还原态黄素腺嘌呤二核苷酸（$FADH_2$）。

将能量转化为身体可以利用的形式

我们体内每时每刻都在使用着三磷酸腺苷，只要生命还在，这种使用就会持续进行着。三磷酸腺苷开启了葡萄糖和脂肪酸的完全分解和氧化，也为能源消耗这一过程提供了动力，

氧化（LEO）和还原（GER）/"狮子列奥说变身"

在合成三磷酸腺苷的过程中，当丙酮酸和乙酰辅酶 A 形成时，碳 - 碳键会被打破，电子会被转移。此外，代谢产物也会在三羧酸循环中产生。我们可以用一句有用的助记话来帮助记住电子运动和分子电荷变化的过程：当分子失去电子时，分子就被列奥（氧化）（LEO）了；当分子获得电子时，分子就被变身（还原）（GER）了。

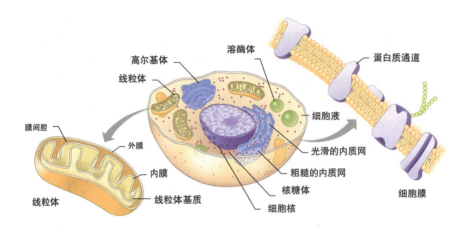

图2.2　产生三磷酸腺苷必需的细胞结构和细胞器

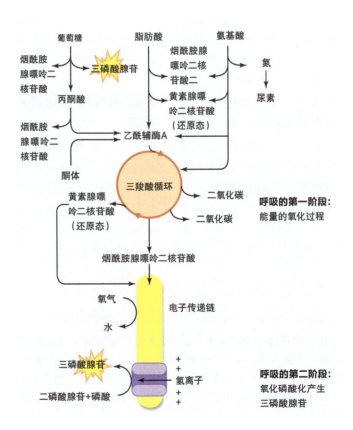

图2.3　产生三磷酸腺苷所需的呼吸代谢各阶段

比如即使少吃了一顿饭也可以利用体内的三磷酸腺苷为身体制造新的葡萄糖。三磷酸腺苷在生物合成中的角色类似于建筑施工。为了将较小的分子合成较大的分子，需要消耗能量来形成化学键和物理结构，这正如建筑工人需要铺设砖块作为新建筑的基础一样。

生产三磷酸腺苷是新陈代谢的产能通路的基本目标。三磷酸腺苷分子具有 3 个连接到有机分子腺苷上的磷酸基团。当磷酸键断裂时，大量的能量被释放出来，细胞可以利用它来为生物活动提供动力。当第 1 个磷酸腺苷键从三磷酸腺苷中断裂时，会留下仍富含能量的二磷酸腺苷（ADP）和一个游离的无机磷酸分子（Pi）。打破

剩余的磷酸键，会释放出稍少一些的能量，并将二磷酸腺苷分解为单磷酸腺苷（AMP）和无机磷酸基团（P_i）。在正常情况下，细胞中单磷酸腺苷的含量非常低，因为二磷酸腺苷不断被再磷酸化为三磷酸腺苷，然而，随着（身体对）能量需求的增加，生理过程越来越依赖从二磷酸腺苷到单磷酸腺苷的转化，尽管这种转化是低效能的。单磷酸腺苷可以与二磷酸腺苷和三磷酸腺苷互相转化（图 2.4），它只含有一个磷酸根，所以不含有任何高能磷酸键。无机磷酸分子既可以脱离腺苷释放能量，也可以利用从碳水化合物、蛋白质和脂肪中提取的能量，再与腺苷结合。其中，最常见的是结合了一个磷酸基团的二磷酸腺苷再形成一个磷酸键，获取能量生成新的三磷酸腺苷分子。当身体需要能量时，

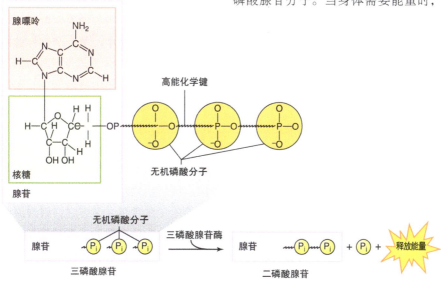

图2.4 三磷酸腺苷的能量传递过程

反应会朝反方向进行，即磷酸键断开，并在形成二磷酸腺苷时释放能量。这些能量被用来驱动肌肉收缩、穿透细胞膜运输物质、生成新的分子、启动其他生理活动等。三磷酸腺苷并不是储存能量的分子——事实上，人体内三磷酸腺苷储量是非常小的（约100克），它们可以即时产生能量，但只能满足几秒的用量需要。三磷酸腺苷的产生速度，与肌肉质量和身体不断变化着的能量需求直接相关。例如，当休息时身体会在24小时内用掉大概40千克（90磅）的三磷酸腺苷；在剧烈运动或体力活动开始时，身体每分钟可能会快速分解掉0.45千克（1磅）的三磷酸腺苷，同时，三磷酸腺苷的合成速度也会飞快增长，以跟上肌肉快速收缩时对能量的需求。

人体所使用的能量系统

在讨论三磷酸腺苷生成的特点，以及每一种宏量产能营养素是如何被用来（通过特异性的和通用的代谢通路）产生三磷酸腺苷之前，系统地对三磷酸腺苷的生成进行分类是很有用的，这不但可以帮助我们深入理解三磷酸腺苷生成的本质，而且还有助于在实际生活中的应用——不同的系统是如何满足不断变化的三磷酸腺苷需求的。如前所述，身体会轻易地利用饮食中或身体储备的碳水化合物和脂肪来合成三磷酸腺苷。虽然蛋白质也会发挥作用，但相对而言要小得多。在能量代谢中，碳水化合物、脂肪和蛋白质都被认为是底物。底物是一种分子，酶对其发挥作用——在其变化过程中创造出不同的代谢产物，从而产生三磷酸腺苷。碳水化合物、脂肪和蛋白质是3种主要的能源物质，而第4种底物则是磷酸肌酸（PCr或CP）。你可能在健身房里听说过这种化合物，这是一种流行的膳食补剂（我们会在第9章更多地讨论补剂）。

在肌肉组织中，磷酸肌酸可分解为肌酸成分和磷酸基团成分。正是磷酸肌酸化合物中存在的这种额外的磷酸基团，可用来将二磷酸腺苷再次合成三磷酸腺苷，这一过程描绘的就是磷酸原系统（ATP-CP系统）。该系统专门利用磷酸肌酸再生成肌肉组织中的三磷酸腺苷。除了磷酸原系统外，身体还有另外两个使用宏量产能营养素来生成三磷酸腺苷的能量系统。这两个系统分别被称为无氧酵解系统和有氧系统。其中，每一个这样的能量系统都可以从以下这些方面来描述一番：其代谢通路的复杂性、三磷酸腺苷生成的速率或速度、生成三磷酸腺苷的能力，以及当需要三磷酸腺苷时产生大量三磷酸腺苷所需的延迟时间。表2.1描述了在不同的体育活动中，每个能量系统对生成三磷酸腺苷的相对贡献程度。简言之，磷酸原系统使用体内储存着的三磷酸腺苷和磷酸肌酸来支持短时间内的能量爆发；无氧酵解系统会燃烧碳水化合物并产生乳酸，足以支撑长达几分钟的运动；有氧系统消耗多种底物并结合氧气，

小窍门

我们身体中，大约有一半的肌酸来自对肉类和鱼肉的消耗，而另一半则来源于肝脏、肾脏和胰腺中的氨基酸。根据肉类消耗量的多少，这些生理过程合计每天可以产生 1~3 克的肌酸，它们可以转化为磷酸肌酸储存在我们的肌肉中，以帮助生成三磷酸腺苷。素食主义者，包括那些不摄入磷酸肌酸补剂的严格素食者，已被证明其肌肉中的磷酸肌酸储存量比吃肉或摄入补剂的同龄人要低[5]。这就导致当高强度、短时间的爆发力对竞赛而言很重要时，他们动用磷酸原系统生成三磷酸腺苷的能力可能会较弱。

可维持持续几十分钟至几小时的运动。在任何一个既定的时间点，这些能量系统都会在一定程度上生成三磷酸腺苷，哪怕产量微不足道，也没有哪个能量系统停歇下来。图 2.5 说明了在任意一个时间点，身体的不同组织生成三磷酸腺苷的相对比例不断变化的情况。

在运动与锻炼领域，我们考虑的是，在强度差别很大的不同状态下——从睡眠到坐着玩游戏或到平稳的运动、再到高强度、刚停下就要启动的运动，这些肌肉当中的能量系统是如何整合起来生成三磷酸腺苷的。

在详细研究每个能量系统之前，让我们先回顾一下可以用来生成三磷酸腺苷的几个化学能量来源。如上所述，磷酸肌酸（phospho）是磷酸原系统所特有的。碳水化合物类物质会促成血清葡萄糖（也被称为血糖、肝糖原和肌糖原）的生成。脂肪会促成游离脂肪酸（FFAs）、血清甘油三酯（TG）、肌肉血清甘油三酯和脂肪血清甘油三酯的生成。蛋白质可促成肌蛋白的生成，但在大部分情况下量非常少。如果我们把这些能储存的来源考虑成身体可以消耗的总热量的话，那么，储存起来的脂肪血清甘油三酯的热量值最高，从理论上讲可以提供数万卡路里的热量；其次是肌蛋白，在脂肪组织所能提供的热量当中，只有不到一半来自肌蛋白。我们当然不想习惯于通过消耗肌肉组织来满足自身的能量需求，因为这会减少肌肉的重量和力量。幸运的是，储存起来的脂肪组织和任何可用的碳水化合物，

表2.1　各能量系统对生成三磷酸腺苷的相对贡献程度

	磷酸原系统	无氧酵解系统	有氧系统
在家附近散步	第3	第2	第1
百码（约91米）短跑	第1	第2	第3
足球比赛	第3	第1	第1
马拉松	第3	第2	第1

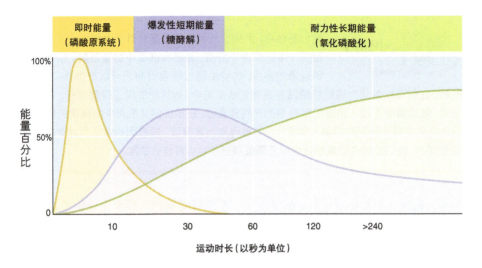

图2.5　能量转化的3个系统，在持续时间不同的全力运动中，它们各自对总产能的贡献百分比

都能满足人体的能量需求。

　　虽然听起来我们体内好像有近乎无限的能量储备可用于运动或锻炼，但是有几个变量会影响我们获取这些能量的能力。有些障碍与锻炼的实际情况有关，加上疲劳会影响持续锻炼，这又进一步制约了机体最大限度使用能量储备的能力，而其他限制能量系统生成三磷酸腺苷的相关变量则是因为达到了其瓶颈。至于储存在体内的脂肪，用于运动或训练的能量，只占脂肪中储存的数千卡能量的一小部分。显然，我们是不能耗尽这种能量储备源的。此外一个关键之处在于，在体内发现的能够供给能量系统生成三磷酸腺苷的宏量产能营养素当中，只有碳水化合物是能被无氧酵解系统利用的。相比之下，有氧系统可以利用并完全分解所有的宏量产能营养物质。

　　尽管从表面上看，应该提高有氧系统的效率，以最大限度地利用我们体内储存的能量源，但事实并非如此简单。与所有能量系统一样，有氧系统在生成三磷酸腺苷的过程中也面临着种种障碍，其中最大的障碍是氧气供应。如果没有足够的氧气输送到肌肉，三磷酸腺苷的生成就会受到严重影响。此时，其他能量系统必须加快工作，以满足三磷酸腺苷的供应需求，否则运动便不能继续。

磷酸原系统

　　磷酸原系统仅依赖从磷酸肌酸中释放出来的无机磷酸分子就能生成三磷酸腺苷，所以它本质上不是一个很复杂的能量系统（图2.6）。最短的时间延迟和三磷酸腺苷生成的速度是这个系统最突出的特性。磷酸原系统是

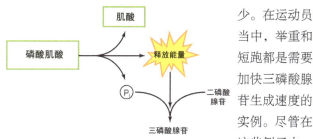

图2.6　磷酸原系统

生成三磷酸腺苷速度最快的能量系统，因为它是一种非常简单的化学反应（不被定义为代谢通路），所以不存在滞后时间，几乎立刻就会生成三磷酸腺苷。尽管有以上这些突出的特性，但该系统生成三磷酸腺苷的能力还是受到肌肉组织中磷酸肌酸底物数量的严重限制。这种限制会制约该系统的实用功效，使其不能维持几秒以上持续地产生大量三磷酸腺苷。

　　究竟能维持几秒，取决于肌肉组织中磷酸肌酸的浓度和体育运动或锻炼所要求的强度（这会直接影响完成运动所需三磷酸腺苷的量）。身体的全力运动可以开发这一能量系统，会立即刺激简单的代谢反应不断发生，直到磷酸肌酸底物在参与运动的肌肉群中被消耗完。当你必须快速移动身体或搬运一个重物时，就是这个能量系统运作的最佳例子。"重"意味着某种高强度（的系统工作）——立即产生出呈指数形式增加的三磷酸腺苷需求量，但也可以被磷酸原系统满足。这些例子与你将手快速地从键盘移动到鼠标等动作明显不同——后者这种程度的用力需要用到的三磷酸腺苷很

少。在运动员当中，举重和短跑都是需要加快三磷酸腺苷生成速度的实例。尽管在这些例子中，磷酸原系统确实能影响运动表现，但在现实中，运动员只有在使出全力剧烈移动其身体或某物体时才会依赖磷酸原系统，直到磷酸肌酸耗尽为止。这种情况可以在某项持续时间只有几秒的运动中发生，或者当运动强度增加时，磷酸原系统可作为一个过渡的能量系统使用，直到其他系统来帮忙恢复产能效率为止。

无氧酵解系统

　　无氧酵解系统可以促进三磷酸腺苷的生成，并且比磷酸原系统要复杂得多。该系统以一个被称为糖酵解的12步反应过程为特点。在这个系统中三磷酸腺苷的生成速度很快，仅略次于磷酸原系统。当全力运动持续超过10秒时，无氧酵解系统的高运行速度，使其随时可以从磷酸原系统那里接过能量传递之棒，成为主要的三磷酸腺苷生成系统。为说明此过程200米短跑就是一个很好的例子，在离开

起跑器后的最初几秒内，腿部肌肉中的磷酸肌酸储存量会迅速下降，这时无氧酵解系统便开始猛增其三磷酸腺苷的产量。尽管无氧酵解系统生成三磷酸腺苷的滞后时间比磷酸原系统要长几秒，但该系统生成三磷酸腺苷的能力明显更强，这是因为糖酵解系统有更多的碳水化合物形式的底物可以利用。不过与有氧系统相比，糖酵解系统在这方面又略显不足了。

糖酵解是一条重要的代谢通路，它发生在细胞质中，并且与无氧、有氧能量代谢系统都有关系。糖酵解将一个 6 碳的葡萄糖分子分解为两个 3 碳的丙酮酸分子和电子的载体——还原态烟酰胺腺嘌呤二核苷酸和还原态黄素腺嘌呤二核苷酸。糖酵解最终会以丙酮酸的合成而结束，同时还会产生极少量的三磷酸腺苷。发生在无氧系统与有氧系统中的糖酵解过程之间最关键的区别是：无氧糖酵解发生在线粒体中，在没有足够氧气的情况下会导

肌酸补剂：有几个问题需要讨论

许多运动员都会通过食用含有磷酸肌酸的膳食补剂来增加力量和改善肌肉质量，结合以全面的饮食和锻炼计划，这对于一些人来说可以成为一个有效的策略。肌酸补剂是否有效与许多机制有关[9]，其中包括增加肌肉中的磷酸肌酸浓度，以生成一个较大的无机磷酸分子能量池，在短期的高强度发力中，要花较长时间才能耗光这个能量池。磷酸肌酸补剂（通常每天摄入5~20克）中所含的磷酸肌酸，比从饮食中获取并由身体自然合成的多3~4倍。肌酸补剂可以增强磷酸原系统，这样，开展活动需要用到该系统的举重运动员就能够举起更大一点的重量，完成更多的练习次数。这个过程有助于分解更多的收缩性蛋白质，从而刺激肌肉变大、变结实。尽管这听上去很棒，并且在很多情况下能帮助运动员实现力量增长的目标，但还是有一些需要注意的。例如，并非每个人都对肌酸补剂有反应；膳食补剂制造商不需要向美国食品与药物管理局证明其安全性，这意味着无法100%保证该产品是安全的，且不含有违禁物质。不过，许多膳食补剂公司都声称已通过第三方测试，并确保其产品的安全系数较高。尽管有一些质疑其长期安全性的传闻报道和争论，但得到的大多数证据都表明摄入肌酸是安全的。事实上，目前正在进行着许多研究，以观察补充肌酸对心血管疾病、帕金森，以及轻微创伤性脑损伤（脑震荡）患者，是否有健康方面的益处。尽管人们对肌酸的补充及提高其安全性的兴趣日益增加，但还是应及时了解对肌酸安全性研究的动态，特别要关注长期（多年）使用肌酸者、带有疾病或那些肌酸是其药物禁忌的成年运动员，以及年轻人和尚未发育的少年儿童使用肌酸的情况。虽然对少年运动员是否能使用肌酸仍然存在着争议[9]，但国际运动营养学协会还是为青少年使用肌酸提供了一份审慎的指导意见[4]。关于肌酸的进一步讨论，请参阅第 9 章。

致大部分丙酮酸转化成乳酸。反过来，如果有氧气参与的话，丙酮酸就会在线粒体的有氧代谢系统中，通过其他代谢通路产生出更多的三磷酸腺苷。

在无氧酵解系统（图 2.7）中，丙酮酸的氧化（供给电子）会形成两个分子的乳酸。之所以会这样，是因为在厌氧环境中，线粒体参与生成三磷酸腺苷的程度会大大降低。这样，称某种运动"无氧"或"缺失氧气"，与称其为"无线粒体"意思基本相同。在这种情况中，无氧糖酵解就是产生三磷酸腺苷为肌肉剧烈收缩提供能量的唯一有效方式。为了使这个能量系统能够自己运作起来，还必须让丙酮酸接受氢离子产生乳酸。同样通过糖酵解产生的还原态烟酰胺腺嘌呤二核苷酸（氢离子的载体），会被乳酸脱氢酶（LDH）氧化，变成氧化剂形态的酰胺腺嘌呤二核苷酸。这使得葡萄糖能不断地分解为丙酮酸，并生成三磷酸腺苷。

乳酸脱氢酶通过从还原态烟酰胺腺嘌呤二核苷酸中回收氧化态的烟酰

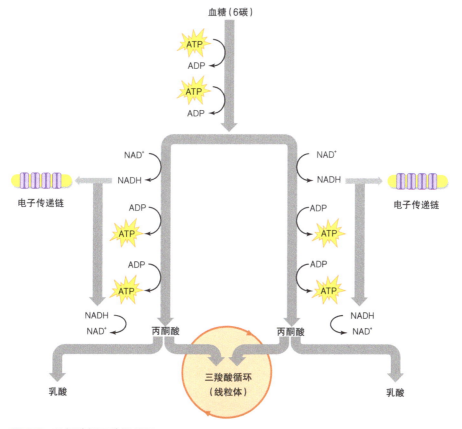

图 2.7　无氧酵解系统概况图

源自：NSCA, 2015, Bioenergetics of exercise and training, T.J. Herda and J.T. Cramer. In *Essentials of strength training and conditioning*, 4th ed. edited by G.G. Haff and N.T. Briplett（Champaign, IL: Human Kinetics）, 47.

胺腺嘌呤二核苷酸来完成该过程。当乳酸盐（乳酸释放氢离子后剩下的共轭碱）浓度较高时，乳酸脱氢酶会表现出反馈抑制，同时丙酮酸转化为乳酸的速度也会变慢。细胞液中尚未释放出氢离子的还原态烟酰胺腺嘌的最终命运取决于线粒体可用的氧气量。如果氧气有限，还原态烟酰胺腺嘌与丙酮酸反应，在乳酸脱氢酶的催化下，嘌二核苷酸失去电子被氧化并生成氧化态烟酰胺腺嘌呤二核苷酸，丙酮酸被还原成乳酸。如果线粒体内氧气充足，嘌二核苷酸就能够被运到线粒体内的电子传递链，供有氧能量系统工作使用。无氧酵解系统的基本工作流程概况见图 2.7。

　　与无氧系统工作相关的肌肉氧气不足，导致这一大堆现象发生，并不是人为屏住呼吸造成的，而是向具有较高三磷酸腺苷需求的活跃肌肉细胞输送氧气的过程在一定程度上受到了影响。比如，训练有素的短跑运动员在进行100米或200米的比赛时就会出现这种情况。以比赛的速度全力运动对三磷酸腺苷的需求量非常大，而要想通过提高呼吸速度输送足够的氧气，在生理上是无法实现的。由于通过吸入来摄取氧气，以至到比赛结束时为止，它都必须经肺部进行处理，再输送到活跃的肌肉细胞中，因此，无氧系统便在磷酸原系统不足时顶替了上去，以满足身体对三磷酸腺苷的需求。对于一个习惯久坐的人在刚刚开始练习跑步时，无氧代谢系统也是

非常重要的。因为即使低强度的运动在未经训练的肌肉中，氧含量不足的情况仍然比受训运动员的更加普遍。久坐的人在第1个训练日开始跑1英里（约1.61千米）时，磷酸原系统会立即被激活，之后不久被激活的才是无氧酵解系统，或是有氧系统，这要取决于线粒体可利用的氧气量。如果这个之前久坐的人逼自己持续用比以往更快的速度奔跑，他将不得不明显依赖无氧酵解系统。虽然无氧酵解系统对满足高强度爆发力运动的能量需求而言特别重要，但它不仅会受到自己产生氢离子（氢离子会降低 pH 值，从而增加肌肉组织的酸度，这便是造成肌肉疲劳的一个重要因素。）的限制，也受到可利用底物的限制，因为该系统只能使用碳水化合物作为底物。随着时间的推进，反复训练，肌肉可以通过改善缓冲机制——限制氢离子引起组织 pH 值下降的机制，来产生针对肌肉组织酸度的生理适应性变化。其他一些生理适应性变化包括改善肌肉处理乳酸的能力、提高磷酸原系统的能力、促进氧气输送到工作肌等诸多机制。可以说，高强度无氧训练带来的最重要的生理适应性变化是，提高了肌肉在无氧系统中储存和使用碳水化合物的能力。由于当在最高强度（相当于最大摄氧量的90%~100%，营造了肌肉的无氧环境）下训练和比赛时，碳水化合物是唯一可利用的能量来源，因此，摄入充足的碳水化合物对高强度运动的表现至关重要。如果摄入的碳

水化合物不够多，碳水化合物就会成为非常有限的能量，以致发力的强度将不可避免地降低。

有氧系统

有氧代谢系统是 3 种能量系统中最复杂的。该系统囊括了多种通路，以处理各种宏量产能营养素，用于生成三磷酸腺苷（图 2.8）。这些通路包括脂肪的 β- 氧化、糖酵解、脱氨（蛋白质）、三羧酸循环和电子传递链。相比之下，磷酸原系统不使用代谢通路，而无氧酵解系统则仅使用糖类。有氧系统要求有足够的氧气供线粒体使用，这些氧气用于在电子传递链内

发生的最后一组代谢反应，充当最终的电子受体。由于有氧系统对氧气是有需求的，因此与磷酸原和糖酵解系统相比，其生成三磷酸腺苷的最大速度相对较慢。这是因为它要花时间将我们通过呼吸从空气中摄取的氧气输送到线粒体基质。不过，这也导致了在所有的能量系统中，其增加三磷酸腺苷产量的滞后时间是最长的。磷酸原和无氧系统可以立即或者在开始运动后的几秒内启动，而有氧系统则可能需要几分钟才能生成足够的三磷酸腺苷，来为一个人在有氧能力范围内的工作负荷提供能量。有氧能力是一个运动员每分钟内每千克体重所利用

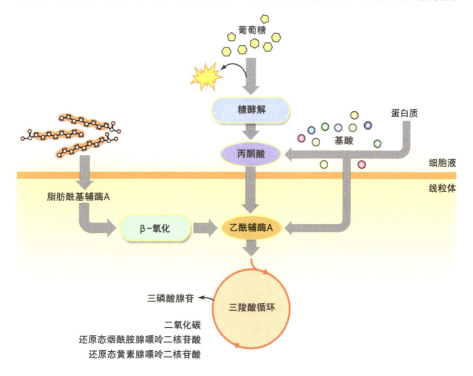

图2.8 有氧系统给氧化通路中的脂肪、碳水化合物和蛋白质留了入口

源自：A. Jeukendrup and M. Gleeson, 2010, Fuel sources for muscle and exercise metabolism. In *Sport nutrition* (Champaign, IL: Human Kinetics), 52.

的最大氧气量（ml/kg×min），以毫升为测量单位。有氧系统生成三磷酸腺苷这一代谢途径用途广泛，有氧能力可以用来估算肌肉在有氧条件下可利用的最大氧气量，这也和有氧健身以及当运动强度增加时，一个人可依赖有氧系统的时长紧密相关（图 2.9）。

"有氧能力"这个术语通常与最大摄氧量一起使用，后者指某人可以使用的最大氧气量。随着运动强度的增加，每个人都会出现一个自己不断接近的最大摄氧量。一旦（肌肉的）耗氧量达到峰值，再需要额外的三磷酸腺苷都必须由无氧系统来生成。一个人可以通过反复的、测试最大摄氧量极限的有氧训练，在其遗传潜能范围内增加自身的最大摄氧量，从而提高肌肉在有氧条件下，利用宏量产能营养素生成三磷酸腺苷的能力。

有氧能力不同于有氧系统生成三

拓展信息

在高海拔地区开展训练

　　我们都听说过，运动员前往高海拔地区（超过 2000 米的地方）训练，准备未来的比赛。他们这样做是为了努力让代谢产生变化，以适应含氧量较低的空气环境。虽然有几个理由证明了这样做是有利于运动员代谢的，但应注意到的一个基本问题是，有限的氧气供应会影响身体氧化代谢燃料的能力。随着运动员在这种环境中训练时间的增加，他们的身体将开始做出代谢方面的适应性变化，以提高有氧系统的效率。此时，最需要确保其无氧系统有足够多的增加三磷酸腺苷产量所需的能量底物。由于空气中的氧气含量本来就有限，因此线粒体内的缺氧状态会随着运动强度的增加而更快地到来。在 3~6 周短暂的适应阶段内，摄取足够的碳水化合物至关重要，因为它是唯一可供无氧酵解系统使用的能源物质。

磷酸腺苷的能力。在理论上，当可利用的氧气充足时，有氧系统生成三磷酸腺苷的能力是无限的。这就是为什么人体在休息时是以有氧系统作为三磷酸腺苷的生成系统的。此时，它可以很方便地利用碳水化合物和体内储存的似乎无穷多的脂肪，来满足人体对化学能量的需求。对受过良好训练的运动员而言，其心血管、肌肉和代谢的适应性都很好，能够更有效地摄取氧气并将其输送给肌肉组织。他们对有氧系统的利用，要比我们看到的经常久坐或未经训练的人有效得多。和未经训练的人相比，训练有素的运动员不仅能够在运动过程中更早利用有氧系统去满足大部分的三磷酸腺苷需求，而且持续利用有氧系统的时间也要长得多，甚至还能在相对更高的运动强度下利用有氧系统。让久经训练的运动员在有氧环境下生成三磷酸

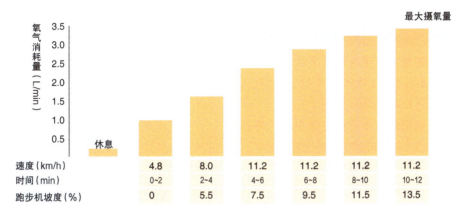

图2.9　当运动强度增加，但耗氧量不再增长到预期值，甚至轻微下降时，就达到了最大摄氧量

腺苷的能力受阻的原因，是因为获得了让三羧酸循环得以顺利进行的某些碳水化合物，或者可能遇到了最终令运动或比赛停止的肌肉疲劳情况。这意味着一些精英的耐力运动员，如铁人三项和超级马拉松运动员，可以保持 8 小时以上的有氧运动！

　　总之，人体的 3 种能量系统紧密配合，根据运动强度的不同生成三磷酸腺苷。运动强度决定着为肌肉收缩提供能量的三磷酸腺苷需求量和氧气的供应量。在有氧系统和无氧系统中，糖酵解途径是不会改变的，只有丙酮酸去向的不同。为了让宏量产能营养素在有氧环境下生成三磷酸腺苷，各营养素会以其特有的代谢通路开启分解过程：碳水化合物参与糖酵解，蛋白质参与脱氨，脂肪参与 β - 氧化。一旦这种初始分解代谢过程完成后，来自各分解源的代谢物就会从不同的入口点进入三羧酸循环，从氧

化脱羧反应中产生高能电子，从而完成电子传递链中的三磷酸腺苷的生成循环。

能量的分解与释放

　　在碳水化合物、脂肪和蛋白质完全分解的最初几步中，会涉及几条代谢通路。不过，随着各宏量营养素分解过程的推进，它们最终都会进入两条共同的代谢通路：三羧酸循环和电子传递链。在本节中，我们将从碳水化合物分解的概述开始，讨论蛋白质和脂肪分解的步骤。

来源于碳水化合物的化学能

　　身体中的大多数细胞都通过 4 种代谢过程从碳水化合物中提取能量：糖酵解、丙酮酸转化为乙酰辅酶 A、三羧酸循环和电子传递链。其中，有葡萄糖参与的每条代谢通路，都会产生不同数量的三磷酸腺苷。例如，在糖

无氧酵解过程中，一个葡萄糖分子只能产生少量的三磷酸腺苷（+2ATP），但葡萄糖在电子传递链末端的完全有氧分解过程中，则会产生约 16 倍的三磷酸腺苷量（+30~32ATP）。

糖酵解发生在细胞液中，不需要氧气的参与便可进行。在代谢过程中，一个 6 碳的葡萄糖分子会分解为两个 3 碳的丙酮酸分子。这一分解过程要求每个葡萄糖分子携带 2 个三磷酸腺苷，通过反应会产出 4 个三磷酸腺苷，从而净得 2 个三磷酸腺苷 +2 个还原态烟酰胺腺嘌呤二核苷酸 +2 个丙酮酸。这种反应所需的三磷酸腺苷起到了"泵起作用"，以启动一系列的酶促反应。

在肌细胞中，葡萄糖是唯一可以被吸收的单糖类碳水化合物——肌肉一旦吸收了葡萄糖就不会放走它。肌肉通过向葡萄糖中加入磷酸基团，将其转化为葡萄糖 -6- 磷酸（G-6-P）来吸收葡萄糖。葡萄糖 -6- 磷酸的结构使其不能离开肌细胞，这便锁定了葡萄糖的去路——它要么参与糖酵解的分解代谢（当能量需求较高时），要么参与糖原生成的合成代谢（当能量需求较低时），从而以糖原的形式，将碳水化合物作为未来可使用的能量资源储存起来。其他的单糖、果糖和半乳糖呢？我们饮食中的这些糖类被肝脏吸收，进一步代谢为葡萄糖，可以作为肝糖原储存起来，或直接以葡萄糖的形式释放到血液中。

有氧能量系统过程的下一步，是将丙酮酸转化为乙酰辅酶 A。这是一个高度规范的过程，需要考虑细胞的能量需求（需要多少三磷酸腺苷来维持肌肉的工作）和细胞内可利用的氧气量。丙酮酸脱氢酶复合物（PDC）将来自糖酵解的丙酮酸转化为乙酰辅酶 A，用于三羧酸循环。从细胞内得到的二磷酸腺苷相对于三磷酸腺苷的可用浓度、氧化态烟酰胺腺嘌呤二核苷酸和完全氧化态黄素腺嘌呤二核苷酸（接受用于能量转移的电子和质子）的可获得性等反馈信息，可以协助调控这个过程。例如，细胞内高浓度的三磷酸腺苷表明能量充足，这将会减缓丙酮酸向乙酰辅酶 A 的转化；相反，二磷酸腺苷的浓度高则表明能量不足，需要加快将丙酮酸转化为乙酰辅酶 A。影响该转化通路的一个最重要的因素是氧气的供应量。当细胞需要能量且有充足的氧气时，线粒体中发生的有氧代谢就会将每个丙酮酸分子都转化为一个乙酰辅酶 A 分子。该反应产生一对电子以形成还原态烟酰胺腺嘌呤二核苷酸，同时还产生二氧化碳。还原态烟酰胺腺嘌呤二核苷酸随后将电子传递到电子传递链。在肌细胞内，丙酮酸到乙酰辅酶 A 这一转变过程才最好地诠释了"氧的可利用性"。健康人在休息时，身体向肌细胞输送氧气并不是特别困难的事，但开始运动后就有点困难了。运动中的肌肉能否方便、快捷地获得氧气，取决于两件事情：个人的有氧能力和运动项目的相对强度。随着运动强度的增加，健康状况不佳的人对氧气的利用效率会下降得较快。健康的人对运动有了生理适应性，能更有效地向运动肌输送氧气，并且在高强度的运动下还能维持氧气的可利用程度。从新陈代谢的角度看，每个人都有运动强度的极限。即使是健康的运动员，在不能获得氧气时，丙酮酸向乙酰辅酶 A 的转化也会停止。

尽管许多代谢通路都是既可正向也可反向的，但乙酰辅酶 A 在氧气充足的情况下一旦开始形成，就是不可逆的。为了合成乙酰辅酶 A，代谢反应会从 3 碳的丙酮酸中去除 1 个碳，并加入一种辅酶 A（从维生素 B- 泛酸中衍生出来的）。在与氧气结合后，被去除的碳会作为二氧化碳的一部分释放出来。该过程始于 2 个丙酮酸分子，结束于 2 个还原态烟酰胺腺嘌呤二核苷酸和 2 个乙酰辅酶 A 分子。丙酮酸产生的乙酰辅酶 A 被限制在线粒体内，准备进入三羧酸循环。

三羧酸循环和电子传递链的这些依赖氧气的反应，以三磷酸腺苷的形式释放出大量能量。三羧酸循环发生在线粒体中，通过氧化过程（即断开碳 - 碳键，释放出电子）获得乙酰辅酶 A 的乙酰基部分（CH_3COO^-），并产出 3 个还原态烟酰胺腺嘌呤二核苷酸分子 、2 个二氧化碳分子以及还原态黄素腺嘌呤二核苷酸和鸟苷三磷酸（GTP）（一种类似于三磷酸腺苷的能量载体）各 1 个分子。当三羧酸循环过程开始时，乙酰辅酶 A 与草酰乙酸结合，释放出辅酶 A 并产生一种被称为柠檬酸的 6 碳化合物。然后，辅酶 A 会与一个新的丙酮酸分子结合以得到再回收，形成另一个乙酰辅酶 A。在三羧酸循环中随后进行的一系列反应，会将柠檬酸转化为一系列中间化合物，除去 2 个额外的碳（释放出高能电子），并释放出 2 个二氧化碳分子。三羧酸循环的最后一步是，再生成草酰乙酸（图 2.10），它会接着与丙酮酸反应生成柠檬酸，重新开始一个循环周期。三羧酸循环在产能方面的主要用途是，从氧化脱羧过程中提取大部分能量用于控制高能电子和质子，以便将其输送给电子传递链。对于进入该循环的每个乙酰辅酶 A 分子来说，一个完整的"循环"或"转化"会产生 1 个鸟苷三磷酸，并将成对的高能电子转变成 3 个还原态烟酰胺腺嘌呤二核苷酸分子和 1 个还原态黄素腺嘌呤二核苷酸分子。这让人想到一个葡萄糖分子在无氧环境下，会分解产生 2 个乙酰辅酶 A 分子，而三羧酸循环则会将提供给它的乙酰辅酶 A 进行"转化"。这会产生两倍的高能电子的载体（6 个还原态烟酰胺腺嘌呤二核苷酸分子，2 个还原态黄素腺嘌呤二核苷酸分子和 2 个鸟苷三磷酸分

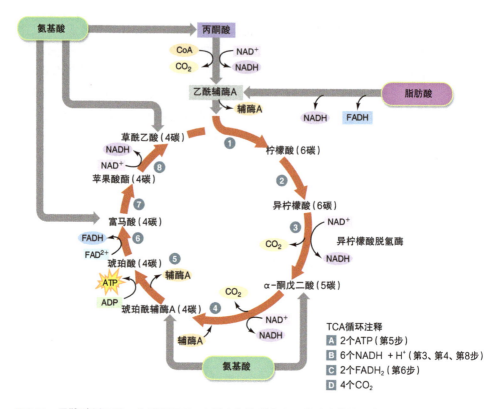

图2.10　三羧酸循环是一条代谢通路，它是有氧代谢产生三磷酸腺苷的一部分

子）。除了提供足够的电子使辅酶的能量向电子传递链传递外，三羧酸循环也是氨基酸和脂肪酸生物合成的一个重要来源。当三磷酸腺苷可以满足细胞的能量需求时，三羧酸循环的中间分子可以离开循环并加入到生物合成的代谢通路中去。例如，在能量过剩（摄入的热量大于运动消耗掉的热量）时，柠檬酸可以离开三羧酸循环 TAC，用作合成脂肪酸的底物。

电子传递链产出大部分三磷酸腺苷可供葡萄糖利用，并通过接收来自三羧酸循环的高能电子，充当葡萄糖氧化的最终步骤。电子传递链是由一

系列发生在线粒体内膜上链状蛋白质通道中的连锁反应组成的（图2.11）。大多数的三磷酸腺苷都是在这里生成的——只要线粒体内氧气供应充足，它便可以持续生成三磷酸腺苷，来维持数小时的运动。

电子传递链的所在位置，就是还原态烟酰胺腺嘌呤二核苷酸和还原态黄素腺嘌呤二核苷酸将它们的那一对高能电子向该链头部传递的位置。在线粒体的内膜中，这些电子沿着一系列连锁反应传递，并沿途释放能量为三磷酸腺苷的最终生成提供动力。在电子传递链的末端，氧接受耗尽能量

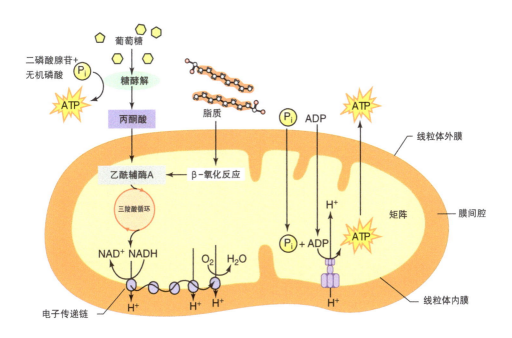

图2.11　线粒体基质——电子传递链和β−氧化发生在细胞的发电站——线粒体中

的电子并与氢反应生成水（我们吸入的氧气大部分都到了这里）。这一系列的氧化还原反应（失去和获得电子）被称为氧化磷酸化，其特征是电子沿着电子传递链往下流动，以及二磷酸腺苷的磷酸化并形成很大数量的三磷酸腺苷。

当电子被释放并向电子传递链下方传递时，它们会产生一种电化学坡度，从而在线粒体的内部和基质之间形成一种压力上的变化。这就产生一种被称为质子动力势（proton motive force）的现象，可迫使质子（H⁺）通过电子传递链的质子通道，从线粒体基质进入内部空间。刚开始在线粒体内部空间形成的压力现在提供了将 H⁺

推回基质的动力，这股动力只有通过一种复杂的蛋白质通道——三磷酸腺苷合成酶，才能发挥作用。三磷酸腺苷合成酶曾经被描述成能量涡轮发动机，它充当将无机磷酸基团与二磷酸腺苷结合起来的生理（能量）池，来转换和生成三磷酸腺苷。这个过程类似于吹气球：气球的开口是压力的释放阀——驱动三磷酸腺苷合成酶生成三磷酸腺苷。这整个过程统称为化学渗透假说（图 2.12）。还原态烟酰胺腺嘌呤二核苷酸和还原态黄素腺嘌呤二核苷酸对三磷酸腺苷生成的作用是有差别的，差别之处就在于它们朝电子传递链上释放电子的位置不同。

还原态烟酰胺腺嘌呤二核苷酸在

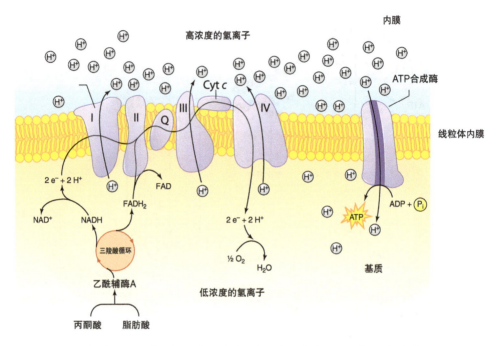

图2.12　化学渗透假说——电子经过电子传递链产生电化学坡度，使H⁺从线粒体基质穿过内膜，形成质子动力势

链头处释放电子，而还原态黄素腺嘌呤二核苷酸的电子则在稍后的一个点上进入电子传递链。由于经历过的反应较少，因此来自还原态黄素腺嘌呤二核苷酸的电子获得的质子动力势也就更少，从而产生的三磷酸腺苷分子数量也更少。据目前估计，一个葡萄糖分子产生的三磷酸腺苷总量是30~32个（表2.2）[8]。

来源于脂肪的化学能

　　要从脂肪中产生化学能，身体首先必须将甘油三酯分解成其组成成分——甘油（丙三醇）和脂肪酸。为了完成这个任务，需要不同的激素和代谢过程参与其中，涉及的脂肪（专业

的说法是甘油三酯）既有来源于饮食的，也有储存在细胞中的。甘油是一种小型的 3 碳分子，在它的碳 - 碳之中存有少许能量，肝脏很乐意接受甘油，并将其转化成丙酮酸或葡萄糖。脂肪酸提供了这一化合物中几乎所有的能量，它的分解和氧化全都发生在线粒体中。不过，在脂肪酸通过外膜进入线粒体前，它必须先与辅酶 A 结合，这是把脂肪酸输送给线粒体的激活步骤，并需要用一分子三磷酸腺苷启动这一过程。图 2.13 概括了脂肪是如何被运输，以及如何被用来生成三磷酸腺苷的。

　　脂肪酸进入线粒体的下一步是，活化的脂肪酸与肉碱穿梭（carnitine

表2.2　一个葡萄糖分子在有氧环境下，完全氧化所生成的净三磷酸腺苷量

步骤	辅酶电子载体	三磷酸腺苷生成
糖酵解		2
三羧酸循环	鸟苷三磷酸	2
氧化磷酸化	2NADH × 1.5（G–3PO）	3
	2NADH（丙酮酸氧化脱羧）×2.5	5
	2FADH（TCA）×1.5	3
	6NADH（TCA）×1.5	15
总生成量		**30（32）三磷酸腺苷**

shuttle）的相互作用。肉碱是赖氨酸的合成产物，它有一个特别的任务是引导活化的脂肪酸穿过线粒体外膜，从细胞液进入线粒体基质中。

　　脂肪酸一旦进入线粒体，就被 β - 氧化过程分解为多个乙酰辅酶 A 分子，以便进入三羧酸循环。一旦脂肪酸转化成一个个单独的乙酰辅酶 A 分子，接下来生成三磷酸腺苷的代谢途径就和之前描述的葡萄糖代谢途径一样了，并且如前所述，会涉及三羧酸循环和电子传递链。β - 氧化会拆开较长的脂肪酸链，主要发生在线粒体基质内。不过，脂肪酸只有被激活，才能让乙酰辅酶 A 通过形成脂肪酰辅酶 A 键将其降解。

　　从脂肪酸链中羧基末端的倒数第 2

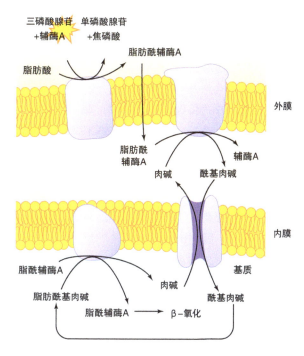

图2.13　三磷酸腺苷在生成过程中使用的脂肪——这些步骤是脂肪酸在线粒体中被氧化的必需步骤

个碳原子（β 碳原子）这里，脂肪酶把一个碳碳双键（C=C）从这根链的末端斩断。每当这种现象发生时，就会有其他反应把这个碳碳双键转化为乙酰辅酶 A，同时也会把一对电子转

移给还原态黄素腺嘌呤二核苷酸，把另一对电子转移给还原态的烟酰胺腺嘌呤二核苷酸。这一过程总是一步步来的，即一次仅切断一个碳碳双键，生成一个乙酰辅酶 A 分子，如此进行下去，直到只剩下一对碳碳双键。最后形成的乙酰辅酶 A 不会产生还原态黄素腺嘌呤二核苷酸或还原态烟酰胺腺嘌呤二核苷酸，因为在这最后一步中，没有额外的碳碳双键断裂，不会产生高能电子。

几乎所有来自食物的脂肪酸含的碳原子数都是偶数，4~26 个不等。尽管大部分脂肪酸都有 16~18 个碳，但如果线粒体遇到奇数碳的脂肪酸，则会以相同的方式将碳链持续分解，直到最终形成 3 碳链。接下来 3 碳链不会继续分解了，而是与辅酶 A 结合起来进入三羧酸循环，作为反应后期的中间产物之一（不是乙酰辅酶 A 了）。由于这一过程跳过了三羧酸循环前期的部分反应，因此比乙酰辅酶 A 的反应时间短，产生的高能电子也更少，还原态烟酰胺腺嘌呤二核苷酸分子也就相应更少。

由于 β-氧化可以从一个脂肪酸分子中产生多个乙酰辅酶 A 分子（图2.14），因而也就很容易理解为什么脂肪作为一种产生三磷酸腺苷的能量来源是如此高能，并可以为我们的身体提供更多的能量储备了。电子传递链在线粒体基质里完成将能量从脂肪酸中提取出来的工作，这一过程类似于它将乙酰辅酶 A 从葡萄糖中提取出来。

另外，脂肪酸氧化的最终产物与葡萄糖的一样：二氧化碳、水和三磷酸腺苷。不过，在利用脂肪产生三磷酸腺苷的时候，理解一些代谢的细微差别还是很重要的。首先，在脂肪酸的氧化过程中三磷酸腺苷具体的生成量取决于脂肪酸链的长度——链越长碳键就越多，因而就能够以三磷酸腺苷的形式产生更多的化学能。一条 18 碳的脂肪酸链完全分解，可产生 120 个三磷酸腺苷分子。这实际上比一个葡萄糖分子产生的三磷酸腺苷数量要多。进一步来讲，我们饮食中摄入的大部分脂肪都是甘油三酯的形式。一个带

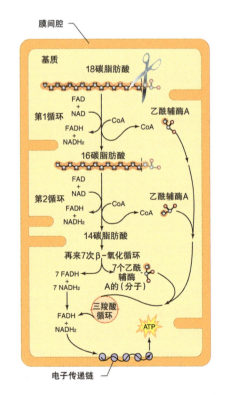

图2.14　β-氧化是脂肪代谢所特有的过程，为有氧系统代谢提供底物

有 3 条 18 碳的脂肪酸链的甘油三酯分子，完全分解后能生成 360 个三磷酸腺苷分子，这比一个葡萄糖分子完全氧化后所能生成的三磷酸腺苷的数量高出 10 倍有余。

此外，还有一个需要重点理解的代谢因素是，脂肪代谢与糖代谢是紧密同步的，而与碳水化合物的分解不同的是，脂肪代谢需要氧气参与。只有当脂肪和碳水化合物同时出现时，来自 β-氧化的乙酰辅酶 A 才能进入三羧酸循环。当正常人体代谢可利用的碳水化合物较少，比如，饮食中碳水化合物很少或者正处在饥饿中时，三羧酸循环的中间产物草酰乙酸（$C_4H_4O_5$）会迅速离开循环，进入肝脏，帮助身体生成更多的血糖，以防止出现低血糖现象。在这种情况下，这一代谢通路会优先启动，因为如果我们的血糖过低，就会影响身体功能，甚至（在有些情况下）危及生命。由于这种代谢途径的转换来自 β-氧化，并与乙酰辅酶 A 结合，因此生成柠檬酸并进入三羧酸循环的草酰乙酸会大大减少。与正常情况相反的是，乙酰辅酶 A 不能进入三羧酸循环，而是改变路径，生成一种叫酮体的化合物。这些酮体被认为是脂肪不完全氧化的产物。人体时时刻刻都会产生少量酮体并加以利用，它们是由心脏和肾脏提供的，充当生成三磷酸腺苷唾手可得的能量来源。为了让由脂肪酸氧化而产生的乙酰辅酶 A 进入三羧酸循环，脂肪代谢和糖代谢必须同步。当乙酰辅酶 A 无法进入三羧酸循环时，就会转而形成酮体。

与葡萄糖的有氧氧化类似，为了完全氧化脂肪酸，线粒体也必须有充足的氧气。然而，与碳水化合物不同的是，脂肪酸不能在无氧状态下产生三磷酸腺苷，而是必须通过（抵达电子传递链的）线粒体通路，并以氧气为最终的电子受体。举例来说，当一个受过训练的运动员和一个四体不勤、老坐着看电视的久坐者赛跑时，由于这两个参赛者之间存在着糖代谢途径的不同，因此他们二人利用脂肪作为能量来源生成三磷酸腺苷的能力也存在差异。在安静状态下，运动员和久坐者都能燃烧脂肪作为能量来源，此时身体对三磷酸腺苷的需求量较少，而线粒体能利用的氧气也很充足。不过一旦开始运动，情况就大大改变了——运动员的身体早已产生适应性，可以给运动肌输送较多的氧气，并且与没有受过训练的人相比，他们能在更高的运动强度下也这样做。随着运动强度的增加，久坐者比运动员进入缺氧状态的时间会更早，这将阻碍脂肪氧化，因为三磷酸腺苷将开始随着糖无氧酵解（依赖碳水化合物的分解）而生成，而糖酵解的产能能力比脂肪氧化差很多。

来源于蛋白质的化学能

我们之前说过，人体更多的是利用蛋白质的结构性和功能性作用，比如保持体温和重塑肌肉组织，因此，蛋白质一般不作为三磷酸腺苷生成的

你知道吗 ❓

尽管一些补剂生产商声称他们的肉碱补剂有助于"脂肪燃烧",但大部分科学文献对此的态度仍然模棱两可[25, 32]。除了这些发现外,有关肉碱的研究仍在继续,新的研究课题涉及剂量效果、运动表现和康复问题。不过,一些研究数据已经抑制了摄取肉碱补剂以助力脂肪燃烧这种做法,这些数据表明,肉碱补剂可能会增加患心血管疾病的风险,因而是有害的[17]。备受推崇的澳大利亚运动研究所将肉碱划归为B级补剂,即"值得继续研究,可在设计研究方案或病例监测的情况下供运动员使用。"

主要来源。当然,也有些组织会一直使用蛋白质作为生成三磷酸腺苷的一种来源,但相比糖和脂肪对满足化学能需求所做的贡献而言,蛋白质的贡献还是相对较小的。不过,如果出于某种原因,机体产能非常少,例如,在饥饿或可利用的热量不足时,体内储存的蛋白质产能就会变多。在饥饿状态下,当能量需求和血糖浓度对维系生命非常关键时,身体就会分解蛋白质并利用氨基酸。

为了生成三磷酸腺苷,氨基酸必须首先在脱氨过程的作用下,剥离其中的氮成分($-NH_2$)。剩余的碳链结构通常被称为"碳骨架",它可以被三羧酸循环利用,而氮成分则转化为氨,最后经过肝脏转化为尿素(从本质上讲是一种废产物)。氨基酸分解代谢产生的碳骨架可以在很多不同的点进入三羧酸循环。这是蛋白质分解不同于糖和脂肪的关键之处,而后者必须以乙酰辅酶A的形式进入三羧酸

循环(图2.10)。氨基酸产生的每个碳骨架都有其独特的结构和碳原子数,这些不同之处决定了碳骨架的去路——有一些(如丙氨酸)会采取与丙酮酸一样的形式,或有的(如亮氨酸)像乙酰辅酶A一样进入三羧酸循环,而另一些(如天冬氨酸、酪氨酸、蛋氨酸、谷氨酸)则作为三羧酸循环的其中一种中间产物参与进来。一个氨基酸分子完全分解会产生尿素、二氧化碳、水和三磷酸腺苷。至于生成多少三磷酸腺苷,取决于碳骨架在何处、何时进入三羧酸循环。例如,丙氨酸进入三羧酸循环较早,可产生12.5个三磷酸腺苷分子。相比之下,蛋氨酸是在该循环进行到约一半时,在脱氨后进入三羧酸循环的,它(的分解)只生成5个三磷酸腺苷分子。与碳水化合物和脂肪相比,由氨基酸产生的三磷酸腺苷量相对较少。

来源于酒精的化学能

在人类营养学中,酒精主要来源于啤酒、葡萄酒(果酒)和经过蒸馏的烈酒。酒精的学名叫乙醇,被人体摄取后,酒精产生的能量值为7千卡每克(kcal/g),是一种人体可以用来产生三磷酸腺苷的化学能来源。由于酒精可以提供能量,因此被划归为食品。不过,由于它在人体内没有任何其他实质性的功能,因此不是营养素。

为了避免酒精累积,以及防止它对细胞和器官造成伤害,机体极为卖力地将其代谢。例如,肝脏会选择性

地优先于其他化合物首先代谢酒精，并且交替利用肝脏中的代谢通路，致力于处理和清除过量摄入（酗酒）的酒精。通常来讲，当摄入少量或适量时，酒精首先会转化成乙醛，然后又迅速转化成乙酸（醋酸），再转化成乙酰辅酶 A（图 2.15）。在一般情况下，乙酰辅酶 A 不会进入三羧酸循环，而是进入合成通路中形成脂肪。这主要是因为，将酒精转化为乙酸的代谢反应迅速地消耗了可利用的氧化剂氧化态烟酰胺腺嘌呤二核苷酸，而它通常是用来接受（在糖和脂肪氧化过程中产生出来的）高能电子的。可利用的氧化态烟酰胺腺嘌呤二核苷酸数量有限，这就限制了三羧酸循环的速度。由于代谢酒精是机体的当务之急，因此，不断累积的乙酰辅酶 A 会改变路径，用于合成脂肪酸。在一次大量饮

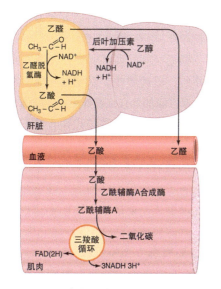

图 2.15　乙醇的代谢过程

酒后，就能在肝脏内观察到脂肪的积累。这种脂肪酸的合成会适应并加速适应慢性酗酒，从而引起脂肪肝——这是慢性酗酒损害肝脏的第 1 阶段。慢性酗酒的负面效应还表现为身体状态欠佳和难以控制身体成分（体脂过高）[20]。这是因为除了自身携带的热量外，酒精还会抑制脂肪的氧化，增加了额外的能量摄入，从而可能难以实现较低的体脂[32]。

对于想要保持高运动水平的运动员来说，误用酒精会以各种方式阻碍其运动目标的实现，这些方式都与急性摄入酒精对运动表现和运动后恢复的负面影响有关[32]。

当前已有实证警告人们在运动前和训练期间不可大量饮酒，因为酒精对运动代谢、体温调节、身体技能、注意力集中等方面都有直接的负面影响[2]。对力量及运动表现之类的很多负面影响都可能会持续几小时，甚至在醉酒或宿醉清醒后仍然存在。在运动后，酒精可能会影响糖原的再合成和储存，从而干扰运动后的恢复[6]。此外，在运动后摄入酒精也可能会通过抑制抗利尿激素来降低水合作用的速率[14]，并会破坏肌肉修复所需肌蛋白的合成反应[7, 24]。对于一些运动员而言可能还会造成其他对身体功能的不良影响，比如轻度干扰酸碱平衡、加重炎症，以及影响糖代谢和心血管功能[34]。同时，酗酒还会让运动员无法按照合理的指导完成恢复训练，从而间接影响其恢复目标。运动员的不

合理行为包括宿醉、不按时吃饭、饮食过量，还有睡眠过量。总体来讲，在酒精摄入的问题上，建议运动员同时参考公共健康指南和团队规则，并且在运动后尽量减少或避免酒精的摄入，因为此时首要考虑的是身体和伤病的恢复[32]。我们将在第9章深入讨论酒精对运动表现的影响。

运动训练对健康和运动表现的益处

当你为增加力量和耐力而进行训练时，你的身体会进行调整，以习惯这种重复性的刺激，从而最终改善运动表现。训练改善运动表现的概念包括在第1章中介绍过的3个关键原则。尽管这些（适应性）变化的程度与特异性取决于个人情况和训练计划的特点，但所有提高有氧能力的训练方案都会对能量的利用和各能量系统的功能产生明显的影响。由于许多运动员都采用增加力量、爆发力和耐力的训练方案，因此，改善线粒体的氧气可利用性——这一代谢适应性变化——就显得非常重要了。

图2.16描述了由代谢适应性变化耐力训练而带来的一些关键的结构性和生化适应性改变，包括线粒体功能增强，以及参与到 β - 氧化、三羧酸循环和电子传递链中的氧化酶浓度和效率的提高。这些变化改善了肌肉环境，提升了有氧能量系统的效率。另外，也可能观察得到烟酰胺腺嘌呤二

核苷酸输送系统和乳酸脱氢酶蛋白质结构的改变。这些适应性变化提升了电子向电子传递链传递的效率和肌肉氧化乳酸的能力。此外，心血管方面也会发生许多变化。其中，最明显的变化有关于心脏的每搏输出量（stroke volume）和血管生成——毛细血管的密度会增加，这样将脂肪酸从血浆输送到肌细胞的能力也会提高，同时，这些又是提升有氧系统工作效率的关键变化，即提高了输送氧气给运动肌的效率。然而，当训练停止时，可逆性（reversibility）原则仍然奏效——停训5周左右，大部分此类适应性的变化就都会消失。在停训仅1周时，肌肉中增加的线粒体数量就会消失一半。更麻烦的是，要想补回停训1周损失的适应性变化，就需要重训4周才能办到。这就是为什么我们一直提倡将运动作为健康生活方式的一部分，保持日常开展某种项目以改善健康、延长寿命、预防慢性疾病。

毫无疑问，训练刺激在改善心血管系统、肌肉组织，以及提升能量系统效率方面都具有重要作用。一方面，这些适应性变化对健康代谢有着不可低估的益处；另一方面，也会产生一些与能量底物利用率相关的效果，它们有利于运动员和任何为了健康而开始运动的人。要最贴切地形容这些益处，就需要理解运动中利用糖和脂肪的交叉概念（crossover concept）。从定义上来看，"交叉"指的是图表中的一个点，在这个点上，身体开始

较多地利用糖（而非脂肪）作为其能量来源（关于交叉概念的更多信息，请参阅图 11.1）。这让我们想到，碳水化合物的使用量与运动强度成正比，因为随着运动强度的增加，无氧环境也在逐渐形成。此外，在越来越高的运动强度下能否继续氧化脂肪，取决于其有氧能力的高低。这意味着，如果有人打算画一张简单的交叉概念图来代表一个久坐不动的朋友，并与一个运动员的图进行比较，那么这张图——尤其是交叉点出现在最大摄氧量百分比这根轴上的位置——看上去会大不相同。当然，交叉点会随着训练发生变化，且与心血管、肌肉组织和细胞的变化一致的是，交叉点也会随着训练的进展而右移。无论是对于试图通过运动改善健康的人，还是对运动员而言，这一现象都有着重大的代谢意

义。对刚开始实施运动计划的人而言，交叉点右移表明训练者将使用更加有效的有氧代谢途径——先氧化脂肪酸，以便能锻炼得更久。尽管这一发现最初可能被解释为一种通过氧化脂肪酸以减少体脂的策略，但这并不是促进体脂减少的关键因素。这种适应最大的好处在于能够让身体开展更高强度的运动——一种通过训练可以获得的优势，它对促进减重和控制体重而言至关重要。想象一下把你的四缸汽车替换成一台装配了 V-8 发动机的车。尽管从节能角度来讲，这当然不是个好主意，但在训练中，交叉点的这一改变让你能更有效地用有氧代谢方式燃烧能源物质，并使用大肌群燃烧更多的热量，与此同时还能减少对无氧系统的依赖。通过持续的重复训练来逼迫自己进步，你可以进一步加快这

图2.16　训练带来的良好代谢适应性变化

种适应性变化，并增加一些能在休息时消耗更多热量的肌肉。考虑一下，一个人在未经训练时跑1英里（约1.61千米）需要多长时间，再比较一下当他经过训练后跑1英里需要多久。尽管在两种情况下跑1英里的耗时不同，但所消耗的热量总数其实是相近的，主要差别在于在跑这1英里的过程中，单位时间内热量的消耗、宏量营养素被氧化的分布情况、能量系统的使用。经过训练的人会氧化更多的脂肪酸，而且由于乳酸产量较少，他们在跑步期间的主观感觉也会更好，并且单位时间燃烧的热量也更多。往往随着英里数和热量消耗量的增加，跑者会拥有不错的运动体验，从而提升新陈代谢水平，并维持健康的体重。

当持续进行的训练促发了交叉点右移的代谢适应性变化时，运动员也会和非运动员一样获得代谢方面的益处，且受益程度更高。这些适应性变化有助于运动员的高强度发力，并且能让他们在运动过程中比普通人更早地使脂肪作为长期的供能物质发挥作用，也能在更高的运动强度下利用脂肪，产生更大的力量。然而，交叉点右移这一适应性变化带来最重要的代谢益处，不在于对体重和身体成分的管理，而在于在需要最大强度的发力之前，可以保存和保护运动员体内有限的碳水化合物，使其更好地完成比赛。因为储存在人体内的碳水化合物局限在肌肉组织和肝脏中，并且后者的储存量还相对较少，所以将这一能量来

源妥善保存，以便在高强度的运动时留给无氧系统产生三磷酸腺苷，就显得非常重要了，试想一下，一个受过训练的长跑运动员能够主要利用脂肪储备来为比赛的大部分过程提供三磷酸腺苷。当比赛到达最后关头，需要超过竞争对手时，运动强度的提高（三磷酸腺苷需求量的增加）将需要无氧系统的燃料来满足。此时，碳水化合物是无氧系统能够利用的唯一能量来源，如果这个运动员在赛前没有做好充分的准备，特别是没有摄入足够的碳水化合物，那么其无氧代谢生成三磷酸腺苷的能力势必会受到影响，从而也会对运动表现产生不良影响。

新陈代谢的生物合成和储存途径

从进化的角度来讲，机体不愿意释放未消耗的能量；再回想一下热力学第一定律，能量是不会凭空消失的，那么，当我们消化完食物，还有剩余的能量时，会发生什么呢？想一想，当你回家过完假期后，原本合身的衣服是不是变紧了点儿？此时，你的合成代谢通路努力工作，试图抓住多余的热量为将来的能量消耗储存三磷酸腺苷，并且虽然有些多余的热量可以用于合成新的蛋白质以储存糖原，但大部分都会以脂肪的形式储存起来——这就是假期过后大多数人都必须松松皮带的原因。

现在，让我们的镜头快进到过年，

此时，腰围的增长和新年减肥的决心，往往会让新办健身卡的人数增加。当健身几次后，能量消耗的增加和能量摄入的降低产生积累，体重减轻——看到的结果是由于肌肉增加，衣服穿在身上的感觉又不同了。现在，一条不同的生物合成通路正在努力聚集新的蛋白质分子，而其他通路则在合成和储存碳水化合物、蛋白质和脂肪。在一些细胞分解碳水化合物、脂肪和蛋白质以提取能量的同时，另一些细胞则忙于构建葡萄糖、脂肪酸和氨基酸。根据身体对能量的需求和可利用的能量储备总量的不同，分解通路和生物合成通路会交替占上风。

糖异生系统

糖异生系统（图 2.17）是一种以氨基酸、乳酸、甘油等非碳水化合物为底物，生成葡萄糖的生物合成通路[12]。不过需要注意的是，脂肪酸不能转化成葡萄糖，而糖异生系统也不简单地只是糖酵解的反向过程。除了氨基酸外，糖异生涉及的其他反应前底物还有丙酮酸、乳酸和甘油。当一个人摄入的碳水化合物不足时，身体会通过糖异生通路，从丙酮酸生成葡萄糖。这一通路的 90% 都发生在肝脏中，剩下的 10% 则发生在肾脏中[37]。肝细胞和肾细胞会绕开在糖酵解过程中一些不可逆的代谢步骤，借草酰乙酸之手，从丙酮酸生成葡萄糖。这需要利用一些三磷酸腺苷来绕过朝反方向工作的糖酵解通路。在需要时，部分葡萄糖还

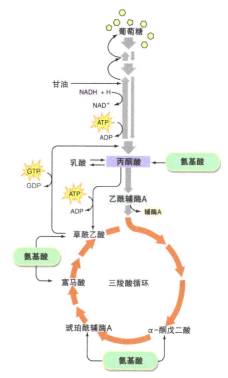

图2.17　糖异生系统

可以由乳酸合成。虽然有一部分乳酸在不停地被分解，但处于工作状态的肌肉由于受到肌肉内无氧环境的影响，乳酸的生成会加速进行。循环着的乳酸能被肝脏［糖异生系统通过三羧酸循环将部分乳酸重新转化为葡萄糖的场所（图 2.18）］吸收，在这一代谢通路中，乳酸脱氢酶可以促进乳酸向丙酮酸的转化。

糖原生成

糖原生成是一条将葡萄糖分子连接为支链，从而以糖原形式储存起来的生物合成通路。糖原是由葡萄糖单元组成的多糖[3]。其中，肝糖原充当

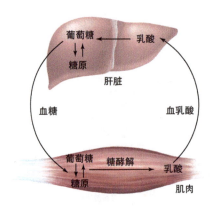

葡萄糖 ← 乳酸
↕
糖原

肝脏

血糖   血乳酸

葡萄糖   糖酵解 → 乳酸
糖原
肌肉

图2.18 三羧酸循环

血糖的储备库,而肌糖原则为运动中的肌肉组织提供葡萄糖储备。我们在前面讨论过,糖原储备是有限的,而且只要一夜不进食,肝糖原就会被消耗掉,或者在一阵高强度的运动过后,肌糖原会被消耗掉。当机体需要葡萄糖时,糖原的分解反应就会使葡萄糖分子从糖原链中释放出来。在肝脏中会生成可以自由进入血液的葡萄糖;在肌肉中,葡萄糖则往往会进入糖酵解以生成三磷酸腺苷。

脂肪生成

当人体摄入过多的热量时,会加速脂肪生成合成通路,并且会导致脂肪组织的增加。当三磷酸腺苷相对于自身的能量需求供过于求时,机体就会利用乙酰辅酶 A 来促进长链脂肪酸的生成。在这一生物合成通路中,不断堆积起来的乙酰辅酶 A 分子被组装成在细胞液中形成脂肪酸链的连接部分。当通过脂肪合成通路进行的脂肪酸合成时,也需要 NADPH 这种形式的能量来启动合成反应[请注意烟酰胺腺嘌呤二核苷酸(NADH)和还原型烟酰胺腺嘌呤二核苷酸磷酸(NADPH),尽管它们有类似的分子,但其生化作用却大相径庭][31]。作为反应的第 1 步,内质网会捕获多余的脂肪酸,将其与甘油结合在一起,形成甘油三酯,即脂肪的主要储备形式。

由于只有乙酰辅酶 A 分子为脂肪的合成通路供能,因此需要注意的是,任何可合成乙酰辅酶 A 的物质都会为脂肪酸的合成提供能量。这是一个需要掌握的重要概念,因为碳水化合物、多种氨基酸、酒精和脂肪酸,都会对乙酰辅酶 A 的合成起作用,所以,当能量摄入超过身体对三磷酸腺苷的需求时,再摄入任何此类反应的底物,都可能会有效地激活脂肪生成,从而将多出来的脂肪储存在身体中。从实际的角度来讲,无论以任何形式摄取

小窍门

当需要补充能量时,咖啡可无法满足你的这个愿望。你可能会觉得咖啡或含咖啡因的其他食物会让你的体能增加,但根据热力学第一定律我们就知道这是说不通的。咖啡因不是一种能量来源,而是一种中枢神经系统兴奋剂。要补充能量的话,就需要试着吃一些营养丰富的食物。

过多的能量——加糖的甜饮料、肉、蛋白质补剂、脂肪、酒精——都会促进脂肪的储存。往往缺乏自我意识或自我管理导致的过量进食，是促进体内脂肪不断累积的主要驱动力。

新陈代谢中的激素调控

人体内的这些分解和合成通路是如何得到调节的呢？在摄入食物后（吃饱后）或在睡了一夜后（禁食后），是什么触发了占主导地位的代谢途径从一个转换为另一个呢？答案是代谢中的激素。身体可以严格地管理和控制代谢通路的各种反应。在体内各处循环流动的激素就像是交警，用许多方式确保各代谢通路按正常速度运行。尽管身体同时也会有其他方法来控制新陈代谢，但激素却充当了主要的调控者。其中，几种主要角色如图2.19所示。

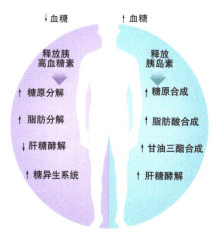

↓血糖　　　↑血糖

释放胰高血糖素　　释放胰岛素

↑ 糖原分解　　↑ 糖原合成

↑ 脂肪分解　　↑ 脂肪酸合成

↓ 肝糖酵解　　↑ 甘油三酯合成

↑ 糖异生系统　　↑ 肝糖酵解

图2.19　胰高血糖素和胰岛素是控制代谢途径的主要角色
源自：Lieberman 2012.

能量摄入与消耗的测量

从定义来看，能量就是工作的动力。没有能量，我们的身体就无法维持各项功能。我们吃进去的食物是含有化学能的，而身体则会将这种潜在的能量转化成机械能、电能或热能。要想补充能量，我们就必须吃一些营养丰富的食物，以让这些食物通过各种渠道被转化为三磷酸腺苷。每一次肌肉运动、神经活动、细胞反应都需要三磷酸腺苷，而碳水化合物、甘油三酯和蛋白质则是供应能量的工具。

估算食物中的能量

在营养学领域，我们当讨论能量时用的热量单位是千卡路里（kcal，简称千卡）。一千卡（1 kcal）就是将一千克水加热升高一摄氏度所需要的能量（换算成热能的话）。如果这听起来比较抽象，那为了更好地理解它，不妨想象一下，弹式量热计（一种热量测量计）是如何将食物中的化学能释放出来并转变成热能的。如图2.20所示，将食物放入一个密闭容器内完全燃烧，此时位于容器外部的水中感应器会测量出里层容器内食物燃烧产生的热量。因为燃烧产生的水温变化就代表了测试样品的能量输出，所以可以估算出特定食物中所含的能量。由于这是一个直接测量热量产生的方法，因而使用弹式量热计往往被归类为直接测热法（direct calorimetry）。尽管人体不能像弹式量热计那样高效地

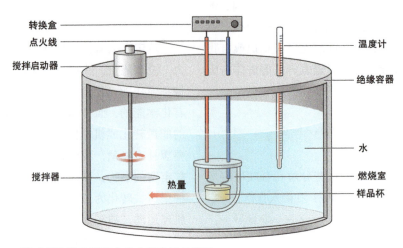

图2.20   弹式量热计会测出食物中所含的总能量

将一种能量完全转化成另一种能量，但当进行一些考虑到新陈代谢的调整后，相同的基本原理也适用于人体，也可以测得我们饮食中食物的能量值，因此，将弹式量热计容器中食物完全燃烧测得的卡路里数进行换算，就可以得到以下数据：

> 每克纯碳水化合物——4 千卡。
> 每克纯蛋白质——4 千卡。
> 每克纯脂肪——9 千卡。
> 每克纯酒精——7 千卡。

这些宏量产能营养素和酒精在弹式热量计中完全燃烧后所测得的热量，会比以上列出的数据略高一些，这主要是因为人体不会将所有的食物都完全消化。正如前面所讨论过的，在蛋白质类食物中的氮就无法被氧化用来产生三磷酸腺苷。

预估运动员的能量摄入

运动员必须明白自己在执行训练计划的不同阶段分别消耗了多少能量，这既是为了提升其运动表现，也是为了增进健康和防止受伤。由于运动员在执行一年的训练计划中可能每天的能量需求都不一样，即会根据训练量和强度的变化而有所浮动，因此，对能量摄入的可靠预估可以为个人营养方案的打造起到帮助作用。运动员从食品、流质和营养补剂中摄入的能量可以用这几种方式进行估计：饮食记录、对过去 24 小时内各种饮食的回忆或是有关食物摄入频率的调查问卷[11]。无论是运动员还是非运动员，所有这些方法都有局限性，报告上来的（能量）摄入量都容易偏低[32]。广泛传授一些记录能量摄入的方法和目的，可能有助于保证测量技术的一致性，并能提高自我报告信息的准确性和有效性。

以下是增加运动员能量需求的一些因素[22]：

> 暴露在冷 / 热环境中。
> 恐惧。
> 压力。
> 高海拔。
> 一些身体伤病和创伤的恢复。
> 刺激性药物（咖啡因、尼古丁）。
> 去脂体重（FFM）的增加。

以下是减少运动员能量需求的一些因素[28]：

> 年龄增长。
> 去脂体重的减少。
> 训练间歇的久坐期。

评估能量消耗

能量消耗（EE），或是身体所燃烧的热量，都可以用多种不同的方法来测量与评估。机体消耗能量主要有以下 3 个方面：

1. 维持基本的生理功能，如血液循环和呼吸。
2. 消化摄入的食物。
3. 驱动肌肉进行一切运动——称为活动热效应（TEA）。

这些是能量消耗的主要原因，事实上，在童年、青春期和怀孕期间，身体还会消耗额外的能量。在遇到心理压力、发烧、受伤的情况下或暴露

在寒冷环境中，能量消耗也会增加。在一个时间段内（通常是 24 小时）消耗的能量总和被称为总能量消耗（TEE）。在总能量消耗的计算中有几个变量，我们可以分别测出这些变量，然后计算得出总能量消耗。

安静时的能量消耗

那些平时很少进行身体活动，认为自己属于久坐不动的人群，大部分的能量消耗都用于维持身体的基本功能，这种类型的能量消耗叫作静息能量消耗（REE）。人们需要消耗这些能量以维持体温、心跳和其他功能。和总能量消耗一样，静息能量消耗也是在一个时间段内（如 24 小时）的绝对测量值。如果静息能量消耗的测量值是以每小时消耗的千卡数（kcal/h）或者比率的形式来呈现的，就说明了能量消耗要么是根据基础代谢率（BMR），要么是根据静息代谢率（RMR）来计算的。其中，静息代谢率占总能量消耗的 60%~80%[32]。

在研究中，测量静息代谢率和基础代谢率的流程不同，由此得出的值也略有不同。其中，基础代谢率的测量更严格一些，它要求受测对象静止、平躺较长一段时间，或者要求清晨刚从正常睡眠中醒来的受测对象仍然躺在床上。此外，该测量还要求受测对象禁食 10~12 小时，并且在测试前至少 12 小时无体力活动。鉴于这些理想条件在大多数受测对象中很难实现，因此我们更喜欢测静息代谢率。在测

量静息代谢率时，受测对象必须已经休息了几分钟，并且在最近 3~4 小时内没有用餐或从事剧烈运动。由于对测量条件的要求不同，因此静息代谢的结果一般会高一点，不过出于其实用性的考虑，大部分研究人员更喜欢测量它。在本书中，我们会使用到"静息代谢率"和"静息能量消耗"这两种说法。

能够改变静息代谢率的因素

我们都听说过运动可以加快新陈代谢的速度。这种加快是运动对静息代谢率产生的直接效应。尽管一个人静息代谢率的绝对变化率最多为 5% 左右，但这些改变对一个人的长期健康还是意义重大的。在检测一大组群体时，我们发现在他们静息代谢率之间的差异可能高达 25%，

你知道吗

两个体重相仿的人，其静息代谢率的差别可能很大。瘦体重较高而脂肪重量轻的人，其静息代谢率明显更大。

这主要是因为其肌肉和器官质量的巨大差异，同时也有助于解释为什么增肌的运动对静息代谢率有较重要的影响。处于静息状态下的肌肉组织和器官，在静息代谢率的计算中占主导地位，这是因为它们具有较大的能量需求量，且连同骨组织和体液一起，统称为瘦体重（LBM）。静息代谢率在不同个体中 60%~80% 的（千卡值的）差异，都可以用瘦体重的差别来解释[21]。

此外，还有其他一些因素也会引起静息代谢率的值有微小但重要的变化。首先，所有能够改变瘦体重的因素都会影响静息代谢率，如年龄、性别、锻炼、体型等。体型偏大、定期锻炼会增加或维持瘦体重。男性在每磅（约 0.45 千克）体重中所含的瘦体重明显比女性高，而且瘦体重会随着年龄的增长而稳步下降——随着我们年龄的增长，静息代谢率每 10 年会下降 2%~3%[29]。大部分静息代谢率的下降均可归因于瘦体重的降低，不过，器官功能的退化也会对其有所影响。随着年龄的增长，定期锻炼变得越发重要，因为它是一种强烈的刺激因素——可以减缓瘦体重的流失，同时还能阻止脂肪的增加。此外，体型对代谢率的影响也很大，因为移动更大的块头需要消耗更多的能量。一个体型较大的人和一个体型较小的人在开展同样的活动时，前者在单位时间内将消耗更多的热量。与此同时，健身水平和运动经历也是影响能量消耗的另一个因素。运动员一般有着更加强健的肌肉和更好的耐力，这使他们比那些未曾受训而试图完成类似任务的人，能更有效地利用和保存能量。

活动热效应

活动热效应指的是移动身体（包括了一切活动，不仅仅是锻炼和体育运动，还包含了在日常生活和工作中开展的所有体力活动）所需的能量消耗，加上非运动性活动生热（NEAT）

（甚至是坐立不安，都包含在此类能量消耗之内）。这种类型的能量消耗通常占总能量消耗的 15%~30%[35]。不过，根据活动的持续时间、类型（行走、跑步、进食、跳舞等）和强度的不同，这一数据也会有很明显的变化。这就是为什么一个每天训练数小时的精英运动员，其一天的活动热效应可以轻松地超过总能量消耗的 50%。作为活动热效应的一个组成部分，运动能量消耗（EEE）有多种估算方式，其中包括记录活动日志（1~7 天的长度）并主观地估算运动强度、体力活动编码，以及代谢当量（MET）[1, 13, 33]。尽管大部分人的静息代谢率占据了总能量消耗的 60%~80%，但精英运动员的这一比例可能只有 38%~47%，而他们的活动热效应可能高达总能量消耗的 50%[22]。

处理食物时的能量消耗

我们在消化、吸收和代谢摄入的食物时也会消耗能量，涉及产生热量的各代谢过程和能量输出，统称为食物热效应（Thermic Effect of Food，TEF）。这一现象大致会在进食 1 小时后到达顶峰，在进食 4~5 小时后消失，具体要看摄入食物的量和成分。

食物热效应的值与宏量产能营养素的种类有关，蛋白质的食物热效应最高，而脂肪的则最低（表 2.3）。这说明相对于蛋白质和碳水化合物而言，身体把多余的脂肪转化成体脂的效率更高。食物热效应一般约占总能量消耗的 10%[15]。尽管改变饮食中宏量产能营养素的比例会影响食物热效应在总能量消耗中的占比，但人们认为这种影响很小。

测量能量消耗

能量消耗的一般测量法被称为量热法（calorimetry），根据具体方法的不同可进一步分为直接量热法（本章前文提到过）和间接量热法（indirect calorimetry）。保健学专业人士和运动营养学家可以使用这些方法检测能量消耗方面的个体差异，并发现年龄、性别和运动对总能量消耗的影响。然而，尽管技术有所进步，但能量消耗的测量通常并不现实，因此开发出来很多公式，以用于预估能量消耗。

直接量热法

回想一下我们前面提到过弹式量热计的例子，你就会知道该方法是直接测量身体产生的热量。身体在分解

表2.3　用于加工食物的能源消耗比例

宏量产能营养素	用来工作时的热量百分比
蛋白质	20%~25%
碳水化合物	5%~15%
脂肪	0%~5%

食物时，会吸收部分（在生成三磷酸腺苷过程中的）能量，同时将其余能量以热量的形式释放掉。这些被释放的热量值和身体的总能量消耗成正比，可以在一个封闭的房间内直接测量（图2.21）。当用这种方法测量时，通常需

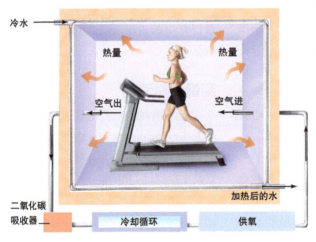

冷水

热量   热量

空气出   空气进

加热后的水

二氧化碳
吸收器

冷却循环   供氧

图2.21　直接量热法

要受测对象在一个房间内（这个房间内通常会有 1 张床、1 台电视机和一些运动器材）待上 24 小时。 受测对象房间内温度、氧气和二氧化碳的变化都可测量出来，用来计算能量消耗总量。尽管这种测量方法得到的数据很准确，但在大部分研究中，人们都认为由于其实践性不强而不予采用。这种测量方式需要的设备复杂且昂贵，且要占据很大的空间。另外，还必须得让各种体型的人在房间内都能感到舒适，同时还要始终精确测量出温度的细微变化。鉴于还有其他方法可以估算能量消耗，因此直接量热法主要在那些

对研究人类新陈代谢变化感兴趣的大型研究性高校和研究机构中使用。

间接量热法

间接量热法是在不直接测出热量生成的情况下测定能量消耗的一种方法，该法包括测量氧气的消耗量和二氧化碳的产出量（统称为气体交换量），同时还采用双标水技术（the doubly labeled water technique）。总体来看，间接量热法比直接量热法耗资少。间接量热法所依据的原理是，我们代谢掉的燃料（碳水化合物、蛋白质和脂肪）需要氧气才能将其完全耗尽（氧化），这一过程的副产物之一就是二氧化碳，而消耗的氧气和释放的二氧化碳，与能量的消耗值和释放值（都以卡路里计算）直接成正比。在测量过程中，一名技术人员需要在受测对象休息或完成几小组运动时收集其呼吸的气体。要做到这一点，受测对象需要戴上面罩，使用盖住鼻子的口腔呼吸器，因此，尽管这些方法在研究中常被用到，但许多研究人员和受测对象还是会认为它们非常不便，以致在不同的生活环境中有效使用这些方法便受到了限制（图 2.22）。

双标水技术可以在受测对象平时的居住环境中使用，并能高效地测量

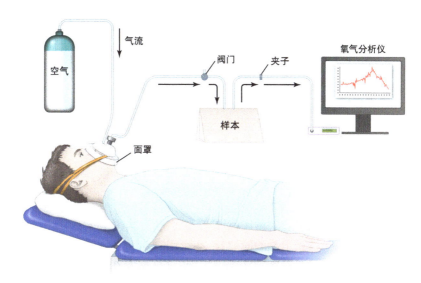

图 2.22　**间接量热法**

出在一段时期内其日常的能量消耗，主要依靠的是测量受测对象排泄出的水分和二氧化碳中氢和氧的稳定同位素。同位素被定义为一种元素的几种不同形式。在这些形式中，原子的质子数相同，但中子数不同。这些同位素没有放射性，故人体摄入是安全的，并且还保留了其普通形式的某些特征，

估算总能量消耗

对一名身高 183cm、体重 73kg 的 18 岁大一新生进行总能量消耗的估算。

总能量消耗 = 基础代谢率 + 食物热效应 + 活动热效应

基础代谢率可用 Harris-Benedict 公式估算出来。

对于男性，该公式如下：

基础代谢率 = 66.4730 +（13.7516 × 体重 kg）+（5.0033 × 身高 cm）-（6.7550 × 年龄）

因此，此人的基础代谢率为

= 66.4730 +（13.7516 × 73 kg）+（5.0033 × 183 cm）-（6.7550 × 18 岁）

= 66.4730 +（1003.8668）+（915.6039）-（121.59）

= 1864.35

1850 - 1900 kcal

TEF= 食物热效应；TEA = 活动热效应 = 计划中的运动能耗 + 自主身体活动 + 非运动性活动产热

拓展信息

使用 CUNNINGHAM 公式估算静息代谢率

静息代谢率 = 500 + 22 × 去脂体重（kg）

一个 22 岁的女子大学生游泳选手，身高 175cm，体重 72.6kg（160 磅）。假设其体脂率为 20%，那么她的去脂体重约为 58kg（160 磅 × 20% = 32 磅；160 磅 − 32 磅 = 128 磅 = 58.2kg）

静息代谢率 =500 + 22 ×（58.2kg）

= 1780 千卡 / 天

而唯一的区别仅在于原子质量比普通形式的稍重。喝下少量用氢的同位素氘（^2H）和氧 18 标记的水（^2H_2O 和 $H_2^{18}O$）后，就可以通过测量身体中这两种同位素流失率的差异，来测定能量的消耗。这种方法既独特又非常实用，因为它不需要测试热量和气体交换，只需要受测对象摄入两种水，一种含有氢元素的同位素——氘，另一种含有氧元素的同位素，然后通过测出尿液中同位素（如 ^2H_2O）的量，来查明 ^{18}O 和氘之间流失率的差别，从而计算出二氧化碳的排出量并确定总能量消耗量。这种双标水技术常被当作计算能量消耗的黄金标准，并且经常与测量体重变化和饮食评估法结合使用，以查明能量摄入评估技术的有效性。这一方法既没有破坏性也没有太多妨碍，允许受测对象在自己平时的环境中正常活动。为了最大限度地确保实验数据的准确性，建议要持续测试 14 天以上。这一技术的适用范围不算广泛，而且花费较大——用于分析同位素的仪器可能需要数千美元，这对许多研究的预算来说可能都太大了。再者，

用这一方法得出 14 天研究期的总能量消耗量，效果是不错，但它无法给出受测对象某一天的能量消耗信息，也无法给出天与天之间差异方面的信息。

使用预测公式估算总能量消耗

由于直接测量一个人的总能量消耗要求具备昂贵的设备，因此，营养学专业人士普遍使用一系列的公式来估算。在用于计算能量消耗的各种（估算）公式中，要使用到很多已知的（对能量消耗有显著影响的）变量，如年龄、身高、体重、性别，以及去脂体重。为了高效地使用各种公式，就有必要先了解其局限性、其所针对的人群、用于计算的各名词意义（基础代谢率、静息代谢率、总能量消耗），最重要的是，要记得这些值是估计值。当公式给出静息代谢率或基础代谢率的值时，为了得出总能量消耗，就必须纳入体力活动所需的能量和食物热效应。这样计算的前提是，身体活动和运动造成的能量消耗可以通过静息能量消耗（REE）的倍数来表达出来。

拓展信息

可穿戴活动监测器和设备

如果你观察一下在健身房里锻炼的人们，就会发现很多人都佩戴着体力活动跟踪器或运动监测器。这些基于加速度测量仪设计出来的设备，让我们能够估算出身体的活动量和能量消耗（EE），还可以通过网络或手机跟踪数据。技术的进步和成本的下降，让各种品牌的体力活动监测器如雨后春笋般涌现并唾手可得[36]。这些监测器之所以有价值，是因为它们可以刺激我们改善行为、增加体力活动、管理能量摄入，从而维持长期的代谢健康，并降低糖尿病、心血管疾病等的患病风险。

然而，你对这些设备的准确性产生过质疑吗？考虑过在使用时的局限性吗？品牌众多意味着质量参差不齐。基于加速度测量仪设计出来的设备提供了身体运动的测量方法，其有效性来自使用双标水技术的研究。总体来讲，大部分在市场上可以买到的商用监测器，在计算步数和测量能量消耗方面的准确性都不如用于健康研究的活动监测器。近期的一项研究考察了 8 款（基于消费者的）不同活动监测技术的有效性，并将便携式代谢分析仪估算能量消耗的值作为对比。结果显示，绝对百分比的误差值为 9%~23.5%。总体来讲，这些监测器的性能和准确性还是比较可观的。

这些设备最大的特点就是促进体力活动的增加[27]，同时，生产厂家们还试图通过在这些监测器上增加目标设定功能、跟踪工具和社交圈功能（这会对注重行为的研究应用产生影响），以吸引更多的消费者[18]。

例如，大部分美国人的体力活动水平都被认为是轻度或中度，其食物热效应约为静息能量消耗和体力活动能量消耗之和的 10%。这三者之和就是总能量消耗的估算值。

用于测量和估算久坐不动的人群总能量消耗的各部分技术，同样也适用于运动员。不过，有一些局限性，尤其是对于从事竞争激烈项目的运动员[32]。正如前面所讨论过的，测量静息代谢率更加实用，但是使用 Cunningham 公式[10] 或 Harris-Benedict 公式[26]，同样也可以合理估算出基础代谢率，这些公式会考虑到适当的活动因素，从而估算出总能量消耗。

要注意的是，目前并不存在完美的估算公式。从业人员在估算运动员的相关指标时，往往会采取几种方式的结合，并会随着时间的推进，根据当下可以获得的最新数据（如体重的改变、身体成分新的评估、训练量的变化等），改善其干预方案。较为重要的是，由于（这些公式估算出的）静息代谢率可能比实际情况偏高或偏低 10%~20%，因此在使用这些方法时要非常谨慎。记住，静息代谢率只是影响总能量消耗的其中一个因素，在没有认真考虑其他变量时，静息代谢率的影响不应被过分强调。

运动员感兴趣的新兴话题

运动中的能量可用率

能量可用率（EA）是运动营养学领域中一个相对较新的课题。由于该数据考虑的是在运动中能量消耗的高峰期，维持健康和优化功能所需的能量，因此，其超过了能量平衡（EB）的研究范围。能量可用率被定义为：用饮食摄入能量减掉去脂体重所带来的运动能量消耗。这一运算的结果就是，在减去运动能量消耗之后，身体为了施展其他功能，可以利用的能量值[19]。

能量可用率这一概念始于对女运动员三联征（female athlete triad）的研究。该研究肇始于对女运动员饮食紊乱、月经不调，以及骨密度降低这3方面问题会相互影响现象的认知[19]。后来，这一概念从优化能量可用率、月经状态和骨骼健康的范围中扩展开来，开始在更大范围内用于与运动相关问题的研究[16]。较低的能量可用率可能是由能量摄入过低、总能量消耗过高，或两者兼有导致的。此外，这种结果也有可能是因为饮食紊乱、被过激的减重计划误导，抑或是在高强度的训练或比赛期间能量补充没有满足日益增长的能量需求[19]。目前我们发现，除了在女运动员三联征中可见的症状外，（较低的能量可用率）还会引起其他生理反应，同时可能对男性运动员也有影响。其潜在的并发症还可能会造成内分泌、胃肠道、肾脏、神经、骨骼肌、心血管等方面的功能障碍[16]。

为了确定较低的能量可用率对男女运动员的负面影响，人们提出了运动中的相对能量不足（Relative Energy Deficiency in Sport，RED-S）这一三联征的扩展概念。这是对在男女运动员身上观察到的一系列生理并发症的概括性描述。一旦除去运动所需的能量消耗，他们摄入的能量就不足以让自身施展最佳身体功能[23]。总之，这一现象可能会在长期或短期内影响运动员的运动表现。目前，人们已经制

小窍门　能量可用率低并不意味着能量平衡不正常或是体重流失。如果能量可用率的降低伴随着静息代谢率的降低，那么倒是可以达到一种新的能量平衡的稳定状态，或者在更低能量摄入下体重的稳定状态，但这种状态不足以维持身体功能的健康水平。

定了相应的筛查和治疗指南，来提高较低的能量可用率[16, 23]。

此外，运动中的相对能量不足对运动表现的潜在负面影响还包括耐力水平降低、受伤风险升高、训练反应下降、判断力受损、协调力下降、注意力不集中、烦躁、沮丧、糖原储备下降、肌肉力量下降[23]。在健康方面，运动中的相对能量不足会对月经、骨骼健康、内分泌、新陈代谢、血液、生长发育、心理、心血管、肠胃功能和免疫系统均产生负面影响[32]。目前已经认识到，健康和身体功能方面的损害是随着不同程度能量可用率的降低而发生的，而非都是在低到某一临界值才发生的，但关于此问题还需要做进一步的研究[23]。

本章总结

要了解维持体力活动和运动所需的营养，就有必要先理解能量代谢，因为后者是前者的坚实基础。我们从食物中摄取的能量会转化成身体可用的化学能三磷酸腺苷。体内的 3 种能量系统相互协作，通过多种代谢通路产生三磷酸腺苷，为肌肉收缩提供能量。能量系统可以利用多种底物来满足身体对三磷酸腺苷的需求，包括磷酸肌酸、碳水化合物、蛋白质、脂肪和酒精。我们使用千卡路里来作为衡量能量摄入和消耗数额的统一单位。测量能量摄入和消耗的方法有多种，其实用性、准确性、时间投入和费用不一。这些方法共同为运动员能量代谢包括能量平衡、能量可用率等在内的各个重要方面提供了评估机制。

■ 复习题 ▶

1. 什么是能量？能量有几种形式？哪种形式的能量对人体生理学最重要？

2. 列举出身体用来产生三磷酸腺苷的几种能量系统。它们在产生三磷酸腺苷时的复杂程度、延迟时间和能力方面有何不同？

3. 请描述交叉概念，并诠释一下机体在经过训练后产生的最重要的生理适应性变化。

4. 请描述用来生成三磷酸腺苷的能量底物，以及可被无氧系统用来产生三磷酸腺苷的唯一底物是什么？

5. 根据本章内容区别这几个概念：基础代谢率、静息代谢率、活动热效应、总能量消耗和食物热效应。

6. 本章描述了几种代谢通路？请列举出每种能量系统使用的代谢通路，以及这些代谢通路发生在细胞的什么地方？

7. 从我们摄入食物开始，描述一下被消化吸收的葡萄糖、脂质和氨基酸的部分代谢途径？

8. 阐述一下，线粒体在有氧条件下是怎样生成三磷酸腺苷的？在这一过程中，氧气是如何被利用的？氢离子和电子又是如何被输送到线粒体的？

第二部分

宏量产能营养素的作用

我们在第3、第4、第5章中会讨论到宏量产能营养素。提供碳水化合物、蛋白质和脂肪的食物也会提供不同种类的维生素和矿物质，还为植物性的食物提供了维持其健康的植物化合物，因此它们对健康水平的长期维持和疾病的危险因素有不同的影响。

含有高纤维和慢速消化类碳水化合物的食品，有利于维持身体健康和降低患慢性病的概率，而含有易消化的碳水化合物、低纤维的食物比较适合在运动的前、中、后期补充，因为它是一种快速而易于消化的能量来源。蛋白质可根据食物的消化速度和氨基酸的分布而变化，以有助于身体结构的组成。膳食脂肪富含能量，不仅在代谢过程中发挥着多种作用，而且也影响着疾病的危险因素，同时还在身体的内部结构和功能方面起着重要作用。

第 3 章

碳水化合物

▶ **本章目标**

在完成本章的学习后，你将能做到以下几点：
- 掌握碳水化合物的分类；
- 描述碳水化合物的消化吸收过程；
- 描述葡萄糖在体内的代谢去路；
- 描述人体如何调节体内的葡萄糖水平；
- 解释碳水化合物和运动表现之间的关系；
- 讨论碳水化合物对运动性疲劳的影响；
- 对普通大众、运动爱好者和专业运动员提出碳水化合物的摄入建议；
- 哪里可以找到食物内碳水化合物的含量；
- 讨论碳水化合物在健康中的角色。

碳水化合物是一种来自植物的有机化合物，它含有碳、氢和氧 3 种元素。植物通过光合作用（图 3.1）吸收光能，然后与土壤中的水和矿物质以及空气中的二氧化碳相互作用，产生葡萄糖——碳水化合物的最简单形式。不管是在休息还是运动时，人体内碳水化合物的主要作用都是充当能量的来源[40]。碳水化合物作为人体内大部分细胞的能量来源，是神经细胞和脑细胞的首选（燃料），也是红细胞所必需的能量（来源）。身体在活动时，骨骼肌可用的生物能形式——三磷酸腺苷，可以从膳食和存储在体内的碳水化合物中产生，而在此过程中所需碳水化合物的数量和来源则取决于运动的时长和强度，以及体内碳水化合物的可用量[26]。在本章中，我们会概述碳水化合物的类型，并讨论在人们休息和运动时，它们是如何被消化、吸收、代谢，以及储存在体内的。另外，我们还会谈到饮食建议、食物来源，以及碳水化合物在健康和疾病中的作用。

碳水化合物的分类

碳水化合物通常可以根据其物理结构分为两类：简单的碳水化合物（simple carbohydrates）——相对较小，由 1 个或 2 个糖分子组成；复杂的碳水化合物（complex carbohydrates）——较大，含有 3 个及以上连接在一起的糖分子[40]。

图3.1 在光合作用期间，植物利用太阳能合成葡萄糖

简单的碳水化合物

单糖（Monosaccharides）和双糖（disaccharides）通常被称为简单的碳水化合物。碳水化合物的最小单位是单糖。在它的英文单词中，"mono"的意思是单个，"saccharide"的意思是糖。人类的饮食中存在着常见的 3 种单糖：葡萄糖、果糖和半乳糖（图 3.2）。它们都含有碳、氢和氧元素，但其结构和甜度略有不同。其中，葡萄糖分子大量存在于人类的饮食中；果糖是最甜的单糖，有时也被称为水果糖。尽管果糖天然存在于水果中，但在加工食品中也可见到——最常见的形式是富含果糖的玉米糖浆或蔗糖；半乳糖通常不单独存在于食物中，而是常与葡萄糖结合形成乳糖[35]。

两个单糖（分子）结合在一起被称为双糖。在它的英文单词中，"di"是"双"的意思（图 3.3）。将这些单糖结合起来的化学键可以被人体消化道中的酶反应破坏（消化）掉，从而解开变成两个单糖分子。在人们饮食中常见的天然双糖有蔗糖、乳糖和麦芽糖。其中，蔗糖是最常见且最甜的双糖，由 1 个葡萄糖分子和 1 个果糖分子组成，存在于甘蔗、甜菜和蜂蜜中，但更常见的情况是蔗糖被加工成"食用糖"；乳糖由 1 个葡萄糖分子和 1 个半乳糖分子组成，因为天然存在于乳制品中，所以也被称为"奶糖"；麦芽糖由 2 个葡萄糖分子组成，

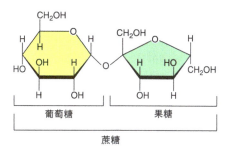

图 3.3　双糖

在食物中不常见，一般是作为较大的碳水化合物（如淀粉）分解的副产物出现。当制作一些酒精饮料时需要发酵，在该过程中也会产生麦芽糖。然而，待完全发酵后形成的麦芽糖浓度较低，因此酒精饮料不是膳食碳水化合物[22, 40]的理想来源。

复杂的碳水化合物

复杂的碳水化合物是由 3 个到几千个不等的单糖分子组成的复合体。该词语曾用于描述较慢的消化过程（相较于糖类来说），但现在仅用来指分子的化学结构，而不是消化速度。较短的，即仅由 3~10 个单糖聚合形成的复杂的碳水化合物被称为

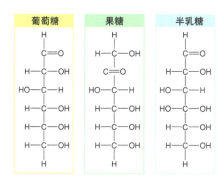

图 3.2　单糖

小窍门

葡萄糖是大脑运作所依赖的能量来源。研究表明，葡萄糖供应的减少会对经常食用碳水化合物的人（相对于那些已经适应了低碳水化合物饮食的人）产生很多负面影响，如注意力、记忆力和学习能力的下降。全天摄入足够的膳食碳水化合物，可以遏制葡萄糖水平的下降。在从事更复杂的脑力工作时，大脑对葡萄糖的需求也会有所增加。比如在考试以及完成作业时需要较高的认知水平，所以稳定的葡萄糖供应对大脑至关重要，即在认知对成功很重要以及精神紧张的时候，不要忽略吃饭和补充零食[35]。

寡糖（oligosaccharides），而更多数量的单糖聚合在一起则称为多糖（polysaccharides），寡糖通常存在于大豆及其他豆类植物、一些十字花科蔬菜、全谷物和一些人造食品（如运动饮料）中。它们通常以低聚果糖、麦芽糊精或聚葡萄糖的形式出现在食品标签上。多糖含有 10 个以上的单糖分子，主要以淀粉和纤维素的形式存在。其中，淀粉（starch）是植物中多糖的主要形式，由葡萄糖分子通过 α 键（α 键可被人体消化酶分解）连接形成。最常见的淀粉形式是直链淀粉和支链淀粉——前者是葡萄糖分子通过 α-（1，4）糖苷键的直链连接；后者在分子中除有 α-（1，4）糖苷键的糖链外，还有 α-（1，6）糖苷键连接的分支。不过它们一旦被消化成单糖，葡萄糖分子就会被吸收到血液中，与体内的其他所有葡萄糖分子没有区别了[22，40]。

纤维素是植物中存在的另一种多糖。它和淀粉类似，都含有长链葡萄糖分子，但是，纤维素中的糖苷键是 β 键，不能被人体内的酶分解，因此，纤维素不会被人体消化、吸收和代谢。尽管如此，纤维素也确实有益于健康，在本章后面将对此进行讨论。从结构上来看，纤维素可分为可溶性

> **你知道吗　❓**
>
> 并无规定要求食品公司对其生产出来的食品添加营养，但富含硫胺素、核黄素、烟酸、铁和叶酸的白面在加工过程中丢失的所有营养成分，通过添加又都补充了回来。

的和不可溶性的两种。可溶性纤维素可溶于水，通常存在于植物细胞组织的内部和周围，在潮湿时具有凝胶状的稠度，并可以被肠道细菌消化（发酵）。其常见的来源包括柑橘类水果、浆果、燕麦和豆类。不可溶性纤维素是植物细胞壁的结构成分，且通常不能被发酵。它们通常存在于全谷物、水果、蔬菜和豆类的外壳中。纤维素从结构上的分类并不足以描述可溶性和不可溶性两种纤维素在体内的表现，因此，还可以从如何影响生理过程这一角度来区分。有些纤维素在增加饱腹感方面更优，它们能抑制餐后血糖的升高，并降低血脂水平（降低总胆固醇和低密度胆固醇水平）。医学研究所经常用"膳食纤维"和"功能性纤维"这两个词来指代这些独立的、不易消化的食物或工业生产出来的碳水化合物[36]，以描述各种纤维素对人体生理过程的不同影响。

第 3 类多糖被称为糖原。葡萄糖以糖原的形式储存在人体和动物体内，主要储存在骨骼肌和肝脏中。糖原和淀粉类似，都是葡萄糖分子链。不同的是，糖原的分支比淀粉多得多，可供酶反应发生的表面积也更大（图 3.4）[22，40]。此外，人体内的糖原大约 3/4 储存在骨骼肌中，而剩下近 1/4 则储存在肝脏中[9，23]。

在从农场到餐桌所经历的加工过程中，各种复杂的碳水化合物品质的差别很大。一些碳水化合物由全谷物制成，加工程度最低。精制谷物是精加工过

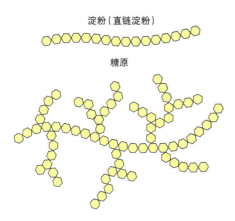

淀粉（直链淀粉）

糖原

图3.4　淀粉和糖原的结构

消化和吸收

消化道其实就是体内从口腔延伸到肛门的长管，其目的是促进食物的消化，并随后将营养物质吸收到体内。经过消化道的任何食物，在分解（消化）为较小的成分并穿越消化道壁进入血液（吸收）之前，都不被视为身体的一部分。消化的一个关键特征是，把饮食中不需要或无法消化的物质排泄出去。消化道分为好几节段（图3.5），

的，去除了全谷物中的一些成分，或是为了更可口，后又将去除的成分再添加进去。全谷物包含所有天然的营养物质和纤维素，但在加工过的谷物中纤维素的含量要少得多，同时天然维生素和矿物质也较少（尽管一些维生素和矿物质会通过营养添加剂再添加回来）。

你知道吗 ?

当动物被做成肉准备出售时，在它们体内所含的大部分糖原已经通过组织中的酶反应流失掉了，转化为乳酸以有助于形成理想的肉质[21]，因此，动物肉特别是家禽的肉是丰富的蛋白质和脂肪来源（这取决于切割的部分——一些部分是低脂的），但它们的碳水化合物含量较少。

 小窍门

在选择食品时，优质的碳水化合物是由全谷物面粉制成的，且在标签上通常有"全谷物"的字样。为了简化消费者的购物过程，政府尝试引进了全谷物图标。全谷物图标分两种："100%图标"和"基本图标"。如果产品上印着"100%图标"，就表明其所有的谷物成分都是全谷物，且至少含有16克（1整份）全谷物，而印着"基本图标"的产品则至少含有8克的全谷物，但也可能含有一些精制谷物。这些图标十分有用，不过也会产生误导，因为并非所有带图标的产品都是最健康的选择。在（超市等地方的）谷物区尤其如此，这个区域的产品可能都含有全谷物，但同时也许还有糖类添加物。在检查食品标签时，要注意"小麦"和"小麦粉"之类的字眼，因为它们表明谷物中的维生素和矿物质可能已经流失掉了。"全谷物"通常表示该产品至少含有1种全谷物；"全麦"则表示该产品含某种特定类型的谷物。这两个词都可以表示某食品富含纤维素、维生素和矿物质。许多营养专家都建议，除了"全谷物"一词外，还要去找"全食品"标签。"5原则"可用来找到相对更有益于健康的全谷物产品。具体而言，一个好的选择是这样的：在1份食品中应含有5克或更多的纤维素，同时含糖量应低于5克[46]。

什么是杂粮?

像"杂粮"或"五谷"这样的词汇并不是全谷物的代名词。全谷物包括谷粒的谷皮、胚芽和胚乳,并含有丰富的营养素。杂粮只意味着该产品包含多种类型的谷物,但不一定是更健康的选择。一般在检查食品标签时,如果你没有看到"全谷物"或"全麦"这个词,就可以认为该食品在加工过程中损失了营养成分。

每一节段都有助于将食物分解成更小的成分,使其可以穿过消化道壁进入循环系统。其中,口腔和小肠是消化和吸收碳水化合物的主要节段[35, 40]。

饮食中的碳水化合物是以糖、淀粉和纤维素的形式存在的,其中大多数都因为分子太大而不能被吸收,必须沿着消化道分解:碳水化合物从口腔开始被消化。咀嚼食物会引发机械

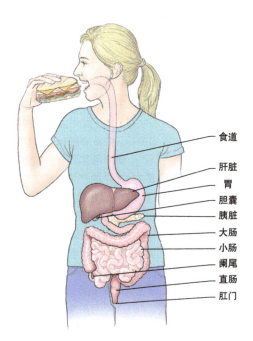

图3.5 消化系统

消化,因为咀嚼可物理性地把较大的多糖分解成较小的多糖分子,同时,口腔内的唾液腺还会分泌一种唾液淀粉酶,从而开启多糖的化学消化过程。碳水化合物在口腔内不能完全被消化,此时得到的多糖分子还不够小,不能穿过消化道内壁。碳水化合物在口腔中被消化的数量,主要取决于咀嚼的程度和食物在被吞咽前留在口腔中的时间长短。一旦吞咽后,碳水化合物就离开口腔直至到达小肠。在这期间它不会明显地进一步被消化。小肠是消化和吸收碳水化合物的主要场所(图3.6),在小肠壁上有许多被叫作小肠绒毛的环状褶皱,它们增加了吸收面积。小肠绒毛含有大量的肠上皮细胞,其中每一个肠上皮细胞都有刷子状的突起——微绒毛,从而进一步增加了吸收的表面积[35, 40]。

碳水化合物在刚进入小肠时的主要形式不仅有寡糖、多糖和一些双糖,也会有极少量的单糖。由于只有单糖可以被吸收进血液,因此在小肠内,碳水化合物还需要经过大量的处理才能转化为单糖。小肠

食道
肝脏
胃
胆囊
胰脏
大肠
小肠
阑尾
直肠
肛门

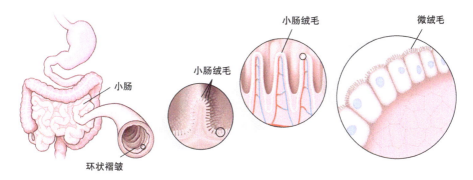

小肠绒毛　小肠绒毛　微绒毛　小肠　环状褶皱

图3.6　小肠绒毛和微绒毛

内不存在机械消化这样明显的消化过程，几乎所有的碳水化合物在小肠内发生的都是化学消化过程，都会牵扯到胰腺释放的几种酶。胰腺是一个会分泌许多酶的辅助器官，这些酶会进入小肠帮助消化。其中一种叫胰淀粉酶，会将多糖进一步分解为双糖（主要是麦芽糖）。肠壁中的细胞会分泌另外一些酶，如麦芽糖酶、蔗糖酶和乳糖酶，它们会将双糖最终分解成单糖（表3.1）[35, 40]，然后单糖就能穿过肠壁并被身体吸收。小肠中的单糖进入肠上皮细胞，并通过其绒毛附近的毛细血管进入血液。葡萄糖和半乳糖通过主动运输过程被吸收，但果糖却是在被动扩散过程中被吸收的。这种吸收方式的差异导致了果糖的吸收比葡萄糖和半乳糖要慢，也就意味着果糖在

你知道吗

碳水化合物的化学消化过程其实到胃部就停止了，这是因为胃的极酸性环境会破坏唾液淀粉酶。不过，还有一些消化过程（特别是通过胃部搅拌实现的机械消化过程）倒是会继续下去的。

小肠中停留的时间更长[35, 40]。

碳水化合物的代谢

一旦单糖被小肠吸收并进入血液后，就会被运送到肝脏，它们在这里将发生一系列的反应。绝大多数的果糖和半乳糖在肝脏中都会转化为葡萄糖。尽管这些单糖还有一些其他去路，但葡萄糖是身体中碳水化合物的主要可用形式，几乎摄入的所有碳水化合物最终都将转化为葡萄糖，以供身体利用或储存起来。

假设葡萄糖是明确的（代谢）起点，根据体内细胞对能量的需求状况，葡萄糖主要存在几种不同的代谢去路（图3.7）。如果细胞需要能量，它们就会利用葡萄糖生成三磷酸腺苷，否则就会以不同的形式（主要是肝脏和肌肉中的糖原）储存起来，以作为备用能源供日后使用。储存的糖原当在摄入碳水化合物后出现葡萄糖和胰岛素时，以及在运动消耗了能量之后，就非常有用武之地了。

表3.1　参与碳水化合物消化的各种酶

器官	酶	作用
口腔	唾液淀粉酶	分解口腔中的淀粉
胰腺	胰腺淀粉酶	分解小肠中的淀粉
小肠	麦芽糖酶	将麦芽糖分解为葡萄糖
小肠	蔗糖酶	将蔗糖分解为葡萄糖和果糖
小肠	乳糖酶	将乳糖分解为葡萄糖和半乳糖

你知道吗 ?

在血液中循环着的葡萄糖的量是非常小的，除非得到肝糖原的补充，否则只能维持你行走大约1.61千米。

对于一个普通人来说，肝脏可储存70~110克糖原（280~440千卡），而骨骼肌则可以储存120~500克糖原（480~2000千卡）（表3.2）。这一数值会根据以下状况出现较大的差异：饮食摄入量、针对训练和比赛的配套餐饮、肌肉量，以及训练产生的生理适应性变化[23-26, 40]。

由于肝脏和骨骼肌储存糖原的能力有限，因此，多余的葡萄糖通常会代谢成另一种几乎可以无限储存能量的形式，那就是脂肪组织。肝细胞和脂肪细胞能够通过脂肪生成（lipogenesis）过程，将葡萄糖转化为脂肪酸，然后脂肪酸与甘油结合形成甘油三酯，并储存在脂肪组织中。不过请注意，只有在碳水化合物的摄取量长期超过需求量，或超过体力活动所消耗的量时，才会发生该过程。如果多余的血糖没有足够快地被代谢掉，那么就会通过尿液排泄掉，这在糖尿病患者中最为常见[35, 40]。

葡萄糖代谢的调节

由于葡萄糖是如此重要的代谢底物，几乎体内的每个细胞都需要它，因此，管理葡萄糖各代谢去路的过程便得到严格的控制，以确保有足够的葡萄糖可利用，并将其运送到需要它的细胞中。"葡萄糖代谢"一词覆盖了调节葡萄糖数量的所有身体功能：

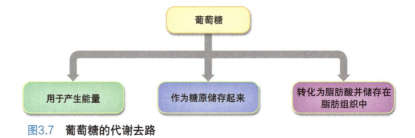

图3.7　葡萄糖的代谢去路

表3.2　人体内的葡萄糖和糖原含量

来源	数量（克）	能量（千卡）
血糖	5~25	20~100
肝糖原	70~110	280~440
肌糖原	120~500	480~2000

源自：Ivy 1991; Jensen et al. 2011; Karpinski and Rosenbloom 2017; Kenney, Wilmore, and Costill 2015; Thompson, Manore, and Vaughan 2017.

（a）在血液中循环；（b）用于细胞生成三磷酸腺苷；（c）以糖原的形式储存在骨骼肌和肝脏中；（d）转化成脂肪酸并储存在脂肪组织中；（e）当体内的葡萄糖供应不足时，非碳水化合物会作为反应前底物合成葡萄糖。

空腹时的血糖浓度通常保持在 70 ~100 毫克 / 分升。健康人在正常情况下，这一血糖浓度足以为休息时的身体细胞提供营养。在此范围内是正常血糖，低于此范围的血糖值被认为是低血糖，而当高出时则属于高血糖（见第 14 章）。在食用了含有碳水化合物的食物后，血糖水平发生急剧波动是正常现象。根据摄入量的多少，通常在进食 30 分钟 ~2 小时后，血糖水平会恢复正常。患有慢性血糖过低症（低血糖）或血糖过高症（高血糖）的人可能会患上糖尿病或碳水化合物代谢障碍。糖尿病是由于细胞不能充分摄取并代谢葡萄糖，从而引起的慢性高血糖症。糖尿病是一种潜在的毁灭性疾病，当空腹血糖水平超过 126 毫克 / 分升时，往往就疑似患上糖尿病。然而，中等程度上升的空腹血糖值（100~125 毫克 / 分升）同样伴随着隐性危险，这表明耐糖能力受损，也是糖尿病的一种预兆[35, 40]。

是什么原因导致葡萄糖代谢能力受损的人其空腹血糖值会升高呢？答案在于细胞无法令葡萄糖进入其中。

为了能让细胞利用或储存葡萄糖，葡萄糖分子必须首先穿过细胞膜进入细胞内（图3.8）。该过程被称为胰岛素依赖型葡萄糖转运（Insulin-Dependent Glucose Transport，IDGT），它往往被描述为一种锁钥机制，即胰岛素能够打开细胞膜并允许葡萄糖进入细胞。当胰岛素依赖型葡萄糖转运不能顺利实现时，葡萄糖就不能进入细胞，而会在

你知道吗

虽然空腹血糖值会反映出糖尿病的病症，但在许多医生那里，直到病人通过口服葡萄糖耐受测试（OGTT），才会诊断病人已患糖尿病。在这一测试中，病人摄入75克葡萄糖，在接下来的3小时内，每30~60分钟抽取一次血液样品。在测试结束时，如果血糖值在140~200mg/dl，表示葡萄糖耐受能力受损，而≥200mg/dl 则表示患有糖尿病[33, 34]。

血糖浓度现国际标准单位为 mmol/L（毫摩尔 / 升），mg/dl ÷ 18=mmol/L。

拓展信息

储存的糖原是有限的

身体会将尽可能多的糖原储存到肝脏和骨骼肌中，但是肝脏和肌肉的大小有限，所以能存储的量也是有限的。身体无法为了增加碳水化合物的吸收量而使肌肉组织快速增长，如果可以这样，你就不必辛苦地去做抗阻训练了。

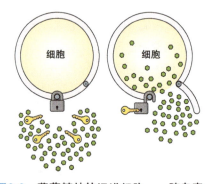

图3.8 葡萄糖被转运进细胞——胰岛素就像一把钥匙，打开门上的锁，让葡萄糖进入细胞

细胞外和血液中沉积，从而导致血糖升高。胰岛素依赖型葡萄糖转运可能会因为胰腺不能产生胰岛素而无法实现，此时，就没有可利用的胰岛素来触发（细胞）对葡萄糖的摄取，这就是Ⅰ型糖尿病的病因。当细胞对胰岛素变得不敏感时，胰岛素依赖型葡萄糖转运也可能会无法实现。此时，即使胰岛素可以发挥作用，它也无法向葡萄糖转运蛋白发出信号，让其前往细胞膜，这是Ⅱ型糖尿病的病因。并不是所有的葡萄糖在进入细胞时都需要胰岛素，事实上所有的脑细胞和某些肝细胞是不依赖胰岛素就可以摄取葡萄糖的。此外，

当运动需要大量葡萄糖来产生三磷酸腺苷时，骨骼肌也可以在不需要胰岛素的情况下摄取葡萄糖[35, 40]。

当血糖水平暂时下降（比如一段时间没有摄入碳水化合物）时会发生什么呢？暂时性的低血糖会触发胰腺分泌胰高血糖素，它的作用与胰岛素相反。胰岛素随着血糖浓度的降低而释放，但是胰高血糖素在低血糖时反而会分泌。这种双重功能强调了胰腺在调节体内葡萄糖稳态方面的重要性。胰高血糖素刺激肝脏将储存的糖原转化为葡萄糖（糖原分解），然后再把这些葡萄糖释放到血液中。此外，胰高血糖素还会刺激非碳水化合物类的物质发生固有（自然发生在体内的）合成反应，以生成葡萄糖（糖异生）。一般有两条糖异生通路可将不同的非碳水化合物类物质转化为葡萄糖，它们分别被称为葡萄糖－丙氨酸循环（氨基酸）和柯里循环（乳酸）。在这两种胰高血糖素刺激下的反应过程（糖原分解和糖异生）相结合产生的效果，是为了要增加血液循环中葡萄糖的数量（图3.9）[26, 35, 40]。

除了胰岛素和胰高血糖素外，还

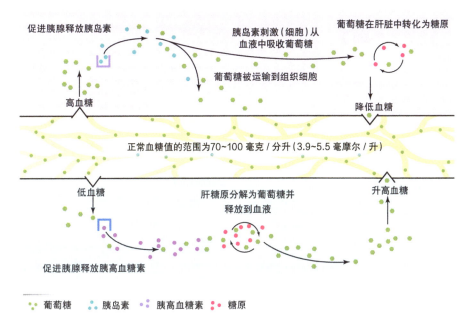

图3.9 对血糖的调节

有一些其他激素也有助于调节血糖水平，尤其是在体力活动频繁的时期（表3.3）。释放到血液中的肾上腺素和降肾上腺素，会随着运动的开始而显著增加，并共同刺激糖原分解产生葡萄糖。此外，皮质醇也能通过对糖异生系统产生的刺激效应，提高运动期间的血糖水平[26, 35, 40]。

预防在体力活动期间发生低血糖，对人体而言是一项独特的挑战，这和在休息时的情况不同。运动营造了一种体内环境，可以让骨骼肌通过非胰岛素依赖型葡萄糖转运吸收血液中的葡萄糖。随着葡萄糖被肌肉摄取，血糖浓度会下降，而胰高血糖素水平则会升高，并刺激糖原分解和糖异生系

表3.3 参与血糖调节的各激素

激素	分泌器官	行为
肾上腺素	肾上腺	激活糖原分解
降肾上腺素	肾上腺	激活糖原分解
皮质醇	肾上腺	激活糖异生系统
胰高血糖素	胰腺	激活糖异生系统和糖原分解
胰岛素	胰腺	激活糖原合成、抑制糖异生系统

源自：Ross et al. 2014; Thompson, Manore, and Vaughan 2017.

小窍门

许多人都通过摄入血糖指数（GI）较低的食物来帮助他们减肥。然而，相关研究结果莫衷一是。一些结果表明，食用血糖指数低的食物并没有带来能量摄入或体重方面的明显变化。相反，另一项研究报告却称，血糖指数低的食物与高蛋白质食物相结合，有助于减轻体重并防止其反弹[3]。在出现更多的研究支持"血糖指数低的饮食可以减肥"这个说法之前，保持兼顾整体健康、限制能量摄入的饮食和定期运动，仍然是最常见的减肥建议。

统，以帮助血糖恢复到正常水平。似乎运动中的肌肉更喜欢将储存的糖原作为其碳水化合物的来源，而糖异生系统只是作为辅助——会在长时间运动的后期向肌肉提供少量的葡萄糖，但最终是跟不上肌肉对能量的需求的。我们应当注意到，这是个有限的过程，因为通过这些机制生成的葡萄糖数量跟不上其利用率[26, 35, 40]。

血糖反应

众所周知，食用碳水化合物后会在一定时间内引起胰岛素和血糖水平的升高，然后再恢复到基线值。然而，这种反应（称之为血糖反应）上升的速度、幅度和持续时间不易预测，因为它会受许多变量的影响。多年来，人们一直认为相较于复杂的碳水化合物而言，简单的糖类会引起更大的血糖反应，不过这个理论过于简单化，碳水化合物的化学分类并没有完全反映出其对消化和代谢的影响。新理论的出现基于了食物的血糖指数和血糖负荷，它们更准确地解释了当摄入各种食物后观察到的血糖反应[32, 35]。

血糖指数

血糖指数是于 1981 年提出的概念，一直沿用至今。测量血糖指数是一种定性方法，可用于对食品进行分级，其依据是观察人体在摄入食物后相对的血糖反应状况。我们将当消耗了固定量可利用的碳水化合物（例如50 克）后 2 小时测得的血糖水平，与当消耗等量的标准参照食品（例如纯葡萄糖）后观测到的血糖状况进行对照，来确定某特定食品的血糖指数。与参照食品相比，血糖反应较大的是高血糖指数；反应较小的是低血糖指数。通常将参照食品的血糖指数设定为 100，这意味着所有血糖反应都是低于参照食品的，即其血糖指数都低于100，反之亦然。不过，这个系统存在一些局限性，因为测试所使用的食物成分、成熟度，以及食品加工方法、烹饪方法和储藏方式的差异使得相同食品公布出来的血糖指数可能差别很大[10, 11, 19]。

此外，人们很少单独食用一种食物，而在含碳水化合物的食物中添加其他食品，也会影响到血糖指数。例如，马铃薯单独来看是高血糖指数的，但它

拓展信息

血糖指数不是规则，而是工具

测量血糖指数是一种不能被原样复制的实验性测量方法，因为不可能在完全相同的测试条件下，让同一个人食用同样的食物（相同的烹饪时间、烹饪方法、烧熟度等），重复进行测试。此外，一个人对特定食物的血糖反应可能与另一人的差异很大，并且在测试血糖指数时，是基于设定量的碳水化合物，而不是一部分特定的食物。例如，胡萝卜是高血糖指数的，但需要吃很多胡萝卜才能产生明显的血糖反应。在考虑了所有因素之后，最实际的做法是将血糖指数看作是一种简单的指标，它能反映在吃下食物后，血糖可能会上升得多高多快，但不应该用它来精确地预测由食物引起的血糖反应的程度。

在与蛋白质和脂肪一起食用时，引起的血糖升高速度要比单独参考血糖指数所预期的升高速度慢得多[10, 14, 32]。

血糖负荷

1997 年引入了血糖负荷的概念，当时是为了试图量化一部分食物引起的总体血糖反应，而不仅仅是可利用碳水化合物的量。血糖负荷是一个表示总碳水化合物摄入量所引起的血糖反应的指标。计算血糖负荷的公式是：

血糖负荷 = 食物的血糖指数 × 每份食物的碳水化合物含量（克）/100

从公式中我们可知，如果摄入的量少，就可以令一种食物同时具备高血糖指数和低血糖负荷。在食用碳水化合物时，血糖指数绝不应该是唯一的考虑要素，还应考虑能量密度、主要营养素、微量营养素、植物化合物等因素[6, 32]。

表 3.4 列出了一些常见食物的血糖指数和血糖负荷。科学文献提供了关于更多种食物更加全面内容的表格[4, 17]。

运动与锻炼中的血糖指数和血糖负荷

运动员在仅仅根据血糖指数或血糖负荷选择食物时，需要非常谨慎。简单地选择或避开一种被归类为低、中、高血糖指数或血糖负荷的食物，这种做法并不是完全合理的。例如，一些运动员会出现反应性低血糖或餐后低血糖的现象，这是在食用某些食物后血糖降至正常水平以下的情况。这种现象如果在比赛开始的时候出现，就会是个很大的麻烦，所以对赛前食用的食物提前做个测试，有利于探明是否会出现这样的问题。尽管碳水化

你知道吗

男性马拉松选手平均能储存400~500克的肌糖原。假设没有其他底物参与生成三磷酸腺苷，这也足以支持他们以正常速度跑够80分钟[23~26, 40]。

表3.4 常见食物的血糖指数和血糖负荷

食物	每份的大小	每份的量（克）	血糖指数	可用的碳水化合物及分量（克）	血糖负荷
小麦面包	1片	30	53	20	11
燕麦粥	2/3杯	50	69	35	24
英式松饼	半块	30	77	14	11
白面包圈	直径7.62cm（3英寸）	70	72	35	25
白米	1杯	150	51	42	21
糙米	3/4杯	150	50	33	16
奶酪比萨	1片	100	36	24	9
土豆泥	3/4杯	150	74	20	18
烤土豆	150.26g（5.3盎司）	150	60	30	18
玉米	3/4杯	150	53	32	17
芸豆	半杯	150	52	17	9
苹果	直径1.91~5.08cm（2~3/4英寸）	120	38	15	6
苹果汁	240mL（8液量盎司）	250 mL	40	29	12
汽水	255mL（8.5液量盎司）	250 mL	53	26	14
巧克力牛奶	1杯	50	43	28	12
低脂酸奶	198.45g（7盎司）	200	31	30	9
巧克力布丁	99.23g（3.5盎司）	100	47	16	7
巧克力冰激凌	3/4杯	50	87	13	8
天使（零脂）蛋糕	56.7g（2盎司）	50	67	29	19
香草薄饼	4块	25	77	18	14
成熟的香蕉	17.78cm（7英寸）	120	51	25	13
葡萄	25（颗）	120	46	18	8
草莓	3/4杯	120	40	3	1
葡萄干	56.7g（2盎司）	60	64	44	28

源自：K. Foster–Powell, S.H. Holt, and J.C. Brand–Miller, 2002, "International table of glycemic index and glycemic load values: 2002," *American Journal of Clinical Nutrition* 76: 5–56.

合物（如葡萄糖）会导致胰岛素的分泌增加，因此在运动刚开始时血糖水平会有所下降，但通常会在 20 分钟内恢复正常，且血糖初始的下降也不会对运动表现产生负面影响[28]。

碳水化合物作为运动中的燃料

运动需要持续的能量三磷酸腺苷供应来支持骨骼肌的收缩以持续运动。由于肌肉只能储存少量的三磷酸腺苷，因此需要其他的能量来源，即葡萄糖、脂肪酸等。葡萄糖可以通过葡萄糖分子的部分氧化（糖酵解）或完全氧化（有氧代谢）来生成三磷酸腺苷。完整的葡萄糖氧化包括以下这 3 个依次进行的过程：糖酵解、三羧酸循环和电子传递链（见第 2 章）。运动时肌肉的葡萄糖来源主要为肌糖原，但也可能来自血糖和糖异生系统。运动强度对在某种活动下葡萄糖的使用时间和用量方面有很重要的影响（表 3.5）。通常在出现以下情况时，葡萄糖的使用量会增加：

> 当运动强度的提升打破了一个原有的稳定状态（例如运动开始）时。
> 当稳态运动强度提升时[26]。

碳水化合物在运动性疲劳中的作用

在运动过程中，肌肉疲劳通常发生在下面 3 种不同的情况中：（1）肌肉不能产生足够的力量以满足运动的需求；（2）高水平的三磷酸腺苷需求（高强度运动）阻止了葡萄糖的完全氧化，导致乳酸积累；（3）肌肉中的能量储备耗尽。其中，第 1 种情况不涉及碳水化合物；第 2 种情况被称为代谢性疲劳，当运动强度太高以至于抑制了葡萄糖有氧氧化的发生，导致乳酸在细胞内积聚时，这种情况就会发生。乳酸盐在转化为乳酸的过程中会产生氢离子，它会在肌肉细胞中营造一种阻碍三磷酸腺苷生成和肌肉收缩的酸性环境，从而引发疲劳症状。一旦发生代谢性疲劳，运动者就将不得不减速或停止运动，以便

表3.5　在不同运动强度下，使用葡萄糖生成三磷酸腺苷的情况

运动强度	使用葡萄糖生成三磷酸腺苷的百分比
休息	35%
中低强度	40%
高强度短时间	95%
高强度长时间	70%

源自：McArdle, Katch and Katch 2013.

使身体能够清除掉肌肉中过量的氢离子。乳酸不仅是一种代谢副产物，还是全身许多细胞的能量来源，因此，清除过量的乳酸只是时间问题。一旦这些代谢物被清除（这是一个相当快的过程），疲劳就会得以缓解，骨骼肌也可以再次收缩和发挥作用。请注意，受过耐力训练的人比久坐不动的人，能更好地利用乳酸产生能量[7, 25, 26, 31, 40]。

　　第3种情况被称为底物疲劳，它会在骨骼肌近乎耗尽能量底物（葡萄糖）时发生。当骨骼肌中的糖原储备显著减少时，没有足够的葡萄糖可用于产生起作用的三磷酸腺苷。这时，运动不得不放慢或完全停止，除非摄入更多的葡萄糖或者糖异生系统开始工作，运动才能重新启动[7, 25, 26, 31, 40]。底物疲劳是耐力运动员最关心的问题，在第11章中，我们将会详细讨论这一话题。

碳水化合物摄入建议

　　膳食营养素参考摄入量是为健康人士提供的碳水化合物摄入指南，它是由医学研究所的食品和营养委员会（The Food and Nutrition Board of the Institute of Medicine，FNBIM）发布的。膳食营养素参考摄入量的适用人群包括怀孕和哺乳期的妇女、婴儿、儿童和成人。对那些患有与营养类相关疾病的人，膳食营养素参考摄入量不能作为其医学营养治疗的唯一标准。这些数值已经将年龄和性别因素考虑进去了，但没有考虑运动、疾病等问题，因此对这些独特的群体而言，另有一些特殊的建议[22]。

对一般人群的建议

　　碳水化合物的宏量营养素可接受范围占总能量摄入的45%~65%。该范围适用于所有年龄段和生命阶段（包括孕期、哺乳期等）的男性和女性[43]。碳水化合物的每日建议摄入量是基于大脑发挥功能的最低需求量。目前定为每天130克，这一数值适用于幼儿、儿童、青少年等所有年龄段的人，但并不是在日常生活中进行有目的性地运动所需要的摄入量。怀孕的妇女每天至少需要摄入175克碳水化合物，而哺乳期的妇女则至少需要210克。婴儿对碳水化合物的需求较低——6个月及以下的婴儿每天至少摄入60克；7~12个月的婴儿至少需要95克。日常摄入的大部分碳水化合物都应来自高品质的食物，如全谷物、水果、蔬菜、大豆等，同时还要将额外摄入的糖控制在所消耗能量的10%左右[44]。

你知道吗

当你刚开始实施一个锻炼计划或参与一项艰难的运动时，在随后1~3天内感受到的肌肉酸痛并不是由乳酸分泌引起的。这是因为肌肉过度用力而引起的轻微创伤和炎症。一旦开始愈合，几天后疼痛就会消退。在此期间，最好进行一些轻微的活动。如果酸痛或疼痛一直在持续，那么在恢复你的运动计划前，请征求医生的意见。

纤维素是一种有着特殊摄入建议量的碳水化合物，因为纤维素不同于其他类型的碳水化合物，它对健康有着独特的益处。对于 14~50 岁的男性来说，纤维素的膳食营养素参考摄入量是每天 38 克，而 19~50 岁的女性则是每天 25 克。孕期和哺乳期的妇女需要摄入得更多，分别是 28 克／天和 29 克／天[22]。美国人对于纤维素的平均摄入量约为每天 15 克。目前，纤维素的膳食营养素参考摄入量是基于现有数据来设定的，这些数据证明了纤维素和心血管疾病之间的关系。此外，它与健康相关的其他方面的研究也正在涌现。在新研究成熟之前，当前的膳食营养素参考摄入量是我们日常摄入纤维素的最佳指南[22]。如果个人出于保健目的想要增加纤维素的摄入量，我们建议应逐渐增加，同时还应增加液体的摄入量。如果没有摄入足够的液体，过多的纤维素摄入量就可能会导致便秘[22, 36]。

给运动爱好者和运动员的建议

对运动员而言，摄入碳水化合物的绝对克数，以及摄入的克数与体重千克数的比值（g/kg 体重），比单纯考虑碳水化合物摄入量占总能耗的百分比更加重要。例如，由于摄入的食物热量很高，某些耐力型运动员可能会以碳水化合物的形式消耗掉总能耗的 70%，但同时仍然可以满足身体对蛋白质和脂肪的需求。一般来说，运动员每天会摄入碳水化合物 3~12 克／千克体重（表 3.6）[39]。这是一个较大的范围，旨在为处于各种体型和训练状态下的运动员提供参考。

> 这一范围的最下限是 3~5 克／千克体重，其最适用的对象往往是那些正在实施低强度训练计划的运动员、开展技术性项目的运动员、体重重的运动员或试图通过限制能量摄入来减肥的运动员[39]。
> 中间范围的摄入量是 5~7 克／千克体重，适用于每天开展 1小时左右中等强度的运动，或者从事高强度短时长项目的运动员。
> 对于那些每天进行 1~3 小时高强度训练的运动员，推荐 6~10 克／千克体重这一参考范围[39]。
> 8~12 克／千克体重是上限，通常推荐给每天训练 4~5 小时以上，或运动强度极高的运动员[39]。

需要注意的是，这些只是一般性的建议，不是每个人都可以参考的良方妙法。各项数值都会因总能量消耗、具体的训练方案，以及个人优化运动表现的经验而有所不同。运动员往往知道自己对饮食和训练会产生的生理反应，他们实际的做法可能会背离这些一般性的建议，因此这些指导意见应得到很好的调整以满足每位运动员

表3.6 在役运动员的每日碳水化合物摄入量建议

建议的碳水化合物摄入量	运动强度和时长	59千克（130磅）的运动员每天的摄入量（克）	79千克（175磅）的运动员每天的摄入量（克）
3~5克/千克体重	低强度训练	177~295	237~395
5~7克/千克体重	每天超过60分钟的低强度训练 每天60分钟的中等强度的训练 每天高达30分钟的高强度训练	295~413	395~553
6~10克/千克体重	每天1~3小时的中高强度训练	354~590	474~790
8~12克/千克体重	每天4~5小时的中高强度训练	472~708	632~948

采用以上数据的前提是，假设能量摄入充足且全天碳水化合物均匀摄入，但具体还要看训练的日程安排
源自：Thomas, Erdman, and Burke 2016.

的具体需求。如果不起作用或者运动员患有与营养相关的病症，那么他们可能就需要征求运动膳食学认证专家给出的运动训练特定的碳水化合物摄入建议。运动膳食学认证专家可针对个人制订特定的膳食计划，并且还会考虑任何关于碳水化合物需求和医学营养治疗的问题（如腹泻、乳糖不耐症和肠易激综合征）。

表3.7列出了不同体重的运动员为了维持糖原储备，每日所需摄入碳水化合物的估计量。运动员应结合训练和比赛的情况，以适当的时间间隔摄入适量的碳水化合物。

总能耗的百分比并不总是与碳水化合物的绝对摄入量保持一致。例如，肌肉量较多的个体通常有较大的能量需求，但摄入的碳水化合物可能占总能耗的百分比并不高。例如，一个每天消耗4000千卡热量，其中50%都来自碳水化合物的运动员，需要摄入大约500克的碳水化合物。对于一个体重为150磅（68千克）的人而言，这相当于摄入了7.4克/千克体重的碳水化合物，其完全在推荐范围内。然而，一个体重为120磅（54.5千克）、每天消耗1400千卡热量、其中65%都来自碳水化合物的女性运动员，需要摄入4.2克/千克体重，而且这也许还不能满足她的训练需求。由此可以

表3.7 按目标摄入量和体重比率显示的每日碳水化合物需求

体重（磅）	体重（千克）	3克/千克体重	4克/千克体重	5克/千克体重	6克/千克体重	7克/千克体重	8克/千克体重	9克/千克体重	10克/千克体重	11克/千克体重	12克/千克体重
100	45	136	182	227	273	318	364	409	455	500	545
105	48	143	191	239	286	334	382	430	477	525	573
110	50	150	200	250	300	350	400	450	500	550	600
115	52	157	209	261	314	366	418	470	523	575	627
120	55	164	218	273	327	382	436	491	545	600	655
125	57	170	227	284	341	398	455	511	568	625	682
130	59	177	236	295	355	414	473	532	591	650	709
135	61	184	245	307	368	430	491	552	614	675	736
140	64	191	255	318	382	445	509	573	636	700	764
145	66	198	264	330	395	461	527	593	659	725	791
150	68	205	273	341	409	477	545	614	682	750	818
155	70	211	282	352	423	493	564	634	705	775	845
160	73	218	291	364	436	509	582	655	727	800	873
165	75	225	300	375	450	525	600	675	750	825	900
170	77	232	309	386	464	541	618	695	773	850	927
175	80	239	318	398	477	557	636	716	795	875	955
180	82	245	327	409	491	573	655	736	818	900	982
185	84	252	336	420	505	589	673	757	841	925	1009
190	86	259	345	432	518	605	691	777	864	950	1036
195	89	266	355	443	532	620	709	798	886	975	1064
200	91	273	364	455	545	636	727	818	909	1000	1091

源自：Thomas, Erdman, and Burke 2016.

看出，较低百分比（50%）的碳水化合物摄入量可能是足够的，而较高百分比（65%）可能不适用于开展中高强度耐力训练的人（图3.10）。

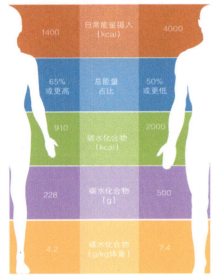

图3.10　碳水化合物的能量占比以及绝对数量的示例

食物的碳水化合物含量

图3.11列出了一些常见食物及其各自的碳水化合物含量。在阅读营养成分标识栏时，请记住，每种食物可能含有多份的量[46]。

碳水化合物和健康

本章中的大部分篇幅关注的都是碳水化合物作为运动时的能量来源，但其实碳水化合物在保健方面也能起到重要的作用。尽管运动员可能需要在短期内针对特定的赛事或赛季优化其运动表现，但也需要关注长期的身体健康。某些类型的碳水化合物，如含有纤维素的全谷物，可能会促进身体健康和预防疾病，而诸如简单糖或加工面粉之类的碳水化合物，则可能会对健康不利。其中一些话题已经进行了多年的调查，而另一些的数据则

 小窍门　高纤维膳食可以降低Ⅱ型糖尿病的发病风险，或可能会帮助控制血糖的波动。纤维素会吸收液体并在肠内膨胀，从而减缓消化速度，也能刺激一些增加饱腹感的激素释放[8]。所有这些因素都可以用来解释高纤维和全谷物膳食与降低（控制）体重之间的关联[12, 52]。然而，对一项考察了38种纤维素的研究进行系统检查后发现，大多数短期的纤维素食疗，都没有增加饱腹感或减少食物摄入[52]。

尽管膳食纤维在体重控制中所起的作用还存在着争议，但研究表明，膳食纤维的类型和食物的形式（液体食物与固体食物）都可能会对结果有影响。有研究证明：β-葡聚糖（来自燕麦和大麦）、全麦黑麦、黑麦麸皮，以及含有特定纤维素（5~8种谷物、豆类、蔬菜和水果）的混合食物，都能增加饱腹感。然而，饱腹感的增加并不一定意味着食物摄入量、总热量和体重这3者同时减少。燕麦和大麦中的β-葡聚糖在降低总热量摄入方面可能要优于其他类型的膳食纤维[12]。

以下每种食物都含碳水化合物约15g

水果

1块水果（网球大小）	15颗葡萄
半杯果汁	半根长22.86cm（9英寸）的香蕉
2个小李子	3/4 杯新鲜菠萝
1杯浆果类水果或甜瓜	

蔬菜

3杯多叶蔬菜	半杯玉米或豌豆
半杯煮马铃薯	3/2杯煮熟的、抗性淀粉类蔬菜
1/4个大的烤土豆	

谷物

1/2至3/4杯干谷物	3杯爆米花（没有添加脂肪）	半个英式松饼或汉
1片面包或小卷蛋糕	半杯煮熟的燕麦片	堡卷
1/4个大面包圈	1/3杯煮熟的意大利面、米饭	21.26g（3/4盎司）
10.16cm（4英寸）的馅饼	或藜麦	棒状咸饼
	15.24cm（6英寸）的圆面包或	6份咸饼干
	薄玉米饼	

蛋白质

半杯黄豆或小扁豆

1杯酸奶（12g）
半杯冰激凌
1杯牛奶（12g）

糖

1汤匙糖
1汤匙蜂蜜
2汤匙巧克力糖浆

图3.11 挑选出一些食物的碳水化合物含量

源自：American Diabetes Association 2014.

比较有限。无论是哪种情况，都需要在这些领域进行更多的研究，以探明碳水化合物与健康的关系。

营养成分标识栏为查找食物中的纤维素含量提供了一种简单的方法。该标签揭示了每份食物中膳食纤维的含量以及日摄入值百分比。通常，低纤维食物的日摄入值百分比只有5%或更少，而高纤维食物则有20%或更多（图3.12）[46]。

膳食纤维对身体健康的益处

虽然膳食纤维不会被消化掉，但它可能有利于治疗消化道疾病、心血管疾病和糖尿病。膳良纤维通过在结肠中结合毒素并帮助身体排除它，来

营养成分

每包装8份

每份大小　　2/3杯（55g）

每2/3杯 含卡路里	**230kcal**

	每日摄入值百分比（%）*
脂肪总量 8 g	10%
饱和脂肪 1 g	5%
反式脂肪 0 g	
胆固醇 0 mg	0%
钠 160 mg	7%
碳水化合物总量 37g	13%
膳食纤维 7g	20%
糖总量 12g	
添加糖 10g	20%
蛋白质 3g	
维生素D 2 mcg	10%
钙 260 mg	20%
铁 8 mg	45%
钾 235m g	6%

*每日摄入量百分比告诉了您，一份食品中的营养素对每日膳食的贡献情况。一般的营养建议是每天摄入2000卡路里的热量。

图3.12　营养成分标识栏显示了一份食物中膳食纤维的含量

降低结肠癌和直肠癌的发病风险。此外，口腔癌、咽喉癌、食道癌、胃癌等其他癌症也可能与膳食纤维有着健康方面的关联[2]。膳食纤维能增加粪便的体积，以便在有足够液体摄入的情况下，保证大便顺畅并易于排出。排便的轻松化也可以减少憩室病的发病率。为排出结肠中小而硬的粪便，结肠异常运动产生的高压就会使肠道内皮穿透结肠外肌层的薄弱点形成小囊，这些小囊发炎和感染就会发展成憩室炎[36, 40]。

膳食纤维可以通过降低血清总胆固醇和低密度胆固醇水平，起到预防心血管疾病的作用。一种理论认为，它会与一同吃下的胆固醇结合，并随粪便一起排出体外，而另一种理论则认为其会与胆汁结合并通过肠道排出，从而刺激肝脏合成新的胆汁。胆汁本身就含有胆固醇，因此合成新胆汁需要从血液中吸收胆固醇，这样随着时间的推移就会降低血清胆固醇水平。缺少了膳食纤维，胆汁就会在体内循环，而不会从体内排出。更新的研究正在涌现，这些研究表明，膳食纤维还可能会减少心脏病和血压的炎症标记物。鉴于这一发现，增加全谷类、水果、蔬菜的摄入，可能会降低某些疾病的发病风险，从而促进我们的身体健康[36, 40]。

与碳水化合物相关的疾病情况

乳糖不耐症（lactose lntolerance）和乳糜泻（celiac disease）是与碳水化合物的摄入有关的两种疾病，医生往往会要求患者改变饮食习惯，甚至还可能需要改变生活习惯以应对此类疾病。

乳糖不耐症

正如前面讲过的，碳水化合物必须被消化成其最简单的形式——单糖，才能被吸收到小肠中。乳糖不耐症是一种由于小肠不能产生足够的乳糖酶，以致乳制品中的乳糖无法被消化的疾病[13, 40]。由于乳糖（分子）不能穿过肠道细胞壁，它就会进入大肠，那里的肠道细菌会作用于乳酸，从而产生气体、稀便和腹泻，以致人可能会感觉相当不舒服，但通常不需要医疗护理[40]。

乳糖不耐症的症状轻重因人而异。有些人病症比较轻，可以少量食用牛奶、酸奶、奶酪和相关食物；有些人可能不能喝牛奶，但可以食用酸奶和奶酪，因为这些产品已经发酵过了，所以它们含的乳糖比牛奶少；还有一些人症状比较重，根本无法食用任何乳制品。明确这一点很重要，因为牛奶具有理想的碳水化合物和蛋白质成分，所以它经常作为运动恢复期间的饮料。牛奶也是钙和维生素 D 的关键来源。幸运的是，在一些非处方药物中含有乳糖酶，可以与乳制品一起食用，以减少最终释放到肠道中的乳糖量。此外，一些品牌的牛奶不含乳糖。对于那些不喜欢乳制品的人来说，市场上还有许多素食产品可供替代选择，其碳水化合物、蛋白质和钙含量各不相同[35, 40]。

图 3.13 列出了一些含乳糖的食物。

你知道吗

有些人认为自己年纪太大，不会从运动中得到健康益处。事实上，从运动中受益永远不晚。虽然肌肉量会随着年龄的增长而减少，但老年人可以通过抗阻训练来增加肌肉力量。这可以提高健康水平，并提升身体的灵活性、维持日常功能[7, 22]。

乳糜泻和其他胃肠道紊乱

乳糜泻是一种自身免疫性疾病，涉及遗传因素和环境（接触蛋白质麸质）之间的相互作用。麸质包含一种特定的、位于小麦麦醇溶蛋白中的氨基酸序列。在大麦和黑麦中也都含有与麸质相关的蛋白质（尽管所有这些蛋白质通常都被称为麸质）。麦醇溶蛋白可见于多种谷物中，不过，在这种谷物当中的氨基酸序列会对乳糜泻患者造成伤害。当患者摄入麸质后，会触发免疫反应，从而破坏小肠黏膜，这会减小吸收的表面积并阻碍小肠对营养物质的吸收。随着时间的推移，它还会影响到主要营养素和微量营养素的吸收。这和小麦过敏不同，小麦过敏是患者对小麦蛋白质分子的即时性免疫反应。一些食物的过敏反应需要立刻进行医疗处理。

乳糜泻患者需要接受医学营养治疗，并需要征求注册营养师的建议。这些人只能食用不含麸质的食品，即要避开所有形式的小麦、大麦、黑麦制品等。当然，患者能选择一些其他的谷物和面粉，如玉米、马铃薯、大米、苋属植物、藜麦和荞麦（荞麦属于蔬菜）。幸运的是，无麸质产品越来越容易找到，尽管其中许多产品的热量和糖分都比有麸质的产品高。

很多没有患乳糜泻或不对小麦过敏的人，现在也开始倾向于选择不含麸质的饮食了，因为有一些人遭到对麸质敏感的折磨，这既不同于乳糜泻

图3.13　含乳糖的食物

源自：Cleveland Clinic 2016.

这样的自身免疫性疾病，也不是对蛋白质过敏。他们声称避开麸质会让自己好受一点。虽然没有足够的研究结果说明运动员或其他没有患乳糜泻、麸质过敏或小麦过敏的人食用无麸质产品的方法，但饮食中不含麸质也是完全可以实现营养均衡的[35，40]。

越来越多最新的研究确认，含有麸质的食物常常也含有可发酵寡糖、双糖、单糖及多元醇的化合物（FODMAPs）。这些化合物即便在没有麸质的情况下，也会引起胃肠不适。它们最常见于果糖（如苹果、梨、蜂蜜）、乳糖（如牛奶、农家干酪）、果聚糖（如小麦、大蒜、洋葱）、半乳聚糖（如豆类）和多元醇（如甜味剂）中。所有这些分子都具有渗透效应，会将水渗入小肠中，从而引发腹胀、腹痛和腹泻。如果它们在小肠中没有被消化，进入到大肠中，则会引起另一种副作用——放屁。不同的人对富含这类物质的食物耐受度不同。如果出现慢性胃肠道问题，不要急于自我诊断或尝试处理症状，而要首先寻求医疗帮助。此类化合物含量较低的膳食也针对很多种不同情况的疾病，可能需要施以医学和饮食相结合的膳食疗法。没有特殊疾病的人，在吃进富含此类化合物的食物可能会引发意外副作用的情况下，也可以选择此类化合物含量较低的食品[29]。

营养甜味剂对健康的影响

营养甜味剂（nutritive sweeteners）中含有碳水化合物（通常是糖），可以提供能量。它们可能是单糖、双糖，或者是糖醇（如甘露醇、山梨醇）。营养甜味剂可以存在于天然食品中，如水果、蔬菜和乳制品，也可以添加进食物中，如添加进烘焙品、沙拉酱和花生酱中，还可以单独食用[15]。

糖

最常见的营养甜味剂或"糖"包括葡萄糖、果糖、半乳糖、蔗糖、麦芽糖，以及基于玉米的甜味剂，如高果糖玉米糖浆。一方面，这些糖类食品的一个关键功能是提供甜味；另一方面，糖类在改变（食物的）质地、体积、支持酵母生长、平衡酸碱度和促进结晶方面也起着作用。医学研究所食品营养委员会建议，额外添加的糖不应超过总能量摄入的10%[22]。高糖类食品往往是被加工过的，虽然含的能量多，但营养少，一旦作为最主要的供能物质被大量消耗后，就很难再满足身体对其他宏量营养素和微量营养素的需求。美国人从餐饮中摄入的糖，最主要来源于甜味饮料[20]。一罐360毫升的汽水平均含有近10汤匙（1汤匙为3~4克）的糖。当你想到在快餐店、电影院和其他场所都可以买到的480~720毫升甚至更多的"大份"汽水时，你就知道自己喝进去的糖加起来真正有多少了。就算是食用适度也会导致明显不利于健康的几种疾病出现，其中包括心血管疾病、炎症、糖尿病和肥胖[15, 35, 40]。请注意，大部分研究都表明糖的摄取和健康问题之间存在着关联，而关于添加的糖、过剩的能量和其他饮食因素之间的区别，还需要更多的数据才能搞清楚。

血脂异常　有些证据表明，食用过多的糖和其他加工过的碳水化合物食品，会造成低密度脂蛋白胆固醇（LDL）和甘油三酯（血脂）水平的上升，这两种物质都是心血管疾病的发病因素，同时还会造成高密度脂蛋白胆固醇（HDL）水平的下降。这一现象叫作血脂异常，被认为会增加心血管疾病的患病风险。虽然还没有足够的证据能确切地表明糖和加工过的碳水化合物能诱发心脏病，但有这种饮食模式的人还是要谨慎为妙[35, 40]。要注意的是，血脂异常主要是那些糖和碳水化合物的摄入量超过其能量消耗的人需要关注的问题。对于摄入大量糖和碳水化合物是为了给运动或活动提供能量的运动员来说，关注程度可能有所不同。

炎症　尽管大部分针对饮食和炎症的研究都把注意力集中在脂肪上，但其实碳水化合物同样会对炎症有影响。大量摄取精加工过的碳水化合物——由白面粉和糖加工而成的食品——与血糖水平升高及随之而来的炎症信使的数量增加有关。另外，食用大量的水果、蔬菜等植物性食物来替代饮食中精制的碳水化合物，似乎有助于限制这些炎症标记物的生成[18, 35]。

糖尿病　并没有毋庸置疑的科学证据证明糖的摄取与糖尿病有直接的关系，但是，已经得了糖尿病的人必须学会改变碳水化合物的摄取习惯，并使用胰岛素或口服药物平衡它。此外，这些患者还要多做运动以控制其血糖水平。有一些从事高强度运动的运动员也患有糖尿病，然而他们还是需要摄入大量的碳水化合物。他们面临的挑战颇为独特，一面需要摄入足够的碳水化合物以维持运动所需的能量供给，一面又要维持血糖平衡[40]。

肥胖 尽管还需要更多的数据才能建立起一个因果关系[30]，但一些观察性的研究已经报道说，减少糖的摄取可以减重，而增加糖的摄入量则会增重[20, 38]。同样，儿童摄入（过多的）糖也可能会导致肥胖，每天喝一种或多种含甜味剂饮料的孩子，超重的风险更高[20]。许多研究都认同，导致肥胖的原因在于糖当中过剩的能量，而并非是糖分子本身的化学特性[38]。任何形式的能量过剩都会引起增重，所以如果一个人持续摄入超过他能量使用或糖原储存的数量，那么随着时间的推移，迟早就会发胖。

高果糖玉米糖浆

高果糖玉米糖浆（High-Fructose Corn Syrup，HFCS）是用玉米淀粉制成的合成产品。它价格低廉、保质期长，是一种稳定的浓缩甜味产品。目前，美国食品与药物管理局对"天然"一词还没有正式定义，但该机构认为在食品标签上的"天然"是指不含有或不添加任何人工合成成分的食品[51]。高果糖玉米糖浆不含人造成分和色素，因而满足美国食品与药物管理局对使用"天然"一词的条件。高果糖玉米糖浆因会让食物可口，目前几乎可见于无数种食品和饮料中，尽管由于一些相关的负面报道，这种趋势正出现逆反的迹象[15, 35, 40]。

高果糖玉米糖浆与糖尿病和肥胖的关系，已经受到了很多关注，但是，还没有足够的证据表明，高果糖玉米糖浆比其他营养甜味剂的健康程度低。有证据非常明确地指出，过量摄入任何形式的糖，都会造成能量摄入过剩与肥胖，从而增加Ⅱ型糖尿病、代谢综合征和心血管疾病的发病概率。此外，肥胖是一种受整个生活方式影响的多项因素疾病，而糖摄入只是其中一项[15, 35, 40]。

你知道吗

根据美国农业部的数据显示，多年来，高果糖玉米糖浆的消耗一直在减少，但肥胖和糖尿病的发病率仍在增加。此外，在世界其他地区，高果糖玉米糖浆在食品供应上同样受到限制，但这些地方的糖尿病发病率同样也在增加[15]。

你知道吗

高果糖玉米糖浆名不副实，它的果糖含量其实并不是特别高，至少没有其他成分的相对含量高。高果糖玉米糖浆含有42%~55%的果糖，具体多少取决于加工过程，而剩余部分是葡萄糖。这一成分组成与蔗糖和蜂蜜的几乎一样，且在体内的代谢过程也和它们一样[15, 35, 40]。

糖醇

糖醇是一种天然存在于水果和蔬菜中的碳水化合物，也可在实验室合成。醇比糖的甜度小，每克含2千卡热量（kcal/g），而每克糖含4千卡热量。另外，醇不会造成龋齿。一般超市不会直接出售糖醇，但是在很多加工产品中都会用到它，比如糖果、冷冻甜品、口香糖、牙膏、漱口水和烘焙品。在食品中，糖醇通常与非营养性甜味剂（Nonnutritive Sweetener，NNS）一起使用，以增加甜味。糖醇在食品标签里的名称很多，其中最为常见的有木糖醇、麦芽糖醇、甘露醇、山梨糖醇，或者简单地称为"糖醇"。适量的糖醇，如每天 10~15 克是人体可耐受的，但是如果每天达到 30 克或更多，就会引起肠胃不适，如肠胃胀气或腹泻。不过，由于每个人对糖醇的耐受度不同，因此最好的方法就是"试错法"。与含葡萄糖和蔗糖的甜品相比，含糖醇的甜品引起的血糖反应较小，因此常被推荐给糖尿病人食用[15, 16, 40]。

非营养性甜味剂的健康效应

由于像糖精和三氯蔗糖这样的非营养性甜味剂基本不会被消化，因此，它们含有很少的或几乎不含能量。它们的甜度/热量比糖类高出很多，因此被认为是高密度甜味剂。另外，非营养性甜味剂不会引起血糖的明显升高，可以单独当作餐桌甜味剂使用，或者添加入传统的含糖食品或饮料中。虽然非营养性甜味剂带甜味，但它们往往不具有和糖一样的理想食物科学特性。一些非营养性甜味剂无法起到糖在烹饪当中的大部分作用，也无助于上色或结晶，因而，它们可能不是烘焙的理想选择[15, 45, 48]。

大多数非营养性甜味剂作为食品补剂，是受美国食品与药物管理局监管的。一般公认安全（Generally Recognized as Safe，GRAS）的物质是不受监管的，因为这类物质已被权威科学家认定在其预定用途内食用是安全的，所以这些非营养性甜味剂可以免于申请食品补剂的审批流程。想要生产和销售一种新型非营养性甜味剂的企业，必须对新产品开展大量研究，并向美国食品与药物管理局递交其所需的安全性数据，才能获得批准。其中，研究要包括该物质可被吸收的

拓展信息

阿斯巴甜对能量平衡和食欲有影响吗？

有证据表明，作为控制体重综合计划的一部分，使用阿斯巴甜增加产品的甜味，可能会帮助人们降低总能量摄入，从而在一段时间内有助于减轻或维持体重。同样还有强有力的证据表明，阿斯巴甜不会增加成人的食欲或其总食物摄入。不过，针对儿童的这方面证据却比较有限。使用任何非营养性甜味剂都只有在取代能量密度更高的食品选择时，才有助于改善能量平衡。另外，进食者也不会在当天的同一餐或其他时间段，通过大量地吃进其他食品，来对摄取的低能量食物进行补偿[15]。

程度、在组织中的分布情况、代谢机制和代谢率，以及该物质的消除速度和所有代谢产物。美国食品与药物管理局会调查可能消费该产品的人群、在食用该产品后的累积效应，以及毒理学数据。此外，该机构还会设定一个人可接受的日常摄取量（ADI）。这一数据被认为是在人的一生中，每日食用某产品后不会影响健康的量，甚至考虑到了食量较大的人。美国食品与药物管理局在审批后，可能还要求附加一些安全数据。注意，美国食品与药物管理局的批准仅在美国有效，因此在其他国家可能买到一些未经其批准的产品。目前，已经有6种高甜度甜味剂获得了该机构的批准，它们是糖精、阿斯巴甜、安赛蜜、三氯蔗糖、纽甜和爱德万甜。另有两种一般公认安全的高甜度甜味剂已向美国食品与药物管理局提交了申请：甜叶菊和罗汉果。表3.8概括了美国常见的获准使用的非营养性甜味剂[45, 48, 49]。

表3.8　在美国常见的非营养性甜味剂

名称	描述	甜度（比蔗糖高几倍）	每日可接受摄入量（mg/kg体重）	每日可接受日常摄入量相当于多少包该产品	美国食品与药物管理局的批准情况和常见用途
糖精*	市面上最早出现的非营养性甜味剂,不可被代谢,热量稳定,可能不适用于蒸煮和烘焙,部分食用后有苦味	200~700	15	250	获准限量使用：小于12mg/30mL（液体盎司），20mg/包，30mg/份
阿斯巴甜	苯丙氨酸和天门冬氨酸形成的二肽 每克产热4千卡,但只需很少量即可产生甜味 代谢为天门冬氨酸、苯丙氨酸和甲醇 苯丙酮尿症患者不可食用** 加热时甜味会减弱或流失	160~220	50	165	获批作为甜味剂和一般口味的增强剂使用
安赛蜜	约95%被原样从尿液排出体外,因此基本不提供能量,较稳定,适用于蒸煮和烘焙,往往可以与另一种非营养性甜味剂结合使用	200	15	165	获批作为除肉类和家禽外的甜味剂和一般口味增强剂结合使用

续表

名称	描述	甜度（比蔗糖高几倍）	每日可接受摄入量（mg/kg体重）	每日可接受日常摄入量相当于多少包该产品	美国食品与药物管理局的批准情况和常见用途
三氯蔗糖	往往以"由糖制成"为噱头，在市场上出售 3个氯分子取代了蔗糖上的-OH 约85%不被身体吸收，原样从粪便中排出，剩下的约15%被身体吸收，原样从尿液中排泄耐热，适用于蒸煮和烘焙	600	5	165	获批作为甜味剂和一般口味的增强剂
纽甜	耐热，适用于蒸煮和烘焙	7000~13000	0.3	200	获批作为除肉类和家禽外的甜味剂和一般口味的增强剂
甜菊糖（甜菊醇糖苷）	从甜叶菊叶片中提取 与甜叶菊整叶片不同 量大时可能会发苦 干燥形式下较稳定，液态下可能比其他甜味剂稳定	200~400	4	29	一般公认安全（GRAS）*** 甜叶菊提取物获批作为食品补剂；其他来源的则作为膳食补剂
罗汉果	以粉状的"罗汉果提取物"为噱头在市场上出售 耐热，适用于蒸煮和烘焙	100~250	未标明	未定	一般公认安全（GRAS）***
爱德万甜	尚无品牌名称 与阿斯巴甜有化学联系，但甜度更高 苯丙酮尿症患者可食用	20000	32.8	4000	获批作为除肉类和家禽外的甜味剂和一般口味的增强剂

*2000年，美国国立卫生研究院的国家毒理学计划（the National Toxicology Program of the National Institutes of Health）指出，糖精应该被移出潜在致癌物名单。换句话说，含糖精的物质不需要再贴上癌症危险警告标签了。
**苯丙酮尿症是一种先天性代谢障碍，患者无法代谢掉苯丙氨酸这种氨基酸，以致它会在患者体内沉积并产生毒性，因此这类患者不能摄入苯丙氨酸，需要特殊的饮食。
***GRAS=一般公认安全。此类食品必须"确定无害"。
源自：U.S. Food and Drug Administration 2015.

本章总结

碳水化合物是人体必需的能量来源，并大量存在于很多食物中。实际上，所有吃入的碳水化合物全部在小肠内被吸收，并转化为身体细胞可用的碳水化合物形式——葡萄糖。在一般情况下，调节糖原分解和糖异生系统的激素会严格控制血糖水平。体内的葡萄糖主要以糖原的形式储存在骨骼肌内，而剩下的小部分糖原则储存在肝脏内。

首先，每个人要想维持正常的生理功能，约至少需要一定量的碳水化合物。而且，碳水化合物对运动肌而言，也是一种特别重要的能量来源。由于训练，运动员对碳水化合物的膳食需求远远超过久坐不动的人。碳水化合物的宏量营养素可接受范围在总能量摄入的45%~65%，其来源应当是高质量的食物，且尽量少加糖。从绝对值上来讲，给运动员的推荐量最好要根据其每天的训练量，定为 3~12 克 / 千克体重。

从饮食中摄取的糖、精制淀粉和膳食纤维的数量，可能会影响到整体的健康状况。有些疾病与碳水化合物的摄取有关，需要向注册营养师或运动膳食学认证专家寻求帮助，以控制这些问题的发生。营养性甜味剂和非营养性甜味剂都在人工制造的食品和饮料中被广泛使用，它们都会对健康产生影响。

需要记住的是，运动营养学是一门年轻的学科，新的研究正在不断涌现。本章中提到的一些原则和指南都建立在现有证据的基础上，随着人们对新证据的掌握，它们可能会发生变化或扩展。况且这些指南大部分都是针对健康人群的，对已经患有疾病或与营养类相关疾病的人，可能需要向注册营养师或运动膳食学认证专家寻求特定的医学营养治疗。

复习题

1. 请描述一下碳水化合物的分类。

2. 碳水化合物如何被人体吸收？

3. 葡萄糖进入肝脏后，其可能的代谢去向是什么？

4. 请描述一下血糖水平是怎样得到调节的（要讲到参与调节的相关器官和激素）。

5. 请描述在安静时和在高强度运动时使用到的燃料（供能物质）。

6. 代谢疲劳的原因是什么？

7. 推荐给一般人群膳食的碳水化合物是什么？

8. 推荐给运动员膳食的碳水化合物是什么？与推荐给普通人的有何不同？

9. 列举膳食中碳水化合物的来源（含碳水化合物的食物类别）。在这类食物中，每份分别含有多少碳水化合物？

10. 简单描述一下各类碳水化合物品质方面的差异。

11. 碳水化合物的品质对健康有何影响？

12. 摄取糖会引起肥胖和慢性疾病吗？

13. 营养性甜味剂和非营养性甜味剂有什么区别？

14. 非营养性甜味剂是如何得到管控的？

第 4 章

脂肪

▶ **本章目标**

在完成本章的学习后，你将能做到以下几点：

> 讨论膳食脂肪的主要种类及其对健康的影响；
> 区别每种类型的膳食脂肪和脂肪酸；
> 讨论体内膳食胆固醇的重要性；
> 概括血胆固醇过高对健康的影响，各种膳食脂肪和胆固醇又是如何影响血胆固醇水平的；
> 列举预防心血管疾病的膳食脂肪建议。

膳食脂肪包括饱和脂肪、单不饱和脂肪和多不饱和脂肪。每种脂肪都含有一系列的脂肪酸，其中一些对健康的各个方面（包括心血管疾病的患病风险）都有影响。在我们的饮食中应有两种必需脂肪酸，而其他类型的脂肪则都可以在体内由碳水化合物和蛋白质转化合成。脂肪在人体内充当能量来源，促进脂溶性维生素和某些植物性化合物的吸收，同时在细胞膜、大脑、髓鞘（覆盖着神经细胞的保护层）中也起着重要的结构和功能性作用。尽管有些运动员倾向于选择高脂饮食，认为这样能够提高运动表现，但并没有证据表明这种方法能明显起效。超耐力型运动员的训练和比赛节奏相对较慢，在他们的能量供应中，脂肪占比相对较高，但这样做是否会提高运动表现，还需要开展更多的相关研究。

然而，低糖高脂饮食很可能对足球、网球、篮球、橄榄球这些高强度运动项目的训练与运动表现有负面影响。

脂质和膳食脂肪

脂质（lipids）是一类不溶于水的宏量营养素，在体内发挥着多种生物功能。脂质分为 3 种：甘油三酯、固醇和磷脂，它们分别在体内发挥着不同的作用（图 4.1）。膳食脂肪的主要组成成分是甘油三酯，也含有少量的磷脂和固醇。食用油、黄油、动物脂肪、坚果、鳄梨和橄榄都是膳食中甘油三酯的重要来源[123]。膳食脂肪和食用油不光能提供能量，还能促进维生素 A、维生素 D、维生素 E、维生素 K 等脂溶性维生素，类胡萝卜素等特殊食物成分的吸收[90]。此外，膳

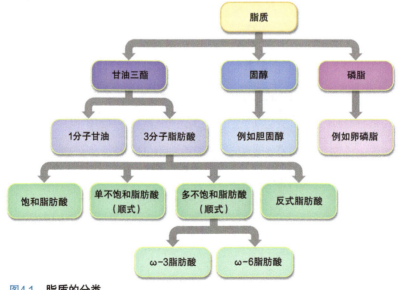

图4.1　脂质的分类

食脂肪和食用油还有一个作用——可以改善食物的口感，令人开胃[130]。

甘油三酯

甘油三酯由 1 个甘油分子和 3 个脂肪酸分子组成。脂肪酸既可以是不含碳碳双键的饱和脂肪酸，也可以是含有 1 个或多个双键的不饱和脂肪酸。其中，饱和脂肪酸是构成饱和脂肪的基本单位，它会堆叠在一起，在室温下形成固体；不饱和脂肪酸是构成不饱和脂肪的基本单位。由于双键处存在扭结（图 4.2），不饱和脂肪酸不能整齐地相互上下堆叠起来，因此在室温下是液态的。单不饱和脂肪酸（MUFA）含有 1 个双键，而多不饱和脂肪酸则含有不止 1 个双键，可根据其第 1 个 C=C 双键所在位置的不同对其加以区分。举例来说，ω-3 脂肪酸的第 1 个 C=C 双键位于脂肪酸结构甲基端（$-CH_3$）起始处的第 3 个碳原子上，而 ω-6 脂肪酸的第 1 个 C=C 双键则位于甲基端起始处的第 6 个碳原子上（图 4.3）。大部分动物脂肪都富含饱和脂肪，因此在室温下是固态的，而植物脂肪（比如从坚果或水果中提取出的油，包括核桃油和橄榄油）则因为其不饱和脂肪的含量较高，在室温下一般呈液态。不过，椰子油和棕榈仁油的饱和脂肪含量比较高，在室温下是柔软的（因为其碳链较短），更加倾向于固态[130]。不论其来源如何，1 克脂肪都含有约 9 千卡的能量。

脂肪酸所含的 C=C 双键数量、

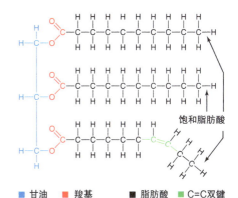

■ 甘油　■ 羧基　　■ 脂肪酸　■ C=C双键

图4.2 甘油三酯含有1个甘油分子和3个脂肪酸分子

双键结构组成及碳链长度都有所不同[130, 131]。尽管我们常用脂肪酸的饱和度来指代它们——饱和的、单不饱和的（含有 1 个双键）或多不饱和的（含有多个双键），但其实同一类饱和度的不同脂肪酸对健康的影响可能是大不相同的。脂肪酸的结构和碳链长度决定了它在食品和烹饪中的功能、在体内的作用，以及对健康和疾病的影响[131]。

除了双键的位置和数量外，不饱和脂肪酸还有两种化学结构。在顺式结构中，氢原子位于双键的同一侧，而在以反式结构排列的不饱和脂肪酸中，氢原子则位于双键的对侧[130]（图4.4）。碳链长度可能为 2~40 个碳，不过，大部分膳食脂肪酸含有 12~20 个碳[47]。短链脂肪酸含有 6 个碳；中链脂肪酸含有 8~12 个碳；长链脂肪酸的含碳量超过 12 个[131]。

脂肪酸在碳水化合物及脂肪代谢的细胞信号传导与基因表达中必不可

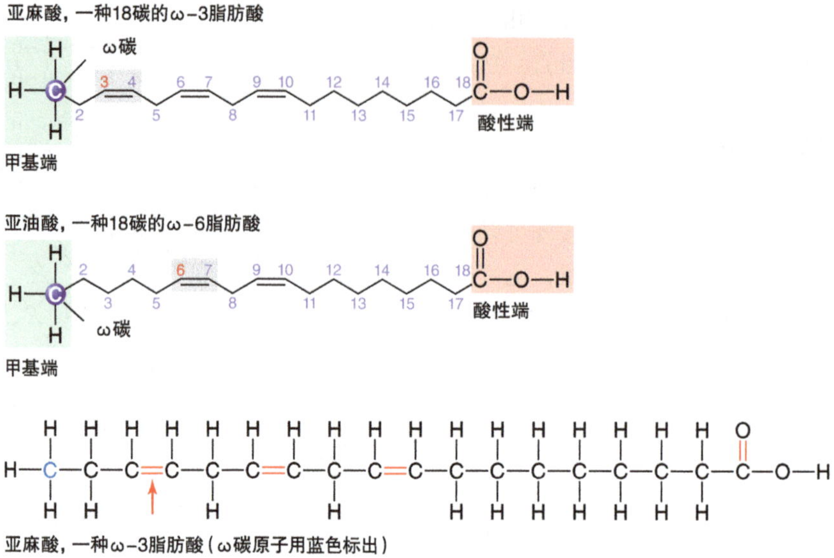

亚麻酸，一种18碳的ω-3脂肪酸
ω碳
甲基端
酸性端
亚油酸，一种18碳的ω-6脂肪酸
ω碳
甲基端
酸性端
亚麻酸，一种ω-3脂肪酸（ω碳原子用蓝色标出）

图 4.3 ω-3与ω-6脂肪酸的化学结构。多不饱和脂肪酸可根据距离甲基端（$-CH_3$）最近的第1个C=C的位置相互区分开来

顺式脂肪酸（氢原子在同侧）
反式脂肪酸（氢原子在对侧）

图 4.4 不饱和脂肪酸的顺式结构和反式结构

少，也会影响炎症反应、胰岛素作用、神经功能等。身体可以利用膳食脂肪、碳水化合物和蛋白质在肝脏中生成所有非必需脂肪酸，而亚油酸（Linoleic Acid，LA）和 α- 亚麻酸（Alpha-Linoleic Acid，ALA）必须从膳食中摄取[90]，因为它们是必需脂肪酸。

甘油是甘油三酯的主干部分。在人体中，甘油来自储存的体脂分解，并被释放到血液中。与脂肪酸一样，甘油也可以用来构建（组成细胞膜所必要的）分子，或者储存在体脂内供以后使用。此外，甘油还可以通过糖酵解或糖异生系统转化为碳水化合物[13]。甘油（丙三醇）可以由人工合成，也能从植物中提取，可用于食品和医药品生产[128]。它是一种无色而浓稠的液体，气味温和，口感甜美温润。甘油属于糖醇的一

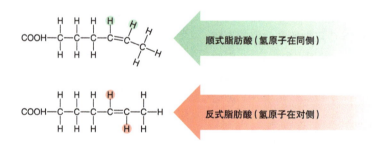

种（糖醇不会被人体完全吸收，因而比糖所能产生的热量要少）[121]。

固醇

固醇是存在于植物和动物体内的，带有一种多环结构的化合物。胆固醇是最有名的一种食品固醇（图 4.5），作为所有动物组织的组成部分，它只存在于动物性食品中，例如鸡蛋、肉类、家禽、奶酪和牛奶[123]。人类可吸收饮食中 20%~80% 的胆固醇——遗传差异会影响血胆固醇水平[104]。胆固醇对人体内所有细胞都是必需的，它作为细胞膜的结构性组成部分，能够帮助修复和合成细胞，同时也是合成类固醇激素（如睾酮、雄激素和雌激素）和胆汁酸（能够帮助脂质的消化和吸收，对人体内胆固醇的调节起着重要作用）的必需成分。血液中的总胆固醇含量或低密度脂蛋白胆固醇的含量高，是引发心血管疾病的一个危险因素，因为它们是动脉粥样硬化的诱因之一。

> **你知道吗** ❓
>
> 人类不需要从食物中摄取胆固醇，因为人体能制造出足够的胆固醇以满足生理需求。

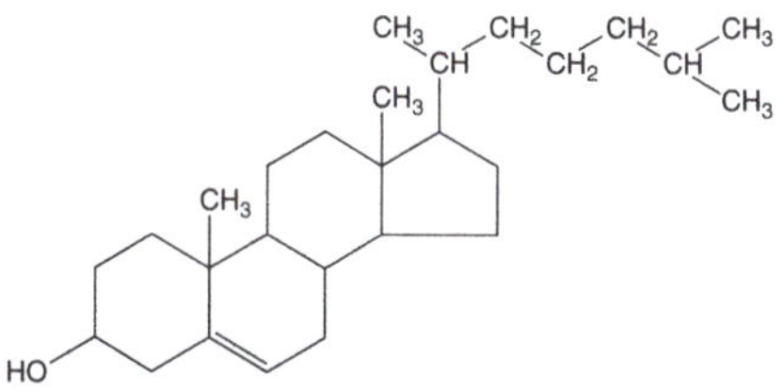

图 4.5　胆固醇的化学结构

植物固醇是天然存在于植物中的化合物，它们与胆固醇的结构类似，会影响身体对胆固醇的吸收[46]。尽管我们从食物中摄取的植物固醇不够多，不会对血胆固醇水平产生明显的影响，但补充适当剂量的植物固醇有助于降低血胆固醇水平，同时还会降低 β - 胡萝卜素和维生素 E 的生物利用率[96, 104]。

磷脂

磷脂是由甘油、脂肪酸、磷酸、肌醇、胆碱、丝氨酸或乙醇胺构成的[84]。磷脂天然存在于一些食物中，并且可以被当作乳化剂（帮助液体保持混合状态，如将油和醋混合为沙拉酱汁）加入到其他食品中。卵磷脂（磷脂酰胆碱）就是一种天然存在于一些食品中的磷脂。含卵磷脂的食品包括鸡蛋、动物肝脏、大豆、麦芽和花生。在人体内，磷脂是细胞膜结构的组成部分。脂蛋白（lipoproteins lipo）的意思就是脂质（lipid）。脂蛋白既包含蛋白质，又包含脂质，是血液中胆固醇和脂肪的运转蛋白[84]。存脂是吸收、运转和储存脂质的必需成分，并且有助于膳食脂肪的消化和吸收[139]。

甘油三酯与健康

在食物（包括食用油）的大多数脂肪中，都含有各种脂肪酸的混合物（图 4.6）。尽管很多关于脂肪酸与健康的研究都基于其饱和度（饱和、单不饱和或多不饱和），但其实同一类

关键指标
■ 饱和脂肪酸　　■ 单不饱和脂肪酸　　■ 多不饱和脂肪酸

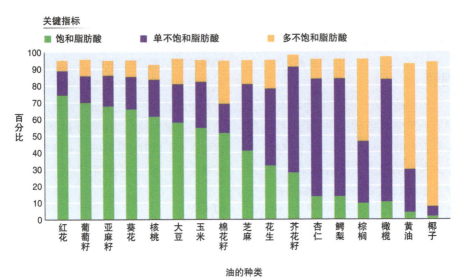

图4.6　各种油的脂肪酸含量

饱和度的不同脂肪酸对身体的作用千差万别，而且仅靠摄入特定的脂肪酸来判断其健康水平实在是难以实现。一种脂肪酸对健康的作用可能会受到食物中各种营养成分和非营养成分的组合，它们之间的化学键、脂肪的加工和烹饪方式，个人的健康状态，整体膳食摄入等多方面的影响[21, 124, 131]。近来，已经有越来越多的研究开始梳理出各种脂肪酸独特的作用，同时还强调某种食物，而非食物中的脂肪对健康的影响。

饱和脂肪酸

饱和脂肪酸是一种能量源，同时也是细胞膜结构的组成部分。一些饱和脂肪酸还是普通蛋白质发挥功能的必要条件。饱和脂肪酸可以在体内合成，不需要从饮食中获取[124, 130]。大部分饱和脂肪酸含有 14 个或更多的

碳原子。

在美国人的饮食中，饱和脂肪酸的主要来源是含奶酪和肉的拼菜，如汉堡、三明治、玉米薄饼和比萨，还有米饭、意大利面、谷物主食，以及肉类和海鲜[124]。饱和脂肪酸的抗氧化能力通常较强，因此不容易腐坏。

目前，还没有证据表明饱和脂肪酸可以预防慢性疾病。几十年来，人

你知道吗 ?

交叉研究是纵向研究（指人们对在一个时间段内，而非一个时间点发生的事情进行研究）的一种，在这种研究中，每一个受测对象都要参与所有的干预方案。打个比方来说，如果这些实验干预方案分别是高脂饮食、中脂饮食和低脂饮食，那么每个受测对象都要轮流摄入一段时间某类型的饮食，且在更换方案的期间要用"洗脱期"隔开。受测对象在洗脱期内不能摄入任何干预方案的饮食，直到下一方案开始实施为止。

们都被灌输了一种思想——尽量减少食用饱和脂肪含量高的食物，因为这些脂肪会增加胆固醇总含量、低密度脂蛋白含量，以及患冠心病（CHD）的风险[130]。有问卷调查的结果显示，饱和脂肪酸的摄入和心脏病发作、中风之间不存在联系[108]。不过，许多此类研究都采用的是在单独一次的某个时间点回忆过去 24 小时的膳食，这并不能精确地反映出长期的饮食摄入[118]。另外，24 小时的膳食回顾和进食频率调查问卷（上面列举了一系列关于标准分量的普通饮食摄入频率的问题）都要依赖调查对象对其食物摄入的记忆，这包括其食物一般是怎么准备的，以及每一餐有多大的分量[118]。此外，所有的饱和脂肪酸都是被笼统划分到一起的，不管它们存在于什么样的食物中，而且，每种饱和脂肪酸对

血胆固醇的影响都不一样。综合考虑以上因素，足以让某些研究人员对（基于人群的）研究的有效性持怀疑态度了，尤其是当这些调查数据得不到临床试验的支持时。

临床试验显示，用其他宏量产能营养素替代饱和脂肪的策略非常重要。当从膳食中去掉饱和脂肪后，被用来替代饱和脂肪的宏量营养素便决定了胆固醇水平、甘油三酯含量、患冠心病风险等方面的变化[108]。用不饱和脂肪酸（尤其是多不饱和脂肪酸）替代饱和脂肪酸，不仅会引起总胆固醇和低密度脂蛋白胆固醇的减少[124]，也会降低心脏病的发病率[124]（图4.7）。另外，随机控制试验显示，用多不饱和脂肪酸代替饱和脂肪酸也会减少冠心病的发生率[81]。这一替换方法还可能有其他好处，一项针对成年

拓展信息

食品基质（营养物质存在于食物中的天然形式）以及富含饱和脂肪酸的食物是如何影响血胆固醇的

食品基质因含有不同的饱和脂肪酸而发挥不同的作用。不同的饱和脂肪酸对血胆固醇水平的影响也不同，乳制品就是个很好的例子。虽然在所有的全脂乳制品中饱和脂肪酸的含量都很高，但它们对血胆固醇的影响不一样。一些研究表明，陈年奶酪对低密度脂蛋白胆固醇的影响相对较小[15, 40, 117]。一些科学家对此解释说，这是因为奶酪中的钙成分或陈年奶酪中的发酵成分起到了反作用[111]。全脂酸奶对胆固醇的影响似乎也比我们预期得要小。不过，关于酸奶的诸多研究矛盾丛生，这可能是因为在不同的研究中用到的酸奶种类不一样[54, 67]，有的科学家认为含有活性菌的酸奶可能是带来积极研究结果的原因。

全脂牛奶令低密度脂蛋白增加的程度与黄油一样，但就单位摄入量造成的实际脂肪生成量而言，牛奶要比黄油小。因为黄油会提高低密度脂蛋白胆固醇水平，所以应该用富含多不饱和脂肪酸的油（比如橄榄油）代替。

替代策略

"良好选择"：用多不饱和脂肪酸替代饱和脂肪酸，可以降低低密度脂蛋白胆固醇的水平。

"不良选择"：用碳水化合物替换膳食饱和脂肪，会降低总胆固醇和高密度脂蛋白胆固醇的含量，而多余的碳水化合物则会使血脂升高。

图 4.7   替代策略很重要。图上显示的策略只是个概括，不良选择可能是因为替代物是低纤维的精制碳水化合物（如饼干和点心），而非富含膳食纤维和营养的碳水化合物（如南瓜）

的 Ⅱ 型糖尿病患者、健康的肥胖者和肥胖的成年人开展的交叉研究显示，相比饱和脂肪酸含量较高的膳食，多不饱和脂肪酸可以改善胰岛素的敏感性和降低低密度脂蛋白胆固醇的水平[112]。另外，研究显示健康的成年人在过多食用饱和脂肪后，肝脏和其他内脏的脂肪（内脏脂肪像毯子一样包裹着器官，会造成胰岛素抵抗，以致增加 Ⅱ 型糖尿病和心血管疾病的发病率。）储量会增加，而食用大量的多不饱和脂肪则不会。食用大量的多不饱和脂肪则会让肌肉增长得更大，而不会令脂肪长得更多[101]。要注意的是，不同的人在摄取饱和脂肪酸之后的反应存在着较大的区别[14, 53]。除了存在着个人从根本上在脂质代谢方面的区别外[89]，较重的体重和更高的胰岛素抵抗也可能会削弱饱和脂肪的摄入量，并减少对低密度脂蛋白胆固醇的有益影响。

虽然证据不是非常充足，但也有研究表明，用单不饱和脂肪（橄榄油、坚果）替代饱和脂肪的策略也可能与心血管疾病发病率的减少有关[124]。用碳水化合物替代饱和脂肪，能够减少总胆固醇和低密度脂蛋白胆固醇的含量，但也会降低高密度脂蛋白胆固醇的水平和增加血脂——这一策略不会降低心血管疾病的患病风险。用不同的碳水化合物（比如用全麦，而不是糖）替代饱和脂肪，会对心血管疾病的发生风险有何影响，这一点还需要更多的临床试验来验证。已有的研究显示，提高全麦的摄入量可以降低冠心病的发病率，相反，摄入太多精制淀粉和添加糖则会提高发病风险。根据目前掌握的数据来看，我们应该尽可能用富含多不饱和脂肪和全麦的食物来代替富含饱和脂肪的食物[63, 124]。

尽管如此，特定的饱和脂肪酸导致动脉粥样硬化（动脉堵塞）的可能性也取决于多方面因素：该饱和脂肪酸的碳链长度（表 4.1）、同时食用的其他脂肪酸、整体的膳食、碳水化合物的摄取等[44]。

单不饱和脂肪酸

目前，关于摄取单不饱和脂肪酸的需求量和健康益处还都未知。单不饱和脂肪酸可以在体内合成[90]。正如上一节所提到的，一些研究发现，用单不饱和脂肪代替饱和脂肪，可以降低总胆固醇和低密度脂蛋白胆固醇的水平[57, 70]。与碳水化合物相比，单不饱和脂肪酸还可以增加高密度脂蛋白的含量并降低血脂[106]。在美国人的一般膳食结构中，摄取的单不饱和脂肪酸要比饱和脂肪酸或多不饱和脂肪酸更多。油酸是美国人餐桌上数量最多的脂肪酸[122]。

你知道吗

单不饱和脂肪酸补剂可以单独获取，也可在含ω-3脂肪酸和ω-6脂肪酸的混合物中获取。

多不饱和脂肪酸

少量的 ω-6 多不饱和脂肪酸中的亚油酸和 ω-3 多不饱和脂肪酸中的亚麻酸，保证了膜脂质的完整和流动性，以及类花生酸（一种类激素介质）的合成，同时还被作为生成人体内结构性和功能性作用所需代谢产物的重要底物（图 4.8）[4, 25]。

ω-6 多不饱和脂肪酸

ω-6 多不饱和脂肪酸对上皮细胞发挥功能和基因表达的控制都有着重大意义[130]。上皮细胞是组成上皮组织的"屏障细胞"，它们分布在皮肤、血管、器官等地方。人体无法合成亚油酸，因而必须从饮食中摄取。亚油酸摄入不足会导致鳞状皮疹和生长缓慢。在发达国家，亚油酸缺乏的情况已经很少见了，而且大部分成年人的摄取量都是其需求量的几倍之多[130]。亚油酸是花生四烯酸的前体。花生四烯酸是膜结构中脂质的组成部分，也是生成类花生酸的底物，同时还是细胞信号通路的重要成分[90, 130]。不过，花生油烯酸也会引发体内的炎症连锁反应[59]。

ω-3 多不饱和脂肪酸

从饮食中摄取的 3 种主要 ω-3 多不饱和脂肪酸是：α-亚麻酸、二十碳五烯酸（Eicosapentaenoic Acid，EPA）和二十二碳六烯酸（Docosahexaenoic Acid，DHA）（图 4.9）。其中，每种 ω-3 脂肪酸在体内都有不同的作用，并以不同的方式影响身体健康。此外，硬脂酸（SDA）也是一种 ω-3 脂肪酸，它存在的地方有：某些植物籽油、鱼类（包括沙丁鱼和鲱鱼）、藻类，以及转基

表 4.1　常见食物中的脂肪酸种类

脂肪酸	常见的食物来源（未全面列举）
顺式多不饱和脂肪酸（PUFA）	
ω-3多元不饱和脂肪酸	
α-亚麻酸（ALA）	亚麻籽、奇异籽（chia seeds）、核桃、芥花籽油、大豆油、亚麻籽油
硬脂酸（SDA）	沙丁鱼、鲱鱼、藻类、转基因大豆油
二十碳五烯酸（EPA）	海鲜,尤其是脂肪含量较高的鱼类,如三文鱼、鲭鱼、鲱鱼和大比目鱼
二十二碳五烯酸（DPA）	海鲜,尤其是脂肪含量较高的鱼类,如三文鱼、鲭鱼、鲱鱼和大比目鱼
二十二碳六烯酸（DHA）	海鲜,尤其是脂肪含量较高的鱼类,如三文鱼、鲭鱼、鲱鱼和大比目鱼
ω-6多元不饱和脂肪酸	
亚油酸（LA）	大豆油、玉米油、肉类、葵花油、红花油
γ亚油酸（GLA）	黑醋栗籽油、月见草油
花生四烯酸（ARA）	肉、禽类、鸡蛋
顺式单不饱和脂肪酸（MUFA）	
棕榈油酸	夏威夷果、沙棘油、某些蓝绿藻
油酸*	橄榄油、芥花籽油、牛油、猪油、鳄梨
芥酸	部分食物中含有少量,如油菜、羽衣甘蓝和西蓝花
反式脂肪酸（不饱和）	
反式油酸**	部分氢化的蔬菜油
异油酸**	乳脂、肉
共轭亚油酸（CLA）**	反刍动物肉、乳制品、共轭亚油酸（CLA）补剂；在食物中常常以顺式9：反式11=18：2的比例存在,而补剂中两种物质一般等量存在
饱和脂肪酸（SFA）	
辛酸（中链甘油三酯）	椰油、棕榈仁油
癸酸（中链甘油三酯）	椰油、棕榈仁油
月桂酸（中链甘油三酯）	椰油、棕榈仁油
肉豆蔻酸	多种奶酪、椰肉、椰油、牛肉脂肪
棕榈酸	牛肉、猪肉、培根脂肪；黄油；多种奶酪；掼奶油；全脂牛奶；蛋黄；棕榈油；棕榈仁油
硬脂酸	牛肉和猪肉脂肪；巴西果；羊肉；腰果；完全氢化的蔬菜油

MGO=转基因；MCTs=中链甘油三酯。
*油酸是最常见的单不饱和脂肪酸,约占膳食中单不饱和脂肪酸的92%。
**当摄入量过大时（占热量摄取总量的3.7%）,反式脂肪酸（包含加工过的和天然存在的）会引起低密度脂蛋白胆固醇的增加和高密度脂蛋白胆固醇的减少[76]。
源自：Vannice 2014; U.S. Department of Agriculture 2013; U.S. Institute of Medicine 2002.

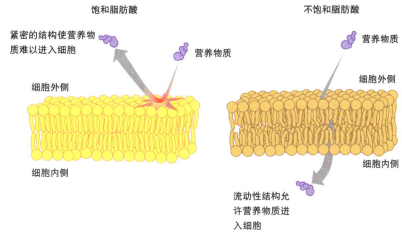

图 4.8　细胞膜

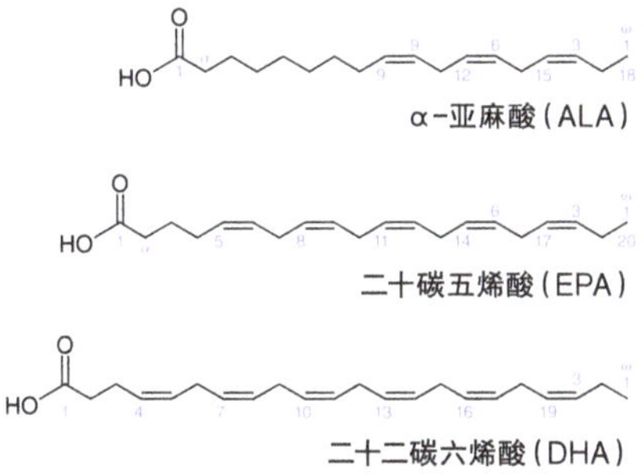

图4.9　α-亚麻酸、二十碳五烯酸和二十二碳六烯酸的结构，它们都是多不饱和脂肪酸。α-亚麻酸有10个碳原子和3个双键，二十碳五烯酸有20个碳原子和5个双键，而二十二碳六烯酸有22个碳原子和6个双键

因大豆（用来生成富含硬脂酸的大豆油）[126, 135]。富含硬脂酸的大豆油比 α-亚麻酸更能增加红细胞中二十碳五烯酸的含量，虽然这比直接服用二十碳五烯酸要少得多[60, 135]。一项对超重成年人的研究表明，跟直接摄取二十碳五烯酸相比，用富含硬脂酸的大豆油将硬脂酸转化成二十碳五烯

酸的转化率为 17%[35]。在这一转化率下，硬脂酸不会提高血脂和高密度脂蛋白胆固醇水平[60]。目前还不清楚摄取硬脂酸对心血管疾病的发病风险及其他方面是否有影响。

α-亚麻酸　α-亚麻酸存在于大豆、大豆油、芥花籽油、亚麻籽油、亚麻籽和奇异籽中[123]。除了作为二十碳五烯酸和二十二碳六烯酸的前体以外，目前还不知道 α-亚麻酸在人体内有何其他作用[5, 90]。不过，缺乏 α-亚麻酸会导致鳞状皮疹[130]；富含 α-亚麻酸的食物有助于降低心血管疾病的患病风险[28, 77]。与二十碳五烯酸和二十二碳六烯酸相比，证明 α-亚麻酸对心血管系统有益的研究结论要少得多[28]。α-亚麻酸在人体内会转化成二十碳五烯酸和二十二碳六烯酸，但是研究表明，只有 5%~21% 的 α-亚麻酸转化成二十碳五烯酸，0.5%~9% 的 α-亚麻酸转化成

拓展信息

脂肪如何影响细胞膜和细胞机能

　　饱和脂肪与不饱和脂肪都是优化细胞膜功能的必要成分。饱和脂肪酸整齐地相互堆叠在细胞膜内，如果细胞膜完全或大部分由饱和脂肪酸组成，那么其紧密的结构会使营养物质很难进入细胞内部，从而影响到细胞健康，并增加细胞受损的概率。不饱和脂肪酸则没有整齐地堆叠在细胞膜内。它们形成了一种更加具有流动性的结构，可以让营养物质轻松穿过细胞膜进入细胞，并允许神经细胞中的受体识别神经递质（化学信使）。

二十二碳六烯酸[18, 93]。这种转化率会受到饮食、健康状况、基因、性别、脂肪酸对延长酶和去饱和酶的竞争（图 4.10）等各方面的影响[131]。

　　二十碳五烯酸和二十二碳六烯酸　这两种物质的膳食来源包括各种富含脂肪的鱼，例如三文鱼、鲭鱼、

鲱鱼、大比目鱼，以及通常来自沙丁鱼、凤尾鱼、一些藻类和磷虾的相应补剂。

　　在食物链的顶端，某些鱼类受汞污染的风险增加了。鲨鱼、王鲭鱼、剑鱼和马头鱼往往寿命较长，并以更小的鱼类为食，终其一生，这样它们

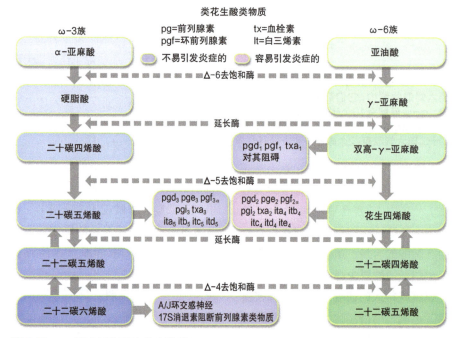

图 4.10　α-亚麻酸和亚油酸的代谢

体内累积的甲汞会更多（图 4.11），因此应当尽量避免食用这几种鱼，尤其是孕妇、儿童、老年人和免疫力较弱的人要注意[129]。

　　二十碳五烯酸和二十二碳六烯酸在体内有着截然不同的作用。二十碳五烯酸作为类花生酸类物质的前体，其中包含一系列可以保护身体、阻止心脏病及中风发作的类花生酸。此外，二十碳五烯酸还可以抑制亲炎症化合物的合成，从而有助于减少炎症的发生。二十二碳六烯酸是脑部的主要脂肪，对脑部的功能和发育颇为重要。此外，二十二碳六烯酸对于某些化合物的合成也是不可或缺的，这些化合物有助于减少大脑因供血不足而引发的炎症发生（如中风）。除了这些不同之处外，二十碳五烯酸和二十二碳六烯酸以剂量依赖性的方式，共同减

少甘油三酯的含量（摄入的鱼油越多，甘油三酯减少的量就越多）[24]，增加高密度脂蛋白胆固醇的含量[24]，改善血管功能[85]，减少炎症发生[62]，并略微降低血压[72]。

　　通过考查心血管健康和富含脂肪的鱼类，以及基于人群的二十碳五烯酸和二十二碳六烯酸研究和随机同步试验，可以得出以下结论：

> 少量吃鱼可以使非致命性心脏病的发病风险降低 27%[56]。
> 每周至少食用 1 份鱼可以降低冠心病猝死的风险[137]，使冠心病的死亡率降低 17%，如果每周额外多食用 1 份，死亡率会再降低 3.9%[56]。
> 每周至少吃 1 次鱼比从不吃鱼的人患冠心病的致死率低，而

图4.11　寿命更长并以更小的鱼为食的鱼类，体内含有的甲汞更多

每周吃 5 次或以上，冠心病的死亡率会降低 38%[38]。

- 一份对随机控制试验的汇总分析显示，每周吃 1~2 份富含脂肪的鱼类，或每天摄取约 250 毫克二十碳五烯酸和二十二碳六烯酸，冠心病的死亡率会降低 36%[78]。
- 适量吃鱼（每周 1~2 份或每天摄取 250 毫克二十碳五烯酸和二十二碳六烯酸）可以将冠心病的患病风险降低 36%，同时还将全因死亡率降低 17%[82]。
- 每两周食用几份富含脂肪的鱼，可以降低缺血性心脏病的死亡风险。对于有心脏病史的男性，则可以将全因死亡率降低 29%[20]。
- 与不采取任何干预措施相比，服用 1 颗含有 850 毫克二十碳五烯酸和二十二碳六烯酸的胶囊，可以使近期有心脏病发病史的成年人全因死亡率、猝死率和心脏病死亡率有所下降[31]。
- 850~882 毫克二十碳五烯酸和二十二碳六烯酸可以降低心力衰竭患者的死亡率和冠心病住院率[116]。

虽然有些研究发现，二十碳五烯酸和二十二碳六烯酸对心血管疾病的发病风险没有影响，但这些研究的结果可能受到了某些因素的影响，其中包括补剂的量较低、研究的持续时间较短、研究对象摄入的膳食 ω-3 脂肪酸基准量较高（在研究开始前摄入水平较高，会削弱补剂潜在影响的表现），以及心血管疾病护理和治疗水平的提高，例如提高使用他汀类药物（这会降低血胆固醇），可能会掩盖二十碳五烯酸和二十二碳六烯酸的作用[16, 34, 48, 58, 66, 95, 133, 144]。

ω-3 脂肪酸与关节的健康、运动和锻炼   二十碳五烯酸和二十二碳六烯酸可以改善关节功能，尤其能改善类风湿性关节炎患者的关节功能，同时它们还可以减少（在对老鼠的研究实验中）由脑震荡（一种典型的创伤性脑损伤）引起的损害，并似乎有助于减轻没有训练经历的人在运动后肌肉的过度酸痛。另外，研究表明二十碳五烯酸和二十二碳六烯酸可以增加老年人的肌肉量，并改善其肌肉功能。

> **你知道吗** ❓
>
> 目前还不清楚 ω-6 和 ω-3 脂肪酸的理想比例是否对健康或人类运动表现有利。无论如何，大多数美国人摄入大量的 ω-6 脂肪酸，也有许多人摄入更多的 ω-3 脂肪酸。

根据一份对 17 项随机控制试验的统合分析得出，每天补充 1.7~9.6 克不等的二十碳五烯酸和二十二碳六烯酸，连续补充 3~4 个月，可以减轻那些因感染而造成关节疼痛的类风湿关节炎、感染性肠炎或痛经患者主诉的疼痛程度，缩短清晨关节僵硬的持续时间，减少疼痛/触痛关节的数量[32]。还有一些研究表明，补充二十碳五烯酸和二十二碳六烯酸可以减少类风湿性关节炎患者对非固醇类消炎药的使用[71]。

二十碳五烯酸和二十二碳六烯酸可通过多种机制帮助脑震荡后的恢复。二十二碳六烯酸占脑部 ω-3 脂肪酸的 97%，是大脑正常发挥功能的必需物质[103]。二十碳五烯酸和二十二碳六烯酸会增强细胞膜的流动性，减少炎症的发生，并增加大脑供血。脑震荡会造成在 1 个月或更长时间内向脑部供应的血液减少[68]，而细胞膜的流动性之所以重要，是因为流动性较强的细胞膜能让物质更加轻松地进入细胞。几项针对动物的研究都表明，在创伤性脑损伤前后补充二十碳五烯酸和二十二碳六烯酸，有助于减轻大脑遭到的结构性损伤，同时遏制大脑功能的衰退[73, 74, 138, 140~143]。

一项针对健康老年人的随机双盲安慰剂控制试验发现，连续补充 6 个月 ω-3 脂肪酸（1.86 克二十二碳六烯酸加 1.50 克二十二碳六烯酸——相当于 200~400 克富含脂肪的鱼），可以增加肌肉量（大腿肌肉的量）和优化肌肉功能（握力，以及腿举、胸部推举、伸膝和屈膝的 1RM 强度综合评分）。与对照组相比，补充 ω-3 脂肪酸的那一组人，肌肉量增加了 3.5%，肌肉力量提升了 6%。目前还不清楚鱼油补剂到底是怎样增加肌肉量的[110]。进行该试验的同一批研究人员早先做过的一项研究发现，ω-3 脂肪酸可以促进年长的人合成肌蛋白[109]。此外，这批研究人员还指出 ω-3 脂肪酸可能会改善肌肉中线粒体的功能[110]。不过，目前还不清楚年轻人是否会获得相似的益处。

没有训练经历的人也可以从 ω-3 脂肪酸中获益。在进行离心运动之前以及之后的 48 小时摄入 ω-3 脂肪酸，连续摄取 30 天，有助于减少因肌肉损伤引起的炎症反应。不过，这项研究并没有将引起炎症的肌肉损伤进行具体量化[115]。另外还有两项研究发现，二十碳五烯酸和二十二碳六烯酸可以缓解在运动后的肌肉酸痛。在其中的一项研究中，24 位受测男性在运动前和运动后的 5 天里，每天服用 600 毫克二十碳五烯酸和 260 毫克 二十二碳六烯酸，连续服用 8 周。与对照组相比，添加（脂肪酸的）组在运动后的数天里，都具备更强的肌肉功能和更大的活动范围。此外，在运动结束的 3 天后，对照组的肌肉酸痛情况也比添加组更加严重。这些研究结果证明了，定期服用 ω-3 脂肪酸有助于改善肌肉损伤和酸痛，从而扩大运动范围并改善肌肉功能，因此便能够在高强度运动结束的几天后更好地进行锻炼。不过，这些结论只适用于那些进行了非常容易损伤肌肉的高强度离心运动的人（对常规训练可能并不适用）。在这一研究中，研究对象是平时不进行剧烈运动的健康男性，所以做 5 组肱二头肌最大重量的举重练习，每组重复 6 次，这种运动强度在他们的日常生活中并不常见[119]。在另一项研究中，受测对象是参加奥运会项目 2 年或以上、每周训练 12 个小时以上，并且没有定期吃鱼习惯的健康男运动员。

小窍门　每天摄入不超过3克的ω−3脂肪酸补剂，基本上是安全的[125]。一旦每天摄入超过3克补剂就应当谨遵医生的指导建议。虽然EPA和DHA在空腹情况下也能部分被吸收，但如果想吸收得更彻底，则应随餐食用。与鱼油或α−亚麻酸补剂相关的副作用（如腹泻）通常很小，而且只要减少用量或停止补充就能予以解决[136]。

实验要求他们持续 21 天，（每天）服用 ω−3 脂肪酸和维生素 D 补剂（375 毫克二十碳五烯酸、230 毫克 DPA、510 毫克 二十二碳六烯酸、1000 国际单位的维生素 D3），而对照组则每天摄取 5 毫升橄榄油。在此期间，所有运动员均保持其日常训练计划，每周吃鱼不超过 3 份，同时不服用额外的 ω−3 脂肪酸补剂。当 21 天之后，实验组成员的血浆二十碳五烯酸含量要高于对照组，而两组成员体内二十碳五烯酸和二十二碳六烯酸的含量却并无明显不同。在添加组中观察到的唯一的正面影响就是，神经肌肉功能有了明显的改善[61]。

反式脂肪酸

反式脂肪酸虽然与其他不饱和脂肪酸的功能不同，但它们也属于不饱和脂肪酸[90]。异油酸（vaccenic acid）和反油酸（elaidic acid）是两种在反刍动物（有 4 个完整胃腔的动物，如牛、山羊和绵羊）的瘤胃（反刍动物 4 个胃腔中的 1 个）里细菌的作用下，由多不饱和脂肪酸生成的反式脂肪酸。这两种反式脂肪酸也存在于牛肉和乳制品中。在反刍动物体内的脂肪中，反式脂肪酸的含量少于 9%[7, 88]。在我们膳食中大部分的反式脂肪酸都来自于部分氢化的各种（食用）油。其中，氢化是指在高温条件和催化剂的作用下，氢气从食用油中析出[22]。部分氢化会将一些不饱和脂肪酸转化成饱和脂肪酸，同时还将一些不饱和脂肪酸从顺式结构转变为反式结构（图 4.12）。氢化的油更加耐腐，不容易变质[124]。改变氢化的环境（条件）会改变反式脂肪酸形成的量，从而影响到最终产物的性质（固体或半固体、熔点、口感等）[22]。反式脂肪酸的化学结构使得它们可以整齐地相互堆叠在一起，形成一种半固体到固体状的化合物。

工业生产的反式脂肪酸

临床试验显示，工业生产的（人造的）反式脂肪酸对心脏病有多重的负面影响，同时，观察性研究也显示，摄取人造反式脂肪酸会增加患心脏病的风险[79]。产生自部分氢化食用油中的反式脂肪酸，不仅会提高低密度脂

你知道吗　人造反式脂肪酸是膳食脂肪中最糟糕的一种，即便是很少的量，也能增加心血管疾病的患病风险。

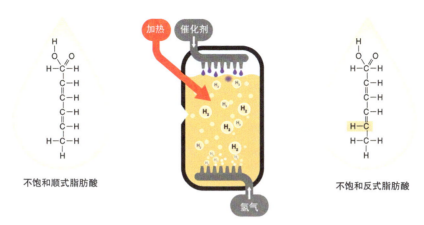

不饱和顺式脂肪酸　加热　催化剂　不饱和反式脂肪酸　氢气

图4.12　不饱和脂肪酸在室温下是液态的，它们在高温和催化剂的共同作用下，析出其中的氢气后会变成固态

蛋白胆固醇并降低高密度脂蛋白胆固醇的水平，还会缩小低密度脂蛋白胆固醇的颗粒大小，这些都可作为罹患心脏病的危险因素[8, 10, 52, 64, 80]。此外，还有部分研究指出，反式脂肪酸会增加甘油三酯的含量[9, 80]和炎症的发生概率[11]。在一项针对绝经后超重女性的随机试验中，研究人员发现反式脂肪酸比其他膳食脂肪更容易引起体脂的增加[10]。

由于有大量数据表明人造反式脂肪酸对健康有害，因此美国食品与药物管理局已经于 2015 年将部分氢化的食物油移出了一般公认安全的名单[127]。生产厂商和餐厅在过去几年中已经减少了人造反式脂肪酸在食品中的使用，但是到了 2016 年，还能在一些加工食品中看到人造反式脂肪酸，其中包括甜品、微波炉爆米花、冷冻比萨、人造黄油和咖啡奶[124]。

乳制品和肉类中的反式脂肪酸

乳制品中反式脂肪酸的含量为 2%~5%，而在牛羊肉中的这一含量则为 3%~9%（表 4.2）[7, 88]。具体数值会根据喂养方式，以及地理位置和季节的变化而不同[88, 94]。

异油酸和 c9,t11- 共轭亚油酸（CLA）的总摄取量分别为 0.4~0.8 克 / 天，以及 0.14~0.33 克 / 天[120]。异油酸在人体内可以转化成 c9,t11- 共轭亚油酸。转化率从 0 到高于 30% 不等，平均转化率为 19%[1, 26, 75, 120]，因此，单独评估饮食中摄取的 c9,t11- 共轭亚油酸可能无法反映出由体内从异油酸转化而来的 c9,t11- 共轭亚油酸真实的量[120]。

目前还不

清楚反刍动物身上的反式脂肪酸、异油酸和反油酸是否对心血管疾病的患病风险有影响。相关数据莫衷一是，这可能是因为研究设计不同而导致的。然而一些研究指出，（摄入）少量在反刍动物身上的反式脂肪酸对脂蛋白中的脂质不会产生影响，但如果摄入量再高——这是无法通过正常饮食实现的，需要食用补剂才能达到——这些脂肪酸就可能和人造反式脂肪酸类似，有提高低密度脂蛋白和降低高密度脂蛋白水平的作用[30]。

在一个针对健康男性设计的双盲交叉研究中，于4周的时间里向受测对象提供了4组不同的试验饮食（全部都含2500千卡热量，包含全套餐饮）：（1）富含反刍动物身上的反式脂肪（10.2克，为该研究定做的反式脂肪酸含量较高的黄油和牛奶）；（2）反刍动物身上的反式脂肪含量适中（4.2克）；（3）富含人造反式脂肪（10.2克）；（4）任何形式的反式脂肪含量都较低（2.2克）。大量摄取反式脂肪（不管是反刍动物身上的，还是人造的），都造成了低密度脂蛋白的增加。另外，与（2）组相比，（1）组的受测对象餐后体内高密度脂蛋白胆固醇的浓度明显更低，而在（2）组和（4）组之间则没有明显的胆固醇方面的差异。这一研究证明了，从乳制品中摄入适量的反式脂肪不会对血胆固醇产生实质性的影响，但反式脂肪的摄入量太高是不利于心脏健康的。需要注意的是，在本研究中用到的（反刍动物身上反式脂肪的）高含量，是一般人在正常摄取时不会达到的量[76]。

关于共轭亚油酸的补充，我们会在第9章中更加具体地讨论。

交酯化脂肪

交酯化脂肪已经在人造黄油、食用油和婴儿配方奶粉中使用几十年了[145]。交酯化一般是将室温下呈固态的富含饱和脂肪酸的脂肪与液态的食用油相混合[114]，以致位于甘油骨架上的脂肪酸发生化学反应，或在酶的作用下重新排列。交酯化通过改变一种脂肪的化学结构并插入1个脂肪酸（分子）（一般是硬脂酸），并

表4.2　在乳制品和肉类中反式脂肪酸和共轭亚油酸的含量

食物	每份里反式脂肪酸的含量	每份里共轭亚油酸的含量
切达干酪芝士28.35克（1盎司）	240毫克	36.7毫克
全脂牛奶1杯	210毫克	41.6毫克
原味低脂酸奶1杯	60毫克	37.8毫克
脂肪含量20.8%的生牛肉末113.4克（4盎司）	910毫克	103.8毫克

源自：Gebauer 2011.

根据具体情况来产生熔点和固态程度各异的脂肪，以满足各种食品烹饪的需求[22]。

在交酯化脂肪产生的过程中，是不会形成反式脂肪酸的。虽然之前有一些研究指出交酯化脂肪对血脂没有影响，但在此过程中插入的脂肪酸种类和位置，倒是可能会对健康产生一些意想不到的影响[12, 43, 69, 87]。另外，交酯化的种类（化学方面的或酶方面的），以及摄取该脂肪人群的体重状态，都可能会决定交酯化脂肪对血脂的影响方式。在一项随机开展的交叉研究中，让成年的肥胖者和非肥胖者分别从白面包中摄取 50 克碳水化合物，并按照 1 克 / 千克体重的比例，通过如下食物摄入脂肪：（1）富含非交酯化硬脂酸脂肪的涂抹酱；（2）含化学性交酯化硬脂酸脂肪的涂抹酱；（3）含酶性交酯化硬脂酸脂肪的涂抹酱；（4）不含脂肪的涂抹酱。结果表明，无论在哪一组中，交酯化都不会对餐后的血糖、胰岛素、游离脂肪酸或胆固醇水平产生影响，但是，肥胖者在食用了经过化学性交酯化改造的脂肪（相比食用非交酯化的脂肪）后，其体内的甘油三酯的含量升高了85%。非肥胖受测对象在食用了这两种脂肪后，甘油三酯的含量却并没有受到影响。目前还不清楚，对于一次性摄入大量脂肪的成年人（体重 90.8 千克，摄入脂肪 91 克），如果减少他们每餐中化学性交酯化脂肪的量，是否会带来不同的结果[98]。

在一项持续 4 周的交叉研究中，旨在考察当不同的脂肪被纳入完整的饮食中时，它们对血脂和血糖的影响。其中，考察的脂肪包括一种富含部分氢化脂肪的大豆油（含 3.2% 的反式脂肪）、棕榈油精（一种天然富含饱和脂肪的、未经改造的脂肪）和一种交酯化脂肪。相比棕榈油精，这种大豆油和交酯化脂肪都会降低高密度脂蛋白的水平，并升高空腹血糖（交酯化脂肪那一组可以升高近 20%）。由此可知，含交酯化脂肪的饮食还会导致餐后血糖显著升高[113]。虽然这一研究最后得出的结论可能会让人们认为所有的交酯化脂肪都对血糖和胰岛素有不利影响，但经过改造的脂肪对血糖和胰岛素的影响，可能取决于脂肪酸的结构和受测对象的健康状态。在一个持续 6 周时间的交叉试验中，向年龄在 20~50 岁的健康男女提供经过控制的饮食（提供同样百分比的宏量膳食营养素和食物），饮食中包含：（1）棕榈油精；（2）交酯化的棕榈油；（3）高油酸葵花油。结果表明，交酯化的棕榈油对胰岛素的分泌或葡萄糖水平无不良影响[27]，但目前还不清楚交酯化脂肪的摄取与人体的长期健康之间是否存在关系[55]。

膳食建议

6 个月以下及 6~12 个月婴儿的膳食脂肪适宜摄入量分别为每日 31 克和 30 克。不适宜的脂肪摄入量会导致发育不良[130]。之所以没有针对 12 个月以上人群的适宜摄入量、推荐的每日摄入量或可耐受最高摄入水平，是因为缺少关于脂肪摄入不当导致的风险和慢性病预防的相关数据，也不存在一个已知的参考量。不过，可以确定的是当人们摄取过多的脂肪时，会遭受种种对健康不利的影响[90]。如果一顿饭含有足够的热量，那么碳水化合物就可以代替膳食脂肪作为能量的来源[130]。正如在第 1 章里所讲过的，膳食脂肪的宏量产能营养素可接受范围占总能量的 20%~35%。这一下限的依据是，在采取低糖高脂的膳食后，对高密度脂蛋白胆固醇减少和甘油三酯增加的影响，而上限则是为了允许充分摄入其他营养物质[130]。有的人群在采取低脂膳食后，罹患慢性病的概率会降低[90]。

关于脂肪的最新膳食营养素参考摄入量，有报道（2002）称，单不饱和脂肪酸、饱和脂肪酸、胆固醇或反式脂肪酸，都不存在膳食营养素参考摄入量。美国人膳食指南建议，从饱和脂肪酸摄入的热量不要超过总热量摄入的 10%，该建议的依据是，有证据表明用不饱和脂肪酸代替饱和脂肪酸，可以降低心血管疾病的发病率[124]。单不饱和脂肪酸应该占摄入总热量的20%[83]。该指南没有涉及对胆固醇的建议，但提到了医学研究所给出的应当尽量少吃胆固醇[124]。

亚油酸和 α - 亚麻酸（都是多不饱和脂肪酸）作为人体的必需脂肪酸，是有适宜摄入量的。亚油酸是一种 ω -6 多不饱和脂肪酸，它的适宜摄入量从0~6 个月婴儿的每天 4.4 克，到孕妇和哺乳期妇女的每天 13 克不等。这一数值的下限是根据健康个体不存在摄入不足来设定的，而上限设定的依据则是，基于来自细胞研究的证据显示，较大的摄取量会提高脂质的过氧化作用（Lipid Peroxidation, LP）（脂质的分解），并增加随之形成的游离自由基。脂质过氧化作用被认为是动脉斑块形成的一个潜在因素[130]。α - 亚麻酸的适宜摄入量从 0~12 个月婴儿的每日 0.5 克到 14 岁以上男性的每天 1.6 克不等。膳食脂肪的宏量产能营养素可接受范围为 0.6~1.2 克 / 天，所有年龄段的人都是如此。该范围的依据是，维持体内 ω -6 脂肪酸的平衡，以及在实验室开展的细胞研究显示，摄入较高的 ω -6 脂肪酸，会增加游离自由基的产量和强化脂质的过氧化作用[130]。膳食营养素参考摄入量不包括二十碳五烯酸和二十二碳六烯酸的数据。有些组织列出了二十碳五烯酸和二十二碳六烯酸或富含脂肪的鱼类建议摄入量。例如，世界卫生组织建议，成年人应每日摄入 250 毫克的二十碳五烯酸和二十二碳六烯酸[51]。美国心脏协会（The American Heart

你知道吗

对任何人造的反式脂肪酸摄入量的增加，都会增加罹患冠心病的风险[130]，因此，反式脂肪酸的摄入是不存在安全值的。

Association，AHA）建议每周至少食用两份富含脂肪的鱼类，每份 99.23 克（3.5 盎司）[3]。

消化与代谢

膳食脂肪的消化始于口腔中的舌脂肪酶，但这只是很小部分的消化过程而已。当膳食脂肪进入小肠后，胆囊会分泌胆汁，而胰腺则分泌脂肪酶。胆汁会先与部分被消化的脂肪混合，从而让酶进一步将脂肪水解（分解）成游离脂肪酸、甘油、胆固醇和磷脂，然后肠壁会完全吸收这些物质。

经过消化后，游离脂肪酸、甘油、胆固醇和磷脂会被打包成乳糜微粒。乳糜微粒是一种脂蛋白，其中含有 85%~92% 的甘油三酯、6%~12% 的磷脂、1%~3% 的胆固醇，以及 1%~2% 的蛋白质。乳糜微粒是甘油三酯的运输工具[45]，它离开小肠后，最终进入血液，由血液中的脂蛋白脂肪酶将其分解。脂肪酸被运载到脂肪细胞储存起来，或被运输到肌肉细胞中作为能量被利用。此外，还有一些脂肪和胆固醇会被纤维滞留下来，然后通过粪便排出体外。

短链脂肪酸和中链脂肪酸（被称为中链甘油三酯或 MCT）由于碳链较短，不会被转化为乳糜微粒。中链甘油三酯在血液中被吸收并被运输到肝脏，然后在肝脏里被迅速分解成脂肪酸和甘油。补充性中链甘油三酯会对肠胃产生副作用，其中包括腹部痉挛、腹泻和恶心[65, 132]。

在脂肪组织中储存脂肪

所有宏量产能营养素——碳水化合物、蛋白质和脂肪——都能以体脂的形式储存起来。当摄入的能量比消耗的能量多时，多余的能量就会储存在脂肪组织（体脂）中以备将来使用。脂蛋白脂肪酶会分解血液脂蛋白中的甘油三酯。脂肪酸、甘油三酯和单酸甘油酯都会被运送给脂肪细胞，酶会在那里将它们合成甘油三酯储存起来[25]。大部分过剩的脂肪都会储存在脂肪组织里，而小部分则储存在骨骼肌中[105]。

 小窍门　虽然热量过剩会导致增重，但膳食中宏量产能营养素的组成结构会决定过量的热量是更容易增加储存的脂肪量，还是更容易增加瘦体重（lean body mass）。与过剩的能量更多地来自碳水化合物相比，当摄入的过剩能量更多地来自脂肪时，会更多地以体脂的形式储存起来。摄入过多的碳水化合物会增加能量的总消耗，而摄入过多的脂肪则不会这样[23, 41]。摄入大量的蛋白质所导致的结果似乎是瘦体重（而不是脂肪重量）的大幅上升[29]。

使用体脂

骨骼肌与脂肪组织，以及心脏、肺、肾脏和肝脏，都可以分解体脂。储存起来的甘油三酯在脂蛋白脂肪酶的作用下被分解成游离脂肪酸和甘油。脂肪酸在血液中运输并被细胞吸收。人体的大部分细胞都能氧化脂肪酸以产生能量，但脑和神经组织无法将脂肪酸作为能量来使用。此外，脂肪酸还能被重新打包成甘油三酯分子，并储存起来以备将来使用。从体脂肪中分解出来的甘油被传送到肝脏，在那里与磷酸汇合，最终产物可以被肝脏当作甘油三酯利用，或者转化成其他化合物进入无氧糖酵解或糖异生系统[25]。

膳食脂肪与运动

虽然人体储存碳水化合物的能力有限，但脂肪的储存量却是极大的。就算是瘦小的运动员，其体内储存的脂肪所能提供的能量，也足够连续跑几趟马拉松了[36]。例如，一个体重72.64千克（160磅）、体脂率为4%的运动员，体内脂肪组织中储存的能量约为22400卡[33]。虽然脂肪在人体内的储存量很大，但却是一种启动缓慢的能量来源。要想在运动中使用脂肪供能，既需要一定的时间，也需要氧气——这一过程叫作脂肪分解。在休息和低强度运动时（如步行），脂肪是主要的能量来源[100]。由于低强度运动对热量没什么需求，身体在步行时，不像在跑步时那样需要消耗太多的能量，

因此，在低强度运动中，脂肪的分解速度很容易跟上身体对能量的需求。当运动强度从低级升到中级时，释放到血液中的脂肪会减少，而肌肉内甘油三酯的使用量会增加[91]。当运动强度从中级升为高级时，脂肪作为能量来源的占比降低，而碳水化合物（糖原和葡萄糖）作为能量来源的占比则提升了。

尽管较高强度的运动会将身体首选的能量来源从脂肪转化成碳水化合物，但训练和饮食也会影响到身体所使用的能量类型。持续的有氧训练可以提升肌肉利用脂肪的能力[50]。除了训练外，当持续摄入一段时期的高脂低糖膳食后，身体也会进行调整——更加依赖脂肪作为能量来源[39,50]。适应了高脂低糖的饮食，未必就意味着运动表现的提升[42,92,97,102]。而且，在低糖原储存状态下的训练，还会抑制免疫和中枢神经系统发挥功能[19,39]。

> **你知道吗** ❓
>
> 摄入的热量高于需求量，会促进脂肪的储存，但是，急剧的（短期的，比如在一顿大餐后）脂肪储存没有长期的能量平衡重要。如果在几小时或一天之内摄入过多的热量，身体就会在摄入过少的热量时把脂肪从脂肪组织中抽取出来作为能量来源。

> **你知道吗** ❓
>
> 在锻炼和比赛前，应该避免摄入过多的膳食脂肪，因为一边消化一边运动会导致胃痉挛[2,99]。

目前还没有发现高脂低糖的饮食对运动表现有任何益处。事实上，这种饮食对开展高强度运动的运动员是不利的。

本章总结

　　膳食脂肪和食用油是能量的来源，并有利于脂溶性维生素（维生素 A、维生素 D、维生素 E、维生素 K）、类胡萝卜素等食物成分的吸收。只有亚油酸和 α - 亚麻酸这两种脂肪酸被认为是人体必需的，而其他脂肪酸则都可以根据需要在体内合成。细胞膜结构的完整性、类花生酸的合成，以及细胞之间的相互作用，都需要少量的亚油酸和 α - 亚麻酸才能实现。虽然 EPA 和 DHA 不被认为是必需脂肪酸，因为人体可以通过 α - 亚麻酸合成它们（尽管这个过程的效率较低），但它们都有利于心血管健康，而且还可以帮助减轻炎症。此外，二十二碳

六烯酸还是脑部发育和发挥功能所必需的物质。有证据显示，EPA 和 DHA 有益于（尤其是类风湿性关节炎患者的）关节健康，它们可以减轻未受训者在抗阻运动过后引起的炎症，并有助于肌肉功能的恢复。另外，它们还能提升老年人的力量和增加肌肉量。

　　工业生产的反式脂肪酸存在于部分氢化的食用油中，这种物质对人体是有害的。人造反式脂肪也对胆固醇的水平有不良影响，不过它们不会在餐饮中被大量食用，因而就其正常的食用量而言，还是安全的。有一些饱和脂肪酸会增加低密度脂蛋白和总胆固醇的含量，从而增加了心血管疾病的发病风险。用多不饱和脂肪酸代替饱和脂肪酸，有利于减少总胆固醇和

低密度脂蛋白胆固醇的含量，这种方法能减少心脏病发生的风险和因此而产生的死亡案例，并且还有助于加强胰岛素的敏感性。

蛋白质、碳水化合物或脂肪产生的过剩热量都会储存在脂肪组织中，但是，来自膳食脂肪的过剩热量，则更容易储存成体脂。虽然脂肪可以在运动中作为能量来源被利用，但它产生能量的速度较慢，只能满足低强度运动对能量的需求。目前没有发现高脂肪低糖饮食对运动表现有任何好处。

复习题

1. 饱和脂肪如何影响心血管疾病的发病风险？
2. 膳食中的饱和脂肪是否应当被替代掉？如果是的话，应当用什么营养物质来替代它？为什么？
3. 血胆固醇水平高会如何增加心血管疾病的发病风险？
4. 哪些因素会影响到运动中的脂肪使用量？
5. 为什么说必需脂肪酸对健康很重要？
6. 请描述一下，富含脂肪的鱼类和鱼肉补剂对心血管健康的益处。
7. 相比过量食用碳水化合物，过量食用膳食脂肪会怎样？
8. 请描述二十碳五烯酸和二十二碳六烯酸对肌肉的影响。
9. 硬脂酸存在于何处？它对健康有利吗？

第 5 章

蛋白质

本章目标

在完成本章的学习后，你将能做到以下几点：

- 阐述氨基酸的类型和基本功能；
- 大致描述蛋白质的分类；
- 阐述蛋白质的消化、吸收和代谢过程；
- 描述蛋白质的代谢去向；
- 概括蛋白质合成的概念，以及影响它的各种因素；
- 描述针对普通大众和运动员蛋白质指南的区别；
- 定义素食主义和全素主义，并解释这些膳食习惯对运动员有何影响。

来自动物和植物的食物都含有膳食蛋白质。蛋白质有助于构建身体并参与多种化学反应。人体很善于循环利用体内蛋白质分解出的氨基酸。不过，这种循环过程满足不了人体对氨基酸的全部需求，所以，蛋白质对防止骨骼肌中的蛋白质不被过量分解，以满足身体对氨基酸的需要而言十分重要。在本章中，我们首先会从以下几个方面来讲述蛋白质，包括氨基酸和蛋白质的分类、消化、吸收和代谢。然后，我们也会探究特殊人群对蛋白质的独特需求，以及蛋白质是如何被调整，用以支持健康、训练适应和实现运动员的比赛目标的。最后，我们会考察一下素食主义、全素主义，以及其他饮食习惯对运动员的影响。

氨基酸

氨基酸是蛋白质的构建单元，它们按照一定的序列用肽键组合成蛋白质结构（图5.1）。在生物化学领域，有多种方式可以将数以百计的氨基酸和自然存在的、由氨基酸构成的简单化合物分类。在人类营养学中，最常用的分类方法是基于氨基酸形成蛋白质的能力，或作为蛋白质反应前底物的能力而进行的。这类氨基酸被称为蛋白原，它们共包含23种氨基酸，其中有20种用于在体内组成各种蛋白质，以此来合理地支持人体生理的所有结构和功能。除了脯氨酸外，其余的氨基酸都包含碳成分，因而都

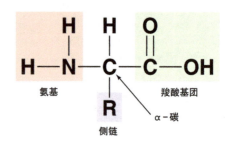

图5.1 所有的氨基酸都包含这一基本结构和一个独特的侧链

被认为是有机化合物。这些氨基酸都包含一个氨基（$-NH_2$）和一个羧基（$-COOH$）功能团，来作为其主要结构的一部分。每种氨基酸还有一个独特的侧链（$-R$）。这些侧链可能是甘氨酸中一个简单的氢原子，也可能是苯丙氨酸中由碳原子和氢原子组成的复杂环。它们赋予了氨基酸身份，使其具备特性。由于这些独特侧链的存在，每种氨基酸的形状、大小、组成、电荷和酸碱度都不一样。

在氨基酸的众多复杂分类中，形状和物理特性表现出相当大的差异，因此我们往往把氨基酸按照其功能分成几个次级组别（图5.2）。这样的组别有几种，例如，具有芳香基的氨基酸（苯丙氨酸、酪氨酸、色氨酸和组氨酸）常常被分为一组。亮氨酸、异亮氨酸和缬氨酸组成了支链氨基酸（BCAAs）。这些氨基酸存在于蛋白质的食物来源中，但最丰富的是在含有身体所需所有必需氨基酸的完整蛋白质来源（如牛肉、家禽、乳类、蛋类、鱼类等动物来源的蛋白质，以及大豆这种植物源蛋白质）中[7]。支链

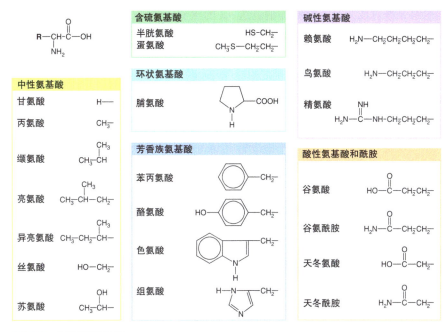

图 5.2 **氨基酸的分类**

氨基酸对肌肉的生理机能具有独特的作用，是非常重要的氨基酸，因为只有这种氨基酸能被肌肉组织直接吸收并氧化产生能量。此外，支链氨基酸还能激活肌肉中的合成代谢机制，以促进肌蛋白的合成（MPS）和肌蛋白增长的净正向平衡，从而在支持肌肉对运动的适应性方面起着积极的作用。当从生物化学角度研究氨基酸时，可以从其电荷、大小、光学活性等多个角度对其进行分类。

氨基酸在新陈代谢中的作用

氨基酸在不同的代谢通路中表现出的活性是不同的，并且能够根据身体的代谢需求产生不同的代谢去向。正如我们在第 2 章中所讨论过的，氨基酸可以被氧化并释放出能量，在这个过程中，氨基酸会失去氨基（—NH₂），并将碳链的基本结构加入三羧酸循环中，或是在肝脏中被转化成葡萄糖，而保留氨基的氨基酸，则可以被纳入体内的蛋白质中，或用来组成其他含氮的化合物，包括非必需氨基酸的合成。在被纳入人体可利用蛋白质的 20 种氨基酸中，一个重要的区别就是这些氨基酸是必须从膳食中获取，还是可以在人体内合成。非必需氨基酸被认为是"可有可无的"，因为就算它们从饮食中除去，仍然能被身体通过其他底物合成。对于其他氨基酸，体内没有合成它们的通路，所以就被称为"必需的"或"必不可少的"氨基酸。在我们的饮食中存在 9 种必需氨基酸，其中有 8 种对成人而言是必需的。这 8 种必需氨基酸是：苯丙氨酸、缬氨酸、苏氨酸、色氨酸、异亮氨酸、蛋氨酸、亮氨酸和赖氨酸。第 9 种必需氨基酸是组氨酸，它是婴儿的必需氨基酸。人们认为健康的成年人对组氨酸也有少量需求，但目前还没有文献能证明这一点[16]。其他所有的氨基酸要么被认为是非必需的——丙氨酸、天冬酰胺、天冬氨酸、谷氨酸和丝氨酸，要么试条件而定为必需的——精氨酸、半胱氨酸、谷氨酰胺、甘氨酸、脯氨酸和酪氨酸，要么被分类为简单的含铵化合物（肉碱）、含氮化合物（肌酸）或含 γ 键的化合物（谷胱甘肽）。"试条件而定为必需的"指一些特定的氨基酸在正常情况下可以合成足够的量，但在反应前底物不足时，就无法合成足够的量以满足身体需求。这类氨基酸在压力较大、受伤和生病期间可以被视为必需氨基酸[8]，但当外伤、感染和肾功能衰竭时，如果不从饮食中摄取，身体就无法满足合成它们的需求。谷氨酰胺一般是非必需氨基酸，它能为快速分裂的细胞提供能量，并且是肠细胞的首选能量来源，但是在受伤后或是患严重的疾病期间，身体对谷氨酰胺的需求量会增加，因此就必须从膳食中补充了。此外，体内还存在着一些氨基酸，它们对生理功能的发挥也起着重要作用。羟脯氨酸和羟赖氨酸是两个氨基酸异化的例子，它们是脯氨酸和赖氨酸在胶原中羟基化生成的产物。胶原我们在以后的章节中会讨论到，它是人体内含量最丰富的蛋白质，也是将身体各部分维系在一起的"脚手架"。其他一些非蛋白原氨基酸的例子包括可以纳入神经递质的 γ - 氨基丁酸（GABA）和左旋多巴（L-Dopa）。

要注意的是，在其他一些讨论氨基酸的资料中，会列出 9 种必需氨基酸，但可能会把剩下的 11 种氨基酸分门别类，甚至还包含了其他氨基酸——比如把含氮的化合物也归为氨基酸。这也解释了为什么有的资料列出了超过 20 种对人体生理非常重要的氨基酸的原因。总之，在一般条件下，成人的身体有能力产生 11 种非必需（包括那些被归类为视条件而定必需的）氨基酸。氨基酸可以以多种不同的方式加以组合——如果 20 种氨基酸全部能供细胞自由使用，那么身体可能就会制造出成千上万种让人眼花缭乱的蛋白质链。

9 种必需氨基酸

- 组氨酸（至少对婴儿是必需的，可能对成人也是必需的）
- 异亮氨酸
- 亮氨酸
- 赖氨酸
- 蛋氨酸
- 苯丙氨酸
- 苏氨酸
- 色氨酸
- 缬氨酸

11 种非必需氨基酸

> 丙氨酸
> 精氨酸*
> 天冬酰胺
> 天冬氨酸
> 半胱氨酸*
> 谷氨酸
> 谷氨酰胺*
> 甘氨酸*
> 脯氨酸*
> 丝氨酸
> 酪氨酸*

标 * 的是在压力、疾病和受伤的情况下必需的氨基酸

作为能量来源的氨基酸

虽然人体更倾向于燃烧碳水化合物和脂肪来产生三磷酸腺苷，但蛋白质同样也可以在体内分解以作为能量来源，或是在肝脏内用来生成新的葡萄糖（这就是在第 2 章中讨论过的糖异生系统）。重要的是，新陈代谢是一个非常复杂的过程，没有任何一条代谢通路（包括蛋白质的氧化）有关闭的时候，而且正是因为碳水化合物和脂肪作为能量来源被利用，才使得蛋白质能够被用于蛋白质的合成和维持身体其他必需的功能。如果我们摄取的能量不足以维持关键的功能，比如维持血糖水平，那么，身体就会准备好贡献出自身的蛋白质（优先选择来自骨骼肌的蛋白质），并用其产生葡萄糖来供神经系统和其他重要器官使用。要想让蛋白质用于产生能量，

首先就要把体内蛋白质结构中的氨基酸释放出来，或是通过消化过程，把摄入食物中的氨基酸释放出来。血液中那些来自消化和吸收或来自内源性蛋白质分解的游离氨基酸，必须经历脱氨基的过程，以去掉其含氮的功能单元，留下可以进入能量传输路径（如三羧酸循环）的碳骨架主体结构。氨基酸在能量代谢中的作用已经在第 2 章中详细讨论过了。图 5.3 显示了氨基酸进入三羧酸循环，以帮助满足工作中的细胞对三磷酸腺苷需求的几个进入点。所幸的是，在没有受到严重的代谢压力与创伤时，蛋白质很少会作为能量来源遭到氧化。在通过氧化生成三磷酸腺苷方面，蛋白质会退居次席，让位于脂肪和碳水化合物。这就使蛋白质能留存下来以供身体内部的结构、代谢和维持平衡之用。

你知道吗 ?

高蛋白膳食危害身体的风险很低，甚至还可能会很有益于健康。如果你正在追求多运动的生活方式，那就更有必要采取这种膳食了。健康的身体很善于处理蛋白质代谢的废弃物。保持高蛋白健康饮食的要诀就是，要注意从所有的各类食物中广泛摄取蛋白质。

蛋白质的分类和功能

氨基酸结合到一起形成蛋白质，而蛋白质是所有动植物体内仅次于水的第二大成分。蛋白质在人体的每个细胞中都起着不可缺少的作用，它与人体的结构、功能和健康关系紧密。

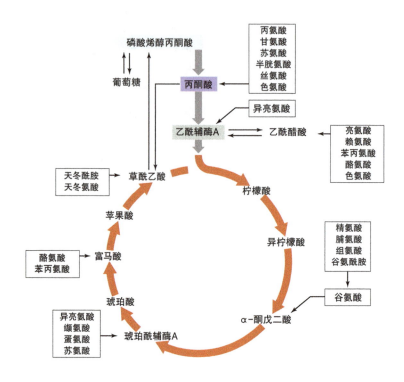

图5.3   氨基酸的进入点

蛋白质是一种复杂的分子，可以在人体日常遇到的各种刺激下，持续发生变化。身体内的蛋白质不停地被分解，然后氨基酸池中的氨基酸再被用来满足我们的身体所需。其中，大部分氨基酸都被要求用来维持持续不断的蛋白质周转——这样，体内回收再循环的氨基酸就会多于通过饮食摄入的氨基酸了。绝大部分的蛋白质需求，源自通过新陈代谢被分解的体内蛋白质。它们作为正常蛋白质周转的一部分，为合成体内蛋白提供构建单元。这就是我们在没有进行体力活动和生理压力最小时，饮食对蛋白质的需求相对较小的主要原因，也就是说，膳食蛋白质仍然相当重要——当

膳食蛋白质摄入不足时，体内的蛋白质会加快分解以补充氨基酸池，这样就会导致身体必需的组织被分解。这一重要性在身体因感染、炎症、疾病和受伤而遭受代谢压力时尤其明显，且对想要维持良好运动表现的运动员而言也同样重要。

虽然普通美国人蛋白质的主要膳食来源是牛肉和家禽[21]，但其实所有的肉类、奶酪、牛奶、蛋都是高质量的动物蛋白质来源。这些蛋白质包含身体不能自行合成的所有必需氨基酸，主要存在于动物性食品中。一些植物性食品也是良好的（满足日常需求的10%~19%）或高质量的（满足日常需

拓展信息

氨基酸池

　　游离氨基酸在体内各处的体液和血液中分布，组成了氨基酸池（图5.4），它们可以随时供蛋白质合成之用。从其他组织分解出来的、在肝脏中生成的或是蛋白质消化产生的氨基酸，都会持续进入氨基酸池。除了蛋白质合成外，池里的氨基酸还可以被分解以参与其他代谢通路。氨基酸经过分解，会生成能量，并产生不稳定的分子氨基（ –NH₂），它会迅速转化为氨气（NH₃），被细胞作为有毒的副产品排出，然后再被肝脏接收和处理。肝脏在二氧化碳的作用下将其与其他氨基结合，去除其毒性并生成尿素和水。这一过程作为代谢通路的一部分，叫作尿素循环。尿素这一化合物富含氮元素，被肝脏释放后会进入肾脏，并将其从血液中过滤出来形成尿液，然后再通过膀胱排出体外。其他含氮的化合物也会经尿液排出一小部分，比如氨水、尿酸和肌酸。尿素是身体流失氮元素的主要途径，不过，部分氮元素也会通过皮肤、指甲、脱落的胃肠细胞、黏液和其他体液流失掉。在氨基酸池中的氨基酸循环取决于身体的代谢需求。例如，肝脏会根据身体组织的需求调节氨基酸的血糖水平，并将多余的氨基酸分解，转化成碳水化合物以供产能。

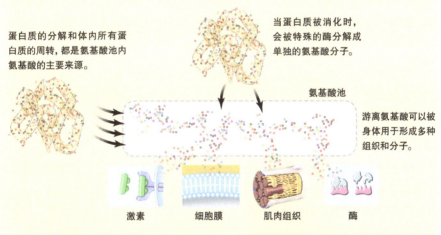

蛋白质的分解和体内所有蛋白质的周转，都是氨基酸池内氨基酸的主要来源。

当蛋白质被消化时，会被特殊的酶分解成单独的氨基酸分子。

氨基酸池

游离氨基酸可以被身体用于形成多种组织和分子。

激素　　　　细胞膜　　　　肌肉组织　　　　酶

图5.4　氨基酸池内的组成成分主要来自内源性蛋白质的分解，并由蛋白质摄入补充

求的20%以上）蛋白质来源。豆类、谷物、坚果、种子食物和蔬菜都是膳食中植物蛋白质的来源，它们还能提供维生素、矿物质和植物营养物质。此外，它们往往还有个好处，即富含纤维，且脂肪含量很低。不过，并不是所有的谷物和蔬菜都是良好的蛋白质来源，都包含所有的必需氨基酸。表5.1列出了一些常见的富含蛋白质的食物来源。

表 5.1　富含蛋白质的食物

食物	蛋白质质量（克）	来自蛋白质的热量占比（%）
85.05克(3盎司)瘦肉牛排	26	53
85.05克(3盎司)去皮鸡胸肉(烤制)	16.3	74
85.05克(3盎司)罗非鱼片	15	88
85.05克(3盎司)三文鱼	17	68
85.05克(3盎司)猪腰肉	24	54
1杯小扁豆	9	32
1杯黑豆	15	26
1杯豌豆(熟的)	9	27
85.05克(3盎司)豆腐	9	40
1颗大鸡蛋	6.3	32
1杯牛奶(1%)	8	31
1杯豆奶	7	28
1杯切碎的西蓝花(生的)	2.6	34
1杯煮熟的白米饭	4.4	14
1/2杯藜麦	4	14
2汤匙花生酱	7	15
1/4杯杏仁	7	16

源自：U.S. Department of Agriculture and U.S. Department of Health & Human Services 2015.

蛋白质的形成

　　所有来自我们饮食中的蛋白质，不管其来源如何，都是分解为氨基酸被消化和吸收的，并在体内重新组合。经过消化的动物性蛋白质和植物性蛋白质产生了各种大量的氨基酸，用来提供给体内的"蛋白质池"，以形成新的蛋白质。为了支持人体的生长和修复，以及蛋白质的周转，氨基酸的量和比例要适当；为了形成体内的蛋白质，氨基酸在一种共价化学键的作用下形成一长串，这种共价化学键叫作肽键（图 5.5）。在氨基酸遵循生理功能形成蛋白质时，一个氨基酸的羧

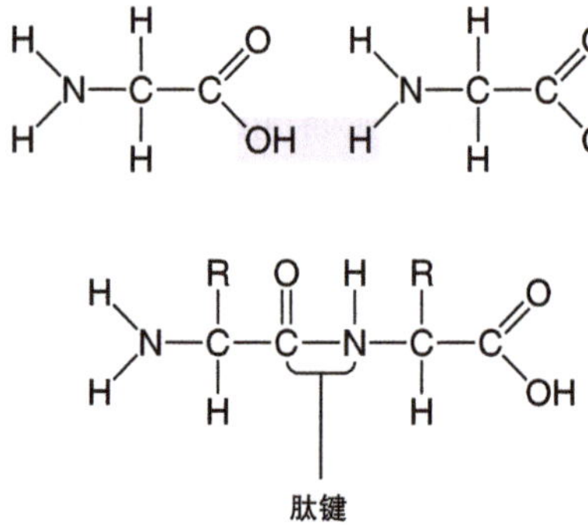

图5.5　一个蛋白质肽键

基与另一个氨基酸的氨基发生反应形成肽链，它们的结构和功能是生命中生化反应的核心。

当氨基酸通过肽键开始连接在一起并最终形成蛋白质时，它们各自的复杂特性会糅合在一起，从而决定所生成蛋白质的具体功能。形成的肽键个数决定了肽链的名称。二肽和三肽分别是被肽键连接在一起的 2 个和 3 个氨基酸，而多肽则包含 10 个以上的氨基酸。一缕缕蛋白质（由多肽链形成）可以被肽链连接在一起，长达几百个氨基酸分子。蛋白质众多的生理功能均取决于它的结构排序。蛋白质可以通过很多生化反应，折叠形成 1 个或多个空间构造。在蛋白质的结构中可以包含几十到几千个氨基酸，其大小差别较大[4]。另外，这些复杂的蛋白质结构在发挥其生理功能时，可能会经历很多结构的变化，以便来有效地优化其功能，这些变化叫作构造变化（conformational changes）。

氨基酸残基（amino acid residues）会出现在多级蛋白质结构中，分别为一级、二级、三级和四级结构（图5.6）。当指的是蛋白质的一级结构时，其氨基酸序列会形成 1 条或多条多肽链。蛋白质的二级结构是其多肽链的卷曲或折叠，这主要是在氨基酸链之间氢键结合产生的结果。蛋白质的三级结构是由 R 基之间微弱的相互作用和 R 基与流动环境之间的相互作用而形成的三维形状。蛋白质的四级结构是由组成蛋白质的所有多肽链形成的

最终三维结构。举一个四级结构对运动营养颇为重要的例子就是血红蛋白，作为一种含铁蛋白质，它是红细胞的组成成分。血红蛋白在肺部携带上氧气，并把其输送到全身，包括正在运动的肌肉，然后再把二氧化碳输送回肺部并排出体外。

膳食蛋白质和组成身体的蛋白质都是长多肽结构，由肽键连接着几百个氨基酸分子。身体各处都有蛋白质，无论大小，它们都对生理功能的发挥

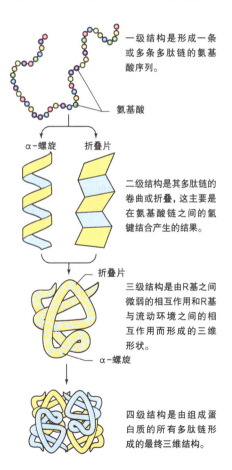

一级结构是形成一条或多条多肽链的氨基酸序列。

氨基酸

α-螺旋　　折叠片

二级结构是其多肽链的卷曲或折叠，这主要是在氨基酸链之间的氢键结合产生的结果。

折叠片

三级结构是由R基之间微弱的相互作用和R基与流动环境之间的相互作用而形成的三维形状。

α-螺旋

四级结构是由组成蛋白质的所有多肽链形成的最终三维结构。

图5.6　蛋白质的结构层次

起着重要的作用。人体最大的蛋白质来源是肌肉，这里有由大量的多种蛋白质组成的收缩蛋白纤维，还有用于组成肌肉组织的结构性框架。收缩蛋白纤维相互平行排列，通过收短或伸长来收缩和放松肌肉组织。

蛋白质的功能

完整的身体蛋白质在人类生理学中非常多样，它们起着构建肌肉、皮肤、骨骼和结缔组织的作用。事实上，人体含有几千种不同的蛋白质，每一种都有着依其形状决定的独特功能。例如，酶是用来催化化学反应的，而激素则充当了化学信使的角色。抗体是组成免疫系统的蛋白质，可以保护我们免受外来病原体的侵害。此外，蛋白质也可以充当调节器，帮助分子穿越细胞膜。例如，它们可以作为体液调节器，吸收体内的水分，还可以根据需要释放或者捕获氢原子，从而调节酸碱平衡（acid-base balance）。当然，蛋白质还能充当氧气、维生素和矿物质的运输者，将它们运送到身体各处的靶细胞。蛋白质、酶、激素的结构功能和机械功能的关键特征，与蛋白质在免疫功能、体液、酸碱平衡，以及血液运输方面的作用，都画在了图5.7中，并还会在本章的后面予以详细的描述。

结构

在所有哺乳动物体内含量最高的单一蛋白质均是胶原（collagen）。这种蛋白质是骨骼和牙齿的主要组成成分，并有助于维持人体内各结缔组织的结构。胶原以其紧凑的结构来形成骨骼和皮肤的弹性力量。角蛋白（keratin）是另一种结构性蛋白质，它是毛发和指甲的主要解剖结构。运动蛋白（motor proteins）（例如前面提到的收缩蛋白纤维）也是结构性蛋白，是构成骨骼肌和平滑肌的重要部分。这些蛋白质将身体的化学能（三磷酸腺苷）转化为使肌肉收缩的机械能，从而启动机械运动。

酶

酶是体内的蛋白质，它们可以加速或催化化学反应，以帮助产生或改变我们常常所说的反应产物。在我们身体的每个细胞中都有成千上万种酶，而每种酶都用自己的目的来推动反应。酶可以被认为是引导和调节反应的指导者。酶能与化学反应的底物（substrates）相互作用，形成新的生化产物（图5.8）。反应底物可以与酶的活性部位（active site）相结合，使活性部位的形状发生改变，以便其更适合与多种底物相互作用。此外，酶

你知道吗

根据你的水分摄入情况，在1磅（454克）骨骼肌组织中含有约70%的水、约22%的蛋白质和7%的脂质。如果你按照454克的22%计算，那么1磅骨骼肌组织中含有近100克蛋白质。相比之下，脂肪组织含有约50%的水分[18]，因此肌肉量越大的人体内含的水分越多。

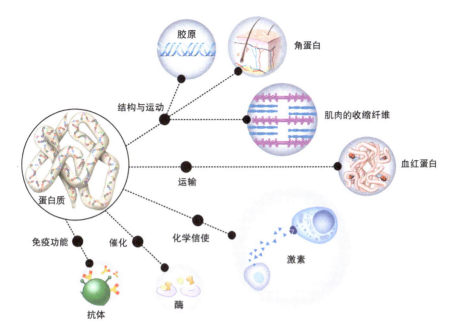

图5.7 **全身各处的蛋白质具备多种功能**

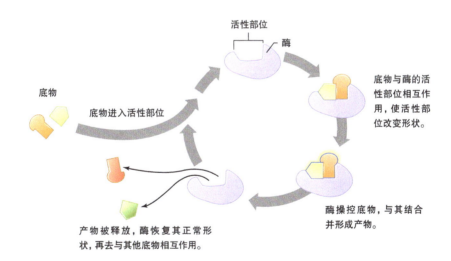

图 5.8 **酶的结合——酶与其他底物结合并形成新的生化产物**

还可以操纵底物，与它们结合并形成产物。之后，产物会被释放，酶又能够恢复其原来的形态，再去与其他底物相互作用，从而使新陈代谢过程持续进行。例如，在我们的骨骼肌中含有几百种能催化一系列反应发生的酶，这些反应允许肌肉分解能量源（碳水化合物、蛋白质和脂肪），以最终生成促进肌肉收缩的三磷酸腺苷。正如在第 2 章里所讨论过的，多种酶的相互作用有助于决定丙酮酸的去向。充当酶的蛋白质在每次我们消化食物时起着非常重要的作用。各种酶作用于目标食物的蛋白质、碳水化合物和脂肪上，将其分解成更小的粒子，以备在小肠中吸收。乳糖酶就是个很好的消化酶的例子，它会将碳水化合物乳糖分解成更小的糖分子。

正如氨基酸在构建蛋白质时，会先生成复杂的多肽键，再形成复杂的蛋白质结构一样，这些蛋白质结构也是在持续周转着的（分解和替代）。蛋白质变性这一过程是破坏蛋白质形状的最初分解反应。几种形式的刺激都可以引发体内的这一连串反应。此外，我们还可以在将蛋白质类食品加工成膳食这一过程中，观察到许多蛋白质变性的例子。使用加酸、加碱、加热、加酒精、氧化、搅拌等方法处理食物，都能改变蛋白质的三维形态，使其变性并失去原来的形状和功能。从视觉角度讲，用平底煎锅烹饪鸡蛋就是个很好的例子。鸡蛋中的蛋白质键受热后会破裂开，然后破裂的蛋白质会聚集到一起，紧密结合成不透明的鸡蛋固体。当牛奶里加入柠檬汁时，柠檬汁里的酸会使牛奶蛋白质发生变性并凝结起来。在人类营养学中，酸性导致蛋白质变性的最佳例子就是，在消化过程中位于胃内壁上的腔壁细胞会释放出盐酸（HCl）。这种酸会使膳食蛋白质变性——将其展开成具有

更大表面积的、更简单的链，好让消化酶作用于它们的肽键。在本章的后面会对蛋白质的消化过程做更详细的讨论。

化学信使

此外，一些蛋白质还具有充当化学信使的工具性作用，这类蛋白质被称为肽激素，它们与细胞相互作用以发出细胞内事件的信号。胰岛素（图5.9）和生长激素是在体内特定部位生成，而作用于其他部位细胞的许多肽激素中的两例。这类蛋白质中的大部分都有重要的调节功能，它们相对脆弱，半衰期相当短，这样一来，它们的分解可以限制化学信号的强弱程度。

免疫

蛋白质在增强免疫，以防御细菌、病毒等致病入侵物的侵害中，起着关键作用。抗体是一种血蛋白，它会攻

图5.9　胰岛素是一种多肽结构

击入侵物并使其丧失活力，从而防止感染。抗体是在身体应对上一次同种类型的感染时产生的，这是为了让身体在下一次同种病毒（细菌）入侵时能迅速做出反应。免疫细胞可以记住之前的每一次病毒入侵，以便在以后遇到这些病毒时免疫反应越来越快。

体液维持

除了在免疫功能方面发挥着重要作用外，蛋白质在促进体液和酸碱平衡方面也起着作用。人体中的体液主要分布在两个区域：细胞内和细胞外。为了让人体正常发挥功能，每个区域中体液的健康平衡状态都一部分由特定的蛋白质维持。被称为球蛋白和白蛋白的两种蛋白质，是停留在血液内部的两种较大的吸水性蛋白质。它们在血液内吸收水分，以帮助平衡因心

脏泵血和将血液中的液体部分推出血管而被打破的体液平衡（图5.10）。因多次受伤导致出现严重代谢压力的住院病人，会发生血液中白蛋白不足的现象。白蛋白不足会干扰正常的体液平衡和控制，导致水肿的形成。蛋白质一方面可以起到稳定身体 pH 值的作用。当酸度增加（pH 值降低）时，蛋白质可以作为缓冲剂吸收额外的氢离子；另一方面，当血液呈弱碱性（pH 值升高）时，蛋白质可以释放出氢离子，以维

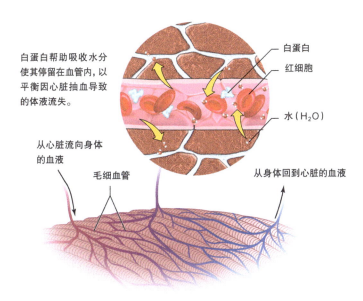

图 5.10 白蛋白之类的蛋白质通过吸引水分帮助维持体液平衡，并协助调节血管压力

持中性的血液 pH 值。身体努力维持着 pH 值，将其控制在 0（酸性）~14（碱性）的范围内靠近中性的 7.4 左右。如果血液的 pH 值过分远离 7.35~7.45 这个区间就会导致灾难性后果。临床上已经观察到，这是严重的高血糖或受伤造成的结果。如果对这种情况置之不理，那么酸碱度不平衡就会导致酸中毒，此时人在几小时内会死亡，这主要是因为体内各处许多蛋白质的功能在这种环境下都被改变了。

细胞运输者

所有的身体细胞都允许物质进入细胞内部，同时也在向外排出各种废物。这些功能均由转运蛋白（充当调节细胞内外部运动的通道和管道）来维持。一方面，蛋白质通道常常利用扩散作用工作，在这一过程中，物质无须能量就能自由进出细胞；另一方面，蛋白质管道会采用主动运输的工作方式，这种方式需要使用三磷酸腺苷来协助运输物质穿过细胞膜。常在本科生的生理学课上介绍的钠钾通道，就是使用大量三磷酸腺苷作为化学能量源，来运送糖和氨基酸，并控制细胞大小和神经脉动的。蛋白质作为载体，向遍布身体的各组织运送重要物质。其中，一个重要的蛋白质载体是乳糜微粒（图 5.11）。这种蛋白质载体是一种脂蛋白，它将我们摄入的脂肪中的脂质打包起来，好让这些脂肪能从血液中被运输到外围组织。你有没有听过油与水不相容这句话？要是没有了脂蛋白，这句话就可用来形容脂肪在我们充满了水的血液中的情况。乳糜微粒脂蛋白的功能是，将脂质包裹在其球状内核的中心，同时将亲水性蛋白尾部嵌入该蛋白分子的外部，使其变得能溶于水，并且还不会与血液"分离"。

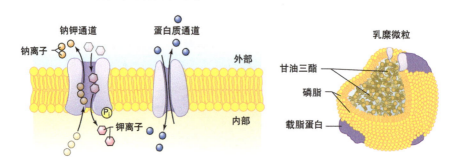

图5.11　乳糜微粒是肠道用来吸收脂肪的含脂转运蛋白

要想能够实现这些功能，饮食中就必须提供足量的氨基酸。而且，身体必须有足够的能量来源，好让膳食蛋白质理想地担当起这些重要角色，而非被氧化用作能量来源。虽然体内只有很少一部分的蛋白质用于三磷酸腺苷的合成，但各种刺激还是会增加蛋白质作为能量来源的比例，如长时间（一般持续 90 分钟以上）的耐力运动或饥饿。在长时间的耐力运动中，蛋白质的氧化量会有少量增加，尤其是在摄入的碳水化合物有限时[13]。在饥饿、神经性厌食，以及长期能量摄取不足的情况下，蛋白质的高程度分解和氧化充当能量来源所产生的长期效应，会对健康不利。

消化与吸收

要想完全理解产能营养素如何在新陈代谢中得到综合利用，我们就必须先要明白它们在体内的消化和吸收方式。身体在能够利用饮食中的蛋白质之前，必须先完成这些重要任务（图 5.12）。蛋白质的消化始于口部，在这里，食物中的蛋白质通过咀嚼发生了机械性改变。

胃中的消化

在胃里，蛋白质在盐酸的作用下，展开形成长长的多肽链。这种胃酸还承担着另一个同样重要的责任——盐酸与胃内壁细胞释放的一种叫作胃蛋白酶原的酶原相互作用。在胃腔中，盐酸把组成胃蛋白酶原的氨基酸展开，并切断某些氨基酸，从而改变其形状和功能。这一过程将胃蛋白酶原活化为其活性的蛋白消化形式，称为胃蛋白酶。胃腔和小肠中的这种酶的活化步骤在蛋白质的消化过程中很常见。这些酶的按时活化确保了膳食蛋白质在适宜的阶段被消化。除了提供激活胃蛋白酶这一通路外，在这个过程中产生的胃蛋白酶还可以非常高效地剪

表 5.2　体内蛋白质的功能

组成	作用
激素	充当化学信使
调节蛋白	帮助分子穿过细胞膜，维持细胞功能
转运蛋白	向全身各处的目标细胞运输氧气、维生素和矿物质
免疫功能	组成抗体的蛋白质保护身体免受细菌和病毒的侵害
体液和酸碱平衡	吸收水分释放氢离子，通过释放或捕获氢离子影响酸碱平衡
酶	启动或加速化学反应
结构	维持细胞的完整性；促进肌肉收缩

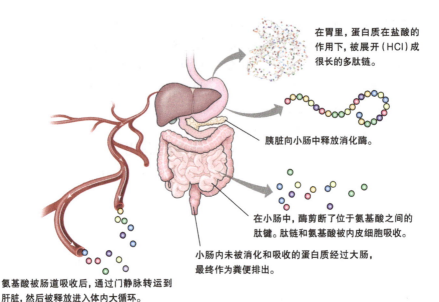

在胃里，蛋白质在盐酸的作用下，被展开（HCl）成很长的多肽链。

胰脏向小肠中释放消化酶。

在小肠中，酶剪断了位于氨基酸之间的肽键。肽链和氨基酸被内皮细胞吸收。

小肠内未被消化和吸收的蛋白质经过大肠，最终作为粪便排出。

氨基酸被肠道吸收后，通过门静脉转运到肝脏，然后被释放进入体内大循环。

图 5.12　蛋白质的消化

断我们摄入的蛋白质的肽键，并会将释放到胃腔中额外的胃蛋白酶原激活成更多的胃蛋白酶。在消化膳食蛋白质时，胃蛋白酶先是将多肽分解成更短的氨基酸链。盐酸和胃蛋白酶在胃里相互作用的结果是，膳食蛋白质被消化成更小的多肽和将近 15% 的游离氨基酸。

小肠内的消化

当更小的多肽和肽链离开胃后，会进入小肠完成下一步的消化，并为蛋白质的吸收做好准备。随着部分被消化的蛋白质进入小肠，十二指肠会检测到这些蛋白质，然后通知十二指肠细胞向血液中释放分泌素（secretin）

除了肌肉外，还有什么需要蛋白质？

思考时间

我们已经知道了骨骼肌中的蛋白质对运动表现的重要性。现在考虑一下身体内其他几种对运动员的成功至关重要的蛋白质，如对结缔组织有用的胶原蛋白和所有那些含有维持免疫功能所需的免疫调节器的蛋白质。这些蛋白质如果没有适当地组成和发挥功能，那么，无论你的肌肉多大、身体多壮也无济于事——最终的表现都是糟糕的。为此，新的蛋白质摄取指南[30]考虑到了这一点。一方面，运动员的确比非运动员的蛋白质需求量要大；另一方面，不过量地摄取蛋白质也很重要。从各类食物中选取健康食品，对维持膳食质量非常有必要。

和胆囊收缩素（cholecystokinin，CCK）。这两种激素会刺激胰腺向小肠内释放其他消化物质，同时，面向胃肠道内侧的十二指肠细胞会在肠腔的刷状缘边界释放肠激酶，以激活另外的酶去分解其他肽键。总体来说，这些都标志着在十二指肠中蛋白酶激活连锁反应现象的出现。具体而言，分泌素负责通知胰脏向肠内释放水和碳酸氢盐来中和酸性的乳糜汁，而胆囊收缩素则指示胰脏释放一系列高效的、专门用来分解特定氨基酸间肽键的酶。在胃内的蛋白质消化酶（胃蛋白酶）和胰腺内的各种酶（胰蛋白酶、胰凝乳蛋白酶、弹性蛋白酶与羧肽酶A和B）的结合，以及在小肠刷状缘边界上肠激酶的共同作用下，最初摄入的蛋白质现在已经含有了90%以上的游离氨基酸和不到10%的小肽链了。

吸收

在沿着小肠行进的过程中，短肽链和单氨基酸都可以被小肠的上皮细胞吸收。这些细胞背靠背整齐排列在小肠绒毛的表面上。在这些上皮细胞的刷状缘膜上至少有6种不同的氨基酸载体，也叫氨基酸通道或运输蛋白，它们会根据氨基酸的物理和化学特性，有着针对不同氨基酸的重叠特异性。需要钠的运输蛋白，也需要三磷酸腺苷将氨基酸转移到细胞内，这种形式的吸收叫主动运输（active transport），而其他氨基酸则通过一种叫易化扩散（facilitated diffusion）的过程越过运输蛋白进行转移。大部分氨基酸都可被不止一种运输系统（图5.13）运输。在一般情况下，食物中的蛋白质可以提供多种氨基酸的健康混合搭配，因此，共享同一个运输系统的氨基酸会被同等地吸收。随着氨

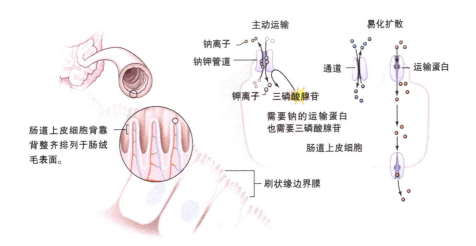

图 5.13　蛋白质的运输有主动运输和易化扩散两种方式

基酸被肠道上皮细胞吸收，吸收细胞内的其他肽酶会现身，将二肽或三肽分解成单氨基酸（分子），然后，单个的氨基酸分子会离开上皮细胞，被吸收进更大的毛细血管中，从而进入血液，并通过门静脉（portal vein）运到肝脏。在小肠中没有被消化和吸收的蛋白质会通过大肠并以粪便的形式排出。在没有患乳糜泻、囊性纤维化等肠胃疾病（GI diseases）的情况下，一般膳食中90%以上的蛋白质都会被排列在十二指肠和空肠内壁的黏膜吸收，其中99%都以单个氨基酸的形式进入了血液。大部分氨基酸和少部分被吸收的多肽，都会随着吸收过程经过门静脉运转到肝脏，然后被释放进体内大循环（general circulation）中（图5.14）。

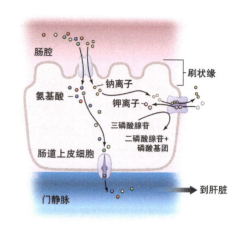

图 5.14　氨基酸进入门静脉

体内蛋白质的代谢去向

　　有多种代谢过程都需要用到来自肝脏的氨基酸和经过肠道吸收更新后的血液。像前面所描述过的那样，这些氨基酸组成了体内肝脏和血液的氨基酸池（见图5.4）。在血液中，来自这个池内的氨基酸被转运至全身各处，用于合成新的蛋白质。在本节中，我们主要讨论身体在各种合成和代谢过程中是如何利用这个氨基酸池的。

蛋白质的合成

　　正如前面所讨论的，细胞会利用肽键将氨基酸连接起来并构建蛋白质。每个细胞的细胞核都提供了我们

身体要保持健康和正常运作所需的数千个蛋白质合成的模板。我们的细胞以脱氧核糖核酸（DNA）的形式，将这种重要的遗传信息储存在每个细胞核里。为了生成新的蛋白质，细胞向一个特定段发送一种特定的被称为基因的脱氧核糖核酸，以生成一种特定的被称为信使核糖核酸（mRNA）的核糖核酸（RNA）（图5.15）。信使核糖核酸携带着将要合成的蛋白质所需的氨基酸模板序列。之后，信使核糖核酸离开细胞核附着在核糖体上，核糖体是细胞蛋白质的生产工厂之一。在合成过程中，组成人体蛋白质的20种氨基酸，在与另外一种被称为转运核糖核酸（tRNA）的核糖核酸配对时，从体内用于蛋白质合成的氨基酸池中精挑细选出来。转运核糖核酸从细胞质里收集需要的氨基酸，并将其带给信使核糖核酸。为了合成蛋白质，一缕缕脱氧核糖核酸要转录成信使核糖核酸，然后转运核糖核酸会在三碱

基中与信使核糖核酸绑定，在这些三碱基中，酶会将每个氨基酸分子都附着在细胞核糖体中正在生成的蛋白质链上。在信使核糖核酸中 3 个连续核糖核酸分子的不同结合方式，提供了不同 tRNA 分子的合成密码。不过，只有 20 种不同的转运核糖核酸分子能识别出信使核糖核酸的三碱基结合方式，于是在蛋白质的合成过程中，便只接纳了 20 种不同的氨基酸。在蛋白质的合成过程中，几千个转运核糖核酸分别带着自己特定的氨基酸赶到蛋白质合成处，但只有 1 个信使核糖核酸控制着某一种特定蛋白质的氨基酸序列。第 3 类核糖核酸（rRNA）位于核糖体中，作为一种广泛存在于核糖体中的核糖核酸，它为蛋白质的合成提供了结构框架，并在蛋白质的合成

过程中起到了协调多个步骤的作用。

蛋白质的合成需要所有所需的氨基酸构建出特定的蛋白质，任何一种氨基酸数量不足，都会使多肽链的形成受阻或延缓。如果在蛋白质的合成过程中缺少一种非必需氨基酸，那么细胞要么造出这种氨基酸，要么通过血液从肝脏的氨基酸池中获得它；如果缺少的是必需氨基酸，那么身体可能会将一部分自身的蛋白质分解以供应缺少的这种氨基酸，因为缺少了这种特定的必需氨基酸，特定蛋白质的合成会中断，而由此造出的不完整的蛋白质又会被当作分解对象被分解，来把氨基酸回收到氨基酸池，然后，身体必须确定哪些是要制造的、最重要的蛋白质，同时还要牺牲其他蛋白质的完整结构与合成。肌蛋白的很大

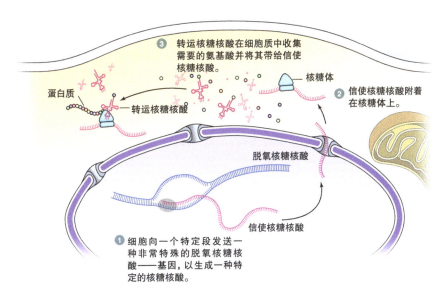

③ 转运核糖核酸在细胞质中收集需要的氨基酸并将其带给信使核糖核酸。

核糖体

蛋白质

转运核糖核酸

② 信使核糖核酸附着在核糖体上。

脱氧核糖核酸

信使核糖核酸

① 细胞向一个特定段发送一种非常特殊的脱氧核糖核酸——基因，以生成一种特定的核糖核酸。

图 5.15　基因表达发生在脱氧核糖核酸向信使核糖核酸的转录过程中，后者被转化为蛋白质

氨基酸为了被吸收而竞争

大量摄入某一种氨基酸会导致身体对使用同一种转运蛋白的其他氨基酸的吸收受阻。例如，摄入含大剂量某种氨基酸（如赖氨酸）的膳食补剂，可能会影响到对饮食中其他氨基酸的吸收。赖氨酸被归类为碱性（非酸性的）氨基酸，它可与其他碱性氨基酸（如精氨酸）共享同一种特定的转运蛋白。如果在少量摄入精氨酸的同时又摄入赖氨酸补剂，那么为数不多的可用精氨酸就很少有机会能接近因赖氨酸而饱和的转运蛋白了。尽管摄入单一氨基酸的补剂可能会造成氨基酸吸收的不平衡，以致影响膳食中的氨基酸，尤其是必需氨基酸的正常吸收，但是，目前我们对人体还没有充分的研究，尚不知道具体摄入多少补剂才会出现问题。

一部分将会被分解，从而为氨基酸池添砖加瓦，同时一些肌肉特异性蛋白的合成途径可能也会受到影响。

蛋白质的分解

蛋白质新陈代谢等式的另一边是蛋白质的分解代谢，或者说分解。当细胞的蛋白质分解时，氨基酸会进入体内循环，回到氨基酸池中。由此产生的氨基酸会根据其在代谢生成三磷酸腺苷时的产物来进行分类。氨基酸可以参与糖异生（生成葡萄糖）或生酮通路。氨基酸在脱氨后，有3个代谢进入点。它们分别是：氨基酸在细胞液中向丙酮酸的转化；氨基酸在线粒体中向乙酰辅酶A的转化；氨基酸向三羧酸循环中间产物的转化。这些氨基酸中的一部分可能会在蛋白质合成中被再利用，而其他的则可能在肝脏中去掉氨基，从而产生能量，或者用于制造葡萄糖、脱氧核糖核酸、核糖核酸、神经递质等分子，又或是合成甲状腺素、组织胺等激素，以及很多其他重要的化合物。

氮平衡

探究身体是否正在摄取足够蛋白质的传统手段，包括一种叫作氮平衡的基本技术。因为氮元素是随着蛋白质的回收和利用而排出的，所以，我们可以估算出体内氮元素的平衡状况。氮平衡方程用24小时内摄入氮（膳食蛋白质中含16%的氮）元素的克数减去排出氮元素（主要是尿素）的克数，以确定一个人的氮平衡是为正还是为负。

经典的氮平衡估算技术，在确定蛋白质的需求，以预防久坐不运动人群的能量平衡方面还是有些作用的[37]。不过，这种技术早就因为方法上的多种局限性而被认为是有缺陷的了[23]，这些局限性使其在当今的营养学领域很少使用。需要认识到的是，氮平衡技术反映的只是全身的氮元素在当下一个瞬间的表现，而忽略了这样一个事实，即蛋白质的代谢与周转是一个非常复杂的动态过程，这一过程在全身的不同部位不停地变化着。氮平衡技术假设全身各系统和组织的蛋白质表现都一模一样，并且这一方法依赖非常粗略的氮元素排出数据，通常只是通过收集 24 小时内的尿液得到的数据。

要注意的是，确定"需求"以弥补缺陷，与估算匹配锻炼和运动表现所需合理的蛋白质的量，有着很大的不同。在健身运动领域，运动员不必遵循这种标准，因为达到氮平衡是运动员的第 2 目标，他们的第 1 目标则是适应训练和运动表现[23]。此外，氮平衡技术无法洞察体内蛋白质的运动情况，也无法解释身体组织的迅速周转。当然，这一技术同样无法为运动员的蛋白质摄取推荐提供准确的意见，甚至已经造成了一些困惑。

尽管有这些局限性，但是氮平衡技术多年来一直被用于帮助确定对膳食蛋白质的需求，挽回损失从而弥补缺陷，因此仍然具有一些用途：正的氮平衡说明氮摄取量超出了各个渠道的总排出量，这在过去被认为是达到了充足的蛋白质摄入量——可以预防蛋白质不足。正平衡说明身体正在有效地增加蛋白质的含量，比如，这种情况会出现在怀孕期或是童年，还有青少年的生长发育期；相反，氮平衡为负则说明氮的摄取量比总排出量少。那些出现负平衡的人被认为他们体内的蛋白质正在流失，他们可能正在经历着饥饿、发烧感染、严重的体重减轻、近期的创伤等[23, 26]。

一般等式

氮摄取量 − (24 小时 UUN*+4**) = 氮平衡

有效增加的蛋白质

14−12=+2.0

流失的蛋白质

14−16=−2.0

*UUN= 尿液尿素中的氮元素；

**+4 表示来自粪便、毛发、皮肤和其他体液的氮元素克数。

膳食中的蛋白质

世界上很多组织都给出了构成健康饮食的蛋白质需求量的建议。当我们考虑组成膳食的主要食物种类时，只有水果和肥肉含的蛋白质很少，因而在考虑蛋白质来源时可以将它们排除在外。在美国和加拿大，当设定蛋白质需求时，推荐的每日摄入量代表了可以接受的膳食标准。蛋白质的推荐的每日摄入量是为了满足大部分健康人士的营养需求而计算得出的，但前提是假设人们

你知道吗

氮元素估算法被普遍用于测量在蛋白粉补剂中蛋白质的含量，以便在食品标签上注明。为了利用这一点，许多制造商都被指控在其生产品中添加了其他含氮成分，比如像甘氨酸、牛磺酸这样的氨基酸，再把它们粉饰成食品标签里的蛋白质克数，而无视这些成分并不是完整的蛋白质这一事实。如何鉴别氨基酸掺入蛋白粉中呢？答案是阅读成分表，找出添加的氨基酸和那些更加便宜而不完整的蛋白质来源。

拓展信息

根据推荐的每日摄入量计算蛋白质的需求

对于一个体重 79.5 千克（175 磅）的大一男生，可以依照以下步骤，根据推荐的每日摄入量来确定他需要的蛋白质摄入克数：

1. 将磅转化为千克：175 磅 /2.2=79.5 千克
2. 用千克体重数 × 0.8 克 / 千克体重：79.5 千克 × 0.8 克 / 千克 =63.6 克

以上计算表示，一个体重为 79.5 千克（175 磅）的男性（假设他健康却缺乏运动）每日至少需要摄入 63.6 克蛋白质才能保证满足其需求。根据新的运动表现蛋白质摄入指南建议，如果这个新生参加一些常规性的体力活动或运动，那他的蛋白质需求将再提升 1.2~2.0 克 / 千克体重[30]。

已经摄取了充分的能量和其他营养素，以允许身体将摄入的蛋白质用于合成，而非用于产能。正如前面所提到的，在考虑运动员的蛋白质摄入建议时，围绕着"蛋白质需求"这个词容易产生一些困惑。例如，每日摄入量只意味着防止蛋白质缺乏，并没有考虑为了预防与年龄相关的肌肉萎缩，或为了适应身体对运动的变化而可能需要额外摄入的膳食蛋白质[14, 24]。

研究表明，低脂高糖的饮食可以增加心脏病的患病风险，而高脂肪饮食则会增加超重、肥胖，以及心脏病的发病风险。根据这些研究，食物与营养委员会（the Food and Nutrition Board，FNB）将成人蛋白质的宏量营养素可接受范围，设定为总蛋白质热量摄入的 10%~35%[10]，因此，如果一个人一天需要 2000 千卡的热量来维持生命，那么其蛋白质的推荐摄入量则为每天 50~175 克：

$$\frac{2000 \text{ 千卡} \times （0.1 / 0.35）}{4 \text{ 千卡 / 克}}$$

由此得到的蛋白质摄取范围通常会高于推荐的每日摄入量。

以往在北美成人的能量供应中，蛋白质会占到 15%~16%[5]。因为宏量营养素可接受范围对蛋白质的建议非常广泛，而且在许多情况下并不十分具体，所以宏量营养素可接受范围第一次允许在考虑活跃个体的蛋白质需求时具有灵活性。这一范围足够大，可以覆盖大多数运动爱好者的需求[15]，并超过了推荐的每日摄入量，以照顾到生理压力过大时机体额外对蛋白质需求增加的情况。这个范围具体是多少呢？这一问题引起了许多讨论甚至是辩论，并继续引发科学探究，主要是运动科学，也包括衰老和特定的临床状况。影响运动者对蛋白质需求的因素有很多，虽然现在普遍认为训练会增加身体的蛋白质需求，但其数量往往比大多数人想象的要少得多。

拓展信息

确定运动员的蛋白质需求

确定运动员蛋白质需求的主要方法是使用克每千克体重法（克／千克），而宏量营养素可接受范围则是次要方法。它们可以结合使用，但不应单独使用。这是因为宏量营养素可接受范围给出的个人蛋白质的摄取范围很广，而克／千克体重法则给出了更加个性化的蛋白质摄入推荐量。

一个人每日一般会摄入多少蛋白质？这个量与推荐的每日摄入量相比又是怎样的？要想综合评估一个人每日需要多少蛋白质，不仅需要了解各种变量，如生理压力来源或生长和康复需求，还需要了解正常消耗的蛋白质重量。最准确的方法是依靠食品标签来列出在一份食物中蛋白质的重量（克）。通过利用食品标签，一天中摄取的蛋白质克数可以被简单地累加起来。当然，不是所有的食物都会提供食品标签，所以也需要使用其他方法来估算出这些食物中含有的蛋白质重量。其中一种方法已经用了几十年，就是食物换算表（food exchange list）。这个表列出了大部分食物每份的大小，同时还列出了换算成碳水化合物、蛋白质和脂肪的相应数字。例如，1 份蛋白质转换食物等于 28 克（1盎司），这对应着 7 克蛋白质，那么，84 克（3 盎司）鸡胸肉就等于 3 份转换食物，估计含有 21 克蛋白质。其他各类含蛋白质的食物同样也可以用于估算蛋白质摄入量的转换食物。1 份蔬菜转换食物提供 2 克蛋白质，而 1份牛奶转换食物则供应 8 克蛋白质。

1 份淀粉转换食物提供 3 克蛋白质，而脂肪和水果转换食物的蛋白质贡献量则为 0。不喜欢使用食物转换表的人，常常使用其他方法来估算食物中的蛋白质重量。网上很流行食品成分表和"蛋白质计算器"，相关的电脑软件程序也能买得到。不过，最为谨慎的、能确保严格按照蛋白质推荐的每日摄入量（RDA）的方法，还是要访问美国农业部的相关网站。

蛋白质的品质

蛋白质的品质测定是对一种膳食蛋白质的来源能否满足身体对必需氨基酸需求能力的评估。分数越高，这一食物中的蛋白质就越能满足身体需求。一般来说，蛋白质的品质指的是身体利用某种指定蛋白质能力的强弱。当然，也可以被定义为，一种蛋白质所含的必需氨基酸能在多大程度上满足人体需求，蛋白质的可消化性与氨基酸的生物可用性如何。虽然动物性食物和植物性食物中都含有蛋白质，但它们所含蛋白质的品质是不同的。例如肉类、家禽、鱼、鸡蛋、奶和乳

小窍门

当全食物蛋白质的来源不方便获取时，经过第三方检测的补剂蛋白粉便是能满足蛋白质摄入需求的另一种可选方式了。以下都是可以寻求的蛋白质来源：

- 乳清——一种乳蛋白质，是支链氨基酸（BCAAs）最丰富的来源，消化速度最快[20]，可快速提升血氨基酸水平，以帮助肌肉适应运动。
- 酪蛋白——一种和乳清相近的乳类蛋白，吸收速度要慢于后者。摄取酪蛋白也可以像摄取乳清一样，帮助刺激肌肉蛋白质的合成，但速度要慢一些（因为消化速度慢），可能需要几小时[22]。
- 鸡蛋——一种具有高生理价值的高品质蛋白质，它是不想吃乳制品的人的理想选择。
- 蔬菜（大豆、豌豆等）——素食者、全素者等的一个可行之选。很多大豆类产品对人体都是有益的，因为它们含有抗氧化剂、维生素、矿物质和多种必需氨基酸。不过，由于植物性来源的蛋白质中某些必需氨基酸的含量低，消化性生物可用性差，从而影响了其蛋白质品质，因此，很少有植物性蛋白质被认为是完全蛋白质。

拓展信息

乳清蛋白浓缩物与分离物

乳清蛋白浓缩物的蛋白质生物可利用度为 25%~89%，很多产品都可能含有乳糖和脂肪。乳清蛋白分离物的蛋白质品质较优，因为蛋白质占其总重量的 90% 以上，并且大部分产品其实都是不含乳糖的。注意：两者的口味明显不同，这是因为乳清蛋白分离物产品中不含脂肪和碳水化合物。

制品，都是高品质的完全蛋白（high-quality complete proteins），即蛋白质可提供其总热量的 20% 以上。从大豆中分离出的蛋白质也能提供一种等同于动物性蛋白的高品质完全蛋白，只是其半胱氨酸和亮氨酸的含量比例略低。此外，大豆蛋白质可能还会带来一些特有的健康益处，因此可以作为我们摄入的某些动物源蛋白质的良好替代选择，同时大豆蛋白不含饱和脂肪酸，可以减少几种慢性病的患病风险[38]。表 5.3 描述了可用来测量食物中蛋白质重量的几种方法。

对于那些倾向于选择植物性食品的人，除了应当确保从广泛的食物中摄取足够的能量外，排除对蛋白质品质担忧的另一个方法是，摄取互补性蛋白质。互补性蛋白质被定义为两种或两种以上的不完全食物蛋白质，它们各自含有的氨基酸，正好可以补充对方缺乏的必需氨基酸，因而，它们的结合可以提供足量的全部必需氨基酸。一般而言，在谷物产品含有的必需氨基酸中，赖氨酸的含量较低，但蛋氨酸和半胱氨酸的含量较高，而豆类则是蛋氨酸和半胱氨酸含量较低，赖氨酸的含量较高。豆子配大米、花生酱配三明治、豆子配意大利面，以及鹰嘴豆配芝麻酱，都是饮食中互补性蛋白质的例子。这些食物中的每一对都包含了生成新蛋白质所需的所有必需氨基酸，而其中单独的一种（如没有搭配三明治的花生酱）则至少缺乏一种必需氨基酸。这些特定的配对食物，并不需要同时进食才能产生新的人体蛋白质。蛋白质的互补性，只对很少摄入或不摄入动物蛋白质的人才是重要的。只要作为健康饮食的一部分，摄入了一些低品质的蛋白质，身体就可以获得优化蛋白质合成所需的所有必需氨基酸。注意：即便是少量的动物蛋白质也可以补充植物蛋白质，从而进一步最小化蛋白质互补的需求。

除了评估食物大致的氨基酸组成外，人们还有很多种测量蛋白质品质的方法。我们知道，高品质的蛋白质不仅会提供足量的身体所需的所有必需氨基酸，还提供了足够的其他氨基酸，以充当合成非必需氨基酸的氮元素来源，并且还容易消化。一种能提供所有必需氨基酸但无法被消化的蛋白质食物，对人体是没用的。每一种评估蛋白质品质的方法都需要知道氨基酸的组成信息，所以一直以来都被用于帮助制定特殊的餐饮模式，或是为婴儿制订新的喂养计划。

计算化学分数

计算蛋白质的化学分数（也叫氨基酸分数）是一种确认食物蛋白质品质的方法，简单来讲，就是用可供参考的蛋白质含量作为参照，来给食物中的氨基酸情况打分。每种氨基酸都会被打分，所得的分数表明与参照相比，这种氨基酸在被打分的蛋白质中的含量（表 5.4）。参考蛋白质的氨基酸组成大致可反映出人体所需氨基酸的数量和比例。目前作为参考的是学龄前儿童对氨基酸的需求情况[29]。这一思想的依据是，如果一种蛋白质可以满足年轻的、正在成长中的孩子的需求，那么就应当能满足其他不同生命阶段的人的需求。要计算这个化学分数，就要用被测食物中每种必需氨基酸的重量（以毫克计），除以参考蛋白质中每种氨基酸的重量。每种氨基酸得到的商，再乘以 100% 即为其百分比得分。

得分最低的氨基酸，即为起限制作用的（限制性）氨基酸。根据定义，这种氨基酸的含量相对于我们的生理需求来说是最低的。食物蛋白质的化学得分等于其限制性氨基酸的得分。不过，化学评分的缺点是它不再被大量使用，而是基于一种"理想的"参考蛋白，一些人认为这是一种过时的概念。而且，化学评分法也没有说明消化和身体利用某一种特定蛋白质的方式。

表5.3   评估蛋白质品质的各种方法和局限

评估蛋白质质量的方法	等式	主要结果	该方法的局限
生理价值(BV)评分法	生理价值=剩余的氮元素/被吸收的氮元素 或 $BV=[I-(F-F_0)-(U-U_0)] \div [I-(F-F_0)]$	将剩余的氮元素表达为被吸收的氮元素的百分比	过程单调、冗长,必须测量出在饮食和无氮饮食中,通过尿液和粪便流失掉的氮元素数量
净蛋白质利用(Net Protein Utilization, NPU)评分法	摄取的蛋白质÷体内储存下来的蛋白质	将吃入的蛋白质和体内储存的蛋白质或身体实际利用的蛋白质做比较	要依赖动物的氮排泄来确定保留下来的氮元素的量
蛋白质效率比(Protein Efficiency Ratio, PER)评分法	增加的身体质量(克)÷蛋白质的摄入量(克)	结果为1表示(该蛋白质)提供了所有需要的氨基酸,且都被完全消化了	由于是来自动物的计算得分,因此可能对人类的适用性不佳
可消化必需氨基酸(DIAAS)评分法	可消化必需氨基酸%=(蛋白质中的氨基酸÷所需的氨基酸)×氨基酸的消化率	在小肠末端测量蛋白质的吸收量。采用测量各种氨基酸消化程度的这种方法,是为了更好地展现出蛋白质是如何满足身体对氨基酸的需求的	复杂
化学评分法(Chemical Score, CS)	氨基酸得分=1克被测蛋白质中氨基酸的毫克数/1克参考蛋白质中的氨基酸毫克数 ×100%	任何必需氨基酸的最低得分都指明了起限制作用的那种氨基酸→那种蛋白质的化学得分	没有考虑消化率和氨基酸的可用性
蛋白质消化率校正氨基酸(PDCAAS)评分法	化学得分×蛋白质消化率(%)	需要基于2~5岁儿童体内蛋白质中首先起限制作用的必需氨基酸,计算出食物源中的氨基酸相对于人体需求的比例	该方法是基于儿童的,因而可能并不是确定成人所需的蛋白质重量的最好方法

I=氮元素的摄入;F=粪便中的氮含量;U=尿液内的氮含量;F_0和U_0=无氮饮食后粪便和尿液中的氮含量。

表 5.4 蛋白质的化学评分

必需氨基酸	蛋白质来源					
	花生酱		白面包		布里干酪（奶酪）	
	毫克/克	%理想值	毫克/克	%理想值	毫克/克	%理想值
赖氨酸	36	62	27	46	89	154
苏氨酸	35	102	29	87	36	106
氨基酸（化学）得分	62		46		106	

从该表中可以看出，奶酪中的蛋白质含量可能较低，但是所含蛋白质的品质很高，正如其化学得分表现出的那样。

计算生理价值（Biological Value，BV）

生理价值是测量蛋白质品质的一个更为常用的方法之一，该方法只是简单测算一下被消化道吸收的蛋白质中有多少保留在体内用于支持生长和维系生命。从技术上来说氮元素是无法被"保留"的，生理价值将蛋白质

输入与其输出做比较，以确定氮元素的吸收这一关键元素。依照用来得到生理价值的计算方法，其最高值可以达到 100，这意味着蛋白质所含的氨基酸组成与我们的需求最为接近。进入血液的蛋白质将被身体最为高效地保留下来。生理价值要通过一个枯燥的方式测算出来——要给受测对象提供不含蛋白质的饮食，然后测量摄入蛋白质的量。接着，把通过尿液、粪便和皮肤排出的蛋白质的量估算出来，最后再算出生理价值。最终结果体现了保留下的氮元素占被吸收氮元素的百分比。例如，玉米蛋白的生理价值为 60，意味着只有 60% 被吸收的玉米蛋白会保留下来，为身体所利用。生理价值一般在摄取很少蛋白质的情况下测量，并且很可能会产生误导，因为大部分成年人，尤其是运动员都会摄取足量的蛋白质。另外，摄取的热量也会对生理价值产生较大的影响。尽管存在这些局限性，但是生理价值评分法在少量蛋白质摄入的条件下还是非常准确的，不过要谨慎地控制热量的摄取。

测量净蛋白质利用（Net Protein Utilization，NPU）

净蛋白质利用和生理价值类似，它只是简单地将吃进的蛋白质重量与体内储存下来的蛋白质重量，或是身体实际利用的蛋白质重量相比较。生理价值需要考虑蛋白质的消化量和实际吸收量，而净蛋白质利用则不需要。这是因为被测食物中的氮含量已经被仔细测量过，并且作为单一的蛋白质来源喂给了实验室的动物，然后再测量动物的氮排量，以确定食物中有多少氮元素留在体内。动物体内对食物蛋白质的利用效率决定了净蛋白质利用的得分。

测量蛋白质效率比（Protein Efficiency Ratio，PER）

蛋白质效率比测量的是可消化的氨基酸组成。该方法将用测试蛋白质喂养的、处于生长中的动物体重增长量（克）与用高品质参考蛋白质喂养的动物体重增长量（克）做对比。这一方法通过了解氨基酸的组成、消化性和可用性，来提供身体对被测蛋白质可能使用效率的信息。蛋白质效率比法常用于测定婴儿配方奶粉中的蛋白质重量。

测量（经过）蛋白质消化率校正（过的）氨基酸评分法（PDCAAS）

蛋白质消化率校正氨基酸评分法是从 20 世纪 90 年代开始，就一直用于为蛋白质的重量评分，直到目前为止，它仍是最常用的方法。蛋白质消化率校正氨基酸评分法要以蛋白质中的第一限制性膳食必需氨基酸为基础，来计算出食物源中的氨基酸与 2~5 岁儿童所需氨基酸之比。这个方法与化学评分法类似，因为它也是将氨基酸的特性与参考蛋白质做比较，同时，这种方法通过用食物蛋白质的消化率百分比乘以化学得分，还考虑到了消化效率的问题。酪蛋白、乳清蛋白、大豆蛋白等食物的蛋白质消化率校正氨基酸评分最高可能值为 1.0。评分超过 1.0 的部分直接舍去，因为过量摄取的蛋白质一开始就被认为没有生理价值。如果一个蛋白质的化学评分为 0.70，消化率为 80%，那么，它通过蛋白质消化率校正氨基酸评分法计算而得的结果即为 0.70 的 80%。美国食品与药物管理局承认蛋白质消化率校正氨基酸评分法是评判大部分食物的蛋白质品质的官方方法[29]。如果在食品标签上给出了蛋白质的每日摄入值百分比，那么这个百分比多半是基于蛋白质消化率校正氨基酸评分法算出来的。根据这一要求，一份两种不同食物的中的蛋白质总克数也许是相同的，但它们的每日摄入量百分比可能相差很大，因为这些食物对满足身体的氨基酸需求的贡献是不同的。

使用可消化必需氨基酸评分法（DIAAS）

联合国粮食及农业组织（FAO）

最近刚刚推荐了一种测定膳食蛋白质重量的新方法——可消化必需氨基酸评分法，该方法建立在之前各种方法的基础之上，可准确测量出各种氨基酸的吸收量，而非粗略的蛋白质吸收量。可消化必需氨基酸评分法能够通过准确地区分出之前使用在蛋白质消化率校正氨基酸评分法时，因最大得分超出 1.0 而被删掉的各种蛋白质。此方法之所以比蛋白质消化率校正氨基酸评分法的精确度有显著提高，主要是因为以下几处改进。首先，选择在小肠末端测量蛋白质的吸收量，提供了食物蛋白质在胃肠道停留的、更加准确的测量数据，这就排除了大肠内内源性蛋白质的累加因素；其次，这一方法还测量了各种氨基酸的消化量，以更好地描述蛋白质是如何满足人体对氨基酸的需求的；再次，可消化必需氨基酸评分法还不允许舍去得分 1.0 以上的部分，并且认识到这一过剩部分可以弥补因摄入不完全的蛋白质食物而缺乏的任何氨基酸；最后，可消化必需氨基酸评分法将氨基酸的参考模式，从 2~5 岁扩展为不同年龄段。具体来说，可消化必需氨基酸评分法将婴儿和儿童对氨基酸的不同需求划分为 3 组年龄段参考模式：0~6 个月，6 个月~3 岁，3 岁以上。随着可消化必需氨基酸评分法的发展，我们现在可以将之前被蛋白质消化率校正氨基酸评分法归为一类的蛋白质来源区分开来。这就使得可消化必需氨基酸评分法对较少量蛋白质摄取的情况，如

对老年人和临床使用而言，可能成为有用的工具。当混合各种蛋白质成分以研发新的蛋白质配方时，知道蛋白质源的真正价值很重要，因为只有这样才能配出符合身体需求的最佳蛋白质比例。

总之，从氨基酸成分的化学分析到蛋白质消化率的生理测量，评判蛋白质品质的方法有很多。最终决定蛋白质品质最重要的因素是，蛋白质为了满足所有氨基酸的需求而在体内保存的能力和蛋白质促进生长的能力。

运动与锻炼中的蛋白质

很多人都认为，既然肌纤维是由蛋白质组成的，那么为了合成和维持肌肉，就一定要从饮食中摄取大量的蛋白质。事实上，膳食蛋白质只是为了让肌肉适应身体训练，而用来促进营造最佳环境的诸多因素之一。维持最佳肌肉适应性所需的额外蛋白质量相对较少，许多运动员都已经达到了每日蛋白质摄入量的目标。运动员应该注意到，定期调整的、良好的训练方案，以及满足他们能量需求的适宜营养搭配是实现其目标的奠基石。另外，许多其他因素如压力、频繁的酒精摄取，以及睡眠不足，都会破坏哪怕是最完美的膳食和训练计划。这不是说蛋白质不重要，关于膳食蛋白质如何配合恰当的训练方案，以促进肌肉壮大（生长）和加强代谢适应性这一课题，过去 10 年的研究已经提供了

很多细节。以下是一名运动员饮食中的膳食蛋白质与运动表现相关的 4 个主要作用：

1. 将肌肉量和肌肉力量的增长最大化。
2. 提升代谢功能的适应性（上调氧化酶）。
3. 在体重快速下降时维持瘦体重。
4. 对其他含蛋白质的非肌肉组织，如肌腱、韧带和骨骼有结构性的益处。

当前，就蛋白质的日常需求和摄取的日常分布方面存在着新的指南。在本节中，我们将对这些细节进行探究，同时也会审视在运动过程中和为了应对运动负荷、蛋白质的代谢变化方式，以及这方面的信息是如何与本章其他各节的内容融会贯通的。

蛋白质代谢与运动

虽然肌肉的能量来自碳水化合物和脂肪这两种主要宏量营养素的代谢，蛋白质也同样可以在运动中被利用，并且还可以直接在肌肉中被氧化。幸运的是，大部分蛋白质都是留给重要的合成过程使用的，但一定要记住第 1 章说过的，在运动时，身体内总是会发生所有产生能量的宏量营养素燃料源的氧化，而唯一变化的是被燃烧的宏量营养素的相对比例。在运动中的任意时刻，碳水化合物和脂肪都占据着被氧化的宏量营养素的 85% 以上的比例，但蛋白质也总是要被用到的。

运动对蛋白质的代谢有着非常显著的影响。在运动中，蛋白质对满足能量（三磷酸腺苷）需求的贡献率一般少于 5%~10%。在极端情况下，（来自蛋白质的能量）会达到总能量消耗的 15%。决定蛋白质在运动中氧化比例的因素有很多，包括运动强度、训练水平，以及其他能量来源（如碳水化合物）的可用性。此外，运动的类型或模式同样也会产生非常明显的影响。在剧烈的抗阻训练中，蛋白质作为能量来源被氧化的比例少于 5%；时间较长（大于 90 分钟）的耐力训练可能会使蛋白质被氧化的比例达到 15%。当肌糖原用尽时，蛋白质氧化所占的比例会在 5%~15% 的区间内显著提高。随着碳水化合物用尽，身体必须试图保持血糖的稳定，为神经系统提供能量。对大部分人而言，此时他们体内的糖异生系统（见第 2 章和第 3 章）就会开启，通过使用糖异生的反应前底物（包括蛋白质）来生成新的葡萄糖，从而帮助稳定血糖水平。对那些采取低糖膳食的人来说，当葡萄糖不足时，体内生成的酮体会向神经系统供应更多的能量。不管饮食中的碳水化合物有多少，当肌糖原耗尽时，肌肉内支链氨基酸的氧化都会增长，并会造成蛋白质作为能量来源的使用比例的提高。在这样一种情况下，运动强度就会降低因为糖异生系统和酮体的生成，都跟不上高强度运动对三磷酸腺苷的高需求。

糖异生系统

最显著的糖异生通路是葡萄糖－丙氨酸循环（图 5.16）。在此条代谢通路中，丙氨酸会离开肌肉，在肝脏中生成新的葡萄糖，这便形成了新的血糖。这一过程与肌肉组织氧化支链氨基酸同时进行。随着支链氨基酸从肌肉组织中被释放出来，它们的分解会将其自身的氨基（NH₂）贡献出来，通过转氨的过程献给丙酮酸。来自支链氨基酸的碳骨架之后会进入肌肉细胞线粒体中的三羧酸循环，作为三羧酸循环的中间产物助力三磷酸腺苷的生成，同时，糖酵解产生的丙酮酸还可以与支链氨基酸脱氨产生的氨基（NH₂）结合起来形成丙氨酸。丙氨酸可以自由离开肌肉组织，通过血液

进入肝脏，之后，肝脏再将其脱氨改造成丙酮酸。这种由肝脏生成的丙酮酸可以进一步代谢，形成构成血糖或肝糖原的葡萄糖。在人体代谢中，糖异生系统永远不会真正停歇下来，虽然有时候可能会非常微弱地进行，而在长时间的运动中，尤其是当碳水化合物告急时，其速度又会增长。不过，这条通路有一个明显的局限性，它产生新葡萄糖的速度取决于驱动反应所需酶的可用性。这些酶必须经历蛋白质的合成过程，不能在一次长时间的耐力运动中迅速生成以满足需求，因此低血糖最终还是会发生，这也是长时间的运动停止的主要原因。虽说葡萄糖－丙氨酸循环是人体代谢的一条必需通路，但它其实最适用于在饥饿状态、没有运动的情形，此时，起关键作用的酶增多，用肌蛋白生成葡萄糖。

蛋白质的氧化

除了支链氨基酸外，肌肉组织中的其他氨基酸也可以为运动着的肌肉提供三羧酸循环所需的底物（谷氨酰胺）。不过，支链氨基酸是唯一一种被肌肉释放并可以直接在肌肉中氧化的氨基酸。在较长的有氧训练中，支链氨基酸氧化的比例会提高，同时碳水化合物的节约效应会非常弱，并且这种效应在持续超过 90 分钟的耐力运动中最为明显，但是在这些情况下，支持补充支链氨基酸可以提高运动表现的证据是有限的，因为支链氨基酸的氧化量太少，使得这种补充对运动

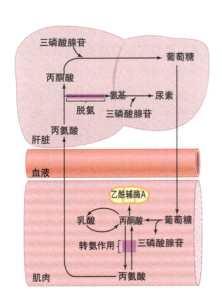

图 5.16 氨酸作为一种重要的糖异生反应前底物

表现并没有影响。

　　运动员对蛋白质需求的增加，部分原因是蛋白质氧化的增加。这对耐力运动员来说最为明显，他们需要维持这些代谢活动，为了适应耐力所需，他们还需要让肌肉合成更多的线粒体酶，以生成更多、更大的线粒体。

此外，还要产生新的毛细血管和血红蛋白，好将氧气输送到运动肌中。对于其他那些更专注于力量和爆发力的运动员来说，运动中蛋白质的氧化量要少很多，但由于运动训练的特性，其收缩蛋白的分解比我们在耐力训练中观察到的要多。由于这些蛋白质的结构（使肌肉运动的蛋白质纤维）比氧化酶大，而且有时还会被剧烈地分解，因而从事力量与爆发力项目的运动员对蛋白质的需求量会更大。尽管从科学的角度来看，这些区别是非常清晰的，但从实际的意义来看，运动员在运动时的情况则要复杂得多。例如，对于很多运动员来说，力量、爆发力和耐力都是取得成功的几个方面，但在特定的训练阶段，他们对其中一个方面的依赖程度要大于其他几个。想要尽量减少蛋白质的氧化量，最谨慎的方法就是精心选择合适的膳食，好让耐力运动员（如跑步和自行车运动员）和耐力是其关键组成部分的持续性运动（如足球）的运动员，对碳水化合物和能量的需求都能得到满足。

运动员的日常蛋白质需求

　　当前数据显示，运动员为了满足自身需求，膳食蛋白质摄取量的范围一般在 1.2~2.0 克 / 千克体重 / 天[30]。这一日常摄取量被认为可维持运动员体内的代谢适应、肌肉与结缔组织的修复、重塑和蛋白质周转。只有每日蛋白质的摄取量在这一范围内，似乎才可以维持理想的蛋白质重量去修复和替换受损的蛋白质，重塑肌肉、骨骼、肌腱和韧带中的蛋白质，维持需要使用氨基酸的代谢通路的理想功能，支持瘦体重的增长，优化免疫功能，以及维持血浆蛋白的最佳生成率。人们还认识到，在任意给定时刻，运动员的蛋白质需求量都会根据训练需求、目标或其他生理压力，在这个范围内波动。在一些情况下，短期内摄取蛋白质的量超过 2.0 克 / 千克体重 / 天，可能意味着运动员正在进行高强度训练，或能量摄入正在减少[17, 25]。当运动员通过摄入热量较低的饮食以将骨骼肌的分解降到最少时，他们对蛋白质的需求会增加[8]。

分期化

前面提到的日常蛋白质摄取指南仅为运动员提供了一个日常摄取目标的大致范围，这个范围还要根据分期化训练计划中（运动员）对特定的训练或比赛阶段的适应需求进行调整。分期化的目标是帮助运动员在一年内最重要的比赛中达到最好的状态，并在一段特定时期中，使训练方案的各个方面都循序渐进地得到循环。这些方面也包括营养的分期化，当然还涉及将蛋白质作为营养物质，其需求的不断变化是由逐步增加的运动目标、营养需求、能量考虑和食物选择所决定的。总体来说，蛋白质的需求会根据训练水平（有经验的运动员需求较少一些）、训练情况（涉及较高频率和强度的训练，或使蛋白质需求达到这一范围的上段的新训练刺激）、碳水化合物的可用性，以及（最重要的）能量

的可用性等多种因素，在 1.2~2.0 克 / 千克体重 / 天的范围中波动[2, 28]。若运动员能量和碳水化合物的可用性较低则会对身体功能产生负面影响，而维持正常的骨骼代谢和月经功能周期只是诸多会受影响的身体功能中的两个。对承受繁重的训练和比赛任务的运动员来说，摄取（尤其是从碳水化合物中摄取）足够的能量以补充身体的能量消耗是非常重要的，这样，氨基酸才能被保留下来用于蛋白质的合成，而不是被氧化掉[27]。在能量供应受限或由于受伤而导致活动突然停止的情况下，一天中多顿进餐摄入高达 2.0 克 / 千克体重或以上的蛋白质[17, 30, 35]，可能会有助于尽量减少骨骼肌的无脂体重的流失[25]。

蛋白质摄入建议

如表 5.5 所示，可以看出当前对运动员蛋白质摄取量的建议，已经明显超出膳食营养素参考摄入量和宏量营养素可接受范围了。其重点已经转移至评估如何在最佳的周期，为促进身体组织的快速周转和提高训练刺激

表 5.5　针对运动员和参与大量剧烈活动者的蛋白质摄入推荐

以1.2~2.0克/千克体重/天为参考的推荐量	
该范围的下段	**该范围的上段**
低到中等的运动强度，每周的运动量为较少到中等	高强度的训练阶段 能量摄入减少期 创伤恢复期或康复期
起恢复作用的蛋白质	15~25克（0.25~0.30克/千克/天）具备高生理价值的蛋白质

带来的代谢适应性，供应足够的蛋白质所带来的益处。在根据体重确定了蛋白质的需求量之后，也可以使用宏量营养素可接受范围来评估运动员是否消耗了最少量的蛋白质以满足健康需求，同时还不消耗过多的蛋白质来替代碳水化合物和脂肪的摄入。克／千克／天推荐法要优于宏量营养素可按受范围，并且有助于根据运动员在各种训练周期中的个性化需求对蛋白质推荐进行微调。这些推荐对运动员的训练需求和目标更加具有针对性，描述起来也更加现实。举个例子，一个运动员在繁重的训练期间可能需要 6000 千卡的能量，而在为比赛试图调整体重时则需要 3000 千卡的能量。对于那些需要结合两种能量需求的运动员而言，只根据宏量营养素可按受范围计算出的每日蛋白质需求量可能会相差很大，再加上得在 10%~35% 的范围内选一个值以供使用，变数就更大了。这些方法得出的计算值，可能会比克／千克／天推荐量少很多或超出很多。再举一个例子，一个具备竞争力的运动员每天可能需要摄取高达 5000 千卡的能量。

如果这个运动员体重为 80 千克，而且在膳食中蛋白质所占的能量比例只有 10%，那么他一天将摄取 125 克蛋白质——大概是 1.6 克／千克体重／天。这一蛋白质摄入水平很可能足够满足这个运动员的需求了，只需要稍稍调整，就能达到文献中描述的特定于当前需求的目标摄入量。

影响蛋白质合成的因素

　　人体内的蛋白质时刻周转于合成通路和分解通路中。一方面，实施能增加肌肉蛋白质合成（MPS）的举措很重要；另一方面，尽量降低肌肉蛋白质分解（MPB）以提升肌肉蛋白质的净增长也很重要。除了蛋白质消耗外，还有几个因素也会影响到蛋白质的合成，包括运动类型、运动量和运动强度。例如，抗阻训练对刺激肌肉生长最为有效。渐进的抗阻训练让运动员可以通过不断的训练，进而重复更多次地完成更大负重（重量）的举重动作。主要是由于这种训练导致的对收缩蛋白的损伤，才触发身体做出适应性改变，以合成更多的肌蛋白来承担

拓展信息

肌肉蛋白质合成

　　肌肉蛋白质合成通过促进肌肉的生长以帮助个人适应运动，并且还能进一步帮助促进总体肌肉量的增长，同时帮助优化肌肉功能。这需要通过运动计划、对运动时间的规划，以及在运动后摄入蛋白质来实现。支链氨基酸，尤其是亮氨酸，是刺激肌肉蛋白质合成的主要因素。从长久来看，摄入全部的必需氨基酸，对肌肉增长的最大化非常重要。

哑铃或杠铃上不断增加的负重。这种与运动相关的肌肉适应性变化会发生在大部分运动当中，尽管其变化程度要比渐进性抗阻训练低。运动是能够刺激肌肉蛋白质合成的一个重要变量，但也是一个运动目标，因为在任何一个训练项目中，锻炼范围、运动量、强度和持续时间都很广泛。另外，对训练计划或运动项目的熟悉程度，也强烈影响着肌肉蛋白质合成的最大反应程度。和新接触高强度抗阻训练的运动员相比，完成同样的训练计划，熟悉该项训练的运动员有着更低的肌肉蛋白质合成程度。激素环境是另一个能与膳食蛋白质和周详的运动计划一起，尽量促进肌肉蛋白质合成的因素。几种内源性激素，如类胰岛素增长因子 1 号（IGF-1）、生长素、睾丸和胰岛素，都有助于促进合成代谢反应。这些合成代谢激素对促进过度生长而言是必要的，但是其作用只有在年轻和通过锻炼来保持正常激素水平时才比较明显。针对这些激素的运动和营养策略一直是不尽如人意的，通过合理的运动与营养策略，它们（激素）的作用似乎是被最大化了，但并非得到了强化。不利的激素环境对肌肉蛋白质合成的负面作用，在老龄化、疾病和伤痛时最为明显。营养不良、缺乏运动、疾病和受伤是触发肌肉蛋白质分解的主要因素。这些因素会急剧增加肌肉蛋白质分解造成的肌肉流失，可以说，尽力使这些变量最小化和尽量优化肌肉蛋白质合成的相关因素同样重要。

尽管这些变量的极端状况最通常是在严重伤病的临床环境下才能观察到，但没有严重到这种程度的情况也会对运动员的肌肉流失造成显著的影响。例如，运动员在能量可用率较低的情况下进行训练和比赛，或者在运动后禁食，都会遭受持续的肌肉蛋白质分解。运动创伤（如前交叉韧带撕裂、骨折）和疾病都会通过两种机制促进肌肉蛋白质的分解。其中，第一种机制是不鼓励活动，或是活动量显著减少，直至低于最大化肌肉蛋白质合成的需求；第二种机制是疾病和创伤不仅会对激素环境造成负面影响，还会诱发炎症，而发炎则会引发免疫反应的加强，从而需要更多的肌肉蛋白质分解，以提供氨基酸来支持身体对疾病的防御或是从受伤中康复。

除了每日蛋白质摄取总量外，还有多个因素会影响身体生成骨骼肌的能力，包括不健康的生活方式（如抽烟、酗酒）在内的负面因素、因压力和缺乏睡眠而导致的皮质醇激素水平升高，以及在健身间隙期的恢复时间不足[3]，都会限制肌肉蛋白质合成。肌肉组织的供血减少，如末梢血管病中可见的那种情况，也会限制肌肉蛋白质合成[1]。其他维持和增加肌肉量的因素包括：维持一种正态的能量平衡（摄入的热量多于消耗的）、进餐模式稳定、运动前后为保留肌肉蛋白质而实施运动营养策略，以及在训练期的间隙充分休息以促进恢复。肌肉蛋白质分解的复杂特性，会令"多吃蛋白质"之类的建议显得目光短浅。

膳食蛋白质充当肌肉代谢适应的触发器

一直以来都有记录表明，膳食蛋白质与运动相互作用，可为收缩蛋白质和代谢蛋白质的合成充当触发器和底物[23, 25]。人们认为，适应性变化在以下两种情况出现时发生：（1）作为对饮食中摄取的亮氨酸数量的反应，肌肉蛋白质合成机制启动；（2）为促

使新蛋白质的生成并维持这一过程的持续进行，出现了另一波外源性氨基酸[6]。表5.6列举了亮氨酸含量较高的几种食物。

为运动员优化蛋白质的来源

高质量的膳食蛋白质可以高效地维护、修复和合成骨骼肌蛋白质[31]。对训练的长期研究已经表明，在抗阻运动后摄入以牛奶为基础的蛋白质，可以有效提升肌肉力量，并能促进身体成分的良好变化[9, 11, 12]。此外，还有研究表明，全脂牛奶、瘦肉和膳食补剂（其中一些含有乳清、酪蛋白、大豆和鸡蛋的分离蛋白质），都可以促进肌肉蛋白质合成和肌肉的构建。时至今日，乳制品蛋白质似乎要优于其他被测蛋白质，这主要是因为在乳蛋白中亮氨酸的含量较高，以及在液态乳制品中支链氨基酸所具有的消化

表5.6   几种食物中的亮氨酸含量

食物	亮氨酸含量（克）
36克乳清蛋白分离物	3.2
36克大豆蛋白分离物	2.4
112克（4盎司）里脊牛排	2.0
112克（4盎司）鸡胸肉	2.0
1杯低脂酸奶	1.1
1杯脱脂牛奶	0.8
1颗鸡蛋	0.5
2汤匙花生酱	0.5
1片白面包	0.1

源自：U.S. Department of Agriculture and U.S. Department of Health & Human Services 2015.

与吸收的动力学优势[22]。例如，存在于乳清蛋白质中的氨基酸能够在血浆中停留不足 30 分钟的时间，而致密动物（牛肉、鱼等）蛋白质中的氨基酸则要停留 90 分钟或更久才会消失。这说明易消化、好吸收的蛋白质如乳清蛋白，是运动员在运动后想立刻促进有利的合成代谢反应的理想选择。

　　总之，运动员的蛋白质需求应当采用体重指南的方式（克 / 千克体重 / 天），好让建议能扩大其应用范围，从而适用于体型各异的运动员。当然，蛋白质摄入的运动营养建议还应当考虑蛋白质每日摄取的时间和分布，而不仅仅是每日的摄入总目标。注意：多余的蛋白质可能会带来多余的热量，而且是以脂肪（而非肌肉）的形式增重，这会让运动员的运动表现进一步放缓。大部分娱乐性的运动员只要简单地改变膳食，就都能够轻松地满足他们小幅增长的蛋白质需求，而蛋白质补剂可以帮助他们提高运动表现则是无稽之谈。竞技运动员应该从广泛的食谱中挑选热量充足的食物，从而确保足够的蛋白质摄取。

素食主义者和全素主义者（不吃动物性食物的人）

　　素食主义者都会完全或者在一定程度上避免肉类食品的摄入。不过，他们具体的饮食选择可能也有明显的区别。

　　有一些人可能会选择半素食膳食，尽量不吃红肉，这非常类似于地中海饮食。这类人主要吃谷物、面食、蔬菜、奶酪、橄榄油，以及少量的鸡肉与鱼肉。表 5.7 给出了乳蛋素食主义者（Lacto-Ovo-Pesco Vegetarians）的良好蛋白质来源。图 5.17 列出了富含蛋白质的无肉食品。

　　尽管素食对健康有很多好处，但

表5.7　乳蛋素食主义者的蛋白质来源示例

蛋白质来源	生理价值	蛋白质质量（克）	分量
乳清分离物	159	16	1勺（28.7克）
乳清浓缩物	104	25	1勺（28.7克）
鸡蛋	100	6	1颗
牛奶	90	8	1杯
鱼肉	83	22	1片［84克（3盎司）］
大豆	73	9	1杯
糙米	57	5	1杯
小扁豆	50	18	1杯

源自：U.S. Department of Agriculture and U.S. Department of Health & Human Services 2015.

植物蛋白选择

蔬菜

土豆，1杯=6克
螺旋藻，1汤匙=4.0克
鳄梨，1颗=4.02克
花椰菜，1杯=2.05克

谷物和种子

苋菜，1杯=9.35克
大麻籽，3汤匙=9.0克
亚麻籽，1/4杯=7.6克
奇亚籽，28克（1盎司）=4.69克

坚果

杏仁，1/2杯=15克
夏威夷果，1杯=10.6克
核桃，1/4杯=8.0克
山核桃，1/4杯=5.0克

豆类

鹰嘴豆，1杯=14.53克
豇豆，1/2杯=13.5克
毛豆，1/2杯=13克
黑豆，1/2杯=8克

图5.17　众多不含肉的食物都可选作蛋白质的来源

某些类型的素食选择可能会带来特殊的营养风险。纯素食饮食是最容易影响到各种营养状况的，因为这些营养的最佳来源就是动物性食物，而纯素食饮食中的草酸盐和植酸盐含量较高。这些化合物是植物性食物的成分，它们可以在胃肠道中结合某些矿物质，使其不易被肠道吸收。乳蛋素食主义者可以轻易地获得营养全面、能满足所有蛋白质需求的膳食，不过这种膳食也可能脂肪含量过高而含铁量较低，尤其是在膳食中乳制品占比较高的情况下。虽然素食饮食能够满足大部分人的需求，但素食主义者还应当慎重考虑其食物的选择，要注意采取多样性的饮食，避开单一素食。

经常参加训练、比赛的素食主义运动员，同样应该认识到素食餐饮带来的益处与挑战。素食主义运动员的骨密度可能偏低，发生应力性骨折的风险可能较高[36]。其他的挑战包括在旅行期间、饭店、训练营和比赛地点找到合适的饮食。在没有合适计划的前提下，这些运动员的能量和蛋白质摄入常会受到限制，以致严重影响他们的表现。开展综合饮食评估和培训教育可能会给素食主义运动员带来好处，这会帮助他们确保膳食营养合理，能够满足其训练和比赛的需求，同时还能用于识别为了维持健康和提高运动表现需要补上的营养缺口。

要满足蛋白质需求，素食主义运动员和非运动员一样，都应当注重蛋白质品质，同时还要争取在每一餐都尽量摄取蛋白质。一些素食的蛋白质消化率校正氨基酸评分都较高，其中包括鸡蛋、低脂酸奶和牛奶、大豆、豆腐，以及豆奶。此外，每天少吃多餐再加上零食，也能提高膳食多样性以囊括含蛋白质的食物，如蔬菜、豆类、全麦，以及坚果和种子（籽）。当然，广为人们所接受的是，不吃任何动物食品的全素主义者应当在其膳食中补充一些含有维生素 B_{12} 的食物，如强化豆奶和其他强化食品或膳食补剂。我们将会在第 14 章再进一步详细讨论素食餐饮。

蛋白质缺乏与蛋白质过剩

由于蛋白质对几乎所有的体内反

应过程都有重要作用，因而，蛋白质缺乏会给正常的人体生理功能带来严重的问题也就不足为奇了。提醒一下，必需氨基酸的缺乏会让体内蛋白质的合成停止，从而造成体内蛋白质的分解速度加快，以满足身体对氨基酸的需求。当能量或蛋白质摄入不足，难以满足和维持身体对氮元素的需求时，就会出现蛋白质缺乏的现象。一方面，蛋白质提供了合成过程必需的氮；另一方面，充足的能量摄取可以保护蛋白质不被挪走他用。明确地说，充足的能量摄入能够节约膳食蛋白质和体内蛋白质，好让它们被用于合成新的蛋白质。能量摄入不足会让身体氧化蛋白质以产生能量和生成葡萄糖。有些人每天虽然看似摄入了足够的蛋白质，但如果摄入的蛋白质消化不良或品质不好，也会导致蛋白质的缺乏。此外，在蛋白质的需求增大而饮食无法跟上的情况下，同样存在蛋白质缺乏的风险。处于生长发育期的儿童和青少年如果缺乏膳食蛋白质就会导致发育不良（生长受阻）。另外，以受伤、受创、怀孕、疾病等形式表现出来的生理压力，也会增加蛋白质缺乏的风险。

一方面，蛋白质缺乏在欠发达国家的贫困社区中普遍存在；另一方面，在北美地区蛋白质缺乏最常见于那些正在经历严重代谢压力的病人，而且无法通过膳食满足其增长的蛋白质需求的临床环境中。在工业化国家，大部分人面临的都是另外一个相反的问题，即蛋白质过剩，在许多情况下，这是摄取的热量超出身体需求的结果。然而，饮食中蛋白质过量很难定义为是每日蛋白质的具体摄入量和高于推荐的每日摄入量的分界点，因为缺乏足够的证据能够证明蛋白质过量与慢性健康问题之间有关系，食物与营养委员会也并没有给出蛋白质摄取量的上限[19]。尽管缺乏对"蛋白质摄取过量"的明确定义，但我们知道，美国人蛋白质摄入的平均水平是完全超出推荐的每日摄入量的。如前面所说，这在很多情况下是合理的，但要注意的是，如果饮食中所含的蛋白质重量超出合成的需要，大部分过量的蛋白质就会转化为脂肪储存起来，因此，想要通过食用蛋白质补剂或者摄入超高蛋白饮食来增加肌肉量的人，很可能结果是更多地增加了其脂肪量，尤其是在额外摄入的蛋白质超出了维持体重所需热量的情况下。尽管长期的高蛋白质摄取和慢性疾病有关联，但很难确定其中的因果关系。此外，还有几个令人困惑的变量也可能会对这一负面关系产生影响——那些摄入较高蛋白质的人一般也会摄入较多的饱和脂肪和较少的水果、蔬菜。在查看具体的蛋白质摄取量与体重的关系时，据说有报告称，当蛋白质摄入超过 2.0 克／千克体重／天时，人们常伴有脱水和肾脏承受压力的迹象。不过，这种观点在科学文献中并没有形成共识——认为该摄取水平一定会产生危害。虽然肾脏必须排出蛋白质分解的产物，但高蛋白质摄取量被认为只会对糖尿病或肾病患者的肾脏功能产生压力。对长期摄取蛋白质超过 2.0 克/千克体重/天最重要的关注点是，每天摄入这么多的蛋白质食物或补剂，可能会取代人们从各类食物中摄入各种富含营养的食物，以预防慢性疾病和延长寿命。这些被取代的食物往往含更多的纤维素、更少的热量和脂肪，所以对肥胖和癌症都更有预防作用。

本章总结

氨基酸是身体和膳食蛋白质的基本组成部分。蛋白质不仅是组成肌肉，也是构成其他结缔组织和器官组织的重要结构性组成部分。除此之外，蛋白质还在形成激素、酶、抗体，作为能量源生成三磷酸腺苷等方面具有不可替代的作用。高品质的膳食蛋白质对全身蛋白质的维持、修复、合成，既必需又有效。适时、适量地摄取蛋白质尤其有助于骨骼肌的修复和身体对运动的适应。膳食蛋白质可以来自于动物性和植物性食物，也可以来自于补剂，并且在使用前必须被消化和吸收。素食主义者可以通过规划，精心选择饮食来满足他们的蛋白质需求：大部分人通过在每餐和零食中摄入含蛋白质的食物，就能轻松满足身体对蛋白质的需求；运动员尤其应当注意每天的蛋白质摄取总量、类型和摄取时间。为运动员精心制订蛋白质摄取计划，能够让骨骼肌更好地利用这些来自食物的氨基酸。

复习题

1. 请描述蛋白质的不同功能和作用。

2. 酶是什么？有什么作用？

3. 身体能产生必需氨基酸吗？对促进肌肉蛋白质合成最重要的氨基酸群是什么？

4. 请描述蛋白质的第一、第二、第三、第四级结构（如有必要可以参考图 5.6）。

5. 请描述蛋白质的消化。

6. 你将怎样为久坐不动的人、经常活动的人和活动量较大的人推荐蛋白质摄入量？请阐述你将要采取的步骤。

7. 从素食中摄取蛋白质的好处是什么？试图通过素食满足其身体对蛋白质需求的运动员，有哪些潜在问题需要关注？

8. 什么是糖异生系统？列举出糖异生的反应前底物。

微量营养素、水和营养补剂的作用

本书这一部分将介绍维生素（第6章）、矿物质（第7章）、水和电解质（第8章），以及营养补剂（第9章）。维生素和矿物质不提供能量，但它们会使体内的化学反应变得更加容易，从而有助于产生能量。另外，维生素对生长发育、器官功能、构建与维护身体内部结构等方面都有重要作用。矿物质有助于构建身体的结构性成分，是促进健康、维持运动表现等功能所必需的。如果缺乏某些维生素和矿物质，那么会对健康和运动表现产生负面影响。

由于矿物质是电解质，因而它们会在体内导电，还会对体液平衡、肌肉 pH 值和肌肉功能产生影响。电解质和水是并存的，因为对液体的摄取不足或过量都会影响到电解质的平衡。水也是体内的运输媒介。膳食补剂包括主要营养素、微量营养素或一系列对健康有益、维持运动表现、弥补膳食缺陷的化合物。

第 6 章

维生素

在完成本章的学习后，你将能做到以下几点：
- 解释维生素对健康和训练具有重要意义的原因；
- 描述运动训练如何对维生素的需求量产生影响；
- 列举大部分人通过膳食无法足量摄取的维生素；
- 列举过量摄入会产生毒性的维生素；
- 列举每种主要维生素的几种食物来源；
- 阐述可能会提升一个人对特定维生素需求量的各种因素。

维生素是新陈代谢、正常的生长发育、视力、器官和免疫功能所必需的营养素。此外，维生素还可通过种种方式提高运动表现——它们有助于产能；维持肌肉的收缩和放松，以及氧气的输送；构建骨和软骨；组成和修复肌肉组织；保护身体细胞免受损伤。人体可以合成维生素D和维生素K，而其他维生素则必须从饮食中摄取以满足需求。虽然某些营养素的缺乏会影响到对训练的适应和运动表现，但目前还没有证据表明，摄入超过身体一般健康需求的营养素可以提高运动表现[94]。在某些情况下，某些维生素的过量摄取可能会妨碍运动表现，影响对训练的适应和身体恢复。图6.1描述了本章将讨论到的很多维生素的重要性。

脂溶性维生素

维生素A、维生素D、维生素E和维生素K是脂溶性维生素，它们储存在脂肪组织中，当与膳食脂肪一起摄取时更容易被吸收。

维生素A

维生素A有助于形成健康的牙齿、骨骼、软组织、骨骼组织、黏膜和皮肤。此外，维生素A也有助于改善视力，尤其是夜间视力，还是生长发育、细胞之间的沟通，以及免疫系统发挥功能所必需的维生素。当然，它还能形成与维持一些器官（包括心脏、肺和肾脏）的功能[158]。维生素A在体

内的活跃形态是视黄醇（retinol）。存在于食物中的维生素A有两种：

> 已形成的维生素A（Preformed Vitamin A）存在于某些动物性食物中。视黄醇就是一种存在于动物肝脏、全脂牛奶和强化食品中的已形成的维生素A。

> 维生素A原类胡萝卜素(Provitamin A Carotenoids)包括β-胡萝卜素、α-胡萝卜素和隐黄素，它们是存在于红棕榈油和几种水果蔬菜中的深色色素，尤其在胡萝卜、杧果、甜瓜、南瓜、甜红柿子椒、海藻和菠菜中含量丰富。这些类胡萝卜素在体内会转化为维生素A的活跃形式，此过程取决于多个因素，其中包括食物基质、食物加工、膳食脂肪摄入量和遗传差异[90, 146]。大约45%的西方人都被认为是体内β-胡萝卜素向维生素A活性形式的"低转化者"。如果这些人长期从类胡萝卜素中摄取维生素A不足，就会影响体内维生素A的水平[90]。图6.2给出了维生素A原类胡萝卜素的食物来源。

自然界中有600多种类胡萝卜素，其中很多——虽然并非全部——都具有维生素A原的活性。现存的营养学数据表示，α-胡萝卜素、β-胡萝卜素和隐黄素，所有这些都是维生素A

很多人缺乏这些重要的维生素和矿物质：

一些人更容易缺乏维生素：

这非常重要，因为维生素对很多生命过程很重要：

能量　　氧气输送　　免疫功能　　健康的骨骼与牙齿　　健康的肌肉

作为一名大学生，你可以选择以下食物来获取更多的维生素：

图6.1　关于维生素你需要知道的一些常识

原类胡萝卜素，都可以充当抗氧化剂。其中，一些抗氧化剂可以保护植物免受害虫和疾病的侵害[170, 175]，并能保护人体细胞免受游离自由基（活性氧和活性氧物质）的损害[57]。图6.3 显示了在游离自由基和抗氧化剂之间的相互作用。

游离自由基是身体通过新陈代谢

图6.2　维生素A原类胡萝卜素包括β–胡萝卜素、α–胡萝卜素和隐黄素。其中，β–胡萝卜素被认为是维生素A原类胡萝卜素最重要的来源[151]

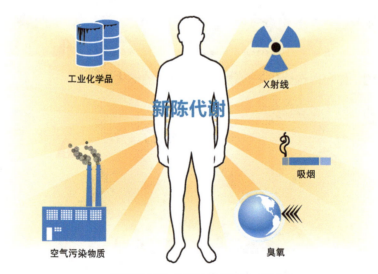

在游离自由基和抗氧化剂之间维持一种健康的平衡，是身体健康的前提。

图6.3　游离自由基是体内自然产生的，当身体暴露在各种不良环境中和患病时，就会生成游离自由基。一些抗氧化剂能帮助减少因游离自由基疯狂蔓延而引起的氧化性损伤

产生的活性氧和活性氮，它们暴露在各种生理条件或疾病状态中。游离自由基虽说是身体健康所必需的，但如果它们太过活跃的话也会有害于健康。对于正常的生理功能来说，身体必须在游离自由基和抗氧化剂之间维持平衡（任意一方都不能过多或过少；增加抗氧化剂补剂的摄入，可能反而会造成细胞受到的氧化损伤，或对抗阻训练的适应性产生不利影响）。当游离自由基的过量生成，碰上身体无法控制它们的情况时，就会导致氧化压力的出现，并进而对细胞脂质、蛋白质和活氧核糖核酸造成损害，甚至还会引发一系列的疾病[91]。

维生素 A 的来源及其推荐的每日摄入量

维生素 A 推荐的每日摄入量，是用维生素 A 的来源中视黄醇活性当量（RAE）的毫克数来表示的。尽管 1 毫克视黄醇等于 1 毫克视黄醇活性当量，但要 12 毫克 β-胡萝卜素或 24 毫克 α-胡萝卜素或隐黄素，才能抵得上 1 毫克视黄醇活性当量。更令人难以捉摸的是，维生素 A 在膳食性食物和补剂中列出时，是用国际单位（IU）来表示的。国际单位和视黄醇活性当量之间的转换，主要看维生素 A 的来源（表 6.1）。

表6.1　维生素A的优秀或良好来源（每标准份包含20%或更多每日摄入值的食物）

食物	分量	每份的视黄醇活性当量（毫克）	每份的国际单位	每日摄入值百分比
牛肉、各种肉类及其副产品、生肝脏	4盎司（113克）	32000	106670	2133
红薯，烤制或水煮的（去皮）	1杯红薯泥（145克）	2581	51627	1033
南瓜，罐头装	1杯（245克）	1906	38129	762
鹅肝（生的）	1只（94克）	8750	29138	582
胡萝卜（冷冻的、烧熟的、水煮的、干燥的）	1杯切成薄片的（146克）	1235	24715	494
胡萝卜（生的）	1杯切碎的（128克）	1069	21384	428
火鸡肝（生的）	1只（78克）	6285	21131	422
甘蓝叶（冷冻的、切碎的、烹制的、水煮的、干燥的）	1杯切碎的（170克）	978	19538	391
羽衣甘蓝（冷冻的、烹制的、水煮的、干燥的）	1杯切碎的（130克）	956	19115	382
菠菜（烹制的、水煮的、干燥的）	1杯（180克）	943	18866	377
瑞士甜菜（烹制的、水煮的、干燥的）	1杯切碎的（175克）	536	10717	214

源自：U.S. Department of Agriculture 2013.

维生素 A 缺乏及其毒害

维生素 A 缺乏是导致儿童可预防性失明的主要原因[1, 78, 179]。干眼症——眼泪分泌不足导致的眼睛干涩——会导致夜盲症，是维生素 A 缺乏的早期迹象。此外，维生素 A 缺乏还会抑制免疫系统功能，增加感染风险[141]。有缺乏维生素 A 风险的群体包括早产儿和囊性纤维化的个体[26, 112]。

急性过量摄入维生素 A，会导致皮肤异常干燥、嘴角发炎和干裂（唇干裂）、牙龈炎、肌肉和关节疼痛、疲劳、情绪低落和肝功能异常。长期摄入大量维生素 A 的迹象和症状可能包括脑脊液压升高、眩晕、视力模糊、呕吐、恶心、骨骼与肌肉疼痛、头疼、以及肌肉协调性差[113]。此外，维生素 A 的毒性还会导致肝损伤（这并不总是可逆的）、昏迷和死亡[158, 187]。无论哪种维生素，过量的饮食摄取都有导致中毒的潜在可能，但维生素 A 导致中毒的大部分情况，都是源自治疗性的视黄醇（医学规定的大剂量用于对痤疮、牛皮癣和其他疾病的治疗药物）。在终止摄取后，身体组织也要花很长一段时间才能让其内部储存的维生素 A 的水平降下来[158]。

维生素 A 原类胡萝卜素被认为是无毒的，尽管长时间过量摄取 β-胡萝卜素会导致皮肤呈橙黄色。只要终止摄取 β-胡萝卜素，皮肤就会恢复其自然的色泽[158]。虽然 β-胡萝卜素不会在体内堆积，但研究显示，在 5~8 年中摄入非常高剂量（33000~50000 国际单位补充性质的 β-胡萝卜素/天）的 β-胡萝卜素，会增加吸烟者或有吸烟史者的肺癌和心血管疾病的患病风险[23, 60, 166]。在一个针对男性吸烟者开展的为期 6 年的受控维生素补充实验中，高剂量（66600 国际单位 β-胡萝卜素/天）的 β-胡萝卜素摄入增加了他们出血性中风（因脆弱的血管破裂而导致的中风）的风险，而高剂量的 α-胡萝卜素摄入（50000 毫克/天）则增加了出血性中风及因其致死的风险，但是却减少了缺血性脑卒中（ischemic stroke）（因血管阻塞而导致的中风）的风险[87]。

维生素 A 与运动

由于身体能够储存多少维生素 A，以及关于运动员维生素 A 状况的数据比较缺乏，目前还没有证据或可信的理由显示，运动员或健身爱好者更有可能缺乏这种维生素[94]。另外，关于运动员补充维生素 A 的数据不足以表明补充维生素 A 有益于提高运动表现或促进康复，尤其是在高于推荐的每日摄入量或维生素 A 缺乏时。

维生素 D

维生素 D 来自于食物和膳食补剂。当皮肤暴露于太阳的紫外线 B 射线时，维生素 D 可在体内产生（图 6.4）。所有这些形式的维生素 D 都是惰性的，都必须转换为活性形式——钙三醇（1,25 二羟基维生素 D）。钙三醇是一种类固醇激素，它能促进钙的吸收，以帮助维持正常骨骼矿物质化所需的血钙和磷的水平，减少炎症的发生，并且还对细胞生长、肌肉、免疫系统功能的发挥有着重要的生理作用[29, 41, 42, 105, 163]。不过，目前还不清楚到底是维生素 D 的缺乏会导致炎症，还是炎症会导致维生素 D 缺乏[95]。

维生素 D 控制数百个基因，可能会对癌症、自身免疫性疾病、心血管疾病和糖尿病引发的相关后果有益，尽管当前有关维生素 D 与这些疾病之间关系的研究尚未水落石出[18]。另外，对骨关节炎患者而言，维生素 D 水平低于 15 纳克 / 毫升，往往就与其膝关节炎病情的恶化有关[185]。虽然

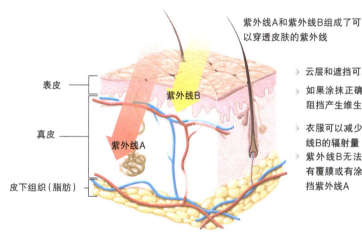

图6.4　紫外线A可以穿过皮肤的中间层（真皮）。紫外线B波长较短，只能到达皮肤的最外层（表皮）。紫外线B或紫外线B和紫外线A共同出现，都会增加身体的维生素D的产量。只有紫外线A会导致血液内维生素D水平的下降

拓展信息

美黑床与维生素 D

　　美黑床不仅会损害皮肤，更糟的是，它对维生素 D 的害处可能要甚于完全没有光照的情况。美黑床可以单独发出紫外线 A，也可以同时发出紫外线 A 和紫外线 B[154]。紫外线 B 的辐射有助于身体产生维生素 D，同时紫外线 A 加上紫外线 B（日光中含有这两种紫外线）的辐射，也会增加体内维生素 D 的产量，而仅有紫外线 A 单独辐射，则会明显降低血液中维生素 D（钙二醇）的水平[48, 131]。紫外线 A 和紫外线 B 都对皮肤有伤害，而美黑其实是紫外线损伤皮肤的结果。美黑床（无论新旧款都）会导致黑素瘤（一种可能会致命的皮肤癌）罹患风险的显著增加，因此，采用美黑床并不是一种获取维生素 D 的安全方法，也不是美国食品与药物管理局批准的提升维生素 D 水平的方式[25, 33, 38]。

有针对软骨健康提出的维生素 D 的补充建议，但一项针对骨关节炎患者为期两年的研究发现，补充维生素 D 的剂量足以将血清维生素 D 增加到 36 纳克 / 毫升（一个被认为足够的水平）且不能减轻膝盖疼痛或软骨体积损失，因此，维生素 D 和骨关节炎之间的关系目前还不清晰[101]。

维生素 D 的来源

维生素 D 有两种：维生素 D_2（麦角钙化醇）和维生素 D_3（胆钙化醇）。维生素 D_2 由辐照真菌产生，如蘑菇或酵母[121]。这种形式的维生素 D 存在于素食补剂中，包括豆奶、杏仁奶，以及其他非乳制品饮料。维生素 D_2 以处方剂量的方式给出摄入量建议（每周 50000 国际单位，每 2 周或 4 周摄入一次）。维生素 D_3 在自然界存在于鳕鱼肝油或含油量高的鱼中，包括大比目鱼、鲭鱼、三文鱼和鳟鱼。此外，在蛋黄、奶酪和牛肝中也有，但是含量要少得多。维生素 D_3 存在于强化食品，尤其是牛奶中，其膳食补剂由羊毛里的羊毛脂制成[72]。除了来自天然食品和强化食品外，维生素 D_3 在人体皮肤受到紫外线 B 照射时也会生成（见图 6.4）。图 6.5 介绍了有关维生素 D 来源的更多信息。

几项研究均表明，维生素 D_3 在维持血清 25（OH）D［25-羟基维生素 D 或 25（OH）D］浓度方面的表现，要优于维生素 D_2[5, 148]，但是，至少有一项研究已经对此结论产生了质疑。

图 6.5　维生素 D 的部分来源——除了维生素 D_3 的食物来源外，暴露在紫外线辐射下的蘑菇也是维生素 D_2 的一种来源

这项研究发现，维生素 D_2 和维生素 D_3 在维持血清维生素 D 水平方面同样高效[73]。血清 25（OH）D 被用于评估体内维生素 D 的水平。

除了成本不同外，还有两个选择添加维生素 D_2 而非维生素 D_3 的原因：

1. 维生素 D_2 可以当作一个诊断工具，用来判断维生素 D 的缺乏是否是由吸收不良造成的[89]。
2. 维生素 D_2 的来源是素食。

为了优化吸收，维生素 D 补剂应当与含脂肪的正餐一起食用。例如，与不含脂肪的餐饮一起食用相比，50000 国际单位的维生素 D_3 补剂在与含脂肪的餐饮一起食用时，吸收量会高出 32%[39]。

维生素 D 的缺乏与不足

在血清中循环的钙二醇通常被用于评估维生素 D 的水平。然而，比较

食品的强化和添加

　　虽然大部分人都认为"强化"和"添加"是同义词，但其实它们是有区别的。食品强化表示在食品中加入额外的营养物质，以提高其营养含量。食品强化起源于 1924 年，彼时人们开始将（向食物中加入）矿物碘作为弥补营养素缺乏和治疗相关疾病的系统性方法。食品生产商们遵循"特性标准"——一种既定的主食强化类型和水平。食品添加指的是将在加工过程中流失掉的维生素和矿物质再添加进去。例如，在白面粉中添加了铁、硫胺素、核黄素、烟酸和叶酸，这些营养物质原本就存在于面粉中，只是后来在加工过程中流失掉了[155, 159]。

缺乏率或是根据缺乏率比较对健康造成的影响并不容易，因为一直以来，在科学论文及其相应的数据摘要、媒体报道或其他与消费者相关的信息交流中，各自使用的、用来表示维生素 D 缺乏、不足和充足的数值都是不同的[95]。

　　2011 年，内分泌学会（Endocrine Society，ES）根据维生素 D 对骨骼和肌肉健康所起的作用，发布了维生素 D 指南。这些定义连同由医学研究所提供的指南，都一起列在了表 6.2 中，并会在本章中使用[74]。

　　包括 2005—2006 年，美国 4495 名样本成员数据在内的全国健康与营养检测调查（NHANES）数据发现，41.6% 的受测对象都缺乏维生素 D。在受测的非洲裔美国人中，维生素 D 的缺乏率要高得多（82.1%），而西班牙裔的缺乏率则为 39.2%[51]。运动员中的维生素 D 缺乏现象也很普遍，尤其是非洲裔运动员和从事室内运动、很少接受日晒的运动员。两项独立的研究发现，分别有 38% 和 11% 的以上两类健康耐力运动员缺乏维生素 D，有 91% 的中东地区运动员缺乏维生素 D。两项针对美国职业橄榄球大联盟（National Football League，NFL）队员的研究分别发现，有 26.3% 和 30.3% 的球员缺乏维生素 D[65, 67, 98, 138, 176]。此外，还有几项研究表明，非洲裔运动员比非拉美裔白人运动员的维生素 D 缺乏率更高[98]。除了维生素 D 缺乏率较高外，还有较高比例的运动员其维生素 D 水平不足以优化肌肉和骨骼健康[67, 98, 138]。身体通过暴露在阳光（紫外线 B）照射下产生维生素 D——维生素 D 的重要来源，因此，夏季测试显示维生素 D 水平正常的运动员，可能会在冬季缺乏[63]。

　　维生素 D 缺乏或不足的高危人群包括以下几组人[51, 99, 160, 182]：

> 老年人，因为年龄的增长会改变在日晒后体内维生素 D 的合成。
> 肥胖者。
> 做过胃旁路手术者。

表6.2 维生素D的各种定义

	内分泌学会标准	医学研究所食品与营养委员会标准
缺乏（ng/mL）	<20ng/mL（50nmol/L）	0~11（<30）
不足（ng/mL）	21~29ng/mL（52.5~72.5nmol/L）	12~20（30~50）
足够（ng/mL）	>30 ng/mL（75nmol/L）	≥20（≥50）
构成毒性（ng/mL）	目前还不清楚为了避免高钙血症，在血清中循环的钙二醇其安全上限是多少。根据内分泌学会针对成人和儿童的研究表明，当维生素D在血液内的含量超过150ng/mL（375 nmol/L）时，可能才会有危险	>50（>125）

基于对在血清中循环的钙二醇的统计得出的数据。
源自：Holick 2011；Institute of Medicine1998.
（计量单位：ng，纳克；ml，毫升；纳摩尔/升，nmol/L）

> 避免阳光照射的人群（居家人群、用衣服遮盖身体和头部的人群，以及经常使用防晒指数为8或更高的防晒霜的人群）。防晒指数为8的防晒霜不能完全保护皮肤免受紫外线的伤害，但会降低（降幅高达95%或更多）人体合成维生素D的能力。

> 完全母乳或部分母乳喂养的婴儿。

> 患有妨碍脂肪吸收疾病的人，如囊性纤维化、乳糜泻和克罗恩病患者。

> 深色皮肤的人群。黑色素具有天然的防晒能力，但也会阻碍身体在阳光下生成维生素D。

此外，生活在纬度靠北地区的运动员和主要在室内训练的运动员，都有维生素D水平低下的风险。当然，饮食摄入不足也会导致运动员的维生素D水平低下。在几项研究中，多数受测运动员并不仅仅通过饮食来满足推荐的维生素D每日摄入量。一项研究发现，在这些受测运动员当中，只有不到5%的运动员能通过饮食摄入满足维生素D的推荐的每日摄入量需求[14, 17, 36, 63, 186]。这与大范围人口的调研情况一致，表明超过90%的美国人不能仅仅从食物中摄入足量的维生素D[52]。

维生素D缺乏会使钙和磷的吸收率分别降低10%~15%和50%~60%[104]。儿童缺乏维生素D会引起佝偻病。这种疾病的特征是，由受损骨骼的矿物质化而导致的软骨和骨骼畸形[173]。成年人缺乏维生素D可导致软骨病，从而引起骨骼脆弱、骨痛和肌肉无力[124, 160]。此外，维生素D缺乏症也会引起慢性腰痛，而在补充维生素D后则可改善这种状况[93, 126, 136]。保持维生素 D 的摄入量在 20 纳克 / 毫升以上，可减少骨折、心血管疾病、结直肠癌、糖尿病、抑郁症、认知衰退和死亡的风险。不过，在非洲裔群体中，尚未发现在维生素 D 摄入与骨折、心血管疾病之间有何关联[85]。

请注意，根据内分泌学会的指南可知，在使用维生素 D 治疗之前，应先通过血检来确定当前体内维生素 D 的状态。

确诊和治疗维生素 D 缺乏症

在决定某人是否要检测其体内的维生素 D 状态时，应考虑以下几个因素：

> ➤ 维生素 D 缺乏带来的风险和症状。
> ➤ 相关个人的健康史，包括受伤经历，特别是应力性骨折和骨头关节损伤情况。
> ➤ 查看是否有肌肉疼痛或肌肉虚弱的症状。
> ➤ 查看其生病的频率。
> ➤ 摄入会干扰维生素 D 代谢的药物或草药补充剂[61, 71]。

在医生的指导下使用高剂量负荷疗法，可能对缺乏维生素 D 的人群有益。体脂过多、服用会影响维生素 D 代谢的药物、肤色更深的人，可能需要补充更大剂量的维生素 D[74]。考虑到维生素 D 在体内的状态会随季节的

变化而变化，缺乏维生素 D 的人应在每年的冬季和夏季分别检测体内维生素 D 的水平。卫生健康研究与质量机构隶属于卫生与人类服务部，根据其研究发现，维生素 D_2 和维生素 D_3 可用于治疗和预防维生素 D 的缺乏。治疗方案指南请参见表 6.3。

过量服用维生素 D 及其副作用

作为一种脂溶性维生素，维生素 D 会在体内累积，但当累积水平过高时会产生毒性，甚至当长期服用补充剂量或处方剂量也会产生有毒的副作用。人体不会通过紫外线照射（通过日晒或美黑床）生成达到毒性水平的维生素 D，而饮食摄入也几乎不可能达到产生毒性的量[70, 165]。慢性肉芽肿患者，包括结节和结核病患者、慢性真菌感染者或淋巴瘤患者，可能会在体内生成过量的维生素 D，以致引起血液或尿液中钙含量过高。这些患者应定期监测其体内的维生素 D 和钙的水平[74]。来自对动物研究的数据表明，与维生素 D_3 相比，维生素 D_2 在大剂量服用下毒性较小[160]。

维生素 D 的毒性会产生许多不良反应，包括厌食、体重减轻、心律失常和高血钙，后者会导致身体组织钙化，并损害心脏、血管和肾脏[160]。成人的维生素 D 摄入量上限应为每天 4000 国际单位[160]。过低或过高的血清维生素 D（以钙二醇的形式存在于体内）水平都会增加某些疾病的发作风

拓展信息

推荐的每日摄入量会帮助我们满足对维生素 D 的需求吗？

维生素 D 推荐的每日摄入量，主要是基于两个因素设立的：一是骨骼的健康水平[160]；二是要达到骨骼健康所需的足量 25– 羟基维生素 D 的血清血液水平（＞20 纳克 / 毫升）。然而，对于推荐的每日摄入量和血液中维生素 D 的适量范围一直有几个悬而未决的问题。骨骼研究人员建议，为了优化骨骼健康，（维生素 D 的）最低可接受水平应为 30 纳克 / 毫升[68]。支持这一建议的证据主要来自两项研究：其一，一项大规模的随机控制研究表明，当血清维生素 D 从 21 纳克 / 毫升增加到 29 纳克 / 毫升时，骨质疏松性骨折的发病率会降低 33%[149]；其二，另一项对老年人的研究表明，维生素 D 水平高于 30 纳克 / 毫升的老年人骨折发生率较低，而维生素 D 水平高于 40 纳克 / 毫升的老年人骨折的发生率则更低[20, 22]。另外，如果饮食摄入是维生素 D 的唯一来源（例如，当某人避免暴露在阳光照射下时），那么，推荐的每日摄入量就不足以将血清维生素 D 保持在10 纳克 / 毫升——这远远低于足量水平[68]。

一些科学家质疑维生素 D 推荐的每日摄入量是否适用于普通人群。从阳光明媚的加利福尼亚到更加寒冷的地区，在气候各异的地区，都能发现人群中存在着高比例的维生素 D 缺乏的和不足现象，这些都是应当增加其推荐的每日摄入量的证据。在多数情况下，所设定的推荐的每日摄入量能满足 97.5% 以上健康人的需求，这意味着如果达到了推荐的每日摄入量，就仅有 2.5% 或更少的健康人群会出现维生素 D 的缺乏，但实际比率远高于此。两组独立的科学家分别审查了用于确定 RDA 的研究和评估。他们发现，97.5% 的人为了达到血液中充足的维生素 D水平，可能需要每天从所有来源中摄入 7000~8895 国际单位的维生素 D[164]，其中包括从日常饮食中所获取的 3875 国际单位的维生素 D。

险[11, 42, 128]。表 6.4 不仅列出了维生素 D 毒性副作用的种种迹象，还列出了本章所涉及的许多维生素的信息。

维生素 D 与运动

维生素 D 可以调节钙的运输并摄取用于产生三磷酸腺苷的无机磷酸盐，以此来影响肌肉功能[19, 120]。

特别是，维生素 D 会影响 II 型快速收缩纤维，这种纤维有助于跳跃、短跑等在短时间内快速爆发的运动[58]。

缺乏维生素 D 会造成 II 型纤维衰弱，从而影响肌肉的收缩和松弛能力，导致力量下降，甚至可能会导致运动能力的下降[21, 58, 64, 134, 171]。此外，维生素 D 的缺乏和不足，不仅会增加骨骼受损、骨折的风险，损害免疫系统功能，还会增加上呼吸道感染的发病率[98, 104]。

更高水平的血清维生素 D 可以增加肌肉的力量、爆发力，提升跳跃能力，增加最大摄氧量，加快运动速度[82, 171]。

表6.3 维生素D缺乏的预防及治疗

年龄组（岁）和健康状况	维生素不足的治疗（<20ng/mL）	达到30ng/mL后的维护计划
1~18岁	（每周）服用2000IU的维生素D$_2$或维生素D$_3$，至少持续6周 或每周服用50000IU的维生素D$_2$，至少持续6周	600~1000 IU/天
>18岁	每周服用50000IU维生素D$_2$或维生素D$_3$，持续8周 或每日服用6000IU维生素D$_2$或维生素D$_3$	1500~2000IU/天
肥胖、服用了会影响维生素D代谢的药物、吸收不良综合征的人群	每天至少服用6000~10000IU的维生素D	3000~6000IU/天
甲状旁腺功能亢进	根据情况服用，监测血钙水平	根据情况服用，监测血钙水平

源自：Heaney 2011.
计量单位：ng，纳克；mL，毫升；IU，国际单位。

更高的维生素 D 水平与最大摄氧量成正相关，对那些活动水平较低的人群而言，这种正相关表现得最为明显[4]。补充维生素 D 可最大限度地提升那些严重缺乏维生素 D（<12 纳克／毫升）的人和老年人的肌肉力量[10]。

缺乏维生素 D（<12 纳克／毫升或 30 纳摩尔／升）或维生素 D 水平不足（12~20 纳克／毫升或 30~50 纳摩尔／升）的男性职业运动员，在持续 8 周每天服用 5000 国际单位维生素 D$_3$ 后（平均水平从 11.6 纳克／毫升升至 41±10 纳克／毫升），其 10 米冲刺和纵跳（两者都主要调动 Ⅱ 型肌纤维）能力都有所提升，而相比之下，服用安慰剂的、同样缺乏维生素 D 或维生素 D 不足的运动员，在这两方面则没有发生变化[37, 56, 129]。

虽说缺乏维生素 D 会导致骨骼肌疼痛，但较低水平的维生素 D，与离心运动后严重的肌肉疼痛或虚弱无关[125]。

维生素 D 和疾病

缺乏维生素 D 会增加某些疾病发作的风险，而维持足够水平的维生素 D，则可降低传染性疾病的发病概率[63]。一项研究表明，体内维生素 D 水平高于 48 纳克／毫升的运动员，在 4 个月内出现一次或多次上呼吸道感染的概率为 27%，而在低于 12 纳克／毫升的运动员中，这一比例则高达 67%。与维生素 D 水平高于 12 纳克／毫升的运动员相比，低于此数值的运动员，总计出现

表6.4 维生素的来源、维生素过量和缺乏的症状

维生素	基于标准分量的优质来源（≥20%的每日摄入值）	基于标准分量的较好来源（≥10%的每日摄入值）	存在于食物和膳食补充剂中的最佳形式	缺乏的迹象和症状	摄入过量及毒副作用的迹象与症状
维生素A（作为成形前的维生素A、β-胡萝卜素、胡萝卜素、隐黄素或是以上几种化合物的结合体）	牛肝、鹅肝、火鸡肝、红薯、南瓜、甜瓜、甜红椒、杧果、西蓝花、杏	鲱鱼、番茄汁、意大利乳清干酪	β-胡萝卜素	很少会缺乏	颅内压升高、头晕、恶心、头痛、皮肤刺激、关节痛和骨痛、昏迷以及死亡；摄入高于33000～50000 IU的β-胡萝卜素可能会增加吸烟者患肺癌的风险
生物素（维生素H）	食物中的生物素含量数据尚不可得，尽管多种食物中都含有生物素，其中包括火鸡胸肉、牛肉、乳清蛋白、大豆、鹰嘴豆		生物素	除非经常食用生蛋清，否则很少会缺乏	身体会排泄出过量摄入的部分
叶酸或叶酸盐	牛肝、菠菜、黑眼豆、煮熟的米饭、芦笋、浓缩的意大利面	煮熟的西蓝花、生菠菜、鳄梨、白面包、芸豆、青豆、煮熟的芥菜叶	以叶酸的形式存在于补充剂中；以叶酸盐的形式存在于食物中	尽管很少会缺乏，但育龄妇女对叶酸或叶酸盐的需求会增加	摄入过量的叶酸会掩盖维生素B_{12}的缺乏，并可能会干扰某些药物
烟酸	火鸡肉（所有部位或胸脯肉）、花生、金枪鱼、猪里脊、糙米或白米、鳀鱼、牛肉、鸡肉、鲭鱼、鲑鱼、土豆	希腊酸奶、用玉米和大米粉制成的不含麸质的面食、亚麻籽、栗子、蓝纹奶酪	烟酸	很少会缺乏；富含蛋白质的食物中都含有烟酸	皮肤潮红、皮疹和肝损伤

维生素	基于标准分量的优质来源（≥20%的每日摄入值）	基于标准分量的较好来源（≥10%的每日摄入值）	存在于食物和膳食补充剂中的最佳形式	缺乏的迹象和症状	摄入过量及毒副作用的迹象与症状
泛酸	火鸡胸脯肉、葵花籽、香菇、牛肝、羊肝、鳄梨、红鲑鱼、糙米或白米、罐装蘑菇肉汁	红薯、橙汁、鸡蛋、黑莓、花生、土豆浓汤、野生大西洋鲑鱼	泛酸	很少会缺乏	摄入过量会通过腹泻排出
维生素B$_1$（硫胺素）	添加了营养的早餐麦片、长粒白米、鸡蛋面、猪排、鳟鱼、黑豆、瘦肉	全麦通心粉、橡实形南瓜、蓝鳍金枪鱼	硫胺素	很少会缺乏	身体会排泄掉过量摄入的部分
维生素B$_2$（核黄素）	强化早餐麦片、即食燕麦、酸奶、牛奶、牛肉、蛤蜊	杏仁、瑞士奶酪、鸡蛋、鸡肉、鲑鱼、原味面包圈、大盖帽蘑菇	核黄素	很少会缺乏（严重营养不良的人群除外）	身体会排泄掉过量摄入的部分
维生素B$_6$（吡哆醇）	鹰嘴豆、牛肝、金枪鱼、红鲑鱼、土豆、香蕉、大蒜、番茄酱	冬南瓜、农家干酪、干小麦、即加热型华夫饼、碎牛肉	吡哆醇	很少会缺乏	长期大剂量摄入会损伤神经
维生素B$_{12}$	蛤蜊、鳟鱼、红鲑鱼、牛肝、黑线鳕、某些强化早餐麦片、牛里脊肉	牛奶、瑞士奶酪、牛肉墨西哥薄饼卷、火腿、鸡蛋	钴胺素	严格的素食者和老年人缺乏的风险较高	毒性低；没有设定可耐受较高摄入量标准
维生素C	甜红椒或甜青椒、橙汁、橙子、葡萄柚汁、猕猴桃、西蓝花、抱子甘蓝、葡萄柚、西红柿汁、甜瓜、卷心菜、花椰菜、马铃薯、番茄	菠菜、冷冻豌豆、南瓜、西梅汁、照烧鸡饭、桃子、土豆煎饼、密生西葫芦、黄玉米、毛豆、秋葵、冬南瓜	抗坏血酸	很少会缺乏	当过量摄入时可排出，但当摄入量非常大（超过1000毫克/天）时，可能会导致腹泻和胃部不适

续表

维生素	基于标准分量的优质来源（≥20%的每日摄入值）	基于标准分量的较好来源（≥10%的每日摄入值）	存在于食物和膳食补充剂中的最佳形式	缺乏的迹象和症状	摄入过量及毒副作用的迹象与症状
维生素D（维生素D₃或胆钙化醇）	鳕鱼肝油、剑鱼、红鲑鱼、金枪鱼、加入维生素D的强化橙汁（检查一下标签）、加入20%每日摄入值维生素D的强化酸奶、牛奶	鸡蛋（在蛋黄中）、沙丁鱼	维生素D₃或胆钙化醇	摄入量不足的现象常见于不接受阳光照射的人和老年人	过量的维生素D会储存在体内并产生毒性；摄入量在5000~10000IU/天以上，会引起高血钙、高钙尿、肾结石和软组织钙化
维生素E	小麦胚芽油、葵花籽、扁桃仁、葵花籽油、红花油、榛子	花生、玉米油、菠菜、花生酱	天然维生素E（d-α生育酚）比维生素E（dl-α生育酚）的合成形式活性更强；与天然形式相比，合成形式的维生素E需要再多出约50%才够用	缺乏的情况非常罕见（脂肪吸收障碍患者除外）	几乎尚未注意到有任何副作用，哪怕服用剂量高达3200毫克
维生素K	纳豆、散叶甘蓝、芜菁叶子、菠菜、羽衣甘蓝、西蓝花、大豆、大豆油、毛豆、南瓜、石榴汁	松子、蓝莓、卷心莴苣、葡萄、鸡胸肉、油菜籽油、腰果、胡萝卜、橄榄油、蔬菜汁、鸡尾酒	叶绿醌、植物甲萘醌、甲萘醌	很少会缺乏	几乎没有副作用，不过不推荐过量摄入

源自：Allen et al.2006; U.S. Institute of Medicine 1998; U.S. Institite of Medicine 2001; U.S. Institude of Medicine 2011.

拓展信息

你能通过食物满足自己的维生素需求吗？

无论是在自助餐厅就餐还是在自己的公寓里烹饪，营养丰富的饮食都可以满足所有营养素推荐的每日摄入量（但请注意，如本章前面所述，一些科学家质疑维生素 D 推荐的每日摄入量是否足够）。然而，研究表明许多美国人都缺乏多种维生素，包括维生素 A、维生素 C、维生素 D、维生素 E 和叶酸[52, 150]。此外，还有针对运动员的研究表明，那些限制热量摄入量，习惯于禁食某些食物或宏量产能营养素（例如，生酮类饮食是含有少于 5% 碳水化合物的高脂肪、中蛋白质含量的饮食），而摄入没什么营养的食物，以及素食或全素食的运动员，更可能会缺乏多种维生素[46, 92, 139]。这对你意味着什么呢？就是说如果你禁食某些食物或减少热量的摄入，就可能会缺乏多种营养素，包括维生素 D。请参阅表 6.4，了解每种维生素的良好来源。

症状的天数也更多[67]。这些结果与针对非运动员的研究结果一致，维生素 D 水平低于 10 纳克 / 毫升的成年人，其呼吸道感染的风险明显大于维生素 D 水平高于 30 纳克 / 毫升的成年人[56]。

针对英国成年人的一项研究发现，呼吸道感染的概率在冬季会达到高峰，并会随着天气的变暖而降低。另外还发现，血液中维生素 D 的含量每增加 4 纳克 / 毫升，呼吸道感染的风险就会降低 7%。到 9 月时，受测对象的血液维生素 D 含量平均增加到了 28.8 纳克 / 毫升[16]。另一项研究发现，当血清维生素 D 的浓度大于等于 38 纳克 / 毫升时，急性呼吸道感染的发病率会显著下降，而患病天数的百分比也会有所下降[129]。

维生素 D 和受伤

有证据表明，维生素 D 缺乏和不足会引起受伤（包括应力性骨折）以及慢性肌肉骨骼疼痛。一项对美国职业橄榄球大联盟球员的研究发现，那些至少由于一次肌肉损伤（肌肉扭伤、撕裂或拉伤）而导致在赛季期间至少错过一次实战机会或比赛的球员，其维生素 D 的水平显著低于在同一时间段内没有肌肉损伤报道的球员（分别为 19.9 纳克 / 毫升和 24.7 纳克 / 毫升）[138]。在针对匹兹堡钢人队球员进行的另一项研究中发现，与没有发生骨折的球员相比，至少发生过一次骨折的球员，其体内的维生素 D 水平较低（在考虑了球员参加过的美国职业橄榄球大联盟赛季总数后，对损伤数据做出了修正，因为服役年限会影响伤病状况）。此外，在赛季前（由于受伤或表现不佳）退出的球员，其体内的维生素 D 水平，也显著低于打完整个常规赛的球员。血清维生素 D 含量高于 41 纳克 / 毫升的运动员比低于 21 纳克 / 毫升的运动员，打完的赛

季更多[98]。除了与受伤风险有关外，维
生素 D 还会影响到某些手术后的恢复。
例如，维生素 D 水平低于 30 纳克／毫升
（75 毫摩尔／升）的病人，在做过前交
叉韧带手术后，力量的恢复会较慢[8]。

维生素 E

维生素 E 可被人体的细胞膜和亚
细胞膜吸收，以有助于防止这些部位
的脂肪被氧化。这种氧化带来的损害，
会破坏细胞膜的结构和功能，以及细
胞的总体功能[84, 157, 161]。此外，维生
素 E 还有助于优化免疫功能，帮助身
体细胞传导信号、促进代谢过程、帮
助血管扩张、抑制血小板的凝聚[157]。

维生素 E 的来源

8 种天然形式的维生素 E 是 α–、
β–、γ– 和 δ– 生育酚，以及 α–、
β–、γ– 和 δ– 生育三烯酚。

虽然 γ– 生育酚是饮食中最常见的
形式，但只有 α– 生育酚在人体血液中
大量存在，因此，被认为是最具生理重
要性的（维生素 E 的）形式，也被用来
评估维生素 E 的需求量。有关维生素 E

的优质来源，请参见图 6.6。

维生素 E 的缺乏及其毒副作用

维生素 E 的缺乏很罕见，仅见于
脂肪吸收障碍疾病患者和会阻止维持
血液中正常维生素 E 浓度的罕见遗传
疾病患者。缺乏维生素 E 的症状可能
会包括周围神经病变、失去对身体行
动能力的控制、骨骼肌肉无力和视网
膜损伤。此外，维生素 E 缺乏还会导
致溶血性贫血，这是一种以红细胞的
破裂为特征的贫血。

从饮食摄入的维生素 E 中，未曾
观察到健康效应，但实验室研究表明，
大剂量的维生素 E 会抑制血小板凝结，
从而增加出血风险。当大剂量的维生
素 E 与抗凝
剂同时服用
时，会异常
危险，尤其
是在维生素
K 摄入量较
少的情况下。
此外，根据
硒和维生素

> **你知道吗** ❓
>
> 全国调查数据显示，美国
> 人没有通过食物摄入足够
> 的维生素 E，但是，如果当
> 在调查中评估膳食摄入量
> 时，没有把烹饪时使用的食
> 用油统计进去，那么，总的
> 维生素 E 摄入量可能被低
> 估了[107]。

小窍门　一些食品公司会根据抗氧化剂测试方法［如 ORAC（氧气自
由基吸收能力）］的结果，在标签上列出食品、饮料或补剂的
总抗氧化剂能力（TAC）分值。测试总抗氧化剂能力为判断食
物寻找并利用游离自由基的能力提供了一种方法。尽管这些分值对研究是有用的，但它
们并没有告诉我们有关人体健康的信息，因为总抗氧化剂能力评分并不考虑人体是如何
吸收和使用抗氧化剂的。由此可知，这些分值不应用于食物、饮料或补剂的相互对比，也
不应该用于暗示一种食物比另一种食物更加健康[118]。

葵花籽

向日葵花油

维生素
E

红花油

扁桃仁

小麦胚芽油

榛子

图6.6　每份都含有超过20%每日摄入值维生素E的优质来源[151]

E 预防癌症试验发现，在平均 5 年半内每日补充 400 国际单位维生素 E 的男性中，患前列腺癌的风险增加了 17%[81]。对 19 岁及以上的成年人而言，其维生素 E 摄入的可耐受上限为 1000 毫克 / 天（1500 国际单位）。

维生素 E 与运动

肌肉中产生的游离自由基，对细胞的通信、肌肉力量的生成、肌肉的生长和恢复，都起着重要作用。对游离自由基而言，形成一种健康的平衡状态很重要，因为过量的游离自由基不仅会损伤血浆膜，妨碍肌肉的收缩，还会导致肌肉的疲劳，并造成延迟性肌肉酸痛[79, 122]。运动，特别是对氧气需求量大的运动（氧气需求量大意味着产生更多的游离自由基）或损伤肌肉的运动，带来的压力都会破坏细胞膜（保护细胞的屏障）。维生素 E 可以保护细胞免受游离自由基的破坏性影响，并且对细胞膜的修复至关重要，因而可能会促进训练的适应性变化和恢复[122]。丧失了维生素 E 的肌肉细胞膜无法很好地愈合。

虽然维生素 E 对肌肉细胞的健康至关重要，但在考察其是否有益于运动的研究中，尚未发现大于平均饮食中所提供的维生素 E 补充量，是否会提高运动能力或是减少肌肉损伤[35, 53, 137, 145]。事实上，正如在本章后面会看到的那样，大剂量的维生素 E 摄入，可能会干扰训练的适应性变化。

维生素 E 会干扰维生素 K 的凝血活性，尽管在对维生素 E 摄入的反应，及其对凝血和出血的影响方面，似乎都存在个体差异[147]。

维生素 K

维生素 K 是一种由维生素 K_1 和几

小窍门　一些因素会影响人体对植物化合物的吸收，其中包括来自食物的抗氧化剂、食物的形态（液态还是固态）、同时食用的食物、肠道菌群的构成、整体健康状况和年龄。在吞咽前将食物嚼成较小的碎块可促进身体对抗氧化剂的吸收，而肠道中脂肪的存在则可以促进脂溶性抗氧化剂（如类胡萝卜素和维生素E）的吸收。

种维生素 K_2 组成的脂溶性维生素。在身体中，维生素 K 是血液凝固和骨骼代谢所需的蛋白质合成反应中的一种辅酶。此外，科学家们正在研究，作为依赖维生素 K 的蛋白质的一部分，维生素 K_2 如何能够减少动脉的钙化（动脉钙化会造成动脉斑块和动脉阻塞，进而会增加罹患慢性肾病和心血管疾病的风险）[66, 135]。此外，在脑、肝脏、心脏和胰脏中也含有维生素 K[158]。

维生素 K 的来源

维生素 K 有两种类型：

> 维生素 K_1（叶绿醌、物甲萘醌）是在植物中产生的，能够通过人体内的细菌转化为维生素 K_2。维生素 K_1 在绿叶蔬菜、大豆、大豆油和油菜籽油中含量很高。蔬菜中的维生素 K_1，其生物利用度低于食用油或补剂中的维生素 K_1。在饮食中同时摄入膳食脂肪和蔬菜，可改善对蔬菜中维生素 K_1 的吸收。

> 维生素 K 的状态，按照它的时间衡量维生素 K_2（甲基萘醌）有几种形式，并存在于动物肝脏、一些中餐菜品和发酵食品（如纳豆）中。此外，大多数的甲基萘醌都是由人类肠道内的细菌产生的[151, 158]。请参见图 6.7，了解维生素 K_1 和维生素 K_2 的优秀与良好来源。

维生素 K 的缺乏及其副作用

维生素 K 的状态是通过血液凝结所需的时间（凝血素时间）来衡量的，一般不会对其进行监测，除非是有人正在服用抗凝血剂（有助于阻止血液凝结的药物，会对抗维生素 K 的作用——华法林就是个例子），或是患有出血性疾病。维生素 K 缺乏会导致出血和大出血，并可能会减少骨骼矿化，从而导致出现骨质疏松症。在出生时未补充维生素 K 的婴儿，以及患有吸收不良综合征和胃肠疾病（包括乳糜泻、囊性纤维化和溃疡性结肠炎）的人，都有维生素 K 缺乏的风险。这类

拓展信息

减轻关节疼痛

如果你经常锻炼或参加运动，就可能会经历关节疼痛，尤其是因为软骨磨损严重，一些运动员会感到膝盖疼痛或僵硬，特别是在膝盖弯曲状态下久坐（例如，长时间坐着听课、在电影院或飞机上久坐）。一些运动员可能患有骨关节炎，这是一种以关节疼痛、僵硬和肿胀为特征的退行性关节疾病。骨关节炎主要影响的是软骨——在关节之间起缓冲作用。研究表明，在膳食中摄入较多的维生素 C、β – 胡萝卜素和维生素 E，可减轻骨关节炎的症状，从而有益于关节健康[40, 102, 169, 181]。

图6.7 维生素K₁和维生素K₂的优秀和良好来源
注意：只有当喂养饲料中含有合成形式的维生素K时，鸡腿肉和肉制品才含有维生素K₂（动物会从其饲料中的维生素K中生成维生素K₂）。

人群需要密切监测体内的维生素 K 含量，并要（按照医生的指示）不断摄入含维生素 K 的膳食和补剂。此外，还要注意的是，改变维生素 K 的摄入量，会增加或减少某些抗凝血剂的有效性。（维生素 K 会与某些药物相互作用，特别是与一种血液稀释药物：抗凝血剂相互作用。）[158] 没有证据表明，维生素 K 会干扰不同类型的血液稀释剂，这些血液稀释剂是用来防止血小板粘在一起形成凝块的，例如阿司匹林和氯吡格雷。为了安全起见，不论服用哪种类型血液稀释剂的患者，都应当请专业人员定期检查其从膳食补剂和食品中补充维生素 K 的情况。

水溶性维生素

与脂溶性维生素不同，大多数水溶性维生素都不储存在体内，其多余部分都会经尿液排出，因此，这些维生素必须定期摄取。

B 族维生素

B 族维生素是协同作用的，它们是碳水化合物、脂肪和蛋白质代谢，以及能量生成所需要的催化剂[156]。

B 族维生素对健康和人类的身体表现至关重要。每种 B 族维生素对身体都有其他作用。几乎没有数据连续不断地考察 B 族维生素摄入偏少对运动表现的影响，尽管有一项研究发现，对硫胺素、核黄素和维生素 B₆ 饮食摄入方面的限制，会降低受过训练的自行车男性运动员的有氧能力峰值和爆发力峰值[162]。没有证据表明，超出人体所需的 B 族维生素的过量摄入能提高运动表现。

拓展信息

可以使用营养成分标识栏上的信息，来确定是否满足自己对维生素的需求吗？

营养成分标识栏（图6.8）可以用来对比含有很多美国人都摄入不足量营养素的食物，这些营养素包括维生素D、钙、钾和铁。摄取足量的这些营养素，有助于减少某些疾病的患病风险，或是致病因素，同时还能改善健康状况。美国食品与药物管理局要求，食品标签必须把所有这些微量营养素的总含量都列在营养成分标识栏中。相关人员开发出每日摄入值，以帮助消费者认清一份标准食物中所含营养素的水平，并以此对比自身对该营养素的大致需求。每日摄入值百分比是基于2000卡路里的膳食量设置的，因此，即便你每天消耗的热量更多或更少，这个百分比也都可以被用来进行食物之间的对比[153]。如果一份标准分量的食物，含有的一种营养素达到了每日摄入值的20%或更多，那么就可以说此食物"富含"此营养素，或是此营养素的"优质来源"。如果一份标准分量中某种营养素的含量为每日摄入值的10%~19%，那么这种食物就被认为是该营养素的"良好来源"，"含有"或"提供"该营养素。除了这4种微量营养素——维生素D、钙、钾和铁——外，一些食品公司还会主动列出其他维生素和矿物质的含量。

营养成分	
每箱含有 8 份	
分量	2/3 杯（55g）
每 2/3 杯含	
	230 卡路里
	% 每日摄入量 *
总脂肪 8mg	10%
饱和脂肪 1g	5%
反式脂肪 0g	
胆固醇 0mg	0%
钠 160mg	7%
总碳水化合物 37g	13%
膳食纤维 4g	14%
总糖 12g	
添加糖 10g	20%
蛋白质 3g	
维生素 D 2mg	10%
钙 260mg	20%
铁 8mg	45%
钾 235mg	6%

* 每日摄入值百分比会告诉你一份食物中的营养素占每日饮食的比例，建议每天一般摄入2000卡路里的营养。

图6.8 食品公司必须在营养成分标识栏中列出维生素D、钙、钾和铁的每日摄入值

根据美国全国的调查数据显示，很少有人硫胺素、核黄素、烟酸或维生素 B_6 的摄入水平低于估计平均需求。目前尚无对泛酸摄入量的国家层面的代表性预测，但这种维生素广泛存在于食物中。低热量的摄入，可能会导致运动员对硫胺素、核黄素和维生素 B_6 的摄入不足[43, 69]。尽管摄入量少，但B族维生素的缺乏却并不常见。不过，某些人群更易缺乏维生素 B_{12}。

生物素

多数食物都含有生物素，如火鸡胸肉、牛肉、乳清蛋白、大豆和鹰嘴豆[151]。妇女在怀孕期间可能会缺乏生物素。此外，长期由进食管喂食、体重迅速减轻或长期食用生蛋白，都会导致生物素的缺乏。在生蛋白中含有一种叫抗生物素蛋白的蛋白

你知道吗

在许多皮肤、头发和指甲补剂中都含有生物素，这是因为缺乏生物素可导致皮疹和脱发[156]。

质，它会与生物素结合，从而导致生物素不能被人体吸收[184]。生物素缺乏会引起皮炎（如皮肤发红、鳞屑、皮疹）、结膜炎、脱发、中枢神经系统异常，以及抽搐。婴儿缺乏生物素会导致无精打采、发育迟缓、退缩性行为和肌肉张力过低（松弛婴儿综合征）。尚未在人体中观察到生物素的毒副作用[156]，也无足够的研究可以判断出补充生物素对运动表现的影响。

胆碱

美国人饮食中的大部分胆碱都来自牛奶、肉类、家禽、鱼类、鸡蛋及以鸡蛋为原料的菜品，还有面包、意大利面食等以谷物为原料的食物[34]。鸡蛋、土鸡、牛肉、大豆、鹰嘴豆和利马豆，都是胆碱的优质来源[151]。

胆碱是脂质的代谢与运输、细胞发挥功能、大脑发育和发挥功能，以及肌酸形成所必需的甲基供体。此外，胆碱还是神经递质乙酰胆碱、磷脂和甜菜碱的反应前物质[132, 156]。全国调查数据显示，许多人目前都不能满足其对胆碱的需求——儿童和不同年龄段男性和女性的平均胆碱摄入量均低于适宜摄入量[34]。

缺乏胆碱会导致脂肪渗入肝脏，从而损伤肝脏和肌肉[49]。大剂量补充胆碱（10 克 / 天）可能会轻微降低血压。通过膳食摄入大量胆碱，特别是三柳胆镁，会产生潜在的副作用，如耳鸣和轻度肝中毒。

尽管人只要持续 3 周膳食里缺乏胆碱，其肌肉功能就会下降[183]，但还没有因运动导致胆碱缺乏的证据。胆碱补充不利于短时间的高强度无氧运动或长时间的有氧运动[142]。

膳食叶酸盐和叶酸

膳食叶酸盐天然存在于食物中。叶酸盐的优秀食物来源包括牛肝、深色绿叶蔬菜、豆类特别是豌豆、大米、强化谷物和小麦胚芽[151]。叶酸这个词用来指代出现在膳食补充剂和强化食品中的叶酸盐的合成形式。为了方便我们的目的起见，除非另有说明，否则我们会将叶酸和叶酸盐统称为"叶酸盐"。叶酸盐是新陈代谢和健康的红细胞所必需的[156]。

通过测量红细胞中的叶酸盐水平可评估叶酸盐的状态。叶酸盐缺乏会导致巨幼红细胞性或大红细胞性贫血，这是一种以巨大而不成熟的（未发育完全的）红细胞为特征的贫血症（图6.9）。吸烟以及叶酸盐代谢的遗传变异，都可能造成叶酸盐缺乏。许多妇女特别是孕期妇女都不能满足其对叶酸盐的需求[7]。几种药物可能会干扰叶酸盐代谢，其中包括长期摄取非甾体抗炎类药物（NSAIDs），如布洛芬[156]。医学研究所鼓励每一位备孕的女性每天都从强化食品、补剂或二者的组合中摄取 400 微克叶酸，以减少出生儿患缺陷病的风险。通过食物摄入叶酸盐没有副作用。过量摄入叶酸会掩盖维生素 B_{12} 的缺乏，从而在没有处于维生素 B_{12} 缺乏引起副作用的情况

贫血

贫血是一种血液病，以红细胞或血红蛋白的供应不足为特征。

红细胞含有血红蛋白，它会将氧气输送到全身各处的组织当中。

红细胞

血红蛋白

当没有足够的血红蛋白或红细胞时，身体内氧气不足，所以会感到疲倦。

缺乏以下几种维生素和矿物质会引起贫血：
- 维生素B_6（吡哆醇）
- 维生素B_{12}
- 叶酸盐
- 铁
- 维生素E

图6.9　缺乏几种营养物质会导致贫血

下，改善了巨幼红细胞性贫血症。

尽管运动员体内的叶酸盐状态似乎同普通人群一样，女性（运动员）比男性（运动员）更易于缺乏叶酸[9, 47, 100, 156, 178]，但缺乏叶酸盐（尚未贫血）的运动员补充叶酸，并不能提高其运动表现[100]。

烟酸

烟酸对新陈代谢、消化系统功能、皮肤和神经功能都很重要。许多食物都含有烟酸，如牛肉、牛奶、鸡蛋、豆类（包括花生）、禽肉、鱼、大米等[151]。烟酸缺乏会导致糙皮病。糙皮病的症状包括皮肤发炎、精神障碍和消化问题。烟酸中毒反应为恶心、呕吐和肝中毒[156]。

没有证据表明，补充烟酸是（提高）运动表现所必需的。事实上，补充烟酸可能会阻止脂肪组织释放脂肪酸，增加人体对碳水化合物的依赖，导致肌糖原被更快地消耗掉，还会减弱耐力表现[15, 114, 144]。

泛酸（维生素B_5）

泛酸是参与脂肪酸代谢的一种辅酶的重要组成部分。在正常情况下，泛酸的缺乏非常罕见，仅在实验条件下，在那些摄入不含泛酸的饮食受测对象中才能观察到缺乏泛酸的现象。没有证据表明泛酸具有毒性。泛酸主要来源于鸡肉、牛肉、土豆、番茄制品、全谷物和蛋黄中[156]。除了膳食摄取外，我们没有理由认为，过量摄入泛酸，是（提高）运动表现所必需的[172]。

核黄素（维生素B_2）

核黄素是新陈代谢、能量生成、细胞功能、生长和发育所需的两种辅酶的一种组成成分。

大多数美国人通过饮食都可摄取足够的核黄素（图6.10），所以在美国，核黄素的缺乏是罕见的[52]，但内分泌紊乱会导致核黄素的缺乏。核黄素缺乏的迹象和症状包括皮肤病、口

强化早餐麦片

扁桃仁

牛肉

核黄素

蘑菇

蛤蜊

奶酪

图6.10　良好的核黄素来源[151, 156]

腔和喉咙水肿、口角破裂（称为口角炎或嘴角唇干裂）、脱发、咽喉疼痛、眼睛发红发痒、肝脏功能和神经系统异常，以及生殖疾病[103, 156]。

运动会增加核黄素的需求，这可通过吃进营养富集性食物以增加热量摄入来满足。节食中的运动员可能会出现核黄素摄取不足的情况[12, 50, 96, 178]。很少有研究考察过补充核黄素对运动表现的作用，尽管一项研究发现，对低水平核黄素的改善，可以提高 12~14 岁青少年的耐力表现[143]。

硫胺素（维生素 B_1）

硫胺素为参加碳水化合物、脂质和氨基酸代谢的酶所必需。在美国及其他许多国家，包括面包和麦片在内的谷物制品，都添加了硫胺素以得到强化。食物的烹饪会减少其硫胺素的含量至烹饪前水平的 50%~60%。烹煮食物会造成硫胺素最大限度地流失，

然后依次是烘烤、炖和油炸。高温、高 pH 值和水中的高氯含量，都会加速硫胺素的流失[80]。

硫胺素的缺乏及其毒性　在美国，大多数人都摄入了足够的硫胺素。通常由慢性酒精中毒引起的硫胺素缺乏，会导致韦尼克－科尔萨科夫综合征（Wernicke–Korsakoff syndrome，WKS）这种神经性疾病[75]。此外，硫胺素缺乏还会引起脚气病。由于在谷物中添加了硫胺素加以强化，因此脚气病在美国已非常罕见了。老年人有较高的硫胺素缺乏风险，这可能是由饮食量减少、慢性病、营养与药物的相互作用或硫胺素吸收减少引起的[167, 174]。艾滋病病毒感染者、艾滋病患者、糖尿病患者或做过减肥手术的人，均有较高的硫胺素缺乏风险[24, 76, 130, 180]。硫胺素缺乏的迹象包括体重变化、精神改变、变得冷漠、短期记忆力受损、意识错乱、易怒、肌肉无力，以及心脏增大[156]。

硫胺素与运动　一项针对运动员摄入限制热量的饮食研究表明，他们的维生素 B_1 摄入量可能会小于推荐的每日摄入量[46, 92, 139]，因此，任何摄入低热量饮食的人，其食谱中都应包括那些硫胺素优质来源的食物（图 6.11）。几项研究均表明，补充硫胺素对肌肉力量或耐力表现并没有帮助[45, 50, 172, 177]。

吡哆醇（维生素 B_6）

吡哆醇是新陈代谢和免疫功能所

芸豆

猪肉

豌豆

硫胺素

鳟鱼

葵花籽

芝麻籽

图6.11   硫胺素的优质来源[151]

吡哆醇的摄入是否会有助于提高运动表现，因为几乎没有研究对此展开评估。

钴胺素（维生素 B_{12}）

维生素 B_{12} 是红细胞的形成、神经发挥功能和脱氧核糖核酸的合成所必需的[156]。在许多动物性食物中都含有天然的维生素 B_{12}。其优秀的来源包括蛤蜊、牛肉、牛肝、三文鱼、黑线鳕、鳟鱼、金枪鱼，以及强化早餐麦片和某些类型的营养酵母[151, 156]。

食素者，尤其是不摄入含维生素 B_{12} 在内的多种维生素或单独补充维生素 B_{12} 的全素主义者，以及不经常食用添加了维生素 B_{12} 的强化食物的人，其体内维生素 B_{12} 缺乏的风险会增加[117]，由此可导致巨幼红细胞性贫血。患有影响胃内膜的自身免疫性疾病、感染、手术、药物或由饮食引起的恶性贫血患者，是无法吸收维生素 B_{12} 的，需要通过注射补充[62, 156]。若不通过注射补充维生素 B_{12}，则这些人会产生巨幼红细胞性贫血和神经性紊乱[3, 156]。胃酸分泌减少或有肠道疾病的人，从食物中吸收维生素 B_{12} 可能会有困难，以致他们容易缺乏维生素 B_{12}[30]。老年女性比老年男性和年轻女性更易吸收不良，其缺乏维生素 B_{12} 的概率更大[6, 88]。

恶性及巨幼红细胞贫血的迹象和症状包括异食癖（渴望吃非食物，如冰或黏土）、腹泻或便秘、恶心、食欲不振、皮肤苍白、指甲与牙龈无血色、注意力难以集中、头晕目眩、运

必需的[156]。吡哆醇的优质来源包括鹰嘴豆、金枪鱼、鲑鱼、鸡胸肉和强化麦片[151]。大多数美国人都摄入了足够的吡哆醇。人体只缺乏吡哆醇的情况很少见，但这种物质的缺乏，倒是常与其他 B 族维生素的缺乏一起出现。缺乏吡哆醇会引起小红细胞贫血症，其特征包括红细胞小而苍白，具体表现为脑电波活动异常、皮炎、唇干裂、舌肿胀（舌炎）、情绪抑郁、思维混乱，并会抑制免疫功能。肾脏疾病、吸收不良疾病、自身免疫疾病、酒精中毒和一些遗传疾病都可导致吡哆醇的缺乏。来自食物的维生素 B_6 无已知毒性，但长期大剂量摄入会导致神经病变、失去对身体运动的控制、损害皮肤并引起皮肤疼痛、对阳光过敏，以及出现胃肠道症状[13, 54, 140, 156]。

运动会加速吡哆醇的流失，因此，减少了热量摄入的运动员，可能无法达到吡哆醇的推荐的每日摄入量[50, 86, 96, 97, 127]。目前尚不清楚增加

动时气短、舌头红肿，以及牙龈出血。长期缺乏维生素 B_{12} 会损害神经并出现其他相关症状，包括手脚刺痛麻木、行走困难、易怒、记忆力丧失、痴呆、抑郁和精神疾病[108]。除了弥补不足外，没有证据表明补充维生素 B_{12} 可提高运动表现[123]。不过，关于维生素 B_{12} 和运动表现的数据很少。

维生素 C（抗坏血酸）

维生素 C 是一种抗氧化剂，其作用有以下几点：

> 保护体内细胞免受游离自由基的损伤。
> 有助于其他抗氧化剂的再生，包括维生素 E[31]。
> 强化免疫系统功能。
> 生成胶原蛋白。
> 帮助修复与维护骨骼，尤其是软骨[157]。
> 保持血管壁，尤其是毛细血管壁的牢固，这有助于防止瘀伤。
> 维护皮肤和牙龈组织的健康。
> 有助于人体吸收植物中的铁元素（非血红素铁，人体吸收这种铁的方式不同于吸收血红素铁，后者存在于动物性食物中）。

维生素 C 的良好来源包括橙子、葡萄柚、西红柿、甜椒、桃子、猕猴桃、草莓和西蓝花[151]。

维生素 C 能预防疾病吗？

尽管维生素 C 是维持免疫系统功能所必需的[157]，但一些研究表明，补充维生素 C 可能无益于该功能的发挥[83, 109, 110]。针对运动员的此类研究是要综合考虑多种因素的——可能需要考虑正常饮食中维生素 C 的摄入量、补充性维生素 C 的摄入量和补充时长，

在大学食堂里寻找营养丰富的食物有多种选择，如各种蒸过的蔬菜、烤鸡和土豆。

以及运动压力的大小。在一项双盲并控制安慰剂服用的测试中，与服用安慰剂的运动员相比，在进行 90 千米长跑比赛前的 21 天内，持续每天摄入 600 毫克维生素 C 的运动员，在赛后 2 周内自己反映上呼吸道感染的症状减弱了。另一项随机双盲控制安慰剂的研究显示，与服用安慰剂的运动员相比，那些在 80 千米长跑比赛前，连续

小窍门　水、光和热会减少食物中维生素C的含量。可用生吃蔬菜来代替水煮蔬菜（水煮蔬菜会造成大量的维生素C流失到水里）。不要购买已切好的果蔬，尽量在食用之前不久再切开它们，或是在食用前，先将从冰箱中取出的、切好的果蔬放上一段时间。（小块的果蔬）受热或被光照的表面积越大，维生素C流失得就越多，最好考虑能够生吃蔬菜。

拓展信息

抗氧化剂能加快肌肉恢复和减轻肌肉酸痛吗？

　　肌肉会产生游离自由基，它们是细胞信号传导、肌肉力量产生、肌肉增长和恢复所需的化合物。身体需要一种健康的游离自由基的平衡状态，因为它们的含量水平过高，会损伤肌肉细胞、影响肌肉收缩，并导致肌肉无力、疲劳和功能障碍[27, 168]。通过饮食摄入抗氧化剂，包括维生素C和维生素E，以及类胡萝卜素，可能会防止游离自由基过度损伤肌肉细胞[122]。尽管摄入富含抗氧化剂的饮食有助于保护肌肉免受过高水平的游离自由基的破坏，但没有证据表明，出于这一目的而补充抗氧化剂，或是服用大剂量的抗氧化剂（特别是维生素C和维生素E），可以快速缩短游离自由基的作用[27, 59, 106, 111, 145, 168]。每日补充1000毫克的维生素C外加235毫克（261国际单位）的维生素E（如dL-α-生育酚乙酸酯），会干扰抗阻训练后的细胞信号传导，减少在力量训练刺激下肌肉力量的增加，并会干扰细胞对耐力训练的适应[115, 116]。至少有4项研究表明，单独补充剂量超过1000毫克的维生素C会减弱运动表现能力[28]。

7天每天摄入1500毫克维生素C的运动员，其体内的免疫标记物并没有差异[110]。此外，还有一项随机的双盲研究发现，从唾液免疫球蛋白A的监测结果来看，在炎热和潮湿的环境中，以适中速度进行120分钟室内单车运动的前几天，持续每天摄入3次共500毫克的维生素C，并不会影响上呼吸道感染的发生概率或免疫系统功能[32]。

维生素C和运动

　　经常运动可以增加人体对维生素C的需求量，而低水平的维生素C含量则会对运动表现产生消极影响[55]。弥补维生素C的缺乏或适度加大其摄入量，可提高活动能力和有氧爆发力[77, 162]。

本章总结

运动会对许多依赖维生素的代谢通路产生压力。维生素对健康很重要，并且在与运动和运动表现相关的方面起着许多重要的作用，其中包括能量的生成、氧气的运输、免疫功能的发挥、骨密度的形成与维持，以及肌肉组织的合成和修复。人体可以生成维生素 D 和维生素 K，但维生素 D 的产生要取决于紫外线 B 的照射，以及人体把维生素 D 转化为其活性形式的能力。许多美国人体内都没有生成足量的维生素 D，或是没有通过食物摄取足够的维生素 D。其他经常会摄入不足的维生素包括维生素 A、维生素 C、维生素 E 和叶酸盐。正在节食或不吃某些食物的运动员，又或是那些营养不良的运动员，缺乏一种或多种维生素的风险会增加。 除维生素 B_{12} 外的其他水溶性维生素，每天都需要补充，因为过量的水溶性维生素会随尿液排出。叶酸盐、维生素 B_6 和维生素 B_{12}，对氧气输送到包括肌肉组织在内的身体各处而言都很重要。除了要监测总体的饮食摄入量外，还应考虑烹饪方法对水溶性维生素成分的影响。为了充分了解一个人的维生素摄入情况，就必须考虑补充性摄入。虽然维生素缺乏可能会对运动表现产生负面影响，但过量摄入维生素并未被证明可提高运动表现，甚至在某些情况下还会有害。

复习题

1. 讨论会受到烹饪方法影响的几种维生素，以及会造成维生素流失的烹饪方法。
2. 列出一些与维生素 C 缺乏的有关迹象和症状。
3. 讨论哪些方法有助于人体吸收食物中的抗氧化剂。
4. 维生素 D 缺乏或不足对运动员有什么影响？
5. 讨论过量摄取抗氧化剂可能会对肌肉产生的影响。
6. 列出一天中富含维生素的食物。

第 7 章

矿物质

▶ **本章目标**

在完成本章的学习后，你将能做到以下几点：

> 讨论为何矿物质对总体健康和训练都很重要；
> 解释运动训练会如何影响身体对矿物质的需求；
> 列举出运动员最不太可能通过饮食足量摄取的各种矿物质；
> 讨论摄入过量矿物质的潜在危害；
> 列出每一种主要矿物质的一些良好的食物来源。

矿物质有助于调节体液平衡、帮助肌肉收缩（包括心跳）、刺激神经电活动促进氧气运输、增强免疫功能、助力肌肉的形成和修复。矿物质是许多身体组织的结构性成分，其中包括骨骼、指甲和牙齿。此外，它们还是增强数种代谢功能的酶的组成部分[66]。钠、氯化物、钾、钙、镁和磷这些电解质——它们可在人体内传导电信息。电解质会影响体液平衡、肌肉的 pH 值和肌肉功能[140]。

矿物质对于健康和运动表现都至关重要，缺乏矿物质会引发不良后果，尤其是会导致运动表现下降[66]。人体对矿物质的需求取决于性别和生命阶段（如是否处于怀孕期、哺乳期等）。表 7.1 列出了 19~30 岁的成年人的矿物质膳食营养素参考摄入量。虽然矿物质至关重要，但没有证据表明，加大矿物质的摄入量（超过膳食营养素的参考摄入量）能够改善训练产生的适应性，或是提升运动表现的监测指标[91]。

表7.1　19~30岁成年人的矿物质膳食营养素参考摄入量

矿物质	男性	女性	怀孕期	哺乳期
钙	** 1000mg	** 1000mg	** 1000mg	** 1000mg
氯化物	* 2.3mg	* 2.3mg	* 2.3mg	* 2.3mg
胆碱	* 550mg	* 425mg	* 450mg	* 550mg
铬	* 35μg	* 25μg	* 30μg	* 45μg
铜	** 700mg	** 700mg	** 800mg	** 1000mg
碘	** 95μg	** 95μg	** 160μg	** 209μg
铁	** 6mg	** 8.1mg	** 22mg	** 6.5mg
镁	** 400mg	** 310mg	** 350mg	** 310mg
锰	* 2.3mg	* 1.8mg	* 2.0mg	* 2.6mg
钼	** 34μg	** 34μg	** 40μg	** 36μg
磷	**580mg	**580mg	**580mg	**580mg
钾	* 700mg	* 700mg	* 700mg	* 700mg
硒	** 45μg	** 45μg	** 49μg	** 59μg
钠	* 1.5g	* 1.5g	* 1.5g	* 1.5g
锌	** 9.4mg	** 6.8mg	** 9.5mg	** 10.4mg

除非另有说明，所有数值均为估计的平均需要量。
*为适宜摄入量。
**为建议膳食营养素的日摄入量。
计量单位：mg，毫克；ug，微克；g，克。
源自：U.S. Institute of Medicine 1997; U.S. Institute of Medicine 2001; U.S. Institute of Medicine 2011.

主要矿物质

身体大量需要的矿物质被称为宏量元素，这些矿物质包括钙、磷、镁、钠、钾、氯化物和硫酸盐。其中，除硫酸盐外，每种矿物质都有膳食营养素参考摄入量。含硫氨基酸可为身体提供足够的硫酸盐，以满足膳食需求，所以硫酸盐没有平均需要量、建议膳食营养素的日摄入量或适宜摄入量。另外，针对硫酸盐没有足够的数据能设定一个可耐受最高摄入水平[121]。

钙

所有细胞都需要钙。钙参与激素的分泌和神经的传导，以及血管的收缩和扩张。此外，钙还能充当细胞内的信使以帮助肌肉收缩。钙会维护骨骼和牙齿的坚固，并使它们正常发挥作用。99%的钙都以羟基磷灰石的形式存在于骨骼和牙齿中。体内只有不到1%的钙存在于血液、肌肉、细胞液和其他组织中。内分泌系统会控制血液中的钙，将其限制在很小的范围内（一般在8.5~10.2毫克/分升范围内，各个实验室使用的范围值略有不同）[84, 134]。所有的身体器官，特别是神经和肌肉，都需要血液和细胞中充足的钙供应[159]。当血钙含量下降时，人体会从骨骼中抽取钙元素以保持血液、肌肉和细胞液中稳定的钙浓度，并以此维持关键的代谢过程[135, 167]，因此，血液中钙含量的偏高或偏低，主要与影响钙调节的某些健康状况有关[167]。

钙的来源

钙的优质来源（每标准份包含20%或更多每日摄入值的食物）包括牛奶、奶酪、酸奶等乳制品。表7.2列出了钙和其他矿物质的每日摄入值。在2岁以上美国人的饮食中，钙的首要来源是乳制品[70]。

> **你知道吗** ❓
>
> 如果生菠菜是您饮食中唯一的钙来源，那么您每天需要吃33杯生菠菜，才能满足钙的每日摄入值。

优质或良好（每标准份包含10%或更多每日摄入值的食物）的钙来源包括加钙的强化橙汁、大豆饮料、扁桃仁饮料及加入硫酸钙制成的豆腐[157]。此外，在一些绿色蔬菜中也含有相对少量的钙。例如，一杯生菠菜含有30毫克钙，这远低于19~50岁男性和女性的建议膳食营养素的日摄入量（每天1000毫克钙）[157, 167]。关于常见食物中的钙含量，请参见图7.1。食物中约30%的钙会被吸收，具体的吸收比例因摄入食物的类型而异[167]。

影响钙吸收的几个主要因素如图7.2所示。例如，菠菜中的钙之所以生物利用度较差，是因为其草酸盐的含量较高，这种化合物会减少人体对食物中矿物质的吸收[180]。此外，植物性食物中的植酸也可能会减少钙的吸收[121]。正是因为这些原因钙的膳食营养素参考摄入量设定才考虑了会减少矿物质吸收的潜在因素。

除了影响钙吸收的化合物外，还

表7.2　矿物质的每日摄入值

食物成分	每日摄入值
钠	2400mg
钾	3500mg
钙	1000mg
铁	18mg
碘	150μg
镁	400mg
锌	15mg
硒	70μg
铜	2mg
锰	2mg
铬	120μg
钼	75μg
氯化物	3400mg

计量单位：mg，毫克；μg，微克。
源自：U.S. Food and Drug Administration 2013.

以下每一种食物都含有一部分钙的建议膳食营养素的每日摄入量

水果
橙汁，224克（8盎司）：36%每日摄入值

蔬菜
菠菜，1杯生菠菜：3%每日摄入值

蛋白质
扁桃仁，1盎司（28克）：7%每日摄入值
硫酸钙制成的硬豆腐、生的，1/4块（81克）：55%每日摄入值
罐装去骨鲑鱼，84克（3盎司）：21%每日摄入值
烤过的芝麻籽，28克（1盎司）：28%每日摄入值

乳制品
切达干酪，28克（1盎司）：20%每日摄入值
牛奶，224克（8盎司）：31%每日摄入值

图7.1　常见食物中的钙含量
源自：U.S. Department of Agriculture.

有其他因素会增加钙的流失。咖啡因会引起少量的钙流失，研究表明，一杯咖啡会导致2~3毫克的钙流失[8, 97]。摄入磷对钙流失的影响甚小[64]。高蛋白的饮食可以同时增加钙的流失和吸收，所以似乎对骨骼没有不良影响[39, 63, 79, 152]。此外，蛋白质是骨组织的组成成分，膳食蛋白质的摄入与骨骼形成和骨骼分解减少的标志物有关[26, 63]。

在强化食品和膳食补剂中含有多种形式的钙。其中，碳酸钙和柠檬酸钙是补剂中

维生素D
紫外线B照射皮肤可生成维生素D。此外，一些食物中也含有天然的维生素D，而在另一些食物中则添加了维生素D，从而增强人体对钙的吸收。

钙
钙吸收会随着一次性钙摄入量的增加而降低。

吸收受阻
植物种子类食物含有植酸，这是一种人体无法良好吸收的矿物质磷。钙会与植酸结合，从而干扰消化和吸收。

植酸的来源

菠菜　　　　豆类　　　　韭葱

大黄　　　　红薯　　　　甜菜

图7.2　**影响钙吸收的各种因素**
源自：U.S. Institute of Medicine 1997.

两种更为常见的形式。钙的吸收会随着一次性钙摄入量的增加而降低，同时年龄的增长也会引起钙吸收的减少[121]。为了最大限度地吸收，一次摄入的钙不应超过500毫克[167]。

钙的缺乏和不足

钙的缺乏并不少见，长期摄入量不足会导致种种不利于健康的后果。如果钙的摄入量不足以满足生理需求，人体就会从骨骼中抽取钙，以维持血液中的钙含量。持续摄入钙不足会影响骨骼健康，因为抽取过多的钙，会令骨骼变得脆弱（图7.3）[159]。

骨骼是支撑、移动和保护身体的器官，在骨骼中储存着人体所需的矿物质元素钙和磷。脆性骨病，即骨质

你知道吗　?

为了优化吸收效果，要伴随着食物摄取碳酸钙。至于柠檬酸钙你可以在一天内的任意时刻摄入，随餐摄入或单独摄入都可以[150]。

疏松症的特征为骨量低，这可导致结构性异常，例如脊柱前屈[159]。

骨骼是动态的、代谢活跃的组织，遗传、运动和日常饮食都会影响骨骼的状态。生活方式对骨骼有较大的影响，会影响到峰值骨量的20%~40%[175]。在童年和青春期时，骨头是通过建模的方式加以塑造的——骨内一端会形成新骨，而旧骨则在另一端被移除。在这个过程中，骨头会变得更长、更密、更强壮。在青春期，随着骨的内外表面都形成了骨骼组织，骨骼会变得更厚[159]。高达90%的峰值骨量、最大骨强度和密度，会在青春期的后期达到[66]，但直到20多岁~30岁，一般才会达到100%的峰值骨量[111, 159]。对儿童而言，持续的膳食钙摄入不足或钙吸收不良可导致佝偻病，其特征为骨骼发育不健全。在人的一生中，旧骨的重塑与移除、新骨在同样的位置代替旧骨的过程，一直在发生着，成年人大约每10年就会更新一次骨骼[159]。重塑会修复骨中的小裂缝和畸形，防止可能会变脆弱的旧骨堆积起来[159]。老年人的骨骼分解（吸回）超过骨骼形成，这会导致骨量的净流失，从而增加患脆性骨病的风险，这种病被称为骨质疏松症[167]。为了预防或延缓骨质疏松症的发生，关键是要在早期建立起峰值骨量，并在达到峰值后减慢骨量流失的速度。图7.4提供了一些有助于建立起峰值骨量的食物方面的信息。

尽管偏低的钙摄入会带来种种不利影响，但美国调查数据显示，超过40%的美国人都没有达到钙摄入量的估计平均需求（图7.5）[46, 70]。虽然女性的钙密度高于男性——在她们摄入的每份热量中含有更多的钙——但由于她们摄入的总热量较少，因此女性的总钙量更少[70]。女性，尤其是不到10岁的女童和十几岁的少女，最容易出现钙摄入量不足的现象[135]。非洲裔美国人的平均钙摄入量要低于非拉美裔白人或拉美裔美国人。来自低收入家庭人群的钙摄入量，要低于来自高收入家庭人群的钙摄入量[70]。

钙摄入过量

钙摄入过量会导致便秘并干扰铁和锌的吸收。此外，一些研究表明，添加性钙摄入会增加体内生成肾结石的风险[167]。

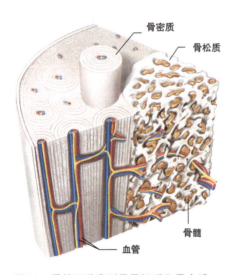

骨密质

骨松质

骨髓

血管

图7.3　骨的两种类型是骨松质和骨密质（骨松质有一种蜂窝状的结构，它构成骨的内部；骨密质质地坚硬并形成骨头的外层。）

虽然高血钙症通常与原发性甲状旁腺功能亢进症有关，但摄入过多的钙也会导致高血钙症[100, 167]，可引起血管和软组织钙化、尿液中钙含量偏高、肾结石和肾功能不全[167]。

钙和运动

由于钙在骨骼健康中发挥着关键性的作用，因此钙对于热衷健身者和运动员非常重要。在包括训练、生物力学、整体营养摄入量在内的其他变量当中，长期偏低的钙摄入量可导致骨矿物质密度较低，造成应力性骨折的风险增加[10]。除了钙在骨骼健康中的作用外，偏低的骨矿物质密度和因其导致的骨折风险也会因下列因素而增加：长期偏低的能量摄入；月经初潮延迟；曾经有过月经稀少（月经量少或月经周期间隔较长，又或月经周期间隔超过 35 天）或月经不调（连续 3 个或以上的月经周期没有来月经）[29]。

磷

磷对骨骼和牙齿的形成至关重要。它可帮助身体利用碳水化合物和脂肪，对细胞和组织的生长、维护和修复，以及维持身体正常的 pH 值非常重要。此外，磷对神经信号的传输、血管功能的发挥、心跳的调节，以及肌肉的收缩（作为生成三磷酸腺苷和磷酸肌酸的一部分）也都起着重要作用。身体内的所有细胞都含有磷，并依靠这种矿物质来发挥各自的作用[159]。人体内大部分的磷都储存在骨骼和牙齿中[163]。当磷供应不足时，人体会从骨骼中提取磷以满足生理需求[159]。

将骨想象成银行账户——钙和磷储存在骨头中，当其含量不足以满足人体发挥关键功能时，激素会从骨头中提取它们。这种提取会降低钙和磷的备用存储量，除非你存入（摄入）更多的钙和磷。随着时间的推移，持续提取而不存入或存入很少，都会导致骨骼变得更加脆弱（图 7.6）[159]。

磷的来源

许多食物中都含有磷，包括种子、坚果、豆类、乳制品、肉、家禽和鱼。标准的美国人饮食，即那种大多数美国人都采用的经典饮食，其中的磷含量是钙的 2~4 倍，而美国调查数据显示，许多美国人从其饮食中摄取的磷都超过了日常所需，这表明含磷食品在美国消费者中很受欢迎并且很容易买到。虽说如此，但并非所有的群体都摄入了足够的磷。

 小窍门

要么使用，要么失去。无论是上了石膏、长期卧床休息、坐轮椅、太空飞行，还是在沙发上看电视，过久的固定不动都会造成骨质的迅速流失[159]。请在年轻时利用骨骼，这是确保你在 70 岁、80 岁，甚至 90 多岁时依然能生龙活虎的最好办法。

图7.4 针对19~30岁成年人的峰值骨量，水果、蔬菜和乳制品的推荐分量
源自：Weaver et al. 2016.

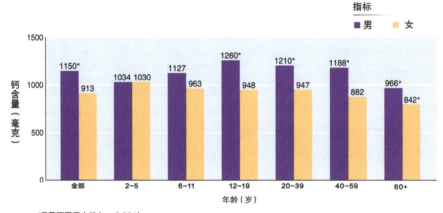

*显著不同于女性（p <0.001）
+在同一性别里，与其他年龄组合计相比显著不同（p <0.001）

图7.5 美国人的钙摄入量
源自：U.S. Department of Agriculture 2014.

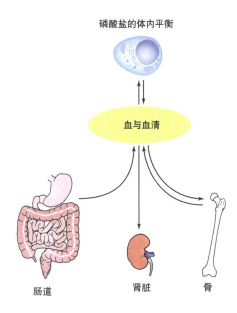

磷酸盐的体内平衡

血与血清

肠道　　肾脏　　骨

图7.6 磷的体内平衡

磷摄入不足或过量

吃大量乳制品或每天喝几瓶软饮料的人，容易摄入更多的磷。9~18 岁的女性是唯一磷摄入不足的人群[106]。

低磷血症并不常见，尽管人们可能会由于饥饿、正在从醉酒或糖尿病导致的酮酸中毒中恢复过来而出现低磷血症。低磷血症可导致贫血、肌肉无力、骨头疼痛、佝偻病、软骨病、身体全面虚弱，还会增加感染风险，令人感觉异常（有刺痛感）、令人共济失调（身体丧失活动能力）、引发意识错乱、厌食，甚至死亡[163]。

磷摄入过量会导致高磷血症，即血液中的磷含量异常高。肾脏疾病末期或维生素 D 中毒者罹患高磷血症的风险最高。高磷血症会减少钙的吸收，并造成非骨骼组织（如肾脏）的钙化[163]。

磷和运动

考虑到磷对人体（包括肌肉）有许多作用，因此，磷的缺乏在理论上会不利于运动表现。然而，由于磷缺乏很少见，尚未有针对磷摄入量较低或不足的意义，以及对运动表现潜在影响的研究。

镁

镁是人体内 300 多种生化反应的一种辅助因子，这些反应可调节多种功能，包括蛋白质的合成、神经和肌肉功能、葡萄糖水平的控制和血压的调节。镁对维持细胞内的钙和钾的水平、新陈代谢和能量生成都至关重要。镁是骨骼的结构性成分，也是合成核糖核酸、脱氧核糖核酸和谷胱甘肽的必需成分。谷胱甘肽是一种抗氧化剂，可以抑制长时间运动导致的肌肉疲劳[5, 163]。身体内约50%的镁都储存在骨骼中，剩余的绝大部分都在软组织中，只有不到1%的镁储存在血液中。血液中的镁含量受到严格控制，与特定组织内的镁含量几乎没有关系[163]。当摄入过多的镁时，身体反而吸收得更少。同理，较少的镁摄入量会增加吸收量[121]。

有几种疾病与偏少的镁摄入量有关，其中包括高血压。科学家进行了一项关于添加镁对血压影响的综合分析，在3~24周的时间里进行了22项试验，试验中添加的镁元素量为120~973毫克（平均为410毫克）。将这些试验结果结合在一起发现，在添加镁后，收缩压出现了微小但临床上却显著的下降——平均下降了3~4毫米汞柱，同时，舒张压也下降了2~3毫米汞柱。在每天添加超过370毫克镁的交叉试验中，结果则更加明显[77]。此外，另一个对34项试验的综合分析发现，持续3个月，每天平均补充368毫克镁，可将收缩压显著降低2毫米汞柱，将舒张压降低1.78毫米汞柱[183]。

较多的镁摄入量与成年人和肥胖儿童身上较低的空腹胰岛素浓度（在空腹时测量的、较低浓度的胰岛素含量）相关。较低水平的空腹胰岛素可能与较高的胰岛素灵敏度（较高的胰岛素灵敏度意味着肌肉、脂肪和肝脏细胞会更好地对胰岛素做出反应）有

关[47, 71, 89, 148]。此外，25%~38%的Ⅱ型糖尿病患者其体内的镁含量都偏低[27]。尽管镁膳食摄入量、空腹胰岛素浓度和Ⅱ型糖尿病之间存在相关性，但根据考察添加镁如何影响Ⅱ型糖尿病患者的空腹血糖和胰岛素敏感性的临床试验，却得出了莫衷一是的结果[30, 54, 122, 123, 132, 181]。

镁的来源

在坚果、种子、豆类、绿叶蔬菜和全谷物中都含有镁（图7.7）。镁的优质膳食来源包括南瓜子、扁桃仁、煮熟的菠菜、大豆、豇豆、巴西坚果和腰果；良好来源包括芸豆、花生、糙米、菰米和核桃[99, 157]。

在研究镁的补充时，应考虑到镁的实际补充总量（被称为“镁元素的补充量”），以及人体吸收镁的特定来源食物的能力。不同的膳食补剂含镁量都不同。食品制造商被要求在补

图7.7 镁的来源，其中包括泻盐，泻盐是在洗澡时通过皮肤吸收的，不可食用

剂标签上列出镁元素（含镁化合物的一部分）的含量。人体对各种补剂形式的镁，吸收能力各不相同。其中，天冬氨酸镁、柠檬酸镁、乳酸镁和氯化镁更易于吸收，它们的生物利用度也比氧化镁和硫酸镁更高[41, 87, 107, 128, 173]。镁属于人体大量需要的矿物质，所以仅靠单片的多种维生素矿物质补剂无法达到100％的每日摄入量。

镁摄入不足

在美国，有几组人群的镁摄入不足[42, 48, 170]——大部分美国青少年和71岁及以上人群的镁摄入量都低于估计平均需求[106]。美国调查数据显示，所有年龄组的非洲裔美国女性的摄入量最低。那些摄入膳食补剂的人更容易满足其身体对镁的需求，但许多摄入补剂的女性仍然达不到建议膳食营养素的日摄入量[6, 42]。

由于这种电解质很少被测试，也没有普遍接受的测试方法，因此没有针对镁含量状态的代表性评估值（图7.8）。镁负荷是一项很好的测试，但其缺点是无法实际应用且费用高昂。该测试先让身体摄入镁，再检测体内滞留镁的百分比。如果滞留镁在体内的镁

占80％或更高，那么就认为该受测对象有缺乏镁[172]。健康的人很少出现严重的镁缺乏。肠胃疾病、II型糖尿病、酒精中毒、经常使用某些药物也会导致镁缺乏[21, 131, 154]。此外，患有心血管疾病、神经肌肉疾病、吸收不良综合征、肾脏疾病和骨质疏松症的人，其体内镁含量降低的风险可能会增加[121]。此外，老年人由于镁吸收能力下降和流失增加，镁缺乏的风险也会增加——老年人往往可能患有慢性疾病，或服用会影响镁在体内状态的各种药物[7, 109]。镁缺乏的症状包括食欲下降、恶心、呕吐、疲劳、虚弱、麻木、刺痛、肌肉收缩和痉挛、抽搐、性格突变、心律异常、低钙血症（低血清钙）、低钾血症（低血清钾），以及冠脉痉挛[22, 50]。镁缺乏

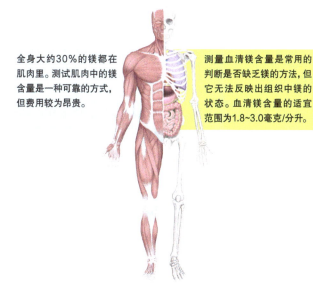

全身大约30％的镁都在肌肉里。测试肌肉中的镁含量是一种可靠的方式，但费用较为昂贵。

测量血清镁含量是常用的判断是否缺乏镁的方法，但它无法反映出组织中镁的状态。血清镁含量的适宜范围为1.8~3.0毫克/分升。

图7.8　红细胞镁含量可能是测试镁状态的最佳方法，但它与全身镁状况没有很好的相关性
源自：Elin et al.1994.

会妨碍肌肉细胞的功能，损害肌肉细胞对碳水化合物的吸收和心血管功能，导致肌肉疲劳、肌肉痉挛，并影响运动表现[20, 93, 113, 139]。偏低的镁含量也与慢性炎症有关[81, 176]。基于动物的研究表明，镁缺乏可能会令蛋白质和脱氧核糖核酸遭到结构性和功能性损害，还会降低抗氧化剂的能力[32, 43]。

镁摄入过量

在健康的人体内，过量的镁一般会被排出体外。目前，尚未监测到通过食物摄取镁会有不良影响[121]。服用镁元素补剂、含镁抗酸药或药物而引起的镁摄入量过多，会导致恶心、胃痉挛和腹泻[121]。镁中毒会引起恶心、呕吐、面部潮红、疲劳、肌肉无力、呼吸困难、极度低血压、心律不齐和心脏骤停[109]。肾功能不良会降低身体排出多余镁的能力，从而增加镁中毒的风险[109]。

镁和运动

鉴于镁在人体内有许多会影响运动表现的作用，包括在三磷酸腺苷的合成、碳水化合物和脂肪的代谢、骨骼强度、肌肉功能等方面的作用。这种矿物质显然对运动表现而言是很重要的[32, 43, 163]。虽说如此，却仅有寥寥无几的研究考察过补充镁对运动表现的影响[172]。

从青少年运动员、耐力运动员、体操运动员、年轻的成年男性运动员（19~25岁）、男性大学生足球运动员、男性大学生橄榄球运动员，以及从事各项运动的精英女运动员那里收集到的评估膳食的观察数据表明，许多运动员都没有达到身体对镁的摄入要求[28, 65, 72, 75, 117, 145, 178, 182]。

研究表明，即使是轻微的镁缺乏也会影响运动表现[114]。一项针对绝经后妇女的研究发现，偏低的镁摄入量会导致肌肉和红血细胞中的镁储存量下降。这些女性在运动过程中需要更多的氧气，并且在较高强度的运动中更容易疲劳[93]。在另一项对精英男子篮球、手球和排球运动员的研究中，通过对受测对象7天饮食记录的评估，研究人员发现，不管热量的摄入量如何，镁的摄入量都与最大静力屈体、旋转、握力、跳跃表现测试，以及所有的等速力量变量有关[139]。尽管镁的摄入量与影响运动表现的因素之间有关联，但只有少数几项研究表明，补充镁，特别是在经过测试确认不缺乏镁的情况下补充镁，可以提高运动表现[172]。

在一项为期7周的力量训练双盲研究中，18~30岁未经训练的男性，一组服用一种氧化镁补剂——这是一种吸收效果欠佳的镁（为了让以通过3天饮食记录测出的膳食摄入量为基础的镁其总摄入量达到8毫克／千克体重／天）；一组服用安慰剂。（在双盲研究中，研究人员和受测对象都对干预措施不知情。在本研究中，双方都不知道，受测对象服用的是补剂还是安慰剂。）在为期7周的时间结束时，研究人员对受测对象股四头肌

如果你采用排毒饮食或排毒剂，请先阅读以下内容

许多排毒饮食和排毒剂主要依靠的都是各种配料、食物或饮料的混合物，它们通常含有轻泻药和利尿剂，而镁则是某些轻泻药的常见配方[53]。如果你的排毒饮食或排毒剂中含有碳酸镁、氯化物、葡萄糖酸镁或氧化镁，你就更可能会出现腹泻[128]。此外，摄入超大剂量的镁还会导致镁中毒，尤其是对于肾功能受损的人群[163]。

的扭矩进行了测量。结果发现，两组受测对象的力量都有所增强，但与服用安慰剂的那一组相比，服用补充剂的那一组，绝对扭矩增加的程度更大，而相对扭矩则根据体重和瘦体重做出了调整[14]。在另一项研究中，25 名职业男子排球运动员，在持续 4 周的时间里每天服用 350 毫克镁或 500 毫克麦芽糖糊精。服用镁的那一组，其体内的乳酸产量有了明显下降，其反跳和摆臂反跳（运动员直立，弯曲膝盖，手臂后摆并蹲下，然后迅速伸直膝盖和髋部往上跳起）的高度都提升了 3 厘米，而服用安慰剂组的这些指标则没有变化。该对比试验表明，补充镁可立刻提升无氧代谢能力[144]。此外，还有一项针对参加健身课程的老年妇女进行的随机控制试验发现，每天补充 300 毫克氧化镁可提高运动表现，特别是对于镁摄入量低于建议膳食营养素的日摄入量的女性[171]。

钾

钾有助于维持细胞内外的液体体积。这让这种矿物质对维持细胞的正常功能、平滑肌和骨骼肌（包括肌肉收缩）的功能、酸碱平衡，以及神经传导都起着重要作用。富含钾的饮食有助于减少 Na^+ 对血压产生的不良影响，减少肾结石复发的风险，还会减少骨量的流失。体内钾的水平必须保持在正常范围内，钾水平偏高或偏低都会出现严重的健康问题[166]。

钾的来源

平均每个美国人每天摄入 2640 毫克钾，这远低于 4700 毫克的推荐每日适宜摄入量[69]。和许多其他营养物质一样，钾的摄入量也与热量的摄入量有关。那些每天摄入较多热量的人通常也会摄入较多的钾。由于男性的每日热量总摄入量高于女性，因此男性的每日钾总摄入量也高于女性[69]。美国膳食调查数据显示，每天摄入超过 4700 毫克钾的女性不到 1%。非洲裔女性的摄入量最少，其次是拉美裔女性和非拉美裔白人女性[69]。

蔬菜、豆类和水果都属于钾含量较高的食物来源。所有豆类（大豆、利马豆、绿豆、白豆、黑豆、芸豆、

拓展信息

富含钾的饮食有助于降低血压

以人口为基础的研究表明，较高的钾摄入量与降低血压有关[58]。此外，还有其他能证明钾有助于血压健康的证据——随机的临床试验显示，增加膳食钾的摄入量，特别是在钠摄入量较高时[105]，能让正常或高血压的人血压都轻微降低。降低幅度虽小，但具有统计学意义[177]。

钾通过松弛平滑肌来降低血压——平滑肌松弛会扩张血管，让更多血流通过，继而降低血压[56]。此外，补充钾摄入量还会增加尿液中氯化钠的排泄量[56]。下次喝一杯钾包装的 100 % 橙汁或者在三明治中加入番茄片，就会有益于你的血压健康了。

花腰豆等）都是钾的优质来源，在它们每半杯分量中都含有超过 25 % 的推荐每日适宜摄入量。土豆、杏、西红柿、橙汁、梅干和甜菜叶也是含钾的膳食来源[157]。

在普通美国人的饮食中，供应钾最多的食物包括水果和蔬菜（占比 20 %）、牛奶和牛奶饮料（占比 11 %）、肉类和家禽（占比 10 %），以及以谷物类为基础的拼盘（占比 10 %）[69]。

钾摄入不足

中度缺钾会引起血压升高，提高盐的敏感度，增加罹患肾结石的风险，还可能会增加患上心血管疾病，特别是中风的风险。严重缺钾被称为低钾血症，可导致肌肉无力、葡萄糖耐受不良和心律异常。过量服用利尿剂或轻泻药、长时间呕吐或腹泻，以及肾脏和肾上腺疾病，都会导致缺钾[143, 166]。经测试，每日最多摄入

3.2 克钠，不会增加钾的排出量[90]，但是，每天摄入 6.9 克及以上的钠，会导致体内钾的净流失（至少在短期内会这样——尚不清楚人体是否能适应不断增加的钠摄入量）[137]。

钾摄入过量

钾的摄入没有相应的可耐受较高摄入标准，因为肾脏会通过尿液排出体内过量的钾，这有助于预防患高血钾症[166]，但是，对于肾功能低下和钾排泄能力极度不良的人，钾会在其血液里堆积起来，这种状况被称为高钾血症。利尿剂、溶血性贫血（红细胞未发育成熟就遭到破坏和清除）、胃或肠道严重出血、肿瘤、通过盐的替代物或膳食补剂摄入过量的钾，以及某些心脏病药物（血管紧张素转化酶抑制剂、血管紧张素受体阻滞剂），也会导致高钾血症。服用非类固醇类消炎药（NSAIDs）（如布洛芬、阿司匹林和萘普生）也可能会增加患上高

血钾症的风险，特别是对肾功能低下者而言。高钾血症会导致恶心、心跳缓慢或心律不齐、突然昏迷，甚至心脏骤停[95]。钾排泄能力受损的人，应该将其每日的钾总摄入量保持在低于4.7克的水平[166]。

钾和运动

细胞外钾水平的相对微小变化，都会对神经系统功能、肌肉收缩和血管功能产生影响[166]。关于钾对运动表现所起的作用，请参见第8章。

钠

钠会调节血液内的液体量和细胞外的体液平衡（血量），作为神经和肌肉发挥功能所必需的矿物质，它协助将分子运送穿过细胞膜，也对细胞膜两边的电势差有着一定的影响。氯化物与钠结合，有助于维持体液和电解质的平衡，并形成氯化钠，这种化合物的另一个名字是食盐[121]。钠的适宜摄入量为年轻人每天1.5克（3.8克/天的食盐），50~70岁的人每天1.3克，71岁及以上年龄的人每天1.2克。此摄入水平可以保证人体通过饮食摄取足够的钠，这足以弥补那些处在高温环境却尚未适应高温的人因正常出汗流失掉的钠，同时还保证了其他营养物质的足量摄取。不过，此适宜摄入量标准不适用于竞技性运动员、处在极度高温环境中的工作人员，以及因出汗造成大量钠流失的人[121]。

身体会通过监测血量和钠的含量来调节体液平衡。当血量或钠的含量过高时，肾脏就会加大钠的排泄量。此外，脑垂体还会释放抗利尿激素以回应渗透压过高。抗利尿激素会指示肾脏保存液体。如果血量下降得太低，肾脏就会分泌醛固酮激素以保留钠和排泄钾。钠滞留的增加会导致尿量减少，这样血量便会随之增加。

随着年龄的增长，人们平衡体液的能力会越来越差。肾功能也会随年龄的增长而变化——年纪越大的人排出的尿液越多。老年人体内的总水分量较少，因此相比年轻人，老年人体内水分的轻微下降会导致更加严重的健康后果。此外，老年人可能会服用多种药物，而药物也会增加体液的排泄量。此外，他们可能还有一些会改变其饮水能力的疾病或身体状况（如走路障碍、吞咽困难、痴呆）。

钠的来源

美国人的钠摄入大部分都来自食盐。目前，加工食品是钠的最大来源，约占钠摄入量的77％。只有6％的人均钠摄入量来自食盐，12％来自食物中天然存在的氯化钠[121]。

钠摄入不足

人体具有一种非常强大的功能，可通过在体内储存钠来适应钠摄入量较低的情况[121]。偏低的血氯化钠水平在健康人群中很罕见。严重呕吐可能会导致氯化钠的过量流失、氯化物含量水平偏低，以及因盐酸代谢碱中毒而引起的代谢碱中毒。长时间运动或高强度运动，特别是在高温环境中运动，可能会出现十分危险的低血钠水平，这种情况被称为低钠血症[121]，将会在第8章中加以探讨。

钠摄入过量

健康人可排出体内过量摄入的钠。然而，长期不断摄入大量的氯化钠（食盐）会引起血压升高，这是导致中风、心脏病和肾脏疾病的一个风险因素[121]。在老年人、非洲裔美国人及慢性肾病患者中，这种因过量摄入钠而引起血压升高的现象最为常见[121]。从膳食中摄入较多的钾会增加钠的排泄量，从而减缓因摄入钠引起的血压升高[121]。在钠摄入量较高时，较高的钾摄入量对血压的影响最大[121]。

个体之间由钠摄入量的变化而引起的血压变化可能会有很大差异[24]。盐敏感度指的是当盐摄入量减少或增加后血压的变化[166]。老年人、非洲裔美国人、肥胖者或有代谢综合征的人，盐敏感度较高，他们的血压会随着钠摄入量的增加而升高，并随着钠摄入量的减少而降低[23, 61, 141]。遗传因素和环境因素似乎都会影响盐敏感度[52]。在血压正常人群中有25%～50%的人，仅靠检测盐敏感度似乎就可以预测他们未来是否会得高血压[24, 120]。

根据较高的钠摄入量与血压之间的关系，《美国人膳食指南2015—2020年》建议，14岁及以上的人每日的钠摄入量应低于2300毫克，而高血压患者每日的钠摄入量则应低于1500毫克[158]。然而，这些建议是有争议的。医学研究所针对钠摄入量和健康结果的研究进行了审查，他们发现，较高的钠摄入量与心血管疾病的发病风险之间存在着正相关的关系。然而，普通人每日钠摄入量低于2300毫克并不会带来任何益处。该研究所还发现，

在长时间学习时，要尽量食用健康的零食，如水果、蔬菜和鹰嘴豆泥，以补充能量。

每日钠摄入量为 1500~2300 毫克，对糖尿病、肾病或心血管疾病患者并无任何益处，反而可能会造成更大的风险[168]。此外，一项针对超过 10 万人的调查研究发现，与过高或过低的钠摄入量相比，每天摄入 3~6 克钠可减少死亡和患心血管疾病的风险[118]。在美国，19 岁及以上的男性平均每日的钠摄入量约为 4400 毫克；19 岁以上的女性平均每日的钠摄入量约为 3090 毫克[73]。

不管对血压的影响如何，高钠（尽管 "高钠" 没有一个普遍的定义）饮食都会对身体产生其他不良影响。对血压正常的人而言，每天摄入 4600 毫克钠会降低一氧化氮的活性——一氧化氮分子可扩张血管，以增加血流量[156]。一氧化氮分子对血压健康而言颇为重要——精氨酸和甜菜根汁会增加一氧化氮的活性，从而有助于增加对运动着的肌肉的供血量。在用过一顿高盐量（含 1500 毫克钠）的餐后，血压正常的成年人会出现暂时性血管扩张的衰弱期[33]，而与高钠饮食（含 3450 毫克钠）相比，血压正常的超重或肥胖的成年人，在摄取低钠饮食（含 1150 毫克钠）后，血流情况会得到改善[34]。偏高的钠摄入量似乎会损害血管内皮（主要指内皮细胞）。血管内皮有助于凝血和一氧化氮的释放，也有益于免疫功能和其他重要的身体进程[24]。偏高的钠摄入量还会增加动脉硬度（动脉僵硬不如正常动脉那样扩张自如以适应血压的升高）[38]。此外，偏高的膳食盐摄入量与免疫系统细胞炎症，以及免疫调节功能受损也有关联[120]。

钠和运动

在运动中，氯化钠有两个主要功能：一是帮助身体再次获取流失掉的体液[98]；二是帮助恢复肌肉正常发挥功能所需的电解质。当流汗后，身体流失的电解质首先是钠，其次是氯化物。运动员氯化钠的流失情况在个体之间存在很大的差异，因此，氯化钠的建议膳食营养素的每日摄入量应尽量根据个人情况来推荐[25, 85, 140]，第 8 章将再次对这一话题展开讨论。

思考时间

如果现在吃太多的盐，那么年纪大了以后会得高血压吗？

引起高血压的因素有很多，其中包括遗传和肥胖。没有证据表明高钠饮食会导致血压正常的人患上高血压。然而，医学研究所的调查数据显示，大多数美国人都会摄入过多的盐——而不是足够的钾——来保证健康和减少某些慢性疾病的发病风险[166]。回顾一下之前的内容就会记得，钾可以帮助减少高钠饮食对高血压的潜在有害影响。

氯化物

氯化物对于维持细胞外的体液量和血浆的渗透压是必不可少的。膳食中的氯化物大多都以盐（氯化钠）的形式与钠共同出现。作为盐酸的一部分，氯化物也是胃液的组成部分。近98％的氯化钠都会被人体吸收。健康人在出汗很少的情况下，大部分氯化钠都会通过尿液排出体外，其排泄量几乎等于摄入量[121]。由于氯化物与钠结合在一起，因此氯化物的适宜摄入量是以钠的适宜摄入量为参照的。来自加工食品的氯化钠要远多于从盐瓶中加入食品中盐的氯化物。缺乏氯化物很罕见，盐酸的流失是造成氯化物缺乏的主要原因。除了饮水外，利尿剂也可增加钠和氯化物的流失。在囊性纤维化患者汗液中的钠和氯化物含量异常高，因此这类人需要补充更多的钠和氯化物。盐敏感度高的人过量摄入氯化物会引起高血压[121]。

硫

许多代谢的中间产物都含有硫，其中包括抗氧化剂——谷胱甘肽。膳食中的硫来自含有硫的氨基酸和水。人体也会利用蛋氨酸和半胱氨酸这两种氨基酸在体内生成硫。蛋白质摄入足量的人很少会缺乏硫。由于没有足够的数据，因此硫没有可耐受较高摄入水平。因饮用富含无机硫的水而引起的硫摄入过量，会导致渗透性腹泻[121]。

微量矿物质

微量矿物质是身体需要量较小的矿物质，包括铁、锰、碘、锌、铬、铜、硒和氟化物。表7.3总结了一些微量矿物质的来源，以及当其缺乏和摄入过量时会出现的症状。

铁

生长、发育、细胞功能和免疫功能的发挥，以及一些激素的合成和功能的发挥都需要铁。此外，铁对血红蛋白和肌球蛋白这两种蛋白质也很重要。其中血红蛋白将氧气运输到身体各处；肌球蛋白将氧气运输到肌肉[36, 45, 49, 57, 82]。

铁的来源

食物中含有两种铁元素：血红素铁和非血红素铁（图7.9）。其中，血红素铁来自血红蛋白，即富含血红蛋白的食物中都含有这种铁元素，例如红肉、鱼、家禽等肉类。15％~35％的血红素铁都会被身体吸收[104]。膳食因素不会影响血红素铁的吸收[121]。在蔬菜、谷物、加了铁的强化早餐燕麦，以及其他非肉类食物中都含有非血红素铁。非血红素铁的2％～20％会被身体吸收[151]。植酸（植物中磷的储存形式）、多酚、植酸盐（豆类和全谷物）、植物蛋白和钙，都会阻碍非血红素铁的吸收[59, 121, 126, 174, 179]，而维生素C则会促进非血红素铁的吸收[121]。此外，动物蛋白似乎也有助于身体对

将富含维生素C的西红柿加入由扁豆或鹰嘴豆做成的蔬菜汉堡中,可促进非血红素铁的吸收。

添加富含维生素C的青椒和番茄酱,可促进非血红素铁的吸收。

将青椒、西红柿、白豆和黑豆掺入碎牛肉玉米片里。碎牛肉中的血红素铁,以及青椒和西红柿中的维生素C有助于吸收豆类中的非血红素铁。

将柑橘类水果和草莓拌入菠菜沙拉中,可促进身体对菠菜中非血红素铁的吸收。

图7.9 你每天摄入的铁足够吗?上面介绍了一些简单的方法,可以将更多的铁纳入你的饮食中,并促进身体对非血红素铁的吸收

非血红素铁的吸收[121]。

铁摄入量不足

缺铁在全世界范围内都是最常见的营养缺乏现象,这主要是由于发展中国家人们的饮食中铁的含量很低[108]。在美国,婴幼儿、少女、20~49岁的女性及女性耐力运动员的缺乏铁率和缺铁性贫血发生率较高,部分原因是其饮食中的铁摄入量很低[94, 130]。以下为几类易发生缺铁性贫血的人:

> 育龄女性,因为她们在经期中会失血。
> 耐力运动员,他们会因运动而消耗铁。
> 素食者,因为他们的铁膳食摄入不足[94, 130]。

此外,过量服用抗酸剂、做过减肥手术(对胃或肠道实施的减肥手术),以及患有乳糜泻等消化疾病的人,其缺铁性贫血的发生风险都会增加[153, 165]。

小窍门 布洛芬、阿司匹林和其他非类固醇类抗炎药通常都用于预防和治疗疼痛、炎症、发热、关节炎和其他病症。长期服用这些药物会损害小肠内皮,引起炎症、胃部不适、出血,从而导致缺铁性贫血[2, 124]。如有不良反应或疑问,请咨询医生。不过,补铁也会引起胃部不适,因此在无医嘱指导下,不要将铁补剂与非类固醇类抗炎药同时服用。

表7.3　部分矿物质的优质和良好来源

矿物质	基于标准分量的优质来源（≥20%每日摄入值）	基于标准分量的良好来源（≥10%每日摄入值）
钙	酸奶、奶酪、牛奶、加了钙的强化橙汁、加了钙的强化豆奶、加入硫酸钙制成的某些品牌的豆腐[157]	罐装带骨三文鱼、农家干酪、煮熟的芜菁叶子、生的羽衣甘蓝、大豆
铬*	许多食物都含有少量铬，如肉、全谷物、一些水果、蔬菜、香料、葡萄汁、土豆[4]	由于农业生产和加工过程会对食物中的铬含量产生巨大影响，因此，没有可靠的方法能准确衡量出谷物、水果和蔬菜中的铬含量[4]
铜	羊肝、小牛肝、芝麻籽、牡蛎、可可粉、腰果、粉红或红扁豆、葵花籽、巴西坚果、栗子、榛子、萝卜、芸豆、核桃、土豆泥	黑莓、配奶酪番茄酱的牛肉通心粉与奶酪、山核桃、豌豆、花生、无花果、烧熟的菠菜
铁	蛎、白豆、黑巧克力	沙丁鱼、芸豆、碎牛肉、豆腐、菠菜、扁豆、鹰嘴豆
镁	南瓜子、扁桃仁、煮熟的菠菜、大豆、豇豆、巴西坚果、腰果[99, 157]	芸豆、花生、糙米、菰米、核桃[99, 157]
磷	火鸡肉、南瓜子、葵花籽、奶酪（瑞士奶酪、切达干酪、意大利熏干酪）、巴西坚果、芝麻籽、牛奶、豆类（白豆、黄豆、粉红豆、海军豆、花腰豆、利马豆）、藜麦、扁桃仁、菰米	里脊牛排、牛肉、意大利乳清干酪黑豆汤、毛豆
钾	萝卜、豆类（白豆、黑豆、利马豆、芸豆、花腰豆、大豆、法国菜豆）、火鸡胸肉、橙汁、桃子、土豆、香蕉、山药、西红柿	干杏、罐装小辣椒、鳕鱼、大比目鱼、抱子甘蓝、牛奶、洋蓟、蔬菜汁、糙米、冬南瓜、南瓜、配肉丸和番茄酱的意大利面
锌	牡蛎、红肉	家禽、鱼、烤豆、腰果；高蛋白质的饮食含有大量锌

* 无每日摄入值

缺乏的迹象和症状	摄入过量和中毒的迹象及症状
虽然真正的缺乏并不常见，但即使是长期轻微的缺乏，也会导致骨质流失	损害肾功能，阻碍其他矿物质的吸收
罕见[4]	铬会干扰某些药物[4]
罕见，锌摄入过量会阻碍铜的吸收	铜几乎无毒性，但长期摄入过量会损伤身体器官[88]
全身乏力、疲倦、易怒、注意力不集中、头痛、运动表现下降、脱发、口干[11, 15, 68]	日常饮食发生铁摄入过量的概率较低 摄入高剂量的铁会引起便秘、恶心、呕吐或腹泻 急性铁中毒会造成心血管系统、中枢神经系统、肾脏和肝脏功能的改变
食欲下降、恶心、呕吐、疲劳和虚弱；随着镁缺乏的加剧，可能会出现麻木、刺痛、肌肉收缩和抽筋、痉挛、性格突变、心律异常和冠状痉挛	每日摄入量超过350毫克会导致大便糖稀和腹泻[163]
厌食、贫血、骨头疼痛、佝偻病、软骨病、全身虚弱、感染风险增加、感觉异常、共济失调、意识混乱、可能致死	妨碍钙的吸收，造成非骨骼组织、特别是肾脏的钙化
便秘、心跳加快 心悸（心跳加速或怦怦直跳） 心律异常（可能导致眩晕或头晕） 疲劳 肌肉损伤 肌肉无力或痉挛、刺痛或麻木 如钾水平过低，心跳可能会停止	肌肉疲劳、虚弱、麻痹 脉搏缓慢、虚弱、不规则 心律不齐（心律异常） 由于心跳缓慢或无心跳而突然昏倒、恶心[76] 通常膳食补剂中的钾含量很低，因为钾摄入量过高是非常危险的
在美国很少见	摄入过量的锌可能会打破镁的平衡状态，并妨碍铜的吸收，因此要监测你所服用的锌锭数量，特别是在与锌每日摄入值超过100%的多种维生素的矿物质补剂一起服用时[138, 149]

源自：Allen et al. 2006; Otten, Hellwig, and Meyers 2006; U.S. Department of Agriculture 2013; U.S Food and Drug Administration 2016; U.S. Institute of Medicine 1997; U.S. Institute of Medicine 1998; U.S. Institute of Medicine 2001; U.S. Institute of Medicine 2011.

缺铁会改变免疫系统的功能，以及免疫系统对炎症和感染的反应。此外，缺铁还会增加感染的风险[9]。鉴于铁有助于血红蛋白和肌球蛋白的形成，故而低水平的铁通常会导致疲劳（图7.10）。

铁的缺乏分为 3 个发展阶段：从铁元素的减少到少量缺乏，再到贫血[80, 110]。

少量缺铁和缺铁性贫血都能导致全身无力、疲劳、感觉冷、易怒、注意力不集中、头痛、运动表现下降、脱发和口干[11, 15, 68]。

铁摄入过量

通过饮食不太会摄入过量的铁。大量补铁会引起便秘、恶心、呕吐或腹泻。急性铁中毒会改变心血管系统、中枢神经系统、肾脏和肝脏的功能。尽管有人质疑，补铁过量（通过补充剂等）是否会导致冠心病和癌症，但这些质疑即便有的话也未得到过证实[121]。患有某些疾病的人，其体内铁含量偏高的风险较大，这些疾病包括遗传性血色素沉着症、慢性酒精中毒、酗酒引起的肝硬化，以及血液疾病（如地中海贫血）[121]。

缺铁可能会有以下症状：

注意力不集中
全身乏力 疲劳
口干 易怒
脱发 头痛

图7.10 少量缺铁和缺铁性贫血都可能会令学习变得更加困难

> **你知道吗** ❓
>
> 足底溶血是由带有跑、跳动作的活动造成的足底红细胞受损。足底溶血可解释为何训练有素的运动员，其体内的血红蛋白、血细胞比容和铁蛋白（铁储存在体内的形式）的含量或比率越低，其运动的持续时间就越长，强度也就越高[67]。

铁和运动

不管是少量缺铁还是贫血，都会影响耐力表现并降低运动能力[11, 31, 49, 68]。通过补剂改善体内铁的状态，可提高少

思考时间

我累了，应该要补充铁吗？

如果你感到疲倦和暴躁、注意力不集中，或者发现自己在进行需要集中注意力的运动时比平时更费劲，那么就可能少量缺铁或有缺铁性贫血了。回顾一下表7.3中铁的优质来源。平均来说，你每天的饮食是否提供了足够的铁？如果你的日常饮食没有满足身体对铁的需求，那么就需要吃更多的富含铁元素的食物，或者要考虑服用含有100%及以下铁每日摄入值的多种维生素。当然，还要考虑一下咨询你的内科医生以诊断情况。永远不要未经医生指导，就服用大剂量的铁。除了铁补剂有副作用外，急性铁中毒对身体也非常有害。

量缺铁和缺铁性贫血运动员运动时的活动能力[16, 91]。此外，缺铁还可能会影响认知功能。一项对 127 名 18~35 岁的女性进行的研究发现，那些体内铁状态较好的女性反应速度更敏捷，并能更快地安排好事情[142]。

锰

锰对于骨骼的生成很重要。此外，氨基酸、碳水化合物和胆固醇代谢中酶的活动也需要锰。由于没有足够的数据来估计平均需求，因此锰没有可供参考的适宜摄入量。在美国人的饮食中，谷物类食品和蔬菜供应了大量的锰[121]。牛肉、坚果和豆类也都属于锰含量较高的膳食来源[157]。一般观察不到锰摄入量偏低的临床症状，即使那些锰膳食摄入量很低的人也是如此[40, 121]。锰缺乏的症状包括皮炎、凝血蛋白水平的下降、血胆固醇偏低。暴露于含锰灰尘的矿工会出现锰中毒的症状，其中包括由锰中毒而引起的震颤麻痹（注意，震颤麻痹与帕金森病不同）的各种神经症状：震颤、肌肉不由自主地收缩、姿势反射受损和运动缓慢[40, 119]。

碘

作为甲状腺激素的一种组成成分，碘对甲状腺功能的正常发挥很重要。甲状腺激素可调节体内的几种过程，其中包括代谢过程和蛋白质的合成过程。此外，甲状腺激素还会影响某些身体器官，其中包括大脑、肌肉、心脏、垂体和肾脏。海鲜食品中含有大量的碘，而在乳制品、水果和蔬菜中的碘含量则要低一些。其中水果和蔬菜中的碘含量取决于土壤中的碘含量、使用的肥料和灌溉方法。往食盐里加碘，在加拿大是强制性的，而在美国则是选择性的。美国大约有 50% 的食盐都加了碘。碘盐是美国人和加拿大人饮食中碘的主要来源之一。由于海水中含碘，因此海鲜食品比其他食物含有更多的碘。当然，在加工食品中可能也含有较多的碘，这是因为在加工过程中加入了碘盐或其他含碘的补剂。

通过食物和膳食补剂摄入的碘几乎不会过量。尽管缺碘较为罕见，但碘缺乏的症状还是可见的，如儿童认知发育受损、成年人甲状腺功能减退和甲状腺肿大（变大的甲状腺）。

缺碘尤其会影响大脑发育，因为它会导致神经损伤。

碘摄入过量也会改变甲状腺功能（甲状腺功能减退或甲状腺功能亢进），并出现甲状腺炎[121]。

锌

锌对人体的免疫功能至关重要。这种矿物质可促进伤口愈合，从而有助于维持皮肤健康（这是人体抵御病原体的第一道防线）。锌是碳水化合物、蛋白质和脂肪的代谢，基因表达，红细胞发挥功能，正常的嗅觉和味觉，以及人体的生长和发育所必需的。锌无法在体内储存，因此必须每天摄入[129]。

锌的来源

　　许多食物都是锌的优秀或良好来源。牡蛎是含锌量最多的来源之一，仅 3 盎司（84 克）的牡蛎就可能含有高达近 500% 建议膳食营养素的每日摄入量的锌。红肉是锌的另一种优质来源，而家禽、鱼、烤豆子和腰果则是锌的良好来源。蛋白质含量高的饮食含有大量的锌[157]。

锌摄入不足和摄入过量

　　全国调查数据显示，很少有人的锌摄入量在估计平均需求量以下[46]，但在几项针对运动员的研究中，却发现了锌的膳食摄入量偏低，或是体内锌状态低迷的现象。这项研究表明，一些运动员包括一小组来自巴西的男子竞技游泳运动员、男女冒险征程赛运动员、美国国家队男女花样滑冰运动员、训练有素的女子自行车运动员和女子高中生体操运动员，他们通过饮食摄入的锌不能满足其自身的需求[51, 69, 78, 182, 184]。素食者、摄入高糖低脂饮食的运动员，以及那些不能满足其日常热量需求的人，更可能达不到锌的推荐摄入水平[101, 125, 184]。由于整体能量摄入量较低，因此女运动员比男运动员更可能无法满足其身体对锌的需求[60, 136]。

　　虽然锌的缺乏较罕见[121]，但锌摄入不足会削弱能量的生成和运动表现的监测结果[83, 92]。缺锌的首要症状是生长迟缓，而其他症状则包括脱发、腹泻、眼睛和皮肤损伤、食欲不振和性成熟延缓[121]。此外，缺锌还会延缓伤口的愈合、抑制免疫系统的功能发挥，并引起体重减轻[55, 136]。

　　长期锌摄入过量会抑制免疫系统的功能发挥、降低高密度脂蛋白水平，并阻碍铜的吸收，从而导致铜的缺乏[165]。

锌和运动

　　锌是红细胞酶碳酸酐酶的组成成分，此酶会收集二氧化碳供肺呼出，这是维持肌肉细胞化学平衡的重要一步。缺锌会导致碳酸酐酶的活性下降，令最大摄氧量和最大二氧化碳排放量减少，还会造成呼吸交换比率的下降，这些都会造成身体缺乏能有效利用碳水化合物的足量氧气[92]。

　　锌含量偏低，会导致肌肉力量和爆发力输出能力的下降。少量缺锌会导致低水平的睾酮、甲状腺激素和促进肌肉生长及代谢的激素 IGF-1[17, 83]。

 小窍门　有些研究显示，在感冒症状出现后的 24 小时内服用葡萄糖酸锌片，可能有助于缩短症状的持续时间，并降低症状的严重程度[19, 35, 127, 146, 155]。不过，因为其他研究使用了不同形式的锌，所以尚不清楚哪种锌的使用剂量、剂型和持续时间是最佳的[125, 146]。在服用锌锭（片）或其他锌补剂时，请在症状产生的早期阶段根据其包装上的说明服用。不可长期服用锌补剂，因为这会产生副作用，其中包括抑制免疫系统发挥其功能[55, 165]。

用锌或铁锌来调整贫血患者锌缺乏的状态，可改善红细胞的功能[115, 116]

铬

铬对胰岛素功能的发挥很重要。胰岛素是一种参与脂肪、蛋白质和碳水化合物代谢及储存的激素。铬少量存在于各类食物中，尽管在食品加工过程中会减少全谷物和其他食物中的铬含量[165]。铬缺乏较为罕见，仅在接受静脉注射（在铬加入静脉溶液之前）的住院病人身上才能观察到。

缺铬会降低葡萄糖的耐受度，并导致体重减轻和神经病变[74]。

虽然缺铬会削弱胰岛素的作用，并降低葡萄糖的耐受度，但补充铬以治疗胰岛素抗性和Ⅱ型糖尿病，这种方法的安全性和有效性尚未得到科学界的支持[165]。在对 15 项相关试验的调查中发现，补充铬对于非糖尿病患者或糖尿病患者的葡萄糖及胰岛素浓度均没有影响[3]。

铜

铜作为一些酶发挥作用所必需的矿物质，有助于身体生成血红蛋白和能量。铜的最佳来源有羊肉、牛肉、水生有壳动物、全谷物、豆类和坚果。铜缺乏较为罕见，尽管营养不良的早产儿会缺铜。缺铜会导致骨骼脆弱、嗜中性白细胞减少症和贫血的发生。尚未发现有人通过饮食摄入大量的铜，但饮用铜含量高的水会导致痉挛、恶心、腹痛、腹泻和呕吐[121]。

硒

富含硒的蛋白质对于甲状腺发挥功能，以及防止身体受到氧化应激的伤害很重要。氧化应激是在游离自由基的生成与身体抗氧化剂的防御之间的一种失衡状态[12]。许多食物都含有硒，其中包括海鲜、麦片、水果、蔬菜、谷物、乳制品和肉类。土壤中的硒含量会大大影响食物中的硒含量。硒缺乏较少见，尽管总是食用生长在低硒土壤中的农作物的素食者可能会缺硒。硒缺乏的症状包括心脏功能的改变和软骨病变。此外，硒中毒也很少见，尽管硒中毒可能会导致胃肠道功能紊乱、头发和指甲变脆[121]。

氟化物

氟化物对骨头和牙齿很重要。这种矿物质有助于预防蛀牙并刺激新骨的生成。在美国人的饮食中，氟主要来自于氟化水。

其他来源包括茶（氟化物会积聚在茶叶内）等饮料和一些海鱼。氟化物摄入不足会有增加蛀牙的风险。一些地区没有氟化水，当地的婴儿和儿童难以达到氟化物的适宜摄入量。氟化物摄入过量会导致牙齿褪色或凹陷，牙齿上可能会有不透明的白点或棕斑。吞下过多牙膏或喝下过量漱口水的小孩，可能会摄入过量的氟化物[121]。

你应该服用多种维生素补剂吗？

根据《美国人膳食指南 2015—2020 年》，"营养需求应该首先考虑通过从食物中摄取以得到满足。在某些情况下，强化食品和膳食补剂可能有助于补充一种或多种营养物质，否则这些营养物质的摄入会低于所推荐的量。"这个观点很重要，因为食物中还包括健康所必需的纤维和植物类化合物。在某些情况下，各种化合物之间有益的协同效应存在于各类食物中，但这种效应可能无法用补剂复制出来。换句话说，多种维生素补剂的服用不能代替健康食物的摄入[112]。

如果你想确保自己能满足身体对维生素和矿物质的需求，那么就要吃各种富含营养的食物。饮食的种类更多，意味着你就更有可能获取种类繁多的、身体健康所必需的化合物。然而，即便饮食非常健康，获得足够的某些营养物质仍然十分困难，特别是在你每天没有摄取大于 2000 卡路里食物的情况下（吃得更多才有机会摄入更多的营养物质）。退一步讲，即使你摄入了足够的总卡路里，研究表明，许多人也都没能满足其身体的营养需求[103]。女性、不吃某些食物的人，以及正在节食的人，尤其可能无法满足其身体对微量营养素的需求。一般女性的钙、铁、镁和钾的摄入量，都远低于所设定的膳食营养素参考摄入量。

此外，你所看到的并不等于你能得到的——食物的储存和加工都会破坏或减少某些营养物质。另外，有些人对特定维生素和矿物质的需求更高，因他们服用药物、做过手术（如胃绕道手术），或是有健康问题的倾向。强化食品和多种维生素可以帮助填补膳食中的营养缺口[18, 133]。

根据美国国家卫生研究院的调查可知，需要多种维生素、矿物质补剂中含有的某些营养物质的人群包括：

> 备孕的女性可能会因为增加叶酸（400 微克/天）而受益。
> 叶酸可以减少新生儿患脑部和脊柱出生缺陷的风险。
> 孕妇需要更多的铁，所以医生可能会建议产前服用含铁的多种维生素、矿物质或单独的铁补剂。
> 完全母乳喂养或部分母乳喂养的婴儿，以及每天饮用少于 946 毫升的维生素 D 强化牛奶或配方奶的婴儿，需要补充维生素 D。
> 妇女在绝经后可能需要更多的钙和维生素 D，以增加骨强度和减少骨折的风险。
> 50 岁及以上的成年人可能需要补充维生素 B_{12} 或从强化食物中摄取更多的维生素 B_{12}，因为他们对维生素 B_{12} 的吸收能力会下降[112]。

本章总结

矿物质对身体各处都起着诸多作用。就健康和运动表现来说，矿物质是骨骼的重要组成成分，有助于调节体液平衡、新陈代谢、pH 值平衡、运输氧气、神经脉动和肌肉收缩。此外，矿物质对肌肉的塑造和修复也很重要。钙摄入量偏低会增加应力性骨折的风险。其他矿物质摄入量偏低和明显缺

拓展信息

加工食品不健康吗？

加工食品不一定是不健康的。尽管无数杂志文章和博文都致力于警告消费者加工食品是不健康的，但许多这些文章的作者其实并不了解加工食品的真正（食品及药物管理局的）定义。例如，冷冻的西蓝花、冷冻的鸡胸肉、干豆和干南瓜子都属于加工食品。

加工食品是"除了未经加工的农产品（指原始或自然状态的食品，包括所有已经过清洗、着色，或在上市前处于未剥皮自然状态下的水果）外的其他任何食品，包括任何经过加工的原始农产品，而加工的方式包括罐装、烹饪、冷冻、脱水或碾磨"[162]。

如果你要一整天都忙于学习以应对考试，可能想花更少的时间切菜、备菜、做菜，而用更多的时间去学习，那么就享用一顿营养丰富、烹饪简单的健康大餐吧！其中含有的加工食品有蒸熟的冷冻蔬菜，先解冻再烤熟的鸡胸肉，以及 5 分钟即熟的全谷物蒸粗麦粉和一杯牛奶。不要相信你听到的那些有关加工食品的所有信息。加工食品可以提供丰富的饮食、良好的营养，以及方便的食用，但价格通常很高。

乏，特别是缺铁，会影响健康，在某些情况下还会导致运动表现的下降。尽管矿物质很重要，但除了铁含量可监测外，其他矿物质的状态都难以监测，因为血清标记物并不总能反映出组织内矿物质的储存量。尽管矿物质摄入不足会影响健康和运动表现，但到目前为止，还没有证据表明摄入超过建议膳食营养素的日量的矿物质可改善健康状况或提高运动表现。此外，过量摄入某些矿物质，如锌，可能还会对健康有害，并影响体内其他矿物质的平衡。你可以在膳食补剂中找到多种形式的矿物质。许多补剂都会与其他补剂或药物发生相互作用，因此，任何考虑服用补剂的人，事先都应和他们的药剂师或营养师谈谈。

复习题

1. 列出许多美国人摄入量不足的几种矿物质，并讨论为何会摄入不足。
2. 缺铁如何影响健康和运动表现？
3. 缺铁有哪几个阶段？
4. 哪些矿物质对骨骼健康至关重要？
5. 列出镁的常见来源。
6. 缺锌将如何影响身体健康？
7. 讨论钠和钾对调节血压的作用。

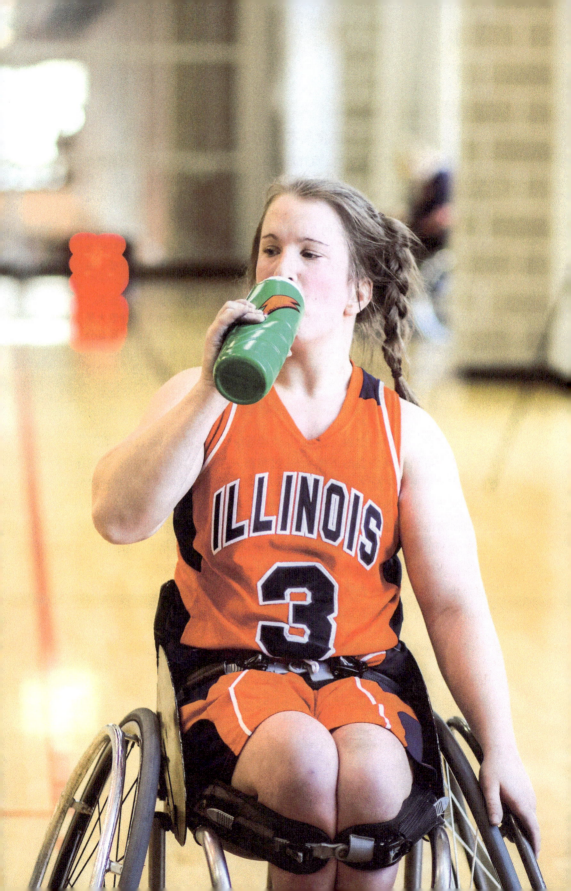

第 8 章

水和电解质

本章目标

在完成本章的学习后，你将能做到以下几点：
- 讨论水对健康和运动表现所起的作用；
- 讨论影响个体体液和电解质需求的各因素；
- 描述由于出汗流失的主要电解质有哪些，及其对健康和身体表现的影响；
- 计算出汗率；
- 描述测量水分摄入状态的工具，包括其操作的便利性和有效性；
- 描述低血钠症的迹象与症状。
- 讨论罹患低钠血症的风险。

水和电解质对优化身体健康和提高运动表现至关重要。通过出汗流失掉的水分会让身体凉快下来，但如果这部分水分得不到补充，那么健康和运动表现就可能会受到影响。当流失掉的体液达到一定数量时，中暑的风险会增加。电解质会导电，对肌肉和神经功能至关重要，因而对心脏和骨骼肌也是至关重要的。一些因素会影响体液和电解质的流失，在不同环境中监测这两者，对每一位运动员制定个性化的补水方案都颇为重要。

水

水对体内平衡（一种平衡或均衡的状态）至关重要。水是生物化学反应的溶剂，它有助于维持血量、运输营养物质和清除体内垃圾[96]。此外，水还可以通过下面的方式来调节体温：吸收在代谢过程中产生的热量，并以无感觉排汗（身体在感到皮肤湿润前，体液已通过汗腺从皮肤的毛孔中蒸发掉了）的方式来散热和排汗。随着汗液的蒸发，皮肤温度会下降。水在体内的作用参见图8.1。偏低的饮水量与某些疾病有关，尽管没有足够的证据能为特定人群设立建议饮水量以作为一种减少慢性病患病风险的方法[96]。

为了最大限度地发挥作用和维持健康，体内总水分必须保持在一个很小的范围内。通过食物和饮料摄入的液体可以增加体内的总水分。呼吸、无感觉排汗、排尿、在代谢过程中胃肠道水分流失和排便，都会造成体内总水分的流失。更多有关日常体液得失的信息请参见图8.2。因发热、烧伤、腹泻、呕吐、受伤、身体暴露在高温环境中或运动造成的体内水分过量流失，都会损害健康[96]。由于过量摄入低钠（或无钠）液体而造成的过量补水，会增加体内水分并稀释血钠水平，以致引起低钠血症——十分危险的低血钠现象[96]。

作为人体最大的组成部分，体内总水分占到健康人体重的 45% ~75%。体内总水分的 65% 都存在于细胞液中，而剩余的 35% 则存在于细胞外的体液中[41, 96]。体重相同的人，其体内水分

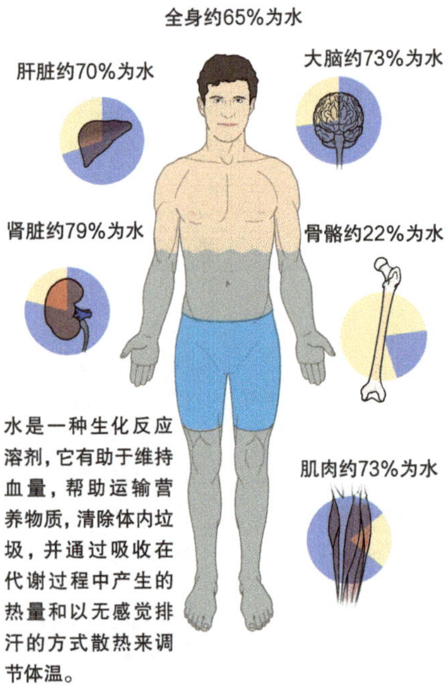

全身约65%为水
肝脏约70%为水
大脑约73%为水
肾脏约79%为水
骨骼约22%为水
肌肉约73%为水

水是一种生化反应溶剂，它有助于维持血量，帮助运输营养物质，清除体内垃圾，并通过吸收在代谢过程中产生的热量和以无感觉排汗的方式散热来调节体温。

图8.1 人体通过食物和饮料来获取水分，而典型的水分流失方式有呼吸、无感觉排汗、新陈代谢、排尿和排便
源自：U.S. Institute of Medicine 2005.

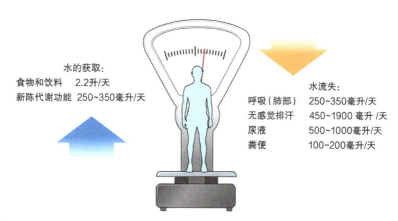

水的获取:
食物和饮料　　2.2升/天
新陈代谢功能　250~350毫升/天

水流失:
呼吸 (肺部)　　250~350毫升/天
无感觉排汗　　450~1900 毫升/天
尿液　　　　　500~1000毫升/天
粪便　　　　　100~200毫升/天

图8.2　**我们如何获取和流失体液**
源自: Riebl andDavy 2013; U.S. Institute of Medicine 2005.

的差异通常是由身体组成的不同而造成的。肌肉含有 70% ~75% 的水分，而脂肪组织则只含有 10% ~40% 的水分[96]。与其久坐不动的同龄人相比，运动员体内的总水分往往更多，因为他们的肌肉量和肌肉糖原量更多[96]。

体液需求

影响水分需求的因素很多，包括年龄、体形、运动、身体活动、环境温度、海拔高度、健康状况、所服用的药物和特定的膳食补剂。在炎热气候中运动或生活的人可能需要更多的水分。另外，水分需求每天都会有变化[68]。在温和的气候下，健康、久坐不动的成年人每天从饮食中摄取的适宜总水量为: 女性 2.7 升 (91.3 液体盎司)，男性 3.7 升 (125.1 液体盎司)。孕妇和哺乳期妇女的每日适宜摄入总水量分别为 3.0 升 (101.4 液体盎司或 12.7 杯) 和 3.8 升 (128.49 液体盎司或 16.1 杯)。所有水分的来源都可以用来满足适宜摄入量。人体水分摄入的大部分，约 81% 都来自水和饮料，而剩余约 19% 则来自食物[96]。表 8.1 显示了部分食物中的水分含量。无论来源 (食物、水、其他饮料) 如何，水分在体内都会被以同样的方式吸收和处理[96]。

体液调节

大脑、肾脏、心脏、汗腺和唾液腺中的各神经通路协调合作，共同密切调节体内的水和电解质。当身体脱水时，大脑、肾脏和心脏中的传感器会监测到血浆渗透压 (血液中溶质的浓度，特别是钠的浓度) 的增加，以及体液量的减少，从而开启一系列的

你知道吗

"每天喝8杯、每杯236.8毫升的水"，这个建议并没有得到科学证实。

含咖啡因的饮料会引起脱水吗?

咖啡因是世界上使用最广泛的合法中枢神经兴奋剂。咖啡因会使人暂时增加警觉性和记忆力,缓解疲劳、改善精神功能[83]。尽管咖啡因有轻微的利尿作用,但在运动或休息时摄入咖啡因不会导致体液流失,因此,咖啡因被认为是安全的,不会对体液平衡产生负面影响[104]。虽说如此,但每个人对咖啡因的反应都大相径庭,这是由基因决定的,所以,在知道个人极限之前,请对自己的咖啡因摄入量持小心谨慎的态度。咖啡因会引起焦虑或不安,特别是在大剂量摄入时[70, 103]。咖啡因会在摄入后的 45 分钟内被身体完全吸收,但其效果却会在 15~120 分钟达到最高点。咖啡因的半衰期——咖啡因在体内的浓度降低 50% 所需要耗费的时长为 1.5~9.5 小时。半衰期受到多种因素的影响,包括口服避孕药、肥胖症、吸烟、海拔高度、遗传因素和其他兴奋剂的摄入[93]。虽然咖啡因可以帮助人打起精神,但如果它干扰到睡眠的话,对身体就弊大于利了。

反应以增加体液量(图8.3)。

脱水是体内水分流失的过程,会导致血量下降[61, 96]。当血量变少时,肾脏会开始进行一系列的反应以维持健康的血压:血管收缩,引起血压升高;经肾脏过滤掉的钠和水分会被身体重新吸收,从而减少产生的尿液量;血量开始反弹,造成血压升高;向大脑发送消息以刺激口渴机制,但是,当脱水发生时,感觉到口渴可能会滞后于体内的水分流失。在脱水期间,主动脉和颈动脉中的压力感受器可以监测到血压下降,并释放信号放出抗利尿激素(ADH)以维持血量,进而

保持足够的血压,以便输送足够的血液到身体组织中[96]。

当血量高于正常值时,心脏中的牵张感受器会监测到血压上升并发出抑制抗利尿激素释放的信号。口渴机制受到抑制,肾脏会排出更多的水分。

脱水和水分过少

脱水是指体内水分流失的过程,而水分过少则是指体内流失掉的水分未得到补偿[88]。根据体液流失量的不同,脱水可以是轻度、中度或重度的。轻度和中度脱水的症状包括口渴、口干、排尿量少、皮肤干燥发凉、头痛、肌肉痉挛和尿液颜色发暗(注意不要把这种情况与因服用 B 族维生素、胡萝卜素或某些药物引起的明黄色或橙色尿混为一谈)。重度脱水的迹象和症状包括:

表8.1　部分食物的含水量

食物或饮料	水（盎司）	水占重量的百分比（%）
水，8盎司（243克）	8	100
100%蔬菜汁，8盎司（243克）	7.7	94
1杯切成块的西瓜（152克）	4.7	92
含1%脂肪的牛奶，8盎司（236克）	7.2	90
田园时蔬汤，1杯（246克）	7.2	87
原味无脂希腊酸奶，约1杯（200克）	5.7	85
美国葡萄，1/2杯（46克）	1.2	81
炒鸡蛋，1整只大的（61克）	1.6	76
切片鸡胸肉，3盎司（85克）	2.1	74
中等大小的香蕉（118克）	2.6	64
干热烧熟的大西洋三文鱼，3盎司（85克）	1.7	60
小麦面包，1片（29克）	0.3	34
生花生，1/4杯（36.5克）	0.1	7

基于食物中的水量（以克计重）与食物总重量的对比，计算得出的食物含水百分比。
源自：U.S. Department of Agriculture 2013.

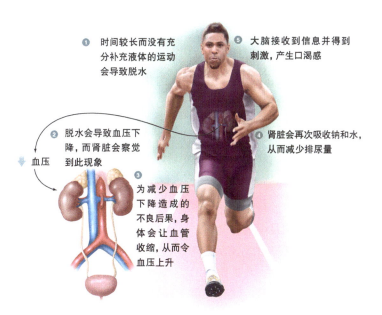

❶ 时间较长而没有充分补充液体的运动会导致脱水

❺ 大脑接收到信息并得到刺激，产生口渴感

❷ 脱水会导致血压下降，而肾脏会察觉到此现象

⬇ 血压

❹ 肾脏会再次吸收钠和水，从而减少排尿量

❸ 为减少血压下降造成的不良后果，身体会让血管收缩，从而令血压上升

图8.3　人体有几个工作反馈机制来用于调节体液平衡
源自：Popkin 2010; U.S. Institute of Medicine 2005.

小窍门　你的水分摄入水平可能会影响你的学习能力。身体失水1%~2%[150磅(68千克)的人失去1.5~3磅(680~1360克)水分]就会影响注意力和短期记忆力,同时还会延长反应时间,引起情绪不稳定和焦虑[7, 32]。

> 核心体温升高。
> 血压降低(低血压)。
> 出汗率降低。
> 呼吸急促。
> 心跳加速。
> 头晕目眩。
> 烦躁不安。
> 意识混乱。
> 排尿少。
> 眼球凹陷。
> 休克。
> 失去意识。
> 神志不清。
> 皮肤干燥、起皱,当被拧掐时无法迅速"反弹"。
> 每搏量和心输出量减少。
> 流向肌肉的血液量减少。
> 加剧运动性横纹肌溶解症(严重的肌肉损伤),以及增加中暑和死亡的风险[22, 36, 74, 96]。

在运动过程中,当身体排汗造成的水分流失没有得到足量的补充时,就会发生脱水[71]。在炎热而潮湿的环境中,以及高海拔地区,发生脱水的风险更大[20, 50, 55]。服装、器材、耐热程度、运动强度、运动持续时间、体形,以及个体出汗率,都会导致脱水[71]。身体反复暴露在高温环境中,就会适应炎热带来的压力,每搏量和心输出量会恢复正常,钠流失得到控制,中暑的风险就会减少。

镰状细胞贫血症、囊性纤维化、糖尿病治疗药物、利尿剂和泻药都会增加脱水的风险。儿童和老年人脱水的风险更高[10, 90]。

几项研究均表明,儿童脱水和发生热源性疾病的风险要高于成年人。那些相对于其体重有着更大体表面积的儿童,会从周围环境中吸收更多的热量。他们的出汗率较低,因而通过汗液散热的能力较弱(尽管这会保留体内的水分),以至于皮肤温度较高。此外,儿童还需要较长时间才能适应炎热的环境[24, 27, 71, 91]。一些研究表明,儿童补充水分的能力和成年人相当或更低[11, 16, 69, 72]。还有一些研究表明,儿童同成年人一样,在温暖的环境下不会充分饮水以补充体内流失的水分,哪怕有足够的水或饮料就在他们旁边[11, 37, 101]。不过儿童汗液中的钠浓度要低于成年人,这有助于儿童保持体内的水分[51]。热源性疾病的迹象和症状呈现在图 8.4 中。

老年人的口渴机制不敏感，所以他们的饮水量通常要少于年轻人。此外，随着年龄的增长，肾脏的储水功能也会下降。服用某些药物的老年人可能对水分的需求更多，或是水分的流失会增加。一些老年人会由于运动能力受损、受伤、疾病或手术而使活动能力受限，只能获得有限的食物和水。所有这些因素，都会使老年人遭受热压力、脱水和水分过少的风险更高。

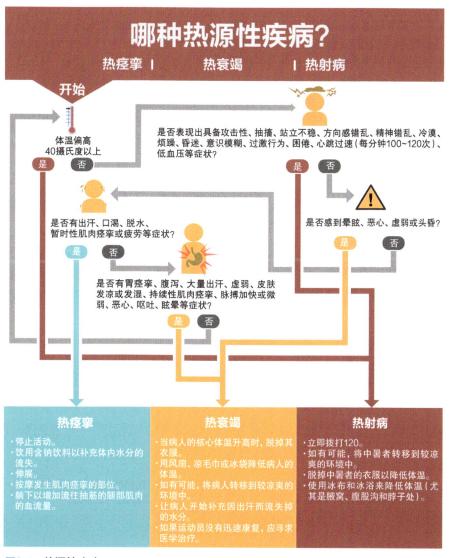

图8.4　热源性疾病
源自：Binkley 2002.

拓展信息

为什么酒精会让你宿醉？

　　我们都知道，喝太多酒会导致宿醉。这是为什么呢？我们又该如何预防宿醉呢？宿醉症状包括疲劳、头痛、睡眠差、口渴、恶心或呕吐、头晕、对光线敏感等等。遗憾的是，引起宿醉的机制尚不完全清楚。尽管酒精会导致宿醉，但似乎除了不喝酒或少喝酒外，没有别的办法能防止宿醉的发生。不过，在可以减轻宿醉严重程度的几个因素中，有两个是我们能控制的：一是足够的睡眠；二是不吸烟[64]。

　　除了宿醉外，过急地饮用过量的酒还会以其他方式对身体造成伤害。例如，酒精会减少抗利尿激素的分泌，导致尿量增加，从而加剧脱水[87]。此外，酒精还会缩小和干扰脑组织，使神经递质偏离正常轨道，因此令人感到疲倦，并且导致身体行动和语言迟缓。更糟糕的是，一夜大量饮酒还会危及你的免疫系统，降低白细胞处理有害细菌的能力[57]。

　　为了防止或减少过度饮酒产生的某些负面作用，可以尝试以下方法来减少饮酒：先了解你的饮料中含有多少酒精（图8.5），再相应地改变你的喝法，例如，每喝1杯酒后就喝1杯水或吃点东西——因为吃东西会减慢身体吸收酒精的速度，让你有更多的时间来代谢酒精。

　　此外，就学术表现而言，不要在考试或高强度学习前夜饮酒，至少也得少喝点酒。

图8.5　酒精饮料中的酒精含量百分比。将酒精百分比乘以饮料的体积即可得出饮料中的酒精含量。上图所示的每款饮品都含有0.6液体盎司（17.8毫升）的酒精
源自：National Institute on Alcohol Abuse and Alcoholism.

水分过多

水分过多有时也被称为过量补水或水中毒，是由于过量摄入低钠或无钠液体（如水）而导致的体内总水分过多[96]。水分过多在健康人身上较为罕见。心脏、肾脏或肝脏疾病患者，以及口渴机制受损的人，由于肾脏排泄体内过量水分的能力下降，因此其水分过多的风险较高。运动员，特别是那些从事长时间耐力项目的运动员，只喝水或低钠饮料，也可能存在水分过多的风险[100]。

水分过多的迹象和症状[28, 59]

> 意识混乱。
> 注意力不集中。
> 视力模糊。
> 肌肉痉挛或抽搐。
> 协调性差。
> 恶心或呕吐。
> 呼吸急促。
> 体重急速增加。
> 虚弱。
> 麻痹。

水分过多会导致细胞水肿和低钠血症，后者是非常危险的，被定义为血浆钠含量低于 130 毫摩尔 / 升[96]。当血钠水平低于 125 毫摩尔 / 升时，身体可能会出现细胞内肿胀、头痛、恶心、呕吐、肌肉痉挛、手足肿胀、烦躁不安和方向感紊乱；当血钠水平低于 120 毫摩尔 / 升时，脑水肿、抽搐、昏迷、脑干疝、呼吸骤停和死亡的风险会增加[3, 5, 74, 97]。低钠血症会发生在比赛期间或比赛结束 24 小时后。在运动员身上，低钠血症的发生原因可能是在长时间的耐力或超耐力比赛期间大量摄入水分，那些比赛时间较长的运动员尤其容易发生低钠血症[97]。

低血钠症的迹象和症状

> 核心体温低于 40° C（104° F）。
> 恶心。
> 呕吐。
> 手脚肿胀。
> 低血钠水平。
> 渐进性头痛。
> 意识混乱。
> 无精打采。
> 意识状态改变。
> 冷漠。

思考时间

补剂会令我脱水吗？

排毒产品、清洁剂和减肥补剂中常见的某些成分会增加通过尿液流失的水分。部分此类产品包括熊果叶、蒲公英（西洋蒲公英）、牛蒡根、马尾草和山楂。尽管许多人认为肌酸会加剧脱水，但尚无研究可以证明这一点[23, 38]。

> 肺水肿。
> 脑水肿。
> 痉挛。
> 横纹肌溶解症（骨骼肌损伤）。
> 昏迷。

源自：Coris 2004; Sawka et al.2007; U.S. Institute of Medicine.

电解质

电解质对肌肉收缩和神经传导都至关重要，因此电解质紊乱会损害运动表现[22, 74]。在汗液中流失掉的电解质包括钠、氯化物、钾、钙和镁（图8.6）[74]。

钠的流失是最受关注的，其流失量可从230毫克/升到高达2277毫克/升，其次是随钠流失掉的氯化物[22, 74, 96]。钠有助于让身体保留较多的水分（通过排尿流失掉的水分较少），从而影响体液的调节[49]。钠流失得越多，肌肉痉挛的风险就越高[14, 84]。高强度运动或连续运动了几个小时的运动员，过量饮水或饮用无钠、低钠饮料，会稀释其血钠浓度，从而增加痉挛发生的风险，并可能会导致低钠血症[3, 5, 74]。为避免低钠血症的发生，补充的水分不应超过流失掉的汗液，因此运动员应通过少量多次摄入食物或运动饮料来补充钠[62, 74]。

高钠血症，即血钠升高，被定义为血钠浓度高于145毫摩尔/升。高钠血症通常与脱水有关，非常危险，甚至会导致死亡[2, 21]。

你知道吗 ❓

钠是通过排汗流失掉的主要电解质。钠流失加剧会增加运动员痉挛发生的风险，特别是在伴随着流汗排出大量体液时。

健康人的血钾水平能得到很好的调节。大量补充钾非常危险，甚至会导致死亡[96]。

排汗引起的钙流失量非常少。当

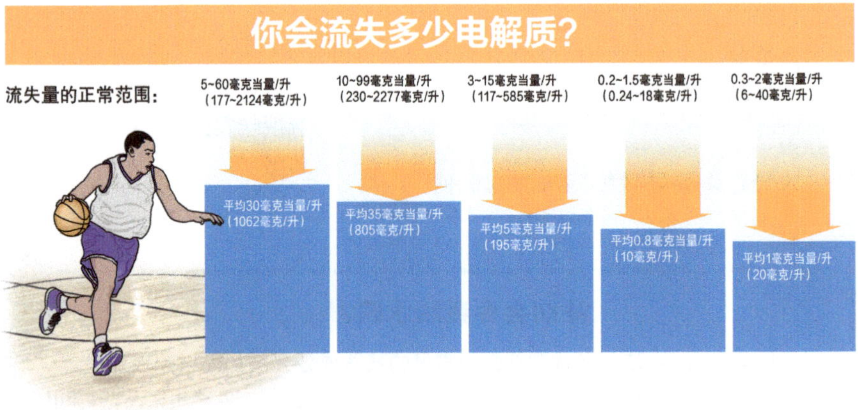

你会流失多少电解质？

流失量的正常范围：

5~60毫克当量/升 (177~2124毫克/升)	10~99毫克当量/升 (230~2277毫克/升)	3~15毫克当量/升 (117~585毫克/升)	0.2~1.5毫克当量/升 (0.24~18毫克/升)	0.3~2毫克当量/升 (6~40毫克/升)
平均30毫克当量/升 (1062毫克/升)	平均35毫克当量/升 (805毫克/升)	平均5毫克当量/升 (195毫克/升)	平均0.8毫克当量/升 (10毫克/升)	平均1毫克当量/升 (20毫克/升)

图8.6 因排汗而流失的各种电解质的平均数量

源自：Coris 2004; American College of Sports 2007; Institute of Medicine 2005.

血钙水平下降时，身体会从骨组织中提取钙以将血钙水平维持在一个很小的区间内。

尽管在运动过程中，镁会通过汗液和尿液流失掉，但身体会重新分布镁以适应代谢需要[58]。此外，排汗流失的镁的平均量约为 10 毫克/升，仅为人每日需求量的一小部分（9 岁及以上的人，镁需求量为 240~420 毫克/天，具体情况视年龄而定）[74,95]。

水、电解质与运动表现

在运动过程中，肌肉收缩会产生热量，为此身体必须通过排汗散发这些热量，以帮助冷却皮肤和降低体温。当为了维持正常的体内水分（水分正常）而饮水时，排汗仍然是抵消核心体温上升的有效方法。然而，正如前面讨论过的，口渴感会滞后于水分需求。当口渴觉来临时，可能已有 2%~3% 的体重随水分流失掉了[37]，因此，口渴可能不足以成为预防在运动时出现明显脱水的一个刺激因素，特别是在炎热潮湿的环境中（图 8.7）[71]。如果流失掉的汗液没有得到水分的补充，就会发生脱水，这将会降低出汗率和蒸发性散热能力，导致核心体温升高，血量下降，血压降低，并给心血管造成压力，以及影响代谢功能和中枢神经系统功能的发挥[73,88]。脱水风险增加的因素包括穿着多层衣服、穿着防护装备（护垫、头盔）、热度升高、湿度升高、每天运动多次、故

意脱水，以及其他不安全的减肥方式。不安全的减肥方式包括服用利尿剂、洗桑拿浴、为"达到某个体重"而改变水钠平衡、吐物过量、自我催吐、滥用泻药，以及不合理地使用辅助产热手段[13,31,34-36,86,99]。

在训练前体内水分的减少量少于体重的 1%，是不太可能会影响运动表现的，除非运动员在开始训练时已明显缺水[17]。汗液流失量达到体重的 1%~3%，会使核心体温升高，并在多方面影响运动表现：加剧疲劳；降低运动能力；损害注意力、精神运动、即时记忆等能力；削弱冲刺表现；损害神经肌肉的控制能力、准确性、爆发力、力量和肌肉耐力[1,12,20,26,39,42,43,53,75,82]。

在受过耐力训练的自行车运动员中，如果当处于炎热的环境中时脱水量达到体重的 4%，就会减少流向肌肉的血量[36]。当汗液流失量占到体重的 6%~10% 时，心输出量、汗液产生量、流向皮肤和肌肉的血量都会减少，而热源性疾病发生的风险则会增加[22,25,74,88]。

大量钠随汗液流失掉，会增加运动员发生肌肉痉挛[14]和运动表现下降的风险，若再加上补水过量，则还会导致低钠血症[3,5,74,97]。一项针对美国全国大学生体育协会（National Collegiate Athletics Association, NCAA）一分会橄榄球运动员的研究发现，有热性痉挛史的运动员，与年龄、体重、种族、场上位置都相关，但与从未痉挛过的运动员相比，前

热度指数

随着湿度的增加，空气在感觉上会比实际水平更热。
这张图表为湿度升高时相应的体感温度。

相对湿度（%）	70	75	80	85	90	95	100	105	110	115	120
100	72	80	91	108	132						
90	71	79	88	102	122						
80	71	78	86	97	113	136					
70	70	77	85	93	106	124	144				
60	70	76	82	90	100	114	132	149			
50	69	75	81	88	96	107	120	135	150		
40	68	74	79	86	93	101	110	123	137	151	
30	67	73	78	84	90	96	104	113	123	135	148
20	66	72	77	82	87	93	99	105	112	120	130
10	65	70	75	80	85	90	95	100	105	111	116
0	64	69	73	78	83	87	91	95	99	103	107

温度（°F）

警戒区
危险区

图8.7　热度指数衡量的是，当把湿度计入温度一起考虑时，户外真正感受到的温度

源自：C.B.Corbin, G.C. Le Masurier, andK.E. McConnell, 2014, Fitness for life, 6th, ed.（Champaign, IL: Human Kinetics),76.

者排汗导致的钠流失量比后者要高出两倍[84]。

许多运动员和娱乐性运动者都是在水分过少的状态下开始训练的，这使得他们难以在训练期间达到水分正常的状态[17, 19, 62, 85, 86, 98]。研究发现，运动员的体液流失范围从0.3L/h到超过4.6 L/h不等[62, 74]。此外，还有一项针对全国大学生体育协会一分会运动员的研究，通过测量尿比重（USG）发现，66%的运动员都会在缺水的状态下开始运动，另有13%的运动员在明显脱水的状态下开始运动。尿比重是通过测量尿液中颗粒浓度，来评估补水状态的一个工具[81]。另有研究发现，许多十几岁的男女网球运动员、加拿大精英少女足球运动员，以及超过50%的加拿大少年冰球运动员，都会在水分过少的状态下开始运

动[17, 34, 63]。一些在缺水状态下开始运动的运动员，在运动期间也没有喝足够的水来避免脱水[34, 63]。

业余运动员与这些年轻运动员类似，许多人都是在缺水的状态下开始运动的。一项针对29名参加室内夏季联赛的美国全国篮球协会（National Baoketball Association，NBA）球员的研究发现，52%的运动员在比赛开始时都处于缺水状态，有5名球员在比赛过程中，体重的下降都超过了2%（与赛前体重相比）[62]。图8.8展示了当脱水加速时，运动表现是如何受到影响的。

由于身材较为高大，穿戴装备较为厚重，并在炎热环境下的户外运动，因而美式橄榄球员，尤其是锋线球员发生脱水的风险较高[22]。一项对美国职业橄榄球大联盟球员的研究发现，

我能采用利尿药物、排毒剂或清肠剂来减肥吗?

利尿剂会增加尿量,因而你的体内水分可以暂时减少,但一旦你补充水分后,体重就又会反弹。许多排毒剂和清肠剂声称可以通过去除体内毒素达到减肥效果。以下内容(之一或更多)为其典型做法:

> 限制热量的摄入量。
> 几天之内仅饮用果汁或吃流食。
> 限制食物种类。
> 服用轻泻药、灌肠剂或洗肠。
> 服用各种膳食补剂。

尚无具体证据表明,典型的排毒剂和清肠剂能够排除毒素或改善健康状况。如果排毒、清肠饮食或方法会减少你的日常热量的摄入量,那么就可能达到减肥效果。根据美国食品与药物管理局和联邦贸易委员会的说法,一些排毒、清肠产品或方法甚至可能有害健康。这两个部门都对销售非法和含有潜在有害成分的产品、发布虚假声明——声称其产品能够治愈重大疾病,或是未经批准使用医疗设备为客户灌肠的多家公司采取过措施。以下为已经得到证实的其他问题:

> 未经巴氏灭菌(巴氏灭菌法会杀死细菌)的果汁可能含有有害细菌,饮用后可能会令人患病,特别是那些免疫力低下的人,尤其指老年人和儿童。
> 由于草酸盐含量较高,因此摄入较多的果汁会对肾病患者造成伤害。
> 轻泻药会导致腹泻、脱水和电解质紊乱。
> 患有糖尿病的人会经历在所服用的处方药和饮食之间的不平衡而引起的严重副作用,从而引发低血糖。
> 禁食和摄入非常低热量的饮食会导致头痛、昏厥、虚弱、脱水和其他问题[56]。

在第 13 章中,我们将讨论安全、有效的减肥方法。

身材较小的球员在运动时,通过汗液流失的水分量明显要低于身材高大的球员(图8.9)。

除了运动前后补充水分的重要性外,当运动过后再补充水分是需要时间的。在一项小型研究中,研究人员做了 4 项独立的试验,他们对受测对象的饮食量和饮水量加以限制,然后让其在适当的温度环境中进行运动,使体重减轻量分别达到 0%、3%、5% 和 7%(每个受测对象都经历不同程度的脱水)。在运动过后的 1 小时内,

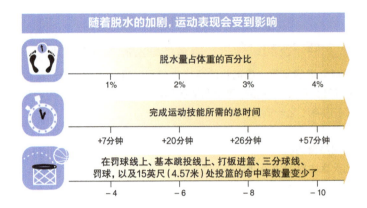

图8.8　在篮球运动员中，运动技能会随着脱水的加剧而下降
源自：Baker 2007.

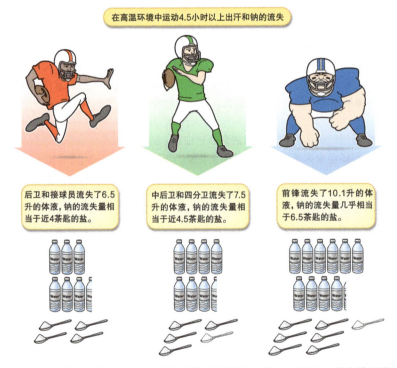

图8.9　3组美国职业橄榄球大联盟球员在高温环境中运动4.5小时后，其身体因排汗而流失的钠的数量

受测对象可以尽情饮水。在这段时间内，所有受测对象都没有摄取到足以恢复到基准体重的水分量，这表明虽然受测对象可以补充足量的水分，但在水分过少后的充分补水，也是需要时间的[30]。

运动员应该足量饮水以防止体内的水分流失量超过体重的 2%，同时也应补充通过汗水流失掉的电解质，以防止（电解质的过量流失）对健康和运动表现产生不利影响。此外，在运动后和下一次训练前，补充好水分也是重要的[74]。鉴于通过出汗流失掉的体液和电解质的量相差很大，所有运动员都应该根据自身情况制订适合自己的补水计划。制订个性化补水计划的第 1 步就是评估日常的补水状态，以及在运动过程中体液和电解质的流失程度。

评估补水状态

评估补水状态的方法有几种，它们各自在测试费用、使用的便利程度、是否能监测到在补水过程中的微小变化等方面都有所不同[61]。没有完美的适用于所有情况的评估方法，尽管血浆渗透压测量法大体被认为是最有效的方法[6, 96]。血浆渗透压法测量的是血浆中溶质的浓度。当运动员出汗时，血浆量和细胞外的水分会随着体液的流失而减少，从而血浆的渗透压就会增加（因为流失掉的溶液比溶质更多）。血浆渗透压随着补水状态的急剧变化而改变[96]。在运动场景中，常用的补水状态测量法包括尿渗透压法、尿比重法、体重变化法、汗液补充法和生物电阻抗分析法[6]。包括尿渗透压法和尿比重法在内的尿标记物法和血清渗透压法，分别测量的是尿液和血清中的颗粒浓度。这两项指标都是补水状态的感应（有效）指标[96]。如上所述，尿比重法测量尿液中颗粒的浓度，并对补水状态和肾功能做出评估[81]。尿比重测量法操作简单，费用低廉且实用。尿比重和尿渗透压应在清早进行测量，而在急性脱水期间（当运动员在运动中大量出汗时会发生这种情况）测量，或是在补水后对尿液进行分析，则得到的数据都可能会有误导性[61, 74]。此外，以上这两种方式还都能显示出延迟的脱水相关变化[61]。如果脱水运动员饮用了大量的低渗液性液体，他们将在身体再次得到充分补水（水分正常）之前产生大量尿液。在再次补水期间，尿比重

拓展信息

休闲运动员需要补充盐吗？

所有运动员，无论其竞技水平如何，都应该了解脱水、低钠血症和补充钠方面的基本知识。事实上，休闲运动员发生低钠血症的概率比竞技运动员更大。保持充分补水但不要过量。补充电解质将不仅有助于你的最佳发挥，还能保证你得到最好的锻炼效果。此外，保持充足的水分还可以帮助你每一天都发挥出自己的最好水平，这不仅是在运动或比赛时，在学校学习时，以及在其他需要认知思维技能的课外活动中都能表现出自己的最好状态。

和尿渗透压是有误导性的。这两项指标值都会提示实际上仍处于脱水状态的运动员，告诉他们已达到水分正常了[74, 80]。在运动后至少 6 小时内测量尿渗透压都会有误导性，即都是一个不太能反映补水状态的指标[46]。尿比重值会随着缺水程度的上升而上升，尽管这种变化在个体间的差异较大。不过，尿比重值无法预测缺水的程度[96]。有关用尿比重测量补水状态的更多信息，请参考表 8.2。

尿液的尿渗透压在 50~1200 毫渗透摩尔／升[89]的范围内，都是正常的。根据此范围值，所增加尿液的尿渗透压可以用来确定脱水程度的增加，尽管这不被认为是反映补水状态的一个良好指标[8, 78, 96]。

测量体重的变化有助于辨别发生脱水的运动员。体重的急剧变化常常反映出在热量平衡状态下，运动员的体液波动。热量平衡，即（运动员）每天消耗足量的卡路里来保持体重。运动员可以在每天早晨上过厕所后、进食或喝水前裸体或穿着最少的衣服测量体重，并据此来估计每日的补水变化。通过体重的变化准确估计出汗体液流失量的方法见图 8.10。运动员可通过测量运动前后的体重变化来估计因排汗引起的水分流失，并以此推测出汗率[60, 74]。虽然体重变化可用于评估补水状态的短期变化，但在一段较长的时期内，食物摄入、排便和体内成分的变化，都会使体重反映补水状态变化这一做法变得不靠谱[60]。

运动员有时被建议检查其尿液颜色，以评估自己的补水状态。其中，颜色较深的尿液含有较多的溶质，是脱水或水分过少的迹象；浅黄色的尿液浓度较低，表明水分正常。然而，尿液颜色评估法是有问题的，因为它具有主观性、不精确性，并且存在多种说法均可以解释尿液颜色的改变[74, 96]。例如，一些食物成分、营养物质和药物都会改变尿液的颜色[33, 81, 92]。此外，在运动后至少 6 小时内，尿液颜色都不能用于准确评估补水状态[46]。

表8.2　用尿比重法衡量补水状态

尿比重值	状态	体重变化（%）
1.001~1.012	补水过度	当训练后比训练前更重表明补水过度
≤ 1.020	水分正常	−1%~3%
1.020~1.030	脱水	体重的3%~5%
≥1.030	严重脱水	≥ 体重5%

一些研究认为1.010~1.020为最小脱水量，低于1.010为水分正常。其他研究认为，1.001~1.010意味着可能已补水过度。尿比重和体重百分比变化（与水分正常时相比）可用于评估补水状态，但尿比重值既不相当于，也不能预测体重百分比变化（例如，1.020的尿比重不等于体重发生3%~5%的变化）。
源自：Armstrong 1994; Popowski 2001.

① 运动员应该排尿

② 在运动前，运动员应穿着最少、最轻的衣服且不穿鞋称重

③ 装满1瓶水给运动员，测出其1小时运动期内的饮用量

运动1小时

④ 在给定一段时间的训练后，让运动员排尿，脱掉汗湿的衣服，并擦干身体

⑤ 对运动员称重

⑥ 用运动前的体重减去运动后的体重，得到总体重流失量。在运动期间体重每减轻1磅（0.45千克），就相当于16盎司（0.5升）体液随汗液流失掉了。若体重减轻了2%或更多，则表明运动员没有充分补充因出汗而造成的体液流失

⑦ 用第6步中的体液流失量测算出汗率，并加上在运动期间的水分补充量（以盎司计）。为了计算出每小时的出汗率，用60除以你运动的总分钟数，之后再用这个得数乘以运动的总分钟数

图8.10　通过体重的变化估计汗液流失

当发生脱水后立即补充水分可使尿液颜色会变淡，哪怕运动员仍处于脱水状态[74]。有关影响尿液颜色的因素方面的更多信息，请参见表8.3。

将汗液贴贴在运动员的前臂或身体的其他部位，可收集流失的水分和电解质。这些汗液贴使用方便，为个性化的水分和电解质（氯化钠）补充方案提供了有价值的信息[29]。生物电阻抗分析（BIA）法是一种简单而快捷的评估补水状态的方法。生物电阻抗分析法利用穿过皮肤的一种频率进行检测。当组织内的水和电解质含量较高时，对电流的抗阻也更强[48]。对水分正常、长期水分过多或缺水的受测对象而言，生物电阻抗分析法可以很好地评估出体内总水分和补水情况[60, 76]。然而，在运动期间细胞内外之间的体液变化，

表8.3 引起尿液颜色变化的常见原因

颜色或外观	医学解释	可能的饮食和药物原因
淡黄色或清澈	水分过多 尿崩症	利尿剂、饮酒、甘露醇
浑浊	尿路感染（UTI）（尿液可能有异味）、磷酸盐尿（尿液含磷量偏高）、乳糜尿（尿液中有乳白色的淋巴液）、肾病、高草酸尿（复发性肾脏和膀胱结石）	富含嘌呤的食物，如鳀鱼、芦笋、动物肝脏、蘑菇、鲱鱼、肉汁、甜面包、野味肉、干豆和豌豆、牛腰子、鲭鱼、精肉、沙丁鱼或扇贝
乳白色	细菌（尿路感染） 尿液中含有以下物质： ·结晶 ·脂质 ·白细胞或红细胞 ·黏液 ·乳糜尿（一种常见于贫困人口的热带病）	尚无已知的食物或药物原因
棕色	胆汁色素 肌球蛋白（心脏和骨骼肌中一种携带氧气的蛋白质） 用于治疗帕金森病或尿路感染的药物 抗疟药 抗生素（甲硝唑）	蚕豆
深棕色	尿液中过多的胆红素导致肝脏出现疾病，如急性病毒性肝炎或肝硬化 治疗帕金森病或高血压的药物（甲基多巴）	药鼠李（一种用作轻泻药的植物） 番泻叶（一种轻泻药） 用于治疗细菌感染的药物（甲硝唑疗法） 肌肉损伤导致尿液中出现肌球蛋白（一种出现在肌肉中的蛋白质）
褐黑色	胆汁色素 黑色素 正铁血红蛋白	药鼠李、某些治疗帕金森病的药物、某些抗高血压药物、番泻叶
绿色或蓝色	胆红素 治疗抑郁症、溃疡、过敏的药物（异丙嗪） 利尿剂（氨苯蝶啶） 尿路感染	食用色素（靛蓝胭脂红） 亚甲蓝（用于治疗尿路感染） 利尿剂（氨苯蝶啶） 抗抑郁药（阿米替林） 消炎药（吲哚美辛）

续表

颜色或外观	医学解释	可能的饮食和药物原因
紫色	各种吸收不良和细菌过度生长综合征	尚无已知的食物或药物原因 长期插管导尿患者使用的医院的紫色导尿管和尿液袋会导致尿液变色
橙色或深黄色	水分过少（特别是产生的尿液颜色发暗且量少） 胆汁色素 轻泻药 一些药物，如非那吡啶、利福霉素、华法林、吡啶姆、吩噻嗪类药物	用于治疗细菌感染的抗生素（利福霉素） 胡萝卜 药鼠李
粉红色、红色或浅棕色	溶血性贫血 肾脏损伤 卟啉症 尿道损伤或导致出血的尿道疾病 尿血 酚酞、利福霉素等药物	甜菜、黑莓、 一些食物色素 番泻叶、蒽醌、含酚酞的轻泻药、阿霉素、利福霉素和吩噻嗪
亮黄色	尚无已知的医学解释	胡萝卜、B族维生素

UTI =尿路感染

源自: Gerber and Brendler 2011; Raymond andYarger 1988; Sharma and Hemal 2009; Simerville, Maxted,and Pahira 2005; U.S. Department of Agriculture 2013.

会增加流向肌肉和皮肤的血液量，而出汗则又会影响运动员的生物电阻抗分析法检测效果。此外，生物电阻抗分析法还会不可避免地受到水和电解质含量，以及细胞内外体液中电解质含量变化的影响。举例来说，当血浆（细胞外部的体液）的钠浓度升高时，其阻力下降，这就会令利用它来评估补水情况变得不可靠[60]。综合上述因素，生物电阻抗分析法不是一个评估运动员补水情况的准确方法，因为运动员的补水状态是频繁变化着的[60, 96]。表8.4列出了衡量补水状态的几种方法。

针对运动的补水建议

由于影响汗液流失的因素有很多——包括气候、训练或体育赛事、衣着、运动装备、气候适应能力、个体的出汗率和电解质流失的差异——因此无法为所有人设定一个适用于不同情况的水分补充指南，但是，下面这些建立在研究基础之上的建议，可以根据对不同环境下个体水分和电解质流失做出的全面评估，加以适当地调整。

运动前

许多运动员和经常运动的人都常

表8.4　衡量补水状态

测量方法	可操作性	优点	衡量的是短期还是长期补水状态，或是两者兼有	正常值	高于正常值可能意味着	低于正常值可能意味着
体内总水分含量（实验室稀释法）	低	准确、可靠	两者	<2%	过度补水 疾病状态	脱水 疾病状态
血浆渗透压	中	准确、可靠	两者	275~295毫渗透摩尔/升	脱水 糖尿病 高血糖 血液中氮废物含量偏高 高钠血症 中风或头部创伤导致抗利尿激素分泌减少	甲状腺功能减退 低钠血症 过分补水 肾上腺功能失常 抗利尿激素分泌过多 与肺癌有关的身体状况
尿比重	高	使用方便	长期	<1.020	糖尿病 改变抗利尿激素的分泌情况脱水	过度补水 使用了利尿剂 糖尿病 肾上腺功能不全 醛固酮增多症 肾脏功能受损
尿渗透压	高	易变，可用于测量脱水程度，但不是一个用于测量脱水状态的好方法	长期	50~1200毫渗透摩尔/升	心力衰竭 脱水 肾脏动脉狭窄 休克 尿糖 抗利尿激素分泌很少	过分补水 肾脏受损 肾脏衰竭 肾脏感染
体重	高	简单、迅速	两者*	<1%~2%	过分补水	脱水

*在热量平衡的状态下，一名运动员的长期（在几天内的）变化都可以被预估出来。

源自: Kavouras 2002; Sawka et al.2007; Tilkian, Boudreau, and Tilkian 1995.

在水分过低的状态下开始训练或运动，这就使他们在训练过程中难以达到水分正常[17, 19, 62, 86, 98]，因此，运动前的（补水）目标在于通过提前补水来达到水分正常的状态，甚至在必要时可在运动开始前数小时补水，以给足吸收水分和产生尿液的时间。如果使用尿比重法测量指标，运动前的测量读数就应低于 1.020[74]。

在运动前 4 小时，运动员应慢慢补充足够的水分，直到排尿量达到 5~7 毫升 / 千克体重（0.076~0.108 盎司 / 磅），以便有充足的时间排出多余的无效水分[74]。通过运动饮料或食盐，往运动前的餐饮或零食中加钠，有助于运动员保留更多摄入的水分[54]。

运动期间

在久坐不动时，人体平均每小时会通过无感觉排汗和出汗流失约 0.3 升的汗水[96]。在训练期间的汗液流失范围为 0.3 升 ~ 超过 4.6 升每小时，而钠的流失范围为每升汗液 230~2277 毫克或以上。鉴于这种变化，制订个性化的补水计划是非常重要的。这个计划有助于将体液流失量控制在 2% 以内，以帮助补充电解质的流失，并且还能避免过度补水[62, 74]。大多数运动员都可以通过

你知道吗 ❓

运动员应在得到充分补水的状态下开始训练或比赛，要避免在运动过程中体重（通过出汗）减少超过 2%，并在下一次训练期之前，完全再补充好水分。

每小时摄入 0.4~0.8 升水分（13~27 盎司 / 小时）来保持足够的补水。出汗率较高的运动员（>1.2 升 / 小时）或汗液含盐量较高、运动时间超过 2 小时的运动员，更容易发生明显的钠流失，所以他们应在运动中选择饮用含钠饮料。含有 6% ~8% 碳水化合物的饮料较为理想，因为含有 8% 以上碳水化合物的运动饮料会延缓胃排空的速度（饮料从胃中排空的速度），这可能会导致胃部不适[52, 74]。建议饮用清凉但不冰冷的饮料，温度为 10°C~15°C（50°F~59°F）[19]。

含有多种类型碳水化合物（如葡萄糖和果糖，或与果糖混合的麦芽糖糊精）的饮料会加速胃排空的速度，从而降低胃部不适的风险[102]。在较长时间的训练期间，运动员每小时会消耗 30~60 克碳水化合物，以维持体能。根据一些研究（主要针对长时间骑自行车运动员的研究）显示，如果运动饮料中含有多种类型的碳水化合物，有氧耐力运动员就可以将总碳水化合物摄入量增加到每小时 90 克[40]。

儿童和青少年

一款含调味剂和钠的运动饮料可能会增加一个人饮用它的兴趣。应给儿童多种饮料供其选择，好让他们决定自己喜欢喝哪一种[71]。

美国儿科学会（American Academy of Pediatrics，APP）建议，应强制儿童定时饮水，以确保他们在运动过程中摄入足够的水分。饮料应该含有

15~20 毫摩尔 / 升浓度氯化钠。已经证明，与无添加氯化钠的水相比，这种饮料可将自愿饮水率提高 90%[4, 15, 101]。根据该学会的指南：

> 体重为 40 千克（88 磅）的儿童在运动过程中，每 20 分钟应补充 148 毫升（5 盎司）冷水

无论参加什么类型的运动，儿童都应该有充足的休息时间，以保证适当补水。

或添加了调味剂的咸味饮料。另外，体重为 60 千克（132 磅）的青少年，每 20 分钟应补充 256 毫升（9 盎司）的水分，即使他们不感到口渴。

成年人

运动员应遵循个性化的补水方案。通常，每升运动饮料应含有 20~30 毫克当量的钠（460~690 毫克，以氯化物为阴离子）和 2~5 毫克当量的钾（78~195 毫克），还要含有 5% ~10% 的碳水化合物[94]。以针对网球运动员的资料为例，针对网球运动的专门建议认为，每交换一次场地，运动员应补充 200~400 毫升（7~14 盎司）的水分，其中一些水分来自含碳水化合物和电解质的运动饮料[47]。

所有针对儿童、青少年及成年人的补水指南，都可能需要结合运动员自身的情况进行调整。

你知道吗 ❓

当运动员在高强度运动或长时间运动期间快速饮用运动型饮料时，摄入的碳水化合物可能会超过胃部能够快速处理的量，从而会导致胃部不适。

拓展信息

创造一个鼓励水分摄入的环境

考虑到补水的重要性，以及脱水、缺水和热源性疾病可能对健康造成的潜在不利影响，教练员和家长应该创造一个鼓励水分摄入的环境。为此他们可以这样做：在运动场所提供饮料（水和添加了调味剂的饮料都可以），安排好运动期间的休息，向运动员和家长讲述补水的重要性，同时指导如何保持最佳的补水状态[45]。

运动后

许多运动员，无论是竞技型的还是休闲型的，都是在水分不足的状态下结束运动的。在运动后，他们可能会继续排汗，并且还会促进排尿以便再流失一部分水分，因此，运动员需要摄入更多液体，以弥补总体液流失，恢复体液平衡。他们的补水目标应达到水分流失量（每磅体重流失 20~24 盎司水分，或每千克体重流失约 1.5 升水分）的 125%~150%。如果饮用不含钠的饮料（或在运动后的饮食中不含钠），那么运动后摄入的大量水分就会导致尿量增加[80]，因此，在运动后的餐食、小吃或饮料中应含有钠，以补充钠和增强补水效果。当钠流失量较大时，可以在食物中添加盐[74, 80, 96]。这种方法有助于弥补大量饮水后增加排尿所造成的水分流失[74, 79]。

本章总结

水和电解质对健康和运动表现都至关重要，但许多因素都会影响补水需求，因此没有一个适用于所有人的推荐方案。可用适宜摄入量作为指导，并根据个人需求进行调整。每日的补水状态、运动所需的补水量和因运动造成的电解质流失量，都可以测量出来，并用于制订个性化的补水方案，以确保每日的充足补水，同时还能防止运动中体液和钠的过量流失。在不衡量补水状态（可能由于缺乏测量设备和对体重变化不敏感）的情况下，他们的教练（或父母）必须密切注意他们的状态，并记录排尿的频率和排尿量，以及缺水的各种症状。尽管饮水较为方便，但许多运动员和休闲运动者仍然会在水分过少的状态下开始训练或运动。训练时会大量排汗，并且由于持续出汗和运动后的排尿，因此无法快速补充体内流失的水分。

复习题

1. 为什么体内水分对运动表现、运动和健康很重要？
2. 讨论影响个体水分需求的各种因素。
3. 讨论体内钠的作用，以及为什么它对运动和锻炼表现很重要。
4. 列出并计算出汗率的几种方法，其中哪种方法更准确？
5. 讨论低钠血症的相关症状。
6. 哪些人最容易发生低钠血症？是什么因素增加了他们患此病的风险？

第 9 章

营养补剂和运动中常用的其他物质

本章目标

在完成本章的学习后，你将能做到以下几点：

> 解释膳食补剂如何被监管；
> 描述膳食补剂所使用的声明类型；
> 讨论评估膳食补剂安全性和有效性的过程；
> 区分不同运动中常用的补剂，并讨论其有效性和安全性；
> 描述体育运动中常用的违禁药物及其后果；
> 讨论酒精对运动表现的影响。

人们选择服用补剂的原因有很多：改善健康状况、提高体能、提高运动表现、改变身体成分，当然还包括补充那些无法通过饮食充分摄入的营养物质[27, 80]。在服用得当时，许多膳食补剂确实可以提高健康、训练和运动表现。然而，尽管一些膳食补剂有益于健康，但另一些并不是如此，甚至还有些在某些情况下是有害的（这取决于个体的健康状况同时还有摄入的物质等其他几个因素）[34, 53, 54, 92]。对于运动员来说，服用生产质量不合格的药品，及故意掺入含有处方药或违禁药物的补剂，都可能会导致药物检测呈阳性。在任何情况下，无论您是否属于竞技运动员，都必须确保自己选择服用的膳食补剂的安全性。

在体育运动中使用补剂

由于研究不充分、方法不一致、研究方案不完善，以及已发表的研究结果缺乏同质性，运动员普遍使用的膳食补剂无法量化。估计全球运动员使用补剂的范围是 37% ~89%，其中精英运动员和大龄运动员使用率最高[80]。一项根据 159 项之前发表的研究数据做出的评论与综合分析，报道了运动员使用膳食补剂的流行程度[44]。这些数据表明：

> 与非精英运动员相比，精英运动员补剂的使用率更高。
> 男性和女性的服用情况类似，只有少数例外（男性服用较多的维生素 E、蛋白质和肌酸，而女性则服用较多的铁）。
> 随着时间的推移，服用膳食补剂日益流行（数据来自截至 2014 年发表出来的文章）。
> 运动员使用补剂的比例高于美国一般成年人使用补剂的比例。

在这份研究中提到的最常用的补剂包括维生素和矿物质、氨基酸和蛋白质、肌酸、草药补剂、ω-3 脂肪酸、咖啡因和能量饮料。在市场上还有很多补剂产品，并且时常会推出新产品。

 小窍门

在市场上销售的许多能量补剂都含有咖啡因，但是，制造商却不被要求在膳食补剂的产品标签上列出咖啡因的含量[93]。根据美国农业部做出的一项研究显示，膳食补剂中的咖啡因含量为每日1~800毫克以上。800毫克相当于约8杯咖啡中的咖啡因含量[96]。咖啡因以不同的方式影响着人们，所以，消费者在服用含咖啡因的补剂时应该谨慎，特别是当还同时食用或饮用其他含咖啡因的食品或饮料时[29]。在服用含有咖啡因的补剂时，请缓慢地开始，并监测身体的反应，然后根据情况继续服用下去。

对膳食补剂的监管

膳食补剂受美国食品与药物管理局监管，而联邦贸易委员会（Federal Trade Commission，FTC）则通过管控市场上可能出现的不公平、欺骗或欺诈行为，来保护消费者的权益。1994年的膳食补剂健康和教育法（Dietary Supplement Health and Education Act，DSHEA），从法律上将膳食补剂定义为"一种含有旨在补充饮食中'膳食成分'的口服产品。"这类产品中的"膳食成分" 包括维生素、矿物质、草药或其他植物成分、氨基酸，以及酶、器官组织、腺体和代谢物等。

膳食补剂也可以是提取物或浓缩物，并且有许多形式，例如片剂、胶囊、软凝胶、粒状胶囊、液体或粉末[85]。如果这些化合物中有任何一种（几种）是以其他形式存在的（例如能量棒），那么在其产品标签上所提供的信息不能将其标为一种常规食品，也不可暗示它能当饭吃。根据这项法案，膳食补剂是单独受管控的，并有着不同于食品和药品的一套规定[85]。

在这些产品上架供消费者选购之前，美国食品与药物管理局是不会批准膳食补剂的安全性或有效性的。生产商有责任确保补剂的营养成分标签和配料清单准确无误。膳食配料应保证预期使用的安全性，且每种活性配料的数量都应与标签上标注的数量相符。一旦产品上架销售，美国食品与药物管理局的责任就是在对产品采取限制措施或禁止其向大众销售之前，证明该膳食补剂是有害的或不安全的。膳食补剂的生产商和分销商都必须对其产品的任何不良反应进行记录、调查，并将可能产生的任何报告提交给食品与药物管理局。食品与药物管理局可以审查来自生产商报告中的任何不良反应，或是医疗保健服务提供者及消费者报告的信息，以确定可能存在的、危害公众的安全风险。一些常见的产品都已经发布了安全警告或消费者建议，其中包括纯粉状咖啡因、含咖啡因的能量饮料，以及传统食品中添加的植物成分[86]。我们可以登录食品与药物管理局网站查看完整的列表和更新信息。

营销补剂

如果其补剂含有"新的膳食成分"，生产商打算出售该产品前就必须先告知食品与药物管理局。其中，"新的膳食成分"指的是符合现有的膳食补剂健康和教育法对"膳食成分"的定义。如果相关补剂的生产商和分销商打算使用一种新成分（配料），那么除非这种新成分已被承认为食物并已存在于食品供应中，否则，生产商与分销商就都有责任向食品与药物管理局证明他们提出的这种新成分有理由在其产品中得到安全的使用。不含新成分的补剂在上市销售前无须获得食品药物管理局的批准[85]。

生产商可自愿向食品与药物管理局或消费者提供有关其产品的安全性

和有效性的信息[85]。生产商可自主制定其向食品与药物管理局或消费者公开此类信息的政策。

2007 年 6 月，食品与药物管理局发布了针对膳食补剂产品的生产商、包装商或分销商的当前药品生产质量管理规范（Good Manufacturing Practices，GMPs）的综合规定。这些规定主要关注能确保膳食补剂的特性、纯度、质量和功效。药品生产质量管理规范的存在不仅有助于确保产品标签上的成分在所标注的数量范围内，还能保证产品是不含污染物和其他杂质的。产品的销售或做出的声明不受发布的药品生产质量管理规范的管控，因此，消费者如需了解更多的产品信息，得自行联系生产商。消费者可在膳食补剂的产品标签上查找到生产商或分销商的名称和地址[85]。

膳食补剂的营养成分标签

规定管控的膳食补剂，标签上必须标出相关信息。在所有膳食补剂的标签上都必须包含以下内容："产品的描述性名称——说明它是一种'补剂'；生产商、包装商或分销商的名称和营业地点；完整的成分列表；产品的净含量"[85]。食品与药物管理局进一步要求，在大多数膳食补剂产品上要有"补剂营养成分表"（图 9.1）。该表必须列出产品中包含的每种膳食成分，而那些不包含在表里的成分则必须列在表下方的"其他成分"中。其他成分可能包括膳食成分的来源、

其他食物成分（例如，水和糖）、添加成分、着色剂、防腐剂、调味剂或其他加工辅助剂。没有限制产品分量大小及其某种营养或成分含量的规定。推荐的分量由生产商决定，不需要得到食品与药物管理局的批准[90]。

膳食补剂的声明

膳食补剂的生产商通常采取 3 种类型的声明[90]：

1. 营养含量声明。
2. 健康声明。
3. 结构 / 功能声明。

营养含量声明

营养含量声明描述的是产品中某种营养成分的含量，可用于食物和膳食补剂。其中，常见的例子指的是热量、脂肪、糖和钠的含量声明。此外，一些其他信息如"少量的"或"健康的"，也会得到明确。这方面的例子包括"低脂""无糖""低热量""良好来源"和"高效"。其中，一些条目将一种产品中的营养含量与该营养成分的每日摄入值进行比较（例如"优质来源"），而其他一些则可能进行产品之间的比较（例如"较少"或"较多"）。可在食品与药物管理局的网站上查看已获批准的有关营养含量声明的详细描述[87, 88]。定期登录本网站，可查看现有条目是否有变化，或是否增加了新条目。

健康声明

归食品与药物管理局监管，并发布食品和膳食补剂使用规定的第 2 类声明，便是健康声明。这类声明描述的是营养或成分（食物或膳食补剂的成分）与降低健康相关状况或疾病发生风险之间的关系。这种描述必须包含此关系当中的双方。例如，食品与药物管理局批准的涉及钙和骨质疏松症的健康声明——在其示范声明中就列出了关系双方："作为均衡饮食的一部分，终生摄取充足的钙，可能会降低罹患骨质疏松症的风险"[89, 90]。然而，膳食指南声明并不符合这一要求（例如，常吃水果和蔬菜对健康有益）。为了能让食品与药物管理局批准食品或补剂产品可以使用的健康声明，就必须有确凿的科学共识来支持其相关声明。已有少数的健康声明通过了批准，完整的名单可在食品与药物管理局网站上查到[89]。定期登录该网站，可查看是否有新的健康声明已获批准。膳食补剂生产商使用任何未经食品与药物管理局批准的健康声明都是违法的。例如，生产商不能宣传或是在其产品标签上印上该产品可治疗、预防甚至治愈某种特定的疾病或改善身体状况的内容。

结构 / 功能声明

与食物和膳食补剂有关的第 3 类声明称为结构 / 功能声明。以下这两个声明都在膳食补剂健康和教育法的监管要求之下：

1. 一般健康声明。
2. 与一种营养元素缺乏疾病有关的声明。

补剂营养成分说明

分量大小：一粒胶囊
每包装含有的份数：30

	每份含量	％每日摄入值
酯C	50毫克	83%
维生素E（d-α生育酚）	20国际单位	67%
维生素B₆（吡哆醇hci）	25毫克	1250%
维生素B₁₂（氰钴胺素）	25微克	416%
维生素B₁（硫胺素）	1.5毫克	100%
维生素B₂（核黄素）	1.5毫克	88%
芦荟粉	50毫克	–
硫辛酸	50毫克	–
黑胡椒标准提取物	1.5毫克	–
II型胶原蛋白（来自鸡肉）	250毫克	–
辅酶Q₁₀	10毫克	–
姜黄素C₃复合物	25毫克	–
透明质酸	10毫克	–

*未设定每日摄入值

其他成分：蔬菜胶囊（羟丙基纤维素）

图9.1 补剂营养成分标签

结构 / 功能声明会说明产品、营养元素或成分是如何影响身体的正常结构和功能的（例如，钙有助于塑造强壮的骨骼），或是如何保持某种特定的结构或功能的（例如，抗氧化剂营养元素有助于维持细胞的完整性）。结构 / 功能声明不能将营养成分或饮食成分所声称的效应与某种特定疾病关联起来。

以上这 3 类声明都不用事先得到食品与药物管理局的批准，但生产商必须在产品开始销售后 30 天内向食品与药物管理局提交相关声明的通知。

生产商有责任提供科学证据来证实他们的声明，还有责任保证其声明的真实性与无误导性。如果产品用到了结构/功能声明，那么就必须包含一份免责声明，说明此膳食补剂产品不得用于"诊断、治疗，甚至治愈或预防任何疾病"，因为该产品是膳食补剂，而只有药物才可以合法地提出诊断治疗疾病等类似的声明[90]。

评估膳食补剂

目前已有各种各样的膳食补剂在售，还有更多的新产品会定期上市。可供选择的产品琳琅满目，在众多的类似产品相互竞争的情况下，消费者很容易混淆，因此，在考虑服用膳食补剂时，请参考下面的指南。当然，这些信息并无意于取代医生提供的建议。

产品标签

评估一种膳食补剂的第1步就是查看其产品标签。标签上应列出其品牌、产品名称、声明，以及关键成分的名称与含量，但是，这些信息并没有向你透露有关产品质量或功效方面的任何内容。与膳食补剂健康和教育法有关的那些规定可能会让评估产品的过程对消费者而言感到十分困难。健康专业人员必须透过广告或标签来判断产品的安全性和有效性。

同行评审的科学论据

虽然有许多已经发表的关于膳食补剂的信息资料，但外行可能普遍会转向报纸或杂志上的文章来获取相关信息，因为这些媒体倾向于报道当前流行的话题。不过通过这些渠道发表的文章未必来自有资格撰写关于该主题文章的专家，而且你可能也不知道作者的资质，或作者是否有利益关系。注册营养师和其他拥有膳食补剂相关知识的健康专业人员应多关注向公众披露的外行信息，同时还必须及时了解出现在同行评审期刊中的科学论据。同行评审的期刊文章，也称为评审或学术期刊文章，是由相关领域的专家对正在发表的成果做过研究后所写的文章，或是由那些正在审查当前可用资料的专家所写的。然而并非所有的学术期刊都被同行评审过。

思考时间

补剂造成的不良反应可报告给食品与药物管理局

您或您的保健服务提供者都可以匿名向食品与药物管理局报告膳食补剂的不良反应，或是怀疑由膳食补剂引起的疾病，又或是膳食补剂的包装、污染问题及其他质量缺陷。登录相关网址即可联系食品与药物管理局药物监督热线。

关于禁用物质的资源

独立的认证项目会对补剂的各个方面进行评估，包括产品的质量、纯度、功效和成分。这些项目往往都有一枚特别的印章（表示获批的印章），一旦获得认证，补剂的生产商就会在其产品上盖上这个章。禁用物质管控组织（Banned Substances Control Group，BSCG）、消费者实验室（ConsumerLab）、（美国）国家科学基金会（National Science Foundation United States，NSF）、美国药典委员会（United States Pharmacopeia，USP），都在拥有评估项目的组织之列[1]。不应把评估报告与采纳建议相混淆。那些采用第三方测试的生产商是自愿这么做的，因为销售这些产品不需要经过测试。没有哪家测试公司会检测被全国大学生体育协会、美国职业棒球大联盟、美国职业橄榄球大联盟或世界反兴奋剂禁用的所有物质。当然，禁用名单会随着新违禁物质的出现而更新。

禁用物质管控组织检测超过 450 种禁用物质，包括运动禁用药物、处方药和非处方药。他们会随机检测每一批次的补剂成品，在或是每个月检测一个批次的成品。在禁用物质管控组织的数据库中列有已通过其认证的补剂产品。通过认证的产品均印有禁用物质管控组织的印章[10]。

（美国）国家科学基金会认证（NSF International）可用于补剂产品的印章或标记有 3 种。其中只有一种是用于检测禁用物质的：国家科学基金会运动认证项目。国家科学基金会运动认证印章表明一种补剂已通过了针对 240 多种禁用物质的检测。此外，该基金会还会对已认证产品进行跟踪检测，选择一些批次的产品进行检查[1]。在国家科学基金会运动认证项目中，该组织检测是为了确保补剂的所含成分与其标签上所说的内容一致。不过，产品的实际成分可以与标

什么样的期刊是同行评审的？

可联网登录相关期刊的主页，以查看该期刊是否会经过同行评审。许多期刊都会在网站上陈述他们的同行评审过程，还会列出其编辑委员会名单。如仍有疑问，大学图书馆里的图书馆员可能会为你提供参考书。

营养学和运动学领域的同行评审期刊包括以下几种：

> 《营养学杂志》
> 《运动营养学与运动代谢国际杂志》
> 《体育与运动中的医学和科学》

签所列内容相差 20%（也就是说，总糖、热量、总脂肪、饱和脂肪、胆固醇或钠的数量，可能比标签上所列数量要多 20%；维生素、矿物质、蛋白质、碳水化合物和纤维不得少于外包装上所列值的 80%）[1, 59]。

知情选择是一个专为运动营养品及其生产商和供应商设计的质量有保证的项目。产品带有此标志表明其中的营养补剂和成分已经由独立的实验室对超过 200 种禁用物质进行了检测。知情选择网站提供了一个搜索功能，那些想摄取补剂的消费者可用此功能查找已通过该认证的产品[34]。

美国药典委员会是一家全球性的非营利科学组织，它致力于为生产和销售的各种药物、食品配料和膳食补剂的特性、功效、质量及纯度制定标准。美国药典委员会的药物标准在全球 140 多个国家均通用，并由食品与药物管理局强制执行。美国药典委员会提供膳食补剂的第三方自愿独立认证，意在限制销售给消费者的补剂成分和最终产品有被掺假或污染的情况[1, 95]。

带有美国药典委员会认证标志的产品符合该组织设定的标准，其中包括质量、纯度、效力、功能、一致性等，还包括目前食品与药物管理局的药品生产质量管理规范标准。此标志向消费者提供了以下保证：

> 该产品包含标签上列出的数量各异的成分。成分含量偏低可

能无法达到预期效果或完全无用；含量偏高会导致不必要的副作用和伤害。

> 经检测，该产品不含有达到有害级别的污染物（如重金属或微生物）。

> 服用后，该产品将在一段特定时间内被身体吸收。其消化和代谢的各方面都被认为是符合联邦政府认可的溶解标准。

> 该产品按照食品与药物管理局的药品生产质量管理规范标准进行生产，采用卫生与控制精准的程序来确保安全，并保证批次内和批次间质量的一致性[1, 95]。

食品与药物管理局为消费者提供有价值的信息，以帮助其尽量避免购买到含有隐瞒成分作为膳食补剂推销的产品。在食品与药物管理局的药物健康欺诈网站上列出了一些在售的含有隐瞒成分的潜在有害产品。较容易受污染的是那些宣传能减肥和塑身的产品[19, 20, 92]。

当考虑购买带有以下这些潜在警告迹象的产品时，食品与药物管理局建议谨慎行事[19, 20, 92]：

> 他们声称可以替代食品药品管理局批准的药物，并称其功效类似处方药。

> 他们声称自己是合成代谢类固醇的合法替代品。

> 他们主要用外语营销。

> 他们通过广泛发送电子邮件进行销售。
> 他们用小字印出药物测试中可能出现的阳性结果。

运动员专属膳食补剂信息

一些竞技运动员要接受禁用物质（如类固醇）的检测。补剂可能含有并未在标签上列出的违禁物质，或产品可能会因糟糕的生产行为而受到污染，又或者有时是运动员故意为之。很难分辨补剂是在一开始就受到了污染，还是因运动员故意所为而受到污染的。常有兴奋剂检测呈阳性的运动员将原因归咎于补剂，但实际上他们却是在有意服用的。大多数出台禁用物质的运动组织都有着严格的责任。这意味着即使运动员在无意中摄取了兴奋剂，但只要测试为阳性，他们就不能参与比赛。如果服用兴奋剂的运动员已参加了比赛，那么其获得的任何奖励、创下的所有纪录或取得的其他形式的成就均为无效。对于那些担心测试结果为阳性的运动员，可以到专门为他们提供膳食补剂信息的权威

机构寻求帮助。

国家反兴奋剂运动中心（反兴奋剂运动）不仅为许多运动组织都提供预防使用药物的服务，还为传统的药物使用预防计划提供战略性的替代措施。更重要的是，反兴奋剂运动与其他主要开展工作的场所和保险检测的第三方药物检测公司不同，它们只与运动组织及其附属运动员合作。他们提供的部分服务包括：

> 血液和尿液检测。
> 一家提供有关当下运动补剂和禁用物质准确信息的资源交换中心。
> 针对学生运动员开展在线药物教育。
> 药物政策的制定和咨询。
> 订制教育计划和在线研讨会[55]。

美国反兴奋剂机构（United States Anti-Doping Agency，USADA）是一家为奥运会、残奥会、泛美运动会和美洲运动会（每 4 年举办一次，在泛美运动会结束后为身体有残疾的运

补剂标签上的认证印章可以确保产品没问题吗？

虽然许多认证措施和印章项目可以帮助消费者选择购买补剂，但这并不能保证相关产品的纯度或安全性。有一些独立的第三方审查机构可检测膳食补剂中是否含有被体育组织禁用或限制使用的药物。这些检测机构遵循一种标准（ISO 17025认证标准），可以更有把握地测试一种补剂是否含有禁用物质，因而防止运动员使用兴奋剂（参加比赛）或丧失比赛资格[80]。

动员举行的包括多项运动赛事的运动会）的全国性反兴奋剂组织。美国反兴奋剂机构的使命是保证竞赛的公正性、鼓励真实的运动、保护美国运动员的权利。他们的愿景是"成为通过真实的运动学习到的价值与人生课程的守卫者"[82]。

该组织负责管理反兴奋剂项目，包括比赛检测和赛外检测、检测结果管理流程和整合兴奋剂参考资源。此外，美国反兴奋剂机构还为所有美国奥委会（United States Olympic Committee，USOC）认可的全国体育监管机构、其附属运动员和运动赛事提供教育服务。该组织通过支持科学研究和教育，以及以提高认识和预防为重点的教育外延方案，为推动体育公正做出贡献[82]。美国反兴奋剂机构的网站"补剂411"，教运动员如何识别出表明风险增加的危险信号，如何减少测试结果为阳性的风险，以及如何避免健康问题的出现[83]。

在比赛之前，所有运动员都必须先了解其特定运动中关于违禁物质的规定：

> 美国职业棒球大联盟球员协会（Major League Baseball Players Association，MLBPA）网站。
> 美国职业橄榄球大联盟球员协会（National Football League Players Association，NFLPA）网站。

> 美国大学生体育协会网站。
> 美国反兴奋剂机构网站。
> 世界反兴奋剂机构网站。

在选择补剂时应当考虑的因素

市场上可买到的补剂如此众多，因此，当一个产品的安全性或有效性有问题时能够识别出来，便显得很重要了。首先，查看产品的品牌。确定该产品是由全国性商家生产的还是由针对特定人群或目的（如减肥、塑身或增强性功能）的厂家生产的。2014年的一项研究报告指出，这3个领域补剂产品受到的污染率最高[19]。许多全国性的品牌厂家都遵守药品生产质量管理规范，并希望保持良好的声誉。不过，这并不意味着较小的公司就一定会生产劣质产品，只是其中一个因素而已。其次，要注意那些具有较长成分列表的复杂产品，包括一些不熟悉的成分或专有配方。如果是专有配方，那么自然就无法知道每一种成分的含量并将它们与科学文献（会详细说明一种或多种成分的含量）进行比较了。如果专有配方的成分含量不同于研究中使用的量，其产品就可能并不含有奏效剂量的一种或多种活性成分。生产商有时会添加无用的成分，以使产品看起来更有料、更吸引人。再次，需当心那些宣称具有与处方药相同效果的产品，因为许多类似宣传都是假的。最后，不要被"天然"一词所迷惑。这不是一个界定的说法，也不能代表产品具有安全性。许多草药产品都是天然配方，但其含有的化合物却具备药物活性，或是会干扰非处方药或处方药的效力[85]。例如，卡瓦胡椒不应与酒精或许多精神科医生开出的抗抑郁药物同时服用，而黑升麻则可能会干扰常见的处方类他汀类药物的效力[66]。

常见的运动食品和药物补剂

在耐力运动中最常见的食品是含有碳水化合物和电解质的食物和饮料（详见第 3 章和第 8 章）。市场上有为数不少的补剂，下面将讨论几种最受耐力运动员欢迎的补剂。

咖啡因和能量饮料

咖啡因可天然存在于食物和饮料中，也可添加到它们中，或是当作膳食补剂出售。一些通常在减肥产品中用到咖啡因的常见草药来源包括瓜拉那泡林藤、可乐果和马黛茶。

咖啡因是世界上使用最广泛的合法精神活性剂（影响大脑功能的物质）。它天然存在于 60 多种植物的叶片、坚果和种子中，也可以被人工合成，用于非处方药和膳食补剂。全球咖啡因的消费者高达数十亿元。咖啡、茶和软饮料都是咖啡因的主要膳食来源，每份含有的咖啡因为 30~200 毫克。巧克力是另一种常见来源，但其咖啡因的含量很低（通常低于 15 毫克／盎司，或约 100 毫克／杯）（50）。非处方药每片可能含有 100~200 毫克的咖啡因。咖啡因的含量会在药品标签上列出，因为它是一种药物。大剂量摄入咖啡因可能会产生毒性，如 15 毫克／千克体重。当咖啡因与其他刺激物混合服用时，会加剧其毒性[57, 84]。食品标签上不需要列出咖啡因含量，因而，如咖啡这样某些食物产品中的咖啡因含量很难确定，而且，咖啡因的来源和食品的煮制方法会令其含量相差很大。如果咖啡因被添加到食品或饮料中，那么就必须将其列在标签成分表中，但不要求说明其含量[94]。

对于咖啡因的研究和利用（用它来改善身体表现）已持续了数年。利用咖啡因的最初理由与其能促进释放游离脂肪酸的生理学发现有关。当时的假设是，在运动期间，游离脂肪酸会成为骨骼肌工作时的优先能量来源，这样糖原就可以节省下来了[28]。后来的研究已经澄清，虽然在摄入咖啡因后，游离脂肪酸的确被释放到血液中了，但其氧化（利用）没有得到提升，以致糖原也没有节省下来。换句话说，脂肪酸会在循环后返回脂肪细胞，储备起来和生成骨骼肌[8, 74, 78]。

似乎咖啡因之所以有增进机能或提高身体性能的功效，最主要是因为

你知道吗

小剂量（小于180毫克/天）的咖啡因摄入似乎并不会显著增加日常的排尿量，或令那些通过饮用其他液体来维持补水状态的人脱水。脱水本身会导致排尿量减少，但关于摄入咖啡因对已经处于脱水状态的人其影响，我们尚知道得不够多[71]。

它是一种能刺激中枢神经系统的物质。腺苷是体内所有细胞中都含有的一种化合物，它在能量代谢中起着重要作用。腺苷通过减缓神经细胞之间的通信，同时扩张血管以增加氧气输送，来让身体准备进入睡眠状态。咖啡因和腺苷会为大脑中相同的受体而展开竞争。当由于咖啡因摄入较多而产生的受体竞争导致腺苷的水平下降时，身体的警觉性会提高。咖啡因对运动表现的主要作用在于，它提高了认知意识，同时还降低了对用力程度的感知[8, 74, 78]。

食品与药物管理局一般认为咖啡因是安全的，作为咖啡和茶的组成部分，人们摄取咖啡因已长达数个世纪。大量研究都支持将咖啡因用作一种增进机能的辅助食物，这些研究所考察的最常见剂量范围是 3~13 毫克 / 千克体重。通常用于刺激中枢神经系统功能的剂量为 2~3 毫克 / 千克体重。一些组织禁止使用较大剂量的咖啡因，或限制尿液中的咖啡因水平。10~13 毫克 / 千克就被认为是较大的剂量。对一个体重为 70 千克的运动员而言，这相当于摄入 700~900 毫克咖啡因，或喝下 7~9 杯咖啡。这个数量大于平均摄入量。此范围内的剂量可能会产生显著的副作用，其中包括心跳加速，体内儿茶酚胺、乳酸、游离脂肪酸和甘油水平的升高，甚至，还会有意料之外的肠胃不适、紧张不安、精神错乱、注意力无法集中或聚焦、睡眠障碍等感觉伴随出现。那些平时不摄入或小剂量摄入咖啡因的个体，在为某件事情增加摄入剂量时，症状可能会更加明显[8, 74, 78]。

试验研究中常用的中等剂量（5~6 毫克 / 千克体重）的咖啡因，已经被证明有益于提高耐力机能表现，并且没有意料之外的副作用。此外，还有其他研究表明，即使摄入更小的剂量（2~3 毫克 / 千克）也同样有益于增进机能。除摄入量外，摄入时间也是一个要考虑的重要因素。咖啡因可被身体迅速吸收——摄入体内 5~15 分钟后就可出现在血液中，40~80 分钟后其浓度可达峰值[8, 74, 78]。

最后还要考虑的是，就咖啡因增进机能的效果而言，短期摄取和长期摄取，哪一种更加显著。这个问题在文献中尚未完全得到说明，因此仍必须在试验中加以证实。长期摄取咖啡因的人，可能需要摄入更大的剂量才能在比赛期间见效，但并非习惯性摄入咖啡因的人就要小心谨慎。咖啡因的代谢存在基因差异，如果某人不适应咖啡因，可能就会产生敏感反应[78]。与改变饮食方式一样，运动员要想测试其对咖啡因的反应，就应在赛季前或训练期的早期阶段进行，而不是在比赛期间或赛前进行。

能量饮料的摄入指南与咖啡因的

> **你知道吗** ❓
>
> 咖啡、茶等饮料中的咖啡因含量，由于差别太过悬殊，几乎无法确定具体剂量。煮泡时间、植物的来源和种类、制作方法等因素都会影响咖啡因的含量。

摄入指南不同，因为能量饮料含有多种其他成分，如糖、碳化物、草药、氨基酸、维生素、矿物质和其他刺激物[53]。

碳酸氢钠

需要大量使用无氧糖酵解作为主要能量系统的运动，会逐渐增加细胞内的酸度，从而引起代谢疲劳。运动员可以摄入碳酸氢钠以中和氢离子，从而在疲劳来临前延长高强度运动的时间。参与持续 1~7 分钟的高强度运动（如中距离跑步、游泳和高强度短跑）的运动员，也许能最大限度地受益于碳酸氢盐。参与其他持续时间较长（如 30~60 分钟），包括强度多次激增运动的人，或是参加高强度间歇性运动的人也可能从中受益。虽然并非所有的研究数据都能证明碳酸氢钠有增进机能的功效，但一些数据表明，在运动前快速摄入 300 毫克 / 千克体重剂量的碳酸氢钠，能够提高运动表现上升所需的血液缓冲能力[15, 70, 80]。

碳酸氢钠非常便宜，在杂货店里就能买到（小苏打），但它的口感可能并不好。其商业化产品以胶囊或片剂的形式销售，并且更能满足需求。已经报告上来的因服用碳酸氢钠产生的副作用包括恶心、呕吐、胃痛和腹泻，这些都明显会影响身体表现[15, 70, 80]。

不仅咖啡含有咖啡因，而且在评估你的总咖啡因摄入量时，还要考虑到那些宣称会给你提供能量的咖啡、茶、能量饮料和补剂。

甘油

甘油是在甘油三酯分子中支撑 3 个脂肪酸（结构）的"脊梁骨"。它也是一种溶液，摄入后会被迅速吸收，并均匀地分布在各部分体内水分中。这会导致体液滞留并伴随着排尿量的减少，从而造成水分过多的状态（见第 8 章）。多余的血浆量会引起潜在的增进机能效应，从而进一步减少运动排汗造成的水分流失，延缓或防止脱水的发生，并对运动表现起到很好的作用。此外，有人提出甘油还有第 2 功效，就是通过肝脏中的糖异生系统来维持血糖水平。然而，研究表明甘油是运动过程中一种微不足道的能量来源[97, 98]。

一些研究表明，服用甘油有助于提高身体表现，而另一些研究则不支持此理论。如果确有益处，那么摄取甘油可能会成为在较温暖的环境中开展较长时间持续运动的最有利方法。甘油在补水计划中也是有益的，最好在 1 小时内饮用含甘油的饮料，然后在开始运动前再腾出 30 分钟。如果使用甘油来完成补水计划，那么推荐每损失 1 千克体重就补充 1.5 升水分——每 1.5 升水分中添加 1.0 克／千克体重的甘油。有些人在服用甘油后产生了一些副作用：头晕目眩和胃肠不适，如腹胀、恶心或腹泻。和服用其他补剂一样，试验和犯错都是值得的，但应在训练的早期而不是一直等到比赛时才去试验和犯错。需要注意的是，饮水过多可能会导致用其他物质掩盖非法使用兴奋剂的行为，因此，世界反兴奋剂机构于 2010 年将甘油列入了其禁用物质清单[97, 98]。

一氧化氮

主要有 3 种类型的一氧化氮（NO）增强剂。甜菜和其他富含硝酸盐的蔬菜通过硝酸盐 - 亚硝酸盐 - 一氧化氮通路——会在氧气稀缺时（在高强度运动期间，例如，在足球场上快速来回跑）发挥作用。L- 精氨酸以另外一条不同的通路工作，这条通路需要酶和氧气同时存在，因此它在高强度运动中起不了作用。某些多酚，包括那些存在于康科德葡萄汁、蔓越莓汁、胡萝卜汁和石榴汁中的多酚，都会唤醒向内皮细胞传送信号的蛋白质，以生成更多的内皮一氧化氮合成酶（负责生成大部分一氧化氮的酶之一，它会帮助身体从精氨酸中产生一氧化氮），甚至最长能在一整天内都提高内皮一氧化氮合酶的水平。当饮用康科德葡萄汁后，内皮细胞可增加 50% 的一氧化氮含量[2, 24]。

无机硝酸盐有助于扩张血管，增加血流量，从而有利于心血管健康和提高运动表现。甜菜根汁、绿叶蔬菜、菠菜、芹菜、商品化蔬菜汁、胡萝卜汁和石榴汁中都含有天然的无机硝酸盐[18, 80]。然而，在不同生长条件下的甜菜和其他蔬菜，其硝酸盐的含量也有所不同，这些条件包括所使用肥料中的硝酸盐含量、灌溉水中的硝酸盐含量、土壤条件、一年中的时节，以及蔬菜的贮藏方式[101]。

无机硝酸盐（NO_3^-）一旦被摄入人体，经代谢会转变为具备生物活性的亚硝酸盐（NO_2^-），再转化为一氧化氮（NO）。无机硝酸盐向亚硝酸盐的初始转化是在唾液细菌的帮

你知道吗 ❓

甜菜和其他蔬菜中含有的无机硝酸盐不同于亚硝酸盐（可在网上出售）。无机硝酸盐为有害物质，甚至小剂量摄入都会致命。有机硝酸盐和亚硝酸盐也与无机硝酸盐有着很大的不同。有机硝酸盐和亚硝酸盐是可见于硝化甘油、亚硝酸戊酯等药物中的强效血管舒张剂（开放血管的物质）。这些药物用于治疗心绞痛（胸痛），应该作为处方药，仅在医生指导下服用。

对硝酸盐要横加指责吗?

硝酸盐是植物、土壤和人体内都含有的天然化合物。当然,硝酸钠也是天然存在的,它可作为加工肉类的防腐剂。当这一化合物与肉中的天然细菌相互作用时,它会转化为亚硝酸钠。为了储藏保存,亚硝酸钠也可以直接添加到肉类当中。亚硝酸盐之所以受到很多关注,是因为它们在加热时会产生亚硝胺,而据报道,亚硝胺可使动物致癌。在人类的饮食中仍然含有大量的硝酸盐和亚硝酸盐,与加工肉类相比,蔬菜是硝酸盐的更大来源,而植物性食物通常被认为是健康的,摄入较多的植物性食物可降低癌症和心血管疾病的发病风险。已有更新的科学证据表明,这些化合物可能并不像之前想象的那样有害。为了了解硝酸盐的潜在益处,还需要做更多的研究[14, 73]。

助下从口腔开始的,其转化率大约为 20%[14, 18]。抗菌漱口水和抗生素可以杀死口腔中的细菌,这会大量减少这种初始转化[18]。一旦咽下后,向一氧化氮的转化就在胃、肠和其他器官中分许多步来实现。尽管这方面的研究有限,但根据研究报道,亚硝酸盐的生物利用度(完成转变循环的量)为 95% ~100%[14, 18]。

一氧化氮通过发信号给血管内壁(血管内皮),让它松弛,进而增加血流量来发挥自己的作用。这种血流量的增加被认为可以提高运动表现和促进身体恢复。此外,摄取硝酸盐也可以降低较高强度运动的耗氧量,并将其效果转化为增强运动耐力和提高运动表现。已有研究表明,短期(2~3 小时)或长期(3~15 天)补充硝酸盐,都可以提高所有年龄男性和女性(包括经过训练和未经过训练)的运动能力[18]。然而,进一步的报告显示,其积极影响在未经过训练和休闲运动者

身上尤为显著,而精英竞技运动员的相关数据则没有那么明显[37, 80]。研究显示,在运动前 3 小时单次或多次共计摄入 5~9 毫摩尔硝酸盐(425~765 毫克),有益于运动表现。这个数量相当于约 2 杯(16 盎司)纯(无添加物)甜菜根汁。对于一贯选择膳食补充而非传统膳食补剂的运动员来说,摄入甜菜根汁和其他绿叶蔬菜,如芝麻菜和菠菜,可能会带来某些益处。从食物中摄入一般数量的硝酸盐不会对健康人群造成不良影响。关于以补剂形式大剂量摄入硝酸盐的安全性,目前还知之甚少,尽管尚未有已知的健康人因服用推荐剂量的硝酸盐而产生安全问题的事例[14, 18]。

L- 精氨酸和 L- 鸟氨酸是已知的

你知道吗

甜菜和甜菜根汁可能会导致你的尿液发红,这是无害的。想了解更多改变尿液颜色的物质信息,请参见第 8 章。

两种视情况而定的必需氨基酸，在运动营养学界中，它们通常被称为精氨酸和鸟氨酸。身体会生成这两种营养物质，但在生病和代谢受到压力期间，它们会变成必需的（因而必须通过食物摄入）。鸟氨酸被用于合成精氨酸，而精氨酸被用于生成一氧化氮。

一些运动员会尝试通过食物或补剂增加这些氨基酸的摄入，以期看到身体表现的提高。鱼、肉、蛋及乳制品中都含有精氨酸和鸟氨酸。精氨酸的植物来源包括豆类、糙米、燕麦和坚果。

肌酸

人体中大约95%的肌酸都储存在骨骼肌中，且约60%的肌酸都以磷酸肌酸的形式存在。肌酸用于磷酸原系统，磷酸肌酸在其中能够快速将二磷酸腺苷再磷酸化为三磷酸腺苷。然后，三磷酸腺苷会作为能量来源为运动肌所用。这通常发生在持续5~8秒的高强度运动中。肌酸可以在人体内生成，主要储存在肾脏和肝脏内，尽管每天通过饮食摄入1克肌酸有助于维持其在体内的平衡[17, 70, 78, 80]。

肌酸主要的食物来源包括肉类和鱼类，但许多运动员都选择服用肌酸补剂，以最大限度地提高骨骼肌的质量和身体表现。一种常见的补充肌酸的方法是，先从每天服用20克，持续5~7天的铺垫期开始，然后进入维持阶段，每天摄入3~5克，直至停止服用。已有其他研究发现，有效的较小剂量为每天5克，维持剂量为每天1~27克，一般以每天3克的剂量连续服用28天[41, 47]。骨骼肌能储存的肌酸数量有限，任何多余的肌酸都会被转化为肌酸酐并排出体外[17, 70, 78, 80]。

肌酸作为一种运动补剂被广泛研究，也是在同行评审期刊上众多发表文章的主题。许多数据都表明，肌酸对无氧运动有增进机能的作用，尤其是像美式橄榄球和足球这类短期超高强度运动的体育项目。与抗阻训练相结合，补充肌酸可能会使力量和瘦体重大幅增加。力量的增加很有可能是运动员在疲劳前，能够在更高的强度下训练的结果。瘦体重的增加不应与

拓展信息

肌酸补剂会导致脱水吗？

人们普遍认为肌酸会妨碍运动耐热性、防止肌肉痉挛或打乱水合状态。这来自伴随肌酸储存出现的体液滞留，以及来自高中足球运动员报告的在服用肌酸后出现脱水的状况。实际上，许多运动员都是在脱水状态下开始运动的。此外，一次对检查随机临床试验的科学文献的审查显示，没有证据表明服用推荐剂量的肌酸补剂会损害身体的散热能力或造成脱水[17, 70, 78, 80]。

骨骼肌的增加相混淆。瘦体重由肌肉、水和骨的重量组成，人们认为，瘦体重的增加大多是由肌肉内肌酸储存所需的体液滞留所引起的。某些身体成分测试方法无法监测出骨骼肌的变化，只能监测出整体的瘦体重，尽管已有使用更加复杂技术的研究能够证明肌酸对肌肉的有效性[17, 70, 78, 80]。

肌酸似乎对提高最大有氧能力或长跑之类的长期有氧运动的运动表现，并无增进机能方面的益处。尽管在某些活动中使用肌酸有大量的科学依据，但在使用后的结果却并不一致。这是因为个体对肌酸补剂的反应不同——有些人是有反应的，而有些人则是无反应的[17, 70, 78, 80]。

在没有做肌肉活检或不经历复杂的医疗成像步骤的情况下是无法判断人体对肌酸的直接反应的，因此尚无可行的办法对此进行甄别。不过，由于会有体液滞留下来，因而可以准确地测量滞留的体液重量，并以此作为肌酸滞留的一个指标。此外，无论是在健身房还是在户外，运动表现的提高都可以得到衡量以帮助判断一个人是否对服用肌酸有反应[17, 70, 78, 80]。

人们对 18 岁以下的未成年人服用肌酸补剂的安全性存有争议。美国儿科学会会经常公布少年和青年人服用肌酸和其他补剂的相关信息。那些 18 岁以下的未成年人应与家长或监护人，以及专业的医疗人员共同商讨所有补剂与相关产品的服用[70, 78, 80]。

目前的数据显示，服用肌酸不会带来短期的健康风险，但需要更多的研究来评估长期（几十年）服用肌酸造成的影响。从已发表的文献看来，似乎短期服用肌酸不会对健康成年人的肾脏、肝脏、心脏或肌肉功能造成永久不良影响[63]。先前患有肾脏疾病或某种可能影响肾功能疾病（如糖尿病和高血压）的人，在每日肌酸摄入剂量大于 3~5 克时要尤其小心[40]。请注意，体重增加对体重敏感的运动而言，可能是一种不希望看到的副作用。尽管很少见，但已有报告显示胃肠压力是一种某些肌酸引起的潜在副作用[78, 80]。

β - 丙氨酸

肌肽是一种由 β - 丙氨酸和组氨酸组成的二肽，被认为在高强度运动期间可以充当骨骼肌的缓冲物质。β - 丙氨酸是一种 β - 氨基酸，它与人类饮食中含有的大多数 α - 氨基酸不同。肌肉肌肽的合成要受到限速基质 β - 丙氨酸可用性的限制。补充 β - 丙氨酸可能会增加天然肌肽的产量，并在无氧运动中起到增进机能的缓冲作用[31, 68, 70, 80]。

已有几项研究报道指出，补充 β - 丙氨酸不仅会增加骨骼肌和肌肽的含

你知道吗 ❓

尽管摄入肌酸补剂在运动员中最为流行，但它其实也具有治疗作用。已经证明肌酸补剂在改善肌肉萎缩症、肌肉疾病及功能紊乱，以及神经肌肉和神经代谢障碍患者的肌肉功能方面，都有很好的耐受性和有效性[43, 77, 79]

量，还有增进机能的效果。平均补充剂量在每日 4.8 ± 1.3 克的水平，似乎可以改善感知力度（在运动时感觉不那么费力）和肌肉疲劳的生化标记物[12]。在持续 1~4 分钟的高强度运动中，每天补充 1.6~6.4 克的 β－丙氨酸可能是最为有益的。在这段时间里，（肌肉的）酸度会增加，因此这是试图建立起缓冲机制的最佳时机[31, 68, 70, 80]。根据一篇文献综合分析发现，与摄入安慰剂相比，摄入总剂量为 179 克（约补充 28 天，6.4 克／天）的 β－丙氨酸，可将运动表现平均提高 2.85%[31]，但需要做更多的研究来验证补充 β－丙氨酸对超过 4 分钟运动的潜在益处。补充这种物质可能有益于开展间歇性高强度运动的耐力运动员、短跑运动员、专注于力量训练的运动员或需要反复冲刺项目的运动员。其潜在的副作用为感觉异常、皮肤刺痛[31, 68, 70, 80]。

β－羟基－β－甲基丁酸

亮氨酸是一种人体必需的支链氨基酸，它可以触发骨骼肌的蛋白合成。β－羟基－β－甲基丁酸（HMB）是亮氨酸的代谢产物。有报告显示，它对萎缩性病症和恶病质（虚痨）具有治疗效果[51, 102, 105]。运动员和健美运动员已经表现出一种兴趣，即通过服用该化合物补剂，试图增加骨骼肌的力量，并促进其过度生长。

早期的研究报告显示，β－羟基－β－甲基丁酸会减少抗阻训练对骨骼肌造成的损伤。不幸的是，这一方面的研究没能随着时间的推移而继续发展，因此已发表的研究报告较为稀少。根据现有数据，每天 3 克的摄入量似乎是最大反应剂量，而每天 6 克的摄入量就不会再产生益处了。报告中最常见的机能增进效应包括减少肌肉损伤和增加力量，这些主要是针对举重运动员而言，但支持这一理论的数据太少了。文献中没有报告在此剂量下会出现安全性问题或明显的副作用。根据现有的研究，在所有年龄段受过训练的人当中，似乎没有出现机能增进方面的益处。需要更多的研究来论证之前报告的各种结果，是否转化为了骨骼肌蛋白质合成的实际增加。这一运动补剂可能对肌肉虚痨疾病有治疗作用[51, 102, 105]。

脱氢表雄酮（DHEA）

脱氢表雄酮被归类为激素原。激素原是雄性激素的反应前底物，在体内一经摄入和代谢后，就会在酶的作用下转化为睾酮的衍生物。运动员服用脱氢表雄酮是为试图增加肌肉力量和促进肌肉生长，并且其副作用要少于合成代谢性雄激素类固醇。这类物质（脱氢表雄酮）往往作为睾酮的合法替代品被加以推销。脱氢表雄酮会生成雄烯二酮和雄烯二醇，两者都是睾酮合成物的反应前底物。不过，这类补剂的推销者们没有在产品广告中告诉你的是，脱氢表雄酮还是雌性激素的反应前底物。女性的雌激素水平高于男性，而男性的雌激素高于正常水平则可能会引起意料之外的副作用，如一些女性体质特征的出现。有些人会周期性服用脱氢表雄酮，或是与其他化合物混合服用[21, 42]。

对运动员通过服用脱氢表雄酮、雄烯二酮和雄烯二醇来试图增加肌肉力量和促进过度生长的有限研究，并没有表明这类物质会起到增进机能的作用——大多数研究都没有报告睾酮出现显著增加；即便的确显著增加了，也是颇为短暂且（与服用脱氢表雄酮）不相关的，并且很快又会变回最初的水平。脱氢表雄酮、雄烯二酮和雄烯二醇都被世界反兴奋剂机构列为在比赛期内外均禁用的物质[21, 42]。

常见作为减肥产品推销的补剂

有效的体重管理需要在一段时期内平衡能量摄入（不要摄入多于消耗的热量），但有些人正在寻求更快的解决方式。对大多数人来讲，通过饮食和锻炼减肥来保持体重都非常费时，并会对身体和精神产生负担。很多补剂都声称能减轻这种负担，承诺通过摄入一种简单的产品便可轻松减肥。在本节中，我们来看看一些补剂生产商做出的销售声明，以及目前用来检查其做出承诺和声称的科学依据。

咖啡因

有关咖啡因对体重或减肥功效的研究，大体上都是针对短期影响而言的。此外，这一资料领域还有一个复杂的情况就是咖啡因往往与其他化合物混合在一起，或是出现在含有多种成分的产品当中，使得人们难以对咖啡因本身（的效果）进行分析。其中，少数研究的跨度为45天~6个月，这些研究报告，每天的咖啡因摄入量范围在192~600毫克时，体重明显会有不同程度的减轻[5, 13]。一项为期12年的观察性研究数据显示，增加咖啡因摄入量的男性和女性，与咖啡因摄入量较少的男性和女性相比，体重增加的变化幅度小于0.5千克[49]。

绿茶

绿茶的多酚含量很高，是一种广受欢迎的饮料。70%~80%的多酚是儿茶素，主要为表没食子酸儿茶素（EGCG）。人们认为，天然形式的咖啡因和茶多酚的组合可能会起到刺激作用，从而增强减重或去脂（减肥）效果[6, 9, 33]。

对动物的研究表明，绿茶可能会通过减少食物的摄入、减少膳食脂肪的吸收、抑制或减少脂肪的合成，以及促进升热作用（能量燃烧）来增强减肥效果。就这一主题对人类的研究是五花八门无法统一的，这是由于在研究中采用了不同的服用剂量，没有制订相对于体重的标准化剂量，且采用的是整片茶叶而不是茶叶提取物，以致补剂和冲泡茶中的表没食子儿茶毒含量不同。鉴于在科学文献中众说纷纭的结论，目前的证据还不足以说明通过喝绿茶的方法减重或去脂对每个人都有效。研究显示，喝绿茶对体重指数、腰围或体重没有明显影响[9, 36]。然而，一些研究发现在饮用绿茶后 24 小时内的能量消耗会增加。此外，还有少数研究证明，喝绿茶对体重或体脂会产生统计上的显著效果，尽管这些变化值在临床上并不明显[6, 7, 9, 32, 33, 36]。（这意味着即使从统计和科学的角度来看，差异也是显而易见的，但这种差异可能不足以引起显著的变化。）一项对 15 项至少持续了 12 周的随机控制试验的综合分析发现，绿茶中的儿茶素和咖啡因组合后，会使通过饮用绿茶来减重或维持体重产生很小却积极的影响（与单独摄入咖啡因相比，体重多减轻了 1.3~1.4 千克）[33]。另外，其他科学评论也报告，绿茶中的儿茶素与咖啡因组合后会对减重，尤其是维持体重有积极影响。其机制可能包括持续的能量消耗、增加的脂肪氧化，以及对瘦体重的维持。然而，似乎每天习惯性摄入超过 300 毫克的咖啡因会抵消一些益处[36]。

如果个人或运动员喜欢饮绿茶，那么没有理由建议其停止饮用它。绿茶还有其他健康益处，其中包括有利于心脏健康[6, 7, 9, 32, 36, 58]。

藤黄果

藤黄果是一种原产于东南亚的水果，也是印度南部流行的烹饪配料。商业化的藤黄果减肥产品含有 20%~60% 的羟基柠檬酸（HCA），还可能含有其他成分。果实的外皮中含有天然的羟基柠檬酸，它可以以游离的形式被分离出来，或是在实验室中合成。一项对老鼠的研究报告说，羟基柠檬酸可在减轻体重的同时，还引起饱腹感。此外，一些对人类的试验也报告了其对体重指数、体重和饱腹感的预期效果，但另有一些研究却没有得出同样的结果。一项关于这一主题的综合分析认为，与安慰剂相比，羟基柠檬酸对减重更有效，但大多数都仅针对少数对象进行了短期的研究。不过，其临床意义尚待确定，且长期服用的有效性和安全性也尚不清楚[7, 23, 72]。

酸橙

酸橙原产于亚洲的热带地区，在其他热带地区也有发现，因其味道酸苦，故也被称为"苦橙"。2004 年，食品与药品管理局颁布了一项禁止在美国销售含麻黄素膳食补剂的法规。作为回应，补剂公司需要一种替代产品来填补减肥补剂的这个市场空缺。酸橙含有生物碱，这些生物碱属于肾上腺素能激动剂和植物化学物质，被认为与麻黄素的作用相似。一种具有潜在减肥功效的关键生物碱是辛弗林，通常认为它会通过降低胃动力和增加能量消耗来减少饮食摄入。对啮齿类动物的研究表明，在食用酸橙或辛弗林后，它们的饮食量会减少。对人体的研究表明，酸橙可以加快静息代谢率，但这不会转化为体重的明显下降[57, 75, 76]。尽管一些有限的研究表明酸橙是安全的[75]，但其他研究则报告了在食用酸橙后出现的高血压、腹泻、恶心、呕吐、痉挛、头痛、失眠、焦虑、流感样症状等副作用。此外，所报告的一个较为复杂的副作用情况是，大多数膳食补剂都含有包括酸橙在内的许多成分，因而很难确定其中某一种成分所造成的副作用[7, 57, 75, 76]。

共轭亚油酸

　　共轭亚油酸为一种脂肪酸，天然存在于奶牛、绵羊和山羊这 3 种动物的奶和肉中，被认为是化学结构接近的几种不同类型脂肪的总称。共轭亚油酸大约有 20 种不同的化学结构，它们被称为异构体。其中，每种异构体都对身体有着不同的生理效应。在共轭亚油酸的碳链 9、10、11 和 12 号位上，含有最多的双键，这些数字部分被用于描述各种共轭亚油酸的形式。此外，共轭亚油酸的各种形式还可以进一步根据其功能性化学基团是位于碳链的同侧（称为顺式）还是异侧（称为反式）来命名。例如，你可能会在减肥产品中看到的一种补剂被称为顺式 -12、反式 -10 异构体。

　　对多种动物的研究已经证明了，共轭亚油酸对去体脂有着较好的效果，但在对人类的研究中，尚没有发现这样的效果。人类研究报告的结果好坏参半，而那些报告（共轭亚油酸）对减肥或身体成分有积极作用的研究并

没有说服力，也没有临床上的显著性（减重量太小以至于无关紧要）。大多数研究中的服用剂量都为每天 3~6 克，这种剂量似乎对于身体是安全的。不过，长期服用共轭亚油酸的安全性和有效性仍然不确定[23, 48]。在对人体的研究中，补充共轭亚油酸的两种异构体会增加胰岛素耐受性（胰岛素耐受性会导致血液中的糖堆积增加，这样长期下去会引发 II 型糖尿病）。通过安慰剂进行控制的随机双盲研究表明，补充共轭亚油酸会对 II 型糖尿病成年人患者的胰岛素和葡萄糖代谢功能产生不利影响[52]，并增加患有代谢综合征的肥胖男性的胰岛素耐受性[69]。与安慰剂组相比，共轭亚油酸增加了肥胖男性的胰岛素耐受性和脂质的过氧化[69]。在对动物的研究中，二十二碳六烯酸和亚麻籽油均有助于减少或预防由共轭亚油酸而引起的胰岛素耐受性的增加[39, 99]。目前尚不清楚 ω-3 脂肪酸是否可以减少人体内由共轭亚油酸而引起的胰岛素耐受性增加。在检验任何有关共轭亚油酸对减重或去脂是否有效的科学研究中，颇为重要的是，要注意研究中所使用的异构体，因为不同的异构体可能有不同的影响，特别是在研究模型中使用的不同种类当中。

吡啶甲酸铬

　　铬是一种重要的微量元素，它对碳水化合物、蛋白质和脂肪代谢都有作用。作为胰岛素发挥作用所需的辅

助因子，铬被用于改善葡萄糖代谢和胰岛素耐受性。吡啶甲酸铬是膳食补剂中常见的一种铬的形式，它会刺激产生食欲、情绪和饮食行为的神经递质。从理论上认为，铬可能会导致食欲低迷，提升生热作用（能量消耗以及胰岛素的增加）。一项研究调查了肥胖和超重人群（以体重指数 ≥ 25 来定义）每天服用 200~1000 微克吡啶甲酸铬，持续服用 6 周 ~8 个月的情况。最佳的情况是，与服用安慰剂的人相比，服用该补剂的人体重平均多下降了 1.1 千克，尽管在铬的摄取量与体重的减轻量之间并没有相关性。不过，这些都是针对短期的研究，并不能被认为是具有临床参考意义的有力证据。就总体而言，这种补剂似乎具有良好的耐受性，但在临床试验中，曾经有无力、头晕、头痛、恶心和呕吐的症状报告[23, 57, 60, 65, 81]。

壳聚糖和葡甘露聚糖

壳聚糖是一种多糖，它会与胃肠道中的膳食脂肪结合，因而可帮助减轻体重。对小鼠的研究已经证明，补充壳聚糖可以减少食物摄入量。一些对人体的研究报告显示，其减重功效更加显著，而也有一些研究报告则显示，摄入壳聚糖对从粪便中排泄出脂肪并没有作用。这些早期的试验因其质量堪忧而受到批评[38, 64]。新的、较高质量的研究并不支持这一具有显著减肥作用的理论，这些研究总结道，摄入壳聚糖导致的减重与临床不相关。

此外，摄入壳聚糖的副作用虽不严重，但也包括了胀气、腹胀、肠胃不适，可能还有便秘[23, 38, 57]。

葡甘露聚糖是一种提取自魔芋根的水溶性膳食纤维，它可通过在胃肠中吸收水分来发挥作用。在吸收水分后的葡甘露聚糖体积变大，会造成饱腹感，从而减少能量摄入[61]。大多数研究的服用剂量都为每天 2~4 克。在对已发表的几项试验结果进行检查后发现，其结果并不支持补充葡甘露聚糖会造成统计上明显的减重效果。这就要求在得出结论前还需要做更多的研究。与壳聚糖一样，摄入葡甘露聚糖也会有令人不适的副作用，包括胃肠道紧张并伴随稀便或腹泻。用它制成的一些药片可能难以吞咽，但目前还没有报道说有用它制成的胶囊或粉末形式的药剂[57, 61, 103, 104]。

常见于大众保健的补剂

有些补剂的销售定位明显是针对某种运动或某类活动的，而另一些补剂则可能会吸引和适用于更广泛的受众。许多这类补剂都声称可以改善身体健康，而服用它们带来的任何好处可能也适用于经常运动的成年人或竞技运动员。

氨基葡萄糖和硫酸软骨素

骨关节炎是一种退化性关节疾病，其病因是体重过重导致软骨组织的磨损和撕裂（最重要的原因之一）、重复性运动（数年在球场上跑来跑去）引起的机械压力，以及由关节、关节囊滑膜、基质和软骨细胞（工作中关节的所有部分）的合成 – 分解代谢平衡所造成的氧化损伤和炎症反应。尽管有些人是因年龄的增长到晚年才得这种病，但许多运动员和经常运动的人却都因为伴随大训练量而面临患此病的风险[25]。许多人都服用止痛药物以减轻症状，尤其是非类固醇类消炎药物（如布洛芬或阿司匹林），但长期服用这类止痛药会引起诸多副作用，包括胃痛和溃疡（可能导致出血）、胃灼热、头痛和头晕。对于那些对非类固醇类消炎药物过敏的人，副作用还包括皮疹、咽喉肿胀和呼吸困难[100]。

氨基葡萄糖和硫酸软骨素是能最大限度地减轻骨关节炎疼痛和延缓此病进展的常用补剂。氨基葡萄糖是一种天然存在于肉类、鱼类和家禽中的氨基糖，它由软骨细胞生成，被用作构成软骨基质的基本元素。硫酸软骨素是一种存在于软骨中的蛋白质。对这一主题的研究检查了它们减轻疼痛和减缓关节间隙变窄（较狭窄的间隙意味着用来缓冲关节的软骨较少）的效果。硫酸盐是人体必需的营养素硫的来源，它对软骨很重要[35]。

目前的研究表明，每天摄入 1500毫克氨基葡萄糖，再加上 500 毫克硫酸软骨素，可能有助于缓解疼痛症状，并促进软骨的生长[25]。

在服用补剂前应考虑哪些因素？

在决定是否服用补剂或服用哪一种补剂之前，需要考虑很多因素。以下是部分要考虑的问题：

> 你是否被诊断为营养不足？如果被诊断为营养不足，你应该得到一名合格的专业保健人员的照顾。服用补剂可能会解决问题，但也可能不会。有时候营养不足可以通过药物营养疗法得到改善。
> 产品的声明是否听起来太过完美以至于不像是真实的呢？它们听上去是否像是夸大其词？如果是这样，请在购买前彻底了解该产品。
> 产品的声明仅来自于证明书吗？如果是这样，请在相信这些声明前先理性思考一下。
> 你是不是找不到任何关于产品安全性的数据？请注意，没有消息不总是意味着好消息。没有关于伤害性的科学证据并不意味着产品是安全的，这可能仅仅意味着没有进行相关的研究而已。

益生菌和益生元

人类的肠道为人体提供了70%~80%的免疫保护，它作为一种身体屏障，与肠道相关的淋巴组织相互作用，从而保护机体免受外来细胞的侵袭[45]。胃肠道内存在细菌是正常的，它们被称为肠道菌群。使用益生菌的目的是要改变肠道菌群，增加有益菌的数量，同时还减少潜在的有害菌群。益生菌属于活体微生物，身体保持适当数量的益生菌会有助于健康。然而，相关研究尚不清楚是什么因素可以促成适当的数量，而且每个人需要的益生菌数量可能都不相同。最常见的益生菌是乳酸杆菌和双歧杆菌。益生菌应是非致病性的（只含有使人更加健康的细菌，而不是有害的细菌），能够耐受生理过程（可经受住胃液和胆汁），能定殖于肠道的上皮组织（增加肠内有益细菌的数量），并产生显著的益处。出售的益生菌产品有多种形式，包括胶囊、粉末和发酵乳制品[26, 67]。

特定的益生菌种和菌群可以促进免疫健康与阴道健康、减少婴儿或成年人腹泻的发生次数和持续时间，优化肠道消化时间（食物通过肠道的速度），还会提高其他功能。少数研究报告显示，某些益生菌种和菌群可以改善运动员和受过训练人群的健康状况。据报告，这类人群身上最常见的益处包括：在训练负荷较大和面临压力的时候，这些菌群有助于减少呼吸和胃肠疾病的发病率和发病时长。在对已发表的研究进行审查时发现的一个限制性因素是，这些科学文献中使用了不同的菌种。此外，研究中补充菌种的持续时间也不同。这就使人们难以对不同的研究进行对比，并在研究发现的基础之上做出概括性的分析[22, 67]。

益生元以已经生存在肠道内的微生物群（细菌）为目标，并充当这些微生物的"食物"。益生元直到进入结肠后才会被消化，并在那里发酵。含有益生元的食物包括酸奶、酸牛乳酒（kefir）、康普茶、生德国酸菜、大麦、香蕉、燕麦、小麦、大豆、芦笋、韭菜、菊苣、大蒜和洋葱。与益生菌一样，一些研究表明摄入益生元也有助于减少运动员在训练负荷和心理压力较大期间患上呼吸和胃肠疾病的风险[22]。

运动中常用的药物

尽管许多膳食补剂容易获得，并且购买和使用都合法，但其他一些物质却并不合法。除了违法物质外，一些运动员还试图用酒精来提高运动成绩。这些产品不仅可能会取消运动员的参赛资格，还会对其总体健康产生负面影响。

兴奋剂

最常用的禁用兴奋剂类药物是苯丙胺及其衍生物D-甲基苯丙胺和哌甲酯，这些药物在医疗环境中用于特定的目的。然而，运动员却冲着传说中的这些药物有助于提升能量和集中注意力，进而能够提升运动表现而去服用。此外，它们也可用于一些区分重量级别的运动中作为减轻体重和体脂的一种手段。违禁兴奋剂往往会对中枢神经系统和心血管系统产生明显的副作用。使用苯丙胺或相关化合物，即使是在医生开具处方并按照其指导服用时，也可能会引起震颤、心动过速、紧张不安和失眠，更严重的还会引起心肌梗死、中风甚至死亡。摄取哌甲酯的副作用包括雷诺现象（感觉麻木或寒冷）、大量出汗和食欲不振。在服用兴奋剂后运动，尤其是在高温环境中运动会产生额外的效应——导致热源性疾病或因热源性疾病引发的死亡[30]。

蛋白同化激素

在医疗环境中，蛋白同化激素（AAS）用于治疗临床性睾酮缺乏症。在竞技体育中，运动员试图用这些化合物来增加骨骼肌的量。除了其使用性质被体育组织列为禁止类药物外，使用它们导致的许多危险副作用与其非法使用的状态有关（不是在医生规定下用来治疗疾病）[30]，尤其是因为其服用剂量可能远远超出医生规定的用量。最常见的不希望出现的副作用

拓展信息

天然的总是安全的吗？

许多人都追求天然的食品和补剂产品，认为它们比其他同类产品更健康，食用起来也更安全——情况往往也确实如此。

食品与药物管理局没有正式对"天然"一词做出规定，但在他们眼中，"天然"意味着没有添加过人造或人工合成的成分[91]。然而，天然并不能保证安全。天然产品对许多人来说可能都是安全的，但会有副作用——可能会相互之间产生作用，或是与非处方药或处方药产生作用。例如，维生素 K 会干扰血液稀释类药物；圣约翰草会加速许多药物的分解（包括抗抑郁药和避孕药），因而降低药效[66]。

此外，一些标记为天然的产品对患有某些疾病的人而言可能需要忌服。例如，有益于关节健康的补剂可能含有氨基葡萄糖这类天然成分，糖尿病人或对贝类过敏患者应谨慎服用；大剂量的咖啡因会加快心率[66]。补剂产品的生产商可能不会标出关于潜在不良反应的警告信息，也没有列出不应服用该产品的人群。我们通常不建议服用任何补剂产品，除非你能确定该补剂不会加重自己已患病症，或不会与现在正服用的任何药物或补剂发生不利的相互作用。当然，这很难确定。如果你觉得自己有必要服用一种其禁忌证或副作用未知的补剂，请务必先小剂量地服用，并告知您的医生和药剂师。

包括男性乳房发育症（乳房生长）、睾丸萎缩（睾丸重量减小）和大面积痤疮（尤其是在胸部和背部）。更为明显的副作用会影响心血管系统，其中包括升高总胆固醇和低密度脂蛋白胆固醇，以及降低高密度脂蛋白胆固醇。此外，在某些情况下，非法或无监督地使用蛋白同化激素会损害肝脏，加速发育和妨碍青少年生长。它对女性有一些另外的，有时甚至是不可逆转的副作用，如月经功能障碍、类似男性的毛发生长或脱发、声音变粗和阴蒂增大。一些运动员会周期性服用多种形式的蛋白同化激素，以最大限度地减少其副作用。他们也可能同时服用其他药物，以试图抵消其副作用。运动员必须充分了解法律规定、与参赛资格相关的问题，还有最重要的——使用蛋白同化激素的诸多健康风险[30]。

人类生长激素

人体会自然释放人类生长激素（Human Growth Hormone，HGH），在青春期的生长猛增期间，其分泌量最大。深度睡眠、热应激、低血糖和运动都会刺激内源性的释放。天然形式的人类生长激素需要医生开处方才能使用，且仅用于治疗少数几种疾病，包括身材矮小、特纳综合征、普拉德-威利综合征、艾滋病引起的肌肉萎缩，以及生长激素不足。这种药物的处方和分发受到严格管制。出于非法定的医疗目的服用人类生长激素（例如，为提高身体表现或抗衰老）、不在持证医师的监督下或药剂师的许可下服用此类物质都属于违法行为。一些运动员试图通过服用人类生长激素来促进心肺健康，增加骨骼肌的量，减少脂肪量或更快地从伤病中恢复过来。人类生长激素引起的副作用有几种，包括抑郁、长期使用会导致肢端肥大症（体内生长激素水平的长期升高）。肢端肥大症的症状包括手脚肿胀及随后的异常生长、面部骨骼的过度生长（眉骨和下颌突出、鼻骨和牙齿间隔扩大）、腕管综合征，以及包括心脏在内的身体器官的扩大。还有其他一些症状可能包括关节疼痛、皮肤粗糙发油、嘴唇和鼻舌肥厚、声音变粗、睡眠呼吸中止症、多汗及体臭、疲劳虚弱、头痛、视力受损、性欲下降、男性勃起功能障碍、女性月经周期异常或乳房溢液。长期使用生长激素及其在体内水平的持续升高会产生许多上述症状。目前，尚不清楚运动员在较短时间内服用较大的剂量是否会导致相同程度的副作用[17, 30]。

饮酒

运动员选择饮酒的原因有很多，从获得"缓解（疼痛、压力等）"感，到拉近社交距离以得到认可、帮助团队建设都有。

尽管在运动人群和普通人群中喝酒的风气相似，但前者主要是在大学的周末庆祝活动中经常喝酒。美国大

小窍门　美国食品与药物管理局和国家卫生研究院膳食补剂办公室提供基于科学研究的膳食补剂方面的信息。如果你正在考虑服用补剂，可访问这些政府机构的网站，以查看基本信息和有效提示。

学体育协会已将酒精列为大学体育运动中滥用最多的药物[4]。最近的研究表明，大学生运动员认为喝酒有益于增强健康感，同时社交性的饮酒还有助于建立起群体身份[106]。

　　尽管就在运动前或运动时摄入少量或适量酒精对运动表现的影响，相关研究尚未得出结论，但对运动表现的不利影响却已有报告[11, 80]。例如，酒精可能会对新陈代谢、体温调节、运动技能和精神集中产生不利影响。某些此类不利影响可能会在饮酒后持续数小时。酒精会通过损害糖异生系统以及葡萄糖的摄取和利用，来影响耐力表现。最近的一项研究检测了在一阵短期运动过后，饮酒对骨骼肌蛋白合成率的影响。该研究报道表示，即使同时摄入酒精与蛋白质也会加大后者的合成率[62]。这可能会减缓组织恢复、修复，以及生长的速度[4, 11, 16, 80]。

　　过量饮酒会导致酒精诱发性疾病或死亡。因为过量饮酒会导致意料之外的后果，所以大学生们也越来越关注饮酒问题了。据估计，每年有超过1800名大学生因饮酒发生意外伤害而死亡[56]。人们怀疑饮酒和学生的不良倾向也存在关系[46]。曾报道约25%的大学生因饮酒影响过学业，如错过课程、考试和论文，以及成绩落后[56]。

　　为达到优化的恢复效果，运动员运动后的营养摄入至关重要。虽然酒精不属于营养物质，但它确实含有能量（大约7千卡/克）。运动后正是运动员应该专注于补水，适量补充碳水化合物，并通过摄入膳食蛋白质以最大限度地实现骨骼肌蛋白合成的时间。如果训练后选择饮酒而不是补充营养，身体恢复就会受到影响[11, 62, 80]。

本章总结

　　膳食补剂由食品与药物管理局定义和监管，其广告受联邦贸易委员会监管。对补剂的监管不同于对食品补剂和药物的监管。食品与药物管理局的标准用于管理补剂的营养成分标签和生产商可做出什么样的声明。允许使用的声明可分为3类：营养含量声明、健康声明，以及结构/功能声明。其中，营养含量声明描述的是一种产品中某种给定营养元素的含量。健康声明描述了一种营养元素与疾病之间的关系。这两种类型的声明都要得到食品与药物管理局的批准。结构/功能声明不用经食品与药物管理局的批准，但要求做出一份关于产品的免责声明。

一些体育组织列出了参赛者禁用物质名单，而其他一些体育团体则没有出台这种规定。有几家专业组织和认证项目可以帮助人们解决这个问题，以及识别销售给消费者的产品。

一些膳食补剂可能会提高身体表现或改善身体成分，而另一些则没有这样的功效。虽然市场上有数百种补剂产品，但将它们按以下方式分类可能会是最简单的办法：有些适合于耐力运动，有些适合于力量和肌肉增长，还有些适用于控制体重。与某些补剂相比，一些补剂有更多可用的研究数据。例如，一些科学研究支持将摄入咖啡因作为耐力运动的一种增进机能的辅助手段；支持服用肌酸有益于力量训练。虽然这个领域的研究总是不断更新，但并非所有的补剂都得到了等量的研究，以支持其使用或驳斥相关声明。

对服用补剂感兴趣的运动员或其他人，应对成本收益率做一番分析，并在需要时寻求专业的指导。一种补剂产品潜在的生理益处或对身体表现的提高，需要与其潜在的缺点进行衡量比较，并且应当要在评估了其安全性和有效性，以及是否符合相关的反兴奋剂法规和法律要求之后才能服用。在服用补剂时，服用计划应符合个人的需求和目标。

复习题

1. 为什么运动员会选择服用膳食补剂？

2. 膳食补剂是如何被监管的？

3. 膳食补剂使用的 3 类声明是什么，它们有什么不同？

4. 在探讨服用膳食补剂时，需要考虑的因素有哪些？

5. 同行评审的科学证据是什么？

6. 解释一下补剂标签上使用的印章。它们表示什么意思？

7. 哪些组织会提供禁用物质的相关信息？

8. 请列出以下补剂通常使用的声明，其声称改进身体表现的行为机制，以及人们对其安全性和有效性的总体印象：

   - 咖啡因。
   - 碳酸氢钠。
   - 甘油。
   - 硝酸盐。
   - 肌酸。
   - 丙氨酸。
   - β - 羟基 - β - 甲基丁酸脱氢表雄酮。
   - 绿茶。
   - 藤黄果。
   - 酸橙。
   - 共轭亚油酸。
   - 砒啶甲酸铬。
   - 壳聚糖。

9. 为什么运动员要服用益生元和益生菌补剂？

10. 叙述在运动中使用兴奋剂、蛋白同化激素及酒精的消极影响。

第四部分

营养学在运动、锻炼和健康方面的应用

本书的最后一部分包含了运用运动营养学原理方面的信息。本部分在第 10 章介绍了保持健康和运动表现所需的理想体重和身体成分，并呈现了测量身体成分的不同评估方法。第 11 章介绍了有氧训练和运动营养学——通过给出为耐力运动提供能量的具体事例，将第 2 章中的信息完整地传达出来。第 12 章介绍了在运动前后和运动期间的营养学原理，以及整体饮食及其影响训练效果的方式。此外，本章还介绍了专门针对抗阻训练的补剂。第 13 章概述了优化人体构成的策略，其中包括休闲和竞技运动员如何减少脂肪和增加肌肉，这些饮食策略背后的原理也将被论及。第 14 章介绍了如何与有特殊营养需求的体育爱好者打交道。

第 10 章

体重与身体成分

在完成本章的学习后，你将能做到以下几点：

- ▷ 阐述体重和身体成分之间的差异；
- ▷ 阐述体重和身体成分如何影响运动表现；
- ▷ 描述与身体成分相关的各身体部位；
- ▷ 讨论影响身体成分的遗传因素和环境因素；
- ▷ 讨论评估身体成分常用方法背后的原理；
- ▷ 阐述如何解读对身体成分的评估。

健康组织通常会使用不同的词语来描述人体构成。一些词语指身体的绝对大小（例如体重或重量），而其他词语则指身体的构成，或是体内肌肉、脂肪、骨和水分的相对含量。区分身体的大小和构成很重要，因为它们对人体健康的影响往往有着天壤之别。由高体脂引起的体重过重是危险的。主要由肌肉、骨骼和水分组成的瘦体重比脂肪组织更健康，特别是当瘦体重在体内含量较高时。

唤作"超重"和"肥胖"的两种身体状况会增加一个人患上以下病症的风险：高血压、血脂异常型冠心病、胆囊病、中风、Ⅱ型糖尿病、睡眠呼吸中止症、骨关节炎、呼吸疾病，以及子宫内膜癌、乳腺癌、前列腺癌和结肠癌。事实上，美国疾病控制与预防中心（Centers for Disease Control and Prevention，CDC）已经宣称，现代美国文化从本质上是"肥胖文化"，这意味着正常的"生活方式"会导致

美国人比理想的身材更胖、身体更重。体重高于给定身高下对应的健康体重，这种情况被描述为超重或肥胖[6]。具体地说，超重就是指一个人称得的体重超过了健康参考标准，而肥胖则是指一个人的体脂比超过了健康参考标准所要求的值。在 20 岁以上的成年人中有 69% 超重，其中 35% 的人肥胖。毫无疑问，体重控制对于许多美国人来说都是一项挑战，包括那些久坐、适度运动的人，甚至就连运动员也存在这样的问题[5, 6]。

2013 年，美国医学会（American Medical Association，AMA）提交了一份报告，将肥胖归类为一种疾病，并以体重指数（本章后面将对此进行叙述）30 千克 / 米² 为诊断标准，高于这一标准即为肥胖[3]。他们的立场是，将肥胖划分为疾病会有利于医疗专业人员帮助病人解决这一问题。不过，已有其他专业组织公开反对将肥胖归类为疾病，因为他们认为肥胖只

肥胖和炎症

慢性炎症是包括肥胖在内的几种疾病的潜在因素，因为脂肪组织会生成大量炎症化合物。有一种理论认为，当白色脂肪组织（WAT）增加时，它会从消炎组织或中性组织转变为一种发炎组织。白色脂肪组织会分泌出一种被称为脂肪素的蛋白质。人们认为，正常大小的脂肪细胞会分泌消炎分子，而饱满的脂肪细胞（当体重增加时会出现）则分泌发炎分子。随着时间的流逝，超重和肥胖状态不断发展，以致人体可能会转变为全身发炎状态[1]。与正常体重的人相比，超重和肥胖人群的肠道菌群可能会发生改变——有害的细菌会更多，而有益的细菌会更少。这种情况也可能会导致发炎概率升高。注意：这是一个新的研究领域。目前的证据表明，脂肪组织才是实际导致发炎的最大因素[1]。

是引起其他疾病的风险因素之一，并且将大量肥胖人群诊断为疾病患者可能会产生更多来自药物和手术的医疗费用。他们的立场是，将肥胖者标记为疾病患者会促使这些人进行药物或手术干预，而非改变生活方式。此外，仅用体重指数来划分一个人是否属于肥胖者也是存在漏洞的[14, 27]。

影响身体重量和构成的各种因素

遗传因素和环境因素都会影响体脂的积累。人类天生就倾向于按照基因组成决定的数量去储存体脂。基因遗传会影响脂肪沉积在身体的位置以及肌肉的塑造，然而这并不意味着我们最终的体形和身材就完全不受自身控制。我们有能力通过采取健康的饮食行为、定期锻炼，以及参加日常生活中的各种活动来改变我们的（生活）环境。这可能很困难，因为作为消费者，在我们的生活中充斥着大量价格低廉的高能量食品，还有许多虽有时令人精神疲惫，但几乎不需要消耗体力的工作。成功克服五体不勤、吃得过多或选择不健康的食物这些困难需要具备高度的自律，而这正是很多人所欠缺的。这是不幸的，因为我们对食物的选择，以及体育锻炼的水平和类型，最终会决定我们将在多大程度上发挥出遗传基因的效应。只有很少一部分人由于患有遗传疾病而导致其非常难以达到和维持一个有益于健康的体重和身体成分[29]。

遗传因素

无论身处在什么样的环境中，遗传因素都会影响我们的身高、体重、体脂分布和新陈代谢。人们已经发现，就算在不同家庭长大，同卵双胞胎的体重也相近，而生活在收养家庭的子女，其体型更接近于其亲生父母。除了体重和脂肪分布外，儿童还易于继承一些特定的身材基因，例如，是瘦高，还是矮胖。这一点对于设定改善身体成分的目标很重要，因为基因的影响，无论一个人训练有多勤奋，或者对食物选择有多严格，可能都无法实现某些理想的身体成分。例如，一个非常瘦高的人，可能永远无法练出足够大块的肌肉使其成为健美运动员，同样，一个肌肉发达的矮壮之人，也很难变得特别精瘦，成为杰出的跑步运动员[29]。

另一项认为体重和肥胖有遗传成分的研究领域被称为设定点理论，这一理论提出，大脑、激素和酶，以一种由基因所决定的程度，协同调节体重和脂肪，这一程度在成年早期的某个时刻会固定下来。该理论推测，任何试图主动改变体重，使其偏离设定点的行为，都会引发一系列的生理反应和代谢反应，最终会导致体内脂肪不再减少或进入稳定状态。这些反应可能包括更高效率地储存脂肪、新陈代谢放慢或刺激食欲[29]。

环境因素

环境对调节体重起着重要作用。尽管遗传因素限制了最终所能达到的效果，但健康的行为和选择无疑能够有助于最大限度地发挥遗传潜能，这些行为和选择包括选择适当的食物和合适的量、开展足量而有质量的运动、参加日常生活的各项活动、学习如何改变行为和自我监控技术。糟糕的食物选择往往属于习得行为，会成为终身习惯。通过微小而积极的改变，假以时日，可以养成新的习惯。尽管运动员看起来比普通人更具纪律性，但由于诸多因素，他们在选择食物时也需要做斗争，这些因素包括财力资源有限、营养学知识缺乏、贪图方便，以及偏好特定的食物[29]。

在体育运动中人们关心的体重和身体成分

许多运动员都还很年轻，在他们的头脑中，没有将维持长期的健康置于首位。然而，运动员在为优化运动表现而控制体重和为长期健康而维持体重之间掌握平衡很重要，尽管事实上他们看重的是立竿见影的运动表现效果。同样，一些项目的新手运动员，比如自行车或跑步运动员，也希望实现短期目标，好让自己能够参加重大赛事。同普通人一样，一些运动员也需要做一番斗争，以减轻或保持理想的体重和身体成分，从而优化运动表现。许多运动员都会关注自己的体形，因为一些运动项目会根据美学和表现进行"评判"，如体操、花样滑冰和体形运动（包括健美、比基尼和健身比赛），所以这些项目的运动员尤为注重自己的体形。

大多数关注体重的运动员都有超重或肥胖的问题，他们想要减少体脂以达到健康标准。此外，还有的运动员已经达到正常体重甚至较瘦了，但出于美学或运动表现方面的原因，仍想要进一步减少体脂以增加瘦体重。体重和身体成分是比较容易控制的，于是，在考虑某种运动或活动时，它们的目标区域往往会变化。许多爱运动的人都非常关注体重，他们认为体重是运动表现的绝对预测指标。虽然体重和脂肪无疑对运动成绩有一定影响，但并没有哪一种体重或脂肪百分比水平可以预示较好的运动结果[28]。正在减重或去脂的运动员，采用不影响其健康或生理功能的安全方法很重要。幸运的是，大众所公认的控制体重原则也适用于运动员等经常运动的人[20]。

许多运动员在一年之内体重有浮动很常见，具体得看他们是在非赛季、训练季，还是在比赛期间。大多数运动员在比赛期间的身体脂肪含量都最低，但在其他时期可能就难以维持这个状态。体重波动幅度过大对运动员来说并不是最好的情况，但有时需要采取极端的方式才能达到并维持理想的竞赛体重。运动员理想的状态是在一年中大部分时间里都保持健康的体重，在为准备比赛而增加训练期间稍做调整。极端的长期节食或体重反复大幅增减，可能表明运动员正在试图达到一个不切实际的体重[20]。

不同的运动和活动可能在影响运动表现结果的身体成分方面有着较大的差异。一些运动或活动的表现取决于骨骼肌的大小和形状，而另一些则可能要求力量与爆发力的平衡。许多运动项目在比赛时会按体重分级，这些运动要求运动员尽可能达到一种微妙的平衡，即在尽可能降低体重的同时，还要最大限度地提高骨骼肌的质量和力量[28]。

超重或过胖对许多运动都是不利的，因为带动额外的体重（运动）在生理上是低效的。在长跑、自行车等一些运动中，较轻的体重有利于提高能量消耗效率和促进散热。对于健美运动员或体形竞赛类运动员来说，需要保持低水平的体脂状态，因为符合美学的外观会作为比赛时的评判标准

之一。一些诸如体操运动员和杂技表演者这样的人，需要达到能优化生理、力学运动的身体成分。对比之下，太瘦或瘦体重过多可能会对身体表现和长期健康都产生负面影响。大多数运动员都希望有较高的瘦体重百分比与较低的体脂百分比。虽然在本章后面会介绍一些理想身体成分的范围，但在任何特定的运动或体育活动中，都没有为优化运动表现而设定理想的体脂目标[28]。第 13 章会详细讨论如何获得理想的身体成分。

体重指数

体重与体重指数不同。体重或身体重量是指一个人的身体称得的数值，通常表达为多少磅或多少千克。使用一个称重设备可以非常准确地测量出体重。体重指数最初是为了测算各人群的肥胖率而设计出来的。

体重指数采用体重和身高为参照，将人群分为 4 个亚群：体重过轻者、

溜溜球式节食的不利影响

"溜溜球式节食"曾被用来描述这样一种情况，即一个采取节食减肥法的人，最后又反弹到了之前的体重。此类节食法往往流行一时，它们号召禁食一些关键食物，以试图减少能量摄入。它们通常鼓励快速减肥——许多都会界定节食时间，但是当减肥者停止节食后，体重就会反弹，有时甚至还会超过减肥前。在这类节食的过程中，瘦体重往往会流失掉，而反弹的主要是脂肪重量。最终，这种节食法不光不能保持健康的身体成分，还无法让人们养成终身健康的饮食习惯。竞技运动员和其他一些人为了减重提高运动表现，可能会屈就于这种方法，但是以不健康的方式减肥对身体表现一定是有害的。

体重正常者、超重者和肥胖者。分类标准请参见表10.1，如何计算体重指数请参见表10.2[4, 5, 6, 12]。大多数人的体重指数都与其身体脂肪有关，但它却不能精确测量体脂[10, 30]，也不能测量内脏脂肪，这是一种储存在腹部、包裹着内脏器官（包括肝脏、胰脏和肠）的脂肪[25]。体重指数不能将多余的脂肪和肌肉或骨头的质量区分开来。因为体重指数会高估那些有着较高瘦体重运动员的脂肪含量，所以不应该用它来测算这类人群的肥胖率[8, 17, 31]。对较瘦的儿童而言，体重指数是一个优于去脂重量 – 脂肪重量比的测算方法[9]。无论是儿童还是成年人，其体重指数与身体脂肪之间的关系都会受到年龄、性别、种族和肌肉质量的影响。体重指数会高估那些还在长肌肉的运动员的体脂含量，同时也会低估老年人或流失肌肉人群的体脂含量[21]。

体重指数为 18.5~24.9 千克 / 米^2，被认为是正常或健康的体重，且在此范围内的人发生慢性疾病或死亡的风险最低。那些被归类为超重的人，患病和死亡的风险可能会增加，而肥胖者发生某些疾病（包括心血管疾病和Ⅱ型糖尿病）的风险最高。体重指数

表10.1　体重指数的分类

体重指数（千克/米^2）	分类
<18.5	体重过轻
18.5~24.9	体重正常或健康
25.0~29.9	超重
30~34.9	Ⅰ类肥胖
35.0~39.9	Ⅱ类肥胖
≥40	Ⅲ类肥胖（极度肥胖）

表10.2　计算体重指数

测量单位	公式和计算样本
千克和米（或厘米）	公式：体重（千克）/ [身高（米）]^2 采用公制单位，体重指数的公式是，用体重的千克数除以身高米数的平方。 例如：体重= 68千克，身高= 165厘米（1.65米） 计算：68÷(1.65)^2 = 24.98（千米/米^2）
磅和英寸	公式：体重（磅）/ [身高（英寸）]^2×703 计算体重指数的方法是，用体重的磅数除以身高英寸数的平方，再乘以换算系数703。 例如：体重= 150磅，身高= 5英尺5英寸（65英寸） 计算：[150÷(65)^2]×703 = 24.96（磅/英寸^2）

是一个有用的初期筛查工具，不仅能帮助判断某人是否超重或肥胖，还可用于跟踪调查各类人群的超重率和肥胖率，但是体重指数不应被单独用于确定健康、疾病或患病风险[21]。其缺点之一是无法明确区分体重和体脂，因此，体重指数会高估那些肌肉量较多人群的脂肪量。例如，用体重指数测量，可能会将一位肌肉发达、脂肪含量少的男性运动员归类为超重或肥胖人群。他的体重可能会高于对应其身高的预期值，哪怕他不过分肥胖，因此，从身体成分的角度来说，他罹患疾病的风险并不偏高。如果体重指数为 25 千克 / 米^2 或更高，再决定是否要把减肥列为目标，就显得比较重要了。由于体重指数与某些慢性疾病发病风险的增加有关，因此，也许目前的体脂水平再结合任何医学实验数值，都可能会成为是否需要减肥的一个指标。如果一位有着轮廓分明肌肉发达的运动员，其体重指数较高，那

么体重指数可能就不是评估体脂水平的最佳工具了。在这种情况下，对身体成分（体脂百分比）的测量就显得有意义了，但这些技术需要合格的运动专业人员的协助[6]。

体脂的模式

除了体重外，体脂的数量和分布也会影响身体的健康和功能。脂肪细胞增生（生长出更多的脂肪细胞）或肥大（现有细胞的生长）都会引起体脂水平的升高。考虑到长期的能量正平衡状况，身体储存脂肪的能力是无限的。关于生命中是否会有某个阶段脂肪细胞的增生先于肥大仍有争议，但大多数研究人员都认为，这两者最终都会因长期的能量平衡而出现[24]。除了体型外，每个人的体脂模式也有差异。大部分体重集中于身体中部的超重人群，都属于男性机器人型或"苹果形"。这类人往往既有皮下（位于皮肤下方）体脂，也有内脏（深层）

拓展信息

如何根据体重指数估算出理想的体重值？

如果你的体重指数超过了健康范围该怎么办？首先，你需要确定一下指数较高是因为自己的体脂过多，还是因为自己的肌肉过于发达。如果你觉得体脂过多是真正的原因，那么就可以用当前的体重指数来计算出一个理想的体重值，好让你向着健康的体重指数范围努力。方法很简单，只需要用你身高英寸数的平方乘以理想的体重指数（如 24），再除以 703 即可。

例如，一个人体重为 180 磅，身高是 5.5 英尺（66 英寸），目前的体重指数是 30。理想的体重指数为 24，那么，其理想的体重值为：［（66）^{2}×24］÷703=148.7 磅。

体脂，各处的脂肪含量因人而异。这种体形——特别是内脏体脂更多的情况——会增加由多种因素而引起的慢性疾病的发病风险，其中一种因素就是脂肪包裹着重要的器官。大量体脂位于髋部、大腿和臀部的人，其身材被称为女性机器人型，或"梨形"身材。这种身材的人其脂肪通常以皮下脂肪为主，她们患慢性疾病的风险没有苹果形身材的人高。虽然苹果形身材常见于男性，梨形身材常见于女性，但也有例外的情况[11]。图 10.1 为苹果形与梨形两种肥胖类型的视觉展示。

测量腰围是更近一步查看体脂类型的一种方法。女性腰围超过 35 英寸（88.9 厘米）和男性腰围超过 40 英寸（101.6 厘米），都会增加患慢性疾病的风险。同时运用体重指数和测量腰围，有助于判断某人是否有患慢性疾病的风险，或是否需要采取体重干预措施[6]。

身体成分

身体成分是指组成身体的各个部

图10.1　苹果形身材是指上半身（特别是腹部）储存了较多脂肪的身材。梨形身材是指下半身（特别是髋部、臀部和大腿）储存了较多脂肪的身材

分。虽然科学文献中有一些人体构成的模型，但在运动营养学中，最常讨论的是四分模型。在这种模型中，身体被划分成体脂和瘦体重。其中，瘦体重有时也被称为去脂体重。去脂体重包括除身体脂肪外所有身体部分的重量。器官、肌肉、肌腱、韧带、骨骼和皮肤，都是去脂体重的一部分。虽然去脂体重不包括身体脂肪，但瘦体重却含有少量的必需体脂。瘦体重

拓展信息

如何测量自己的腰围？

> 在站立状态下，将卷尺水平放置在靠近肚脐的位置，髋骨的正上方。
> 从腰部最窄的地方进行测量。
> 确保卷尺贴身但不压紧皮肤。
> 轻松呼气，然后进行测量。
> 想要查看更多有关测量腰围的信息，请访问疾病控制与预防中心的网站[6]。

可被进一步划分为骨骼肌重量、全身水分重量（Total body Weight, TBW）和骨骼重量。这 4 部分当中的任何一种，都可以通过饮食或运动训练干预予以改变。全身水分重量的变化可以是非常迅速的，而骨骼肌重量的变化则需要几个月的时间。大多数运动员都会集中刻意控制其体脂和骨骼肌重量，以使身体达到所需的美观和 / 或维持功能[11]。

身体含有不同类型的身体脂肪，其中一些被认为是必需的，而其他一些则是储存性脂肪。必需体脂是许多组织的组成部分，为了不危害生理功能，需要得到维持。然而，储存性脂肪是由长期的能量正平衡（过多的热量）造成的，可以被改变（损失掉）而不会对生理功能造成影响。事实上，在身体过胖的状态下，减少储存性脂肪可能还会改善健康状况。必需体脂约占男性体重的 3%，占女性体重的 12%。若身体脂肪百分比低于这个数值则无益于健康和优化生理功

能。随着我们社会中肥胖人群的增加，没有能估算出普通人"平均"体脂值的好方法。对于大多数健康的成年人而言，年轻男性的总体脂百分比应为 12% ~15%，年轻女性的总体脂百分比应为 25% ~28%[18]。表 10.3 进一步细分了体脂百分比[16, 18]。

评估身体成分

尽管许多技术都能给出一个身体成分的"值"，但是请注意，所有这些数值都只是估计值。目前没法对活人进行 100% 准确的身体成分测量。今天使用的所有方法都基于对尸体的早期研究[26]。尸体分析被用于对统计上可靠的身体成分预测方程的开发工作，不过，在这个方程中包括了一定的百分比误差。如果一位女性运动员的身体成分是用其中一种误差范围为 4% 的技术来评估的，结果她的体脂含量为 15%，那么，这就意味着她的体脂比实际上为 11% ~19%。虽然误差是不可

表10.3 体脂百分比的分类

男性（%）	女性（%）	分类
2	12	必要
5~10	8~15	竞赛类
11~14	16~23	良好
15~20	24~30	可接受
21~24	31~36	超重
>24	>36	肥胖

源自：Jeukendrup 2010; Lohman and Going 1993.

避免的，但可以通过合适的设备和高超的技术将其最小化。例如，设备必须校准，且必须使用标准化的操作方法。如果是在一次计划或干预行动前后进行测量的，那么应使用相同的设备，并且在大多数情况下，应由相同的操作人员进行测量，同时还应使用有效和可靠的方程来计算身体成分。接受测量的运动员可能需要遵守测试协议，即在测量期间，运动员不仅应保持稳定的饮食或节食状态，还要保持不变的全身水分重量（不是在运动后或出汗的重量）。对于女性来说，可能还需要保持月经周期内时间的一致，具体取决于测量的类型和目的。在采取每一种身体成分测量方法时，几种方法对评估身体成分的基本情况或检查训练和干预造成的身体成分变化而言，颇为有用。理想的身体成分包括一系列的数值，对于每一个既定的个体而言，这些数值都需要一个个地去确定是否合适。任何规范的身体成分目标，都应该设定成一系列的数值，而不是一个可能被认为是理想的数值[28]。

了解几种划分模型

二分、三分或四分模型都可用于估算身体成分。其中，二分模型：假设把身体分割或"划分"为脂肪和瘦体重。这种模型开发于 20 世纪 40 年代，其依据是身体密度和体脂之间成反比关系。如果测量一个人的身体密度，那么就可以用这个开发出来的预测方程来估算其体脂。这个模型有几个适用于所有人的假设，但这些假设可能是对的，也可能是错的。当用身体密度估算体脂时，前提是假定所有人的所有脂肪组织和所有瘦体重组织的密度都是相同的，并且瘦体重中的水分、肌肉和骨骼比例在所有人体内以及各个人之间都是恒定不变的。尽管无法监测构成总瘦体重的各个部分，但该模型对于觉察总体脂的变化非常有用。如果体脂减少而瘦体重增加，人们就无法断定瘦体重的改变是由肌肉、骨骼还是由水分引起的，因此，如果在测量过程中由补水过多或过少而引起体内水分显著变化，那么瘦体重和肌肉可能会被高估或低估。由于骨量的变化周期为 6~12 个月，并且变化幅度相对较小，因此，骨量变化对身体成分的测量没有明显影响[11]。

由于瘦体重中的全身水分重量比例可以变化得既大又快，因此，为了方便根据个人的补水状况做出调整，研究人员于 1961 年提出了一个三分身体成分模型[26]。在这个模型中，身体可以被分成脂肪和瘦体重，同时还对全身水分重量进行独立评估。准确测出全身水分重量的方法需要一种配有放射性同位素，且其中的氢原子被标记的实验室环境。要想收集唾液、尿液或血液，并且根据所使用的同位素和收集的标本情况，可能还需要一名医生。这种方法花费很高。虽然一些生物电阻抗器件也可以测量全身水分重量，但它们不如同位素稀释法准确[11]。

在四分模型中，要测量身体密度（因而还要测量身体脂肪）、全身水分重量和全身骨骼矿物质。其余未测量的身体成分被认为是肌肉重量。同三分模型比较，四分模型的准确度更高，但是针对更多变量的测量会花费更多的时间和成本。此外，因为还需要专门的设备、实验室与人员，所以这种方法使用得不如二分模型都那么普遍。尽管三分模型和四分模型都提高了身体成分评估的准确性，但它们通常仅限于在高级实验室的研究环境中使用。有一个六分模型，被称为原子级模型，用于验证一些常见的身体成分模型和测量技术，但这种模型需要大量的研究实验室，并不能在研究环境之外使用[11]。

选择一种方法

许多因素都会影响身体成分测量方法的选择。虽然每个人都想要最精确和最方便的方法，但这个愿望并不那么容易实现。如前所述，某些方法需要专门的设备和熟练的操作人员，且费用可能还相当昂贵，而一些最为简单和便宜的方法又缺乏必要的准确性。在决定采取哪种测量方法之前，需要考虑其准确性、花费、轻便程度、操作方便性，以及受测对象的舒适度。

回想一下，所有身体成分的测量方法都只能得出估计值。在所讲到的方法中，数学公式被用来预算身体成分值。测量身体成分用到的两种关键

统计方法是相关法和回归法。其中，相关法是测算两个变量之间的关联强度，而回归法则用于根据其他单个或多个变量来预测一个变量。往往针对具有相似生理特征的一小群人会开发特定人群公式。普遍公式是针对更广泛人群开发的，更适合用于不同年龄、性别、胖瘦或运动状况的人。重要的是，已公开的公式背后所做的研究，是为了确保让最好的公式用于受测对象。这可能需要获取原始发表的文章，并了解它们被应用于受测对象的方式。许多较新的自动化方法或工作场所计算机系统都可能有内置的预测公式，但不一定会说明该公式是从何而来的[11]。

使用身体成分测量法

身体成分测量法可以被归类为实验室测量法或实地测量法。实验室测量法是在复杂的研究环境中进行的。尽管它们通常费用昂贵，甚至有时需要先进的技术，但这些方法的准确性最高。此外，一些实验室技术还需要单独培训，例如，辐射安全性培训或操作设备的许可证培训。一些常用技术包括液体比重测定法、水下称重法、空气置换容积描述法和双能量 X 射线吸光测定法。这些方法可以为一些更加常见的实地测量法中使用的公式变式提供部分参考值。诸如人体皮褶厚度、生物电阻抗分析等实地测量法的准确性较差，但实施起来较方便，且费用低廉[11]。

液体比重测定法

液体比重测定法是测量全身水分重量的。在该方法中，氢或氧标记同位素的浓度与各种体液相对称，然后可以通过采集唾液、尿液或血液样本来测量全身水分重量。这种方法成本高昂，并且需要专门的设备和专业的操作人员，有时还需要一名医师。这种方法不常实地运用在运动员身上，但曾在实验室环境中用于运动员和非运动员身上[11]。

水下称重法

水下称重法（hydrodensitometry）也被称为静流称重或水下称重（UWW）。

其中，"densitometry"意为测量身体密度，"hydro"指水。在这种方法中，水被用来测量一个人的身体密度。这里应用到的一个基本的物理公式是：身体密度 = 身体重量（体重）/ 身体体积。

在水下对一个人称重可用来估算出其身体体积，从而得出身体密度，然后再使用现成的预测方程来根据身体密度算出体脂百分比。该方法的准确性在某种程度上取决于是否使用了恰当的预测方程。

在使用水下称重法时受测对象需要完全浸没在水槽中，这就需要用专门的水槽来测量。一些水槽配有吊秤，

在接受静流称重时,怕水的人可能会觉得比较困难，而游泳高手则通常可以在没入水中时排出肺里的空气。

还有一些更高级的仪器在水槽底部配有秤。受测对象须尽可能多地呼出肺部的空气。

在这项技术背后的基本原理包括浮力，脂肪组织的密度低于水的密度，而瘦体重的密度高于水的密度。一个人体内的脂肪越多，身体的浮力就越大（身体会上浮），在水下测得的体重也就越轻。相反，一个人越瘦，身体的浮力就越小（身体会下沉），在水下测得的体重就会越重。体内另一个影响浮力的因素是肺中的空气。水下称重法要求受测对象在水下排出肺里的空气，但完全排出肺里的空气是不可能的。当努力呼气后仍留在肺内的空气被称为剩余肺容量。这一数值也必须得到测量并作为影响整个测量结果的一个因子。

水下称重的一个局限是，水槽和设备的质量存在差异。一套完善而精确的设备相当昂贵，并需要专业技术才能操控。尽管太瘦或病态肥胖的个体（体重易变）都可以使用水下称重法，但水槽的尺寸本身可能会成为限制因素。即使是在最佳的操作状态下，最小的估测标准误差（SEE）也会达到±3.5%[2]，这一方法公布出来的最小误差为1~2千克体脂，或略高于一般人3%的体脂量，因此，如前所述，对于一个计算结果为15%的体脂值，其准确的范围可能为12%~18%。如果使用质量较差的设备或不合适的预测方程，那么误差就会大大超过这个估计值[11]。在考虑到这些限制因素后，

如果这个方法可用，那么它可以向运动员及其教练团队提供的信息包括基本的体脂百分比，或体脂随着训练和营养干预而发生的变化。

空气置换容积描述法

与水下称重法类似，空气置换容积描述法（Air Displacement Plethysmography，ADP）也可测量身体的体积以及密度，只不过这次不是用水来置换，而是用空气来置换的。这个测量过程通常耗时不到10分钟，需要受测对象安静地坐着。然而，在这一方法中，一个令人不适的环节是受测对象要被完全封闭在机器中（尽管机器内可以安装灯，且通常配有窗户）。像水下称重法一样，这种方法使用的设备相当昂贵，通常仅限在实验室环境下使用。此方法对于身材非常娇小的人或儿童可能不是特别适用，而由于机器的大小不能调整，因此可能也不适用于一些肥胖者。如果所有条件都理想的话，估测标准误差为±2.2%~3.7%[2]，这仍然可能造成3%~4%的体脂百分比误差[11]。当然，还需要做更多的研究来得出一个更好的估测标准误差，因为目前的误差值并非是以大量的已公布数据为基础的。与水下称重法类似，如果这个方法可用，那么它可以向运动员及其教练团队提供的信息包括体脂百分比，或体脂随着训练和营养干预而发生的变化。

双能量X射线吸光测定法可准确测出骨密度和脂肪。

双能量 X 射线吸光测定法

双能量 X 射线吸光测定法（Dual Energy X-ray Absorptiometry, DEXA）最初是为了测量骨密度而研发的，后来发现它还能同时准确地测出软组织的成分（脂肪）。这种方法确实要求受测对象将身体暴露于辐射中，但辐射量相对较小，对于大多数人均属于安全剂量（剂量小于接受一次标准胸部 X 射线辐射量的1/10，并且小于一天的自然辐射量，如日光照射）。尽管辐射量小，但这种方法也不应用在孕妇身上[23]。美国一些州规定，（在使用这种方法前）需要进行泌尿妊娠测试。在采取这种方法时，受测对象的舒适度相对较高，因为他必须安静地躺在测试台上约 10 分钟。不过该方法会受测试台的大小和承重能力的限制。身高很高的人躺下了可能会长过桌子的尺寸，从而影响测试的准确性。由于测试台内部安装了灵敏的 X 射线管，每台机器都有一个承重限制，因此，这种方法可能不适用于超重、肥胖或身材非常高大的人。此外，其他限制因素还包括设备及机器保养所需的昂贵费用、需要受过训练的专业操作人员，以及各州的认可。在美国的许多州，操作这种机器的操作人员都需要持有特定的许可证，还有一些州，使用这种方法开展测量需要持有医生的医嘱或处方。在设备精良并且所有条件都理想的状态下，估测标准误差为 ±1.8%[2]，体脂百分比误差为 1%～2%[11]。当然，还需要做更多的研究来得出一个更好的估测标准误差，因为目前的误差值并非是以大量的已公布数据为基础的。如果我们考虑一下所有的身体成分测量方法，那么在它们当中，双能量 X 射线吸光测定法的估测标准误差是最小的（而皮褶厚度测量法的估测标准误差最大）[28]。

除了相对较高的准确性外，双能量 X 射线吸光测定法还可以提供有价值的健康信息，其中包括适用于休闲运动者和竞技运动员的身体成分和骨密度（Bone Mineral Density，BMD）情况。骨密度对那些骨骼仍在形成过程中的年轻运动员而言可能非常有用。在测量过程中会发现年轻女性运动员的骨密度较低，特别是那些参与轻体重更占优势的运动项目的女运动员[22]。在一些需要控制体重的运动项目中，运动员会使用包括禁食富含钙和维生素 D 食物的体重控制办法。钙和维生素 D 摄入不足，再加上低能量的摄入，会导致骨骼形成缓慢，哪怕参加体育训练也无济于事。即使对于已经过了骨骼形成年龄的妇女，其骨密度值也很关键。如果骨矿物质密度低于理想值，还可采取干预措施，以防止骨密度的进一步流失[22]。

皮褶厚度测量法

皮褶厚度测量法在该领域已使用了很多年，目前仍用于测量体脂百分比。这种方法用一种被称为卡尺的装置对皮下脂肪褶皱的厚度进行测量。该方法假设皮下脂肪与全身脂肪成正比。受测对象的舒适度因人而异，对一些人而言，测量工具会对其身体造成几秒的捏痛感，而其他一些人则可能毫无痛感。受测对象可能会感觉有人正在捏他们的脂肪褶皱，因此这种测量方法应始终在私密环境中进行。专业操作人员用这种方法测出皮褶厚度，再用预测方程计算出人体密度，并进而得出身体脂肪量。在文献资料中已有超过 100 个不同的方程可用于此方法，因此操作人员必须完全了解这些方程及其与受测对象的适用性。

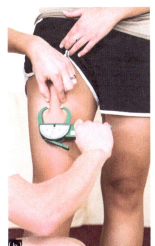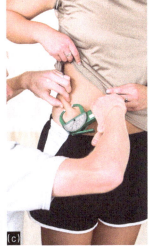

可以对许多部位进行皮褶测量，包括（a）肱三头肌，（b）大腿和（c）髂嵴上部。

有些方程叫作通用方程，是针对非同质人群开发的，这些人群具有不同的特征（不同的年龄、性别和身材）[7, 15]。其他一些方程被看成是针对特殊人群的，因为它们是针对具有相似生理特征的同质人群开发的，不应用于除特定人群外的个体身上。在考虑使用什么样的方程时，要尽量选择使用有效的参考方法开发出来的方程，或是用多分模型开发出来的方程。

当确定使用哪个方程后，你必须查阅相关研究资料，以确定对身体的哪些部位进行皮褶厚度测量。大多数方程都至少需要对3个部位进行测量，也可能需要对更多的部位展开测量。这个方法需要非常精确，并且还要特别注意解剖学标志和技术。有一些资源可用于了解所有可被测量的部位，以及在对每个部位测量时所用的确切标志和步骤[11, 19]。想要掌握皮褶厚度测量技术，需要在不同体型和身材的人身上进行练习。严格执行标准的测量步骤可提高测量的准确性和一致性（可信度）。

除了合适的方程外，你还需要一把精良的皮褶卡尺。大多数有效的方程都要求采用高品质的金属卡尺，因为这种工具在测量过程中压力恒定不易变化。而廉价的卡尺（通常由塑料制成）在整个测量过程中则无法形成恒定的压力，因而其准确度要差得多。与某些推荐方法不同的是，即使是购买高品质的金属卡尺花费也不过区区几百美元，且在小心使用的情况下，这种卡尺可以用很长时间。

此外，在测量时，为提高准确性要考虑的其他因素包括确保皮肤干燥、运动后留出一定的时间让各部分体液恢复正常[13, 19]，以及每次测量都至少进行两次。如果两次测量结果差异大于2毫米，那么就需要进行第3次（或第4次）测量。最好在对所有部位都进行一次测量后，再进行重复测量，而不是对同一部位进行两次或更多次的连续测量[2]。皮褶厚度测量法的局限性是，难以对肥胖者开展测量。在肥胖者身上识别解剖学位置或单独的褶皱可能具有一定难度，有时卡尺的开口也不够大。还要注意的是，这种方法的准确性相差较大，因为有许多公式可以选择，还要看成功测量所需的精度和技术。即便在最好的状态下，估测标准误差也大约为 ±3.5%[2]，而实际差异值通常更高，具体主要要看所使用的公式和操作人员的技术[11]。此外，世界各地对皮褶部位的标准化、测量技术和卡尺的要求都有所不同。尽管如此，在考虑了所有方面之后，这种方法仍然普遍使用，这是因为它价格低廉，操作简便、快捷，并且任何人经过适当的方法和技术培训后都可使用这种方法，其中包括队医、教练、训练员，甚至是队友。这种方法对于运动员来说，舒适度也相对较高。

生物电阻抗分析法

生物电阻抗分析法（Bioimpedance

Analysis，BIA）是另一种测量身体成分的流行方法。这是因为它便于使用，受测对象舒适度高，以及费用相对较低。这种方法没有较高的技术要求，能够轻易地用在所有受测对象身上，包括肥胖人群。在该方法中，无害的电流会通过人体，然后测出身体对该电流的阻抗。该方法的原理是，瘦体重的导电性能良好，而体脂则会阻抗电流。体脂百分比越高，阻抗值就越高。由于瘦体重含有水分，而水可导电，因此补水状态会影响测量读数。为了获得最准确的测量结果，受测对象应在体内水分正常的状态下接受测量。在多次测量期间，受测对象的饮食、运动和月经周期状况都必须保持一致。

大多数研究级别的机器测量的都是通过全身的导电情况，它们要求在身体上放置电极，其费用高于其他设备。这些设备通常都会给出一个阻抗值，然后研究人员再选择一个预测方程，最终测算出体脂量。与皮褶厚度测量法一样，这种方法也有许多公式可用，因此需要谨慎考虑以提高准确性。由于机器测量的是人体对电流的阻力，因此可能会产生较大的误差。例如，有一个人属于梨形肥胖体型，其脂肪大多储存于髋部、臀部和大腿。如果使用手持式设备，那么电流主要从上半身通过，因而错过了大部分体脂所在部位。同样，大部分脂肪都储存于上腹部的苹果形肥胖体型的人，如果使用站立设备测量，由于电流主

要通过腿部和下半身，因此也会得出不准确的读数。许多大型零售商都出售此类手持式设备或站立设备，其价格便宜，易于使用。许多设备都只有一个预测公式，因此无法进行选择性调整。针对体脂百分比会给出一个即时值。虽然这些设备对估测人群的体脂情况有些用处，但由于个体差异，它们可能不会准确测出个体的体脂情况。

在最好的状态下，即使用有效的分析设备和适当的预测公式，该方法的估测标准误差也为 ±3.5%~5.0%，具体取决于测算体脂所使用的设备和公式[2]。如果使用的设备质量较差，那么误差值就会明显升高。这种方法的优势是，设备便宜，也便于携带，同时还适用于肥胖人群，且肥胖受测对象的舒适度很高[11]。

解读身体成分的（测量）结果

如前所述，没有任何方法可以100%准确地测量出活人的身体成分。无论哪种方法，前提都是假设它并不适用于所有个体。不同的方法针对不同的变量进行测量，例如，液体比重测定法测量的是全身水分重量；水下称重法和空气置换容积描述法测量的是身体密度；双能量 X 射线吸光测定法测量的是骨矿物质量。加在一起，这些方法可以得出一个合理的身体成分的准确值。当使用实地测量方法时，你可以通过选用适当的公式、设备和技术，尽可能地提高准确度。即使在

最好的状态下，任何测量方法也都还是会出现误差的。正如前面所讨论的，如果一个人的体脂百分比测量值为20％，所使用的测量方法有3％~4％的误差幅度，那么这个人的实际体脂百分比就为16％~24％。如果测量主要是用于追踪在营养和运动干预期间这类特殊时期内的身体成分变化，那么这些不准确就可能不会有问题。如果使用相同的技术和设备，就可以准确地测出在一段时间内身体成分的变化情况。大多数普遍使用的方法都可用于初步测量，以帮助确定受测对象的总体健康状况，并有助于确定是否需要采取干预措施[11]。

一旦得出体脂的估计值后，有人可能就想减肥了。这些人可以运用公式算出一个理想的体重值，来作为达到某个体脂百分比的（减肥）目标。通常使用以下这个公式来计算出这个理想的体重值：

理想体重 = 瘦体重 / （1- 期望的体脂百分比）

例如：

一位体重180磅（81.65千克）、体脂比为20％的男性，想要将自己的体脂比减少到15％：

180 磅 × 0.20 = 36 磅脂肪

180 磅 -36 磅脂肪 =144 磅瘦体重

理想体重 = 瘦体重 / （1- 期望的体脂百分比）

= 144/ （1-0.15）=144/0.85=169 磅

本章总结

体重和身体成分是由遗传因素和环境因素共同决定的。虽然我们无法控制身体的基因构成，但可以控制某些环境因素。健康的饮食和个性化的训练计划都有助于我们最大限度地发挥遗传潜力，以实现目标。体重是衡量身体重量的一种简单方法——不用考虑身体部位或组织。身体成分是体脂相对于瘦体重的比例。瘦体重可以进一步细分为骨骼肌重量、全身水分重量和骨骼重量。无论是在实验室还是在现场环境中，都可以用不同的方式测出身体成分的各组成部分。

■ **复习题**

1. 描述身体成分的各组成部分。
2. 解释超重和肥胖之间的差异。
3. 描述遗传因素对体重和身体成分的影响。
4. 什么是理想的体重指数?
5. 根据体重指数将各个人进行分类的限制因素是什么?
6. 描述不同的体脂模式及其生理差异。
7. 体脂百分比是否可能降得过低? 谈谈你的看法。
8. 用二分模型测量身体成分的局限是什么?
9. 列出每种身体成分的测量方法(液体比重测定法、水下称重法、空气置换容积描述法、双能量 X 射线吸光测定法、皮褶厚度测量法和生物电阻抗分析法)的生理原理、效力、局限性和测量误差。

第 11 章

有氧耐力（运动）的营养学

本章目标

在完成本章的学习后，你将能做到以下几点：

- 辨识耐力运动的明确特征；
- 描述在耐力运动期间，宏量产能营养素是如何生成三磷酸腺苷的；
- 描述耐力运动员的营养需求，包括其在准备比赛、参加比赛和赛后恢复3个阶段所需的营养；
- 解释如何选择食物以满足耐力活动所需营养；
- 讨论耐力运动员面临的独特挑战；
- 讨论耐力训练如何影响宏量营养素的代谢。

许多运动项目，如跑步、自行车、游泳、足球等都因其持续时间长而被归类为耐力运动。一些此类运动持续不到一个小时，而其他一些则持续几个小时甚至几天。每一项耐力运动都有其独特的持续时间和环境方面的挑战，因而也有其自身的一套对宏量产能营养素、微量营养素和流质的营养要求[26]。

在耐力运动期间三磷酸腺苷的生成

耐力运动的特征就是持续的肌肉收缩，这一特征需要在骨骼肌中近乎连续不断地生成三磷酸腺苷。运动得越剧烈，就要求生成越多的三磷酸腺苷以满足较大的能量需求。如果三磷酸腺苷的生成满足不了需求，运动必然就会变得更慢、更平缓[27]。正如在第 2 章中所讨论的，三磷酸腺苷可以在肌肉中工作着的几个不同系统同时生成，其中包括：

> 磷酸原系统。
> 葡萄糖的部分氧化（糖酵解）。
> 葡萄糖的有氧氧化。
> 脂肪酸的有氧氧化。
> 氨基酸的有氧氧化。

关键问题是，在耐力运动中，人体使用哪一个系统来供应三磷酸腺苷？

答案在于，氧气和底物被运送到工作肌的速度。各代谢系统在任何时刻都是同时工作的。其中，每个系统对能量供应的贡献程度要取决于三磷酸腺苷的需求情况。在休息或进行低强度运动时，三磷酸腺苷的需求较少，故脂肪是首选的能量来源。随着运动强度的增加，骨骼肌对三磷酸腺苷的需求也随之增加，这时碳水化合物便成了首选的能量来源。从以脂肪为主导能量源到以碳水化合物为主导能量源的这种转变，被称为交叉概念[6]。

在理想状态下，肌肉会完全氧化葡萄糖和脂肪酸以生成大量的三磷酸腺苷，且不会产生导致疲劳的代谢副产物（如产生自代谢的 H^+）。在这种理想状态下，葡萄糖和脂肪酸从血液中进入肌肉细胞，在肌肉细胞内，它们以游离的形式循环，且和充足的氧气一道被输送给工作着的肌肉。这种完美的状况发生在运动强度相对较低的时候（最大摄氧量少于50%，例如散步），并且只要体内有足够的游离脂肪酸和在血液中循环的葡萄糖，就足以满足身体对三磷酸腺苷的需求，这种状态也自然就会持续下去。当运动强度变为中等或者更高（最大摄氧量大于50%）时，底物从血液输送到收缩的肌细胞的时间会变得过长，以致不能满足身体对三磷酸腺苷的需求，于是，身体就开始了从存储在肌肉自身、供应量有限的糖原和甘油三酯中获取葡萄糖和游离脂肪酸的过程。糖原的存储量为 70~500 克，可提供 280~2000 千卡的能量[17, 18, 27]，而肌肉内的甘油三酯仅构成体内总脂肪储量的一小部分，即仅为 1%~2%[45,58]。运动强度越高，来源于肌肉内部底物的比例就越大，在接近最大强度时，超过 90% 的底物都来自肌肉内部。请注意，运动强度和糖原利用之间的这一关系，对了解底物疲劳的原因至关重要。后者将在本章的后面予以讨论[5,27,42,47]。

无论其来源（来自血浆或肌肉）如何，在耐力运动期间，身体所需三磷酸腺苷的 95%~98% 都是由葡萄糖和脂肪酸的氧化共同提供的，而其余的 2%~5% 则来自于氨基酸。这一比例在所有强度的运动中都是保持一致的。除了在超长时间耐力运动的后期阶段外，此时糖原的储备量逐渐不足，骨骼肌分解产生的氨基酸会达到三磷酸腺苷总生成量的 15%。通常，氨基酸都是储存起来用于优化和身体的生长、维护及修复相关的重要功能，但在长时间的运动期间，随着体内糖原水平的降低，会有越来越多的氨基酸被用于生成三磷酸腺苷。在运动期间时常摄取碳水化合物，可减少在耐力运动期间对氨基酸供应能量的依赖。在运动期间，葡萄糖和脂肪酸消耗的相对百分比取决于运动的强度：当强度较高时，葡萄糖的消耗就较多；当强度较低时，脂肪的消耗就较多（图 11.1）[5,6,27,42,47]。

随着运动强度的增加，碳水化合物的消耗增加，而脂肪的消耗则减少。之所以会出现这种现象的部分因素，

是因为在运动强度较高时输送给肌肉的氧气量，以及肌肉利用这些氧气完全氧化底物的能力。运动得较快或较有力会激活交感神经系统，导致心率加速、血压升高和呼吸加快而对整体的影响则是促进氧气输送给工作的肌肉，从而使身体可以完全氧化游离脂肪酸和葡萄糖。如果氧气供应充足，并且肌肉细胞有能力处理输送给它的氧气——例如，在低强度运动中（最大摄氧量为 10%~35%）——那么主要消耗游离脂肪酸，因为游离脂肪酸完全氧化生成的三磷酸腺苷比同等量的葡萄糖完全氧化生成的量多。随着运动强度增加到中等或更高的水平（最大摄氧量 >35%），肌肉对氧气的摄取便成了一个限制因素，并且（身体）开始阻止一些游离脂肪酸和葡萄糖完全氧化。然而，葡萄糖的部分氧化并不受氧气短缺的影响。结果就是，在运动强度大于约 35% 的最大摄氧量时，葡萄糖成为身体选择消耗的底物，在

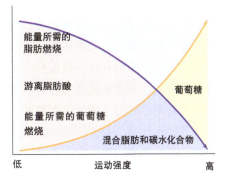

能量所需的脂肪燃烧

游离脂肪酸

葡萄糖

能量所需的葡萄糖燃烧

混合脂肪和碳水化合物

低　　　　运动强度　　　　高

图11.1　随着运动强度的增加，首选能量从脂肪向碳水化合物的转变被称为交叉概念[6]

运动强度接近最大时，葡萄糖几乎是三磷酸腺苷的唯一生产者。不仅如此，因运动强度增加、氧气供应有限而部分氧化的葡萄糖数量会上升，从而导致乳酸堆积，以及随之而来的由氢离子引起的代谢性疲劳。葡萄糖能经历部分氧化从而产出三磷酸腺苷，而脂肪酸却不能这样当每单位氧气供应给同量的葡萄糖和脂肪酸时，葡萄糖生成的三磷酸腺苷量更多[5, 6, 27, 42, 47]。

耐力运动员对宏量产能营养素的需求

能够长时间快速生成三磷酸腺苷的运动员与不能快速或长时间生成三磷酸腺苷的竞争对手相比，具有明显的优势。这些优势来自特定的有氧训练所培养出来的生理适应能力。高强度的运动可能会帮助你跑（动）得更快，但随着时间的推移，这无疑会导致对糖原的持续消耗，因为葡萄糖是来自肌肉内部而不是来自血液的。第3章已经讨论了由于骨骼肌中的糖原耗尽所引起的疲劳。没有葡萄糖，几乎所有的肌肉自主运动最终都会因为无法利用任何原料合成三磷酸腺苷而放缓或停止。因碳水化合物储存不足或缺乏利用它们的代谢能力而导致底物疲劳的运动员，会放缓速度、步履蹒跚，甚至跌倒。通过在运动过程中摄入碳水化合物可以维持血液中葡萄糖的持续供应，从而减缓糖原的消耗速度，但即使如此，也只能保留有限

数量的肌糖原。另外，在运动开始之前，使骨骼肌内的糖原数量达到最大值，是另一种在运动员耗尽糖原之前延长其运动时间的方法。最后，如果有较多的脂肪酸而非葡萄糖被氧化，糖原就会被节省下来。不过，这种情况的缺点是脂肪酸的氧化需要充足的氧气，而在剧烈运动中，氧气供应是不够充足的，因此，使用脂肪酸代替葡萄糖必然要付出代价，这个代价就是无法尽可能更快、更有力地运动。如果只需完成一次耐力运动而不要求速度，那么应该训练身体更多地利用脂肪酸而非葡萄糖。这一概念被称为低训，就是在赛前准备训练期间，以及在较少的糖原存储状态下的运动也包括在内，本章将在后面对此进行详细讨论。本节将为在耐力运动的前、中、后期，为了优化三磷酸腺苷产量而摄入可以产生能量的宏量营养素（脂肪、碳水化合物、蛋白质）提供一些建议[5, 6, 16, 27, 47]。

宏量产能营养素的习惯性摄入

在理想状态下，运动员以及运动爱好者要摄入一种可在长时间（例如几十年）内优化下列几项特征的饮食：

> 保持其运动所需的健康体重。
> 维持整体的健康。
> 预防和治疗疾病。
> 优化身体表现。

其中，第1项特征要求，运动员

摄取的能量与他们消耗的一致。持续摄取不足量的能量有许多缺点，具体取决于总热量的亏空（低于每月平均所需的热量）和摄入的食物。这些缺点包括营养不足、瘦肉组织流失（例如肌肉、蛋白质摄入不足，尤其会引发这种现象，详见第 13 章）、免疫与内分泌功能受损，以及运动表现减弱[26, 30, 31, 53]。

你知道吗

在那些经常食用碳水化合物的人（与已经适应了低糖饮食或生酮饮食的人相反）身上出现的极度糖原耗损（糖原不足以满足三磷酸腺苷的需求），会导致骨骼肌无法生成三磷酸腺苷以进行收缩。这种"撞墙"的特点是无法前进，以致运动表现将出现明显的改变，直到再有能量可用为止。

耐力运动员对能量的需求差异很大，但一些运动对能量的需求可能相当高（表 11.1）。娱乐性运动者每天可能额外需要 500 千卡的能量来支持他们的运动，而接受长距离比赛训练的长跑运动员或自行车运动员，每天可能额外需要 2000 千卡以上的能量以支持训练。超长耐力运动员的能量消耗范围为每天 5000~10000 千卡。由于提供不同运动中男、女性可靠能量消耗量的科学文献很少，因此运动员必须密切关注其能量平衡。如果耐力运动员在无意中发现体重下降了，他们就应该增加能量摄入；如果耐力运动员无意中发现体重上升了，他们就应该减少能量摄入。有着较高能量消耗的运动员往往难以摄取充足的能量。

表11.1　不同运动项目的能量要求和注意事项

能量要求	运动项目	特别的注意事项
相对较低的能量消耗	棒球、高尔夫	小心地补充碳水化合物，不会导致能量失衡
相对较高的能量消耗	篮球、自行车、跑步、冰球、足球、网球、游泳、摔跤*、划船*	能量消耗会根据身材大小、训练量多少、训练或比赛时间长短而有所不同。大学体育专业水平的能量消耗往往更大。能量的摄入和消耗必须根据运动表现和身体成分的目标加以个体化
按每千克体重计，相对较高的能量消耗，但运动员可能会低些	花样滑冰、体操	能量的摄入和消耗必须根据身体成分的目标加以个体化。要强调体重和身体成分
强度可变	举重、田径项目、橄榄球、武术	能量的摄入和消耗必须根据身体成分的目标加以个体化

*体重和身体成分尤为重要。
源自：Karpinski and Rosenbloom 2017.

拓展信息

碳水化合物的可用性

　　"能量可用量"一词是指能量的摄入量减去其消耗量和已经被用掉的量，尤其在女性运动员身上，用来描述在运动训练之后剩余的可用于维持其他身体功能的膳食能量。可以说，"碳水化合物的可用性"是考虑运动员碳水化合物需求的一种较好的方式。单独的摄入量可能不是衡量生理状态的最佳指标。碳水化合物的可用性考虑了全天的总摄入量和摄入时间，以及这种摄入量是否能为工作中的骨骼肌和中枢神经系统提供充分的葡萄糖来满足运动需求。匹配或超过需求量的摄入量将被视为较高的碳水化合物可用性，而较低的碳水化合物可用性则意味着碳水化合物的摄入量或存储量有限，难以满足训练需求[33, 53]。

为了满足其能量需求，这些人必须经常吃零食，或是吃分量更重的饭菜，并要选择营养密集型食物[26]。

　　回顾第 3 章，我们知道，成人碳水化合物的膳食营养素参考摄入量为总能量摄入量的 45% ~65%，而额外的糖摄入量限制在每天能量摄入量的 10% 或更少[34]。由于运动员的（能量）要求并不总是符合这些参数，因此最好是以绝对数量（例如克或克/千克体重）来表示碳水化合物摄入量的参考值，而不是以总能量的百分比来表示。第 3 章中表 3.6 总结了针对运动员的一般性碳水化合物摄入建议；表 3.7 给出了基于体重得出的每日碳水化合物摄取克数目标的样本。

　　脂肪的宏量产能营养素可接受范围为总能量摄入的 20%~35%。对于大多数耐力运动员来说，符合该范围的一个有效习惯摄入量的目标范围是 1.0~2.0 克/千克体重。这个目标范围的上限适用于那些参加的训练会明显提高其每日总能量消耗的运动员。推荐膳食脂肪摄入量是比较困难的，因为在实际生活中，耐力运动员首先需要评估其碳水化合物和蛋白质需求，然后再用脂肪去填充剩余的卡路里需求。如果运动员希望保持能量平衡的状态，那么结果可能就是脂肪摄入量只能达到宏量产能营养素可接受范围的下限。对于大多数没有极高能量消耗的运动员而言，不建议他们长期的脂肪摄入量低于总热量摄入量的 20%，因为偏低的脂肪摄入可能会妨碍脂溶性维生素的吸收，并导致人体必需脂肪酸（如 ω-3 脂肪酸）的含量低于理想水平[53]。较低的脂肪摄入量只能维持较短的时间，比如在准备比

你知道吗 ❓

你的身体一次只能消化和代谢数量有限的食物。例如，在许多耐力运动中，每小时都可以燃烧500~1000千卡的能量，但在训练期间摄入如此大量的能量可能会导致由胃部不适而引起的表现不佳。耐力运动期间的目标是延缓底物疲劳，而不是用食物补充所消耗的能量，因为你的身体补充能量的速度跟不上能量消耗的速度。

小窍门　在一些耐力运动中能量消耗会很大。由于身体不能补上在这些运动中失去的所有能量，因此最好是采用本章中介绍的一般性（运动）营养学原则，而不是尽可能多地摄入食物。

赛期间[34, 53]。

耐力训练会在肌肉内造成大量必须修复的微观损伤，还要求身体更新蛋白质，特别是线粒体中的蛋白质。由于长时间运动的重复性压力，这些蛋白质往往会经历明显的更替。这个过程需要平衡肌蛋白的合成和分解代谢过程。除了体能训练外，肌蛋白的合成代谢过程还会受到膳食蛋白质摄入的刺激。由于这些原因，运动员一般需要摄入 1.2~2.0 克 / 千克体重的蛋白质。对于运动量较大以致造成大量骨骼肌需要适应、修复和重塑的运动员而言，摄入量达到该范围的上限比较有益。耐力运动员需要比其久坐不动的同龄人摄入更多的蛋白质，他们的摄入量可以达到该范围的下限[53]。在减重期间，饮食热量偏低的运动员需要较多的蛋白质使肌肉量的损失降到最低（见第 12 章和第 13 章）[30]。

糖原负荷

在耐力赛事之前使糖原存储量最大化是运动员常用的策略。糖原负荷法于 1967 年被引入，并且多年来一直被用于试图超量补偿糖原存储[4]。该理论认为，如果一个人可以通过运动消耗完糖原，然后再通过摄入富含碳水化合物的饮食补充消耗掉的糖原，这样会比他保持常规的运动量并摄入固定量的碳水化合物能更多地存储糖原。对于持续 90 分钟或更长时间的耐力比赛而言，如果在比赛开始至少 24 小时之前摄入碳水化合物似乎是个奏效的方法[53]。从此方法中受益的运动员包括长跑运动员、公路自行车运动员、越野滑雪运动员和公开水域游泳运动员。研究表明，当糖原存储得到超量补偿时，运动表现可以比当糖原正常存储时提高 2% ~3%[23]。请注意，由于存储的每克糖原也会保留 3~4 克的水[23, 29]，因此糖原负荷法使体重增加 2 千克是很常见的。不过，这可能会导致运动员在比赛开始前感到"心情沉重"[23]。运动员是否可以在体内水分增加的情况下表现良好，就取决于他们自己了[4]。

糖原负荷法可以通过多种方式实施，但所有的方法都包括在比赛前的几天里通过大量摄入碳水化合物，使体内的糖原存储量达到最大化（从而在比赛的后期阶段提高碳水化合物的可用性）。运动导致的糖原损耗大约会持续 90 分钟而不是耗尽，而碳水化合物的摄入量则适中，约为 5 克 / 千克体重的水平。在补充阶段之后便要逐渐减少运动，并将每日的碳水化合物摄入量增加至约 10 克 / 千克体重。

表 11.2 总结了糖原负荷法，建议将这种方法应用于持续 90 分钟或以上的不间断耐力运动中[35, 46]。

其他糖原负荷法也已得到了证实。例如，人们可以在比赛前一周连续 3 天摄入富含碳水化合物的食物，同时还逐渐减少锻炼量，且在比赛的前一天完全休息。总体饮食应每天提供足够的能量和碳水化合物——为 8~10 克 / 千克体重。该方案应该能将肌肉糖原存储量在初始基础上增加 20%~40%[14]。然而，在比赛开始前的 36~48 小时期间，马拉松运动员、公路自行车运动员和一些团队比赛参赛者曾经被建议摄入较多的碳水化合物，为 10~12 克 / 千克体重[7, 9]。虽然糖原负荷法似乎对提高一些耐力运动员的运动表现有效，但相关研究数据却是不一致的[50, 51, 60]。研究方案在能量摄入、训练状态（健身水平）和研究对象的性别方面是变化多样的[50, 51, 60]，因此建议采用试验方法。

另有研究表明，可以在进入消耗阶段前先提高糖原（储存）水平。运动员可以在耐力赛之前摄入富含碳水化合物的饮食（10~12 克 / 千克体重）并休息 36~48 小时。在比赛前摄入碳水化合物应选择膳食纤维或残留物含量较低的食物，以防止过度或不合时宜的肠道运动。运动员应该在练习或训练期间开展摄入试验，而不是等到实际赛事开始的那一周或当天才进行试验。运动员需要确定理想的训练目标，并选择总碳水化合物摄入量和最符合自身目标的食物[10, 35, 53]。

比赛日

比赛当天的赛前进食对理想运动表现的发挥至关重要。为了准备参赛，

表11.2　糖原负荷法示例

（从开赛前一周算起）第几天	任务
1	消耗糖原 以75%的最大摄氧量持续开展90~120分钟中、高强度的运动 摄入含有碳水化合物的混餐（4~5克/千克）
2~3	40~60分钟中、低强度的运动 摄入适量的碳水化合物（4~5克/千克）
4~5	20分钟的低强度训练 摄入较多的碳水化合物（8~10克/千克）
6	休息 摄入较多的碳水化合物（8~10克/千克）
7	比赛

源自：Sherman et al. 1981.

运动员应该摄取足够的食物以避免饥饿，提供足够的能量和水分，同时还能尽量减少出现胃肠不适的可能性。没有一种人人都适合的赛前餐。碳水化合物和其他营养元素的摄入量取决于以下几个因素——比赛类型、比赛时间、环境条件、运动员的生理训练状态、运动员的压力程度，以及个人喜好。在理想情况下，许多运动员都喜欢在比赛开始前存储糖原，但是请注意，还有一些运动员可能会选择不同的方法，这将在本章的后面加以讨论[9]。此外，一些研究表明，在比赛快要开始前摄入碳水化合物可能会带来额外的好处。大多数研究都是针对耐力运动员的，他们的运动是持续性运动，但这种研究也可能适用于那些参加间歇性高强度项目的运动员，如足球运动员。在比赛开始前摄入碳水化合物对于那些比赛前几个小时都没有吃过东西的运动员来说是有好处的，且对于持续一个小时或更长时间的持续性或间接性运动员也有好处[9, 53]。对于持续时间较短的比赛，足够的糖原存储很可能足以为三磷酸腺苷的合成提供所需的能量。比赛当天推荐的碳水化合物摄入量取决于距离比赛开始所剩余的时间（表11.3）：

> 如果比赛在3~4小时之后开始，那么运动员就有时间消化含3~4克／千克体重碳水化合物的整餐饭菜。在比赛前至少4小时摄入食物的有氧耐力运动员，应摄入1~4克／千克体重的碳水化合物和0.15~0.25克／千克体重的蛋白质[52, 53]。

> 如果比赛在2小时之后开始，那么碳水化合物的建议摄入量减至1~2克／千克体重[53]。

> 如果比赛是在清晨，运动员可能只有大约一个小时用于准备和吃饭。此时碳水化合物的建议摄入量为0.5~1克／千克体重（表11.3）[10, 13, 53]。

为了使运动员能够很好地摄入这

表11.3 在比赛开始前的碳水化合物摄入量建议

距离比赛开始的时间（小时）	碳水化合物摄入量（克/千克体重）	建议
3~4	3~4	含有各种宏量产能营养素的菜饭搭配含糖饮料
2	1~2	便餐、零食或含糖饮料
1	0.5~1	零食或含糖饮料

注意：应该食用低纤维或残渣含量低的食物。
源自：Burke et al. 2011; Cermak and van Loon 2013; Thomas, Erdman, and Burke 2016.

小窍门 一些运动员可能会在重要比赛之前尝试新的食物或方法。这可能会产生意料之外的后果，因为身体会对某种特定的食物或补剂做出不同于其他食物的反应。另外，一些运动员会在比赛当天感到压力或紧张，这也会影响其消化功能。建议赛前仍然食用在准备比赛的过程中食用过的食物和补剂，而把新的方法和食物留到平时训练时尝试。

顿赛前大餐，所吃食物应含有低纤维含量的碳水化合物。也许还要有少量的蛋白质，这取决于运动的强度、持续时间，以及个人喜好。由于水分也很重要，而仅靠摄入食物不能满足碳水化合物的需求，因此需要在用餐时喝些含糖饮料。人体对水分的需求在第8章中已经讨论过了。每个运动员都应该在比赛前对摄入量做一番试验。一般来说，少量饭菜或零食与一种饮料搭配就足够了，但所有运动员的需求都是不同的，必须确定什么样的饮食最适合他们。例如，一些运动员需要在胃里留一点固体食物，而另一些运动员则不能接受任何固体，只喜欢饮料。因为赛前的紧张不安会影响运动员对食物和饮料的反应，但在练习中难以复制赛前情景，所以很难为此做好准备[10, 13, 26]。

在比赛期间摄入宏量产能营养素

在持续时间超过60分钟的运动快要开始前以及在运动过程中摄入碳水化合物，对耐力表现都是有益的，因为这样做可为工作的骨骼肌提供额外的葡萄糖，从而减少了肌肉对其

糖原存储的利用需要。建议的碳水化合物摄入量范围相当广泛，为每小时30~90克，这意味着能够提供尽可能多的、可以被氧化的葡萄糖，同时还不会引起胃肠不适（图11.2）。该范围的上限（60~90克/小时）适用于持续时间超过2.5小时的比赛。尽管每个人对葡萄糖的分解速度不尽相同，但很少有科学证据表明需求量是因体重而异的。正是出于这个原因，在日常训练时和比赛前的建议摄入量才表示为绝对数量（例如克/小时）而不是相对数量（例如克/千克体重/小时）[10, 13, 21, 22, 53]。请注意，检验这些较高葡萄糖使用率的研究是以自行车运动员为研究对象，且在受控的实验室中进行的，所以是否适用于所有耐力运动员尚有待确定。

除了考虑摄入和消耗的葡萄糖总量外，同样重要的是要注意不同类型碳水化合物的分解方式和消耗速度。在运动期间，碳水化合物可用性的限制因素是肠道对葡萄糖的吸收。葡萄糖需要一种转运系统依赖钠的转运蛋白以穿过小肠壁得到吸收。这种依赖钠的转运蛋白每小时最多可以吸收60克葡萄糖。然而，当同时摄入其他形

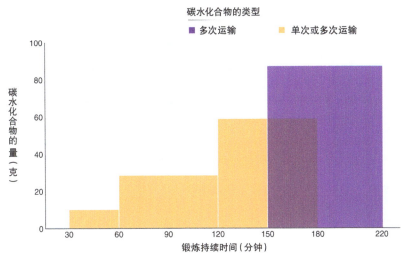

碳水化合物的类型

■ 多次运输　　■ 单次或多次运输

图11.2　碳水化合物的数量和类型对优化耐力表现都很重要。随着训练时间的增加，需要摄入更多的不同来源的碳水化合物。碳水化合物的上限摄入量和类型，对希望最大化葡萄糖氧化的精英耐力运动员来说是最重要的。不过，这不适用于每天运动一小时的休闲运动员

式的碳水化合物时，情况就并非如此了。例如，果糖使用一种与葡萄糖所使用的［葡萄糖转运蛋白 4（Glucose Trans Porters 4，GLUT4）］完全不同的转运蛋白（葡萄糖转运蛋白 5），并允许身体有机会最终将更多的葡萄糖输送给工作的肌肉（果糖一旦被吸收就会转化为葡萄糖）（图11.3）[13, 21, 22, 53]。

当葡萄糖以约 2 : 1 的比例与果糖混合时，这种碳水化合物的混合物可以每小时 90 克的较快速度被人体吸收，因为两种转体蛋白在同时工作。可以把这想象成有两条让碳水化合物通过的通路—— 两条通路同时打开让碳水化合物通过：果糖从一条通路进入；葡萄糖从另一条通路进入。利用这个概念，运动员可以最大限度地增加被运送给运动肌的碳水化合物总量。

这个概念在比赛时间较长（例如，> 2.5 小时）时可能很有价值，但在相对较短的比赛期间则并非如此。市场上的许多产品都含有葡萄糖（及葡萄糖衍生物）和果糖（例如果糖凝胶、果糖棒和果糖饮品），并且它们似乎都具有相似的效果，所以在选择使用哪一种时应考虑个体的偏好和接受程度[13, 21, 22, 53]。

大多数针对赛前餐饮的建议都关注碳水化合物的含量，而没有对脂肪摄入的指导。虽然一些研究表明在运动前摄入富含脂肪的膳食会导致血浆

你知道吗 ❓

使用葡萄糖作为能量来源的限制因素是身体对膳食碳水化合物的吸收。研究表明，经常食用碳水化合物的运动员可以增加小肠对其的吸收能力——称之为"训练肠道"。这应该在一场重要比赛之前很早就进行[22]！

小窍门　身体一次只能消化和使用数量有限的碳水化合物。大多数为耐力运动员设计的运动饮料都含有6%~8%的碳水化合物，因为更高的含量会导致胃肠不适[13, 21, 22, 53]。饮用果汁或其他含糖饮料似乎是可以接受的，但大多数此类饮料的碳水化合物浓度都远高于6%~8%。虽然可以将其稀释到合适的碳水化合物浓度，但这不是一个简便的方法。此外，这些饮料还可能缺少身体所需的电解质。

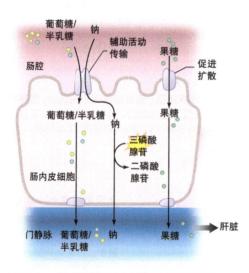

图11.3　由于葡萄糖和果糖使用不同的输送机制进入肠细胞，它们不会彼此竞争，因此多种形式的碳水化合物可以进入身体和工作的肌肉

游离脂肪酸浓度和脂肪酸氧化程度的升高，但尚不清楚这是否能实际提高人体的运动表现。此外，在运动快要开始前摄入大量脂肪，会对胃肠产生压力，因此，不建议在比赛当天摄入高脂肪膳食[11, 53]。本章后面将介绍更多关于合理食用膳食脂肪和碳水化合物，产生代谢适应性以有益于提高运动表现的信息。

考查在耐力比赛期间摄入蛋白质效果的研究比较有限。其中一些研究表明，在耐力运动期间同时摄入碳水化合物和蛋白质，可以促进整体蛋白质的累积并且延长其耗尽时间，但其他研究尚未证实这些发现。此外，质疑这项研究的人认为，耗尽的时间不一定是表明运动表现得到提高的一个指标，因为很少有比赛会真正耗尽（蛋白质）。他们认为，比赛完成时间的实际缩短是更好的衡量标准。在评估比赛完成时间的那些研究中，同时摄入碳水化合物和蛋白质与单独摄取碳水化合物相比，不会缩短比赛完成时间，因此，目前尚没有充分理由在耐力运动中常规推荐蛋白质的摄入[3, 59]。

赛后主要营养物质的摄入

优化糖原补给对于那些不得不在同一天内多次或连续几天刻苦训练及比赛的运动员来说，非常重要。糖原存储以每小时5%~7%的速度得到恢复补充，重新充满糖原储存需要20~24小时。在不特意改变饮食模式的情况

拓展信息

持续性耐力运动与间歇性耐力运动

　　一些运动比赛，比如网球，持续几个小时，因此可以算为耐力比赛，但是它们不像长跑那样是持续不断的。像网球和足球这样的运动，其特征是在一阵阵的高强度运动当中穿插有短时间、低强度的运动期或相对的休息期。这些运动不仅需要大量的碳水化合物作为能量，而且，运动员摄入的碳水化合物还可能会提高运动技能、改善情绪、增加力量、缓解疲劳，以及降低费力感。虽然对间歇性耐力运动中碳水化合物摄入量的研究，并没有对持续性耐力运动中摄入碳水化合物那样丰富，但我们建议在长时间的间歇性耐力运动中也要摄入碳水化合物，以优化运动表现。对于持续 60~90 分钟的比赛，每小时摄入 60 克的碳水化合物可能就足够了。如果碳水化合物的摄入量超过 60 克，那么只有当比赛时间长达 2~3 小时，或是运动员在比赛开始前没有吃饱、糖原存储不充足，但仍旧要依赖它提供能量时，运动员才会受益[10, 13, 19, 48, 53]。

下，糖原最终将通过摄入正常饮食和充足的碳水化合物来得到补充。然而，这个过程需要一些时间，而且可能在两次运动之间无法达到最大的糖原存储量，所以这种方法在运动员比赛的最后一天，当他即将休息或空闲时是可取的，但对于需要在 24 小时内再次进行训练或比赛的运动员来说，这并不理想。如果后续的训练或比赛发生在前一场运动过后的几个小时内，那么优化糖原的更替就更重要了。在这种情况下应该在前一场运动结束后尽快开始补充碳水化合物[3, 10, 12, 20, 22, 53]。

　　为了补充糖原，最重要的两个因素是葡萄糖和胰岛素。食用富含碳水化合物的食物将引发糖原合成所需的葡萄糖和胰岛素的反应。肌肉的糖原合成分为两个阶段：第 1 阶段是不依赖胰岛素的合成；第 2 阶段是依赖胰岛素的合成。在第 1 阶段（运动后的

30~60 分钟），糖原的消耗本身就能刺激糖原的再合成。人们认为在运动过程中，糖原的消耗和骨骼肌的收缩，充当了刺激葡萄糖转运蛋白 4 转运至肌细胞膜的物质（图 11.4）。如果在运动后的 1~2 个小时没有摄入碳水化合物，那么这种增强的葡萄糖转运效果就会极速下降。另外，糖原合成酶的刺激活性也会降低（糖原合成酶是糖原合成的关键）[3, 10, 12, 20, 22, 53]。

　　骨骼肌糖原合成的第 2 阶段开始于运动后的 1~2 小时，并可持续至运动后的 48 小时。其特征是胰岛素的敏感性增强。因为这个阶段非常依赖碳水化合物的摄入及其随后的血糖反应，所以对于旨在最大限度合成糖原的营养策略来说，它是最合适的。根据现有的最佳数据，运动后立即摄入碳水化合物的建议量为 1.0~1.5 克 / 千克体重，平均而言 1.2 克 / 千克被认为是最佳的摄入量。

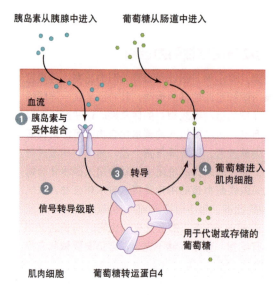

图11.4 为了补充位于肝脏和骨骼肌细胞中的糖原，葡萄糖和胰岛素都是必要的。葡萄糖来自膳食碳水化合物的摄入，而胰岛素则来自摄入碳水化合物导致的分泌行为

摄入混合的碳水化合物，即葡萄糖、葡萄糖聚合物、果糖和半乳糖（如果可行的话），可以产生最佳的效果。一些证据表明，与葡萄糖相比，摄入果糖会更快速地补充肝糖原。然而，果糖却不能理想地恢复肌糖原[13]。按照建议，在运动后应立即摄取碳水化合物，以使加强代谢的窗口期最大化，随后以频繁的间隔（例如每15~30分钟）反复摄取碳水化合物，如此坚持4~6小时直到实现每日碳水化合物的摄入目标。如果在运动后耽搁了哪怕只有2小时才摄取碳水化合物，可能就会使运动员错过加强代谢的窗口期，以致其在下一场比赛开始前无法存储最多的糖原。此外，这对于一日多次或连续几日的比赛也很重要，但如果不需要在比赛之间优化糖原存储，那么这一点就不那么重要了[3, 10, 12, 20, 22, 53]。

碳水化合物的类型可能不如数量那么重要。液体和固体碳水化合物都可以同等地补充糖原，所以运动员的个人偏好应该是主要的决定因素。碳水化合物的血糖指数对糖原补充的第2阶段是否会有较大影响，尚不可知。虽然从逻辑上来讲，高血糖指数的食物会促进胰岛素的反应和糖原合成的提升，但这一现象在科学文献中并未得到反复证实。事实上，一些数据表明，任何形式的碳水化合物——不论其血糖指数如何，在运动后立即摄入都会促进糖原的补充。换句话说，在我们能够提出一个明确的运动后摄入的血糖指数模式，以最大限度地实现糖原合成和存储的建议之前，还需要做更多的研究[3, 10, 12, 15, 20, 22, 53]。

显然，在耐力比赛结束之后应立即摄入碳水化合物，但是，其他宏量产能营养素，比如，脂肪和蛋白质又是什么情况呢？它们对糖原补充也有影响吗？对此人们已经研究了好几年，不过迄今为止的研究结果还没有确定下来。在理论上，蛋白质或某些氨基酸可能会促进餐后胰岛素的分泌，从而增加葡萄糖的摄取和糖原的合成。然而，研究数据表明，这只有在运动后立即摄入低于建议摄入量的碳水化合物时才会发生。事实上，当摄入1.2

克 / 千克体重建议量的碳水化合物时，即使增加蛋白质的摄入也不会增强糖原的补充。虽然蛋白质可能对糖原补充没有较大的影响，但它在涉及骨骼肌生长和修复的其他过程中确实发挥着重要作用（见第 5 章），因此，单单是出于这个理由，它就应该出现在运动后立即食用的饭菜中[3, 38, 53]。

为满足营养需求而选择食物

　　尽管评估营养需求是一个相对简单的过程，但实际上，选择食物和饮料以满足日常营养需求可能是一项挑战。许多运动员对研究各种食品营养成分的过程都并不熟悉，于是他们直接就采取了下一步：将各种食品结合起来，以满足其日常的营养需求。希望达到一个碳水化合物目标摄入量（例如 350 克）的运动员，只需要阅读他们当天计划吃的所有食品上的标签，并将每种食品的份数加入起来，就会得出碳水化合物的建议摄入量了。例如，假设一名男性运动员想要吃 1 杯如图 11.5 中标签所描述的食品。从标签上可以明显看出，1 份这样的食品等于 1/2 杯，所以如果需要吃 1 杯该食品，那么就相当于吃 2 份[55, 56]。图 11.6 提供了一份含有约 350 克碳水化合物的样本食物列表。

　　此外，从图 11.5 的标签上也可以明显看出，一份该食品可提供 13 克碳水化合物。其中，3 克是糖的形式；

营养成分	
每个包装含有8份，	
分量：	1/2 杯（55克）
每1/2杯的量	
含有	**140 卡路里**
	每日摄入值百分比*
脂肪总量8克	12%
饱和脂肪1克	5%
反式脂肪0克	
胆固醇0毫克	0%
钠　160毫克	7%
碳水化合物总量 13克	4%
膳食纤维 3克	12%
糖总量 3克	
添加糖 3克	1%
蛋白质 3克	
维生素D　2微克	10%
钙　260毫克	20%
铁　8毫克	45%
钾　235毫克	6%
*每日摄入值百分比会告诉你在一天的饮食中，每份食物中的营养所占比例。	
通常建议一天的营养摄入为2000卡路里。	

图11.5　根据该产品的食品标签，1杯是2份产品，共含有26克碳水化合物

3 克是膳食纤维的形式。由于运动员计划吃 2 份该食品，因此他将总共摄入 26 克碳水化合物。其中，有 6 克糖和 6 克膳食纤维。从一天的总体情况来看，摄入该食品将摄取全天配额 350 克碳水化合物中的 26 克，或占运动员每日碳水化合物推荐摄入量的 18%。此外，所摄取的糖和膳食纤维的量也在这些营养物质的推荐摄入量中占据一定的比例。请注意，糖的摄入量应该保持在每天摄入总能量的 10 % 以下，并且在比赛快要开始前和比赛期间，膳食纤维的摄入也应该受到限制。

350克

这些食物的碳水化合物总量约为350克

水果
1苹果（15克）
4汤匙蔓越莓干（30克）
1个大香蕉（30克）

蔬菜
2杯绿叶蔬菜（10克）
1/2杯玉米（15克）
1杯胡萝卜（10克）

谷物
16个动物饼干（30克）
1个三明治面包（30克）
1杯米饭（45克）
2杯糖衣谷物（60克）
1/2杯煮熟的黑豆（15克）

乳制品
1杯水果酸奶（45克）
1杯脱脂牛奶（12克）

图11.6　考虑到时间安排和恢复情况，这些食物应全天分散摄入

在当前的例子中，这些计算仅是针对一种产品做出的，但在真实情况下，需要对全天消耗的每种食品都做这些计算并进行汇总，然后再将结果与建议的每日需求量进行比较[54~56]。

食品标签对于加工食品非常有用，但如果遇到那些没有贴标签的食品，比如，水果和蔬菜，又该怎么办呢？在这种情况下，我们有以下几个选择。其中，一个选择是许多食品杂货店都会在农产品通道贴上食品成分表供顾客参考；另一个选择是使用许多普通营养学教科书中常见的标准食物成分表——但最全面的一种是由美国农业部以广泛的食物数据库的形式提供的，这种数据库可供公众使用，并且易于获取[57]。与产品上的食品标签类似，美国农业部的数据库也提供每份食物中所包含的碳水化合物、膳食纤维、糖、脂肪和蛋白质的总量。此外，该数据库还提供了许多营养信息——可能比一般运动员所需要的多得多。

碳水化合物的类型和功能

市面上销售的针对耐力运动员的传统运动饮料、凝胶和其他补剂通常都混有葡萄糖、蔗糖和麦芽糖糊精（也称为葡萄糖聚合物）。在这些糖中，

拓展信息

咖啡因和糖原补充

咖啡因通常被用作提高耐力表现的机能增进辅助手段，但一些证据表明，在运动后恢复过程的补充糖原期间，它可能也会起到帮助作用。虽然这背后的机制尚不清楚，但似乎咖啡因在恢复期间能够提高胰岛素的敏感性，并且还能改善肠道对碳水化合物的吸收功能。请注意，有些人对咖啡因很敏感，他们摄入咖啡因会导致一些意料之外的副作用，如紧张不安或无法入睡。为周全考虑起见，一个对利用咖啡因作为机能增进辅助手段感兴趣的运动员，应该摄入能够达到预期效果的最小剂量的咖啡因，以减少出现副作用的风险[3, 53]。

小窍门　在食品标签上的食品分量指的是煮食还是未加工的（生的）食品，这是需要考虑的。例如，燕麦最常见的报告分量为干燕麦的分量，但当煮熟后，燕麦会变得充满水分，所以1杯熟燕麦的营养成分要比1杯干燕麦的营养成分少很多。

麦芽糖糊精的血糖指数最高，但所有这些糖都会被迅速消化，所以在运动前和运动中都能够成为快速提供能量的来源。摄入这些食品会升高胰岛素水平，从而促进肌肉吸收葡萄糖并将其分解为能量[43]。

一些运动员会关心由于葡萄糖和胰岛素水平的猛增和下降而引起的副作用，因为血糖水平的不一致可能会改变人体对疲劳的感知，并对运动表现产生负面影响。市场上出现了一些新产品，它们声称自己所提供的能量不像葡萄糖、蔗糖和麦芽糖糊精所提供的那样不稳定。事实上，分子重量高于葡萄糖或麦芽糖糊精的碳水化合物是在实验室制造出来的，吸收更慢。这些化合物最初是为糖原贮积症患者配制的，后来应用对象扩展到了糖尿病患者。在运动营养学界中，这些化合物通常被称为超级淀粉或糯玉米。提倡将它们作为运动补剂使用的理论其理由是，它们不会令血糖快速上升，所以无论是感知的还是真实的发力都会得到改善。其实，表明血糖和胰岛素反应、葡萄糖的吸收和氧化（利用）、糖原再合成等方面的积极变化或绝对改善的研究很缺乏。实际上，锻炼后的肌肉只是血糖有所升高（和

锻炼之前相比，再没有其他的变化），因此使用这些化合物的益处仍然值得怀疑[25, 41, 43, 44, 49]。

耐力运动员面对的独特挑战

所有的体育运动都有其特点，这些特点往往要求参与者应采取一定的措施来帮助他们更好地完成或经受住这项运动的考验。在本节中，我们将描述耐力运动员可能想要采取此类措施的种种情况。

运动期间无法摄入额外的碳水化合物

在许多情况下，运动员在耐力运动期间都不能或不想摄入额外的碳水化合物。当目标是节省糖原时，在持续时间少于 1 小时的运动中摄入碳水化合物是不合理的，但是也可能有其他理由来证明这一做法是合理的。一些研究表明，受测对象只需用含碳水化合物的饮料冲洗口腔后吐出（不要吞咽下去），就会提高运动表现。我们不知道产生这种现象的确切原理，但似乎大脑可以觉察到口腔中碳水化合物或能量的存在，从而就预料到碳

必须控制体重的摔跤运动员需要在称重之前监控自己的食物消耗情况。

水化合物会传输到体内，并以某种方式提高了运动表现。似乎品尝碳水化合物比品尝其他产品更有刺激性，因为在品尝不含营养的甜味剂时，人们没有看到同样程度的大脑活动，所以可以推断触发大脑兴奋的不仅仅是它所感觉到的甜味。这个发现有实际应用价值，特别是对那些接受不了传统运动饮料的运动员，或是参加对体重敏感，不能承受摄入过多热量的运动员（例如摔跤运动员和体操运动员）。也许这种方法可以让他们以更高强度运动而不感到疲劳，或是在没有多余能量的情况下，使他们对疲劳的感知度下降。虽然还需要做更多的研究，但为谨慎起见，对于想要使用这一策略以达到机能增进目的的运动员来说，应确保在运动前存储足够的碳水化合物[22, 24]。

胃肠不适

一些耐力运动员在训练和比赛中出现过胃肠不适，这种状况肯定会有损于运动表现。胃肠不适可能从轻微到重度，最常见的症状是恶心、呕吐、腹痛和腹泻。目前尚不清楚在耐力运动员中胃肠不适的确切发生率，但研究报告指出，其中任何一种症状的发生率，最高都可达 93%[37, 39, 40]。

营养摄入情况可以明显影响胃肠不适的症状。传统的影响因素是膳食纤维、脂肪、蛋白质、浓缩的碳水化合物溶液、仅摄入果糖或脱水。例如，膳食纤维、脂肪和蛋白质可以延缓胃排空的时间，而在高强度运动中仅摄入果糖或高浓度混合碳水化合物溶液，会使胃肠道内的体液发生变化，从而导致胃肠不适和表现不佳。目前还不清楚是否可以通过训练胃肠道以更好地耐受它所接受的食物。然而，在竞赛环境中采取这些营养策略之前，应先在实践中尝试它们，这是非常重要的[37, 39, 40]。

对提高脂肪酸氧化的渴望

从生理学方面来看，大多数耐力运动的成败都取决于身体长期快速生成三磷酸腺苷的能力，这种能力需要大量存储糖原，并要求人体能够有效使用除肌肉糖原外的其他能量来源，特别是脂肪酸。一种被设计用来训练身体在运动中"优先"氧化脂肪酸而非葡萄糖的方法——称为"低训高赛"——已经获得了较高的关注度。在该方法背后的理论是，通过在糖原耗尽的状态下进行训练，身体将"学会"更喜欢利用脂肪酸而非葡萄糖作为能量来源。有些方案将这种训练方法与低糖高脂的饮食（通常被称为"脂肪蓄能"）结合起来，在比赛之前短时间内这样饮食，直至比赛快要开始时才最终转换为高糖膳食。从生理学的角度来看，这个方案似乎的确

拓展信息

尽量减少运动员胃肠不适的发生

以下策略可以用来预防或尽量减少耐力运动员胃肠不适的发生。然而，如果运动员患有一些疾病，例如乳糜泻、肠易激综合征或克罗恩病（需要营养医疗），那么就应转诊至熟悉这些疾病的注册营养师。

> 在比赛当天甚至前几天要避免食用富含纤维素的食物。在其他时期摄入含有充足纤维素的饮食，将有助于保持肠道正常。
> 避免食用富含果糖的食物，特别是仅含果糖的饮料；同时含有果糖和葡萄糖的饮料可能更易被胃肠接受。
> 不仅应在比赛开始前充分补水，在整个比赛过程中也要摄入水分以避免脱水。
> 不要摄入浓缩的含碳水化合物的饮料。
> 在将新的营养策略应用到比赛当中之前，先要进行多次实践。

源自：E.P. de Oliveira, R.C. Burini, and A. Jeukendrup, 2014, "Gastrointestinal complaints during exercise: Prevalence, etiology, and nutritional recommendations," Sports Medicine 44(suppl 1): S79–S85.

完成了它的任务——它会使肌肉内的甘油三酯存储量增加，并在运动过程中促使更多的脂肪氧化，以减少身体对肌糖原的利用。然而，问题在于，在体育赛事中，成功是基于运动表现而不是代谢的适应性或能量来源来衡量的。目前没有证据表明这种方法会提高运动表现。需要进行更多的现场研究，才能了解代谢适应性变化是否能够转化成运动表现的提高。虽然低强度训练可能会促使一些生理适应性的改变，但也可能引发一些意料之外的副作用，如运动时疲劳和无力承受高强度的训练，这些都会导致失败[1, 2, 8, 9, 16, 36, 53]。

这个话题在运动营养学文献中曾经一度存在争议。在 2006 年之前进行的一些早期研究，被用来论证本方案。这些研究有不同的设计方案，比较起来较为困难，而且样本数量和研究总数也较少。这些研究得出的结论是，低糖高脂（Low Carb High Fat，LCHF）的饮食会使脂肪成为优先的能量来源，从而糖原就可以被节省下来了。不过，因为这些研究没有比较或考虑初始的糖原水平，所以结论不完全准确。尽管如此，研究中观察到的脂肪作为能量来源的增加（脂肪酸氧化的增加）倒是值得进一步研究[9]。在 2006 年进行的部分研究中确实证明了一些有趣的发现，总结如下[9]：

> 最短摄入 5 天低糖高脂的饮食，就会使骨骼肌开始发生适应性变化，如肌肉内的甘油三酯存储量增加；酶激素敏感脂肪酶的活性增强，这有助于把脂肪酸从存储中"动员"出来；增强细胞代谢过程，并最终允许增加脂肪对燃料的氧化（利用）。随着脂肪氧化的加速，碳水化合物的氧化（分解或利用）会减少，而这种减少是由于肌糖原利用率的改变所引起的。

> 即使摄入低糖高脂的饮食，然后转向食用高糖方案之后的几天，脂肪利用率升高的现象也仍然会保持。即使在比赛临近前摄入碳水化合物，这些脂肪的代谢适应性变化也仍然存在。

> 尽管随着摄入低糖高脂的饮食，身体发生了代谢方面的变化，但却没有看到这种变化转变为实际运动表现的提高。由于此类研究的样本量很少，这些变化可能并不适用于所有人。那些在运动过程中对碳水化合物反应迟钝或不能接受碳水化合物的人，会比能很好地使用糖原负荷法并在运动中摄取碳水化合物的人可以更好地适应该方案。此外，此类研究中的许多方案都是在糖原耗尽状态下的中、高强度运动中进行的，但这未必是运动现场会发生的情况。

> 一些采用低糖高脂饮食的运动员报告说他们感觉训练能力有所提高，同时还感觉到用力程度和心率下降了。低糖高脂的饮食可能实际上会影响临场表现，特别是在强度或力量要求较高的运动中，糖原是首选的能量来源[9]。

随着社交媒体的使用日益增多，基于零星的证据，对这种方法的支持也越来越多。由于这一概念的普及程度越来越高，并且无法根据先前的研究得出绝对的结论，因此令人惊讶的是，关于这一主题的进一步研究只完成和发表了几项，且没有任何一项研究表明低糖高脂的饮食对运动表现的提高有益。其中一项研究没有采取低糖高脂饮食方案中常用的对碳水化合物的限制。需要进行更多的研究，好将非生酮性低糖高脂饮食与生酮性低糖高脂饮食做对比。一些理论认为，由于长期限制碳水化合物的摄入而导致生成酮体对人体是有益的，因为身体可以在运动过程中逐渐适应使用这些酮体作为燃料来源。这在理论上听起来不错，但是我们缺乏关于酮体作为供能底物能提供多少能量这方面的数据[9]。

在有更多的研究数据可用之前，重要的是先应考虑采用低糖高脂饮食和提高运动表现之间的关系。这种方法经过大众媒体利用少数事例的大肆宣传而得到提倡，暗示它是基于大量运动员的证据得出的，并适用于很多运动员。实际上，这种方法如果有用的话，可能也只对超长耐力运动员或经历长时间中、高强度运动的运动员有益。尽管确实有在耐力运动之前、中、后的一般性碳水化合物指南，但请注意，目前正在与自己指导的运动员打交道的运动营养师们，在工作中要避免摄入过量的碳水化合物，并要针对运动员个人提出碳水化合物数量和类型方面的调整性建议，因为取得饮食中所有营养成分的平衡是一个重要的概念[9]。

耐力训练对宏量营养素代谢的影响

耐力训练会引发多种生理适应性变化，从而提高运动表现，其中包括改善葡萄糖的输送、摄取和氧化，增加骨骼肌糖原的存储量，增加工作肌的氧气摄取量，以及提高身体能够更好地利用乳酸作为能量来源的能力。此外，受过训练的个体骨骼肌对胰岛素也更加敏感，并且拥有更多数量的

小窍门　运动营养指南是基于有力证据的，并会随着当前可用的研究数据的增加而进一步发展。这些指南通常适用于许多运动员，但绝不应该取代优化健康状态和运动表现的个性化方案。运动员可能会将这些指南作为准备（运动）和训练的起点，但他们必须通过反复的试验和犯错，才能领会最适合自己的方法。有时候，运动员可能会偏离既定的指南，对此运动膳食学认证专家（Certified Specialist in Sports Dietetics, CSSD）应该采用一种现代化、周期性的方法来满足各个运动员的需求。

拓展信息

过度训练综合征

过度训练综合征（Over Training Syndrome，OTS）的特点是，长期能量摄入不足，并伴有长期摄入较少的碳水化合物和参加大量训练。这种情况不仅会导致长期运动表现的下滑，也可能会出现一些生理症状。恢复生理功能和运动表现可能需要几周到几个月的时间。过度训练综合征唯一的"治愈"方法就是减少训练量或完全休息，同时还要摄取足够的能量、蛋白质、碳水化合物和水分[13, 28, 32]。

葡萄糖转运蛋白4，因此可以提高葡萄糖的吸收和利用率。受过耐力训练的人具有更大的左心室容量、更大的血管容量、更高的毛细血管密度和肌球蛋白浓度，所有这些都有助于身体将更多的氧气输送给肌肉。当这种情况再遇上线粒体密度和肌肉细胞中代谢酶浓度都增加时，身体完全氧化葡萄糖和脂肪酸的能力就会得到提高。

本章总结

耐力运动员参加的项目对能量的要求很高，这些比赛对身体主要的三磷酸腺苷生成系统，特别是对身体长时间抗疲劳的能力构成了挑战。碳水化合物对三磷酸腺苷的长期生成具有重要意义。有多种策略都可以通过延迟糖原的利用或增加其在肌肉中的含量来保存糖原。耐力运动员面临着对能量、脂肪、碳水化合物、水分等营养物质独特而苛刻的要求，将这些需求转化为对实际食物选择的挑战可能是艰巨的。幸运的是，有现成的工具可以帮助运动员选择食品、饮料和补剂，这些工具确实有助于耐力运动员满足他们所选项目独特的营养需求。

复习题

1. 解释在强度各异的运动中，碳水化合物和脂肪是如何被用作能量来源的。

2. 运动员如何能在长时间的耐力运动中将疲劳程度降到最低？

3. 在耐力比赛开始前有哪些碳水化合物摄入建议？列出在比赛开始前 1、2、3、4 小时的建议，在每个时间段分别建议摄入什么类型的碳水化合物？

4. 运动中的碳水化合物摄入建议有哪些？这些建议是否会随运动时间和强度的变化而改变？

5. 为了能在运动后的恢复期最大限度地改善糖原存储（包括存储数量和时间），对碳水化合物的摄入建议是什么？

6. 描述在提出耐力运动之前、中、后各自的碳水化合物摄入建议时，血糖指数分别所起的作用。

7. 许多增强耐力的补剂都是专门面向运动员销售的。耐力运动员可以从经典食物中获得相同的益处吗？举例说明。

8. 描述"低训高赛"背后的理论。这是一个被广泛推荐的策略吗？说明理由。

9. 列出在耐力训练期间尽量减少胃肠不适的策略。

第 12 章

抗阻训练的营养学

在完成本章的学习后，你将能做到以下几点：

> 讨论在最大限度地提高训练适应性方面，儿童、年轻人和老年人之间对蛋白质需求的差异；

> 讨论适用于那些一边节食、一边执行抗阻训练计划的人的蛋白质摄入计划；

> 区分低糖饮食和生酮饮食，并讨论每种饮食如何影响抗阻训练的表现；

> 讨论在运动前、运动中及抗阻训练后的营养问题。

在许多人的锻炼计划中都会包括抗阻训练。在本章中，我们将讨论通过提供促进肌肉收缩、支持肌肉生长和修复、补充运动期间消耗掉的碳水化合物，以及尽量减少肌肉酸痛所需的能量（千卡）和营养元素，来支持抗阻训练的各种营养策略。虽然研究继续在揭示特定的营养素和补剂是如何影响肌肉功能、短期与长期的训练适应变化的（从抗阻训练计划中获得的收益），但不同的个体从采用一种或多种策略中得到的结果，可能会因很多因素而产生较大的差异。这些因素包括运动者所遵循的训练计划、身体对训练反应的先天差异、

你知道吗

许多人都认识到肌肉量在力量和运动表现方面的作用。然而，肌肉量在减少肥胖、心血管疾病、II型糖尿病、骨质疏松症，以及肌肉萎缩这种随年龄增长而导致的肌肉量和力量流失的发生风险方面，也具有重要作用[130]。

训练状况（从未受过训练到训练有素）、年龄、性别、总体饮食情况、对自身饮食的适应情况，以及（可能存在的）营养基因学（营养与基因之间的相互作用——一个相对较新的研究领域）因素。

虽然一个人的总体饮食，包括持续摄入的千卡数和某些营养素，可以对通过进行抗阻训练取得的成果产生极大的影响，但大量的研究都关注的是特定营养元素的摄入时间，以及在运动前、中、后各阶段的营养补充，是如何随着时间的推移影响运动表现、运动后的恢复，以及肌肉量、力量和爆发力的。

在抗阻训练之前的营养问题

在运动员开展抗阻训练前1小时或更短时间内进食的主要目的是，为运动员补充水分，加满糖原存储，并减少饥饿感。此外，如果运动员在之前数小时内一直都没有摄入蛋白质，或是他们每天的蛋白质需求量很高，而运动前进食则是帮助他们满足其日常蛋白质需求的重要机会，那么在其运动前的那一餐饭菜或零食中添加蛋白质可能是有利的。例如，一个体重280磅（127千克）且正试图增重20磅（9.07千克）的男运动员将有着较高的每日蛋白质需求。对于他来说，摄取增重所必需的食物（包括蛋白质）是很有挑战性的，尤其是如果他每天要训练几个小时的话（用于训练的时间越长，意味着可用于吃东西的时间就越短）。

补水

保持水分充足（补水）对抗阻训练很重要。水分过少会影响抗阻训练的表现和恢复[55, 56]。然而，在研究设计中从方法论方面的考虑，使得人们难以清楚地辨认出水分过少影响力量、爆发力和高强度运动的机制。心血管方面的压力，比如，最大心输出量和流往肌肉组织的血量下降（从而阻碍了营养物质的供应和代谢废物的

运输）是潜在的影响因素[55, 57]。迄今为止的研究表明，脱水量达到体重的 3%~4%，会减少约 2% 的肌肉力量、约 3% 的肌肉爆发力，还会减少约 10% 的高强度耐力活动能力（最大强度的反复运动持续时间超过 30 秒，但小于 2 分钟）[55]。

此外，水分过少也会影响身体对激素的反应。在一项对抗阻训练的研究中，水分过少的不断加剧（水分流失占体重的 2.5%~ 体重的 5%）会导致应激激素皮质醇和肾上腺素的持续增加，以及随后的血糖升高，这可能是为了应对增加的生理需求（压力反应使得会有更多的能量可用）。这些结果表明，水分过少明显加大了抗阻运动造成的压力，并可能减弱训练适应性发生的变化。随着时间的推移，如果运动员一直在水分过少的状态下进行训练，这些变化就可能会使抗阻训练的适应效果下降[57]。

考虑到水分过少对力量、爆发力和持续超过 30 秒但不到 2 分钟的重复性运动的影响，参加抗阻训练或需要考虑这些变量的运动（例如美式橄榄球、足球、摔跤、冰球和英式橄榄球）的运动员，应确保在训练或比赛之前充分补水。没有针对抗阻训练的具体训前指导建议，因为任何建议都取决于训练前的补水状态。

碳水化合物

来自循环中的血糖和肌肉糖原的碳水化合物是在进行抗阻训练期间身体使用的主要能量来源。此外，保持足够的糖原存储还有助于减少运动过程中肌肉的分解，并保持免疫系统和神经系统的正常运作。少量的碳水化合物摄入能明显抑制免疫系统和中枢神经系统的功能[18, 67]。

在训练之前食用碳水化合物不仅可以帮助缓解肌肉疲劳（特别是快肌纤维——比慢肌纤维疲劳得快），也能减少身体使用蛋白质作为能源，还可以提高运动表现[44, 54, 67]。这一策略对于以下几类运动员尤为重要：在整夜没有进食后一大早起床就开始锻炼的运动员；自从上一次训练后就没有摄入足够碳水化合物的运动员；在速度运动、耐力练习或其他任何需要大量碳水化合物提供能量的训练之后，马上就要举重的运动员。就像营养学的许多方面一样，在阻力训练之前，需要注意对碳水化合物的需求。身体可以适应宏量产能营养素（碳水化合物、蛋白质、脂肪）摄入量的持续变化，因此，采取低糖饮食的人一旦适应了这种饮食，就不会出现任何负面影响或运动表现的下降，前提是在他们的饮食中含有足够的蛋白质来生成和修复肌肉，以帮助避免蛋白质的损失（避免肌肉中的蛋白质作为一种能量来源被分解）。然而，关于这个话题的数据资料很少[83]，所以目前对那些实施抗阻训练计划的人，我们并不推荐低糖饮食。

在一项研究中，要求给 6 名受过训练的男子补充碳水化合物（在运动前每千克体重补充 1 克碳水化合物，在运动中每 6 分钟补充 0.17 克／千克体重），而对照组则补充添加了糖精和阿斯巴甜（非营养性甜味剂）的安慰剂。他们进行了一系列股四头肌静态收缩练习，练习强度为最大收缩率的 50%，且在每两组练习之间休息 40 秒，直到肌肉力竭。与安慰剂组相比，碳水化合物实验组的力竭时间和力量输出明显更高[123]。

糖原负荷法是一种耐力运动员用了几十年的技术，他们用这种方法来超量补偿糖原存储和提高运动表现。一般来说，运动员将在一段特定的时间内（从一项赛事开始前的几天到几个星期）缩短其训练计划，同时摄入碳水化合物含量较高的饮食，通常为每天 8~10 克／千克体重碳水化合物[48]。很少有研究关注过糖原负荷法对抗阻运动表现的影响。然而，在一项研究中，健康的年轻男性被随机分为两组：一组摄入中等数量（4.4 克／千克体重）的碳水化合物饮食，另一组摄入高（6.5 克／千克体重）碳水化合物的饮食。两组都在抗阻运动试验开始前 4 天摄入这两种饮食。该试验包括 4 组练习，每组重复进行 12 次最大力量的蹲跳，运动负荷为 30% 的 1RM，组间休息 2 分钟[48]。研究发现，两组受测对象之间的爆发力表现没有差异，这表明摄入较高碳水化合物含量的饮食并不能提高 4 组练习中的爆发力表现。然而，目前还不清楚如果摄入更多的碳水化合物，即达到 8~10 克／千克体重的话，是否会产生运动表现上的差异。

健美运动员可能会在比赛前采用糖原负荷法来增加肌肉的块头，这在生理上是有道理的（尤其是如果他们先摄入几天较低碳水化合物的饮食，然后继之采取糖原负荷法）。然而，到目前为止，只有一项研究对这种做法进行了考察。研究人员发现，采取先低后高的碳水化合物饮食方法后，肌肉的大小并没有变化，且受测对象在低碳水化合物摄入期间（3 天从碳水化合物中摄入 10% 的能量）和在采用糖原负荷法的 3 天时间里（80% 的能量来自碳水化合物），所摄入的总能量是相同的[7]，因此，如果他们增加总能量摄入，可能就会注意到（肌肉的大小）发生了差异[50]。

你知道吗

在空胃（空腹）状态下进行抗阻训练会增加肌肉的分解。

你知道吗

肌肉的大小和力量不会同时以直线方式上升。

蛋白质和氨基酸

研究表明，在抗阻训练之前摄取蛋白质或必需氨基酸会刺激肌蛋白的合成[110, 111, 113]，而长时间补充它们则会增加瘦体重、改变体脂百分比，以及促进肌肉的生长[21, 28]。在运动前或运动后都可摄取蛋白质，以促进短期内的肌蛋白合成[91, 129]。

在抗阻训练期间的营养问题

在抗阻训练期间，碳水化合物和补水是最重要的营养考虑因素。激素的变化会促进向肌肉细胞输送葡萄糖以产生能量，这就影响了肌肉力量的产生和肌肉收缩的速度。糖原在抗阻训练期间提供了大量的可用能量[44]。糖原的减少会削弱力量的产生，同时还会加重肌肉的无力[44,54]。一项考查在抗阻训练过程中糖原使用程度的研究发现，受测对象在做完一组重复10次的肱二头肌弯举练习后，使用了13%的存储糖原，而在做完几组不同的练习后，也有存储糖原使用率达到了45%的[43,71,72]。在抗阻训练过程中摄入碳水化合物可以帮助维持糖原存储，并提高运动表现[43,44]。在训练期间的碳水化合物需求取决于糖原存储水平和训练前一天的碳水化合物摄入量。

在水分过少的状态下开始训练的运动员，应该小口喝水或其他饮料，以防止脱水和随后的力量下降。如上一节所述，保持充分的补水对力量和爆发力训练及在比赛中的表现都很重要。

在训练期间可以摄取蛋白质或氨基酸以促进肌蛋白的合成[24]。在一项研究中，与控制碳水化合物的摄入相比，在长时间的（大于2小时）抗阻训练期间摄入蛋白质，会使运动中短期的肌蛋白合成激增[90]。然而，如果在运动之前或之后摄入蛋白质，那么该策略可能就不是必需的了。

在抗阻训练之后的营养问题

在运动过程中释放的激素可令身体使用蛋白质和碳水化合物做好准备。运动员应该利用在抗

你知道吗

在抗阻训练之后的进餐，对于那些每天都要训练，以及不能满足其日常蛋白质和碳水化合物需求的人来说，很可能更为重要。

阻训练后这段时间的身体优势补充其糖原存储量，并为身体提供高质量的蛋白质——它们能够将氨基酸输送给肌肉组织，以开始生长和修复过程。

更新糖原

在抗阻训练后摄入碳水化合物，有助于更新糖原、促进恢复和减少肌肉分解[9,43,92]。训练过后重要的是要在下一次训练之前的那段时间内补充糖原，以获得最大的力量和爆发力[43]。运动员在初始训练阶段或比赛后的几小时内，应在抗阻训练后立即摄入碳水化合物。这是因为在训练完成后的第一个（大约）45分钟期间，肌肉会迅速吸收碳水化合物。大约再过45分钟，糖原再合成的速度就会降低[53,85]。两次训练间隔超过8小时的人或不是每天训练的人，不需要在训练后立即摄入碳水化合物，以使糖原迅速更新。相反，如果每天的碳水化合物摄入总量都充足，那么在他们下一轮训练开始之前的一段时间内可以充分补充其碳水化合物存储量[84]。

在一项交叉研究中，男性在禁食状态下训练，进行膝盖伸展运动，直到筋疲力尽为止。受测对象在训练后立即摄入 1.5 克 / 千克体重的碳水化合物，并在 1 小时后再次摄入同等分量的碳水化合物，或在同样的时间点喝水。到训练后的 6 小时，摄入碳水化合物的那一组受测对象，其糖原存储已经更新到运动前水平的 91%，而喝水的那一组，其肌肉糖原水平才更新至运动前水平的 75%[85]。

许多因素都会影响充分补充糖原存储所需的碳水化合物数量，包括在训练开始之前的糖原水平、抗阻训练的强度和持续时间、体重、习惯的碳水化合物摄入量，以及在运动前或运动过程中是否摄入了碳水化合物。

生成和修复肌肉

如图 12.1 所示，生成和修复肌肉组织会涉及一系列的步骤。

两个因素会影响肌肉蛋白质净平衡：肌蛋白合成和肌蛋白分解。肌蛋白合成必须超过其分解，肌肉才能生长[41]。肌蛋白库的慢性净增长，会随着时间的推移增强肌肉力量和促进肌肉的生长。当肌蛋白分解慢慢超过其合成时，随着时间的推移，蛋白质库会发生慢性净流失（肌肉萎缩）[24, 91]。

肌蛋白合成在运动过程中是受到抑制的，抗阻训练同时还促进了肌蛋白合成和分解。尽管肌肉蛋白质净平衡有所调整，但直到摄入蛋白质或必需氨基酸之前仍然是负平衡[9, 92]。

在抗阻训练后流向肌肉的血量会增加，以促进氨基酸从蛋白质输送到肌肉[9]。与单独的抗阻训练相比，抗阻训练与较多可用的氨基酸（来自摄入蛋白质或必需氨基酸）结合起来的协同效应，会使肌蛋白的合成增加得更多，从而促进运动后的肌肉蛋白质净增长（合成超过分解）[9, 91, 92]。在抗阻训练后肌肉蛋白质的分解情况各不相同，报告的范围是 31%~51%[9, 92]。在抗阻训练后摄入相对较少（30~100克）的碳水化合物，会减少肌蛋白分解[14, 41]。然而，肌蛋白合成被认为是在这个过程中最重要的部分，在身体通过抗阻训练对肌肉蛋白质净平衡的调整中，肌蛋白合成占 70% 以上，而肌蛋白分解对肌肉蛋白质净平衡的贡献则较少[41]。

如果不另外摄入必需氨基酸或蛋白质，仅仅摄入碳水化合物的话，肌肉蛋白质净平衡就将仍然是负值（图12.2）[14, 41]。

蛋白质的类型、数量和时间，是在抗阻训练后为了促进肌蛋白合成需要考虑的 3 个重要因素[129]。在理想类型的蛋白质中亮氨酸的含量较高，消化起来迅速，能使血液中的氨基酸快速增加（一种"快速"蛋白质）。与消化速度较

你知道吗 ❓

肌蛋白分解从生理上讲是一个重要的过程，它有助于去除受损的蛋白质。可以把这个过程想象成拆除旧建筑的一部分，并用更新、更坚固的材料去重建它。虽然破坏是必不可少的，但过多的破坏并不是有益的。

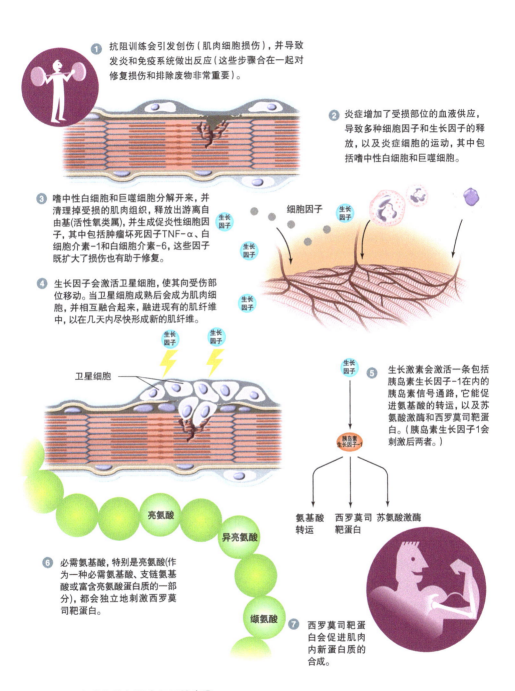

① 抗阻训练会引发创伤（肌肉细胞损伤），并导致发炎和免疫系统做出反应（这些步骤合在一起对修复损伤和排除废物非常重要）。

② 炎症增加了受损部位的血液供应，导致多种细胞因子和生长因子的释放，以及炎症细胞的运动，其中包括嗜中性白细胞和巨噬细胞。

③ 嗜中性白细胞和巨噬细胞分解开来，并清理掉受损的肌肉组织，释放出游离自由基（活性氧类属），并生成促炎性细胞因子，其中包括肿瘤坏死因子TNF-α、白细胞介素-1和白细胞介素-6，这些因子既扩大了损伤也有助于修复。

细胞因子

生长因子

④ 生长因子会激活卫星细胞，使其向受伤部位移动。当卫星细胞成熟后合成为肌肉细胞，并相互融合起来，融进现有的肌纤维中，以在几天内尽快形成新的肌纤维。

生长因子

卫星细胞

⑤ 生长激素会激活一条包括胰岛素生长因子-1在内的胰岛素信号通路，它能促进氨基酸的转运，以及苏氨酸激酶和西罗莫司靶蛋白。（胰岛素生长因子1会刺激后两者。）

胰岛素生长因子-1

氨基酸转运　西罗莫司靶蛋白　苏氨酸激酶

亮氨酸

异亮氨酸

⑥ 必需氨基酸，特别是亮氨酸（作为一种必需氨基酸、支链氨基酸或富含亮氨酸蛋白质的一部分），都会独立地刺激西罗莫司靶蛋白。

缬氨酸

⑦ 西罗莫司靶蛋白会促进肌肉内新蛋白质的合成。

图12.1　生成和修复肌肉组织的步骤
源自：Charge and Rudnicki 2004; Hamada et al. 2005; Tidball 2005; Tiidus 2008; Gran and Cameron-Smith 2011; Frost and Lang 2012.

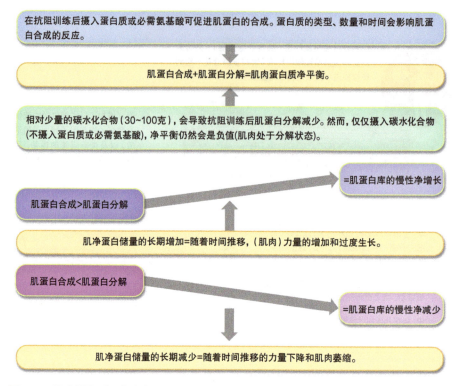

图12.2　肌肉蛋白质平衡方程

慢的蛋白质（导致氨基酸释放进血液的速度更慢）相比，消化速度较快的蛋白质会使短期的肌蛋白合成（在运动后3小时内）激增。乳清是一种快速蛋白质，大豆是一种中速蛋白质，而酪蛋白则消化得慢。在受过训练的人身上，牛奶比大豆促进短期肌蛋白合成的程度更大；与大豆和酪蛋白相比，乳清蛋白可以引起短期肌蛋白合成（当摄入蛋白质时，在运动后3小时内就会合成）更大幅度地增长，而大豆比酪蛋白引起的增长更显著[45, 105, 127]。虽然速度对于肌蛋白合成的激增很重要，但混合蛋白质（如乳清、大豆和酪蛋白的混合物）

也有一个好处：与单独摄入快速蛋白质相比，混合蛋白质或牛奶（其中含有约80%的酪蛋白和20%的乳清）等蛋白质混合物，能够有效刺激肌蛋白的合成[91, 95]。

只有（蛋白质的）混合物才会令在运动后的2~4小时内，肌蛋白的合成增加[95]。如果一个人在再次进食前要等上几个小时（3~5小时或更长时间），或是在晚上锻炼，并在睡觉前摄入蛋白质，那么补充混合蛋白质可能是有益的。

亮氨酸会在进食时和运动后促进肌肉蛋白质开始合成，尽管还需要蛋白质衍生出来的氨基酸才能让蛋白质的合成继续进行下去[126]。在健康青年男性中，相对较少的乳清蛋白（6.25克）与亮氨酸（共3克）的结合，或者是6.25克乳清蛋白与除亮氨酸外的必需氨基酸的结合（从必需氨基酸里减去亮氨酸；乳清蛋白中总亮氨酸含量为0.75克，再加上必需氨基酸），会在运动后的1~3小时刺激肌蛋白的合成，其刺激程度与25克乳清蛋白（亮氨酸总量相当于3克）相同。与乳清搭配亮氨酸，或是乳清搭配除亮氨酸外的必需氨基酸相比，当摄入25克乳清后，在运动后3~5小时蛋白质合成水平仍然高于空腹水平。这项研究表明，为了最大限度地刺激肌蛋白的短期合成，可以在少量蛋白质中加入亮氨酸。在运动后摄取较多的乳清蛋白会使蛋白质的合成持续增高较长一段时间[27]。

如图12.3所示，研究表明，为了在运动后最大限度地增加肌蛋白的合成，作为氨基酸混合物或蛋白质的一部分，年轻人需要摄入2~3克亮氨酸或0.05克/千克体重亮氨酸，而老年人可能需要3~4克亮氨酸[79, 82, 112]。年轻人可以通过补充20~25克高品质蛋白质（提供8.5~10克的必需氨基酸），比如鸡蛋或乳清，来达到亮氨酸的摄入门槛。如果选择了一种每份中亮氨酸含量较低的蛋白质来源，那么就需要摄入较高的量。例如，约30克大豆蛋白中含有约2克亮氨酸。老年人之所以需要更多的亮氨酸和蛋白质，是因为肌肉对氨基酸的敏感性会随年龄的增长而下降（这会在本章后面加以讨论）。在老龄组的人做完抗阻训练之后，为了使肌蛋白的合成效果最大化，建议最少摄入40克蛋白质[3, 15, 76, 80, 91]。

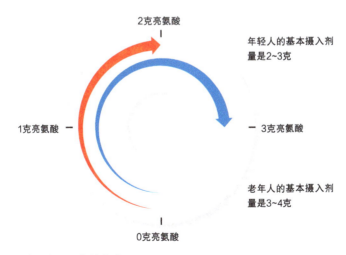

图12.3 亮氨酸开启肌蛋白的合成

瘦体重总量不会影响抗阻训练后所需的蛋白质数量。然而，蛋白质的需求会随着抗阻训练中肌肉使用量的增加而增加。当更多的肌肉被激活时，更多的氨基酸就会被肌肉吸收。对受过抗阻训练的男性而言，在一次全身抗阻训练后，摄入 40 克乳清蛋白比摄入 20 克乳清蛋白能更大限度地刺激肌蛋白的合成[73]。这取决于许多因素，包括人的年龄、训练类型、训练负荷、蛋白质摄取类型、总能量和蛋白质摄入量，甚至较多的蛋白质都可能会导致较剧烈的肌蛋白合成反应。

为了最大限度地合成肌蛋白，"合成代谢窗口期"的概念已经被提出来了。许多人都建议如果在特定的时间段内（通常为运动后的 1 小时）摄入蛋白质，那么肌蛋白的合成效果就是最显著的。然而，对开展抗阻训练的个体来说，这个确切的时间段还不清楚，而在抗阻训练后 3 小时内摄入蛋白质对未受过训练的人来说则并不重要，也许是因为其肌蛋白的合成会在他们运动后几小时急剧升高[129]。

食物和蛋白质一样有用吗？

作为蛋白质来源的食物，比如肉，可以在抗阻训练后促进肌蛋白的合成。然而，目前的研究还不足以确定，与作为蛋白质来源的食物相比，直接补充蛋白质是否对短期的肌蛋白合成，以及肌肉力量和生长适应性随时间推移的变化有更大的影响，还是说两者的影响相当（在所有其他因素，包括总能量摄入量和总蛋白质摄取量都相同的情况下）。

尼格罗（Negro）和他的同事（2014）报告说，在为期 8 周的时间里，让健康的男性在抗阻训练后吃 135克（4.7 盎司——内含 20 克蛋白质和超过 2 克的亮氨酸）牛肉罐头，其肌肉力量出现了显著的增加。瘦体重无论是在实验组还是在控制组均无显著差异[78]。虽然牛肉罐头比一些其他类型的红肉消化起来更快，但仍然明显慢于快速蛋白质，例如，乳清（血浆中必需氨基酸的浓度在摄入约 2 小时后达到峰值，乳清浓度约在摄入 30 分钟后达到峰值）[89]。两组之间缺乏显著差异的原因，可能不是牛肉将氨基酸释放到血液中的速度，而是由于两组的每日总蛋白质摄入量都较低：每天 1 克 / 千克体重[78]。

在另一项研究中，习惯摄入"高于蛋白质推荐的每日膳食摄入量"（日平均总蛋白质摄入量通过 3 天的膳食回顾来测量，但文章中并没有注明数量）的中年男性（59±2 岁），在此研究的前两天，被给予了含蛋白质的预先包装好的食物，这些食物可提供 1克 / 千克体重每天的蛋白质，和足够维持体重的能量。

在空胃状态下（一夜禁食后），随机选择一条腿做单侧抗阻运动后，受测对象被示意随机吃 0 盎司、2 盎司（12 克蛋白质）、4 盎司（24 克蛋白质）或 6 盎司（36 克蛋白质）碎牛肉（含 15% 的脂肪）。在中老年个体

拓展信息

酒精和运动

如果你想在去酒吧喝几杯啤酒之前好好练习一番举重，你可能就会觉得是在给肌肉加油，但实际上你只是浪费了一次训练机会。在男性中，运动后饮酒会降低膳食蛋白质对肌蛋白合成的影响并阻碍合成代谢发出信号。酒精对女性没有同样的作用[36]。另外，大剂量的酒精会降低男性的睾酮水平，且长期饮酒还会降低雄激素受体，因此，即使你的睾酮循环量很多，身体利用睾酮的能力也会下降。

中，无论是休息腿（没有参加练习的那条腿）还是练习腿，吃 6 盎司碎牛肉与吃更少的碎牛肉相比，肌蛋白合成都有了明显的增加（图 12.4）[97]。

蛋白质的摄入时间重要吗？

在运动后，直到摄入食物时，个体都是处于分解代谢状态的。在运动后对氨基酸做出反应的肌蛋白合成，会随着时间的推移而减少，这就使得在抗阻训练结束后不久的那一段时间，对于最大限度地增加训练个体短期的肌蛋白合成尤为重要[91]。此外，蛋白质的摄入时间对于在禁食状态下运动的个体，或那些每天都没有摄入足够蛋白质的个体来说可能更加重要（在后一种情况下，蛋白质的摄入时间和从补剂中额外补充蛋白质会产生差异）[101]。在运动后定时摄入蛋白质对未受过训练的人来说就远没有这么重要了，这可能是因为他们在运动后的肌蛋白合成高峰出现得比较晚[77]。

在一项随机的交叉研究中，10 名未经训练的男性和 10 名受过训练的男性都在 11 天里采取一种维持体重（提

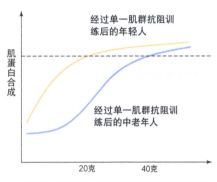

图12.4　肌蛋白的合成会随着蛋白质摄入量的增加而增加。在年轻人中，引起肌蛋白合成增加的高质量、高亮氨酸含量的蛋白质摄入量可达20~25克；在老年人中，这种蛋白质的摄入量可达40克。随着蛋白质或氨基酸摄入量的增加，肌蛋白的合成会略有下降

供 1.5 克／千克体重蛋白质）的饮食。在这 11 天里，每天吃过早饭 3 小时后，他们开始抗阻训练。在训练结束后 5 分钟和 6 小时后，分别给他们摄入蛋白质（0.3 克／千克体重：受过训练的为 21.7 ± 1.3 克；未受训练的为 19.3 ± 1.5 克）和碳水化合物（0.8 克／千克体重：受过训练的为 57.9 ± 3.4 克；未受训练的为 51.5 ± 4.0 克），如此持续 11

天（前 8 天用于适应，最后 3 天用于数据收集）。与运动后 6 小时补充蛋白质（和碳水化合物）相比，受过训练的那一组，在运动后立即摄入这两种营养素，会增加肌蛋白的积累量。然而，在未经训练的那一组中，摄入蛋白质的时间对肌蛋白的积累量并没有影响（以全身蛋白质代谢来衡量，肌蛋白合成约占全身蛋白质合成的 30%）[27, 77]。这些结果与先前的研究结果一致。后者也发现，未经训练的个体在运动结束超过 4 小时后，才会达到肌蛋白合成的峰值，并且此状态会维持数小时[106]。

老年人在运动后的蛋白质摄入量

衰老会改变身体对蛋白质摄入的合成代谢反应。尽管经常锻炼可以改善老年人对蛋白质摄入的反应[33]，但为了在抗阻训练后最大限度地增加肌蛋白的合成，老年人需要比年轻人摄入更多的蛋白质（以及亮氨酸）。研究表明，老年人需要摄入大约 40 克优质蛋白质，才能最大限度地促进

抗阻训练后肌蛋白合成的短期增加[88]。在运动后立即摄入蛋白质，对于没有按照推荐的每日膳食摄取量摄入蛋白质的老年人尤其重要。虽然一些研究发现，补充蛋白质可以增加老年人短期肌肉蛋白质的合成，但一项长期（12 周）研究发现，与作为对照组习惯摄入足量（1.1 克／千克体重／天）蛋白质的健康老年人相比，在抗阻训练前后分别摄入 10 克酪蛋白水解蛋白质，没有进一步改善力量或增加肌肉量[118]。

同步训练的影响

同步训练指连续开展的两组训练。例如，教练可能会选择让运动员在力量训练后立即进行速度训练，反之亦然。一些研究报道过干扰现象——有氧训练会干扰抗阻运动的表

你知道吗

由于需要采取侵入性操作才能检查到肌蛋白合成的变化，因此，在儿童这个年龄组中，没有开展足够的研究以对在抗阻训练后的蛋白质摄入量提出建议[12, 13]。

拓展信息

力量训练的收益

在抗阻训练的头几个月里，力量的增加不仅来自肌肉大小的变化，还来自神经适应性的变化，所以新手可能在注意到肌肉大小有任何明显的增加之前就已经变得更强壮了[37]。此外，同样的力量训练计划还会引起很多不同的反应。有些人可能收益甚微，有些人可能会在肌肉的大小和力量方面发生较大的变化[51, 122, 124]。每个人对同一项力量训练计划的各种大相径庭的反应，可能有助于解释在对营养干预的反应中观察到的一些个体差异[52]。

现。然而，另有研究表明，中等强度的耐力运动并不影响短期的抗阻运动、合成代谢的信号传导，或是过度生长的反应[2,19,35,69,70]。对同步训练的生理反应和分子反应取决于以下这几个因素：运动的持续时间和类型（当做完举重练习后接着跑步，可能不会产生任何干扰效应，而当做完举重练习后跑步或反复冲刺，则很可能形成干扰。骑自行车造成的影响要小于跑步）、运动员是处于饱腹还是空腹状态、运动员的训练程度如何（包括对同步训练方案的适应程度），以及同步训练的开展顺序[29,94]。

和考查在锻炼前、锻炼期间和锻炼后的营养方案会如何改变一次训练后短期变化的研究相比，对同步训练和营养干预影响的研究很少[128]。在饱腹状态下，同步训练模式与单独的抗阻训练相比，会使肌蛋白的合成急剧增加[19,35]。

虽然变量因素众多，其中包括不同类型的同步训练方案，因而很难确定最佳营养策略，但还是可以根据对同步训练模式的研究，以及单独的抗阻训练研究（耐力、短跑表现、抗阻训练等）中使用的营养干预措施，提出一般性的建议，和造成运动干扰的机制[5,90]。

一些运动员可能都希望在糖原耗尽的状态下进行耐力训练，以促进骨骼肌发生更好地适应转变。在耐力运动刚刚结束后，他们可能也会因为同样的原因而延迟摄入碳水化合物。然而，这些策略需要仔细加以考虑，因为它们不仅会导致骨骼肌的分解和能量的减少，还会造成抗阻训练表现的下降，特别是用在同步训练模式中，当耐力训练结束后立即开始抗阻训练时[90]。为了达到最佳的训练表现，运动员应在有氧训练或间歇性高强度训练之后，在力量训练开始之前摄入充足的碳水化合物，以重新加满其糖原存储量。此外，在长时间的同步训练过程中，为了最大限度地增加肌蛋白的合成，在抗阻训练结束后不久，除了摄入富含亮氨酸的快速蛋白质外，运动员在有氧训练，或间歇性高强度训练期间，又或力量训练之前，也要考虑摄入少量的膳食蛋白质或支链氨基酸。

每日膳食摄入如何对肌肉产生影响

尽管在运动前、运动期间和运动后的营养摄入都受到了相当大的关注，但仍然存在对优化抗阻训练表现必不可少的其他因素，其中包括每日蛋白质摄入总量、每餐蛋白质摄入量，以及为维持肌肉功能特定营养元素的摄入。

对儿童和青年的研究表明，这个年龄段的运动员比久坐的同龄人需要更多的蛋白质来满足其生长和训练的需要。虽然还不完全清楚他们每天需要多少蛋白质，但是每天1.2~2.0克/千克体重被作为一般建议摄入范围[13,20]。随着年龄的增长，肌肉量往往会因为肌肉萎缩而减少。这是一个重大的挑战，

小窍门 偏低的蛋白质摄入总量与在整个生命周期中肌肉量和力量的下降有关[80, 99]。运动会增加蛋白质的需求量。参加抗阻训练的运动员每天每千克体重摄入1.2~2.0克蛋白质，将能最大限度地增加肌蛋白的合成[20, 92]。

但是运动，特别是抗阻训练，以及每天中每餐都摄入足够数量的蛋白质，是延缓发生肌肉萎缩的有效策略。老年人的目标应该是每天摄入 1.1~1.5 克／千克体重[80]。

用餐模式与肌肉生长

抗阻训练能在运动后提高肌肉对氨基酸的敏感性，最长可持续 48 小时。如图 12.5 所示，在这 48 小时内的任何一个时刻摄入蛋白质，对肌蛋白的合成都会产生附加效应（在抗阻训练外的）[91]，因此，吃进含有有效数量蛋白质的常规饭菜，有助于最大限度地促进肌蛋白的合成。对年轻成年人推荐的每日摄入量是 0.25~0.30 克／千克体重蛋白质，或每餐 30 克蛋白质和 2~3 克亮氨酸；对于老年人，为每餐 30~40 克蛋白质和 3~4 克亮氨酸[22, 64, 74, 81, 91]。

在成年人身上，肌蛋白合成的启动受亮氨酸的调控——亮氨酸上调了控制肌蛋白合成的哺乳动物雷帕素靶蛋白（mTORC1）通路[27, 61]。如果目标是维持或生成肌肉，那么，一种高质量的、富含亮氨酸的蛋白质应该是每顿饭的核心部分。从图 12.6 中可见经常摄入的蛋白质中亮氨酸的含量。一顿餐的合成代谢效应（肌蛋白合成的上调）会持续 3~5 个小时，因此，均匀间隔开来用餐，可能是最大程度促进肌肉生长的最佳方法[4, 11, 27, 95]。

身体不会将蛋白质先存储起来，以便之后用于刺激肌蛋白的合成，尽管肠道可以留住氨基酸，并在稍后将其释放出来以供组织吸收[33]。然而，与摄入适量的蛋白质相比，在一餐中摄入极大量的蛋白质并不会增加肌蛋

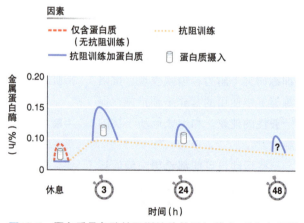

图12.5 蛋白质具备除抗阻训练外的附加效应，比仅仅开展抗阻训练更能促进肌蛋白的合成

食物　分量大小	亮氨酸（克）
乳清蛋白 30 克	3.75
豌豆蛋白 30 克	3.20
酪蛋白 30 克	2.55
大豆蛋白质分离物 30 克	2.03
牛肉 90% 瘦，3 盎司煮熟	1.74
蛋清 4 个	1.34
鸡胸肉 3 盎司煮熟	0.95
无脂体牛奶 8 盎司	0.64
毛豆 3 盎司煮熟	0.71
金枪鱼 和风干 3 盎司	0.45

图12.6　常见食物和补剂中的亮氨酸含量
源自：Babault et al. 2015; Pennings et al. 2011; U.S. Department of Agriculture 2013.

白的短期合成[104]。在一项为期 7 天的进食交叉试验中，两次试验之间有为期 30 天的洗脱期（受测对象恢复其惯常饮食的时间）。研究人员考查了不同的蛋白质摄入模式在 24 小时内对肌蛋白合成的影响。在两次研究中的每一次饮食都提供了足够维持体重的能量，以及每天 1.2 克 / 千克体重（90 克）蛋白质。饮食 1 采取了一种均衡的蛋白质摄入模式：早餐约 30 克，午餐 30 克，晚餐 30 克。饮食 2 采取了一种模仿美国人饮食（蛋白质摄入量较少的早餐，晚餐摄取较多的蛋白质）的不均衡蛋白质摄入模式：早餐约 10 克，午餐 15 克，晚餐 65 克[114]。无论采取哪种模式，每餐的碳水化合物含量都保持不变，同时还要控制膳食脂肪含量以确保每天总热量摄入在每种饮食中保持相似，并且使每两餐之间的碳水化合物、脂肪和

蛋白质的摄入量没有差异。

在第 1 天测量时，与不均衡地摄入蛋白质相比，每餐均衡地摄入蛋白质在 24 小时内令混合的肌蛋白合成量（收缩性蛋白质占其中的很大一部分）增加了大约 25%。到第 7 天，当受测对象习惯这种饮食时，研究人员会观察到类似的肌蛋白合成反应。这项研究表明，与美国人饮食的不均衡摄入蛋白质相比，每餐都均衡地摄入 30 克蛋白质会促进肌蛋白合成，即使在习惯了相关蛋白质摄入模式的 7 天之后也是如此。然而，从这项研究中还不能确定如果每餐摄入更多的蛋白质，那么肌蛋白的短期合成是否会有更大的增加，而长期的肌肉量和力量是否也会得到更大的改善[74, 98]。较多的蛋白质可能会增加蛋白质净获得量[33]，此时，建议成年人每餐至少摄

图12.7　含有30克蛋白质食品的例子

入 30 克蛋白质以充分刺激肌蛋白的合成[64]，而老年人则可能每餐需要摄入更多的蛋白质[15, 80]。图 12.7 显示了含有 30 克蛋白质食品的例子。

通过蛋白质缺乏的膳食增加肌蛋白的合成

如果每餐都摄入 30 克蛋白质看起来像是很多食物，或如果较多蛋白质含量的饮食是禁忌的，那么还有另一种策略可能与高蛋白质的饮食一样，会增加短期内肌蛋白的合成。可以将亮氨酸或必需氨基酸添加到膳食中以增加肌蛋白的合成，同时还保持膳食蛋白质的摄入量和总氮负荷较低[27, 62, 96, 119]。然而，这一策略可能不会像每餐都摄入足够的蛋白质一样转化为长期效果。

在一项为期两周的研究中，在必需氨基酸含量较少的膳食中添加亮氨酸，可改善蛋白质摄入量勉强高于推荐的每日膳食摄入量（0.81 ± 0.04 克/千克体重/天）的老年人短期肌

拓展信息

你的身体一次能够消化和利用的蛋白质最多是多少

在不浪费食物或金钱的情况下，为了最大限度地增加肌蛋白的合成和饱腹感，理想的每餐蛋白质摄入量是多少呢？

目前的研究表明，每餐都摄入 25~45 克蛋白质可能是最大限度地增加肌蛋白合成的最佳摄取量，尽管我们不知道摄入的上限是多少，即一旦超过了这个上限，肌蛋白的合成便不会继续出现任何程度的增加[68, 74, 75]。每餐蛋白质的理想摄入量会因个体各个方面的差异而有所区别。这些方面包括年龄、训练状况、每天摄取的能量多少、每天摄取的蛋白质量、蛋白质的品质和亮氨酸（或必需氨基酸）含量、与蛋白质一起食用的其他营养成分，以及健康状况[33, 40, 91, 100]。一些研究人员认为，存在一种"肌肉饱满"效应，这是肌肉组织中氨基酸饱和程度（蛋白质摄入）剂量的上限，一旦超过这个上限，氨基酸便不再被用来增加肌蛋白的合成，而是被氧化了[4]。然而，没有研究实际考查过一餐中蛋白质的最大摄入量，以及它与长期肌肉力量变化之间的关系[33]。此外，很少有研究考查过持续较高的每日蛋白质摄入量是如何影响抗阻训练表现和瘦体重的。到目前为止，还没有单独将较高的蛋白质摄入量和较高的热量摄入对这些变量的影响分开来研究（将总能量相同，但其中一种蛋白质含量明显更高的不同饮食进行对比）。一项针对受过抗阻训练的人群研究发现，与每天摄入 1.8 克/千克体重蛋白质，同时摄入明显较少的总热量相比，每天摄入 4.4 克/千克体重蛋白质加上更多的总能量，并没有使瘦体重出现大幅度的增加[1]。

蛋白合成和合成代谢信号状况[22]。然而，一项持续时间更长的研究发现，在饭菜中添加亮氨酸并不能改善那些全天摄入足够蛋白质的老年人其肌肉量和肌肉力量[66]。

各种饮食调节对肌肉的影响

较高的蛋白质摄入量与抗阻训练相结合，可以在摄取较低卡饮食的同时保存肌肉。不过，整体热量不足和减重的速度是在节食时影响肌肉流失的重要因素。如果热量缺乏很少，那么便会有较多的膳食蛋白质节省下来并和抗阻训练一起抵消大部分的肌蛋白分解。当热量极度缺乏时，仅靠蛋白质不能完全阻止骨骼肌数量的流失[91]。

即使是短期的能量限制也能阻碍餐后肌蛋白合成的增加。一项研究发现，在采取较低热量、较高蛋白质（30千卡 / 千克去脂体重和 1.4~1.6 克蛋白质 / 千克体重）含量的饮食 5 天后，餐后肌蛋白的合成下降了 27%，这表明，即使当蛋白质摄入量是推荐 的每日膳食摄取量的两倍时，在热量受到比较大的限制期间，也不能始终维持肌蛋白的合成。

在另一项研究中，39 名成年人随机接受每日 0.8 克 / 千克体重蛋白质（符合蛋白质推荐的每日膳食摄入量）、每日 1.6 克 / 千克体重蛋白质（蛋白质推荐的每日膳食摄入量的两倍）或每天 2.4 克 / 千克体重蛋白质

（蛋白质推荐的每日膳食摄入量的 3 倍）。在研究的前 10 天，他们采取一种保持体重的饮食。经过这段时间后，受测对象接受一种为期 21 天，摄入的热量少于维持体重所需数量 40% 的饮食。不论膳食蛋白质的摄入量如何，所有组别的体重都相同程度地减少了。然而，与摄入蛋白质符合推荐的每日摄入量的组相比，其他两组明显流失了更多的脂肪和更少的去脂体重。此外，即使同样是摄入了推荐的每日摄入量的蛋白质，与采取正常饮食的受测对象相比，采取低卡饮食的受测对象，其身体对富含蛋白质食物的合成代谢反应也明显降低。当受测对象摄入 2 倍或 3 倍推荐的每日摄入量的蛋白质时，在维持体重饮食和低热量饮食两个阶段之间，这种合成代谢反应则没有差别。这些结果结合在一起说明在减肥期间，摄入 2~3 倍推荐的每日摄入量蛋白质的同时再摄入明显较少的能量，会有助于维持肌肉量[86]。

低糖饮食和抗阻训练

尽管碳水化合物是抗阻训练中身体使用的主要能量来源，但对耐力运动员的研究表明，随着时间的推移，身体可以适应偏低糖的饮食，并在运动中提高利用储存脂肪的依赖性[18, 49]。然而，没有任何发表出来的针对抗阻训练个体的研究考查过摄入非生酮的低糖饮食，会如何影响抗阻训练的研究声明。迄今为止对低糖饮食的研究表明，在参与循环训练计划的

肥胖女性中，相比高碳水化合物、低蛋白质的饮食（55%的碳水化合物、15%的蛋白质、30%的脂肪），低碳水化合物、高蛋白质的饮食（7%的碳水化合物、63%的蛋白质、30%的脂肪）和低碳水化合物、中蛋白质的饮食（20%的碳水化合物、50%的蛋白质、30%的脂肪）会更多地（尽管不是明显地）减少总体重和脂肪量[59]。

生酮饮食和抗阻训练

生酮饮食是指脂肪含量非常高的饮食。其能量的80%~90%都来自脂肪，或每1克蛋白质和碳水化合物中含3~4克脂肪。碳水化合物的摄入量被保持在足够低的水平，好让身体进入营养性酮症的状态。当对尿液、血液或呼吸进行测量，发现循环生酮水平达到0.5毫摩尔/升以上时，身体就出现了营养性酮症。当体内葡萄糖不足时，酮体就会被用作能量来源。

生酮饮食最初是为了降低癫痫患者的发作率和发病严重程度而设计出来的，并且对此非常有效。现在，它们正被作为一种潜在的治疗方法而得到研究，以尽量减少创伤性脑损伤所造成的破坏性影响。此外，一些运动员和积极参加健身的人也采取生酮饮食，以提高运动表现或减少体脂。生酮饮食的支持者认为，依赖身体脂肪作为一种燃料来源，会使较多的全身脂肪流失，减少饥饿痛苦，并减少精神和身体疲劳。另外，还有人认为，生酮饮食能将发生肠胃不适的可能性降到最小，因为运动员在运动中不必依赖碳水化合物，从而消耗较少的热量[93]。

一个人至少需要7天才能出现营养性酮症的状态，并需要3~4周才能完全适应依靠生酮来给运动供应能量。不过，这种饮食对于抗阻训练并不理想，因为在采取生酮饮食时，肌肉生长所需的许多信号模块都会减少。此外，蛋白质摄入量必须保持在相当低的水平，才能维持酮症状态。偏低的蛋白质饮食有损于肌肉的增长。在一项研究中，受测对象在采取生酮饮食的同时，每天都再仅摄入不到1.2克/千克体重的蛋白质，结果发现其肌肉流失了，运动表现也下降了。与摄入相等能量的低脂饮食相比，生酮饮食不利于脂肪的减少。美国国家卫生研究院的研究人员让17名超重或肥胖的男性采取为期4周的高糖基础饮食，继之以4周同等热量的生酮饮食。（这种饮食所含的能量与高糖基础饮食所含的相同。）这两种饮食都会使这些男性的体重和体脂减少。与高糖基础饮食相比，生酮饮食并没有造成更多的脂肪流失，事实上，在摄取生酮饮食期间，身体脂肪的流失速度减慢了。更糟糕的是，受测对象还流失了肌肉[45]。

用碳水化合物换取脂肪对运动员来说可以带来一个巨大的好处，特别是对那些一次训练或比赛要持续几个小时的耐力运动员[120]。除了使用身体脂肪外，脂肪实际上还会生成更多的三磷酸腺苷[83]。然而，脂肪是一种缓慢的燃料来源——人体无法快速地获取脂肪以维持高强度的运动——因此，这种饮食实际上（可能）只适用于以相对中等或缓慢速度进行比赛的超长跑运动员和铁人三项运动员。不过，到目前为止，还没有研究表明，就耐力表现而言，生酮饮食要优于偏高碳水化合物的饮食。

有些人会选择改良的生酮饮食，这实际上是一种低糖饮食。一项对体操运动员进行的研究发现，运动员持续 30 天采取一种碳水化合物含量较少，即所谓改良的生酮饮食（4.5% 的碳水化合物，54.8% 的脂肪，以及 40.7% 的蛋白质，相当于大约 2.8 克 / 千克体重 / 天），会使脂肪量显著下降，同时，对于体操运动员而言还能够保持其瘦体重。此外，他们还能在每周训练 30 小时的情况下，维持爆发力和力量[83]。

然而，生酮饮食在营养和心血管方面有一些缺点。对癫痫儿童的研究表明，在开始采取这种饮食后不久，受测儿童的血胆固醇和低密度脂蛋白水平升高，同时动脉僵硬度增加[30, 58]。较高的血胆固醇水平和低密度脂蛋白胆固醇水平是心血管疾病的发病风险因素，而动脉僵硬则降低了动脉扩张以适应压力变化的能力。血管僵硬度增加是血管损伤的早期征兆，也是心血管疾病的危险因素[23]。在采取这种饮食 6~12 个月后，或是在病人放弃这种饮食后，血胆固醇水平会降低到正常水平；在采用这种饮食 24 个月后，血管僵硬度会回到正常水平[30, 58]。高脂肪饮食还会增加肠道中有害菌的数量，同时减少有益菌的数量（肠道菌群影响健康的诸多方面，其中包括免疫系统和胃肠道功能）[16]。另外，这种饮食的食物选择非常有限，这就使得人体难以获得足够的钙、维生素 D、钾，以及叶酸盐和叶酸。由于电解质的排出，生酮（饮食）可能会增加身体对钠的需求。钾和钠对肌肉功能（包括心脏功能）都至关重要，因此，在没有医生指导的情况下，绝不能尝试采取生酮饮食。在开展生酮饮食的前几周内，个体可能会出现头痛并感到疲倦[125]。

你知道吗

生酮饮食的碳水化合物含量总是较低，但低碳水化合物饮食不一定是生酮饮食。在各种文献中对"低碳水化合物"的定义五花八门。生酮饮食总是高脂肪的，其中有80%~90%的能量都来自膳食脂肪。

增强肌肉功能的营养素

有几种营养素都对肌肉功能很重要，其中包括镁、维生素 D 和锌。低水平的镁会导致肌肉细胞功能障碍和肌肉细胞碳水化合物摄取量的减少，而缺镁则会导致肌肉痉挛、肌肉抽搐或抖动、肌肉疲劳、麻木和刺痛[26, 39]。

维生素 D 对肌肉力量有积极影响，而缺乏维生素 D 则会导致肌肉无力和疼痛[102]。通过对以往研究进行系统的回顾和综合分析发现，补充维生素 D 对肌肉力量有较小但显著的积极影响，而对肌肉量或爆发力则没有影响。除了那些在该研究开始前就缺乏维生素 D 的人外，补充维生素 D 对65 岁及以上的人更为有效[8]。注意，补充维生素 D 还能降低老年人跌倒的风险[10, 65]。

低锌状态可导致肌肉力量和爆发力输出水平的下降，而改善锌不足则可以增加肌肉力量[17, 63, 117]。所有的维生素和矿物质，以及它们对运动表现的影响都已经在第 6 章和第 7 章中讨论过了。

针对抗阻训练的运动补剂

一水肌酸是一种增加健康年轻人的体重、力量和肌肉量的补剂[31, 60, 107]。此外，2014 年一项对老年人的综合分析研究发现，与服用安慰剂相比，摄入一水肌酸再加上抗阻训练，会使瘦体重和一些力量测得指标出现更大程度的增加，还会显著提高身体功能性表现[34]。

β－羟基－β－甲基丁酸（HMB）是亮氨酸的代谢产物，尽管在代谢过程中仅有 5%的亮氨酸会转化为 β－羟基－β－甲基丁酸[116]。这种代谢产物可增加肌蛋白的合成，虽然不如亮氨酸那么有效，并且还会以与胰岛素无关的方式降低肌蛋白的分解[126]。然而，关于这种补剂的研究结果是有好有坏的，β－羟基－β－甲基丁酸可能只对那些无法运动的虚弱老人或卧床不起的人有益[32, 103, 121]。

本章总结

来自循环的血糖和肌糖原的碳水化合物是抗阻训练的主要能量来源。当碳水化合物的存储量较少时，运动表现会受到影响，同时免疫系统和中枢神经系统的功能也会受到严重抑制。运动后（补充）足够的碳水化合物可以为耗费能量的肌肉生成和修复过程提供能量，并帮助减少肌肉的分解和补充糖原，从而有助于运动员在下一次训练开始前储存足够的能量。除了碳水化合物外，水合状态还会通过改变抗阻运动的激素和代谢反应，使心脏更加努力工作，从而提高抗阻训练的运动表现。

蛋白质对于抗阻训练的表现来说并不是必需的，但它对（训练后的）恢复和训练的适应性变化来说却是必不可少的。无论是在抗阻训练之前还是之后，摄入蛋白质和必需氨基酸都会刺激短期肌蛋白的合成。在运动后至少应该摄入 20~40 克蛋白质。不过在某些情况下，摄入更多的蛋白质可能更好。随着时间的推移，一个合理的抗阻训练计划，再结合全天均匀分布的锻炼后富含蛋白质饮食的摄入，将增加成年人的力量、促进其肌肉生长。衰老改变了身体对蛋白质摄入的合成代谢反应，因此老年人在运动后和进餐时都应该摄取更多的优质蛋白。

复习题

1. 为什么节食者每天需要摄取更多的蛋白质？他们应该摄取多少蛋白质？
2. 解释一下，为什么生酮饮食对那些参加抗阻训练项目的人是不利的。
3. 为什么老年人在运动后需要补充比年轻人更多的蛋白质？
4. 酒精如何影响男性的训练效果？
5. 描述影响个体蛋白质需求的各种因素。
6. 是什么调节了儿童体内的蛋白质合成？

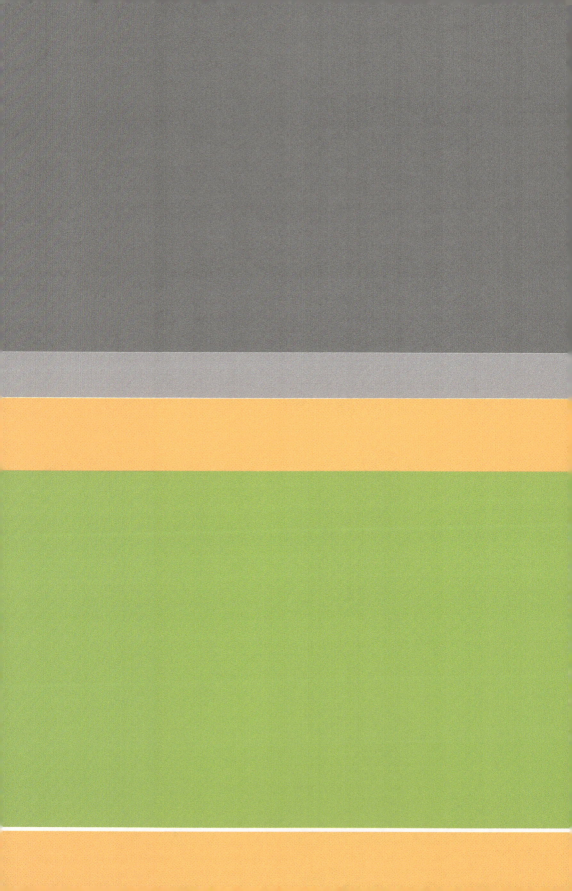

第 13 章

改变体重与身体成分

▶ **本章目标**

在完成本章的学习后，你将能做到以下几点：

> 描述体脂过剩对健康造成的影响；
> 描述体脂极低对健康造成的影响；
> 列出运动员用来增加瘦体重的几种策略；
> 讨论流行饮食背后的关键因素，以及它们如何帮助人们减肥；
> 讨论低能量摄入如何影响促进肌肉过度生长的能力；
> 讨论为什么更高的蛋白质摄入量在减肥过程中很重要。

353

身体成分是指脂肪和去脂体重之间的比例。没有对"理想身体成分"的通用定义，因为这个概念是主观的[40]。另外，运动员认为理想的身体成分可能与教练或团队成员认为的理想有所不同。为了控制身体成分，可以通过训练和营养改变脂肪和肌肉。然而，每个人对饮食调整和训练的反应都各不相同，其中包括在特定的时间范围内可以减掉多少脂肪和增加多少肌肉。身体成分的目标，可以根据身体如何反应、健康状况（包括损伤），以及（对于运动员来说）身体成分的变化如何影响运动表现，随时做出调整。

了解体脂

体脂的两种主要类型是必需脂肪和储备脂肪。必需脂肪是生理功能所必需的，主要存在于骨髓、心、肺、肝、脾、肾脏、肠、肌肉和中枢神经系统里富含脂肪的组织中[78]。男性和女性的必需脂肪分别约占其体脂的3%和12%[78]。对于女性来说，她们的必需脂肪之所以含量更高是因为女性的胸部、臀部和骨盆部位都含有生育所需的脂肪。储备脂肪是用来存储能量以供之后使用的，它们不仅分布于内脏周围（内脏脂肪），还有直接存在于皮肤下面的（皮下脂肪）。当摄入过量的能量时，储备脂肪

你知道吗

在体重正常的情况下，内脏脂肪的含量也可能偏高[126]。

会随着时间的推移而增加，而当消耗的能量超过摄入量时储备脂肪就会减少。内脏脂肪就像毯子一样包裹住器官[68]。含量较高的内脏脂肪可能会增加某些患慢性疾病的风险[35, 44]，而皮下脂肪则可帮助身体抵抗疾病，并在人体遭受钝力创伤（例如车祸）时保护身体[36, 140]。

体脂过剩对健康的影响

过量的体脂（专业的说法为脂肪组织）会对身体不利。肥胖增加了许多健康问题和疾病的风险，包括：

> Ⅱ型糖尿病。
> 心脏疾病。
> 中风。
> 某些类型的癌症。
> 呼吸睡眠暂停综合征。
> 骨关节炎。
> 脂肪肝。
> 肾脏疾病。
> 抑郁症。
> 慢性炎症。
> 怀孕期间的并发症，如妊娠糖尿病和高血压。这些并发症会影响母亲和胎儿的健康，早产、死产，以及神经管缺陷。

源自：Arabin and Stupin 2014; Gregor and Hotamilsligil 2011; Guffey, Fan, Singh, and Murphy 2013; Marshall and Spong 2012; Pi-Sunyer 2009; Polednak 2008; Roberts, Dive, and Renehan 2010.

此外，肥胖还升高了全因死亡率、癌症死亡率和心血管疾病死亡率[103]。在美国，超过33%的成年人和大约

17% 的儿童都是肥胖的[92]。

最好是直接测量身体脂肪，而不是依靠间接测量法（如体重指数）。依靠体重指数会错误地将低体脂、高肌肉量的人归类为肥胖人群，而那些高体脂、低体重的人即使有不健康的体脂量，也可以有"正常"的体重指数。第 10 章已经介绍过了体脂的各种测量方法。表 13.1 包括了体脂的范围及其分类。

腰部周围多余的脂肪会增加患病的风险。腰臀比是衡量腰围的指标，它比体重指数更能反映出内脏脂肪的增加程度（图 13.1）[31, 105]。

血管、心脏和肾脏

肥胖可以增加包括胆固醇和甘油三酯（血脂）在内的血液脂肪。脂蛋白在体内负责转运胆固醇。其中，低密度脂蛋白负责将胆固醇从肝脏带到各组织。在这些组织中，胆固醇被用于多种目的，其中包括作为一种细胞膜的结构成分，以及用于合成类固醇激素。虽然胆固醇是必需的，但高水平的低密度脂蛋白不仅会增加动脉中胆固醇的积累，还会增加患心脏病的风险[52]。高密度脂蛋白负责将胆固醇带回肝脏以供排出或再循环，因此，高密度脂蛋白有时也被称为"好的"胆固醇，它与心脏病发病风险的增加无关。低密度脂蛋白和高密度脂蛋白有不同的类型或亚类，每种在体内都有不同的作用。尽管高水平的甘油三酯会增加罹患心血管疾病的风险，但它并不会直接阻塞动脉[80, 90]。

过量的体脂会使心脏更努力地跳动泵血，因为心脏必须克服血管中的阻力才能将血液输送到全身。随着时间的推移，血液对动脉壁的压力增大会导致血压升高[111]，这种情况被称为高血压，它会破坏和削弱动脉壁，在受损的动脉壁上更容易附着斑块（由脂肪、胆固醇、钙和其他物质组成）（图 13.2）。斑块的积聚被称为动脉粥样硬化，它会缩小动脉直径，以致压缩血液通过的空间。狭窄的动脉壁会阻碍富氧血液流向组织和器官，以致增加血栓形成的风险，这会部分或

表13.1　男性和女性的体脂范围及其分类

男性	女性	等级
5%~10%	8%~15%	善于运动
11%~14%	16%~23%	良好
15%~20%	24%~30%	尚可
21%~24%	31%~36%	超重
>24%	>36%	肥胖

请注意，这些是粗略的估计。在这种情况下，运动项目一词是指体脂含量低占优势的体育项目。
源自：A. Jeukendrup and M. Gleeson, 2010, Sport nutrition, 2nd ed.（Champaign, IL: Human Kinetics），316.

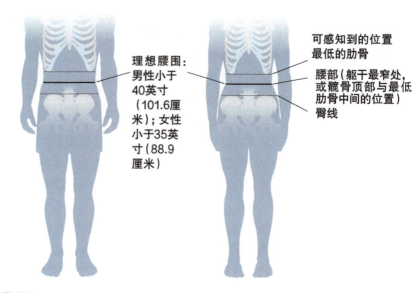

图13.1 测量腰围

源自：National Heart Lung and Blood Institute 1998.

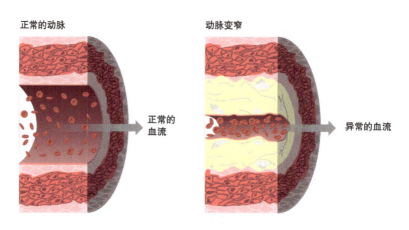

图 13.2 斑块在动脉中的积聚

完全阻断血液流动[88]。高血压和动脉粥样硬化是心血管疾病、慢性肾脏疾病的危险致病因素。健康的肾脏会通过调节血量来维持血压，还会通过激素控制来维持电解质。肾脏功能受损，会导致血管内积液，从而使血压进一步更高[139]。

肥胖、胰岛素抗性和 II 型糖尿病

超重和肥胖会损害身体合理使用胰岛素的能力。高血糖可导致动脉中

较大程度的斑块积聚，并促使胰腺释放出较多的胰岛素以减少血液中的糖含量。胰岛素会以两种方式帮助降低血糖（通常被称为血葡萄糖）：

> 胰岛素会减少肝脏中葡萄糖的产量（产自储备糖原），从而帮助降低血糖。
> 胰岛素有助于肌肉、脂肪和肝脏细胞摄取血液中的糖（葡萄糖），这会降低血糖。

从血液中除去葡萄糖后，胰岛素会刺激以糖原形式存储在肝脏和肌肉中的葡萄糖。其中，存储起来的肌糖原在运动中可被用来提供能量。随着时间的推移，高血糖会降低身体有效使用胰岛素的能力，从而导致胰岛素抵抗（细胞开始对胰岛素产生抵抗力）和 Ⅱ 型糖尿病[89]。90% 的 Ⅱ 型糖尿病患者都超重或肥胖[143]。Ⅱ 型糖尿病会损伤身体的许多部位，包括神经、肾脏、眼睛和皮肤，同时还会增加心脏病发作和中风的风险[32]。

癌症和其他健康后果

即使体重增加不会导致超重或肥胖，它依然也会增加患上癌症的风险。科学家们相信，这种风险的增加可能是由几个因素引起的，其中包括胰岛素及类胰岛素生长因子 –1（IGF–1）的增加，这会导致某些肿瘤的生发、慢性炎症（脂肪会产生炎症合成物），以及在脂肪细胞中可能会使影响细胞生长的激素分泌增加[28, 84, 106]。

你知道吗

吸烟和接触二手烟也会破坏动脉壁。

颈部周围的炎证和脂肪过剩，可能会令气道变窄，以致诱发呼吸睡眠暂停综合征[113]。肝脏中的脂肪堆积会损伤肝脏组织，导致损伤、纤维化（肝硬化）和肝功能衰竭[97]。此外，超重会给负重关节带来压力，增加软骨的磨损，以及患骨关节炎的风险[60]。

低体脂对健康的影响

当体脂含量变得过低时，能量水平和人体的抗寒能力就会下降，同时运动表现也可能会受到影响。低于必需脂

思考时间

高血压和动脉壁上的斑块积聚

动脉粥样硬化类似于花园软管中的污垢和碎屑积聚。当脏东西在软管中积聚时，你必须调高水压，才能继续从软管中挤出同样数量的水。动脉斑块的积聚，意味着心脏必须更加努力地工作，并产生更大的力量来推动血液通过身体。不过，这种力会破坏动脉壁。

运动员与肥胖

运动员并不能免受肥胖和与肥胖相关健康后果的影响。一项在 90 名一级学院足球运动员中展开的调查显示，21% 的运动员（都是锋线球员）肥胖，该肥胖的标准是用身体测量仪测量的体脂比达到 25% 及以上；21% 的运动员有胰岛素抗性（19 名有胰岛素抗性的运动员中有 13 名为锋线球员）；9% 的运动员患有代谢综合征（都是锋线球员）[9]。

肪的体脂水平会损害健康，并与低能量可用率有关——能量摄入不足以满足能量消耗和生理需求。低能量可用率会影响生殖功能，导致月经周期不规律或月经完全停止[147]。月经不规律和月经功能改变不仅会损害骨骼健康，也会增加不孕症的发病风险[16]。

降低体脂

一个人可能会出于多种原因想要降低体脂，其中包括降低疾病的患病风险和改善健康状况、凸显身体形象或提高运动表现。

一项考查减肥的研究表明，只要能在一段时间内造成能量不足，减肥方法多数都是有效的[144]。然而，减肥过快会导致肌肉量减少，同时用于训练和每天消耗的能量也会减少[18, 34, 54, 133]。一般来说，除非出于健康原因，否则应避免快速减肥。

确定一个健康的体重目标和每日能量需求

确定一个健康的体重目标的第一步就是，在水分正常状态下称重并测量身体成分[133]。这些测量结果可以用来确定个体应该减掉多少体脂才能令自己的体重落在健康所需的最佳范围内，或者对于运动员来说，落在一个运动专属的体脂范围内。

接下来，可以使用下列几个公式之一来估算出每日能量需求。

① Harris-Benedict（哈里斯 – 本尼迪克特）公式

男性基础代谢率 = 66.5+ [13.8× 体重（千克）] + [5× 身高（厘米）] - （6.8× 年龄）

女性基础代谢率 = 655.1+ [9.6× 体重（千克）] + [1.9× 身高（厘米）] - （4.7× 年龄）

② Cunningham（坎宁安）公式

静息代谢率 = 500 + [22 × 瘦体重（千克）]

③ Mifflin-St. Jeor（米夫林 – 圣热尔）公式

男性静息代谢率 = [10 × 体重（千克）] + [6.25 × 身高（厘米）] - （4.92 × 年龄）+ 5

女性静息代谢率 = [10 × 体重

拓展信息

你能既健康又肥胖吗

"既健康又肥胖"的概念表明，心血管非常健康可以减少一些与超重或肥胖相关的代谢和心血管疾病的危险因素[30]，因此，健康的胖子可能比正常体重但不健康的人更加健康，而且寿命更长[146]。研究为这一理论提供了一些支持：不健康的人全因死亡的风险是超重／肥胖但身体健康者的两倍[6]，这表明锻炼对健康有着积极的影响。此外，超重和肥胖对每个人的影响都不完全相同，且脂肪在身体上的分布位置也会影响健康，因此，两个体脂含量接近但脂肪存储部位不同的人，可能有着非常不同的健康风险状况。正如在第 10 章中所讨论过的，臀部和大腿周围有较多脂肪的"梨形"个体，患上与肥胖相关慢性疾病的风险比那些"苹果形"的人要低，而后者的脂肪则更多地分布在腹部周围（这意味着内脏脂肪更多）。人体脂肪的存储模式在很大程度上是由遗传决定的。

以下要素被认为是那些肥胖但健康人群的特征[119]：

> 男人的腰围不超过 40 英寸（101.6 厘米），女人的腰围不超过 35 英寸（88.9 厘米）。
> 血压、胆固醇和血糖正常。
> 胰岛素的敏感性正常。
> 身体健康。

很少有人能达到既健康又肥胖的标准，这可能是因为许多超重和肥胖的人没有参加足够的身体活动。此外，"肥胖与心血管健康水平的下降无关"[30]，这一观念是否意味着只要你身体健康，并符合上述标准，胖点就没有关系吗？不一定。目前尚不清楚一个被认为健康且过胖的人是否会随着时间的推移还能保持健康，并避免不利于健康的代谢变化。此外，这些研究主要调查的是代谢健康，但不幸的是，超重和肥胖还会对健康产生许多其他负面影响。例如，超重会导致关节疼痛和损害，同时还是骨关节炎和睡眠呼吸中止症的主要诱因。此外，它还与某些类型癌症的发病风险增加有关。肥胖人士应参加足以改善心血管健康状况及减轻体重的运动。

 小窍门　如果你正在参加一项运动，那么无论是娱乐性的还是竞技性的，最好都要在非赛季或训练的基础阶段集中精力减肥。如果你正在减肥过程中或是在比赛前，那么就要尽量保持肌肉量，防止静息代谢率的大幅下降，并尽量减少训练以免出现运动表现的下降。

（千克）］+［6.25 × 身高（厘米）］ － （4.92 × 年龄）－ 161

所有这些公式都考虑到了体重。有些方程还考虑到了年龄、身高和瘦体重，以预测基础代谢率或静息代谢率。其中，基础代谢率测量的是，在一个舒适的温度环境中，运动后至少休息 12 小时或进食后休息 10~12 小时，身体所燃烧的热量。静息代谢率是在运动或剧烈运动后 3~4 小时测量的。坎宁安公式考虑到了瘦体重，因此更适用于运动员和其他经常运动的个体[127]。基础代谢率或静息代谢率可以乘以一个活动因数，或是加上一个代谢当量，以得到为了维持体重而每天需要摄入的总能量。表 13.2 列出了常用的活动因数值。从每天的总热量中减去每日必需的热量损耗，就得到了减轻的体重。代谢当量是对运动期间能量消耗的估计值[1, 46]。在考虑每天损耗的热量时，一定要考虑在日常生活中的各种活动（比如散步、园艺工作、和孩子们一起玩耍等非运动性活动），以及由于躁动而消耗的能量[66]。一些人在除训练或体育活动外非常活跃，而另一些人在不训练的时候往往久坐不动[128]。

减肥不是简单的数学计算，人的体

拓展信息

判断体重目标是否现实

一个现实的体重目标具备以下特点：

> 考虑体重史、家庭史、体重和体形、过往的饮食疾病、肥胖和饮食紊乱史。

> 不会损害健康或增加受伤的风险。

> 促进良好饮食习惯的养成，并有利于训练和运动表现。

> 满足生长、发育和生殖功能的需求。

> 可在不采取极端的体重控制法或不断节食的情况下得以维持[75]。

表13.2 常用的活动因数

活动程度	用基础代谢率乘以
久坐不动	1.2
轻微活动（坐、站、走点路）	1.375
中等强度运动（每周运动3~5天）	1.55
高强度运动（每周6~7天的繁重训练）	1.725
运动得非常剧烈（参加艰苦的运动或对体力要求很高的工作）	1.9

重也不会以线性的方式下降。1958 年，一位医生发现，1 磅（453.6 克）脂肪存储了大约 3500 卡路里的热量[145]。这一发现导致了数以千计的教科书、文章、网站和减肥计划，均错误地用 3500 除以每日减少的卡路里量，来预测减少 1 磅体重所需的天数。例如，许多人都以为，每天从维持体重所需的热量中减去 500 卡路里，将会在 7 天内使体重减少 1 磅。然而，这个简单的数学公式是不准确的，因为它做了许多假设：为了保持能量平衡，我们每天都需要摄入完全相同的卡路里数量；每天通过生理活动和日常活动消耗的卡路里数量都保持不变；我们可以精确地计算出吃了多少卡路里的食物；我们一直坚持一种饮食习惯；我们的身体不会对节食和减肥做出适应性调整。新陈代谢的速度会随着体重的下降而放慢，这为减肥效果低于预期提供了一个解释[14]。然而，不严格遵循某一特定的饮食习惯，可能是减缓体重下降速度或导致体重进入稳定期的一个主要因素[42, 43, 125]。

经过验证的减肥计算器可以用来预测减肥所需的大致时间。这些方法考虑到了在减肥过程中不断放慢的新陈代谢速度。它们很容易就能在网上找到。其中，第 1 个名为"减肥预测器"的减肥计算器，是由彭宁顿生物医学研究中心创建的；第 2 个是美国农业部打造的"体重规划师"。

减肥对宏量产能营养素的要求

许多人在节食时肌肉量都会减少，这就部分造成了节食期间新陈代谢速度的放缓，但并不能完全解释其原因。许多因素都会影响肌肉损失量，其中包括活动（类型、频率和持续时间）、减肥速度、总蛋白质摄入量、性别、身体脂肪的基线水平，以及可能存在的对节食激素反应的个体差异。在节食过程中，肥胖的人损失的肌肉量比正常体重的人要少[49]。

没有足够蛋白质的低热量饮食会导致肌肉的大量流失[55, 98, 99]。在减肥过程中，为了保留肌肉组织，蛋白质的需求会变高[19, 47, 85]。为了在节食过程中保持肌肉量，建议每千克体重摄入至少 1.2 克蛋白质（每磅体重 0.55 克蛋白质），尽管摄入更多的蛋白质，比如，每千克体重每天摄入 1.8~2.7 克（或每千克去脂体重每天摄入 2.3~3.1 克蛋白质），对于减少肌肉流失来说，可能是个更好的方法[86]。蛋白质的需求取决于许多因素，其中包括欠缺的热量、消耗掉的蛋白质种类和训练计划（类型、持续时间、强度和频率）。

除了要达到每天蛋白质摄入总量的推荐值外，每餐蛋白质的摄入量也

你知道吗 ❓

低于每日能量需求 500~1000 卡路里的热量，一般是减肥推荐的膳食营养素每日摄入量[86, 115]。然而，能量需求较低的人（妇女、老年人），以及处于成长中的儿童和少年，都应尽量减少他们的总热量欠缺，以确保获得足够的营养，从而满足身体健康（更多的热量等于有更多消耗营养的机会），以及维持生长、发育和生殖功能的需求。

预防减肥停滞

　　即使肌肉量得到了保留，但减肥通常也会导致新陈代谢速度的放缓。一些研究表明，这一放缓幅度大于预期[18, 24, 54, 121, 142]，而其他几项研究却表明，这一放缓幅度相对较小（在一项研究中测得的下降幅度为每天 50~100 卡路里）[77]。这种代谢速度的放缓通常也被称为代谢适应，虽然其原因并不完全清楚，但清楚的是，它与能量欠缺的程度（能量减少得越多，代谢速度就放缓得越多）和循环的瘦素变化有关[54, 61]。瘦素是脂肪细胞分泌的一种激素，它能帮助调节体重和能量平衡[148]。另外，更少的热量对于精简体重来说是必需的。即使在日常活动中（假设我们的活动强度是一样的），我们在体重较轻时也比较重时能量消耗得更少。为了考虑代谢适应对减肥的影响，随着时间的推移，节食者必须调整能量的摄入量，才能继续减肥或达到新的体重目标。节食导致的减重越多，新陈代谢速度下降得就越快。为了维持新体重，节食者必须考虑这个问题。快速的减肥似乎会使代谢速度最大限度地降低。减肥后体重反弹是相当常见的，而且（其原因）很复杂。调整能量摄入以维持体重，可能会减缓减肥后体重反弹的过程。

很重要。为了最大限度地刺激肌肉的生成，每餐所需蛋白质的确切数量可能取决于一些变量，其中包括所摄入

快速减肥增加了在减肥过程中肌肉流失的可能性。

蛋白质的类型、每日能量摄入总量、体重和训练计划。在就餐时，建议年轻人至少摄入含有 2~3 克亮氨酸的 25~30 克蛋白质；老年人至少摄入 3 克亮氨酸，以最大限度地刺激肌蛋白的合成[74]。此外，那些正在节食的人也应该摄入至少 20~30 克高质量、易消化的蛋白质，如乳清（当摄入植物蛋白时，至少要吃进 30 克蛋白质）。在抗阻训练后，老年人至少应该摄入 30~40 克蛋白质。

　　如果训练项目中包括高强度的运动，那么除了蛋白质外，还必须摄入足够的碳水化合物。碳水化合物是高强度运动中身体利用的主要能源，因为身体可以很容易地获得它，并将其转化成能量。脂肪是一种缓慢的能源，这意味着身体无法快速获取并利用脂肪来维持高强度的训练[71]。如果身体缺乏足够的碳水化合物可作为能量来利用，运动强度就会下降。

流行饮食和节食方法

　　各种各样的方法都可以达到减肥的目的。这些方法可能包括计算热量，减少某一种宏量产能营养素的摄入（如低脂饮食或低糖饮食）；留心餐饮的分量大小；不吃某些食物或某类食物；

小窍门

一位受过运动营养学培训的注册营养师能够帮助运动员明确一个现实的体重目标，并打造一个不需要使用极端的饮食和不安全的减肥方法就能实现这一目标的计划[56, 123]。

拓展信息

如何在节食时感到吃饱了

满足感和饱腹感有助于限制食物总摄入量。其中，满足感是指在吃饭时食欲的满足，它能帮助我们决定什么时候停止进食。饱腹感是指在饱餐一顿之后的感觉，它会影响我们决定何时再吃。当吃完饭后，饱腹感会随着时间的推移而降低[23]。影响满足感的几个因素包括感觉反馈、对饱腹的期望、所摄入食物引起的胃胀气和大脑受到的激素反馈。所有这些因素都有助于调节食物摄入的数量、持续时间和频率[13, 21, 136]。水果、蔬菜、肉汤和搅打好的奶昔，都会提高满足感。

蛋白质会以一种剂量依赖的方式提高饱腹感（一次摄入的蛋白质越多，我们就越感到饱腹，尽管还不清楚通过摄入蛋白质提高饱腹感的摄入上限是什么——超过这个上限，饱腹感就不会再提高了）。建议每餐都至少摄入 30 克蛋白质[95]，但习惯性的高蛋白饮食可能会在长期内降低蛋白质对饱腹感的影响[69]，尤其是高蛋白的早餐，似乎对提高白天的饱腹感很重要。此外，选择固体而不是液体形式的热量来源也可以提高饱腹感[64, 65]。纤维素会提高饱腹感，而提高的程度则取决于所摄入的纤维素种类。葡聚糖（来自燕麦和大麦）、全粒黑麦、黑麦麸皮和含纤维素的混合饮食（谷物、豆类、蔬菜和水果），可能都是增强饱腹感的最佳选择[100]。

在一天当中，饱腹感的提高不一定会促使进食量的减少，因为有多种因素均会影响一个人的进食欲望，包括看到食物或闻到食物的气味、习惯和情绪状态（例如当我们感到厌烦或压力时就会想吃东西）。

断断续续地禁食，或只在特定的窗口时间内进食（比如上午 8 点～下午 5 点）。

低脂饮食和低糖饮食经常被用来比较到底哪个才是有效的。其实，研究表明它们都有效。一项对 48 例随机受控临床试验的综合分析，考查了几种流行的饮食减肥的有效性，包括阿特金斯饮食、区域饮食、低糖饮食、勒伦饮食、珍妮·克雷格饮食、营养系统饮食、韦特·沃切斯饮食（适度饮食法）、奥尔尼什饮食，以及罗斯玛丽·康利饮食——该分析发现，对于超

你知道吗　?

行为疗法与支持会增强减肥效果，并在减肥后有利于体重的维持。

重和肥胖的成年人（体重指数 >25）来说，只要受测对象坚持采取相关的饮食方式，大多数偏低热量的饮食就都能起到减肥的作用。另外，低脂饮食和低糖饮食还有助于最大限度地减肥，尽管与其他饮食相比，这些差异很小[55]。调查流行饮食的研究评论得出了同样的结论：大多数饮食方法都同样有效，得出的证据不足以推荐一种适用于所有人的饮食方法[53, 110, 131]。

你吃的食物类型有影响吗

当人们缩减热量摄入量的时候，他们获得优化健康所必需的维生素、矿物质、纤维素和蛋白质的机会也减少了。他们可能也想选择没有（或几乎没有）被加工过的食物。关于这方面的研究是有限的，但不断出现的证据表明，与经过高度加工的食物相比，身体在消化加工程度更低的食物时会消耗更多的能量，或是在消化过程中吸收的热量更少。

对摄入杏仁、开心果、核桃和花生入的研究表明，来自脂肪的能量不能完全被吸收。受测对象吸收的热量比坚果所含的少 5%~21%（坚果的种类不同，这一百分比也不同）。由于此类食物中的细胞壁不能完全破裂，因此人体从坚果中吸收到的热量就会偏少[4, 9, 120]。此外，一些研究还表明，与花生油、花生酱和花生粉相比，从花生中吸收的脂肪会更少（因而热量也更少）。

在一项针对健康女性的交叉研究中，一组受测对象吃的三明治是用切达干酪涂在多种谷物的面包片上，另一组是用加工过的奶酪涂在白面包片上。这两种三明治含有相同数量的蛋白质、碳水化合物、脂肪和热量。与含有加工过的奶酪三明治相比，在吃完另外一种三明治后，热量消耗明显更大（137 ± 14.1 卡路里与 73.1 ± 10.2 卡路里），这种情况说明，与消化加工度高的食物相比，在消化加工度低的食物时消耗的能量更多[5]。

思考时间

碳水化合物会让你变胖吗

碳水化合物不会让你发胖。然而，如果你摄入的能量比消耗的要多，你的体重就会增加。精心设计的代谢病房研究（受测对象都住在研究机构内，他们的所有食物都是由研究人员提供的且严格测量和观察食物摄入量及其生理活动）表明，肥胖的成年人在减少膳食脂肪摄入而不是碳水化合物摄入时，体脂会减少得更多[41]。

为减肥而训练

训练计划可以根据需要调整，以增加热量的消耗，从而帮助减肥。运动所导致的总能量消耗由两部分组成：

1. 运动中消耗的能量。
2. 额外的运动后耗氧（Excess Post-Exercise Oxygen Consumption，EPOC）——运动后消耗的能量。

在节食时[3, 85, 121]，抗阻训练对于上调肌蛋白的合成至关重要，这有助于在减肥期间保持（或增加）肌肉量。除了在抗阻训练中和训练后的一段时间内消耗热量外，身体还需要能量热量来修复训练所引起的肌肉微观损伤，同时在肌肉中积累新的蛋白质。为减肥而制订的抗阻训练计划，重点是要在每段训练时间中都能调动起较多的肌肉，以最大限度地增加在运动期间及之后消耗的热量[138]。例如，一个训练计划可能包括较多次的深蹲，而不是提踵或腿部伸展。除此之外，开展超集练习（在休息之前连续完成两组不同的练习，例如，在休息之前

如何知道怎样的饮食对我来说是最佳的

没有任何一种饮食是适用于所有人的。研究表明，坚持一种饮食模式的能力是预测减肥能否成功的最重要因素，而缺乏坚持则是阻碍长期（减肥）成功的最大障碍之一[55, 73]。每个人都应该选择制订一种他们能坚持的饮食计划，这种饮食计划构成的挑战最少，并能保持健康和运动水平。不要采用僵化的减肥方法，而要保持一定的灵活性。根据需要改变方法或改变饮食方式，会提高坚持下去的可能性[55]。例如，一个人可以从计算热量开始，然后转换成控制餐饮的分量和有意识的饮食。有意识的饮食不仅有助于人们感知其生理饥饿感和接受饱腹感的暗示，还能帮助人们审视自己何时会因为压力、无聊、习惯和其他与饥饿无关的原因而吃东西。一旦一个人除了进食提示（一天中的具体时段）外，还能识别出为什么在吃东西（例如，自己是真的饿了，还是利用食物来处理生活中的其他情况），就可以养成更好的习惯，自然也就不会在不饿的时候习惯性地转向食物了。

 小窍门

剧烈运动会增加食物的消耗。然而，这不应被视为避免运动或降低运动强度的一个理由，因为如果进食量不随着运动量的增加而增加的话，新陈代谢的速度就会放慢[125]，只是要注意整体的能量平衡。

先做一组深蹲,紧接着再做一组硬拉),会增加运动期间和运动后燃烧的热量总量[57]。

除了抗阻训练外,将有氧运动纳入训练计划,也可以增加每日消耗的能量总数。稳定状态(恒定强度)的有氧运动可以与高强度间歇训练(High-intensity Interval Training,HIIT)穿插进行,以增加能量的总消耗量。虽然有几项研究都表明,与稳定状态的运动相比,包括多轮高强度运动后继以低强度运动,能增加在运动过程中和运动后消耗的能量[11, 37, 48, 58],但是,一项对31项研究的系统回顾和综合分析发现,就总热量的消耗来看,高强度间歇性训练并不比稳定状态的运动能带来更好的减肥效果。然而,高强度间歇性训练确实会在一个较短的时间内消耗较多的热量,因此,一个人可以在一个较短的时间内进行高强度间歇性训练,以获得更大的减肥效果。请注意,高强度间歇性训练对于超重较多、有慢性疾病或受伤的人来说,可能是有些困难的。

合理的训练计划是改变身体成分以减少脂肪和增加肌肉的重要组成部分,但整体的日常活动也很重要。研究表明,许多人在一天中(除了运动外)剩下的时间里都不那么活跃,他们减少了日常生活中的活动,所以消耗的热量较少[128]。日常生活的各种活动包括步行去上课、打扫、修剪草坪、园艺工作和洗车[26, 66]。

训练可以通过多种方式增加热量的燃烧总量,但最好的减肥方法是在减肥期间和之后,一个人为了保持体重会一直坚持下去的方法。

有一些策略都可以用来帮助个体减少热量摄入,从而减轻体重。基于研究的营养和运动策略如图13.3所示。

运动专属的体重和体脂目标

在美国,男性和女性的平均体脂水平分别为22%~28%和32%~40%[67]。运动员可能会比这些范围更高或更低。肥胖,即使是对爱运动的个人或运动员来说,也会对健康造成影响。请注意,极低的体脂水平,即被定义为低于必需水平的体脂水平——男性不足5%,女性不足12%——会损害免

拓展信息

锻炼肌肉会把我变成一台燃烧热量的机器吗

在休息时,肌肉组织比脂肪组织消耗的热量明显更多。尽管这一差异具有统计学意义,但它可能不会在短时间内转化为非常有意义的热量消耗差异。在休息时,1磅(453.6克)肌肉每天消耗5.9卡路里的热量(静息代谢率),而1磅脂肪在休息时每天则要消耗2.0卡路里的热量(静息代谢率),因此,如果你的肌肉增长了5磅(2268克),你每天就会多消耗大约20卡路里的热量[141]。

在用餐前，先吃大量低热量的食物。
包括含水量较高的食物，比如肉汤、较大的水果、较大的蔬菜和搅打过的低热量奶昔。它们会增加满足感（吃饱的感觉），从而帮助减少你在吃饭时的总热量摄入。

选择高纤维和慢消化的碳水化合物。
它们能维持能量水平，并有助于增加饱腹感。

选择加工程度较低的天然食物。
一些研究表明，从加工程度较低食品中吸收的热量相对较少。

在吃包装食物时，从更小的分量开始吃。
当研究对象吃大袋薯片、大块三明治和餐馆里的主菜时，他们摄入的热量会更多。

在家吃饭。
餐馆里的环境暗示也助长了饮食过度。餐馆的饭菜热量通常很高。

利用环境暗示。
把不那么健康的食物放在视线之外，放在紧闭的柜门后面，或放在伸手够不着的地方。将更加健康的食品放在冰箱和冰柜里的视线所及之处。

要有意识地进食。
学会辨别生理饥饿和可能导致饮食过量或暴饮暴食的情绪暗示之间的区别。

图13.3　减少热量摄入的有效策略

忘记"脂肪燃烧区"，加大运动强度吧

正如在前面几章中所讨论的，你在以较低的强度运动时，会比在较高强度下运动要更多地通过燃烧脂肪来消耗卡路里。然而，与在较高强度下训练相比，较低的强度也会令你在每次训练时消耗的总热量更少。如果你的目标是减肥，那么就应该把注意力集中在一天消耗掉的总卡路里上，而不是担心在训练过程中要消耗掉更多比例的脂肪而非碳水化合物。如果你在运动中燃烧更多的卡路里，从而造成热量欠缺的话，你的身体就会在一天中的其他时间——比如，在学习或看电视的时候——利用存储起来的脂肪产生能量。

疫系统和内分泌功能[129]。

下列这3类运动经常与更低的体脂水平相关[75, 123]：

1. 体重较轻会更为有利的运动，比如耐力运动、跳台滑雪和赛马。
2. 设置重量级别的运动，比如摔跤和柔道。
3. 观赏性运动，比如体操和花样滑冰。

所有必须达到体重级别目标的运动员，在使用对健康有害并增加受伤风险的极端减肥手段方面都应该受到监测[122]。此外，正在长身体的运动员也应该被密切监测，因为严重的能量限制会干扰生长和发育[75]。

据报道，优秀运动员的体脂值分布范围很大，从而很难为每项运动都确定一个理想的体脂范围。表13.3列出了一般的范围。请注意，各个运动员使用的体脂测量技术、仪器和公式

差异很大。

增加肌肉量

增加肌肉量不仅有助于预防损伤、减缓肌肉萎缩（与年龄有关的肌肉量减少），还有助于提高运动成绩。一些运动员也会以美观为理由选择增加肌肉量。有几个因素均会影响肌肉的增大和力量的增加，包括遗传因素、目前的训练、以前的训练史和营养状况。肌肉生长所需的最重要的可调整因素是，精心设计的分期化抗阻训练计划。良好的饮食习惯可以增强训练计划的效果。对肌肉生长来说，摄入足够的热量和蛋白质总量是很重要的。足够的热量对提供训练所需的能量，

你知道吗 ❓

研究表明，改变你的饮食习惯比改变运动计划更能减轻体重[22, 114, 116]。然而，与一边调整饮食一边运动，尤其是一边开展无氧运动（如抗阻训练）相比，只调整饮食（不运动）会造成肌肉量更大限度地减少[125]。

表13.3　运动员的体脂百分比

运动项目	男运动员	女运动员	运动项目	男运动员	女运动员
棒球	12%~15%	12%~15%	赛艇	6%~14%	12%~18%
篮球	6%~12%	20%~27%	铅球	16%~20%	20%~28%
健美	5%~8%	10%~15%	越野滑雪	7%~12%	16%~22%
自行车	5%~15%	15%~20%	短跑	8%~10%	12%~20%
美式橄榄球（卫线）	9%~12%	无数据	足球	10%~18%	13%~18%
美式橄榄球（锋线）	15%~19%	无数据	游泳	9%~12%	14%~24%
体操	5%~12%	10%~16%	网球	12%~16%	16%~24%
跳高和跳远	7%~12%	10%~18%	铁人三项	5%~12%	10%~15%
冰球与曲棍球	8%~15%	12%~18%	排球	11%~14%	16%~25%
马拉松	5%~11%	10%~15%	举重	9%~16%	无数据
壁球	8%~13%	15%~22%	摔跤	5%~16%	无数据

源自：A. Jeukendrup and M. Gleeson, 2010, Sport nutrition, 2nd, ed, (Champaign, IL: Human Kinetics), 316.

以及肌肉中新蛋白质合成所需的能量来说都是必需的。

能量需求

增重的能量需求可以先通过计算静息代谢率和运动消耗的热量来估算，然后再在这个数字的基础之上添加热量。大部分添加的热量都应该来自蛋白质和碳水化合物。为了增重，建议至少摄入 44~50 卡路里 / 千克体重 [118]。

在精心设计的过量饮食研究中，受测对象被提供各种膳食，以帮助确定不同的热量和宏量产能营养素摄入量对体重、脂肪和肌肉量的影响。在这些研究中，额外摄入更多来自蛋白质的热量，会导致瘦体重更大幅度的增加。在一项为期 10~12 周的过量饮食研究中，正常和超重的受测对象每天都被提供比维持体重所需还多 39.4% 的热量，而其中 6%、15% 或 26% 的额外热量来自蛋白质。所有组的受测对象都会增加体脂，尽管过量摄入蛋白质会增加更多的瘦体重，并导致更多的能量消耗 [12]。在另一项研究中，受测对象接受了 8 周的过量饮食，其饮食中含有 5%、15% 或 25% 的蛋白质。那些采取含 15% 或 25% 蛋白质饮食的受测对象，将额外摄入的 45% 热量存储起来成为肌肉，而那些采取低蛋白饮食的人，则将额外摄入的 95% 热量存储为脂肪[33]。虽然蛋白质对于体重的增加很重要，但当热量摄入量增加时，体重的增加（脂肪量和肌肉量）会有个体差异。与去脂体重较少的个体相比，去脂体重较多的人在过量进食时，体重的增加较少。此外，如本章前面所述，在过量进食时每天消耗的热量数量也会增加，因此，不能根据额外摄入的热量数量准确地预测出体重的增量[10]。换句话说，每周增加摄入 3500 千克热量并不会导致体重增加正好 1 磅（453.6 克）。

一项对较瘦和较胖男性过量（超出维持体重所需热量的 50%）摄入碳水化合物和脂肪的研究发现，碳水化合物摄入过量会导致热量消耗总量增加，同时 75%~85% 的过剩热量都被存储为脂肪，而过量摄入脂肪对于热量消耗总量的影响最小，并导致 90%~95% 的过剩热量被存储为脂肪[51]。

蛋白质需求

正如在第 12 章中所指出的，目前还不完全清楚究竟要摄入多少蛋白质是最适合生成肌肉的。应该摄入的蛋白质总量取决于一个人的健康状况、总热量摄入量和训练计划。此外，摄入蛋白质的种类可能也会影响对增肌来说理想的蛋白质摄入量。如果是从素食中摄入蛋白质，那么可能就需要摄入得更多，并同时还需要在每一份食物中都摄入所有的必需氨基酸。为了最大限度地实现增肌，推荐的每日总蛋白质摄入量为 1.2~2.0 克 / 千克体重[8, 15]。

除了每天的总蛋白质摄入量外，相比较只开展抗阻训练，在抗阻训练后不久摄入一种高质量的快速蛋白质（一种能被快速消化并使血液中的氨基酸含量急速上升的蛋白质），将更好地上调肌蛋白的合成。一个人训练完之后应该摄入蛋白质的确切时间段还不是很清楚，但是对于那些受过抗阻训练的人（不是新手）来说，最好在训练完后 1 小时之内摄入蛋白质，且宜早不宜迟。对于那些在空腹状态下训练的人来说，这个策略可能是最重要的[83, 112]。如果使用该策略，一个人应至少消耗 20~25 克每份含有至少 2 克亮氨酸的高质量蛋白质[82]。如果选择素食蛋白作为蛋白质来源，那么就要选择至少 30 克包含所有必需氨基酸和至少 2 克亮氨酸的各种蛋白质。老年人在运动后至少需要摄入 40 克含有至少 3 克亮氨酸的蛋白质，才能最大限度地刺激短期肌蛋白的合成[82, 101]。

抗阻训练会在训练后 48 小时内增加肌蛋白的合成，因此，至少含有 25~30 克蛋白质的日常饮食——为年轻人提供至少 2 克亮氨酸，为老年人提供至少 3 克亮氨酸，将最大限度地在用餐时刺激短期肌蛋白的合成[17, 63, 96]。

碳水化合物需求

碳水化合物是人体开展抗阻训练

时的主要能量来源。当碳水化合物的可用度偏低时，训练强度就会下降。此外，碳水化合物还有助于减少运动后肌肉的分解。和其他宏量产能营养素（蛋白质和脂肪）一样，碳水化合物也是构成每日总热量需求的一部分。

虽然脂肪是中等强度运动（相当于最大摄氧量的 30%~65%）的主要能量来源，但随着运动强度的增加，碳水化合物的利用率也会相应增加，此时肌糖原就会成为一种重要的能量来源[132, 137]（回想一下交叉概念，如图 11.1 所示）。脂肪生成三磷酸腺苷的最大速度是 0.4 毫摩尔／分钟，而储存的肌糖原再合成三磷酸腺苷的最大速度为 1.0~2.3 毫摩尔／分钟[7]，因此，从储存的脂肪中生成三磷酸腺苷的速度不够快，无法满足在高强度活动期间身体对能量的需求[117]。在低糖原状态下开展抗阻训练，会导致三磷酸腺苷生成的速度下降（因为身体必须依赖较慢的三磷酸腺苷生成方式）、疲劳和爆发力的降低[29, 93, 94]。一项考查不同举重方案的研究再次强调了肌糖原的重要性：受测对象在几组举重练习之后，用掉了 24%~45% 的糖原存储量[72]。

运动补剂

蛋白质和肌酸是增加肌肉量的两种最有效的运动补剂。补充一种每份提供至少 2 克亮氨酸（为老年人提供至少 3 克亮氨酸）的高品质蛋白质，是一种在锻炼结束后不久，为了增加短期蛋白质合成的方便而有效的方法。到目前为止，还没有足够的研究对食物中蛋白质的来源，如鸡肉和鱼，以及补剂形式的蛋白质做出比较。

补充一水肌酸可增加健康的年轻人和老年人的体重、力量和肌肉量[20, 25, 59]。然而，对于一水肌酸的补充，个体的反应会有所不同。有些人没有随着一水肌酸的补充看到任何力量或肌肉量的变化[124]。

在减肥的同时增肌

除了在减肥的同时有流失肌肉的风险外，在减少热量的摄入时，增肌的难度更大，因为低热量的饮食会减弱肌肉中合成新蛋白质所必需的细胞内信号，而当一个人节食时，肌肉组织对蛋白质敏感度降低[99]。

尽管面临这些挑战，但通过将高蛋白饮食与激烈的抗阻训练计划相结合，还是有可能在降低体脂的同时保持甚至增长肌肉的。例如，在一项为

 小窍门　当你每天摄入较多热量时，新陈代谢的速度会加快，所以随着时间的推移，你的体重增量可能会开始趋于停滞，并且需要摄入更多的热量才能继续增重。

期 6 个月的研究期间，31 名超重或肥胖的绝经妇女，每天摄入 1400 卡路里的低热量饮食（其中，来自蛋白质、碳水化合物和脂肪的热量占比分别为 15%、65% 和 30%），并每两天一次随机补充 25 克碳水化合物（麦芽糖糊精）或乳清蛋白。结果发现，额外补充蛋白质的那一组比额外补充碳水化合物的那一组，在体重方面多减少了 3.9%，并保留了更多的肌肉量[81]。

在另一项干预研究中，年轻、超重、爱开展娱乐性运动的男性（在研究前，他们每周运动 1 次或两次）被安排参加一个紧凑的、为期 4 周的饮食和运动项目。他们每天的饮食所含的热量比维持体重所需的热量少 40%［总共提供 15 卡路里 / 磅（453.6 克）瘦体重水平的热量］。随机选择半数男性接受较高蛋白质含量的饮食（2.4克 / 千克体重；热量构成为 35% 来自蛋白质，50% 来自碳水化合物，15%来自脂肪）。其余男性接受较低蛋白质含量的饮食（1.2 克 / 千克体重；热量构成为 15% 来自蛋白质，50% 来自碳水化合物，35% 来自脂肪）。虽然这种饮食的蛋白质含量较低，但它比蛋白质的推荐膳食营养素的每日摄入量（每天 0.8 克 / 千克体重）还高出了 50%。两组男性均获得了足够的碳水化合物，以执行较高强度的训练计划。所有的正餐都是在研究期间准备好并提供给受测对象的，这有助于控制热量和宏量产能营养素的消耗量。除正餐外，在白天和运动刚刚结束后，受测对象还会立即得到奶昔制品（低蛋白组分到含糖的低蛋白奶昔；高蛋白组的奶昔中含有更多的蛋白质）。（受测对象接受的）监督训练包括一周 3 次的全身抗阻循环训练，一周 2 次的高强度间歇性训练，以及 1 次试验。除了执行已经为他们制订好的运动计划外，所有受测对象还每天至少走 10000 步，这由他们髋部佩戴的计步器监测。

结果发现，低蛋白组和高蛋白组的体重都有所下降，且两组间并无明显差异。然而，高蛋白组的男性肌肉增加了 2.64 磅（1.2 千克），体脂减少了 10.56 磅（4.79 千克），而低蛋白组男性的肌肉增量则很小（0.22 磅 /0.1 千克），体脂减少了 7.7 磅（3.49 千克）。除了有氧能力和无氧能力外，两组人还都提高了除力量外的全部测量指标。在研究期快结束时，两组人在力量、爆发力、有氧适应性或运动表现方面彼此之间没有差异。在这项研究中，一种高蛋白、低热量的饮食与包括间歇性训练和短跑在内的高强度循环训练计划相结合，可以帮助受测对象增长肌肉。

你知道吗 ❓

要记住，改变脂肪量或肌肉量并不一定总会提高运动表现或凸显身体形象。仅仅是增加肌肉量，并不会自动转化为在赛场、球场、泳池或跑道上运动成绩的提高。此外，减掉体脂或增加肌肉并不一定会展现一个人的身体形象。另外，有些人可能正在为无法实现的目标而奋斗，因此永远不会对其外表感到满意。

除了总蛋白质摄入量外，高蛋白组的受测对象每餐摄入的蛋白质（约 49 克）也高于低蛋白组（每餐约 22 克）[70]。

想在减肥的同时增加肌肉的节食者可以考虑每千克体重摄入 2 克以上的蛋白质[120]。蛋白质的摄入量应在一天当中均匀地分配（在常规正餐中含有 25~30 克蛋白质）。

本章总结

超重和肥胖会导致许多健康问题，但这些问题都可以通过减肥得到解决。对于运动员来说，减少体脂也是由他们所参加的运动或其在场上位置对体重的要求、美观要求、运动表现的目标、减少受伤风险、缓解关节疼痛等因素所驱动的。减肥，特别是在快速减肥且没有摄入足够的膳食蛋白质时，会导致肌肉量的大幅减少。为了防止在减少热量摄入量时的肌肉流失，人们必须摄入较多的总蛋白量，并进行抗阻训练。然而，快速减肥会导致新陈代谢速度出现大幅度的下降，因此，除非需要快速解决与肥胖有关的健康问题，否则不建议采用这种方法减肥。减少的体重通常比根据营养和运动干预预测的要少，因为许多人一旦增加了运动量，其日常活动往往就会减少，对饮食的坚持程度也会随着时间的推移而下降，同时新陈代谢的速度会随着体重的减少而下降。

增加肌肉可以提高老年人和残疾人的生活质量，其途径就是帮助他们完成日常任务，比如拿起食品杂货或者打开一罐食物。对运动员来说，增加肌肉可以降低受伤的风险，并提高力量和爆发力。较高的热量和蛋白质摄入量，以及有效的抗阻训练计划，对于肌肉的生长是必要的。增加肌肉和减肥是可以同时实现的。这样做需要每天摄入较少的热量和较多的蛋白质，还需要一项精心设计的训练计划。

复习题

1. 为什么在采取降低热量的饮食时，人体对蛋白质的需求会增加？

2. 描述体脂低于必需脂肪水平对健康造成的影响。

3. 描述体脂过剩对健康的影响，以及与此相关的健康问题。

4. 为什么碳水化合物是高强度训练所必需的？

5. 什么是较低的能量可用度，它会如何影响健康？

6. 为什么人们不是以线性的方式减肥的？为什么他们没有像预期的那样减掉那么多体重？

7. 是什么使流行的饮食方式有效？

第 14 章

特殊人群的营养关注问题

本章目标

在完成本章的学习后，你将能做到以下几点：

> 讨论儿童和青少年人群最重要的营养关注问题；

> 讨论中老年运动员的特殊营养需求；

> 描述糖尿病运动员要关注的特殊营养问题；

> 了解怀孕的运动员需要特殊加以考虑的因素；

> 描述素食运动员要关注的特殊营养问题；

> 讨论与身体活动和运动中进食紊乱相关的营养问题。

许多运动员都面临着与大多数人不同的膳食挑战。这些差异通常会对健康和运动表现产生影响，并可能需要设计个性化的方案来满足营养需求。对特殊人群需求的关注，在不同的年龄阶段也各不相同。例如，儿童运动员的营养需求与职业运动员的营养需求大不相同。当尝试提出一个能满足所有营养需求的适当饮食方案时，针对某些个体，如素食者、糖尿病患者或饮食失调患者的考虑，可能与我们在前几章讨论过的情况有很大的不同。在本章中，我们重点关注以下几类人群的营养问题：活泼爱动的青少年（包括年轻运动员）、以职业级别开展竞赛的运动员、身体矫健的老年人、孕妇、糖尿病患者、素食的运动爱好者与运动员，以及有进食障碍的运动爱好者与运动员。

儿童和青少年

目前，儿童和青少年参与体育活动的机会比以往任何时候都多，而且儿童参加竞赛性体育活动的年龄也比以前更小了。在美国有超过 3800 万的儿童和青少年参加团体项目，其中大部分是在高中期间参加的[53]。其他近年来出现的趋势包括女童参与体育活动的程度有所提高、儿童参与极限运动的程度有所提高、专业化的年龄更小，以及全年参加训练现象的出现。有些儿童和青少年每周都会参加几次长时间的密集训练，但由于日程安排不过来，他们往往没有足够的时间让身体恢复。这种情况就号召提出能够满足生长发育、促进健康、提高运动表现、有助于防止受伤等所有要求的营养方案。然而，在伴随着高能量需求的迅速成长期，包括运动员在内的许多儿童和青少年，都远远达不到所需的营养标准。在他们的家常便饭中通常含有较少的水果、蔬菜、富含钙和微量营养元素的食物。相反，过多的饱和脂肪、钠和糖被摄入体内。在年幼者身上，不安全的减肥方式、无序的进食和临床意义上的饮食失调都非常令人担忧，因为它们对生长发育有明显的负面影响。

儿童和青春期前的青少年不是小大人

年纪轻轻就参与体育运动有利有弊。虽然其中一些利弊也会在参与体育运动的成年人身上看到，但其他的利弊则是这个生命阶段所特有的，并且可能会更为明显，同时其所造成的影响还会一直持续到成年时期。年幼者参与体育运动可增强体质、减少体脂，并降低患上慢性疾病的风险。此外，还能增进骨骼健康，降低产生抑郁和焦虑的可能性，增强自尊心，提高学习成绩，对情绪健康有全面的提升。不过，在年幼者身上，参与体育运动也造成了急性身体损伤和过度使用身体的风险都增加了。从解剖结构上讲，儿童的受伤往往不同于成年人。他们的骨骼弱于肌腱和韧带，因此他

年幼运动员需要切实的指导及成年人的帮助，以满足他们的生命阶段和运动项目对营养的需求。

们的骨头各处都有骨折的风险。一些青少年运动员有着较弱的柔韧性、协调性和平衡性，这会增加受伤风险，同时也影响运动表现，造成压力和焦虑并影响自尊心。在没有适当康复的情况下，快速恢复运动会导致慢性疼痛、反复伤害和功能障碍[38, 50]。

除了骨骼不成熟外，儿童和青少年还有明显（不同于成年人）的生理差异，这会影响能量消耗、能量（底物）利用和在运动时的体温调节。伴随着对能量和许多营养物质需求增加而来的，是儿童在青春期开始之前不成熟的无氧代谢系统，这可能会影响他们在高强度运动中表现的能力。由于儿童更多地依赖脂肪氧化（来提供能量），因此不太可能通过无氧通路达到较快的三磷酸腺苷生成速度。

要让儿童谨慎地接触费力的活动。除了有限的肌肉糖分解活动外，儿童也会因无氧能力较低而拥有较小的肌肉力量。考虑到要避免滥用儿童作为受测对象，针对年幼运动员没有太多的研究数据可用，而现有的可用数据又都是小量样本和只能间接解决研究问题的方案。这种研究的一个典型特征就是将针对成年人的研究成果用于儿童。

儿童不应被认为是"小大人"，也不应在考虑其身体发育时将其统一归类。包括遗传和环境在内的许多因素都会影响个体发育成熟的起始时间，因此，在拟定营养方案中必须考虑到这些因素。生理和心理上的差异都会影响年幼者的饮食模式，以及他们对营养信息的感知和接受程度。很多年幼运动员最在乎的是运动表现，很少考虑生活方式的选择对健康的长期影响。他们在生活当中，有意无意都会依赖成年人的指导。与同龄的非运动员一样，年幼运动员也很容易受到生活方式的影响，并且常常追随流行趋势。

一些青少年运动员可能会对膳食补剂好奇，寻思这些补剂是否会有益于提高他们的运动表现，并使他们在比赛中处于优势地位，特别是在目睹了使用补剂的队友或其他运动员的成功之后。作为未来有兴趣与年幼运动员打交道的专业人士，与他们谈谈各种机能增进手段的利弊和天然辅助手段（例如碳水化合物、蛋白质和脂肪）的益处，以及养成健康的生活习惯意味着什么，这是既重要又有益的。不鼓励使用危险的膳食补剂，可以帮助平衡年幼运动员"不惜一切代价要赢"的心态。尽早指导年幼运动员向优化营养的方向发展，并充分理解利用天然食物的好处，尽管可能无法阻止他们当中的所有人都尝试使用危险和非法的补剂，但仍会令许多人变得不同，并带来长期的益处。

童年期的生长与发育

与青春期的生长相比，童年期的生长可能是不稳定且缓慢的。这些各异的生长模式导致了膳食能量需求的明显波动。在快速成长期间，儿童可能会经历意想不到的嗜睡、协调功能

不良和运动效率低下。此外，训练负荷本身可能也会成为年幼者要关心的一个问题，因为关于剧烈活动对儿童生长影响情况的可用信息很少。在许多情况下，训练负荷一旦减少就会出现"追赶式"生长，但在能量摄入和消耗（没有足够的热量来满足生长和训练的需求）之间的不平衡，会对身体健康和运动表现产生长期影响。长期偏低的能量可用度会导致身材矮小、青春期延迟、月经不规律、骨骼发育不良，以及受伤风险增加。除了监测能量摄入与训练量外，与处于青春期之前的运动员打交道的专业人员，还应通过体重趋势和人体测量变量，而不仅是依靠生长图表来监测其生长情况。

生长图表用于评估与儿童各年龄对应的身高和体重。以下指南用于确定不同年龄的体重类别。

> 偏轻：< 5% 的同龄人。
> 正常体重：相当于 5%~85% 的同龄人。
> 超重：相当于 85%~95% 的同龄人。
> 肥胖：> 95% 的同龄人。

青春期的生长与发育

青春期是在生命当中营养情况比较复杂的一段时期，其影响因素有：来自同龄人的压力、对自主权的渴望，以及显著的生理、认知、情绪和社会变化。青春期的生长模式与遗传因素密切相关，但也会受到许多其他

拓展信息

能量可用度

能量可用度等于饮食（能量）摄入量减去运动能量消耗量（标准化为去脂体重）。能量可用度是在减去运动所耗费的能量后，身体可用于开展所有其他功能的能量数量。

例如，

一位女性体重 62 千克

2600 –600 = 2000（千卡）

2000 千卡 / 62 千克 = 32.3 千卡 / 千克

能量可用度低于 30 千卡 / 千克会引起身体各种功能的受阻。人们发现每天 45 千卡 / 千克去脂体重的能量可用度有利于能量平衡和优化健康[76]，但还需要更多的研究加以证明。

因素的影响，其中包括能量平衡（能量的摄入和消耗）。对于女生来说，发育爆发期往往在 10~12 岁；男生的发育爆发期大约比女生晚 2 年（图 14.1）。在此期间，关键的身体成分变化开始出现：女性开始发育，体脂更多，而男性则开始获得更多的瘦体重和血量。男性之所以在运动场上似乎比女性更有优势，是因为这些生理变化有利于增加爆发力和提高运动表现。作为青春期生长爆发期的累积结果，青少年在青春期会积累起成年后定型身高的 15% 和最大骨骼质量的 45%。从测量的角度来看，这大约可以转化为女性的 10 英寸（25 厘米）和 53 磅（24 千克），男性的 11 英寸（27 厘米）和 70 磅（31 千克）。

如图 14.2 所示，第二性征的出现是青春期的关键指标。例如，一名正值青春期的 13 岁男孩，其能量代谢和肌肉生理方面的表现，比未到青春期的 15 岁男孩更好。在这种情况下，这名 13 岁的男孩在注重力量和爆发力的运动中可能具有更大的糖酵解潜力，更适合体验肌肉在训练下发生的代谢适应性变化，更能从高强度运动中超量恢复，这都是因为青春期给他营造了一个支持性的激素环境。

能量需求

判断儿童和青少年的能量需求是不精确的，因为许多用于计算能量需求的最佳算法，都是根据成年人的数据推导出来的。然而，依赖衍生自成年人数据的这种方式是有缺陷的，因为儿童的代谢效率低于成年人。例如，就体育运动而言，在步行或跑步活动中，儿童的能量需求可能比成年人高出 30%。当儿童在剧烈运动后，为恢复身体而让其他生理活动变得更不活

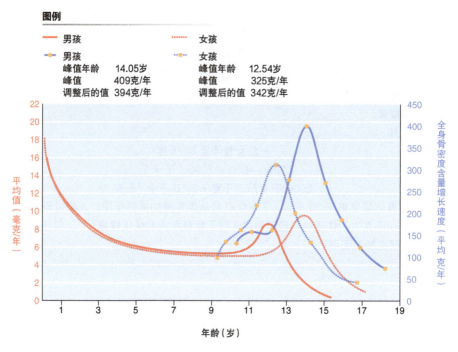

图例

图14.1 生长发育期是最大化骨量的关键时期

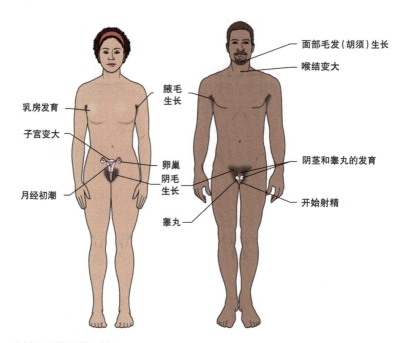

图14.2 女性和男性的第二性征

跃（走得更少、坐得更多）时，用来预测其日常能量需求的方法会变得更加复杂。

爱动的青少年很难在摄取充足的能量以优化生长发育的同时，满足其因运动而不断增加的能量需求。时间限制和运动专属的饮食模式，让满足能源需求变得困难。此外，高比例的儿童肥胖率，也会令提供能量摄入建议和拟定能满足它们的方案变得不那么明确。期待"增加体重"的儿童和青少年运动员，可能会增加多余的脂肪，从而导致速度、耐力、灵活性、工作（运动）效率和适应高温的能力降低，同时还会增加变肥胖的风险。2011~2014 年，在 2~19 岁的儿童和青少年中，大约有 17% 的人肥胖[56]。

应鼓励超重或肥胖的儿童和青少年运动员参加锻炼，并实施健康饮食的策略。不建议这个年龄段的人专注于减轻体重，除非存在某些并发症需要减肥。大多数专业人士都还是同意提倡维持体重和做出健康生活方式的改变，同时等待身高增长，从而使体重指数变低，这被认为是一种更为健康的方法[52]。

鼓励健康饮食有以下方式[54]：

> 挑选分量更小的食物和饮料。
> 将健康的食品和饮品放在容易拿到的地方。
> 将不那么健康的食品放在看不到的地方。
> 减少食用快餐的次数。

> 就餐时避免分心（如使用电视、电话和计算机等）。
> 不要让孩子"吃光盘子里的食物"。
> 不要用食物奖励孩子的良好行为。

营养需求

除了要满足他们生长发育和运动的能量需求外，还要满足儿童和青少年健康和运动所需的宏量产能营养素（碳水化合物、蛋白质、脂肪）需求。饮食其他方面的特定建议，对提高运动表现、健康水平和整体饮食质量而言也是必要的。许多建议都是为这个年龄段的人所独有的，并将在下面加以讨论。

碳水化合物

表 14.1 列出了为优化运动表现和身体恢复所需的碳水化合物摄入量。在持续时间大于 1 小时或最大摄氧量大于 70% 的运动中，儿童和青少年可能会因碳水化合物存储不足而受到限制，因此会更多地依赖外源性碳水化合物来源（在运动前和运动期间摄入的碳水化合物），而更少依赖糖原来为运动提供能量。力量训练可以提高年幼者的糖酵解活动能力，但直到青春期中的某个时刻，当儿童时期有限的糖酵解活动能力再次得到提高时，才会达到最大的适应能力。建议饮食中至少含有 50% 的碳水化合物以满足能量需求。为了帮助满足碳水化合物

表14.1 针对青少年运动员的碳水化合物摄入指南

恢复指南	
立即恢复(0~4小时)	1~1.2克/千克/小时,最多在运动后4小时,然后恢复日常需求量
日常恢复(低强度运动)	3~5克/千克/天
运动计划指南	
适度运动(1小时/天)	5~7克/千克/天
耐力(训练1~3小时/天)	6~10克/千克/天
极度运动(训练4~5小时/天)	8~12克/千克/天
在运动过程中的指南	
持续时间较短(0~75分钟)	不需要或少量
持续时间适中或较长(75分钟~2.5小时)	30~60克/小时

源自: Debrow et al.2014.

的需求,年幼运动员在训练和比赛期间可以通过补充运动食品(饮料、能量凝胶和能量棒)摄取碳水化合物[66]。为了提高饮食质量,儿童和青少年运动员可以通过食用各种富含碳水化合物的食物来强化自己的味觉,其中包括提供多种微量营养元素、植物营养素和纤维素的食物,如全谷物、乳制品、蔬菜和水果。

蛋白质

儿童和青少年运动员蛋白质的需求比同龄人要高,但研究表明,促进生长发育并不需要额外补充(高于运动所需量的)蛋白质。成年人可用的建议量同样适用于青少年,其上限为每天1.7克/千克体重[78]。长期能量摄入受限会增加蛋白质摄入不足的风险,如果再加上高强度的身体训练,这些风险就会更高。这种组合(长期能量摄入受限和加大强度训练)可以改变蛋白质代谢并有损生长与发育成熟。儿童和青少年运动员可以通过选择摄取更好的蛋白质食物,来提高饮食质量。人们已经发现,有些孩子不愿意食用动物类蛋白质食物,而更喜欢碳水化合物和脂肪含量都较高的食物。在青春期,摄入蛋白质的质量可以通过营养丰富、脂肪含量较低的食物来源得到提高。

你知道吗 ❓

含糖的饮料,如苏打水,是2岁以上人群主要能量来源的前5名[80]。

脂肪

在脂肪摄入的推荐量中,成年后的大部分时间内,脂肪摄入的最小绝对克数不会有太大的变化,但针对儿童和青少年的相关研究比较有限。虽然越年幼的运动员越依赖有氧代谢，但目前还没有证据支持较多的脂肪摄入可以提高运动表现。对脂肪摄入量最谨慎的建议是总能量摄入的 20% ~35%。对超重或肥胖的儿童和青少年运动员来说，（在宏量营养素可接受范围内）轻度减少膳食脂肪摄入量可以作为一种谨慎的控体重方式。就在该年龄段的饮食中提供脂肪来源的食物品质而言，脂肪摄入与增加了的奶酪、家禽和零食摄入有关。许多儿童和青少年运动员可能都不知道如何通过减少薯片、饼干、蛋糕等食物的摄入来填补这个空缺，并且他们也都没有意识到"松脆""油炸"和"奶油"食品其实代表着会增加脂肪含量。这些不仅会导致从饱和脂肪酸中摄取的热量占总热量摄入的 10% 以上，还会增加反式脂肪酸的摄入。

水分

与成年人相比，儿童由于体重较轻、肌肉量较小，身体表面积与体重比就较高，这可能导致儿童吸收更多的热量。此外，儿童的身体也会产生更多的热量——其出汗阈值更高，排汗能力更低，故需要更长的时间才能适应炎热的环境。许多此类生理问题在青春期开始就会得到解决。第 8 章已经讨论过了对年幼运动员的补水问题。

对于年幼运动员来说，以水分充足的状态开始训练和比赛尤其重要。当运动开始时，尿液的颜色应清晰或呈现淡黄色。针对青少年的结构化补水方案可以在其他章节中找到[18]。此外，还会找到出汗速度、动力学、水分可用度、环境因素、健康水平、运动持续时间、运动强度和饮水偏好对补水状态的影响。

微量营养素

研究表明，好动的儿童和青少年会比其同龄人摄入更多的维生素和矿物质，并且运动似乎也不会增加对这些物质的需求。然而，这并不意味着微量营养素缺乏就不是一个问题，因为许多青少年都有 3 种主要微量营养素——铁、钙和维生素 D 摄入不足的问题。缺乏这些营养素的后果以及增加摄入的方法，在第 5 章和第 6 章中已经讨论过了。

增进机能的辅助手段和膳食补剂

一些青少年运动员因为受到同龄人、精英运动员和媒体宣传的影响，容易被一些膳食补剂迷惑。流行出版物、制造商声明，以及著名运动员使

> **你知道吗**　❓
>
> 在体育界中常见的为了减肥而采取的不安全脱水手段包括饮水限制、吐痰、使用泻药和利尿剂，穿着不透气的运动服装、蒸汽浴和桑拿。

> **你知道吗**　❓
>
> 全世界 6 个月~5 岁的儿童，约 50% 都至少缺乏一种微量营养素。大多数微量营养素都不能在体内生成，必须通过饮食获取，因此，为了预防微量营养素的缺乏，儿童和青少年应该摄入经过精心挑选的含有多种果蔬、谷物、蛋白质、乳制品，以及其他强化食品的饮食。

用补剂，都可能会增加其对一些青少年的诱惑力。作为一名未来的营养或（和）体育专业人士，你必须及时了解该领域的各种趋势。正如在第9章中讨论过的，关于这个年龄段的运动员使用补剂的建议是可以利用的。请阅读立场声明和其他有关此年龄段运动员摄取膳食补剂的著名研究报告，以确保你准备好在将来与年幼运动员打交道。

中老年运动员

年龄的增长会带来独特的体验。从运动表现的角度来看，年龄增长可能是不利的，因为它对所有的生理功能都有负面的影响。然而，人们普遍认为，锻炼是必需的，它可以预防慢性疾病，并减缓与衰老相关的身体机能的丧失。此外，据我们所了解到的体育活动和运动在整个生命周期中的重要性而言，在50岁及以上的人群中，还是有很多人参与运动和竞技性运动的，这并不令人惊讶。"中老年运动员"一词通常不是由年龄来统一界定，而是根据体育活动来区分的。不过，大多数中老年冠军运动员的年龄，都在40多岁及以上。中老年人的运动赛事在全国和国际上都越来越受欢迎。许多针对中老年运动员的建议，都是从针对较为年轻的运动员的建议以及针对年纪稍大人群的营养建议（按照膳食营养素参考摄入量的规定）中推导出来的[33]。

在上年纪的人当中，锻炼成为一种必需的生活方式

据预测，到2040年全世界将有13亿人口超过65岁，占到总人口的14%。这一预测数字约为2008年的两倍[81]。定期进行体育活动和锻炼，对老年人保持较好的健康状况而言是必需的。运动不仅十分有利于减缓心肺和心血管功能、肌肉功能的丧失，也会减缓骨密度的流失，同时还有助于控制体重和认知功能的变化，以及预防胰岛素抵抗的出现。

心血管和代谢健康

开展耐力运动的高龄运动员，其有氧运动能力要强于那些久坐不动的同龄人[69]。尽管从

中老年运动员会跨越几个年龄组进行比赛。

30 岁左右开始，最大摄氧量就会不可避免地随着年龄的增长而下降，但那些此时开始并持续开展耐力运动的人，可以提高他们的健康水平。人们认为，最大摄氧量随年龄增长的这种下降，会受到一些因素的影响，其中包括一些社会因素，如由于时间有限，又要投身于事业与家庭，以致用于运动的时间更少了。尽管有氧运动能力有所下降，但运动对衰老的益处之一，就是它能够维持健康的脂质构成，从而减少中老年运动员患上代谢疾病和心血管疾病的风险[63]。

除了有助于促成优化的脂质构成和提升心血管健康水平外，在上了年纪时运动，还可以通过降低胰岛素的抗性来提升全身代谢的健康水平。骨骼肌有助于利用血糖，而运动则有助于改善胰岛素信号和由肌肉收缩引起的非胰岛素依赖性的葡萄糖吸收。在缺乏运动的老年人当中，由胰岛素抗性引起的空腹血糖水平升高很常见。如果置之不理，会引发一系列的健康

问题，如体重、炎症增加，并会增加 Ⅱ 型糖尿病的病发风险。不能夸大经常运动可以规避糖尿病的益处。这种效果似乎与年龄无关，而更可能是肥胖的风险下降所导致的[11]。

肌肉与骨骼健康

在衰老的过程中，强壮的骨骼和肌肉对维持正常的身体机能和独立生活都至关重要。通常从 40 多岁的某个时刻开始，我们的肌肉量就会开始缓慢地减少[62]。肌肉量每 10 年就会下降 3%~8%，肌肉力量每年都会降低大约 1.5%，而在 60 岁后每年都会加速下降到 3%，且有力的快肌纤维也会变为慢肌纤维[39, 57, 84]。肌肉萎缩增加了跌倒的风险，这是导致老年人头部受伤、骨折和住院的一个主要原因[34, 41, 42, 68]。虽然无法完全阻止在老去过程中的肌肉流失，但可以通过抗阻训练和采取维持肌肉组织的均衡饮食来减缓流失速度[13]。开始抗阻训练永远都不会太迟：多年的证据

拓展信息

预防骨质疏松症

　　骨质疏松症是一种越来越常见的疾病，其特征为骨骼多孔而脆弱。在病情进展过程中，骨密度和骨质量会降低，骨头通常变得脆弱，以致骨折的风险增加。对于患有骨质疏松症的人而言，很平常的跌倒或滑倒都是灾难性的。限制身体活动能力的骨折，会对肌肉和骨骼造成额外的负面影响，并引起明显的功能衰退。虽然这种疾病在老年人中最常见，但在年轻人身上也已有发现。在成年早期，通过负重运动、吃含有足够能量的食物、摄入足够的维生素 D 和钙，均可预防骨质疏松症。对于大学生来说，预防方法很简单，就是开展力量训练或跳舞，同时还要避免极端的减肥方法，并多吃富含钙的食物。

表明，肌肉力量在任何年龄都可得到改善，这种功能性益处可以提高老年人的步行速度和改善平衡[10]。此外，阻抗训练也有益于维持骨量，这对老年妇女来说尤为重要，因为妇女随着绝经期的到来会失去雌激素，以致比男性更早地开始流失骨量。

除了抗阻训练外，任何锻炼都对肌肉和骨骼有积极影响，并且可以通过高冲击运动使这些益处最大化[87]。高冲击运动对肌肉的刺激和对骨骼的机械应力更大，这有助于生成更加强壮的肌肉组织。正是通过此类运动，与久坐不动的同龄人相比，中老年运动员才往往更结实，骨骼也更健康。在考查骨骼健康时，即使运动只产生中等程度的影响，也是可以改善骨骼健康状况的。这些益处已经在身体活跃的 65 岁及以上人群中得到了证实，并且与不活跃的控制组相比，无论是游泳还是跑步，都会使骨矿物质含量更高[82]。

体重

目前估计有 1/3 的成年人都受肥胖的困扰，这让肥胖成了"流行"状态。身体活动不足是导致超重的主要危险因素。中老年运动员也有体重增加的风险，但运动是一种能减少因年龄增长而引起体重增加的有效方法。现已认定经常锻炼对于维持健康的体重尤其重要，特别是在体重减轻后[74]。就防止体重增加所需的绝对运动量而言，已有相关的身体活动指南[19]提出，受测对象平均每天进行 60 分钟中等强度的运动，体重增加得最少[35]。

总之，定期参加中等强度的运动可以防止过重和肥胖，这种身体运动水平与大多数中老年运动员的水平都是一致的。

认知功能

在变老的过程中运动，对系统性的健康、身体系统功能、预防体重增加、代谢疾病，以及认知功能都具有多重的积极作用。在中老年职业运动员的大脑里，与运动控制、视觉空间功能和工作记忆有关部位的脑白质完整性较高[79]。最近的研究发现，认知能力和脑血流量与心肺健康水平密切相关，而良好的心脏功能给脑功能改善带来的种种益处，都可以通过健身得到调整[37]。

能量需求

对高龄运动员能量需求的计算和评估也不够精确，其中所遇到的许多局限性在其他年龄组运动员中也能遇到。许多能量预测公式的确都包括一个年龄变量，并将该变量纳入计算中，以减少总能量消耗所需的热量数量。这是基于与衰老与代谢活动减少直接相关的前提。虽然这种相关性是真实的，但是代谢速度的降低更可能是由于总肌肉量的减少所导致的，而较少是由年龄的增长和基础代谢率的降低引起的。一位经验丰富的中老年运动员，其代谢速度可能比一个久坐不动的同龄人高。

正如第 2 章所讨论过的，总能量消耗由基础代谢率、食物热效应和身体活动组成。所有这些因素单独来看，都会随着年龄的增长而下降，但身体活动显然是其中受年龄影响最大的。虽然在实际预测总能量消耗时有很多公式，但如果一位中老年运动员有最新的身体成分数据，首选的方法一定是使用坎宁安公式。该公式以去脂体重作为一个变量，并且已经证明，用它估算静息代谢率的准确性比其他公式更高[77]。

营养需求

到目前为止，因为中老年运动员这个群体的数据有限，所以我们对他们具体的营养需求知之甚少。不过，迄今为止，已经有充分的证据能够证明运动对老年人的种种生理益处——有针对成年人的运动营养建议，以及对高龄休闲运动员实施饮食和运动干预的生理结果方面的重要数据。这些数据目前正被用于推导出针对职业运动员的营养建议。以下几节将描述针对高龄运动员的宏量产能营养素、微量营养素和补水的建议。

宏量产能营养素

各种运动营养指南都一直在研究如何拟定一个根据训练负荷和强度决定碳水化合物和蛋白质需求的个性化和分期化的方案。适应训练的碳水化

合物需求不是视具体年龄而定的，而是要取决于训练和比赛的需要。一种富含碳水化合物且营养丰富的主食（如全麦面包和谷物）、水果和蔬菜，以及低脂乳制食品的饮食，都可提供高质量的碳水化合物，以满足中老年运动员的需求。蛋白质在整个生命周期中都必不可少，它有助于促进肌肉和结缔组织从运动中恢复过来，同时也有助于骨骼健康，并会协助产生代谢适应。不过，蛋白质有时会成为骨骼健康所必需的"被遗忘的营养物质"。与碳水化合物一样，蛋白质的需求依据也应该是耐力运动与抗阻运动的训练强度和训练量。表 14.2 列出了中老年运动员摄入宏量产能营养素的一般性指导原则。

微量营养素

人们普遍认为，随着更多的能量被摄入，更多的微量营养素也应被摄入。由于不同年龄段的运动员往往都会比其久坐不动的同龄人消耗更多的能量，因此，许多运动员也都会摄入更多的微量营养素。此外，当这些运动员还注意食用强化食品和许多含有添加微量营养素的运动食品时，他们可能会更加确信自己已满足了身体对微量营养素的需求。然而，一些研究报告显示，运动员缺乏关键的微量营养素，这可能对健康和运动表现产生不利影响。可回顾第 6 章和第 7 章的内容，以便进一步讨论。

50 岁及以上的人群对一些微量营

表14.2　针对中老年职业运动员的宏量产能营养素摄入建议

	碳水化合物		蛋白质	脂肪	
宏量营养素可接受范围	每日热量的45%~65%		每日热量的10%~35%	每日热量的20%~35%	
一般运动营养指南	低强度	3~5克/千克/天	1.2~2.0克/千克	总脂肪	20%~25%
	中等强度（1小时/天）	5~7克/千克/天			
	高强度（1~3小时/天）	6~10克/千克/天		饱和脂肪	<10%
	极高强度（>4~5小时/天）	8~12克/千克/天			

源自：Institute of Medicine 2005; Thomas, Erdman, and Burke 2016.

养素（维生素 D、维生素 B_6、维生素 B_{12} 和钙）的需求会增加，而对铁和铬的需求则会减少[30]。在审查报道高龄运动员营养摄入的研究时发现，被引用最多的、受到关注的微量营养素是维生素 D、钙和维生素 B_{12}，这是因为这几种营养物质的摄入量都很有限。一方面，维生素 D 和钙都与骨骼健康息息相关；另一方面，现在也明确了它们都有益于优化肌肉功能和提高免疫力——这对中老年运动员而言是两项重要的发现。高龄运动员的目标应该是，每天从富含钙的食物中摄取 1000~1200 毫克的钙。如果服用补剂，高龄运动员应考虑使用高生物利用度形式的补剂，如柠檬酸钙。至于维生素 D，关于血液中所需的维生素 D 含量仍然存在争议，尚不确定多少含量足以提升健康水平和运动表现。虽然争论激烈，但医学研究所还是将血清 25- 羟基维生素含量低于 20 纳克 / 毫升定义为维生素 D 不足[64]。按照这个定义，如果没有服用维生素 D 补剂，估计社区居民中有 20% ~100% 的老年人都缺乏维生素 D[28]。老年人群中在 3 年期间，受测对象的年龄和性别相同的状态下，人们发现维生素 D 的水平与其糟糕的身体表现有关[86]。糟糕的维生素 D 状况是当人们老去时真正要关心的一个问题，应该要强调

拓展信息

与脱水有关的不利后果

引起体重下降 2% 或更多的体液流失，会损害有氧运动的能力和认知功能[1, 65]。脱水会降低速度、减少力量、削弱耐力，并延长恢复时间，还会提高对发力的感知并引起体温升高，增加受伤风险。在某些情况下，与脱水有关的热压力，会增加危及生命的热源疾病（如中暑）的发病风险。

的是，摄取含有维生素 D 的天然食物，并不能有效地防止或逆转维生素 D 的缺乏[28]。出于这个理由，一个改善和维持维生素 D 状态的方法是值得推荐的：食用富含维生素 D 的食物、进行充分的光照，并根据自身需要服用维生素 D 补剂。

水分

衰老会引发许多生理变化，这给判断职业运动员的水分需求带来了挑战。随着衰老而来的是，身体对口渴的反应下降——无论是在需要更多水分时还是在水分需求得到满足时，反应速度都会变慢。此外，酒精和几种药物可能会导致水分状态受损，在运动过程中产生风险。中老年运动员不应仅仅依靠口渴来满足水分需求，而应采取一种饮水方案以保持足够的水分摄入。有关水分摄入的指导，请参阅第 8 章。

糖尿病和代谢综合征患者

根据美国糖尿病协会的估计，2012 年美国有 2910 万人或总人口的 9.3%，都患有 II 型糖尿病。在这一惊人的数字中，估计有 2100 万已被诊断，而 810 万未得到确诊。每年都有近 150 万美国人被诊断为糖尿病。按照这个速度，在接下来的 25 年内，被诊断和未确诊为糖尿病的美国人的数量可能会翻倍。许多运动员现在都正带着糖尿病之类的代谢类疾病参与运动，所以必须制订出符合他们的代谢

要求和满足其能量需求的饮食计划。糖尿病会影响碳水化合物的可用度及身体细胞对其的利用，因此针对糖尿病运动员需要有特定的饮食、运动和药物考虑。如果管理得当、计划到位的话，糖尿病运动员的表现也可以与其同龄运动员一样出色，正如在 2000 年奥运会，有两位糖尿病运动员都在游泳比赛中获得了金牌。

糖尿病的特征通常为偏高的血糖水平，这是由缺乏胰岛素或身体无法有效利用胰岛素而引起的。在 I 型糖尿病中（图 14.3），高血糖是由胰腺无法产生胰岛素而引起的，故需要注射胰岛素来使血糖水平正常化。胰岛素产生功能的丧失，是自身免疫系统对胰腺的侵犯所引起的，其发展迅速，尤其是在童年时期。相比之下，II 型糖尿病（图 14.4）是最常见的形式，约占已确诊糖尿病案例的 90%，其主要病理机制为胰岛素抗性。胰岛素抗性是 II 型糖尿病的前兆，表现为身体

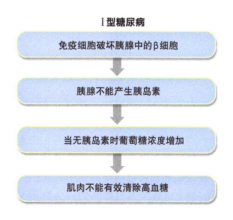

图14.3　I 型糖尿病

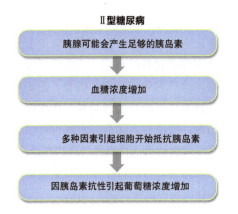

图14.4　Ⅱ型糖尿病

无法对自己产生的胰岛素做出反应并利用它。肥胖、高血脂和富含饱和脂肪的饮食都会引发胰岛素抗性。

　　当胰岛素开始出现抗性时，胰腺会产生更多的胰岛素以做出弥补。时间一长，胰腺不堪重负，无法产生出足够的胰岛素来维持血糖的正常水平。在持续的葡萄糖刺激下，胰脏会受损并停止产生胰岛素。Ⅱ型糖尿病的疗法包括改变生活方式、口服药物，有时还需要胰岛素治疗。

　　Ⅱ型糖尿病与代谢综合征有关，并且会导致永久性器官损伤。这种综合征的特点为高血压、高血糖、腰部周围脂肪过多，以及胆固醇水平异常。当这些因素同时具备时，会增加心脏病、中风和糖尿病的发病风险。Ⅱ型糖尿病是全世界造成疾病和死亡一个主要原因，它与不运动、肥胖和家族病史密切相关[16]。超过90%的Ⅱ型糖尿病患者均超重或肥胖。

　　虽然Ⅱ型糖尿病往往是在生命的后期才会被诊断出来，但由于年轻人肥胖的增加和习惯久坐，儿童和少年患上此病的人数已增加了。

　　由于葡萄糖从血液中进入细胞的能力受限，因此开始在血液中积聚，以致其浓度变得高于正常水平。糖尿病患者的慢性高血糖，会因为过剩的葡萄糖导致血液黏稠度变化而引起许多病症，并且还会影响葡萄糖与红细胞以及许多身体组织中小血管的相互作用。

　　身体细胞对葡萄糖的不良吸收和利用，是一系列（功能）缺陷造成的结果，这会对正常的能量代谢产生严重的影响。细胞对葡萄糖的摄取主要取决于细胞葡萄糖转运蛋白的表现。

拓展信息

运动员会患上的代谢综合征

　　积极改变生活方式可以延迟甚至阻止严重健康问题的发生，并有助于预防与代谢综合征相关的一系列疾病。在通过频繁运动和控制体重来延缓代谢综合征的发作，或降低其严重程度方面，运动员处于有利地位。一方面，缺乏运动是造成糖尿病和代谢综合征的一个因素；另一方面，人们仍然担心运动员对体重增长有兴趣（比如美国足球队的一线队员）。这些运动员一旦变胖，当其体育生涯结束时就会加重患上代谢综合征的风险[76]。

这些转运蛋白存在于细胞中的一个大型蛋白质家族，在接收到信号后，它们将移位至细胞外膜，以允许（接受）葡萄糖进入细胞。如果没有收到适当的信号，葡萄糖的摄取就会受到影响，并可能导致血糖出现轻度至重度的升高，具体的升高程度取决于信号受损的程度。启动葡萄糖转运蛋白运动所需的信号来自胰岛素。这种肽激素是胰腺在饭后血糖略微升高的刺激下分泌的。胰岛素通常与细胞膜表面上的受体相结合。胰岛素与其受体的对接，会产生出一连串细胞内的信号传导，从而刺激葡萄糖转运蛋白移位至细胞表面。通常这种行为会使葡萄糖正常摄取并降低血糖水平。在糖尿病患者身上，胰腺释放胰岛素可能会被干扰，以致对胰岛素的反应会降低，或细胞会对分泌的胰岛素产生抗性。

　　如上所述，糖尿病并发症的根源主要有两个原因：一是由于缺乏葡萄糖导致的细胞饥饿；二是高血糖。当细胞被剥夺葡萄糖时，身体会误认为细胞正在"挨饿"，因此会启动一系列反应，不幸的是，这些反应造成的伤害大于受益。肝脏接收到信号，要求释放其存储的葡萄糖，以期待为"饥饿"的细胞提供更多的能量。然而，这只会导致更高的血糖浓度。一旦血糖浓度变得足够高，肾脏就开始做出反应——它会从血液中过滤出过量的葡萄糖进入尿液，以作为帮助控制高血糖的一种方法。不过，这种反应带来的问题是，它会产生过剩的尿液，

导致排尿过度，故称之为多尿症，也会引起口渴，造成一种被称为烦渴的症状。由于这一系列的情况，许多未接受治疗的 II 型糖尿病患者还都会出现饥饿感增加，被叫作多食症，这可能会进一步导致高血糖。虽然部分这些身体症状可能会朝着解决饥饿问题的方向发展，但其他信号会被放大以响应先前方法的失效。图 14.5 总结了引起这些代谢异常及随之导致的身体症状的各种情况。

　　由于身体意识到先前为细胞提供能量的尝试效果有限，因此将转而使用蛋白质和脂肪作为能量。身体会增加肌蛋白的分解，以便利用氨基酸作为底物来促进糖异生系统发挥作用，正如第 2 章所讨论过的。此外，身体对脂肪的利用率也会增加，以期待脂肪能满足细胞对三磷酸腺苷的需求。总体来看，蛋白质和脂肪利用率的增加，最终会引起体重减轻和肌肉无力。一方面，有价值的蛋白质会流失以用于产生葡萄糖，这对解决当下的代谢困境影响有限；另一方面，尝试利用脂肪作为能量来源还造成了额外的问题——没有充足的细胞内葡萄糖供应，脂肪就不能被完全氧化，以致脂肪代

> **你知道吗** ❓
>
> 酮症酸中毒最容易观察到的特征之一是呼气带有水果味。这是由那些因缺乏葡萄糖而处于"饥饿"状况的器官，为了回应体内的高血糖状态而产生的丙酮（酮体）所引发的。糖尿病患者的朋友或家人可用这一简单的观察方法判断病人是否有酮症酸中毒现象。

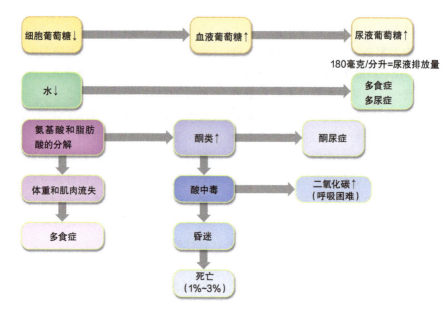

图14.5 引起代谢异常及随之导致的身体症状的各种情况

谢的中间产物就会积累形成酮体。如果放任不管，酮体量的显著升高会导致一种称为酮症酸中毒的病症。它会引起血液和体液的酸化，从而可能威胁生命并导致昏迷。

　　糖尿病的治疗方案会根据已确诊的类型而有所区别。Ⅰ型糖尿病患者通常会接受包括胰岛素注射在内的治疗方案，并结合定期运动和健康饮食来控制血糖水平。对于Ⅱ型糖尿病而言，细胞对胰岛素没有反应。其治疗方案取决于多种因素，其中包括平均血糖水平和内源性胰岛素的产生量。此外，一些Ⅱ型糖尿病患者还可以通过健康饮食和身体活动来控制其血糖水平。除了改变饮食、运动状况和生活方式外，医生通常还建议糖尿病患者配合降血糖药物来增强细胞对胰岛

素的敏感性，从而使葡萄糖更有效地被转运到细胞中以产生能量。糖尿病的一些体迹象和症状，以及用于诊断糖尿病的临床参数，都列在了表14.3中。

Ⅰ型糖尿病的症状
> 多尿症。
> 烦渴。
> 多食症。
> 体重异常减轻。
> 极度疲劳和烦躁。

Ⅱ型糖尿病的症状
> 含有Ⅰ型糖尿病的任何症状。
> 经常被感染。
> 视线模糊。
> 割伤或碰伤愈合缓慢。
> 手脚麻木或有刺痛感。

表14.3　糖尿病诊断标准

诊断糖尿病	正常	糖尿病发病前	糖尿病
糖化血红蛋白测试（A1C）	少于5.7%	5.7%~6.4%	6.5%或更高
空腹血浆血糖（Fasting Plasma Glucose，FPG）	小于100毫克/分升	100~125毫克/分升	126毫克/分升或更高
口服葡萄糖耐受量试验（Oral Glucose Tolerance Test，OGTT）	小于140毫克/分升	140~199毫克/分升	200毫克/分升或更高

源自：American Diabetes Association, 2016, "Classification and diagnosis of diabetes," Diabetes Care 39（Suppl 1）: S1–S22.

诊断为Ⅱ型糖尿病的运动员必须了解其运动和比赛项目对其血糖水平的影响。为了有效地了解和管理这种影响，在运动前后都需要经常进行自我血糖监测，以避免出现被称为低血糖的血糖水平异常偏低。由于肌肉收缩为葡萄糖摄取带来了额外的刺激，而吃的药物通常也会产生相同的效应，因此这两种刺激结合在一起，有时会摄取过多的葡萄糖，这会限制中枢神经系统对葡萄糖的可用度。运动对葡萄糖摄取的影响很大，并且在运动后持续几个小时还对血糖水平有着持久的影响。虽然运动被认为对预防高血糖非常有帮助，但对于训练需求较高而又没有得到适当能量供应的运动员来说，运动可能会产生负面影响。在运动后持续数小时监测血糖，对于检测低血糖而言应该是必需的。

患有Ⅰ型糖尿病的运动员需要比患有Ⅱ型糖尿病的运动员更加谨慎。这些运动员在一些方面都面临着许多挑战，比如，严格控制血糖以维持运动表现，以及拟定出必须能够快速适应环境的食谱和胰岛素方案。胰岛素必须在恰当的时间适量注射——要与身体活跃程度和碳水化合物摄入量相匹配。此外，还必须考虑决定运动的类型（带有更多的无氧性质还是有氧性质），因为它们对血糖管理有着不同的影响。有氧运动不会导致胰岛素水平下降，故其引起低血糖的风险更高。当然，运动可持续数小时提高胰岛素的敏感性，这可能会进一步增加患低血糖的风险。为了安全而有效地训练和比赛，患有Ⅰ型糖尿病的运动员必须具备良好的自我管理能力，以便能调整注射胰岛素的时间和剂量。适当控制血糖将有助于安全地参与运动，并最大限度地减少并发症。

你知道吗

由于慢性高血糖对身体组织的直接影响，其他慢性疾病也可能会因此而引发。有着细小血管和对维持某一特定器官系统的功能至关重要的组织，特别容易受到慢性高血糖的影响。最常见的并发症发生在眼睛、肾脏、神经和心脏，最终会导致失明、肾功能不全、心脏病和神经退化。

血糖控制方案

在运动前后和运动期间对血糖水平进行监测是十分必要的，这可以确定运动员是否需要改变饮食，调整运动计划或药物治疗方案。将血糖水平维持在70~110毫克/分升的正常水平是控制糖尿病的基础。便携式的血糖测试设备可从指尖处的毛细血管中提取少量的血液样本，然后将其置于经过化学处理的测试条上，再插入测试设备进行检测。该设备可以对血糖水平进行快速读数，通常在一天中可进行多次测试。对于运动员来说，最重要的测试时间是，在运动前、运动后即刻及在运动后数小时。决定是否开始训练或比赛，是否调整碳水化合物或胰岛素摄入量，都要以训练前的血糖监测为依据。如果毛细血管测试得到的葡萄糖浓度大于250毫克/分升，运动员就应该再做一个尿液检测，以查明体内是否产生了酮体。这种测试完全采取另一种不同类型的经过化学处理的测试条——与少量尿液相互

作用，如果尿液中有酮体的话，它就会改变颜色。在患有Ⅰ型糖尿病和胰岛素依赖性Ⅱ型糖尿病的运动员体内更容易产生酮体，他们不应该在高血糖与尿酮并存的情况下运动，这是因为此时酮症酸中毒的风险会增加。表14.4列出了与血糖水平（同时针对低血糖和高血糖）以及出现尿酮有关的，在开始训练前应予以考虑的具体问题。当在运动前出现低血糖时，运动员必须先花时间摄入碳水化合物并根据需要调整（注射体内的）胰岛素剂量，且直到低血糖问题被解决前，都不应该运动。帮助葡萄糖水平回升至100毫克/分升以上水平所需碳水化合物的量是不固定的，但通常为15~40克。一杯100%的橙汁会提供约30克的碳水化合物，可用于增加血糖浓度。

许多患有糖尿病的运动员都已熟悉了其训练和比赛周期，并在需要做出什么样的调整以控制血糖方面形成了良好的感觉，但他们应记住，训练周期的任何改变都可能使其正常的方

表14.4　在训练开始前需要考虑的血糖水平问题

运动前的血糖水平	合格的专业人士给出的建议
<100 mg/dL	在开始运动之前再摄入一些碳水化合物：根据实际的葡萄糖水平和运动员对补充碳水化合物的反应摄入15~40克（或更多的）碳水化合物
> 250 mg/dL	测试尿液是否含酮
> 250 mg/dL，含酮	不要运动。进行胰岛素或药物调整，然后重新测试葡萄糖和酮
> 250 mg/dL，无酮	可以开展运动
> 300 mg/dL，无酮	谨慎地开展运动

案不再能够合理地控制血糖。例如，持续时间超过 60 分钟的任何运动都需要额外关注血糖测试。此外，无论何时，只要运动的类型、强度或持续时间有了变动，运动员就都应预料到要更加密切地监测葡萄糖浓度并做出更多的调整。

一般营养建议

对患有糖尿病的运动员来说，一项健康的饮食建议与针对普通人群的非常相似。2015 年美国膳食指南以及"我的餐盘"食物指导体系应作为构成这一饮食的食物基础。碳水化合物仍然是运动所需的主要能量，应占饮食的大部分。宏量营养素可接受范围为每种宏量产能营养素都提供了总能量消耗百分比。一开始最实用的方法是，根据日常活动需求占体重的比例（克／千克体重）计算出每日所需碳水化合物的量。借助这些工具，患有糖尿病的运动员可以根据本书在其他各章中讨论过的食物偏好和各种训练——利用营养分期化的概念来构建出一种健康饮食。

所有含碳水化合物的食物都适合糖尿病运动员的饮食，但所选择的大量碳水化合物都应富含营养且含有纤维素，并来自各类食物。摄入碳水化合物的目标应该是，达到全天饮食摄入的平衡、提供活动所需能量，并有利于稳定血糖水平，以最大限度地避免低血糖和高血糖的发生。应该尽量减少摄入糖分含量高的食物，并且不

应经常更换所选择的营养密集的碳水化合物食物。

蛋白质和脂肪满足了患有糖尿病的运动员饮食中剩余的能量需求，它们每种的具体要求通常都与膳食指南提出的宏量营养素可接受范围的建议一致。此外，针对身体恢复和优化肌肉对训练适应能力的蛋白质需求量，以及促进心血管健康的脂肪摄入指南，都类似于那些针对非糖尿病的运动员和普通人群所制订的需求标准和指南。对饮食中主要营养物质的调整，可能需要再咨询一名医生、认证糖尿病卫教人员（Certified Diabetes Educator，CDE）或注册营养师的意见，以便根据个人情况进行推荐，让调整后不光能满足运动需求，还能维持 70~100 毫克／分升的正常血糖水平，并促进心血管健康。大部分以天为单位的监测和饮食调整，都基于这样一个目标，即每天大概在相同时间进食，同时全天通过饮食和零食来保持稳定的碳水化合物摄入量。

具体的营养建议

患有 I 型糖尿病的运动员应该了解如何估计每顿饭的碳水化合物摄入量，以便匹配自己所需要的胰岛素注射量。关于在用餐时碳水化合物的摄入，需要考虑的关键因素是摄入的碳水化合物的数量，而不是碳水化合物的类型或某个关于碳水化合物摄入的严格安排。这些运动员必须定期自行监测血糖水平，以了解影响自身血糖

水平的因素。

在准备训练或比赛时，保证在训练前后和训练期间有足够的碳水化合物可供利用是至关重要的。同样，胰岛素的注射量也必须根据已经摄入的碳水化合物的量来决定[1,25]，并根据运动的类型、强度和（持续）时间进行调整。对于患有 I 型糖尿病的运动员而言，食物的血糖指数并没有多大价值，因而摄入的碳水化合物的总量和摄入时间才是最重要的变量。由于在比赛的前几天，碳水化合物摄入过量会对血糖控制产生不利影响，因此通常不建议使用糖原负荷法[25]。

如果进行的是持续超过 30 分钟的运动或比赛，就应保证身边备有随时可以摄入的碳水化合物。碳水化合物的摄入目标大致是，在耐力运动中，每 30~60 分钟摄入 20~30 克。此外，根据食物偏好和运动的不同，还可以同时饮用最多 8 盎司（208 克）运动饮料、一份运动凝胶、4 盎司（104 克）100% 果汁混合以 4 盎司（104 克）的水，或是一根谷物 - 水果早餐能量棒。患有 I 型糖尿病的运动员在参与爆发性无氧运动时，通常不需要在运动期间额外补充碳水化合物。在运动期间，患有 I 型糖尿病的运动员应该能熟练地注意到低血糖的早期症状，并要认识到长时间的发力可能会使低血糖现象难以辨认。如果低血糖现象明显，那么就必须立即摄入速效碳水化合物以增加体内循环的葡萄糖的水平。

患有 I 型糖尿病的运动员在运动后的目标是，在运动后胰岛素敏感性增强时补充糖原存储并预防低血糖的发生。针对运动恢复的碳水化合物摄入量建议与针对非糖尿病运动员的建议相似——在正常吃饭前每小时 1.0~1.2 克 / 千克体重，以满足能量需求[76]。

针对患有 II 型糖尿病的运动员的具体营养建议，通常是基于血糖对运动的反应，而且往往附属一个运动计划。当考虑到 II 型糖尿病的致病原理时，运动作为控制血糖的基本价值不能被过分强调。运动可提高胰岛素的敏感性，并通过一种胰岛素依赖机制，促使肌肉准备好增加对葡萄糖的摄取。事实上，运动还有其他益处。例如，它通过促进碳水化合物的氧化和糖原存储，以及改善代谢适应，来在更高的强度下更高效地消耗更多的能量。这可以改善身体成分，从而有助于减肥和维持体重[60,61]。任何运动只需坚持 20~30 分钟就都可以提高胰岛素的敏感性。单次的耐力运动可以对胰岛素的敏感性产生长达 24~72 小时的影响[60]。患有 II 型糖尿病的运动员的一个目标是，控制能量摄入以促进缓慢减重，并定期锻炼以提高胰岛素的敏感性。

一项减脂计划一旦开始，就应改变饮食习惯以减少能量摄入。长期执行下去，这种方法将与运动员共同产生作用，达到减少脂肪和改善胰岛素敏感性的效果。在即将开始运动之前不应该再摄入碳水化合物，因为目标是促进减重。在运动过程中，应避免摄入额外的碳水化合物（只要没有低血糖的迹象），以保持因采用更健康的饮食而产生的能量不足，并避免体重下降的停滞。如果必须摄入碳水化合物，那么对碳水化合物富含程度的关注意识就显得很重要了，这还是为了防止过多的能量摄入。在运动后的一段时间内，胰岛素的敏感性得到了提高，能量利用被放大，因此，建议患有Ⅱ型糖尿病的人不要（在运动过后）立即摄入碳水化合物，应等到下一次正常用餐时再摄入[36]。

处理在体育运动中出现的糖尿病突发情况

处理患有糖尿病的运动员发生低血糖和高血糖紧急状况的第 1 步是，让运动员有一个持续地良好控制其糖尿病的跟踪记录。持续的正常血糖，加上良好的血红蛋白分数，以及运动员对其训练、饮食和药物之间相互作用的自信，对于处理突发状况至关重要。

除了这些指南外，那些需要使用胰岛素的糖尿病患者发生突发情况的风险最高，口服药物的运动员风险则较低，而只用饮食和运动来控制血糖的Ⅱ型糖尿病运

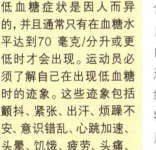

你知道吗

低血糖症状是因人而异的，并且通常只有在血糖水平达到70 毫克/分升或更低时才会出现。运动员必须了解自己在出现低血糖时的迹象。这些迹象包括颤抖、紧张、出汗、烦躁不安、意识错乱、心跳加速、头晕、饥饿、疲劳、头痛、缺乏协调性，以及其他可能会出现的症状。

动员其风险最小。在运动过程中胰岛素缺乏，再加上释放的其他激素的作用——它们会从存储的肝糖原中调动更多的葡萄糖进入血流，以致引发高血糖。在运动前保持正常的血糖水平并准备好可随时注射的胰岛素，对处理此类突发状况很重要。如果在运动过程中或运动后的恢复过程中使用了过多的胰岛素，肌肉组织就会吸收过多的血糖，且肝脏也会停止释放葡萄糖，从而引起低血糖。在运动和运动恢复的过程中摄入碳水化合物，并在运动后的数小时内持续监测血糖水平，是预防这种低血糖发生的最佳方法。此外，其他应对低血糖突发情况的方法包括：随手准备一个装有葡萄糖片和果汁的食物袋，并确保朋友、家人、队友和工作人员都知道该食物袋的位置以及如何注意到低血糖和高血糖的迹象与症状，好让他们准备好采取合理的行动。

孕妇

在医生筛查过运动的禁忌证后，孕妇可以安全地开始实施运动计划，以促进发育中的胎儿和母亲的健康。一方面，有些女性可能会选择保持怀孕前的运动强度和运动量；另一方面，其他女性会在力争保持身体活跃的同时，减少训练负荷并避免参加体育比赛。在本书后面可以找到关于孕期和产后运动的指南[3]。

孕期进行运动带来了独特的营养

挑战。单纯的运动不仅会增加能量需求，还会增加许多营养物质的需求量，而孕期进行运动，能量需求则还要增加，这是为了要促进胎儿的健康成长。除了能量需求增加外，宏量营养素和微量营养素的需求也会增加，如果饮食没有得到合理规划，那么这会成为母亲和胎儿需要关注的问题。

生理变化会引发饮食建议

在怀孕期间采取积极的生活方式有多种益处，其中包括加快母体的新陈代谢速度，增加心肺功能储备，维持正常的葡萄糖耐受性，改善心理健康状况，以及有益于胎儿和胎盘的适应性。体育活动可以帮助孕妇控制体重的增长。随着运动的开始，了解影响营养需求的正常代谢变化很重要。在怀孕期间的主要任务是确保营养摄入量足以满足怀孕的需求，同时还要重视采取积极的生活方式。在怀孕期间不健康的饮食和久坐不动的生活方式可能会影响正常代谢变化的平衡，并导致高血糖或血糖不受控制、体重过度增加和妊娠期糖尿病（Gestational Diabetes Mellitus，GDM）。你可能听说过，孕妇需要"吃两个人的饭"，但事实远非如此。尽管在怀孕期间的能量需求只是略有增加，但营养需求却是大幅增加的。不是"吃两个人的饭"，而是"吃双倍健康的饭"。

此外，一些生理变化也会影响在怀孕期间的运动能力和表现，进而对营养需求产生影响。在妊娠早期，卵巢激素和胎盘激素会重塑心血管系统，以适应怀孕时的血量增加。其他心血管方面的改变还包括在怀孕的头 3 个月里，静息心输出量的增加，还有胸廓和膈肌的重塑，即移至更高的位置以腾出空间供胎盘和胎儿生长。当然，气短的症状也很常见，其部分原因是这些生理机制的改变，以及血流对二氧化碳的敏感性升高。体温调节功能在整个妊娠期间会稳步提高，从而开始排汗的临界体温有时会下降。这之所以会加速热量的流失，主要是因为胎儿和胎盘产生的热量要依赖母体的体温调节。代谢变化有助于将母亲体内的血糖作为胎儿和胎盘生长的主要能量来源。为了满足血糖的更大需求，肝脏中的糖异生通路会被上调，同时胰腺也会分泌更多的胰岛素以帮助胎儿摄取葡萄糖。在外围组织中，骨骼肌的胰岛素抗性和脂肪存储都会增加，以通过脂解作用获得更多可用的脂肪。尽管这些代谢变化被认为是正常的，但如果母亲正在采取不健康的生活方式，就会导致这些变化（与怀孕无关）引发严重的问题。例如，一位母亲在怀孕期间保持久坐不动，同时还采取一种会造成体重过多增长的饮食，就可能会引发胰岛素抗性。这种生活方式，再加上为确保发育中的胎儿能够充分获得葡萄糖而产生的正常代谢适应性变化，可能会打破健康平衡，导致患上妊娠期糖尿病。其他因素也会影响妊娠期糖尿病的发病风险，其中包括在妊娠前超重、有妊娠期的糖尿病家族史，在 35 岁以后怀孕等。

健康的增重

　　除非医生另有指导，否则怀孕不是开始减肥的时机，但是，孕妇也必须避免摄入超过需求量的能量。一位孕妇在孕期需要摄入的每日热量取决于多重因素，包括其孕前体重指数、妊娠期的体重变化率、年龄和身体活动水平。不幸的是，许多女性在一开始怀孕时就都已处于超重或肥胖状态。还有一些孕妇在怀孕期间体重增加到超过了健康水平。妊娠期肥胖对于母亲和孩子（包括在子宫内、分娩时和生命的后期阶段）来说都是危险因素，还有一些风险包括妊娠期糖尿病、妊娠期高血压、剖宫产（剖宫产手术）、出生缺陷甚至胎儿死亡。如果一个女人在怀孕期间处于肥胖状态，就会增加其孩子在生命后期阶段肥胖的概率。如果母亲在怀孕期间增加的大部分体重在产后没有减少，那么就会增加其晚年发生 II 型糖尿病和肥胖的风险。保持之前在怀孕期间体重的女性，在下一次怀孕的开始体重的增长速度会更快，这与在产后 6 个月和 12 个月时的体重保持情况密切相关[21]。根据所有这些需要考虑的因素，医学研究所已经提出了相关建议，为怀孕中期和晚期的总体重增加和体重增加率给予指导（表 14.5）。体重增加的量取决于孕前体重。研究表明，当体重增加量保持在健康范围内时，在怀孕和分娩过程中出现问题的可能性最小。表中列出的增重建议可作为一系列指导专业人员提供个性化建议的参考[2]。

　　这些建议可作为在怀孕期间的健康指南，并用于指导能量摄入和能量消耗的规划，以管理健康的增重。这些信息很有价值，因为通常人们认为，超过此建议范围的增重，会导致脂肪的存储和体重的滞留，并会增加妊娠期糖尿病、怀孕导致的高血压，以及难产和分娩困难的风险。适当的饮食和运动能够在较长的时间内控制体重的增加、预防妊娠期糖尿病、促进孕期健康。虽说在随后的一节中会提到饮食指南，但记住身体运动指南也很重要。目前对孕妇的建议是，在开始或继续任何运动之前，请先咨询医生，且在一周当中的大部分天数里（如果不是每天的话）每天进行 30 分钟的适度运动。

营养需求

　　在怀孕期间母体的能量需求是不固定的，会根据怀孕阶段和身体活动的水平有所变化。一般来说，孕妇每天需要 2200~2900 卡路里的热量。在怀孕中期和晚期，代谢速度会加快 15%，而在前 3 个月内（早期）则没有显著变化。在后 2/3 妊娠期内的代谢增加，被认为有助于胎儿、胎盘和母体组织的生长[32]。当将这些代谢变化转化为能量需求时，通常建议在怀孕的头 3 个月里，除了为应对身体活动已

你知道吗

每天多吃一份零食，可以很容易地满足孕中期和孕晚期的额外能量需求。这显然不是"吃两个人的饭"。

经调整好的静息能量消耗外，不需要额外补充能量了。在开始怀孕时体重指数属于偏低的准妈妈们就应另当别论。这些准妈妈们可能会受益于额外的能量（卡路里）补充——有利于胎儿的生长和她们体重的增加。在孕中期和孕晚期，支持体重增加所需的额外热量分别转化为 +340~360 千卡和 +340~450 千卡。

可以用一些简单而常用的方法来防止过多的能量摄入。例如，减少摄取高脂肪食物和避免在食物中额外加糖，都可以避免摄入额外的热量。实用的建议还包括用低脂牛奶和酸奶、天然水果、蔬菜、谷类等健康食品代替所有含糖增甜的饮料和油炸食品。请注意，没有针对怀孕的特定的能量估算公式，因为绝对能量需求会随着怀孕期间的运动而变化，具体由运动的类型和总能量消耗所决定。除了要注意饮食质量外，还要留意所选食物和饭菜的营养密度。有策略性地少食多餐有助于减少恶心。最准确的评估体重进展的方法，就是在检测体重增加的同时，对基于孕前体重指数的体重增加指南有所了解。

坚持训练的孕期运动员，不应该只力争满足碳水化合物、蛋白质和脂肪的膳食营养素参考摄入量，还应根据训练模式和训练量来分阶段选择自

表14.5　孕中期和孕晚期的体重指数和体重增加

孕前体重指数	总体重（磅）	孕中期和孕晚期的建议体重增加量（磅/周）
≤18.5	28~40	1（1~1.3）
18.5~24.9	25~35	1（0.8~1）
25~29.9	15~25	0.6（0.5~0.7）
≥30	11~20	0.5（0.4~0.6）

源自：Institute of Medicine (US). Weight gain during pregnancy: Reexamining the guidelines. Washington D.C. National Academies Press, 2009. 2009 National Academy of Sciences.

拓展信息

怀有多胞胎的妊娠期营养

与怀着单胞胎相比，怀有双胞胎的女性其孕期的体重增额，可达到前者的两倍（具体取决于她们的孕前体重指数）。食欲增加会使双胞胎孕妇的体重过度增长，特别是在妊娠早期。

在双胞胎妊娠期内，有几种并发症的发病风险也会增加：

> 贫血症，双胞胎孕妇的发生概率相当于单胞胎孕妇的 2 倍。
> 高血压，双胞胎孕妇的发生概率相当于单胞胎孕妇的 3 倍以上。

己所要摄入的主要营养物质，从而维持运动的能量消耗与健康的体重增加。例如，成年女性碳水化合物的建议膳食摄入量为每天130克，在孕期会增加到每天175克。当孕妇还要参加运动训练或采取热衷运动的生活方式时，碳水化合物的需求会显著提高以供应增加的能量消耗。确定孕妇在运动时碳水化合物需求最实际的方法是，首先需要经常额外补充碳水化合物，尤其是在运动前后，然后通过预估在运动过程中的疲劳程度，并监测体重的增量来相应调整碳水化合物的需求量。请注意，碳水化合物是母亲和胎儿的主要能量来源（占总能量摄入的50%~65%）。此外，碳水化合物类食品也是饮食中提供纤维素的主力军，这有助于预防痔疮和便秘。根据医学研究所的建议，18~50岁的孕妇，其纤维素的建议膳食摄入量和适宜摄入量为每天28克[31]。

至于蛋白质，通常的怀孕摄入指南建议，在妊娠的后半期，每天都应比怀孕之前多摄取20~25克。这一建议是针对基本上久坐不动的孕妇而推荐的，因此，定期参加运动的孕妇应该将这种每天多摄取20~25克的推荐量作为基本量，在增加训练时间或强度时，还需要额外补充蛋白质。在妊娠的晚期，随着运动频率和强度的降低，孕妇对能量、碳水化合物和蛋白质的需求可能只会稍微高于在久坐不动时的需求。

如果能量摄入的需求已经得到了满足，那么宏量产能营养素摄入通常与热量摄入直接相关，自然也就能满足所有宏量营养素的需求了（表14.6）。如果一位准妈妈从饮食中排除掉某些食物类别，对各种健康食品都产生了厌恶感，或者开始采取一种流行饮食了，那么这种原则便可能不再适用了。在这些情况下，蛋白质的摄入就成了受关注的话题。蛋白质摄入不足对母婴都会有害。偏低的蛋白摄入量不仅会对母亲运动后的恢复能力产生负面影响，还会影响孕妇对怀孕的正常适应能力。如果同时出现偏低的蛋白质和能量摄入，那么人体蛋白

表14.6 非孕妇、孕妇和孕期运动员的宏量产能营养素需求

宏量产能营养素	非孕妇	孕妇	孕期运动员
蛋白质	46克/天	66~71克/天	最低71克/天
碳水化合物（纤维素）	130（25）克/天	175（28）克/天	最低175（28）克/天；当维持运动时会增加需求
脂肪	20%~35%（每日热量百分比）	20%~35%（每日热量百分比）	20%~35%（每日热量百分比）

源自：Institute of Medicine 2005.

质就将优先被氧化以提供能量，这会导致健康受损、免疫反应降低、胎儿发育畸形，以及疲劳感增加。

在妊娠期间运动所产生的代谢适应，会增加一些微量营养素的需求。选择健康的饮食可以帮助爱运动的孕妇满足其微量营养素的需求。那些体重没有增加、饮食选择不合理，或者从饮食中排除一类或多类食物的孕期运动员，微量营养素摄入不甚理想。

B 族维生素

B 族维生素的一个重要功能是，帮助代谢通路产生能量。在怀孕期间，几种 B 族维生素——硫胺素、核黄素、烟酸——的需求会增加。通过在怀孕期间摄入足够的能量以增加体重，并选择多样的、富含营养的食物或强化食物，可以满足大部分 B 族维生素的需求。在怀孕期间最重要的 B 族维生素是叶酸盐（以及被称为叶酸的其他合成形式）。缺乏叶酸盐会对母体和正在发育的胎儿造成严重的影响。对于母体来说，会引起巨幼红细胞性贫血，产生疲劳和虚弱感，这可能是导致抑郁、烦躁不安和睡眠不良的潜在因素。

对于胎儿来说，叶酸盐在细胞分裂和胎儿神经系统的发育中都起着重要的作用。胎儿神经管形成的最重要阶段发生在怀孕的第 1 个月内，通常是在女性得知自己怀孕之前。在多数情况下，当女性得知自己怀孕时，细胞分裂已经开始数周了，即使立刻采取健康的饮食也可能已经为时已晚，任何已发生的缺陷都无法得到有效的弥补了。请注意，建议所有的育龄妇女都要补充叶酸，以帮助减少叶酸盐缺乏的风险，以及抵消饮酒对叶酸盐耗损的影响。

其他要关注的维生素

怀孕和运动带来的综合生理压力增加了身体对维生素 C、维生素 A 和维生素 D 的需求。幸运的是，在怀孕期间有相互搭配的食物可提供大多数的维生素。维生素 C 是一种水溶性维生素，在妊娠期间其摄入量需求从 75 毫克增加到 80~85 毫克，从而有助于胶原蛋白的形成、激素的合成、正常免疫功能的维持和铁的吸收，并增加抗氧化剂的活性[22]，所有这些功能对妊娠期的运动员都很重要。请注意，补充维生素 C 作为抗氧化剂的需求可以很容易地通过饮食来满足——补充抗氧化剂尚未显示可以提高运动成绩，甚至可能还会有害[59]。希望增加抗氧化剂摄入量的孕期运动员应该关注对健康饮食的选择，而不是依靠补充抗氧化剂。

维生素 A 有助于实现细胞的分化和维持正常的免疫功能。在妊娠期间维生素 A 的需求从 700 微克增加到 770 微克[23]。尽管如此，母亲们还是

> **你知道吗**
>
> 叶酸盐对脱氧核糖核酸的合成、红细胞的生成，以及神经系统的发育都非常重要。所有生育年龄的女性，哪怕不在备孕，也都应该确保自己不会缺乏叶酸盐。

拓展信息

所有增加的体重都来自哪里

在怀孕期间体重增加的原因是什么[48]？

> 婴儿：7~8 磅
> 乳房增长：2 磅
> 子宫变大：2 磅
> 胎盘：1.5 磅

> 羊水：2 磅
> 血容量增加：3~4 磅
> 脂肪储存：6~8 磅

应该主要通过多吃果蔬来补充维生素 A。在没有医师指示的情况下，应避免服用含有维生素的膳食补剂。补剂形式的维生素对发育中的胎儿来说，具有毒性，不利于健康[6]。

怀孕女性维生素 D 推荐的膳食摄入量为每天 15 微克钙化醇。在妊娠期间维生素 D 的缺乏与妊娠期糖尿病等病症的并发症有关。此外，缺乏维生素 D 会对胎儿产生不利影响，包括在出生时体重偏低，新生儿患上佝偻病、哮喘或 I 型糖尿病[8]。在怀孕期间，应重视叶酸盐和维生素 C、维生素 A 和维生素 D 的补充。这些营养物质的摄入量应该在怀孕前就开始增加，并持续到分娩。

铁

铁的状态在妊娠初期会受到解剖变化和生理变化的影响，导致血量增多，并增加氧化组织的需求。对爱运动的女性而言，由于运动会引起铁的流失，铁的状态也会受到影响。这个问题比较严重，因为铁有助于胎儿的生长发育和红细胞的生成。在妊娠期间的铁需求量为每天 27 毫克[30]。如果没有精心安排的饮食计划或补充措施，这一水平是较难达到的。关注富含铁的食物应作为满足铁需求的首要选择。

素食人群

素食饮食的普及率已从 1998 年时的 2.3% 有所上升[67]。在各种素食饮食中规定可以吃的和不可以吃的具体食物有所不同（表 14.7）。据估计，约有 3.3% 的美国人选择不吃肉类、鱼类或家禽[49, 76]。在这个人群中，大约 50% 的人也不吃任何形式的动物性食物，包括鸡蛋和乳制品。请注意，表 14.7 中的定义并不是无所不包的，因为还有对其他素食饮食风格的新描述和新定义[24]。人们选择素食饮食的原因多种多样，有的是出于种族、宗教或哲学信仰，还有的是出于促进健康、食物喜好或经济条件的限制[76]。如果选择得当（包括丰富的水果、蔬菜、天然谷物、坚果、豆制品、纤维

表14.7　素食饮食的种类和特点

素食饮食的种类	饮食特点
全素食	不吃所有动物制品和动物衍生食品
蛋素食	允许食用鸡蛋，但不吃其他动物制品
乳素食	允许食用牛奶和牛奶制品
乳蛋素食	允许食用牛奶、乳制品和鸡蛋，但不吃其他动物蛋白质
半素食	允许食用一些动物衍生类食物。红肉往往是不允许吃的主要动物类食物
鱼素食	允许食用海鲜，但不吃其他动物制品
蛋鱼素食	允许吃海鲜和鸡蛋，但不吃其他动物制品
乳蛋鱼素食	允许食用乳制品、海鲜和鸡蛋，但不吃其他动物制品

素、植物化学物质和抗氧化剂），素食饮食是可以满足营养需求的[49]。只要饮食选择得当，这对素食运动员来说效果似乎也是一样的。请注意，有些运动员会采用素食饮食来掩饰紊乱的进食[15, 26]。素食饮食的食物种类越有限，就越难以达到几种营养物质的理想摄入量。素食主义者可以从一位运动营养师对饮食的综合评估和干预中受益，以确保他们的饮食营养充足，从而有助于满足训练和比赛的需求，提升运动表现。

满足素食者营养需求所需的食物量取决于运动员的食物消耗情况和能量需求。通常对于所有素食者而言，每天的饮食都应该富含铁、钙、锌和蛋白质。在某些情况下，强化食品和膳食补剂会有所帮助。喝牛奶，吃鸡蛋、奶酪和酸奶的素食者更容易满足其营养需求。

对运动和运动表现的影响

关于素食主义对运动表现的长期影响方面的研究比较有限[47]。目前认为素食餐饮模式对运动表现既无益也无害[83]，但如果选择得当，倒是适合运动员的[49, 76]。需要对那些习惯素食饮食的精英运动员进行调查研究，还需要研究素食饮食对促进或维持运动员身体成分变化的影响，因为与理想运动表现有关的身体成分状态的维持，目前被认为是一个具有挑战性但非常重要的目标[76]。人们已经发现，一些采取素食饮食的运动员，有着比其同龄人更高的体脂比[27]。

对健康的影响

尽管数据并不支持素食饮食模式可以带来运动表现方面的益处，但几则报告出来的与健康有关的结果，都和这些（素）食饮食计划有关。素食饮食已经展现出具有较低的饱和脂肪，同时提供较高水平的碳水化合物、纤维素、镁、钾、类胡萝卜素和类黄酮[49, 76]的特征。据报道，素食者因心脏病和相关危险因素（如高血压和高胆固醇）引起的死亡率也较低。此外，素食饮食还得到了美国癌症协会的认可[40]，因为它可以降低前列腺癌和结肠癌的病发风险[49]。

素食饮食有益于健康的原因，是受多种因素影响的，这可能是一个人正在吃和不吃哪些东西相结合的结果。增加植物类营养素、抗氧化剂和膳食硝酸盐的摄入是促进整体健康的关键，并可能会帮助运动员在高负荷训练中缓解一些氧化压力和避免产生免疫抑制效应[24]。

营养需求

素食运动员需要关注的营养问题包括能量、蛋白质、脂肪和 ω-3 脂肪酸的摄入不足（图 14.6）[49]。对于爱运动的人来说，素食饮食可能提供不了足够的能量以维持体重和提高运动表现。通常解决这个问题的办法是摄入能量较高的食物，如坚果、豆类、玉米、淀粉类蔬菜（尤其是豌豆和土豆）、鳄梨、干果和 100% 的果汁。

虽然在食谱中纳入某些动物制品的素食运动员能够轻松满足其对蛋白质的需求，但全素食者应该要非常关注植物性食物中的蛋白质含量，并在其膳食计划中也要考虑到这一点。全素饮食计划的关键要素之一，是要选择各种食物来满足能量需求，以保持蛋白质的利用率，并应在每餐中都能摄入所有的必需氨基酸。然而，每餐都要搭配互补的蛋白质食物已不再被

图14.6　平衡的素食饮食示例

认为是必需的[88]。不过，选择互补的食物应该是制订饮食计划的基础，同时构成基础的还有富含所有9种必需氨基酸来源的植物性食物。这些优质的蛋白质来源包括大豆、藜麦和豆腐。互补性蛋白质食物的例子请参见图14.7。

尽管通常不会缺乏膳食蛋白质，但素食运动员的蛋白质摄入量一般要少于其非素食同行。由于植物蛋白质的生物利用度较低，因此有人建议素食者在平时的基础上应再增加10%的

蛋白质摄入量[15]。满足日常蛋白质的需求以提高运动表现很重要，但同样重要的是，通过在一天当中均匀地摄入蛋白质以促进肌蛋白的合成，以及摄入足够的能量以促进生长和维持瘦肉组织。此外，还应该提醒素食运动员，肌蛋白的合成是通过刺激蛋白质合成机制来实现的，而这种刺激，是对亮氨酸浓度上升的反应，同时还要结合来自食物中的其他必需氨基酸，以生成新的蛋白质[12]。除了食用各种高质量的植物蛋白来源食物外，行为

图14.7　完整的蛋白质饮食

活跃的素食者还应该多吃富含亮氨酸的植物性食物，如大豆、坚果、种子。对于浓缩的植物蛋白补充剂在各种运动后，刺激肌肉蛋白质合成机制的效果，还需要进行研究。

微量营养物质

根据饮食限制的程度，素食主义者所关注的微量营养物质可能包括铁、锌、钙、碘、维生素 D 和维生素 B_{12}[49, 76]。行为活跃的素食者之所以容易处于低铁状态，主要是因为非血红素植物来源的生物利用率偏低。为此，活跃的素食者应定期接受筛查，且要以摄入大于推荐的每日膳食营养素摄入量的铁（女性 >18 毫克 / 天，男性 >8 毫克 / 天）为目标[14, 20]。女性运动员可能更容易缺铁，因为她们的铁需求量可能会增加到 70% 的估计平均需求量[17]。由于非血红素植物来源的生物利用率偏低，因而推荐给素食者的铁摄入量比非素食者高 1.8 毫克。

所有运动员都可能会缺铁，且伴有贫血症状。缺铁会通过令肌肉功能衰退和限制肌肉的工作能力来影响运动表现[20, 43]。即使在没有贫血发生的情况下，缺铁也被证实会对耐力比赛产生负面影响[17]。被临床诊断为铁缺乏症的运动员，应遵循医生建议，通常包括口服铁补充剂[58]、采取饮食干预措施。改善缺铁性贫血可能需要3~6 个月的时间，在这段治疗期内，缺铁的不良反应还会持续影响健康和运动表现。这凸显了监测饮食中铁摄入量，以及采取饮食策略来促进摄入更多富含铁的食物来源的重要性[76]。那些重视自身铁状态，或没有贫血症状但缺铁（例如，没有缺铁性贫血的低铁蛋白）的运动员应采取饮食策略，可通过选择含铁量高的食物源（如食用血红素铁和非血红素铁与维生素 C 结合的食物），来增加富含铁来源的食物摄入量。

此外，全素食者也有缺乏维生素 B_{12} 的风险，因为这种营养素不存在于植物性食物中。由于维生素 B_{12} 几乎存在于所有的动物制品中，因此采取限制条件较少的饮食方案（例如，允许食用诸如奶制品这类动物食品的素食者）应该能够毫无困难地获得足够的维生素 B_{12}。全素食者必须依赖其他维生素 B_{12} 的来源，其中包括强化的牛奶替代食品，如豆奶、强化早餐麦片和强化酵母制品。如果无法定期食用这些食品，建议服用补充剂形式的维生素 B_{12}。

据估计，在女性长跑运动员中有50% 的人锌摄入量低于推荐的每日膳食营养素摄入量，这让锌成了素食运动员要关注的一种矿物质，特别是在饮食选择不当导致能量摄入偏低的情况下。研究表明，在不同的素食运动员之间锌摄入量与体内锌状况的差异很大，有部分是由肠胃中的吸收抑制剂所引起的，如素食饮食中含量丰富的植酸和纤维素[29]。与素食饮食中的其他矿物质一样，在制订膳食计划时应该包括富含锌的食物。

小窍门　你可以通过多种方式最大限度地提高一种素食饮食中铁的生物利用率。例如，可以将绿叶蔬菜在沸水中焯5~10秒来提高其中铁的生物利用度。此外，在铸铁平底煎锅中烹饪素菜也可以增加食物中的铁含量，尤其是酸性食物，比如番茄酱。

食用牛奶的素食者可以受益于在美国饮食中最具生物利用价值的钙。全素食者的钙摄入量往往低于非素食者和乳蛋素食者，并且也低于推荐的每日膳食营养素摄入量[49]。素食运动员可能会有更大的骨密度降低和应力性骨折的风险[85]。在制订素食计划时应重视富含钙的食物。在某些情况下，需要额外补充钙以满足身体需求，特别是当素食运动员正在限制能量摄入时。对那些能量可用度偏低和月经失调的运动员而言，钙的需求量要增加到每天1500毫克，以促进骨骼健康[51]。

其他应关注的问题

素食饮食的肌酸和肌肽含量也可能较低，这对依赖力量、爆发力和无氧运动能力的运动员而言会是个问题[9]。在动物的肉中含有膳食肌酸，已经证实，素食者体内的肌酸存储量低于非素食者[9,44]。无论是素食者还是非素食者，其体内的氨基酸每天都可合成约1克肌酸。那些食用肉类的人每天还可多获得约1克的肌酸。补充肌酸的素食者往往会获得更大程度的力量和瘦体重的增长、肌肉肌酸浓度的增加，还有肌肉工作（活动）能力

的提高[9]。此外，另一个有趣的发现是，乳蛋素食饮食并不会保持肌肉的肌酸水平，这表明乳制品和蛋类在维持身体的肌酸存储方面并不能代替肉类[45]。似乎更明显的是，高度依赖力量和爆发力表现的素食运动员，可以得益于短期的肌酸补充。尽管存在着一些关于补充肌酸的副作用报道，但对于其短期使用没有已被证实的值得关注的问题，同时科学文献对补充肌酸的长期影响也描述得不够细致。

紊乱进食和饮食失调的个体

在过去的10年里，有关饮食行为问题的报道在运动员和普通人群中都越来越普遍了。运动员面临着特殊的挑战，他们必须适应以高水平与竞争对手展开竞争所带来的压力。许多运动员都易受一种强大压力感的影响，这部分来自教练和家庭成员对其身材有严格的要求。对于一些人来说，剧烈的训练和比赛可能会威胁到其健康和幸福，并造成不好的健康后果。痴迷于达到某种身体成分，可能会引发男女运动员的短期或长期健康问题，这些问题源于能量利用度偏

低，紊乱的进食行为和临床定义的饮食失调。

饮食失调的范围

当运动员继续以损耗健康和运动表现为代价，致力于达到"理想"目标时，就会出现紊乱的进食行为。那些参加体重敏感性运动项目的运动员，出现饮食失调的风险较高。根据国际奥委会医务委员会的立场声明，这些运动可以分为 3 大类[71]：

1. 移动身体抵抗重力的运动，如长跑、山地自行车和跳高 / 远。
2. 分重量级别的运动，如拳击、武术、摔跤、轻量级赛艇和举重。
3. 以美观评判高下的运动项目，如花样滑冰、跳水和体操。

饮食失调的发生范围，起初都是从短期内适当的进食和训练行为开始的，如在某些训练阶段实施能量限制以达到"瘦身"的目的。紊乱的进食行为往往包括对体重和体形的关注、食物限制、节食、暴食、呕吐或滥用利尿剂、泻药和节食药[73]。饮食失调表现为一系列的病症，它们的严重程度有一定的持续性，具有专门的临床诊断，并且通常持续时间越长越严重。

正常的运动员饮食模式可能会偶尔使用减肥食法，但是持续时间通常很短，但对于一些运动员来说，这也会伴随着强烈的身体不适。对于一些

易受影响的运动员而言，这些行为——通常是他们运动文化的一个传统部分——可能会发展为慢性的节食和频繁的体重波动、禁食、被动（如桑拿或热水澡）或主动（如穿着汗湿的衣服运动）的脱水，以及排毒（如使用泻药、利尿剂、呕吐法和节食药）。这些行为在过度训练或没有过度训练的情况下都可能会发生[74]。这些运动员通常每天都会觉得自己肥胖，并且他们的紊乱进食可能会进一步发展成为临床上定义的饮食失调，在后者出现时，运动员会饱受极度节食、身材变形、异常的进食行为，以及健康和运动表现下降之苦[73]。不符合神经性厌食症或神经性贪食症的所有标准，不代表就不应该开始采取早期的综合性干预措施，因为早期识别和干预可以防止饮食失调的进一步发展[55]。即使没有临床上定义的饮食失调，限制性排毒行为也会对能量可用率产生影响，故应当予以重视。

流行率、成因和类型

几乎无法估计紊乱进食在运动员当中的流行率，且临床上定义饮食失调的患病率也难以确定，因为许多运动员都不会寻求医疗诊断和治疗。有关饮食失调患病率的研究很有限，甚至几乎没有针对女性这方面的研究，而对男性的研究方案设计得也较差。挪威的一项大型研究将几组奥林匹克运动员与非运动员的控制组进行了比较，发现与控制组相比，运动员的饮食失调发生率

（13.5%）高出约3倍[70]。饮食失调不仅发生在女性运动员身上，男性运动员身上也容易发生。休闲运动者、高中生和大学生运动员中，都存在饮食失调的现象。这类疾病与其他心理并发症，如焦虑、抑郁、和强迫症倾向并存是很常见的。

　　饮食失调不仅是因为对体重不满意而引起的，也包括异常的饮食模式和导致生病的控体重行为。饮食失调不只是食物问题，还是一种精神疾病。理解饮食失调诊断意义的最好方法，就是要认识到在其背后，是以严肃对待营养和医疗问题的心理病理学为支撑的。

　　饮食失调曾被视为选择障碍，这意味着患病的人只要不挑食就可以轻易地改变他们的状况。这一观点并不利于帮助患者，而遗传病因学的概念也被认为是荒谬的。经过一段时间，病理学理论从"选择"障碍发展到遗传学、神经生物学、人格特征和环境因素之间复杂的相互作用。现在认为，超过50%与饮食失调发病的变量都可归因于遗传学。压力环境可加剧饮食失调，但家庭因素并不是饮食失调的病理学原因。虽然遗传因素似乎正成为饮食失调主要的病理学原因，但其总体原因仍然被认为是多重的，是由心理学、神经生物学、遗传、文化、社会等因素相互作用而引起的。目前一个流行的理论认为，神经生理学和遗传学因素可能仅是饮食失调病发的诱因，而饮食失调则是由体重减轻引

发的，这也是许多心理症状通过身体恢复得以解决的原因，因此，当运动员面对一种在减重和去脂方面的压力时，会产生导致紊乱进食的念头。心理社会因素也被认为是促成紊乱进食的因素之一，它可能与遗传因素共同作用，包括被嘲笑过、被虐待过、自卑和精神病倾向的诊断。饮食失调一旦出现，易于急躁的个性特征就包括焦虑、完美主义、较低的自主性、苛求、情绪回避和孤立，以及对身材和体重控制的过度在意。

　　正如美国精神病学会的《精神疾病诊断和统计手册》（第5版）（The Diagnostic and Statistical Manual of Mental Disorders-5，DSM-5）[4]所规定的，饮食失调的定义有着非常具体的身体和心理标准。《精神疾病诊断和统计手册》（第5版）最近对4类饮食失调症进行了命名：

> 神经性厌食症。
> 神经性贪食症。
> 暴饮暴食性饮食失调。
> 其他特定的进食或饮食失调。

神经性厌食症

　　诊断神经性厌食症需要符合3个标准，其中包括限制能量摄入，使其低于维持体重所需的摄入量，以致造成在不同年龄、性别、发育轨迹和身体健康条件下明显偏低的体重。

　　成年人"明显偏低的体重"被定义为小于最低正常体重的体重（第1

个要求）。诊断此症的第 2 个要求是，对体重增加或变胖有强烈的恐惧感，或是有干预体重增加的执着行为，即使已经是明显偏瘦的体重了。诊断的第 3 个要求是，一个人对自身体重或体形发展过程进行干扰，出于自我评估对体重或体形造成不必要的影响，或是迟迟没有意识到自己目前体重偏低的严重性。

神经性厌食症的生理影响如图 14.8 所示。符合神经性厌食症所有诊断条件的运动员被进一步划分为两种亚型当中的其中一种：

> 限制型：在过去的 3 个月里，运动员没有出现过反复的暴饮

暴食或排毒行为。

> 暴饮暴食或排毒型：在过去的 3 个月里，运动员有过多次暴饮暴食或排毒行为。

神经性贪食症

神经性贪食症的诊断有 4 个具体标准，其特征如下：

> 反复的暴饮暴食，每周至少出现 1 次，持续时间 3 个月或以上。
> 反复采取不适当的补偿行为，以防止体重增加，如自我催吐、滥用泻药、利尿剂或其他药物、禁食或过度运动。

这两项标准必须在 3 个月内平均每周至少出现 1 次。此外，被诊断患上此症的运动员还必须

> 具有受到体重或体形过度影响的自我评估。
> 表明紊乱的症状并不仅仅发生在神经性厌食症发作期间。

暴饮暴食性饮食失调

在《精神疾病诊断和统计手册》（第 5 版）中对暴饮暴食性饮食失调的独特诊断较为新颖，旨在提高人们对这一非常普遍现象的认识。暴饮暴食性饮食失调"不仅是偶尔会 2 次进食"，这种疾病的症状还包括在进食过程中感到失控，并且对饮食模式感到抑郁。暴食被定义为，在类似的环

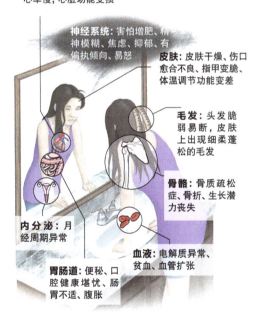

心血管：心肌流失、低血压和心率慢，心脏功能受损

神经系统：害怕增肥、精神模糊、焦虑、抑郁、有偏执倾向、易怒

皮肤：皮肤干燥、伤口愈合不良、指甲变脆、体温调节功能变差

毛发：头发脆弱易断，皮肤上出现细柔蓬松的毛发

骨骼：骨质疏松症、骨折、生长潜力丧失

内分泌：月经周期异常

血液：电解质异常、贫血、血管扩张

胃肠道：便秘、口腔健康堪忧、肠胃不适、腹胀

图14.8　神经性厌食症的生理影响

境中和类似的时间内，明显比大多数人吃得都多，其标志是在进食的过程中感到失去了控制。在确诊运动员患有暴饮暴食性饮食失调前，必须确定其符合关键性的标准，其中包括与以下3种或3种以上迹象有关的反复出现的暴食现象：

> 比平常吃得快得多。
> 当吃到撑得不舒服时才会停止。
> 当无生理饥饿感时也会吃大量食物。
> 喜欢单独吃饭，因吃得太多会感到不好意思。
> 在进食后会厌恶自己，感到沮丧或内疚。

此外，还必须符合另外3个标准：

> 暴食通常伴随着标志性的忧虑情绪。
> 平均来看，暴食会持续3个月，每周至少发生1次。
> 暴食与反复采用不当的补偿行为无关，并且不会只在神经性贪食症或神经性厌食症期间发生。

尽管在出现厌食症和贪食症方面，女性比男性多，但在暴饮暴食性饮食失调方面，这一比例则没有那么悬殊，发病女男比例约为3：2。虽然吃得过多对许多美国人而言很普通，但经常性暴食的疾病却不那么常见，并且更为严重——伴有明显的身体和心理问题。

其他特定的进食或饮食失调

在运动员中最常见的被诊断出来的饮食失调，曾经一度是没有特别指明的进食失调（Eating Disorders Not Otherwise Specified，EDNOS）。这是因为只有相对很少的患者符合神经性贪食症或神经性厌食症严格的确诊标准。那些发展为饮食失调临床诊断病症的紊乱进食行为的人，通常符合一种新定义的诊断标准，它被称为"其他特定的进食或饮食失调（Other Specified Feeding or Eating Disorders，OSFED）"[46, 72]。一般来说，其他特定的进食或饮食失调会引起明显的抑郁或损害——最近出版的《精神疾病诊断和统计手册》（第5版）中对饮食失调新增加的内容。不过，对该病的诊断仍然是非常严谨的。该病的患者对饮食和身体形象十分重视，并与其他饮食失调患者有着类似的健康风险。例如，一个几乎表现出神经性厌食症的所有症状，但体重指数仍然正常的运动员，便可被诊断为患有其他特定的进食或饮食失调。

根据《精神疾病诊断和统计手册》（第5版），其他特定的进食或饮食失调有5种不属于其他饮食失调诊断情况的亚类：

1. 非典型的神经性厌食症——有限制性行为，但还达不到偏低的体重标准。

2. 神经性贪食症——频率较低或持续时间较短的暴食和排毒。

3. 频率较低或持续时间较短的暴食性失调。

4. 排毒失调——通过自我催吐、滥用泻药和利尿剂、过度运动来反复排出热量，但没有暴食行为。

5. 夜间进食综合征——夜间反复进食，表现为在睡醒后进食或在晚餐后过量进食。

归于其他特定的进食或饮食失调门下的还有未明确的进食或饮食失调的诊断病症。当没有足够的信息用于确诊时，可初步诊断为此类病症。其症状可能包括任何会导致明显抑郁或有害的进食紊乱模式。

进食紊乱对健康和运动表现的影响

几个运动项目都已经被确认更有可能成为滋生拥有不佳的身体形象和饮食失调的诱因。这些运动往往是那些强调理想体型，推崇低体重或强调瘦体形的项目。此外，需要着暴露服装的运动项目（如跳水）可能会令运动员更加注重身体形象和饮食模式。请注意，虽然有些运动更容易引起饮食失调，但从事任何项目的运动员都可能患上饮食失调。此外，运动员还可能会表现出短期进食紊乱模式的迹象，而不至于患临床上定义的饮食失调症。

健康问题

在我们查看与进食紊乱和饮食失调有关的健康问题之前，需要注意到，这些饮食模式是持续发生的，并且可能会以不同的方式影响不同的运动员。这当中包括患有饮食失调的运动员，在保持其训练负荷和运动量的同时，还显得精神正常和身体健康。有紊乱饮食模式或患者其他特定的进食或饮食失调的运动员，可能具有与某些神经性厌食症或神经性贪食症一样明显的健康问题。最初的体重变化可能不会以可观察到的方式影响健康。例如，躲避社交、与队友发生冲突、自尊心或自信心减退、丧失竞争意识、产生抑郁和焦虑等行为上的改变并不常见。

从历史上来看，偏低的能量可用度及其会对健康产生影响的观念，来自对女性运动员三联征（通常简称为三联征）的研究（图 14.9）[76]。三联征由 3 种常见于年轻女性运动员的临床病症相互转化形成。这 3 种病症包括进食紊乱、月经不调，以及骨矿物质含量或骨密度低。这 3 种现象各自都是持续发生的，并且不论什么时候都可以被分为轻度、中度或重度而独立存在。例如，一名有进食紊乱模式的女性运动员可能不符合饮食失调的标准，但也会限制充足的能量摄入，以至于在高强度训练期间产生了偏低的能量可用度。人们相信，月经过少或闭经是由一定程度的低能量可用度引起的，而当女性运动员出现偏低的能量可用度和痛经倾向时，这便会有损于骨矿物质密度。人们已经发现，有痛经现象的女性运动员，其腰椎、髋部和全身的骨密度较低[5]。获取进食紊乱行为史是有价值的，因为偏低的能量可用度对骨骼的影响是累积性的[7]。

现在已知的是，三联征会引起女性运动员的其他生理后果，比如内分泌、胃肠、肾、神经、肌肉骨骼或心血管方面的功能障碍[76]。此外，这一长串的生理问题还会影响到男性运动员的健康，产生一种三联征的衍生现象——被称为运动相对能量缺乏（Relative Energy Deficiency in Sport，RED-S）。运动相对能量缺乏包含一些可见于参加运动的男女身上的生理并发症。这些人摄入的能量不多，一旦运动消耗的能量被去掉，剩下的能量就无法满足理想发挥身体功能的能量需求了[51]。运动相对能量缺乏造成的健康和运动表现后果列在图14.10和图14.11中。

运动表现问题

运动表现可能不总是会被进食紊乱改变，或是在饮食失调的早期阶段发生变化。然而，随着饮食失调严重程度的加剧，运动表现的下降是不可避免的。在某些情况下，这可能会表现为一种身体伤害，以致使运动员暂时退出训练和比赛。在另一些情况下，运动表现的下降更为缓慢，并且可能是由营养不足和偏低的能量摄入而直接引起的，或是排毒行为对身体造成直接压力的体现。

能量摄入长期明显减少，会直接导致碳水化合物摄入量的减少，使身体更加依赖体内蛋白质来满足运动的能量需求。这最终会导致减少肌肉量，降低运动表现，并增加受伤的风险。此外，能量摄入也与微量营养元素的摄入密切相关，所以患有饮食失调的爱运动个体，将面临更高的钙、铁和其他重要营养元素摄入不足的风险。简言之，由饮食失调而造成的营养不足对运动表现的直接影响与偏低的能量可用度关系最为密切。限制热量摄入和在运动中消耗了过多的能量，或是两者同时发生，都会引起偏低的能量可用度。有饮食失调和偏低能量可用度的个体，会缺乏维持高强度运动所必需的能量，还会有明显的骨量流失和铁损耗，这些都会损害运动表现。此外，偏低的能量可用度也会破

图14.9 女性运动员三联征

图14.10 受运动相对能量不足影响的身体系统

图14.11 运动相对能量不足会以许多方式影响运动表现

坏正常的激素反应，对训练的适应性产生负面影响，还会加剧女性的月经失调。饮食失调造成对运动表现的负面影响还包括耐力下降、判断力受损、协调能力下降、注意力下降、易怒、抑郁、糖原储备减少，以及肌肉力量减弱[51]。类似于饮食失调的其他并发症是健康和运动表现的受损，这会在能量可用度持续降低的过程中发生的，而不会在某个特定的能量可用度的临界点上发生。请注意，偏低的能量可用度并不等于负能量平衡或体重减轻，因为长期偏低的能量可用度会重新调整并降低运动员的代谢速度。以这种方式，偏低的能量摄入就不会导致体重减轻了。很明显，偏低的能量可用度对男女运动员的运动表现都会产生短期和长期的损害[76]。

预防和控制

　　与大多数病症一样，防止出现饮食失调的最佳措施就是预防。教育是预防背后的驱动力，用来预防在饮食、疾病和不良运动表现之间不健康关系的出现。要想能够尽快识别出处于危险状态的运动员，就需要对紊乱进食的迹象和症状有基本的了解。表14.8列出了属于饮食失调范畴的生理、医学、心理和行为特征。对饮食失调的预防可以在3个阶段上：第1阶段、第2阶段和第3阶段。针对每个阶段都专门制订了干预措施，以防止病症发展和进化到下一阶段，并防止临床病症转为慢性的损害身体的疾病。

本章总结

　　本章讨论了在锻炼、身体活动和运动中的诸多营养问题，这些问题出现在不同的生命阶段中（儿童、青少年、中老年人、孕妇），素食者的生活方式中，以及包括糖尿病、代谢综合征、进食紊乱、饮食失调等病理性病症中。对于儿童和青少年，着重强调了理解他们与成年人不同的关键生理差异的重要性，并为其提供了营养建议。儿童在运动过程中的能量消耗、底物利用和温度调节功能，都是生理方面与成年人的不同所在。由于解剖、生理和代谢方面的快速变化，青少年对能量和许多营养物质的需求都有所增加。很明显，就其营养需求而言，儿童和青少年不应被视为小大人。

表14.8　饮食失调的3个预防层面

预防类别	目标	有针对性的干预措施
第1阶段	预防个体出现易患此病的风险因素	教育和指导 ·青春期就开始 ·重点放在健康的饮食和生活方式，以及积极的自我形象上
第2阶段	尽早识别出处于危险状态的和能量可用度偏低的人群，并提供早期治疗	筛选和测量 ·饮食失调清单（EDI） ·饮食态度测试（EAT） ·《精神疾病诊断和统计手册》（第5版）
第3阶段	治疗临床上定义的饮食失调	进行多学科干预 ·医疗、心理、营养护理

源自：Maughan 2013.

在生命周期的另一端，中老年运动员面临着自身独特的营养挑战。在年龄增长的过程中，更加需要重视运动的生理学益，处以及营养如何有助于提高这些益处。不幸的是，在中老年运动员具体营养需求方面的数据不足，但我们已有能证明补水、蛋白质摄入和几种关键微量营养素重要性的确凿证据。

此外，疾病的进展和生活方式的选择也会产生独特的营养问题。糖尿病对运动员及与其打交道的队友和工作人员造成了挑战。充分了解由运动、饮食和药物而引起的血糖反应当中的生理过程，是提高运动表现和维持长期安全与健康所必需的。充分了解并精心规划饮食策略，再配合以药物治疗，以促使在运动前后和运动过程中的血糖正常，有助于运动和比赛取得成功。

素食生活方式可以有效地支持运动并提升运动表现。然而，素食和全素食女性运动员出现非贫血性缺铁的风险较高，这可能会限制其耐力表现。全素食者应摄入精心挑选的饮食，以获得足够的铁、钙、锌和维生素 B_{12}。如果选择得当，素食和非素食饮食都完全可以为活跃人群提供所有必需的营养物质。

对饮食失调的诊断并不容易。运动员和非运动员都会表现出紊乱进食的模式，即使他们并没有进入饮食失调的诊断门槛，相反，重要的是要认识到并非每一个体重过轻、偶尔出现进食紊乱行为的运动员都有饮食失调症。对饮食失调的确诊，必须包括与强烈害怕体重增加或变胖有关的心理病症，以及干预正常体重增加的持续行为。参加运动和锻炼，以及摄入合理的饮食，通常对所有运动员来说都是健康的行为，但是，还应对月经状况、营养行为、能量可用度和运动量进行评估。有关饮食失调的盛行、病因和临床表现的教育，应该在很可能滋生这种病症的环境（包括许多运动场合）中推广开来。

复习题

1. 描述儿童的无氧能量系统是如何区别于成年人的。
2. 在评估年幼运动员的营养需求和运动表现的潜力时，比生理年龄重要得多的因素是什么？
3. 预防骨质疏松症的最佳方法是什么？
4. 50 岁以上的人需要增加哪 4 种微量营养素的摄入量？
5. 解释 I 型和 II 型糖尿病之间的主要区别。
6. 对于患有 I 型糖尿病的运动员，在持续 2 小时时间较长的比赛中，其碳水化合物的摄取目标是多少？
7. 为什么全素食者有贫血增加的风险？
8. 列出素食饮食的某些好处，哪些营养素是素食运动员最关心的？
9. 解释进食紊乱和饮食失调之间的差异。
10. "能量可用度"是什么意思？它与"运动相对能量不足"有什么关系？

乙酰辅酶 A——碳水化合物、脂肪和蛋白质代谢中一种重要的分子。乙酰辅酶 A 为产生能量的三羧酸循环提供碳原子。

主动运输——分子穿越细胞膜从常态下的低浓度区域向高浓度区域移动的运动。

二磷酸腺苷（ADP）——由腺苷和两个磷酸基组成；在糖酵解过程中，二磷酸腺苷会失去一个磷酸基并释放能量。

单磷酸腺苷（AMP）——由腺苷和一个磷酸基团组成，与能量代谢有关。

三磷酸腺苷（ATP）——一种储存潜在的能量以驱动许多细胞活动的分子。它由腺苷和三个磷酸基组成，食物被分解时细胞中会产生三磷酸腺苷，当细胞需要能量进行某些活动，如肌肉收缩时，就会利用三磷酸腺苷。

脂质细胞——脂肪细胞。

脂肪组织——合成并储存脂肪的细胞群，主要位于皮下部位，但也存在于重要器官的周围，用于保护器官不受生理伤害。

有氧能力——一种与健康相关指标，表示运动期间工作着的肌肉可利用的最大氧气量。

有氧运动——在较长时间内使用大肌肉群进行的有节奏的身体活动。游泳、骑车、跑步都是典型的有氧身体活动，也叫耐力运动。

有氧系统——身体的能量系统之一，能产生大量的三磷酸腺苷，但需要充足的氧气才能有效地运作。

空气置换法（ADP）——估算身体体积和密度的一种方法。用空气置换代替水置换。

白蛋白——一种简单的水溶性蛋白质，比如存在于蛋清、牛奶，尤其是血清中，在血清中，白蛋白是充当蛋白质的转运者（运载激素、脂肪酸和其他物质）。

全因死亡率——所有死因的死亡率。

α 键——在二糖或多糖（分子）中将两个单糖连接在一起，这些键很容易被人体消化系统破坏掉。

α 亚麻酸（ALA）——一种 ω-3 脂肪酸，存在于亚麻籽、核桃等植物中。α 亚麻酸是一种必需脂肪，人体无法自行生成它，因而必须从饮食中摄取。

闭经——月经非正常地消失，连续停止 3 个月或以上。

支链淀粉——淀粉的支链形式，植物中总碳水化合物的 75% 以上都是这种淀粉。

直链淀粉——淀粉的直链形式，由成百上千个葡萄糖分子组成，在植物的总碳水化合物中约占 25%。

合成代谢——涉及新分子合成的代谢过程。

无氧运动——短时间内不依赖氧气而开展的剧烈运动。短跑就是一个例子。

无氧酵解系统——人体的一种重要能量系统，运转时无须氧气参与。该系统生成三磷酸腺苷的速度比有氧系统快，但是会受到碳水化合物的可利用性和乳酸生成的限制。

男性机器人（型）——一种体脂主要集中在腹部的体脂类型，常被称为"苹果形"。

贫血——用于描述红细胞缺乏或红细胞携氧能力降低的一般术语。

血管再生——新血管的生长。

抗体——组成我们免疫系统的蛋白质，保护我们的身体免受外来病原体或可能对身体产生威胁物质的侵害（如食物过敏）。

抗氧化剂——保护植物不受虫害疾病的化合物，有时可以保护体内细胞免受自由基带来的伤害。

动脉粥样硬化——一种以动脉内的血块堆积为特征的疾病，会缩小动脉直径和血液可通过的空间。动脉粥样硬化会提高心脏病、中风和死亡的风险。

ATP 合成酶——电子传递链中的一种蛋白质合成物，负责利用三磷酸腺苷和无机磷酸重新生成三磷酸腺苷。

禁用物质管控组织（BSCG）——一个测试运动员是否服用了兴奋剂，并提供第三方认证的组织。

基础代谢率（BMR）——在休息时满足基础能量需求（维持生命需求）的能量消耗指标。基础代谢率是运动后禁食 10~12 小时，在温和环境中测量的。

β 键——在二糖或多糖分子中将两个单糖连接在一起。带有 β 键的碳水化合物无法在人体的消化道中被消化。

β 细胞——在胰脏中生成胰岛素的细胞。

胆汁——由肝脏合成的物质，储存在胆囊中，被分泌进入小肠以帮助消化膳食脂肪。胆汁的主要成分是胆固醇。

生物电阻抗分析法（BIA）——一种根据电流通过全身时遇到的阻力（阻抗）估算身体成分的方法。

生物能量学——研究活着的有机体能量转换的科学。

身体成分——脂肪重量与去脂体重（瘦体重）在身体内的相对组成。身体成分可进一步分为脂肪、肌肉、水分和骨骼（衡量身体成分的一种四分法模型）。

身体形象——一个人对自己身体的主观看法。

体重指数（BMI）——用一个人的体重（千克）除以身高的平方（平方米）得到的数值。

体重或身体质量——一个人的身体在体重秤上称得的数值，常用磅或千克来表示。

支链氨基酸（BCAAs）——带有一个支链的非芳香族氨基酸。共有 3 种支链氨基酸，都是蛋白质类的：亮氨酸、异亮氨酸和缬氨酸。

钙三醇（1，25- 二羟基维生素 D）——维生素 D 在体内的活性形式。钙三醇是一种促进钙吸收的类固醇激素，它会帮助维持血钙和磷的水平，让骨骼组织正常地矿物质化，并对细胞生长、肌肉和免疫系统功能有着重要的生理作用，同时还会减少炎症的发生。

量热法——通过观察热力学变量的变化测量能量消耗的方法。

碳水化合物——一种含碳、氢和氧的有机化合物。碳水化合物是人类膳食中主要的宏量营养素。最小的碳水化合物是单糖，如葡萄糖、果糖和半乳糖，最大的是多糖，如淀粉和纤维素。

糖原负荷法——一种在赛前几天通过摄取高碳水化合物的饮食，最大限度地提高肌肉和肝脏中储存的糖原量，以避免耐力运动中糖原耗竭的营养策略。

碳水化合物 - 电解质饮料（CEB）——科学术语，用于描述一类含碳水化合物（糖）和电解质（尤其是钠）的饮料。

羧基——分子上的一个弱酸基团，特征是其末端碳原子上连接着一个羰基和一个羟基。

心输出量——心脏在 1 分钟内泵出的血液总量，等于每搏输出量和心率的乘积。

肉碱穿梭——位于线粒体中的运输器，负责将长链脂肪酸穿过线粒体内膜以进行 β 氧化。

分解代谢——分子为了产生可用的能量而进行分解。

乳糜泻——一种自身免疫消化疾病，在摄取蛋白质麸质时会引发不正常的免疫反应。

细胞膜——细胞外层的覆盖物，负责控制细胞与其外界环境之间的物质交换。

认证的糖尿病教育者（CDE）——在糖尿病前期、糖尿病的预防与控制方面，具备综合知识和经验的健康专家。认证的糖尿病教育者会给糖尿病患者培训，还会帮助医疗团队和病人控制病情。

唇干裂——嘴角处嘴唇的发炎和开裂。

螯合性——与其他化合物结合；螯合性矿物质常与氨基酸相结合。

化学消化——食物在口、胃、肠内，通过利用各种酸和酶促反应实现的分解。

化学能——食物通过代谢反应释放出的能量。

化学渗透假说——H⁺在电化学梯度的驱动下通过电子传递链上的蛋白质通道，这样不断地流动会为三磷酸腺苷的合成产生质子动力势。

胆囊收缩素（CCK）——胃肠系统中的肽激素，负责刺激脂肪和蛋白质的消化。

胆固醇——体内所有细胞中都存在的一种类脂质物质，它会融入在很多激素、维生素和帮助食物消化的物质中。胆固醇会通过一种叫脂蛋白的转运囊泡进入血液。它还是所有动物组织的组成部分，并且也只存在于动物性食物中，如鸡蛋、红肉、家禽、奶酪和牛奶中。胆固醇也是人体中细胞膜的结构性成分，帮助修复和形成新的细胞，是合成类固醇激素（如睾酮、雄激素、雌激素）和胆汁酸的必需成分。

乳糜微粒——将膳食脂肪从肠道运送到身体其他部位的脂蛋白颗粒；其主要成分是甘油三酯，但也包含磷脂、胆固醇和其他蛋白质。

乳糜汁——经由胃进入小肠的半流质糊状物质，主要由胃液和部分被消化的食物组成。

顺式结构——不饱和脂肪酸中，氢离子在C=C双键的同一侧。

辅酶A——衍生自泛酸的一种B族维生素，会在代谢反应中起作用。

胶原——存在于人体肌腱、韧带和软骨等连接组织中的主要蛋白质结构。

结肠——从小肠末端延伸到肛门的那一段消化道。它会从肠内物质中吸收水、矿物质和维生素，并在排便过程中排掉未消化的物质，也叫大肠。

复合糖——植物和谷物类食物，如豌豆、黄豆、面包和蔬菜，其中包含大量的多聚糖。复合糖还含有对人体健康很重要的维生素、矿物质和纤维素。

同步训练——连续开展的两组训练。例如，在速度训练后紧接着开展力量训练，反之亦然。

乳酸循环（Cori循环）——一种代谢通路，在乳酸循环中，由无氧酵解系统在肌肉细胞中产生的乳酸，会进入肝脏并被转化为葡萄糖，然后返回肌细胞充当能量来源。

交叉调控概念——用于描述在运动中脂肪和碳水化合物充当能量来源的利用率。当碳水化合物的利用率超出脂肪的利用率时，就来到交叉点了，交叉点的位置取决于你的有氧适应能力。

生产质量管理规范（GMPs）——美国食品药品管理局（FDA）建立并强制执行的生产流程，提供了各种系统和流程以确保设计和监督合理、生产过程和设施受控。

细胞质——细胞内除细胞核以外的所有物质。

细胞液——细胞质的一个组成部分，各种代谢反应都在这里发生。

每日摄入值（DV）——以每天2000千卡为基准，说明某一份特定的食物对人体营养需求贡献程度的指标。

脱水——身体水分流失的过程。

变性——蛋白质因受到某些刺激而失去四级、三级和二级结构的过程。常见的典型刺激有强酸（如胃里的盐酸）和加热（烹饪）。

脱氧核糖核酸（DNA）——一种携带了（用于指导机体已知的生长、发育、发挥功能、繁殖的）基因的分子。

膳食脂肪——存在于食品和饮料中的脂肪。

膳食纤维——植物中的物质，大部分为抗性淀粉多糖，不能被人体消化酶消化，基本会保持原状穿过胃肠道，然后被排泄掉。

膳食营养素参考摄入量（DRIs）——宏量营养素和微量营养素的摄入参考值，旨在预防或减少慢性疾病的得病风险，促进优化健康水平。

膳食补剂——一种含有"膳食配方"，作为膳食补充的口服产品。其"膳食配方"可能包括维生素、矿物质、草本植物和其他植物制剂、氨基酸，或酶、器官组织、腺体、代谢物等物质。膳食补剂可以是提取物或浓缩物，其形式多样，可以是药片、胶囊、软胶囊、透明胶囊、液体或粉末。

消化——食物通过机械或化学的方法分解为其组成部分。

消化排泄——将未被消化的食物和消化道内的废物排泄出去。

消化道——从口腔到肛门的整条胃肠道。

直接量热法——测量身体产生出的热量，使用二氧化碳、氧气和体温测量值来判定能量消耗。

二糖——由两个单糖组成的糖类。人类膳食中常见的二糖有麦芽糖、乳糖和蔗糖。

憩室炎——从结肠（大肠）中间向外鼓起的小包称为憩室。憩室发炎或感染称为憩室炎。

憩室病——大肠里出现了向外侧鼓起的小包（憩室），这种情况属于憩室病。憩室本身不会带来问题，憩室病患者通常无任何症状。

二十二碳六烯酸（DHA）——一种 ω-3 脂肪酸，主要存在于脑部，对脑部的发育和功能很重要。血流减少会引起脑部炎症，而二十二碳六烯酸正是产生有助于减轻这种炎症的化合物所必需的。

双能 X 射线吸光测定法（DEXA）——一种在实验室里测量骨密度和体脂百分比的方法。

十二指肠——小肠前段紧连胃的部分，通往空肠。

血脂异常——总胆固醇或甘油三酯水平超出参考标准，或高密度脂蛋白（HDL）胆固醇低于参考标准。

离心收缩——骨骼肌被拉长的一种运动。例如，肱二头肌弯举中向下时的运动。

类花生酸类物质——主要来自花生四烯酸的一种生理活跃的物质，它们参与细胞内的信号传导。

二十碳五烯酸（EPA）——一种 ω-3 脂肪酸。二十碳五烯酸是一系列可能会保护身体免受心脏病和中风侵犯的类花生酸类物质的反应前底物。二十碳五烯酸通过抑制促炎介质的生成来减轻炎症。

电解质——体内导电的矿物质，会影响体液平衡、肌肉酸碱度和肌肉功能。钠、氯化物、钾、钙、镁和磷都是电解质。

电子传递链（ETC）——一连串蛋白质复合体，从电子供体处传递作为氧化和还原反应产物的电子，同时在线粒体内传输氢离子。

内质网——真核细胞中的一种细胞器，会参与蛋白质的合成。

耐力训练——为提高运动耐力而设计的身体运动计划。

能量可用度——从膳食摄取的能量中减去运动使用的卡路里后，剩余的可以用于身体发挥功能的能量。

能源密集型食物——每克或每份中含能量（卡路里）较高的食物。

宏量产能营养素——为身体提供能量的营养物质。碳水化合物、脂肪和蛋白质都是宏量产能营养素。（其他宏量营养素包括水等。）

营养添加——将食品在加工过程中流失掉的维生素和矿物质添加回来。

肠上皮细胞——小肠中的上皮细胞，含有消化酶，其表面还有绒毛。

肠激酶——十二指肠细胞产生的酶，参与人体的消化过程。消化的食物在经过胃部进入小肠时，肠腺会分泌肠激酶。

酶——加速或催化化学反应的含蛋白质的生物催化剂。

机能增进——在体育中经常使用的一个词，指旨在提升身体表现或加快训练恢复的某些事物。

必需氨基酸——不能由人体自行产生，必须通过食物摄取的氨基酸。

必需脂肪——维持生理功能必需的脂肪量。必需脂肪存在于骨髓、心脏、肺、肝脏、脾、肾、肠、肌肉，以及中枢神经系统富含脂肪的组织中。

血糖正常——循环的血液中葡萄糖的浓度正常。

水分正常——体内水量的正常状态。

额外的运动后耗氧（EPOC）——在运动结束后燃烧的卡路里。

运动生理学——研究身体对运动反应的科学，从快速变化到随着反复运动和长期训练出现的各种慢性适应。

极限运动——任何被认为固有危险性极强的运动。

黄素腺嘌呤二核苷酸（$FADH_2$）——用于代谢反应的黄素腺嘌呤的还原形式，来自 B 族维生素核黄素。

去脂体重（FFM）——被定义为不含脂肪的总体量，即瘦体重。

脂溶性维生素——储存在身体脂肪组织中的，与膳食脂肪在一起食用更容易被吸收的维生素。维生素 A、维生素 D、维生素 E、维生素 K 都是脂溶性的。

脂肪酸——由一长链和碳原子及氢原子组成的，末端连接着一个酸基团的分子。这种长碳链可以为任何长度，不过存在于人类膳食中的长碳链一般含有 12~22 个碳原子。

联邦贸易委员会（FTC）——联邦贸易委员会通过保护消费者免受欺诈、欺骗和不公平商业行为的侵害，以及确保市场公平竞争来保护美国消费者。

反馈抑制——一种控制机制，会启动一种反应以产生特定的化合物，当这种化合物达到较高浓度时，它会减缓代谢速度。

女运动员三联征（三联征）——严重程度持续存在的 3 种相互关联病症的综合征，包括伴随或不伴随进食紊乱的能量缺乏、月经紊乱或闭经、骨质流失或骨质疏松。常简称为"三联征"。

发酵——糖类在肠内微生物作用下的无氧分解。

纤维素——植物中不能被消化部分物质的总称。

食物——人类摄入的各种植物和动物。

强化——向食物或饮料中添加营养元素以提高其营养含量。

游离自由基——身体通过代谢和暴露在各种生理状况或疾病环境中时，产生的各种反应性氧和氮。

果糖——存在于很多植物性食物和一些营养性甜味剂中的单糖类碳水化合物。

半乳糖——牛奶中含有的一种单糖，一般与葡萄糖结合在一起形成一种叫乳糖的双糖。

一般公认安全（GRAS）——由食品药品管理局定义的概念，表示专家认为某种故意添加在食物中的物质在目的性使用条件下是安全的。

妊娠期糖尿病（GDM）——以前没有糖尿病史的女性在怀孕期间出现的血糖水平过高。其诊断及控制对保护母体和胎儿的健康都很重要。

胰高血糖素——在低血糖时由胰腺中的 α-胰岛细胞分泌的激素。它可以刺激肝脏中的糖原分解，以提高血糖浓度。

糖异生系统——当碳水化合物不足时，肝脏和肾脏会通过非碳水化合物来源合成葡萄糖，以满足身体的即时需求。

葡萄糖——存在于植物中的一种单糖，常以淀粉的形式存在，还会存在于一些营养性甜味剂中。

葡萄糖转运蛋白——细胞中的一种帮助葡萄糖穿过细胞膜进入细胞质的蛋白质。

麸质——食物中由小麦或其他谷物制成的一种蛋白质。大麦和黑麦中含有与麸质有关的蛋白质（尽管所有这些蛋白质通常都被称为麸质）。

血糖食物——引起血糖升高的食物。

血糖指数——各类碳水化合物的排名，其依据是被消化和吸收的速度，以及餐后2小时内血糖升高的水平，将之与等量（以克为单位）的参照食物相比，参照食物一般为白面包和葡萄糖，其血糖指数为100。

血糖负荷——一种表示食物血糖影响的指数，要同时考虑食物的血糖指数和碳水化合物含量（以克数计算）：血糖负荷=[血糖指数 × 碳水化合物（克）/100]。

血糖反应——摄取食物后血糖的变化。

糖原——一种葡萄糖单糖的支化聚合物，充当碳水化合物在动物和人体的肝脏和肌肉中的储存形式。

糖原生成——由葡萄糖亚基合成糖原的过程。

糖原分解——单个葡萄糖分子从糖原末端断开的过程，主要发生在肝脏和骨骼肌中；是糖原分解为葡萄糖的代谢过程。

糖原合成酶——负责肝脏和骨骼肌中糖原合成的关键酶。

糖酵解——将1个葡萄糖分子转化为1个丙酮酸分子和2个三磷酸腺苷分子的有氧或无氧过程。

女性机器人（型）——一种用来描述体脂主要集中在下半身，即更多的脂肪储存在髋部、臀部和大腿处的体脂类型。这种类型也常被称为"梨形"。

健康声明——对食物、食物成分中的补剂成分和一种疾病及健康相关状况之间关系的描述。

高密度脂蛋白（HDL）——它将胆固醇运回肝脏供分泌（排泄）或再循环；高密度脂蛋白有时被认为是一种"好"胆固醇，不会提高心脏病的患病风险。

高果糖玉米糖浆（HFCS）——一种人造的营养性甜味剂，常添加在食物中以改善口味和延长保质期。高果糖玉米糖浆的甜度和食用糖相似，其中的果糖含量与葡萄糖含量大致相同。

体内平衡——一种平衡或均衡的状态。

激素——直接分泌进入血液的化学信使，通过与身体器官和组织互动来发挥自身功能。激素有很多种，其中有一些具备复杂的蛋白质结构。

水下称重法——此方法用水来估算一个人的身体密度和身体脂肪。也叫静水称重或水下称重（UWW）。

液体比重测定法——一种测量体内总水分（TBW）的实验室方法。

羟基磷灰石——钙和磷酸在骨骼和牙齿中的储存形式。

高血钙——血液内钙含量高。

高血糖——循环的血液中葡萄糖浓度异常偏高。

高磷血——血液内磷酸过高。

增生——生长出更多的细胞。

高血压——一种长期病症，表现为动脉内的血压长期过高，会损伤和弱化动脉壁。

过度生长——现有细胞的生长。

低血糖——在循环的血液中葡萄糖浓度异常偏低。

水分过少——体内水分的流失得不到补偿。

低血钠——危险性的血液钠含量过低。

低磷血——血液中磷酸含量低。

间接量热法——一种通用的能量消耗测量技术，要测量氧气和二氧化碳气体的交换。

炎症——身体对创伤或外来异物入侵的正常急性反应，包括局部发热、肿胀和疼痛。在理想情况下，炎症的程度仅限于对抗当前存在的威胁，但很多慢性疾病被认为与慢性炎症有关。

知情选择——专为运动营养品及其制造商和供应商打造的质量保证计划。

无感觉排汗——在身体意识到皮肤浸湿前，汗液就被汗腺通过皮肤毛孔蒸发掉了。

不溶性纤维——膳食纤维中不溶于水的那一部分，它会增加粪便的体积，使其更容易被排泄。

胰岛素——在高血糖时（血液内糖分偏高）由胰腺中的 β - 胰岛细胞分泌的激素。胰岛素会促进葡萄糖的吸收和储存、氨基酸的吸收、蛋白质的合成，以及脂肪的合成和储存。

依赖胰岛素的葡萄糖转运（IDGT）——将葡萄糖转运到一个需要胰岛素参与（反应）的细胞中的过程。

胰岛素抗性——一种细胞无法对胰岛素的作用做出正常反应的疾病。

交酯化脂肪——以化学方式或酶促方式令脂肪酸沿着甘油骨架重新排列的脂肪。

间质——指的是一种位于两个结构或物体之间，距离通常较近的空间。

同位素——质子数相同但中子数不同的同形异构元素。

酮酸中毒——与高酮体浓度相关的一种代谢状态，由脂肪酸的分解和氨基酸的脱氨基作用形成。这与一种病理性代谢状态有关，在这种状态下，身体无法合理地产生酮，从而导致酮酸的累积，进而升高血液的 pH 值。极端情况的酮酸中毒会危及生命，这种情况在没有治愈的 I 型糖尿病中最为常见。不要把酮酸中毒与由生酮饮食引发的酮症相混淆。生酮饮食产生的酮是受身体控制的，不会导致酮酸中毒。

千卡路里（kcal）——和卡路里描述的是一回事。一种能量单位，也叫千卡、大卡。指将 1 千克水升高 1 摄氏度所需要耗费的热量。

乳糖酶——一种催化乳糖分解为葡萄糖和半乳糖的酶。

乳酸盐——一个乳酸分子中脱离出一个氢离子时，剩下的那个分子。乳酸可以作为一种能量来源，被体内的许多细胞（包括大脑、心脏和骨骼肌肉）直接氧化。乳酸也可以转化还原为丙酮酸和葡萄糖，并以这些形式被氧化。

乳酸脱氢酶（LDH）——催化丙酮酸反应生成乳酸的酶。

乳酸——糖酵解的最后产物丙酮酸与另外两个氢离子结合时的产物。一般其中一个氢离子会立刻从分子中脱离出来，使其周围环境变得更具酸性。

乳糖——一种含葡萄糖和半乳糖的二糖。由于常存在于乳制品中，因此一般被称为"奶（乳）糖"。

乳糖不耐症——一种以乳糖的不完全消化为标志的病症。摄入乳制品如牛奶和乳制品，会出现腹泻、放屁、腹胀等症状。

大肠——即结肠。从小肠末端延伸到肛门的那一部分肠道。大肠从肠道物质中吸收水、矿物质和维生素，并在排便过程中将未消化的物质排泄出去。

瘦体重（LBM）——身体不含脂肪部分所占的百分比。在四分法模型中，瘦体重由水分、骨骼肌和骨骼组成。

亚油酸（LA）——一种 ω-6 脂肪酸，为必需脂肪。人体无法合成它，必须从膳食中获取。

脂质——主要营养元素的一种，不溶于水，在体内有多种生物功能。脂质主要有 3 种：甘油三酯、固醇和磷酸。

脂肪生成——多余的乙酰辅酶 A 被转化成身体脂肪的代谢过程。

脂蛋白——与脂肪结合并转运脂肪或血浆中其他脂质的任何类别的可溶性蛋白质。

肝脏——人体中具有多种与消化和代谢有关的功能的腺体器官，其功能包括胆汁的合成与分泌、糖异生系统、糖原的合成和储存、脂肪分解和转氨作用。

低密度脂蛋白（LDL）——一种转运蛋白，将胆固醇从肝脏运到组织中。

偏低的能量可用度——能量摄取无法满足能量消耗和生理需求。偏低的能量可用度会扰乱生殖功能，导致月经周期紊乱或完全停经。

内腔刷状缘——有微绒毛覆盖的简单上皮表面，此处是营养吸收发生的地方。构成刷状缘的微绒毛具有吸附在其细胞质膜上，作为膜内蛋白质的消化酶。这些酶在转运蛋白附近，允许细胞吸收营养物质。

宏量营养素——膳食中需要量更大的营养物质，包括碳水化合物、蛋白质、脂肪、水和脂质。

麦芽糖酶——一种催化麦芽糖分解为葡萄糖的酶。

麦芽糖——含两个葡萄糖分子的二糖。麦芽糖不是天然存在于食物当中，而是在消化中由淀粉经酶作用分解后产生。

机械消化——涉及物理性地将食物分解成小块。机械消化始于食物在口腔中的咀嚼，在胃的蠕动中继续进行。

营养治疗（MNT）——一种基于证据的对营养护理过程的应用，一般包含：营养评估、营养诊断、营养干预，以及营养监测和评价，一般会促使对疾病或病症的预防、延迟或控制。

中链甘油三酯（MCTs）——一种由较短的碳链组成的脂肪，这些碳链能够让其绕开复杂的消化和吸收过程，直接被血液吸收。

信使核糖核酸（mRNA）——该形式的核糖核酸会将转录自脱氧核糖核酸的基因信息（表现为一个碱基序列）转运给核糖体。

代谢综合征——对一系列危险因素的统称，这些因素会增加心脏病和糖尿病、中风等其他健康问题的发生风险。这些危险因素包括腹部肥胖、甘油三酯偏高、高密度脂蛋白胆固醇偏低、高血压和空腹血糖偏高。

新陈代谢——身体执行的一系列化学反应的统称，包括合成代谢反应和分解代谢反应。

微量营养素——需求量小的营养物质，包括维生素和矿物质。

微绒毛——肠上皮细胞上的褶皱和凸起，用来增加消化的表面积，并将营养物质从肠内转运进肠上皮细胞。

线粒体——细胞的发电站，ATP产生和呼吸的发生地。

（骨骼）塑造——新骨在骨头内部的一处生成，旧骨从骨头外部的另一处脱落的过程。塑造发生在儿童和青少年时期，会形成骨骼。

单不饱和脂肪酸（MUFA）——一类含有一个双键的不饱和脂肪酸。

口腔——消化道的起始部位。通过咀嚼实现的机械消化和在唾液淀粉酶作用下产生的化学消化都发生在口部。

肌肉蛋白平衡——骨骼肌蛋白质的合成（MPS）和分解（MPB）之间的差值。

肌肉耐力——骨骼肌重复收缩或在一段时间内保持收缩的能力。

肌肉柔韧性——（肌肉）在关节活动范围内的运动能力。

肌肉爆发力——肌肉工作（收缩）的速度。

肌肉力量——骨骼肌或肌肉群所能产生的最大力量。

肌细胞——肌肉细胞。

烟酰胺腺嘌呤二核苷酸（NADH）——NAD用于代谢反应的还原形式。烟酰胺腺嘌呤二核苷酸的关键成分是B族维生素烟酸。

还原型辅酶Ⅱ（NADPH）——在戊糖磷酸通路中形成的一种NADP的还原形式，用于合成代谢反应。

国家无药物运动中心（无药物运动）——一个为很多运动组织提供药物使用预防

服务的主要提供者；为传统的药物使用预防计划提供战略性替代举措。

非必需氨基酸——人体可以合成的氨基酸。

非运动性活动生热（NEAT）——人体除运动、睡觉和进食外，通过其他活动消耗的能量。

无糖食物——不会引起血液葡萄糖水平升高的食物。

非营养性甜味剂（NNS）——不含有可观能量的甜味剂。

国家卫生基金会（NSF）——（美国）国家卫生基金会，新近更名为国家卫生基金会国际。国家卫生基金会提供第三方认证，这是根据安全、质量和（生产）行为标准，对制造商的产品进行的独立分析。

细胞核——存在于真核细胞中，包含基因遗传物质的细胞控制中心。

营养吸收——通过扩散或渗透将消化后的物质吸收或吸纳入细胞的过程。

营养成分声明——对一种产品中营养含量水平的陈述。这些都是由美国食品药品管理局批准和规范的，适用于食品和膳食补剂。

营养密度——食物中所含的营养数量与其所提供能量的比值。被视为营养密度高的食物，会提供很多维生素和矿物质，同时提供的能量（卡路里）相对而言很少。

营养物质——引发体内生理或生化功能的特定物质。

营养基因——营养与基因之间的相互作用。

营养分期化——一种根据训练状态调整营养指南的原则。

营养学——研究食物如何为身体提供营养并影响生命和健康的学科。

营养性甜味剂——同时含有能量的甜味剂。

肥胖——一种不正常或过量的脂肪堆积可能会影响健康的疾病。肥胖分多种程度。

月经过少——育龄女性月经期过短或频率较低；一般指女性规律性地超过 35 天以上不来月经。

寡肽——氨基酸含量相对较少的分子。

寡糖——由 3~10 个单糖单位组成的碳水化合物。

口服葡萄糖耐量测试（OGTT）——一种糖尿病的筛选测试，在受测对象口服一定量的葡萄糖后，对其进行血浆葡萄糖水平的检测。当受测对象摄入一定量的葡萄糖后，血浆葡萄糖水平升高并超过规定阈值时，口服葡萄糖耐量测试就可以发现 II 型糖尿病，或是葡萄糖耐量受损了。

细胞器——存在于真核细胞中；它们在细胞中有特殊的功能（如细胞核、叶绿体、线粒体等）。

渗透度——血液中的溶质，尤其是钠的浓度。

渗透——水穿过细胞膜，从溶质低浓度区域进入高浓度区域的运动。

骨质疏松症——一种疾病，主要特征为骨含量偏低和骨骼组织结构退化，从而导致骨骼脆弱，髋部、脊柱和腰部的骨折风险升高。

负荷——训练过程中施加在身体上的压力逐渐增加。

训练过度——被称为过度训练综合征（OTS）的一系列症状。这种情况会令长期的训练表现下降，需要几周到几个月的时间才能恢复过来。

超重——体重超过理想健康状态需要的水平。

草酰乙酸——一种四碳化合物，会与乙酰辅酶 A 结合以启动三羧酸（TCA）循环形成柠檬酸盐。它也参与糖异生系统、尿素循环、氨基酸合成和脂肪酸合成。

氧化脱羧——由一个 C=C 键的分离而形成

二氧化碳。

氧化磷酸化——有氧能量系统使用宏量营养素能量源（碳水化合物、蛋白质、脂肪）将二磷酸腺苷磷酸化，形成三磷酸腺苷。

氧化压力——游离自由基的产生和体内抗氧化剂防御之间的不平衡。

胰脏——分泌用来消化碳水化合物、蛋白质、脂肪酶的腺体器官，也分泌胰高血糖素和胰岛素等激素，来调节碳水化合物、蛋白质和脂肪代谢。

胰淀粉酶——消化中经胰脏分泌进入小肠的一种酶，会催化淀粉分解为糖。

峰值骨量——骨骼力量和密度的最大值。

胃蛋白酶——一种可以将食物蛋白质分解为更小的肽的蛋白酶。在胃中生成的胃蛋白酶，是人体消化系统中最主要的消化酶之一。

胃蛋白酶原——胃蛋白酶的酶原，由胃壁中的主要细胞产生和释放。

肽键——两个分子之间形成的化学连接，一般存在于两个氨基酸分子之间。一个分子的羧基团与另一个分子的氨基团相互反应，释放出一个水分子。

磷酸肌酸（CP）——一种可以快速将自己的磷酸基贡献给二磷酸腺苷以产生三磷酸腺苷的能量底物。

磷脂——细胞膜和脂蛋白的结构性成分。磷脂是脂质的吸收、运输和储存所需的，还有助于膳食脂肪的消化与吸收。

磷酸化——为一个分子或化合物加上或者引入一个磷酸基。

光合作用——当专门与人类营养学相关时，光合作用指的是，植物利用太阳能将二氧化碳和水转化成葡萄糖加氧气的过程。

身体活动水平（PAL）——用来表达日常身体活动的一个因数，经常被用于评估一个人的总能量消耗。身体活动水平常与基础代谢率结合使用，以计算一个人为维持某种特殊的生活方式所需摄取的全部食物能量。

烦渴——过分口渴或过量饮水，常与不受控制的糖尿病有关。

多肽——由一个肽键连接起来的氨基酸链，充当蛋白质的组成部分。

多食症——可能由糖尿病等疾病导致的过分饥饿或食欲上升。

多糖——由糖苷键连接起来的长链单糖所组成的碳水化合物（如纤维素、淀粉和糖原）。

多不饱和脂肪酸（PUFA）——一类含有超过一个双键的不饱和脂肪酸。多不饱和脂肪酸根据其第一个双键所在的位置来相互区分，例如 ω-3 和 ω-6 脂肪酸。

多尿症——过量或异常大量地产生尿或排尿；常与不受控制的糖尿病有关。

门静脉——将血液从消化道、胆囊、胰脏和脾脏运送到肝脏的血管。

餐后低血糖——吃完一餐（常含有碳水化合物）后很快发生的低血糖。也称反应性低血糖。

已形成的维生素 A——维生素 A 在体内的活性形式，存在于动物肝脏、天然牛奶和某些强化食物中。

停训原则——涉及停止运动后生理训练反应的消失。

个性化原则——一种运动原则，认为我们都在某种程度上受限于基因潜力，且每个人对运动的反应都不同。

周期性原则——将特定的运动或项目划分为较短的时间段或模块。其中，每个时间段或模块都有其特定训练目标的分期训练规划。

渐进式超负荷原则——为了看到运动表现有所改善，必须对正在训练的系统持续提出更高的要求。

特异性原则——训练方案必须能诱发出一种为运动水平的改善所必需的系统的专属生理压力。

酶原——一种可以代谢为活性酶的生物惰性蛋白质。

专有配方——为某一特定的膳食补剂生产商产品配方组成部分的成分列表。其中各单独成分的名称和数量都不会公布出来。

蛋白酶激活关联反应——导致激活几种消化酶的一系列酶促事件。

蛋白酶——分解蛋白质和肽的酶。

蛋白原——充当蛋白质的反应前底物，同时又在转化过程中被纳入蛋白质的各种氨基酸。

质子动力势——由驱动三磷酸腺苷合成酶生成三磷酸腺苷的电子传递链生成的电化学势能。

维生素 A 原类胡萝卜素——一些蔬菜、油性水果和红棕榈油中存在的深色色素。维生素 A 原类胡萝卜素包括 β - 胡萝卜素、α - 胡萝卜素和 β - 隐黄素，必须在体内转化为维生素 A 的活性形式。

排毒行为——具有精神病理的自我催吐或滥用泻药、利尿剂或灌肠剂。

焦磷酸——用于形成二磷酸腺苷和三磷酸腺苷的游离磷酸基团；有时候指无机磷酸。

丙酮酸脱氢酶复合物（PDC）——促使丙酮酸转化为乙酰辅酶 A 的 3 种酶的形成。

反应物——参与反应并经历变化的物质。

反应性低血糖——吃完一餐（常含有碳水化合物）后很快发生的低血糖，也称餐后低血糖。

精制的碳水化合物——经过加工，去除部分天然谷物成分的食物，通常是为了使最终成品的口感得到改善。

注册营养师（RDN 或 RD）——一个由营养与膳食学会膳食注册委员会颁发给那些食品、营养和膳食专家的认证。需要通过培训、有人监督的实践经验和通过国家级考试才能获得该认证。

运动中的相对能量不足（RED-S）——一种生理功能受损的综合征，受其影响的各方面包括但不限于：代谢速度、月经功能、骨质健康、免疫功能、蛋白质合成和心血管健康。该综合征涵盖了无论男女，在能量摄取可能足以支持各项身体活动的能量需求，但不足以维持很多身体系统的健康时，都会发生的一系列健康并发症。

静息能量消耗（REE）——身体在休息状态下来自食物热量的能量需求。

静息代谢率（RMR）——身体在休息状态下 24 小时内的能量需求，一般用千卡路里表示。它与基础代谢率（BMR）紧密相关，但不是同一个概念。静息代谢率往往比基础代谢率稍高。

可逆性——当个体停止训练时，通过训练得到的代谢和生理益处的逆转。

横纹肌溶解——严重的骨骼肌损伤。

核糖核酸（RNA）——在基因的编码、解码、控制和表达中起着多种生物作用的分子。

唾液淀粉酶——一种存在于人类唾液中的酶，可将淀粉分解为糖。

肌肉萎缩——与年龄相关的肌肉量和力量的流失。

满足感——进餐过程中生理方面的食欲满足感。满足感有助于决定何时停止进食。

饱腹感——餐后吃饱或不再饥饿的感觉。

饱和脂肪酸——相邻碳原子之间只有单键的脂肪酸，因而这些脂肪酸可以一个个紧密地堆叠在一起。含有较多饱和脂肪酸的脂肪在室温下呈固态。

分泌素——由十二指肠肠壁分泌的消化激素；通过调节胃、胰腺和肝脏中的分泌物来影响十二指肠的环境。

设定点理论——这种理论认为，成年期间任何试图主动改变现有体重的尝试都会引起一系列生理和代谢反应，最终导致体脂不再减少或平稳。这些反应可能包括更加有效地储存脂肪、代谢放慢和食欲增进。

简单碳水化合物——单糖，即简单的糖。

简单糖——一种单糖。

皮褶厚度（测量法）——一种根据皮肤褶皱厚度和其下放的皮下脂肪厚度测量身体成分的方法。这种测量是用卡尺来完成的。

小肠——位于胃和大肠之间的那一段肠道，食物的大部分消化和吸收都发生于此。

可溶性纤维——可溶于水并形成粪便中胶状物的那一部分膳食纤维。

特殊性——针对一个特定的能量系统，以开启体育训练的预期效果。

体育营养学——一门研究营养在运动代谢中的作用，并转化成优化训练、运动表现和运动后恢复的营养指南的专业学科。

估测标准误差（SEE）——一种使用统计回归线测量预测准确性的方法。

淀粉——储存在大部分植物中的多糖碳水化合物的形式，这令其成为人类膳食中的主要碳水化合物。

硬脂酸（SDA）——一种 ω–3 脂肪酸；存在于某些种子油、一些鱼类（包括沙丁鱼和鲱鱼）、海藻和转基因大豆。

固醇——一类有多环结构的脂质。胆固醇是最为人们熟知的固醇。

储备脂肪——存在于体内器官周围（内脏脂肪）和皮肤正下方（皮下脂肪）的脂肪。

每搏输出量——一般最经常与左心室有关；根据左心室收缩一次泵出的血量来测量。

结构 / 功能声明——声明一种产品、营养元素或成分如何影响体内的正常结构、功能，或如何维持特定的结构、功能。这些声明不能明确地或暗示地将营养元素、成分特别是膳食成分所宣称的功效与某种特定的疾病或会导致疾病的健康状况联系起来。

皮下脂肪——一类储存在皮肤正下方的脂肪。

底物疲劳——一种将长期耐力运动中产生的疲劳归因于骨骼肌糖原耗尽的理论。

蔗糖酶——一种催化蔗糖分解为葡萄糖和果糖的酶。

蔗糖——一种含葡萄糖和果糖的二糖。一般以食用糖为人所知。

活动热效应（TEA）——支持身体活动需求的能量消耗。

食物热效应（TEF）——来自食物吸收、新陈代谢和食物摄入储备的能量消耗，占日常总能量消耗的不到 10%。

节俭型基因——一种理论假说，认为人类在食物匮乏的时候会减缓新陈代谢，并储存更多的身体脂肪。

总能量消耗（TEE）——在一段时间内（通常是 24 小时）消耗的所有能量总和。

反式脂肪酸——氢分子位于双键对侧的脂肪酸，对心脏健康有害。

转运核糖核酸（tRNA）——由折叠分子组成的 RNA，将氨基酸从细胞的细胞质转运到核糖体。

三羧酸循环（TCA）——一种有氧通路，也叫柠檬酸循环；该循环在一系列反应中使用乙酰辅酶 A 生成二氧化碳和三磷酸腺苷。

甘油三酯——含有 1 个甘油分子和 3 个脂肪酸分子的脂类，充当人类和动物身体脂肪的主要组成部分。食用油、黄油、动物脂肪、坚果、种子、鳄梨和橄榄都是膳食中甘油三酯的重要来源。

胰蛋白酶——蛋白质消化中一种重要的蛋白酶，可以用来破坏（切开）肽链。胰蛋白酶原是由胰脏产生的，存在于胰液中。

I 型糖尿病——一种疾病，胰脏无法产生足够的胰岛素，使得血液中的葡萄糖不能被身体细胞吸收。

Ⅱ型糖尿病——一种疾病，身体无法生产或有效利用胰岛素，高血糖得不到处理，水平仍然很高。

不饱和脂肪酸——双键扭结的脂肪酸，无法相互上下堆叠在一起；含有更多不饱和脂肪酸的脂肪与含有更多饱和脂肪酸的脂肪不同，在室温下呈液态。

尿素循环——一种存在于很多动物体内的生化反应循环，从氨（NH_3）中产生尿素。

美国反兴奋剂机构（USADA）——美国面向奥运会、残奥会、泛美运动会和泛美残疾人运动会的国家级反兴奋剂组织，其宗旨是"保持竞争的真实与公正，激励真正的运动，保护美国运动员的权利"，其愿景是成为"通过真正的运动习得的价值观和人生课程的守护者"。

美国食品药品管理局（FDA）——美国政府的消费者保护机构，管理美国境内销售的所有被归类为食品的产品。

美国药典委员会（USP）——一个世界性的科学性非营利组织，为生产和销售的药品、食品成分和膳食补剂制订身份、效力、质量和纯度等各方面的标准。

最大摄氧量——运动员可以使用的最大氧气量的测量值，单位为毫升／千克体重／分钟。

小肠绒毛——小肠黏膜上增加其表面积，从而促进营养吸收的凸起。

内脏脂肪——包裹在内脏器官周围的一种储备脂肪。

维生素——多种必需的化合物，用于新陈代谢、正常的生长发育、视力、器官和免疫功能、能量产生、肌肉收缩和放松、氧气运输、骨骼和软骨的构建与维持、肌肉组织的构建和修复，以及保护身体细胞不受伤害。

意愿——一个包括精神、情感、社会、职业健康，以及身体健康在内的多维度概念。

天然谷物——极少经过精制或加工的谷物，通常在其原生状态下吃入。

第 1 章

1. Academy of Nutrition and Dietetics. Commission on Dietetic Registration of the Academy of Nutrition and Dietetics. 2016.

2. Academy of Nutrition and Dietetics. RDNs and Medical Nutrition Therapy Services. 2016.

3. Academy of Nutrition and Dietetics. Sports, Cardiovascular, and Wellness Nutrition. 2016.

4. Andreasen, CH, Stender-Petersen, KL, Mogensen, MS, Torekov, SS, Wegner, L, Andersen, G, Nielsen, AL, Albrechtsen, A, Borch-Johnsen, K, Rasmussen, SS, Clausen, JO, Sandbaek, A, Lauritzen, T, Hansen, L, Jorgensen, T, Pedersen, O, and Hansen, T. Low physical activity accentuates the effect of the FTO rs9939609 polymorphism on body fat accumulation. Diabetes 57:95-101, 2008.

5. Cauchi, S, Stutzmann, F, Cavalcanti-Proenca, C, Durand, E, Pouta, A, Hartikainen, AL, Marre, M, Vol, S, Tammelin, T, Laitinen, J, Gonzalez-Izquierdo, A, Blakemore, AI, Elliott, P, Meyre, D, Balkau, B, Jarvelin, MR, and Froguel, P. Combined effects of MC4R and FTO common genetic variants on obesity in European general populations. J Mol Med (Berl) 87:537-546, 2009.

6. Centers for Disease Control and Prevention. Control of infectious diseases. MMWR Morb Mortal Wkly Rep 48:621-629, 1999.

7. Churchward-Venne, TA, Tieland, M, Verdijk, LB, Leenders, M, Dirks, ML, de Groot, LC, and van Loon, LJ. There are no nonresponders to resistance-type exercise training in older men and women. J Am Med Dir Assoc 16:400-411, 2015.

8. Coyle, EF, Martin, WH, 3rd, Sinacore, DR, Joyner, MJ, Hagberg, JM, and Holloszy, JO. Time course of loss of adaptations after stopping prolonged intense endurance training. J Appl Physiol Respir Environ Exerc Physiol 57:1857-1864, 1984.

9. Dina, C, Meyre, D, Gallina, S, Durand, E, Korner, A, Jacobson, P, Carlsson, LM, Kiess, W, Vatin, V, Lecoeur, C, Delplanque, J, Vaillant, E, Pattou, F, Ruiz, J, Weill, J, Levy-Marchal, C, Horber, F, Potoczna, N, Hercberg, S, Le Stunff, C, Bougneres, P, Kovacs, P, Marre, M, Balkau, B, Cauchi, S, Chevre, JC, and Froguel, P. Variation in FTO contributes to childhood obesity and severe adult obesity. Nat Genet 39:724-726, 2007.

10. Fleg, JL, Morrell, CH, Bos, AG, Brant, LJ, Talbot, LA, Wright, JG, and Lakatta, EG. Accelerated longitudinal decline of aerobic capacity in healthy older adults. Circulation 112:674-682, 2005.

11. Frayling, TM, Timpson, NJ, Weedon, MN, Zeggini, E, Freathy, RM, Lindgren, CM, Perry, JR, Elliott, KS, Lango, H, Rayner, NW, Shields, B, Harries, LW, Barrett, JC, Ellard, S, Groves, CJ, Knight, B, Patch, AM, Ness, AR, Ebrahim, S, Lawlor, DA, Ring, SM, Ben-Shlomo, Y, Jarvelin, MR, Sovio, U, Bennett, AJ, Melzer, D, Ferrucci, L, Loos, RJ, Barroso, I, Wareham, NJ, Karpe, F, Owen, KR, Cardon, LR, Walker, M, Hitman, GA, Palmer, CN, Doney, AS, Morris, AD, Smith, GD, Hattersley, AT, and McCarthy, MI. A common variant in the FTO gene is associated with body mass index and predisposes to childhood and adult obesity. Science 316:889-894, 2007.

12. Gormley, SE, Swain, DP, High, R, Spina, RJ, Dowling, EA, Kotipalli, US, and Gandrakota, R. Effect of intensity of aerobic training on VO2max. Med Sci Sports Exerc 40:1336-1343, 2008.

13. Gray, GE, and Gray, LK. Evidence-based medicine: Applications in dietetic practice. J Am Diet Assoc 102:1263-1272, 2002.

14. Gullberg, B, Johnell, O, and Kanis, JA. World-wide projections for hip fracture. Osteoporos Int 7:407-413, 1997.

15. Henry, YM, Fatayerji, D, and Eastell, R.

Attainment of peak bone mass at the lumbar spine, femoral neck and radius in men and women: Relative contributions of bone size and volumetric bone mineral density. Osteoporosis International 15:263-273, 2004.

16. Hu, F. Obesity Epidemiology. New York, NY: Oxford University Press, 2008.

17. Institute for Credentialing Excellence. NCCA Accredited Certification Programs. 2016.

18. Institute of Medicine. Dietary Reference Intakes for Energy, Carbohydrate, Fiber, Fat, Fatty Acids, Cholesterol, Protein, and Amino Acids (Macronutrients). Washington, DC: National Academies Press, 2005.

19. Issurin, VB. New horizons for the methodology and physiology of training periodization. Sports Med 40:189-206, 2010.

20. Kenney, WL, Wilmore, JH, and Costill, DL. Physiology of Sport and Exercise. Champaign, IL: Human Kinetics, 2015.

21. Kruskall, L, Manore, M, Eikhoff-Shemek, J, and Ehrman, J. Understanding the scope of practice among registered dietitian nutritonists and exercise professionals. ACSMs Health Fit J 21:23-32, 2017.

22. Leenders, M, Verdijk, LB, van der Hoeven, L, van Kranenburg, J, Nilwik, R, and van Loon, LJ. Elderly men and women benefit equally from prolonged resistance-type exercise training. J Gerontol A Biol Sci Med Sci 68:769-779, 2013.

23. Lemmer, JT, Hurlbut, DE, Martel, GF, Tracy, BL, Ivey, FM, Metter, EJ, Fozard, JL, Fleg, JL, and Hurley, BF. Age and gender responses to strength training and detraining. Med Sci Sports Exerc 32:1505-1512, 2000.

24. Lukaski, HC. Vitamin and mineral status: Effects on physical performance. Nutrition 20:632-644, 2004.

25. Manore, MM. Weight management for athletes and active individuals: A brief review. Sports Med 45 Suppl 1:83-92, 2015.

26. Meeusen, R, Duclos, M, Foster, C, Fry, A, Gleeson, M, Nieman, D, Raglin, J, Rietjens, G, Steinacker, J, and Urhausen, A. Prevention, diagnosis, and treatment of the overtraining syndrome: Joint consensus statement of the European College of Sports Medicine and the American College of Sports Medicine. Med Sci Sports Exerc 45:186-205, 2013.

27. National Academy of Sciences. Dietary Reference Intakes: Guiding Principles for Nutrition Labeling and Fortification. Washington, DC, 2003.

28. National Academy of Sciences. Dietary Reference Intakes for Water, Potassium, Sodium, Chloride, and Sulfate. Washington, DC, 2005.

29. Neufer, PD. The effect of detraining and reduced training on the physiological adaptations to aerobic exercise training. Sports Med 8:302-320, 1989.

30. Office of the Federal Register. Title 21: Food and drugs, Part 101—Food labeling. In Electronic Code of Federal Regulations. Washington, DC: U.S. Government Publishing Office.

31. Ogden, CL, Carroll, MD, Kit, BK, and Flegal, KM. Prevalence of childhood and adult obesity in the United States, 2011-2012. JAMA 311:806-814, 2014.

32. Paddon-Jones, D, and Rasmussen, BB. Dietary protein recommendations and the prevention of sarcopenia: Protein, amino acid metabolism and therapy. Current Opinion in Clinical Nutrition and Metabolic Care 12:8690, 2009.

33. Petrella, RJ, Lattanzio, CN, Shapiro, S, and Overend, T. Improving aerobic fitness in older adults: Effects of a physician-based exercise counseling and prescription program. Can Fam Physician 56:e191-e200, 2010.

34. Phillips, SM. Dietary protein requirements and adaptive advantages in athletes. Br J Nutr 108 Suppl 2:S158-167, 2012.

35. Phillips, SM. A brief review of higher dietary

protein diets in weight loss: A focus on athletes. Sports Med 44:149-153, 2014.

36. Poole, DC, Wilkerson, DP, and Jones, AM. Validity of criteria for establishing maximal O2 uptake during ramp exercise tests. Eur J Appl Physiol 102:403-410, 2008.

37. Qi, Q, Chu, AY, Kang, JH, Huang, J, Rose, LM, Jensen, MK, Liang, L, Curhan, GC, Pasquale, LR, Wiggs, JL, De Vivo, I, Chan, AT, Choi, HK, Tamimi, RM, Ridker, PM, Hunter, DJ, Willett, WC, Rimm, EB, Chasman, DI, Hu, FB, and Qi, L. Fried food consumption, genetic risk, and body mass index: Gene-diet interaction analysis in three US cohort studies. Br Med J 348, 2014.

38. Riebl, SK, and Davy, BM. The hydration equation: Update on water balance and cognitive performance. ACSMs Health Fit J 17:21-28, 2013.

39. Ruiz, JR, Labayen, I, Ortega, FB, Legry, V, Moreno, LA, Dallongeville, J, Martinez-Gomez, D, Bokor, S, Manios, Y, Ciarapica, D, Gottrand, F, De Henauw, S, Molnar, D, Sjostrom, M, and Meirhaeghe, A. Attenuation of the effect of the FTO rs9939609 polymorphism on total and central body fat by physical activity in adolescents: The HELENA study. Arch Pediatr Adolesc Med 164:328-333, 2010.

40. Santoro, N, Perrone, L, Cirillo, G, Raimondo, P, Amato, A, Coppola, F, Santarpia, M, D'Aniello, A, and Miraglia Del Giudice, E. Weight loss in obese children carrying the proopiomelanocortin R236G variant. J Endocrinol Invest 29:226-230, 2006.

41. Schoenfeld, BJ, Pope, ZK, Benik, FM, Hester, GM, Sellers, J, Nooner, JL, Schnaiter, JA, Bond-Williams, KE, Carter, AS, Ross, CL, Just, BL, Henselmans, M, and Krieger, JW. Longerinterset rest periods enhance muscle strength and hypertrophy in resistance-trained men. J Strength Cond Res 30:18051812, 2016.

42. Scribbans, TD, Vecsey, S, Hankinson, PB, Foster, WS, and Gurd, BJ. The effect of training intensity on VO(2)max in young healthy adults: A meta-regression and meta-analysis. Int J Exerc Sci 9:230-247, 2016.

43. Thomas, DT, Erdman, KA, and Burke, LM. Position of the Academy of Nutrition and Dietetics, Dietitians of Canada, and the American College of Sports Medicine: Nutrition and athletic performance. J Acad Nutr Diet 116:501-528, 2016.

44. Thompson, JL, Manore, MM, and Vaughan, LA. The Science of Nutrition. Upper Saddle River, NJ: Pearson Education, 2017.

45. U.S. Department of Agriculture. USDA Choose MyPlate.

46. U.S. Department of Agriculture. Dietary Reference Intakes. 2016.

47. U.S. Department of Agriculture. USDA Food Composition Database. 2016.

48. U.S. Department of Agriculture and U.S. Department of Health and Human Services. Dietary Guidelines for Americans, 2015-2020. Washington, DC: U.S. Department of Health and Human Services, 2016.

49. U.S. Department of Agriculture and U.S. Department of Health and Human Services. The Dietary Guidelines for Americans: What It Is, What It Is Not. In Dietary Guidelines for Americans, 2015-2020. U.S. Department of Health and Human Services, 2016.

50. U.S. Department of Health and Human Services. 2008 Physical Activity Guidelines for Americans. U.S. Department of Health and Human Services, 2008.

51. U.S. Food and Drug Administration. Food Labeling Guide.

52. U.S. Food and Drug Administration. Changes to the Nutrition Facts Label. 2016.

53. U.S. Food and Drug Administration. Guidance for Industry: A Food Labeling Guide (Appendix A: Definitions of Nutrient Content Claims). 2016.

54. U.S. Food and Drug Administration. Guidance for Industry: A Food Labeling Guide (Appendix C: Health Claims). 2016.

55. U.S. Food and Drug Administration. How to Understand and Use the Nutrition Facts Label. 2016.

56. U.S. Food and Drug Administration. Label Claims for Conventional Foods and Dietary Supplements. 2016.

57. U.S. Food and Drug Admistration. Food Labeling Guide. 2016.

58. U.S. National Library of Medicine. Definitions of Health Terms: Nutrition. 2016.

59. Ward, BW, Schiller, JS, and Goodman, RA. Multiple chronic conditions among US adults: A 2012 update. Prev Chronic Dis 11:E62, 2014.

60. Xi, B, Chandak, GR, Shen, Y, Wang, Q, and Zhou, D. Association between common polymorphism near the MC4R gene and obesity risk: A systematic review and meta-analysis. PLoS One 7:e45731, 2012.

61. Xiang, L, Wu, H, Pan, A, Patel, B, Xiang, G, Qi, L, Kaplan, RC, Hu, F, Wylie-Rosett, J, and Qi, Q. FTO genotype and weight loss in diet and lifestyle interventions: A systematic review and meta-analysis. Am J Clin Nutr 103:1162-1170, 2016.

第 2 章

1. Ainsworth, BE, Haskell, WL, Whitt, MC, Irwin, ML, Swartz, AM, Strath, SJ, O'Brien, WL, Bassett, DR, Jr., Schmitz, KH, Emplaincourt, PO, Jacobs, DR, Jr., and Leon, AS. Compendium of physical activities: An update of activity codes and MET intensities. Med Sci Sports Exerc 32:S498-S504, 2000.

2. Barnes, MJ. Alcohol: Impact on sports performance and recovery in male athletes. Sports Med 44:909-919, 2014.

3. Berg, JM, Tymoczko, JL, and Stryer, L. Biochemistry. New York: W.H. Freeman, 2012.

4. Buford, TW, Kreider, RB, Stout, JR, Greenwood, M, Campbell, B, Spano, M, Ziegenfuss, T, Lopez, H, Landis, J, and Antonio, J. International Society of Sports Nutrition position stand: Creatine supplementation and exercise. J Int Soc Sports Nutr 4:6, 2007.

5. Burke, DG, Chilibeck, PD, Parise, G, Candow, DG, Mahoney, D, and Tarnopolsky, M. Effect of creatine and weight training on muscle creatine and performance in vegetarians. Med Sci Sports Exerc 35:1946-1955, 2003.

6. Burke, LM, Collier, GR, Broad, EM, Davis, PG, Martin, DT, Sanigorski, AJ, and Hargreaves, M. Effect of alcohol intake on muscle glycogen storage after prolonged exercise. J Appl Physiol 95:983-990, 2003.

7. Burke, LM, and Read, RS. A study of dietary patterns of elite Australian football players. Can J Sport Sci 13:15-19, 1988.

8. Campbell, MK. Biochemistry. Philadelphia: Saunders, 1999.

9. Cooper, R, Naclerio, F, Allgrove, J, and Jimenez, A. Creatine supplementation with specific view to exercise/sports performance: An update. J Int Soc Sports Nutr 9:33, 2012.

10. Cunningham, JJ. A reanalysis of the factors influencing basal metabolic rate in normal adults. Am J Clin Nutr 33:2372-2374, 1980.

11. Deakin, V. Energy requirements of the athlete: Assessment and evidence of energy efficiency. In Clinical Sports Nutrition. Burke, L, Deakin, V, eds. Sydney, Australia: McGraw Hill Australia, 2015, pp. 27-53.

12. Gerich, JE, Meyer, C, Woerle, HJ, and Stumvoll, M. Renal gluconeogenesis: Its importance in human glucose homeostasis. Diabetes Care 24:382-391, 2001.

13. Guebels, CP, Kam, LC, Maddalozzo, GF, and Manore, MM. Active women before/after an intervention designed to restore menstrual function: Resting metabolic rate and comparison of four methods to quantify energy expenditure and energy availability. Int J Sport Nutr Exerc Metab 24:37-46, 2014.

14. Hobson, RM, and Maughan, RJ. Hydration status and the diuretic action of a small dose of alcohol. Alcohol Alcohol 45:366-373, 2010.

15. Insel, PM. Nutrition. Burlington, MA: Jones & Bartlett Learning, 2014.

16. Joy, E, De Souza, MJ, Nattiv, A, Misra, M, Williams, NI, Mallinson, RJ, Gibbs, JC, Olmsted, M, Goolsby, M, Matheson, G, Barrack, M, Burke, L, Drinkwater, B, Lebrun, C, Loucks, AB, Mountjoy, M, Nichols, J, and Borgen, JS. 2014 female athlete triad coalition consensus statement on treatment and return to play of the female athlete triad. Curr Sports Med Rep 13:219-232, 2014.

17. Koeth, RA, Wang, Z, Levison, BS, Buffa, JA, Org, E, Sheehy, BT, Britt, EB, Fu, X, Wu, Y, Li, L, Smith, JD, DiDonato, JA, Chen, J, Li, H, Wu, GD, Lewis, JD, Warrier, M, Brown, JM, Krauss, RM, Tang, WH, Bushman, FD, Lusis, AJ, and Hazen, SL. Intestinal micro-biota metabolism of L-carnitine, a nutrient in red meat, promotes atherosclerosis. Nat Med 19:576-585, 2013.

18. Lee, JM, Kim, Y, and Welk, GJ. Validity of consumer-based physical activity monitors. Med Sci Sports Exerc 46:1840-1848, 2014.

19. Loucks, AB. Energy balance and energy availability. In The Encyclopaedia of Sports Medicine. John Wiley & Sons Ltd, 2013, pp. 72-87.

20. Lourenco, S, Oliveira, A, and Lopes, C. The effect of current and lifetime alcohol consumption on overall and central obesity. Eur J Clin Nutr 66:813-818, 2012.

21. Manini, TM. Energy expenditure and aging. Ageing Res Rev 9:1-11, 2010.

22. Manore, MM, and Thompson, JL. Energy requirements of the athlete: Assessment and evidence of energy efficiency. In Clinical Sports Nutrition. Burke, L, Deakin, V, eds. Sydney, Australia: McGraw Hill Australia, 2015, pp. 114-139.

23. Mountjoy, M, Sundgot-Borgen, J, Burke, L, Carter, S, Constantini, N, Lebrun, C, Meyer, N, Sherman, R, Steffen, K, Budgett, R, and Ljungqvist, A. The IOC consensus statement: Beyond the female athlete triad—Relative energy deficiency in sport (RED-S). Br J Sports Med 48:491-497, 2014.

24. Parr, EB, Camera, DM, Areta, JL, Burke, LM, Phillips, SM, Hawley, JA, and Coffey, VG. Alcohol ingestion impairs maximal post-exercise rates of myofibrillar protein synthesis following a single bout of concurrent training. PLoS One 9:e88384, 2014.

25. Pooyandjoo, M, Nouhi, M, Shab-Bidar, S, Djafarian, K, and Olyaeemanesh, A. The effect of (L-)carnitine on weight loss in adults: A systematic review and meta-analysis of randomized controlled trials. Obes Rev 17:970-976, 2016.

26. Roza, AM, and Shizgal, HM. The Harris Benedict equation reevaluated: Resting energy requirements and the body cell mass. Am J Clin Nutr 40:168-182, 1984.

27. Slootmaker, SM, Chinapaw, MJ, Seidell, JC, van Mechelen, W, and Schuit, AJ. Accelerometers and Internet for physical activity promotion in youth? Feasibility and effectiveness of a minimal intervention [ISRCTN93896459]. Prev Med 51:31-36, 2010.

28. Spriet, LL. New insights into the interaction of carbohydrate and fat metabolism during exercise. Sports Med 44 Suppl 1:S87-96, 2014.

29. St-Onge, MP, and Gallagher, D. Body composition changes with aging: The cause or the result of alterations in metabolic rate and macronutrient oxidation? Nutrition 26:152155, 2010.

30. Stipanuk, MH. Biochemical and Physiological Aspects of Human Nutrition. Philadelphia: W.B. Saunders, 2000.

31. Stryer, L. Biochemistry. New York: W.H. Freeman, 1995.

32. Thomas, DT, Erdman, KA, and Burke, LM. American College of Sports Medicine joint position statement: Nutrition and

athletic performance. Med Sci Sports Exerc 48:543568, 2016.

33. U.S. Department of Agriculture and U.S. Department of Health & Human Services. Dietary Guidelines for Americans, 2015-2020. Wise Age Books, 2015.

34. Verster, JC. The alcohol hangover—A puzzling phenomenon. Alcohol Alcohol 43:124126, 2008.

35. von Loeffelholz, C. The role of non-exercise activity thermogenesis in human obesity. In Endotext. De Groot, LJ, Chrousos, G, Dungan, K, Feingold, KR, Grossman, A, Hershman, JM, Koch, C, Korbonits, M, McLachlan, R, New, M, Purnell, J, Rebar, R, Singer, F, Vinik, A, eds. South Dartmouth, MA: MDText.com, 2000.

36. Westerterp, KR. Reliable assessment of physical activity in disease: An update on activity monitors. Curr Opin Clin Nutr Metab Care 17:401-406, 2014.

37. Widmaier, EP, Raff, H, and Strang, KT. Vander's Human Physiology: The Mechanisms of Body Function. Boston: McGraw-Hill, 2006.

第 3 章

1. Academy of Nutrition and Dietetics and American Diabetes Association. Choose Your Foods: Food Lists for Weight Management. Chicago, IL, and Alexandria, VA: Academy of Nutrition and Dietetics and American Diabetes Association, 2014.

2. American Institute for Cancer Research. Get the Facts on Fiber 2016.

3. Astrup, A, Raben, A, and Geiker, N. The role of higher protein diets in weight control and obesity-related comorbidities. Int J Obes (Lond) 39:721-726, 2015.

4. Atkinson, F, Foster-Powell, K, and Brand-Miller, J. International tables of glycemic index and glycemic load values: 2008. Diabetes Care 31:2281-2283, 2008.

5. Bennett, CB, Chilibeck, PD, Barss, T, Vatanparast, H, Vandenberg, A, and Zello, GA. Metabolism and performance during extended high-intensity intermittent exercise after consumption of low- and high-glycaemic index pre-exercise meals. Br J Nutr 108 Suppl 1:S81-S90, 2012.

6. Burke, L, Collier, G, and Hargreaves, M. Glycemic index: A new tool in sports nutrition. Int J Sport Nutr Exerc Metab 8:401-415, 1998.

7. Burke, LM, Hawley, JA, Wong, SHS, and Jeukendrup, AE. Carbohydrates for training and competition. J Sports Sci 29:S17-S27, 2011.

8. Burton-Freeman, B. Dietary fiber and energy regulation. J Nutr 130:272s-275s, 2000.

9. Cahill Jr, GF. Starvation in man. Clin Endocrinol Metab 5:397-415, 1976.

10. Chiu, C, Liu, S, Willett, W, Wolever, T, Brand-Miller, J, Barclay, A, and Taylor, A. Informing food choices and health outcomes by use of the dietary glycemic index. Nutr Rev 69:231242, 2011.

11. Chiu, YT, and Stewart, ML. Effect of variety and cooking method on resistant starch content of white rice and subsequent postprandial glucose response and appetite in humans. Asia Pac J Clin Nutr 22:372-379, 2013.

12. Clark, MJ, and Slavin, JL. The effect of fiber on satiety and food intake: A systematic review. J Am Coll Nutr 32:200-211, 2013.

13. Cleveland Clinic. Lactose Intolerance. 2016.

14. Cummings, J, and Stephen, A. Carbohydrate terminology and classification. European Journal of Clinical Nutrition 61:S5-S18, 2007.

15. Fitch, C, and Keim, KS. Position of the Academy of Nutrition and Dietetics: Use of nutritive and nonnutritive sweeteners. J Acad Nutr Diet 112:739-758, 2012.

16. FoodInsight. Background on Carbohydrates & Sugars. 2016.

17. Foster-Powell, K, Holt, S, and Brand-Miller,

J. International table of glycemic index and glycemic load values. Am J Clin Nutr 76:556, 2002.

18. Harvard Medical School. Simple changes in diet can protect you against friendly fire. Harvard Heart Letter 2007.

19. Hermansen, K, Rasmussen, O, Gregersen, S, and Larsen, S. Influence of ripeness of banana on the blood glucose and insulin response in type 2 diabetic subjects. Diabet Med 9:739-743, 1992.

20. Hu, FB. Resolved: There is sufficient scientific evidence that decreasing sugar-sweetened beverage consumption will reduce the prevalence of obesity and obesity-related diseases. Obes Rev 14:606-619, 2013.

21. Immonen, K, Ruusunen, M, Hissa, K, and Puolanne, E. Bovine muscle glycogen concentration in relation to finishing diet, slaughter and ultimate pH. Meat Sci 55:2531, 2000.

22. Institute of Medicine. Dietary Reference Intakes for Energy, Carbohydrate, Fiber, Fat, Fatty Acids, Cholesterol, Protein, and Amino Acids (Macronutrients). Washington, DC: National Academies Press, 2005.

23. Ivy, JL. Muscle glycogen synthesis before and after exercise. Sports Med 11:6-19, 1991.

24. Jensen, J, Rustad, PI, Kolnes, AJ, and Lai, Y-C. The role of skeletal muscle glycogen breakdown for regulation of insulin sensitivity by exercise. Front Physiol 2:112, 2011.

25. Karpinski, C, and Rosenbloom, C. Sports Nutrition: A Handbook for Professionals. 6th ed. Chicago, IL: Academy of Nutrition and Dietetics, 2017.

26. Kenney, WL, Wilmore, JH, and Costill, DL. Physiology of Sport and Exercise. 6th ed. Champaign, IL: Human Kinetics, 2015.

27. Kreitzman, SN, Coxon, AY, and Szaz, KF. Glycogen storage: Illusions of easy weight loss, excessive weight regain, and distortions in estimates of body composition. Am J Clin

Nutr 56:292s-293s, 1992.

28. Marmy-Conus, N, Fabris, S, Proietto, J, and Hargreaves, M. Preexercise glucose ingestion and glucose kinetics during exercise. J Appl Physiol 81:853-857, 1996.

29. Marsh, A, Eslick, EM, and Eslick, GD. Does a diet low in FODMAPs reduce symptoms associated with functional gastrointestinal disorders? A comprehensive systematic review and meta-analysis. Eur J Nutr 55:897906, 2016.

30. Massougbodji, J, Le Bodo, Y, Fratu, R, and De Wals, P. Reviews examining sugar-sweetened beverages and body weight: Correlates of their quality and conclusions. Am J Clin Nutr 99:1096-1104, 2014.

31. McArdle, WD, Katch, FI, and Katch, VL. Macronutrient metabolism in exercise and training. In Sports and Exercise Nutrition. 4th ed. Baltimore, MD: Wolters Kluwer, 2013, pp. 167-178.

32. Monro, J, and Shaw, M. Glycemic impact, glycemic glucose equivalents, glycemic index, and glycemic load: Definitions, distinctions, and implications. Am J Clin Nutr 87:237S-243S, 2008.

33. National Institutes of Health. Glucose test. Medline Plus.

34. National Institutes of Health. Glucose tolerance test. Medline Plus.

35. Ross, CA, Caballero, B, Cousins, RJ, Tucker, KL, and Ziegler, TR. Modern Nutrition in Health and Disease. 11th ed. Baltimore, MD: Lippincott Williams & Wilkins, 2014.

36. Slavin, JL. Position of the American Dietetic Association: Health implications of dietary fiber. J Am Diet Assoc 108:1716-1731, 2008.

37. Tarnopolsky, MA, Gibala, M, Jeukendrup, AE, and Phillips, SM. Nutritional needs of elite endurance athletes. Part I: Carbohydrate and fluid requirements. Eur J Sport Sci 5:3-14, 2005.

38. Te Morenga, L, Mallard, S, and Mann, J.

Dietary sugars and body weight: Systematic review and meta-analyses of randomised controlled trials and cohort studies. BMJ 346:e7492, 2013.

39. Thomas, DT, Erdman, KA, and Burke, LM. Position of the Academy of Nutrition and Dietetics, Dietitians of Canada, and the American College of Sports Medicine: Nutrition and athletic performance. J Acad Nutr Diet 116:501-528, 2016.

40. Thompson, JL, Manore, MM, and Vaughan, LA. The Science of Nutrition. Upper Saddle River, NJ: Pearson Education, 2017.

41. U.S. Department of Agriculture. Dietary Reference Intakes: Macronutrients.

42. U.S. Department of Agriculture. USDA Choose MyPlate.

43. U.S. Department of Agriculture. USDA National Nutrient Database for Standard Reference, Release 26.

44. U.S. Department of Agriculture. Dietary Guidelines for Americans, 2015-2020. 2015.

45. U.S. Food and Drug Administration. Additional Information About High-Intensity Sweeteners Permitted for Use in Food in the United States.

46. U.S. Food and Drug Administration. Food Labeling Guide.

47. U.S. Food and Drug Administration. Guidance for Industry: Questions and Answers on FDA's Fortification Policy.

48. U.S. Food and Drug Administration. High Intensity Sweeteners.

49. U.S. Food and Drug Administration. How Sweet It Is: All About Sugar Substitutes. 2014.

50. U.S. Food and Drug Administration. CFR— Code of Federal Regulations Title 21. 2016.

51. U.S. Food and Drug Administration. "Natural" on Food Labeling. 2016.

52. Zijlstra, N, de Wijk, RA, Mars, M, Stafleu, A, and de Graaf, C. Effect of bite size and oral processing time of a semisolid food on satiation. Am J Clin Nutr 90:269-275, 2009.

第 4 章

1. Adlof, RO, Duval, S, and Emken, EA. Biosynthesis of conjugated linoleic acid in humans. Lipids 35:131-135, 2000.

2. American College of Sports Medicine. Joint position statement: Nutrition and athletic performance. Med Sci Sports Exerc 32:21302145, 2000.

3. American Heart Association. AHA Scientific Statement. American Heart Association Guide for Improving Cardiovascular Health at the Community Level, 2013 Update: A Scientific Statement for Public Health Practitioners, Healthcare Providers, and Health Policy Makers. 2013.

4. Ander, BP, Dupasquier, CM, Prociuk, MA, and Pierce, GN. Polyunsaturated fatty acids and their effects on cardiovascular disease. Exp Clin Cardiol 8:164-172, 2003.

5. Anderson, BM, and Ma, DW. Are all n-3 polyunsaturated fatty acids created equal? Lipids Health Dis 8:33, 2009.

6. Anderson, JW, Allgood, LD, Lawrence, A, Altringer, LA, Jerdack, GR, Hengehold, DA, and Morel, JG. Cholesterol-lowering effects of psyllium intake adjunctive to diet therapy in men and women with hypercholesterolemia: Meta-analysis of 8 controlled trials. Am J Clin Nutr 71:472-479, 2000.

7. Aro, A, Antoine, J, Pizzoferrato, L, Reykdala, O, and van Poppel, G. Trans fatty acids and dairy and meat products from 14 European countries: The TRANSFAIR study. J Food Compost Anal 11:150-160, 1998.

8. Aro, A, Jauhiainen, M, Partanen, R, Salminen, I, and Mutanen, M. Stearic acid, trans fatty acids, and dairy fat: Effects on serum and lipoprotein lipids, apolipoproteins, lipoprotein(a), and lipid transfer proteins in healthy subjects. Am J Clin Nutr 65:14191426, 1997.

9. Aronis, KN, Khan, SM, and Mantzoros, CS. Effects of trans fatty acids on glucose homeostasis: A meta-analysis of randomized, placebo-controlled clinical trials. Am J Clin Nutr 96:1093-1099, 2012.

10. Bendsen, NT, Chabanova, E, Thomsen, HS, Larsen, TM, Newman, JW, Stender, S, Dyerberg, J, Haugaard, SB, and Astrup, A. Effect of trans fatty acid intake on abdominal and liver fat deposition and blood lipids: A randomized trial in overweight postmenopausal women. Nutr Diabetes 1:e4, 2011.

11. Bendsen, NT, Stender, S, Szecsi, PB, Pedersen, SB, Basu, S, Hellgren, LI, Newman, JW, Larsen, TM, Haugaard, SB, and Astrup, A. Effect of industrially produced trans fat on markers of systemic inflammation: Evidence from a randomized trial in women. J Lipid Res 52:1821-1828, 2011.

12. Berry, SE. Triacylglycerol structure and interesterification of palmitic and stearic acid-rich fats: An overview and implications for cardiovascular disease. Nutr Res Rev 22:3-17, 2009.

13. Bettelheim, FA, Brown, WH, Campbell, MK, and Farrell, SO. Introduction to General, Organic, and Biochemistry. 9th ed. Boston, MA: Brooks/Cole, Cengage Learning.

14. Beynen, AC, Katan, MB, and Van Zutphen, LF. Hypo- and hyperresponders: Individual differences in the response of serum cholesterol concentration to changes in diet. Adv Lipid Res 22:115-171, 1987.

15. Biong, AS, Muller, H, Seljeflot, I, Veierod, MB, and Pedersen, JI. A comparison of the effects of cheese and butter on serum lipids, haemostatic variables and homocysteine. Br J Nutr 92:791-797, 2004.

16. Bosch, J, Gerstein, HC, Dagenais, GR, Diaz, R, Dyal, L, Jung, H, Maggiono, AP, Probstfield, J, Ramachandran, A, Riddle, MC, Ryden, LE, and Yusuf, S. N-3 fatty acids and cardiovascular outcomes in patients with dysglycemia. N Engl J Med 367:309-318, 2012.

17. Brown, L, Rosner, B, Willett, WW, and Sacks, FM. Cholesterol-lowering effects of dietary fiber: A meta-analysis. Am J Clin Nutr 69:30-42, 1999.

18. Burdge, GC, and Wootton, SA. Conversion of alpha-linolenic acid to eicosapentaenoic, docosapentaenoic and docosahexaenoic acids in young women. Br J Nutr 88:411420, 2002.

19. Burke, LM. Fueling strategies to optimize performance: training high or training low? Scand J Med Sci Sports 20 Suppl 2:48-58, 2010.

20. Burr, ML, Fehily, AM, Gilbert, JF, Rogers, S, Holliday, RM, Sweetnam, PM, Elwood, PC, and Deadman, NM. Effects of changes in fat, fish, and fibre intakes on death and myocardial reinfarction: Diet and reinfarction trial (DART). Lancet 2:757-761, 1989.

21. de Oliveira Otto, MC, Mozaffarian, D, Kromhout, D, Bertoni, AG, Sibley, CT, Jacobs, DR, Jr., and Nettleton, JA. Dietary intake of saturated fat by food source and incident cardiovascular disease: The Multi-Ethnic Study of Atherosclerosis. Am J Clin Nutr 96:397-404, 2012.

22. Dhaka, V, Gulia, N, Ahlawat, KS, and Khatkar, BS. Trans fats—Sources, health risks and alternative approach: A review. J Food Sci Technol 48:534-541, 2011.

23. Dirlewanger, M, di Vetta, V, Guenat, E, Battilana, P, Seematter, G, Schneiter, P, Jequier, E, and Tappy, L. Effects of short-term carbohydrate or fat overfeeding on energy expenditure and plasma leptin concentrations in healthy female subjects. Int J Obes Relat Metab Disord 24:1413-1418, 2000.

24. Eslick, GD, Howe, PR, Smith, C, Priest, R, and Bensoussan, A. Benefits of fish oil supplementation in hyperlipidemia: A systematic review and meta-analysis. Int J Cardiol 136:4-16, 2009.

25. Ferrier, D. Biochemistry. 6th ed. Baltimore, MD: Lippinocott, Williams & Wilkins, 2014.

26. Field, CJ, Blewett, HH, Proctor, S, and Vine, D. Human health benefits of vaccenic acid. Appl Physiol Nutr Metab 34:979-991, 2009.

27. Filippou, A, Teng, KT, Berry, SE, and Sanders, TA. Palmitic acid in the sn-2 position of dietary triacylglycerols does not affect insulin secretion or glucose homeostasis in healthy men and women. Eur J Clin Nutr 68:10361041, 2014.

28. Fleming, JA, and Kris-Etherton, PM. The evidence for alpha-linolenic acid and cardiovascular disease benefits: Comparisons with eicosapentaenoic acid and docosahexaenoic acid. Adv Nutr 5:863S-876S, 2014.

29. Frost, E. Effect of Dietary Protein Intake on Diet-Induced Thermogenesis During Overfeeding. . Oral abstract presentation at The Obesity Society Annual Meeting, 2014.

30. Gebauer, SK, Chardigny, JM, Jakobsen, MU, Lamarche, B, Lock, AL, Proctor, SD, and Baer, DJ. Effects of ruminant trans fatty acids on cardiovascular disease and cancer: A comprehensive review of epidemiological, clinical, and mechanistic studies. Adv Nutr 2:332-354, 2011.

31. GISSI-Prevenzione Investigators. Dietary supplementation with n-3 polyunsaturated fatty acids and vitamin E after myocardial infarction: Results of the GISSI-Prevenzione trial. Lancet 354:447-455, 1999.

32. Goldberg, RJ, and Katz, J. A meta-analysis of the analgesic effects of omega-3 polyunsaturated fatty acid supplementation for inflammatory joint pain. Pain 129:210-223, 2007.

33. Hall, KD. What is the required energy deficit per unit weight loss? Int J Obes (Lond) 32:573-576, 2008.

34. Harris, WS. Are n-3 fatty acids still cardioprotective? Curr Opin Clin Nutr Metab Care 16:141-149, 2013.

35. Harris, WS, Lemke, SL, Hansen, SN, Goldstein, DA, DiRienzo, MA, Su, H, Nemeth, MA, Taylor, ML, Ahmed, G, and George, C. Stearidonic acid-enriched soybean oil increased the omega-3 index, an emerging cardiovascular risk marker. Lipids 43:805811, 2008.

36. Hawley, JA, Schabort, EJ, Noakes, TD, and Dennis, SC. Carbohydrate-loading and exercise performance. An update. Sports Med 24:73-81, 1997.

37. Hayes, KC. Synthetic and modified glycerides: Effects on plasma lipids. Curr Opin Lipidol 12:55-60, 2001.

38. He, K, Song, Y, Daviglus, ML, Liu, K, Van Horn, L, Dyer, AR, and Greenland, P. Accumulated evidence on fish consumption and coronary heart disease mortality: A meta-analysis of cohort studies. Circulation 109:2705-2711, 2004.

39. Helge, JW, Watt, PW, Richter, EA, Rennie, MJ, and Kiens, B. Fat utilization during exercise: Adaptation to a fat-rich diet increases utilization of plasma fatty acids and very low density lipoprotein-triacylglycerol in humans. J Physiol 537:1009-1020, 2001.

40. Hjerpsted, J, Leedo, E, and Tholstrup, T. Cheese intake in large amounts lowers LDL-cholesterol concentrations compared with butter intake of equal fat content. Am J Clin Nutr 94:1479-1484, 2011.

41. Horton, TJ, Drougas, H, Brachey, A, Reed, GW, Peters, JC, and Hill, JO. Fat and carbohydrate overfeeding in humans: Different effects on energy storage. Am J Clin Nutr 62:19-29, 1995.

42. Hulston, CJ, Venables, MC, Mann, CH, Martin, C, Philp, A, Baar, K, and Jeukendrup, AE. Training with low muscle glycogen enhances fat metabolism in well-trained cyclists. 42:2046-2055, 2010.

43. Hunter, JE. Studies on effects of dietary fatty acids as related to their position on triglycerides. Lipids 36:655-668, 2001.

44. Hunter, JE, Zhang, J, and Kris-Etherton, PM. Cardiovascular disease risk of dietary

stearic acid compared with trans, other saturated, and unsaturated fatty acids: A systematic review. Am J Clin Nutr 91:46-63, 2010.

45. Hussain, MM. A proposed model for the assembly of chylomicrons. Atherosclerosis 148:1-15, 2000.

46. Igel, M, Giesa, U, Lutjohann, D, and von Bergmann, K. Comparison of the intestinal uptake of cholesterol, plant sterols, and stanols in mice. J Lipid Res 44:533-538, 2003.

47. IUPAC-IUB Commission on Biochemical Nomenclature. The nomenclature of lipids (Recommendations 1976) Biochem J 171:2135, 1978.

48. James, MJ, Sullivan, TR, Metcalf, RG, and Cleland, LG. Pitfalls in the use of randomised controlled trials for fish oil studies with cardiac patients. Br J Nutr 112:812-820, 2014.

49. James, MJ, Ursin, VM, and Cleland, LG. Metabolism of stearidonic acid in human subjects: Comparison with the metabolism of other n-3 fatty acids. Am J Clin Nutr 77:11401145, 2003.

50. Jeukendrup, AE. Regulation of fat metabolism in skeletal muscle. Ann N Y Acad Sci 967:217-235, 2002.

51. Joint FAO/WHO Expert Consultation on Fats and Fatty Acids in Human Nutrition. Interim Summary of Conclusions and Dietary Recommendations on Total Fat & Fatty Acids. Geneva: WHO, 2008.

52. Judd, JT, Clevidence, BA, Muesing, RA, Wittes, J, Sunkin, ME, and Podczasy, JJ. Dietary trans fatty acids: Effects on plasma lipids and lipoproteins of healthy men and women. Am J Clin Nutr 59:861-868, 1994.

53. Katan, MB, van Gastel, AC, de Rover, CM, van Montfort, MA, and Knuiman, JT. Differences in individual responsiveness of serum cholesterol to fat-modified diets in man. Eur J Clin Invest 18:644-647, 1988.

54. Kiessling, G, Schneider, J, and Jahreis, G.

Long-term consumption of fermented dairy products over 6 months increases HDL cholesterol. Eur J Clin Nutr 56:843-849, 2002.

55. Klonoff, DC. Replacements for trans fats— Will there be an oil shortage? J Diabetes Sci Technol 1:415-422, 2007.

56. Konig, A, Bouzan, C, Cohen, JT, Connor, WE, Kris-Etherton, PM, Gray, GM, Lawrence, RS, Savitz, DA, and Teutsch, SM. A quantitative analysis of fish consumption and coronary heart disease mortality. Am J Prev Med 29:335-346, 2005.

57. Kris-Etherton, PM. AHA science advisory: Monounsaturated fatty acids and risk of cardiovascular disease. J Nutr 129:22802284, 1999.

58. Kromhout, D, Giltay, EJ, and Geleijnse, JM. N-3 fatty acids and cardiovascular events after myocardial infarction. N Engl J Med 363:2015-2026, 2010.

59. Lands, B. Omega-3 PUFAs lower the propensity for arachidonic acid cascade overreactions. Biomed Res Int 2015:285135, 2015.

60. Lemke, SL, Maki, KC, Hughes, G, Taylor, ML, Krul, ES, Goldstein, DA, Su, H, Rains, TM, and Mukherjea, R. Consumption of stearidonic acid-rich oil in foods increases red blood cell eicosapentaenoic acid. J Acad Nutr Diet 113:1044-1056, 2013.

61. Lewis, EJ, Radonic, PW, Wolever, TM, and Wells, GD. 21 days of mammalian omega-3 fatty acid supplementation improves aspects of neuromuscular function and performance in male athletes compared to olive oil placebo. J Int Soc Sports Nutr 12:28, 2015.

62. Li, K, Huang, T, Zheng, J, Wu, K, and Li, D. Effect of marine-derived n-3 polyunsaturated fatty acids on C-reactive protein, interleukin 6 and tumor necrosis factor alpha: A meta-analysis. PLoS One 9:e88103, 2014.

63. Li, Y, Hruby, A, Bernstein, AM, Ley, SH, Wang, DD, Chiuve, SE, Sampson, L, Rex-

rode, KM, Rimm, EB, Willett, WC, and Hu, FB. Saturated fats compared with unsaturated fats and sources of carbohydrates in relation to risk of coronary heart disease: A prospective cohort study. J Am Coll Cardiol 66:1538-1548, 2015.

64. Lichtenstein, AH, Ausman, LM, Jalbert, SM, and Schaefer, EJ. Effects of different forms of dietary hydrogenated fats on serum lipoprotein cholesterol levels. 340:1933-1940, 1999.

65. Liu, YM. Medium-chain triglyceride (MCT) ketogenic therapy. Epilepsia 49 Suppl 8:3336, 2008.

66. Marchioli, R, and Levantesi, G. N-3 PUFAs in cardiovascular disease. Int J Cardiol 170:S3338, 2013.

67. McNamara, DJ, Lowell, AE, and Sabb, JE. Effect of yogurt intake on plasma lipid and lipoprotein levels in normolipidemic males. Atherosclerosis 79:167-171, 1989.

68. Meier, TB, Bellgowan, PS, Singh, R, Kuplicki, R, Polanski, DW, and Mayer, AR. Recovery of cerebral blood flow following sports-related concussion. JAMA Neurol 72:530-538, 2015.

69. Meijer, GW, and Weststrate, JA. Interesterification of fats in margarine: Effect on blood lipids, blood enzymes, and hemostasis parameters. Eur J Clin Nutr 51:527-534, 1997.

70. Mensink, RP, Zock, PL, Kester, AD, and Katan, MB. Effects of dietary fatty acids and carbohydrates on the ratio of serum total to HDL cholesterol and on serum lipids and apolipoproteins: a meta-analysis of 60 controlled trials. Am J Clin Nutr 77:1146-1155, 2003.

71. Miles, EA, and Calder, PC. Influence of marine n-3 polyunsaturated fatty acids on immune function and a systematic review of their effects on clinical outcomes in rheumatoid arthritis. Br J Nutr 107 Suppl 2:S171-S184, 2012.

72. Miller, PE, Van Elswyk, M, and Alexander, DD. Long-chain omega-3 fatty acids eicosapentaenoic acid and docosahexaenoic acid and blood pressure: A meta-analysis of randomized controlled trials. Am J Hypertens 27:885-896, 2014.

73. Mills, JD, Bailes, JE, Sedney, CL, Hutchins, H, and Sears, B. Omega-3 fatty acid supplementation and reduction of traumatic axonal injury in a rodent head injury model. J Neurosurg 114:77-84, 2011.

74. Mills, JD, Hadley, K, and Bailes, JE. Dietary supplementation with the omega-3 fatty acid docosahexaenoic acid in traumatic brain injury. Neurosurgery 68:474-481, 2011.

75. Mosley, EE, McGuire, MK, Williams, JE, and McGuire, MA. Cis-9, trans-11 conjugated linoleic acid is synthesized from vaccenic acid in lactating women. J Nutr 136:2297-2301, 2006.

76. Motard-Belanger, A, Charest, A, Grenier, G, Paquin, P, Chouinard, Y, Lemieux, S, Couture, P, and Lamarche, B. Study of the effect of trans fatty acids from ruminants on blood lipids and other risk factors for cardiovascular disease. Am J Clin Nutr 87:593-599, 2008.

77. Mozaffarian, D. Does alpha-linolenic acid intake reduce the risk of coronary heart disease? A review of the evidence. Altern Ther Health Med 11:24-30, 2005.

78. Mozaffarian, D. Fish and n-3 fatty acids for the prevention of fatal coronary heart disease and sudden cardiac death. Am J Clin Nutr 87:1991S-1996S, 2008.

79. Mozaffarian, D, Aro, A, and Willett, WC. Health effects of trans-fatty acids: Experimental and observational evidence. Eur J Clin Nutr 63 Suppl 2:S5-S21, 2009.

80. Mozaffarian, D, Katan, MB, Ascherio, A, Stampfer, MJ, and Willett, WC. Trans fatty acids and cardiovascular disease. N Engl J Med 354:1601-1613, 2006.

81. Mozaffarian, D, Micha, R, and Wallace, S. Effects on coronary heart disease of increasing polyunsaturated fat in place of saturated fat: A systematic review and meta-analysis of randomized controlled trials.

PLoS Med 7:e1000252, 2010.

82. Mozaffarian, D, and Rimm, EB. Fish intake, contaminants, and human health: Evaluating the risks and the benefits. JAMA 296:18851899, 2006.

83. National Cholesterol Education Program. Third Report of the National Cholesterol Edu-cation Program (NCEP) Expert Panel on Detec-tion, Evaluation, and Treatment of High Blood Cholesterol in Adults (Adult Treatment Panel III). Washington, DC: National Institutes of Health, 2002.

84. National Research Council. Washington, DC: National Academies Press, 1989.

85. Nestel, P, Shige, H, Pomeroy, S, Cehun, M, Abbey, M, and Raederstorff, D. The n-3 fatty acids eicosapentaenoic acid and docosahexaenoic acid increase systemic arterial compliance in humans. Am J Clin Nutr 76:326-330, 2002.

86. Nishida, C, and Uauy, R. WHO Scientific Update on health consequences of trans fatty acids: Introduction. Eur J Clin Nutr 63 Suppl 2:S1-S4, 2009.

87. Noakes, M, and Clifton, PM. Oil blends containing partially hydrogenated or inter-esterified fats: Differential effects on plasma lipids. Am J Clin Nutr 68:242-247, 1998.

88. O'Donnell-Megaro, AM, Barbano, DM, and Bauman, DE. Survey of the fatty acid composition of retail milk in the United States including regional and seasonal variations. J Dairy Sci 94:59-65, 2011.

89. Ordovas, JM. Nutrigenetics, plasma lipids, and cardiovascular risk. J Am Diet Assoc 106:1074-1081, 2006.

90. Otten, J, Hellwig, J, and Meyers, L. Dietary Reference Intakes: The Essential Guide to Nutrient Requirements. Washington, DC: National Academies Press, 2006.

91. Pendergast, DR, Horvath, PJ, Leddy, JJ, and Venkatraman, JT. The role of dietary fat on performance, metabolism, and health. Am J Sports Med 24:S53-58, 1996.

92. Pitsiladis, YP, Duignan, C, and Maughan, RJ. Effects of alterations in dietary carbohydrate intake on running performance during a 10 km treadmill time trial. Br J Sports Med 30:226-231, 1996.

93. Plourde, M, and Cunnane, SC. Extremely limited synthesis of long chain polyunsaturates in adults: Implications for their dietary essentiality and use as supplements. Appl Physiol Nutr Metab 32:619-634, 2007.

94. Precht, D. Variation of trans fatty acids in milk fats. Z Ernahrungswiss 34:27-29, 1995.

95. Rauch, B, Schiele, R, Schneider, S, Diller, F, Victor, N, Gohlke, H, Gottwik, M, Stein-beck, G, Del Castillo, U, Sack, R, Worth, H, Katus, H, Spitzer, W, Sabin, G, Senges, J, and Group, OS. OMEGA, a randomized, placebo-controlled trial to test the effect of highly purified omega-3 fatty acids on top of modern guideline-adjusted therapy after myocardial infarction. Circulation 122:21522159, 2010.

96. Richelle, M, Enslen, M, Hager, C, Groux, M, Tavazzi, I, Godin, JP, Berger, A, Metairon, S, Quaile, S, Piguet-Welsch, C, Sagalowicz, L, Green, H, and Fay, LB. Both free and esterified plant sterols reduce cholesterol absorption and the bioavailability of beta-carotene and alpha-tocopherol in normocholesterolemic humans. Am J Clin Nutr 80:171-177, 2004.

97. Robins, AL, Davies, DM, and Jones, GE. The effect of nutritional manipulation on ultra-endurance performance: A case study. Res Sports Med 13:199-215, 2005.

98. Robinson, DM, Martin, NC, Robinson, LE, Ahmadi, L, Marangoni, AG, and Wright, AJ. Influence of interesterification of a stearic acid-rich spreadable fat on acute metabolic risk factors. Lipids 44:17-26, 2009.

99. Rodriguez, N, DiMarco, N, and Langley, S. Position of the American Dietetic Association, Dietitians of Canada, and the American College of Sports Medicine: Nutrition and athletic performance. J Am Diet Assoc 100:1543-1556, 2000.

100. Romijn, JA, Coyle, EF, Sidossis, LS, Gastaldelli, A, Horowitz, JF, Endert, E, and Wolfe, RR. Regulation of endogenous fat and carbohydrate metabolism in relation to exercise intensity and duration. Am J Physiol 265:E380-391, 1993.

101. Rosqvist, F, Iggman, D, Kullberg, J, Cedernaes, J, Johansson, HE, Larsson, A, Johansson, L, Ahlstrom, H, Arner, P, Dahlman, I, and Riserus, U. Overfeeding polyunsaturated and saturated fat causes distinct effects on liver and visceral fat accumulation in humans. Diabetes 63:2356-2368, 2014.

102. Rowlands, DS, and Hopkins, WG. Effects of high-fat and high-carbohydrate diets on metabolism and performance in cycling. Metabolism

103. Salem, N, Jr., Litman, B, Kim, HY, and Gawrisch, K. Mechanisms of action of docosahexaenoic acid in the nervous system. Lipids 36:945-959, 2001.

104. Sanclemente, T, Marques-Lopes, I, Puzo, J, and Garcia-Otin, AL. Role of naturally-occurring plant sterols on intestinal cholesterol absorption and plasmatic levels. J Physiol Biochem 65:87-98, 2009.

105. Schrauwen-Hinderling, VB, Hesselink, MK, Schrauwen, P, and Kooi, ME. Intramyocellular lipid content in human skeletal muscle. Obesity (Silver Spring) 14:357-367, 2006.

106. Schwingshackl, L, and Hoffmann, G. Monounsaturated fatty acids and risk of cardiovascular disease: Synopsis of the evidence available from systematic reviews and meta-analyses. Nutrients 4:1989-2007, 2012.

107. Siri-Tarino, PW, Sun, Q, Hu, FB, and Krauss, RM. Meta-analysis of prospective cohort studies evaluating the association of saturated fat with cardiovascular disease. Am J Clin Nutr 91:535-546, 2010.

108. Siri-Tarino, PW, Sun, Q, Hu, FB, and Krauss, RM. Saturated fat, carbohydrate, and cardiovascular disease. Am J Clin Nutr

91:502-509, 2010.

109. Smith, GI, Atherton, P, Reeds, DN, Mohammed, BS, Rankin, D, Rennie, MJ, and Mittendorfer, B. Dietary omega-3 fatty acid supplementation increases the rate of muscle protein synthesis in older adults: A randomized controlled trial. Am J Clin Nutr 93:402-412, 2011.

110. Smith, GI, Julliand, S, Reeds, DN, Sinacore, DR, Klein, S, and Mittendorfer, B. Fish oil-derived n-3 PUFA therapy increases muscle mass and function in healthy older adults. Am J Clin Nutr 102:115-122, 2015.

111. Soerensen, KV, Thorning, TK, Astrup, A, Kristensen, M, and Lorenzen, JK. Effect of dairy calcium from cheese and milk on fecal fat excretion, blood lipids, and appetite in young men. Am J Clin Nutr 99:984-991, 2014.

112. Summers, LK, Fielding, BA, Bradshaw, HA, Ilic, V, Beysen, C, Clark, ML, Moore, NR, and Frayn, KN. Substituting dietary saturated fat with polyunsaturated fat changes abdominal fat distribution and improves insulin sensitivity. Diabetologia 45:369-377, 2002.

113. Sundram, K, Karupaiah, T, and Hayes, KC. Stearic acid-rich interesterified fat and trans-rich fat raise the LDL/HDL ratio and plasma glucose relative to palm olein in humans. Nutr Metab (Lond) 4:3, 2007.

114. Tarrago-Trani, MT, Phillips, KM, Lemar, LE, and Holden, JM. New and existing oils and fats used in products with reduced trans-fatty acid content. J Am Diet Assoc 106:867880, 2006.

115. Tartibian, B, Maleki, BH, and Abbasi, A. Omega-3 fatty acids supplementation attenuates inflammatory markers after eccentric exercise in untrained men. Clin J Sport Med 21:131-137, 2011.

116. Tavazzi, L, Maggioni, AP, Marchioli, R, Barlera, S, Franzosi, MG, Latini, R, Lucci, D, Nicolosi, GL, Porcu, M, Tognoni, G, and Gissi, HFI. Effect of n-3

polyunsaturated fatty acids in patients with chronic heart failure (the GISSI-HF trial): A randomised, double-blind, placebo-controlled trial. Lancet 372:1223-1230, 2008.

117. Tholstrup, T, Hoy, CE, Andersen, LN, Christensen, RD, and Sandstrom, B. Does fat in milk, butter and cheese affect blood lipids and cholesterol differently? J Am Coll Nutr 23:169-176, 2004.

118. Thompson, FE, Subar, AF, Loria, CM, Reedy, JL, and Baranowski, T. Need for technological innovation in dietary assessment. J Am Diet Assoc 110:48-51, 2010.

119. Tsuchiya, Y, Yanagimoto, K, Nakazato, K, Hayamizu, K, and Ochi, E. Eicosapentaenoic and docosahexaenoic acids-rich fish oil supplementation attenuates strength loss and limited joint range of motion after eccentric contractions: A randomized, double-blind, placebo-controlled, parallel-group trial. Eur J Appl Physiol 116:1179-1188, 2016.

120. Turpeinen, AM, Mutanen, M, Aro, A, Salminen, I, Basu, S, Palmquist, DL, and Griinari, JM. Bioconversion of vaccenic acid to conjugated linoleic acid in humans. Am J Clin Nutr 76:504-510, 2002.

121. U.S. Department of Agriculture. Glycerin: Handling/Processing.

122. U.S. Department of Agriculture. Nutrient Intakes From Food: Mean Amounts Consumed per Individual, by Gender and Age: What We Eat in America, NHANES 2009-2010. 2012.

123. U.S. Department of Agriculture. USDA National Nutrient Database for Standard Reference, Release 26. 2013.

124. U.S. Department of Agriculture. 2015-2020 Dietary Guidelines for Americans. 2015.

125. U.S. Food and Drug Administration. Title 21: Food and drugs—Part 184: Direct food substances affirmed as generally recognized as safe. Code of Federal Regulations, 1997.

126. U.S. Food and Drug Administration. GRAS notices: GRN No. 283. 2009.

127. U.S. Food and Drug Administration. Final determination regarding partially hydrogenated oils. Federal Register 116:3465034670 2015.

128. U.S. Food and Drug Administration. Title 21: Food and drugs—Subpart I: Multipurpose additives. Code of Federal Regulations 3, 2015.

129. U.S. Food and Drug Administration. What You Need to Know About Mercury in Fish and Shellfish. March 2004.

130. U.S. Institute of Medicine. Dietary Reference Intakes for Energy, Carbohydrate, Fiber, Fat, Fatty Acids, Cholesterol, Protein and Amino Acids. Washington, DC: National Academies Press, 2002.

131. Vannice, G, and Rasmussen, H. Position of the Academy of Nutrition and Dietetics: Dietary fatty acids for healthy adults. J Acad Nutr Diet 114:136-153, 2014.

132. Verkijk, M, Vecht, J, Gielkens, HA, Lamers, CB, and Masclee, AA. Effects of medium-chain and long-chain triglycerides on antroduodenal motility and small bowel transit time in man. Dig Dis Sci 42:19331939, 1997.

133. von Schacky, C. Omega-3 fatty acids in cardiovascular disease—An uphill battle. Prostaglandins Leukot Essent Fatty Acids 92:41-47, 2015.

134. Wachira, JK, Larson, MK, and Harris, WS. N-3 Fatty acids affect haemostasis but do not increase the risk of bleeding: Clinical observations and mechanistic insights. Br J Nutr 111:1652-1662, 2014.

135. Walker, CG, Jebb, SA, and Calder, PC. Stearidonic acid as a supplemental source of omega-3 polyunsaturated fatty acids to enhance status for improved human health. Nutrition 29:363-369, 2013.

136. Wang, C, Chung, M, Lichtenstein, A, Balk, E, Kupelnick, B, DeVine, D, Lawrence, A, and Lau, J. Effects of Omega-3 Fatty

Acids on Cardiovascular Disease: Evidence Report/ Technology Assessment No. 94. Rockville, MD: Agency for Healthcare Research and Quality, 2004.

137. Wang, C, Harris, WS, Chung, M, Lichtenstein, AH, Balk, EM, Kupelnick, B, Jordan, HS, and Lau, J. N-3 fatty acids from fish or fish-oil supplements, but not alpha-linolenic acid, benefit cardiovascular disease outcomes in primary- and secondary-prevention studies: A systematic review. Am J Clin Nutr 84:5-17, 2006.

138. Wang, T, Van, KC, Gavitt, BJ, Grayson, JK, Lu, YC, Lyeth, BG, and Pichakron, KO. Effect of fish oil supplementation in a rat model of multiple mild traumatic brain injuries. Restor Neurol Neurosci 31:647-659, 2013.

139. Wang, TY, Liu, M, Portincasa, P, and Wang, DQ. New insights into the molecular mechanism of intestinal fatty acid absorption. Eur J Clin Invest 43:1203-1223, 2013.

140. Wu, A, Ying, Z, and Gomez-Pinilla, F. Dietary omega-3 fatty acids normalize BDNF levels, reduce oxidative damage, and counteract learning disability after traumatic brain injury in rats. J Neurotrauma 21:14571467, 2004.

141. Wu, A, Ying, Z, and Gomez-Pinilla, F. Omega-3 fatty acids supplementation restores mechanisms that maintain brain homeostasis in traumatic brain injury. J Neurotrauma 24:1587-1595, 2007.

142. Wu, A, Ying, Z, and Gomez-Pinilla, F. The salutary effects of DHA dietary supplementation on cognition, neuroplasticity, and membrane homeostasis after brain trauma. J Neurotrauma 28:2113-2122, 2011.

143. Wu, A, Ying, Z, and Gomez-Pinilla, F. Exercise facilitates the action of dietary DHA on functional recovery after brain trauma. Neuroscience 248:655-663, 2013.

144. Wu, JH, and Mozaffarian, D. Omega-3 fatty acids, atherosclerosis progression and

cardiovascular outcomes in recent trials: New pieces in a complex puzzle. Heart 100:530533, 2014.

145. Zevenbergen, H, de Bree, A, Zeelenberg, M, Laitinen, K, van Duijn, G, and Floter, E. Foods with a high fat quality are essential for healthy diets. Ann Nutr Metab 54 Suppl 1:15-24, 2009.

第 5 章

1. Abbatecola, AM, Chiodini, P, Gallo, C, Lakatta, E, Sutton-Tyrrell, K, Tylavsky, FA, Goodpaster, B, de Rekeneire, N, Schwartz, AV, Paolisso, G, and Harris, T. Pulse wave velocity is associated with muscle mass decline: Health ABC study. Age 34:469-478, 2012.

2. Areta, JL, Burke, LM, Camera, DM, West, DW, Crawshay, S, Moore, DR, Stellingwerff, T, Phillips, SM, Hawley, JA, and Coffey, VG. Reduced resting skeletal muscle protein synthesis is rescued by resistance exercise and protein ingestion following short-term energy deficit. Am J Physiol Endocrinol Metab 306:E989-997, 2014.

3. Bonaldo, P, and Sandri, M. Cellular and molecular mechanisms of muscle atrophy. Dis Model Mech 6:25-39, 2013.

4. Brocchieri, L, and Karlin, S. Protein length in eukaryotic and prokaryotic proteomes. Nucleic Acids Res 33:3390-3400, 2005.

5. Center for Disease Control and Prevention. FastStats: Diet/Nutrition. 2016.

6. Churchward-Venne, TA, Burd, NA, Mitchell, CJ, West, DW, Philp, A, Marcotte, GR, Baker, SK, Baar, K, and Phillips, SM. Supplementation of a suboptimal protein dose with leucine or essential amino acids: Effects on myofibrillar protein synthesis at rest and following resistance exercise in men. J Physiol 590:2751-2765, 2012.

7. Dai, Z, Wu, Z, Jia, S, and Wu, G. Analysis of amino acid composition in proteins of

animal tissues and foods as pre-column o-phthaldialdehyde derivatives by HPLC with fluorescence detection. J Chromatogr B Analyt Technol Biomed Life Sci 964:116127, 2014.

8. Escott-Stump, S. Nutrition and Diagnosis-Related Care. Philadelphia: Wolters Kluwer, 2015.

9. Hartman, JW, Tang, JE, Wilkinson, SB, Tarnopolsky, MA, Lawrence, RL, Fullerton, AV, and Phillips, SM. Consumption of fat-free fluid milk after resistance exercise promotes greater lean mass accretion than does consumption of soy or carbohydrate in young, novice, male weightlifters. Am J Clin Nutr 86:373-381, 2007.

10. Institute of Medicine. Dietary Reference Intakes for Energy, Carbohydrate, Fiber, Fat, Fatty Acids, Cholesterol, Protein, and Amino Acids (Macronutrients). Washington, DC: National Academies Press, 2005.

11. Josse, AR, Atkinson, SA, Tarnopolsky, MA, and Phillips, SM. Increased consumption of dairy foods and protein during diet- and exercise-induced weight loss promotes fat mass loss and lean mass gain in overweight and obese premenopausal women. J Nutr 141:1626-1634, 2011.

12. Josse, AR, Tang, JE, Tarnopolsky, MA, and Phillips, SM. Body composition and strength changes in women with milk and resistance exercise. Med Sci Sports Exerc 42:1122-1130, 2010.

13. Kato, H, Suzuki, K, Bannai, M, and Moore, DR. Protein requirements are elevated in endurance athletes after exercise as determined by the indicator amino acid oxidation method. PLoS One 11:e0157406, 2016.

14. Layman, DK. Dietary Guidelines should reflect new understandings about adult protein needs. Nutr Metab (Lond) 6:12, 2009.

15. Manore, MM. Exercise and the Institute of Medicine recommendations for nutrition. Curr Sports Med Rep 4:193-198, 2005.

16. Matthews, DE. Proteins and amino acids. In Modern Nutrition in Health and Disease. Ross, AC, ed. Philadelphia: Wolters Kluwer Health/Lippincott Williams & Wilkins, 2014.

17. Mettler, S, Mitchell, N, and Tipton, KD. Increased protein intake reduces lean body mass loss during weight loss in athletes. Med Sci Sports Exerc 42:326-337, 2010.

18. Mitchell, HH, Hamilton, TS, Steggerda, FR, and Bean, HW. The chemical composition of the adult human body and its bearing on the biochemistry of growth. J Biol Chem 158:625-637, 1945.

19. Moore, DR, and Slater, G. Protein. In Clinical Sports Nutrition. Burke, L, Deakin, V, eds.: McGraw-Hill Education, 2015.

20. Morton, RW, McGlory, C, and Phillips, SM. Nutritional interventions to augment resistance training-induced skeletal muscle hypertrophy. Front Physiol 6:245, 2015.

21. National Center for Health Statistics. National Health and Nutrition Examination Survey Data. 2014.

22. Pennings, B, Boirie, Y, Senden, JM, Gijsen, AP, Kuipers, H, and van Loon, LJ. Whey protein stimulates postprandial muscle protein accretion more effectively than do casein and casein hydrolysate in older men. Am J Clin Nutr 93:997-1005, 2011.

23. Phillips, SM. Dietary protein requirements and adaptive advantages in athletes. Br J Nutr 108 Suppl 2:S158-S167, 2012.

24. Phillips, SM, Chevalier, S, and Leidy, HJ. Protein "requirements" beyond the RDA: Implications for optimizing health. Appl Physiol Nutr Metab 41:565-572, 2016.

25. Phillips, SM, and Van Loon, LJ. Dietary protein for athletes: From requirements to optimum adaptation. J Sports Sci 29 Suppl 1:S29-S38, 2011.

26. Rand, WM, Pellett, PL, and Young, VR. Meta-analysis of nitrogen balance studies for estimating protein requirements in healthy adults. Am J Clin Nutr 77:109-127, 2003.

27. Rodriguez, NR, Vislocky, LM, and Gaine, PC. Dietary protein, endurance exercise, and human skeletal-muscle protein turnover. Curr Opin Clin Nutr Metab Care 10:40-45, 2007.

28. Rosenbloom, CA, and Coleman, EJ. Sports Nutrition: A Practice Manual for Professionals. Academy of Nutrition and Dietetics, 2012.

29. Sarwar, G, and McDonough, FE. Evaluation of protein digestibility-corrected amino acid score method for assessing protein quality of foods. J Assoc Off Anal Chem 73:347-356, 1990.

30. Thomas, DT, Erdman, KA, and Burke, LM. American College of Sports Medicine joint position statement: Nutrition and athletic performance. Med Sci Sports Exerc 48:543568, 2016.

31. Tipton, KD, Elliott, TA, Cree, MG, Aarsland, AA, Sanford, AP, and Wolfe, RR. Stimulation of net muscle protein synthesis by whey protein ingestion before and after exercise. Am J Physiol Endocrinol Metab 292:E71-E76, 2007.

32. U.S. Department of Agriculture and U.S. Department of Health & Human Services. Dietary Guidelines for Americans 20152020. 2015.

33. U.S. Department of Agriculture and U.S. Department of Health & Human Services. Dietary Guidelines for Americans, 2015-2020. Wise Age Books, 2015.

34. U.S. Food and Drug Administration. Guidance for Industry: A Food Labeling Guide (Appendix B: Additional Requirements for Nutrient Content Claims). 2015.

35. Wall, BT, Morton, JP, and van Loon, LJ. Strategies to maintain skeletal muscle mass in the injured athlete: Nutritional considerations and exercise mimetics. Eur J Sport Sci 15:53-62, 2015.

36. Wentz, L, Liu, PY, Ilich, JZ, and Haymes, EM. Dietary and training predictors of stress fractures in female runners. Int J Sport Nutr Exerc Metab 22:374-382, 2012.

37. World Health Organization. Protein and Amino Acid Requirements in Human Nutrition. Geneva: World Health Organization, 2007.

38. Zaheer, K, and Humayoun Akhtar, M. An updated review of dietary isoflavones: Nutrition, processing, bioavailability and impacts on human health. Crit Rev Food Sci Nutr 57:1280-1293, 2017.

第 6 章

1. Akhtar, S, Ahmed, A, Randhawa, MA, Atukorala, S, Arlappa, N, Ismail, T, and Ali, Z. Prevalence of vitamin A deficiency in South Asia: Causes, outcomes, and possible remedies. J Health Popul Nutr 31:413-423, 2013.

2. Allen, L, de Benoist, B, Dary, O, and Hurrell, R. Guidelines on Food Fortification with Micro-nutrients. Geneva: World Health Organization and Food and Agricultural Organization of the United Nations, 2006.

3. Allen, LH. How common is vitamin B-12 deficiency? Am J Clin Nutr 89:693S-696S, 2009.

4. Ardestani, A, Parker, B, Mathur, S, Clarkson, P, Pescatello, LS, Hoffman, HJ, Polk, DM, and Thompson, PD. Relation of vitamin D level to maximal oxygen uptake in adults. Am J Cardiol 107:1246-1249, 2011.

5. Armas, L, Hollis, B, and Heaney, RP. Vitamin D2 is much less effective than vitamin D3 in humans. J Clin Endocrinol Metab 89:53875391, 2004.

6. Bailey, RL, Carmel, R, Green, R, Pfeiffer, CM, Cogswell, ME, Osterloh, JD, Sempos, CT, and Yetley, EA. Monitoring of vitamin B-12 nutritional status in the United States by using plasma methylmalonic acid and serum vitamin B-12. Am J Clin Nutr 94:552561, 2011.

7. Bailey, RL, Dodd, KW, Gahche, JJ, Dwyer, JT, McDowell, MA, Yetley, EA, Sempos,

CA, Burt, VL, Radimer, KL, and Picciano, MF. Total folate and folic acid intake from foods and dietary supplements in the United States: 2003-2006. Am J Clin Nutr 91:231237, 2010.

8. Barker, T, Martins, T, Hill, H, Kjeldsberg, C, Trawick, R, Weaver, L, and Traber, M. Low vitamin D impairs strength recovery after anterior cruciate ligament surgery. JEBCAM 16:201-209, 2011.

9. Beals, KA, and Manore, MM. Nutritional status of female athletes with subclinical eating disorders. J Am Diet Assoc 98:419425, 1998.

10. Beaudart, C, Buckinx, F, Rabenda, V, Gillain, S, Cavalier, E, Slomian, J, Petermans, J, Reginster, JY, and Bruyere, O. The effects of vitamin D on skeletal muscle strength, muscle mass, and muscle power: A systematic review and meta-analysis of randomized controlled trials. J Clin Endocrinol Metab 99:4336-4345, 2014.

11. Beer, TM, and Myrthue, A. Calcitriol in cancer treatment: from the lab to the clinic. Mol Cancer Ther 3:373-381, 2004.

12. Belko, AZ, Meredith, MP, Kalkwarf, HJ, Obarzanek, E, Weinberg, S, Roach, R, McKeon, G, and Roe, DA. Effects of exercise on riboflavin requirements: Biological validation in weight reducing women. Am J Clin Nutr 41:270-277, 1985.

13. Bendich, A, and Cohen, M. Vitamin B6 safety issues. Ann N Y Acad Sci 585:321-330, 1990.

14. Bergen-Cico, DK, and Short, SH. Dietary intakes, energy expenditures, and anthropo metric characteristics of adolescent female cross-country runners. J Am Diet Assoc 92:611-612, 1992.

15. Bergstrom, J, Hultman, E, Jorfeldt, L, Pernow, B, and Wahren, J. Effect of nicotinic acid on physical working capacity and on metabolism of muscle glycogen in man. 26:170-176, 1969.

16. Berry, DJ, Hesketh, K, Power, C, and Hypponen, E. Vitamin D status has a linear association with seasonal infections and lung function in British adults. Br J Nutr 106:1433-1440, 2011.

17. Bescos Garcia, R, and Rodriquez Guisado, F. Low levels of vitamin D in professional basketball players after wintertime: Relationship with dietary intake of vitamin D and calcium. Nutr Hosp 26:945-951, 2011.

18. Bikle, DD. Vitamin D metabolism, mechanism of action, and clinical applications. Chem Biol 21:319-329, 2014.

19. Birge, SJ, and Haddad, JG. 25-hydroxy-cholecalciferol stimulation of muscle metabolism. J Clin Invest 56:1100-1107, 1975.

20. Bischoff-Ferrari, HA. Vitamin D and fracture prevention. Endocrinol Metab Clin North Am 39:347-353, 2010.

21. Bischoff-Ferrari, HA, Dietrich, T, Orav, EJ, Hu, FB, Zhang, Y, Karlson, EW, and Dawson-Hughes, B. Higher 25-hydroxyvitamin D concentrations are associated with better lower-extremity function in both active and inactive persons aged > or =60 y. Am J Clin Nutr 80:752-758, 2004.

22. Bischoff-Ferrari, HA, Shao, A, Dawson-Hughes, B, Hathcock, J, Giovannucci, E, and Willett, WC. Benefit-risk assessment of vitamin D supplementation. Osteoporos Int 21:1121-1132, 2010.

23. Blumberg, J, and Block, G. The alpha-tocopherol, beta-carotene cancer prevention study in finland. Nutr Rev 52:242-245, 1994.

24. Boldorini, R, Vago, L, Lechi, A, Tedeschi, F, and Trabattoni, GR. Wernicke's encephalopathy: occurrence and pathological aspects in a series of 400 AIDS patients. Acta Biomed Ateneo Parmense 63:43-49, 1992.

25. Boniol, M, Autier, P, Boyle, P, and Gandini, S. Cutaneous melanoma attributable to sunbed use: Systematic review and meta-analysis. BMJ 345:e4757, 2012.

26. Borowitz, D, Baker, RD, and Stallings, V.

Consensus report on nutrition for pediatric patients with cystic fibrosis. J Pediatr Gastroenterol Nutr 35:246-259, 2002.

27. Braakhuis, AJ. Effect of vitamin C supplements on physical performance. Curr Sports Med Rep 11:180-184, 2012.

28. Braakhuis, AJ, and Hopkins, WG. Impact of dietary antioxidants on sport performance: A review. Sports Med 45:939-955, 2015.

29. Cantorna, MT, and Mahon, BD. D-hormone and the immune system. J Rheumatol Suppl 76:11-20, 2005.

30. Carmel, R. Malabsorption of food cobalamin. Baillieres Clin Haematol 8:639-655, 1995.

31. Carr, AC, and Frei, B. Toward a new recommended dietary allowance for vitamin C based on antioxidant and health effects in humans. Am J Clin Nutr 69:1086-1107, 1999.

32. Carrillo, AE, Murphy, RJ, and Cheung, SS. Vitamin C supplementation and salivary immune function following exercise-heat stress. Int J Sports Physiol Perform 3:516-530, 2008.

33. Centers for Disease Control and Prevention. Indoor Tanning Is Not Safe. 2016.

34. Chester, D, Goldman, J, Ahuja, J, and Moshfegh, A. Dietary Intakes of Choline: What We Eat in America, NHANES 2007-2008. 2011.

35. Ciocoiu, M, Badescu, M, and Paduraru, I. Protecting antioxidative effects of vitamins E and C in experimental physical stress. J Physiol Biochem 63:187-194, 2007.

36. Clark, M, Reed, DB, Crouse, SF, and Armstrong, RB. Pre- and post-season dietary intake, body composition, and performance indices of NCAA division I female soccer players. Int J Sport Nutr Exerc Metab 13:303319, 2003.

37. Close, GL, Russell, J, Cobley, JN, Owens, DJ, Wilson, G, Gregson, W, Fraser, WD, and Morton, JP. Assessment of vitamin D concentration in non-supplemented professional athletes and healthy adults during the winter months in the UK: Implications for skeletal muscle function. J Sports Sci 31:344-353, 2013.

38. Colantonio, S, Bracken, MB, and Beecker, J. The association of indoor tanning and melanoma in adults: Systematic review and meta-analysis. 70:847857, 2014.

39. Dawson-Hughes, B, Harris, SS, Lichtenstein, AH, Dolnikowski, G, Palermo, NJ, and Rasmussen, H. Dietary fat increases vitamin D-3 absorption. J Acad Nutr Diet 115:225230, 2015.

40. De Roos, AJ, Arab, L, Renner, JB, Craft, N, Luta, G, Helmick, CG, Hochberg, MC, and Jordan, JM. Serum carotenoids and radiographic knee osteoarthritis: The Johnston County Osteoarthritis Project. Public Health Nutr 4:935-942, 2001.

41. DeLuca, HF. The transformation of a vitamin into a hormone: The vitamin D story. Harvey Lect 75:333-379, 1979.

42. Deluca, HF, and Cantorna, MT. Vitamin D: Its role and uses in immunology. FASEB J 15:2579-2585, 2001.

43. Deuster, PA, Kyle, SB, Moser, PB, Vigersky, RA, Singh, A, and Schoomaker, EB. Nutritional survey of highly trained women runners. Am J Clin Nutr 44:954-962, 1986.

44. Dijkhuizen, MA, Wieringa, FT, West, CE, Muherdiyantiningsih, and Muhilal. Concurrent micronutrient deficiencies in lactating mothers and their infants in Indonesia. Am J Clin Nutr 73:786-791, 2001.

45. Doyle, MR, Webster, MJ, and Erdmann, LD. Allithiamine ingestion does not enhance isokinetic parameters of muscle performance. Int J Sport Nutr 7:39-47, 1997.

46. Economos, CD, Bortz, SS, and Nelson, ME. Nutritional practices of elite athletes: Practical recommendations. Sports Med 16:381399, 1993.

47. Faber, M, and Benade, AJ. Mineral and vitamin intake in field athletes (discus-,

hammer-, javelin-throwers and shotputters). Int J Sports Med 12:324-327, 1991.

48. Feldmeyer, L, Shojaati, G, Spanaus, KS, Navarini, A, Theler, B, Donghi, D, Urosevic-Maiwald, M, Glatz, M, Imhof, L, Barysch, MJ, Dummer, R, Roos, M, French, LE, Surber, C, and Hofbauer, GF. Phototherapy with UV B narrowband, UVA / UV Bnb, and UVA1 differentially impacts serum 25-hydroxyvitamin-D3. J Am Acad Dermatol 69:530-536, 2013.

49. Fischer, LM, daCosta, KA, Kwock, L, Stewart, PW, Lu, TS, Stabler, SP, Allen, RH, and Zeisel, SH. Sex and menopausal status influence human dietary requirements for the nutrient choline. Am J Clin Nutr 85:12751285, 2007.

50. Fogelholm, M, Ruokonen, I, Laakso, JT, Vuorimaa, T, and Himberg, JJ. Lack of association between indices of vitamin B1, B2, and B6 status and exercise-induced blood lactate in young adults. Int J Sport Nutr 3:165-176, 1993.

51. Forrest, KY, and Stuhldreher, WL. Prevalence and correlates of vitamin D deficiency in US adults. Nutr Res 31:48-54, 2011.

52. Fulgoni, VL, 3rd, Keast, DR, Bailey, RL, and Dwyer, J. Foods, fortificants, and supplements: Where do Americans get their nutrients? J Nutr 141:1847-1854, 2011.

53. Gaeini, AA, Rahnama, N, and Hamedinia, MR. Effects of vitamin E supplementation on oxidative stress at rest and after exercise to exhaustion in athletic students. J Sports Med Phys Fitness 46:458-461, 2006.

54. Gdynia, HJ, Muller, T, Sperfeld, AD, Kuhnlein, P, Otto, M, Kassubek, J, and Ludolph, AC. Severe sensorimotor neuropathy after intake of highest dosages of vitamin B6. Neuromuscul Disord 18:156-158, 2008.

55. Gerster, H. The role of vitamin C in athletic performance. J Am Coll Nutr 8:636-643, 1989.

56. Ginde, AA, Mansbach, JM, and Camargo, CA, Jr. Association between serum 25-hydroxyvitamin D level and upper respiratory tract infection in the Third National Health and Nutrition Examination Survey. Arch Intern Med 169:384-390, 2009.

57. Ginter, E, Simko, V, and Panakova, V. Antioxidants in health and disease. Bratisl Lek Listy 115:603-606, 2014.

58. Girgis, CM, Clifton-Bligh, RJ, Hamrick, MW, Holick, MF, and Gunton, JE. The roles of vitamin D in skeletal muscle: form, function, and metabolism. Endocr Rev 34:33-83, 2013.

59. Gomez-Cabrera, MC, Salvador-Pascual, A, Cabo, H, Ferrando, B, and Vina, J. Redox modulation of mitochondriogenesis in exercise: Does antioxidant supplementation blunt the benefits of exercise training? Free Radic Biol Med 86:37-46, 2015.

60. Goodman, GE, Thornquist, MD, Balmes, J, Cullen, MR, Meyskens, FL, Jr., Omenn, GS, Valanis, B, and Williams, JH, Jr. The Beta-Carotene and Retinol Efficacy Trial: Incidence of lung cancer and cardiovascular disease mortality during 6-year follow-up after stopping beta-carotene and retinol supplements. J Natl Cancer Inst 96:17431750, 2004.

61. Grober, U, and Kisters, K. Influence of drugs on vitamin D and calcium metabolism. Der-matoendocrinol 4:158-166, 2012.

62. Gueant, JL, Safi, A, Aimone-Gastin, I, Rabesona, H, Bronowicki, JP, Plenat, F, Bigard, MA, and Haertle, T. Autoantibodies in pernicious anemia type I patients recognize sequence 251-256 in human intrinsic factor. Proc Assoc Am Physicians 109:462-469, 1997.

63. Halliday, TM, Peterson, NJ, Thomas, JJ, Kleppinger, K, Hollis, BW, and Larson-Meyer, DE. Vitamin D status relative to diet, lifestyle, injury, and illness in college athletes. Med Sci Sports Exerc 43:335-343, 2011.

64. Hamilton, B. Vitamin D and athletic performance: The potential role of muscle.

Asian J Sports Med 2:211-219, 2011.

65. Hamilton, B, Grantham, J, Racinais, S, and Chalabi, H. Vitamin D deficiency is endemic in Middle Eastern sportsmen. Public Health Nutr 13:1528-1534, 2010.

66. Hartley, L, Clar, C, Ghannam, O, Flowers, N, Stranges, S, and Rees, K. Vitamin K for the primary prevention of cardiovascular disease. Cochrane Database Syst Rev:CD011148, 2015.

67. He, CS, Handzlik, M, Fraser, WD, Muhamad, A, Preston, H, Richardson, A, and Gleeson, M. Influence of vitamin D status on respiratory infection incidence and immune function during 4 months of winter training in endurance sport athletes. Exerc Immunol Rev 19:86-101, 2013.

68. Heaney, RP, and Holick, MF. Why the IOM recommendations for vitamin D are deficient. J Bone Miner Res 26:455-457, 2011.

69. Hickson, JF, Jr., Schrader, J, and Trischler, LC. Dietary intakes of female basketball and gymnastics athletes. J Am Diet Assoc 86:251253, 1986.

70. Holick, MF. Environmental factors that influence the cutaneous production of vitamin D. Am J Clin Nutr 61:638S-645S, 1995.

71. Holick, MF. Vitamin D deficiency. N Engl J Med 357:266-281, 2007.

72. Holick, MF. Vitamin D status: Measurement, interpretation, and clinical application. Ann Epidemiol 19:73-78, 2009.

73. Holick, MF, Biancuzzo, R, Chen, T, Klein, E, Young, A, Bibuld, D, Reitz, R, Salameh, W, Ameri, A, and Tannenbaum, A. Vitamin D2 is as effective as vitamin D3 in maintaining circulating concentrations of 25-hydroxyvitamin D. J Clin Endocrinol Metab 93:677-681, 2008.

74. Holick, MF, Binkley, NC, Bischoff-Ferrari, HA, Gordon, CM, Hanley, DA, Heaney, RP, Murad, MH, Weaver, CM, and Endocrine, S. Evaluation, treatment, and prevention of vitamin D deficiency: An Endocrine Society clinical practice guideline. J Clin Endocrinol Metab 96:1911-1930, 2011.

75. Hoyumpa, AM, Jr. Mechanisms of thiamin deficiency in chronic alcoholism. Am J Clin Nutr 33:2750-2761, 1980.

76. Jermendy, G. Evaluating thiamine deficiency in patients with diabetes. Diab Vasc Dis Res 3:120-121, 2006.

77. Johnston, CS, Swan, PD, and Corte, C. Substrate utilization and work efficiency during submaximal exercise in vitamin C depleted-repleted adults. Int J Vitam Nutr Res 69:41-44, 1999.

78. Khan, MA, Gilbert, C, Khan, MD, Qureshi, MB, and Ahmad, K. Incidence of blinding vitamin A deficiency in North West Frontier Province and its adjoining Federally Administered Tribal Areas, Pakistan. Ophthalmic Epidemiol

79. Kim, J, and Lee, J. A review of nutritional intervention on delayed onset muscle soreness. Part I. J Exerc Rehabil 10:349-356, 2014.

80. Kimura, M, Itokawa, Y, and Fujiwara, M. Cooking losses of thiamin in food and its nutritional significance. J Nutr Sci Vitaminol (Tokyo) 36 Suppl 1:S17-S24, 1990.

81. Klein, EA, Thompson, IM, Jr., Tangen, CM, Crowley, JJ, Lucia, MS, Goodman, PJ, Minasian, LM, Ford, LG, Parnes, HL, Gaziano, JM, Karp, DD, Lieber, MM, Walther, PJ, Klotz, L, Parsons, JK, Chin, JL, Darke, AK, Lippman, SM, Goodman, GE, Meyskens, FL, Jr., and Baker, LH. Vitamin E and the risk of prostate cancer: The Selenium and Vitamin E Cancer Prevention Trial (SELECT). JAMA 306:1549-1556, 2011.

82. Koundourakis, NE, Androulakis, NE, Malliaraki, N, and Margioris, AN. Vitamin D and exercise performance in professional soccer players. PLoS One 9:e101659, 2014.

83. Krause, R, Patruta, S, Daxbock, F, Fladerer, P, Biegelmayer, C, and Wenisch, C. Effect of vitamin C on neutrophil function after high-intensity exercise. Eur J Clin Invest 31:258-263, 2001.

84. Kukreja, RC, and Hess, ML. The oxygen free radical system: from equations through membrane-protein interactions to cardiovascular injury and protection. Cardiovasc Res 26:641-655, 1992.

85. LeBlanc, ES, Zakher, B, Daeges, M, Pappas, M, and Chou, R. Screening for vitamin D deficiency: A systematic review for the U.S. Preventive Services Task Force. Ann Intern Med 162:109-122, 2015.

86. Leonard, SW, and Leklem, JE. Plasma B-6 vitamer changes following a 50-km ultramarathon. Int J Sport Nutr Exerc Metab 10:302-314, 2000.

87. Leppala, JM, Virtamo, J, Fogelholm, R, Huttunen, JK, Albanes, D, Taylor, PR, and Heinonen, OP. Controlled trial of alpha-tocopherol and beta-carotene supplements on stroke incidence and mortality in male smokers. Arterioscler Thromb Vasc Biol 20:230-235, 2000.

88. Lindenbaum, J, Rosenberg, IH, Wilson, PW, Stabler, SP, and Allen, RH. Prevalence of cobalamin deficiency in the Framingham elderly population. Am J Clin Nutr 60:2-11, 1994.

89. Lo, CW, Paris, PW, Clemens, TL, Nolan, J, and Holick, MF. Vitamin D absorption in healthy subjects and in patients with intestinal malabsorption syndromes. Am J Clin Nutr 42:644-649, 1985.

90. Lobo, GP, Amengual, J, Baus, D, Shivdasani, RA, Taylor, D, and von Lintig, J. Genetics and diet regulate vitamin A production via the homeobox transcription factor ISX. J Biol Chem 288:9017-9027, 2013.

91. Lobo, V, Patil, A, Phatak, A, and Chandra, N. Free radicals, antioxidants and functional foods: Impact on human health. Pharmacogn Rev 4:118-126, 2010.

92. Loosli, AR, and Benson, J. Nutritional intake in adolescent athletes. Pediatr Clin North Am 37:1143-1152, 1990.

93. Lotfi, A, Abdel-Nasser, AM, Hamdy, A, Omran, AA, and El-Rehany, MA. Hypovitaminosis D in female patients with chronic low back pain. Clin Rheumatol 26:1895-1901, 2007.

94. Lukaski, HC. Vitamin and mineral status: Effects on physical performance. Nutrition 20:632-644, 2004.

95. Mangin, M, Sinha, R, and Fincher, K. Inflammation and vitamin D: The infection connection. Inflamm Res 63:803-819, 2014.

96. Manore, MM. Effect of physical activity on thiamine, riboflavin, and vitamin B-6 requirements. Am J Clin Nutr 72:598S-606S, 2000.

97. Manore, MN, Leklem, JE, and Walter, MC. Vitamin B-6 metabolism as affected by exercise in trained and untrained women fed diets differing in carbohydrate and vitamin B-6 content. Am J Clin Nutr 46:995-1004, 1987.

98. Maroon, JC, Mathyssek, CM, Bost, JW, Amos, A, Winkelman, R, Yates, AP, Duca, MA, and Norwig, JA. Vitamin D profile in National Football League players. Am J Sports Med 43:1241-1245, 2015.

99. Matsuoka, LY, Ide, L, Wortsman, J, MacLaughlin, JA, and Holick, MF. Sunscreens suppress cutaneous vitamin D3 synthesis. J Clin Endocrinol Metab 64:11651168, 1987.

100. Matter, M, Stittfall, T, Graves, J, Myburgh, K, Adams, B, Jacobs, P, and Noakes, TD. The effect of iron and folate therapy on maximal exercise performance in female marathon runners with iron and folate deficiency. Clin Sci (Lond) 72:415-422, 1987.

101. McAlindon, T, LaValley, M, Schneider, E, Nuite, M, Lee, JY, Price, LL, Lo, G, and Dawson-Hughes, B. Effect of vitamin D supplementation on progression of

knee pain and cartilage volume loss in patients with symptomatic osteoarthritis: A randomized controlled trial. JAMA 309:155-162, 2013.

102. McAlindon, TE, Jacques, P, Zhang, Y, Hannan, MT, Aliabadi, P, Weissman, B, Rush, D, Levy, D, and Felson, DT. Do antioxidant micronutrients protect against the development and progression of knee osteoarthritis? Arthritis Rheum 39:648-656, 1996.

103. McCormick, DB. Vitamin/mineral supplements: of questionable benefit for the general population. Nutr Rev 68:207-213, 2010.

104. Miller, JR, Dunn, KW, Ciliberti, LJ, Jr., Patel, RD, and Swanson, BA. Association of vitamin D with stress fractures: A retrospective cohort study. J Foot Ankle Surg, 2015.

105. Moran, DS, McClung, JP, Kohen, T, and Lieberman, HR. Vitamin D and physical performance. Sports Med 43:601-611, 2013.

106. Morrison, D, Hughes, J, Della Gatta, PA, Mason, S, Lamon, S, Russell, AP, and Wadley, GD. Vitamin C and E supplementation prevents some of the cellular adaptations to endurance-training in humans. Free Radic Biol Med 89:852-862, 2015.

107. Moshfegh, A, Goldman, J, and Cleveland, L. Usual Intakes From Food and Water Compared to 1997 Dietary Reference Intakes: What We Eat in America, NHANES 2005-2006. U.S. Department of Agriculture, Agricultural Research Service, 2005.

108. National Institutes of Health. Your Guide to Anemia. Washington, DC.

109. Nieman, DC, Henson, DA, Butterworth, DE, Warren, BJ, Davis, JM, Fagoaga, OR, and Nehlsen-Cannarella, SL. Vitamin C supplementation does not alter the immune response to 2.5 hours of running. Int J Sport Nutr 7:173-184, 1997.

110. Nieman, DC, Henson, DA, McAnulty, SR, McAnulty, L, Swick, NS, Utter, AC, Vinci, DM, Opiela, SJ, and Morrow, JD. Influence of vitamin C supplementation on oxidative and immune changes after an ultramarathon. J Appl Physiol (1985) 92:1970-1977, 2002.

111. Nikolaidis, MG, Kerksick, CM, Lamprecht, M, and McAnulty, SR. Does vitamin C and E supplementation impair the favorable adaptations of regular exercise? Oxid Med Cell Longev 2012:707941, 2012.

112. Oliveira-Menegozzo, JM, Bergamaschi, DP, Middleton, P, and East, CE. Vitamin A supplementation for postpartum women. Cochrane Database Syst Rev:CD005944, 2010.

113. Olson, JA. Adverse effects of large doses of vitamin A and retinoids. Semin Oncol 10:290293, 1983.

114. Olson, JE, Hamilton, GC, Angelos, MG, Singer, JI, Eilers, ME, and Gaddis, M. Objectives to direct the training of emergency medicine residents on off-service rotations: research. J Emerg Med 10:631-636, 1992.

115. Paulsen, G, Cumming, KT, Hamarsland, H, Borsheim, E, Berntsen, S, and Raastad, T. Can supplementation with vitamin C and E alter physiological adaptations to strength training? BMC Sports Sci Med Rehabil 6:28, 2014.

116. Paulsen, G, Cumming, KT, Holden, G, Hallen, J, Ronnestad, BR, Sveen, O, Skaug, A, Paur, I, Bastani, NE, Ostgaard, HN, Buer, C, Midttun, M, Freuchen, F, Wiig, H, Ulseth, ET, Garthe, I, Blomhoff, R, Benestad, HB, and Raastad, T. Vitamin C and E supplementation hampers cellular adaptation to endurance training in humans: A double-blind, randomised, controlled trial. J Physiol 592:1887-1901, 2014.

117. Pawlak, R, Lester, SE, and Babatunde, T. The prevalence of cobalamin deficiency among vegetarians assessed by serum

vitamin B12: A review of literature. Eur J Clin Nutr 68:541548, 2014.

118. Pellegrini, N, Serafini, M, Colombi, B, Del Rio, D, Salvatore, S, Bianchi, M, and Brighenti, F. Total antioxidant capacity of plant foods, beverages and oils consumed in Italy assessed by three different in vitro assays. J Nutr 133:2812-2819, 2003.

119. Peters, EM, Goetzsche, JM, Grobbelaar, B, and Noakes, TD. Vitamin C supplementation reduces the incidence of postrace symptoms of upper-respiratory-tract infection in ultra-marathon runners. Am J Clin Nutr 57:170-174, 1993.

120. Pfeifer, M, Begerow, B, and Minne, HW. Vitamin D and muscle function. Osteoporos Int 13:187-194, 2002.

121. Phillips, KM, Ruggio, DM, Horst, RL, Minor, B, Simon, RR, Feeney, MJ, Byrdwell, WC, and Haytowitz, DB. Vitamin D and sterol composition of 10 types of mushrooms from retail suppliers in the United States. J Agric Food Chem 59:7841-7853, 2011.

122. Powers, SK, and Jackson, MJ. Exercise-induced oxidative stress: cellular mechanisms and impact on muscle force production. Physiol Rev 88:1243-1276, 2008.

123. Read, MH, and McGuffin, SL. The effect of B-complex supplementation on endurance performance. J Sports Med Phys Fitness 23:178184, 1983.

124. Reginato, AJ, and Coquia, JA. Musculoskeletal manifestations of osteomalacia and rickets. Best Pract Res Clin Rheumatol 17:10631080, 2003.

125. Ring, SM, Dannecker, EA, and Peterson, CA. Vitamin D status is not associated with outcomes of experimentally-induced muscle weakness and pain in young, healthy volunteers. J Nutr Metab 2010:674240, 2010.

126. Rkain, H, Bouaddi, I, Ibrahimi, A, Lakhdar, T, Abouqal, R, Allali, F, and Hajjaj-Hassouni, N. Relationship between vitamin D deficiency and chronic low back pain in postmenopausal women. Curr

Rheumatol Rev 9:63-67, 2013.

127. Rokitzki, L, Sagredos, AN, Reuss, F, Buchner, M, and Keul, J. Acute changes in vitamin B6 status in endurance athletes before and after a marathon. Int J Sport Nutr 4:154-165, 1994.

128. Ross, AC, Manson, JE, Abrams, SA, Aloia, JF, Brannon, PM, Clinton, SK, Durazo-Arvizu, RA, Gallagher, JC, Gallo, RL, Jones, G, Kovacs, CS, Mayne, ST, Rosen, CJ, and Shapses, SA. The 2011 report on Dietary Reference Intakes for calcium and vitamin D from the Institute of Medicine: What clinicians need to know. J Clin Endocrinol Metab 96:53-58, 2011.

129. Sabetta, JR, DePetrillo, P, Cipriani, RJ, Smardin, J, Burns, LA, and Landry, ML. Serum 25-hydroxyvitamin d and the incidence of acute viral respiratory tract infections in healthy adults. PLoS One 5:e11088, 2010.

130. Saito, N, Kimura, M, Kuchiba, A, and Itokawa, Y. Blood thiamine levels in outpatients with diabetes mellitus. J Nutr Sci Vitaminol (Tokyo) 33:421-430, 1987.

131. Sallander, E, Wester, U, Bengtsson, E, and Wiegleb Edstrom, D. Vitamin D levels after UVB radiation: effects by UVA additions in a randomized controlled trial. Photodermatol Photoimmunol Photomed 29:323-329, 2013.

132. Sanders, LM, and Zeisel, SH. Choline: Dietary requirements and role in brain development. Nutr Today 42:181-186, 2007.

133. Sanjoaquin, MA, and Molyneux, ME. Malaria and vitamin A deficiency in African children: A vicious circle? Malar J 8:134, 2009.

134. Sato, Y, Iwamoto, J, Kanoko, T, and Satoh, K. Low-dose vitamin D prevents muscular atrophy and reduces falls and hip fractures in women after stroke: A randomized controlled trial. Cerebrovasc Dis 20:187-192, 2005.

135. Schurgers, LJ. Vitamin K: Key vitamin in

controlling vascular calcification in chronic kidney disease. Kidney Int 83:782-784, 2013.

136. Schwalfenberg, G. Improvement of chronic back pain or failed back surgery with vitamin D repletion: A case series. J Am Board Fam Med 22:69-74, 2009.

137. Sharman, IM, Down, MG, and Norgan, NG. The effects of vitamin E on physiological function and athletic performance of trained swimmers. J Sports Med Phys Fitness 16:215225, 1976.

138. Shindle, M, Voos, J, Gulotta, L, Weiss, L, Rodeo, S, Kelly, B, Land, J, Barnes, R, and Warren, R. Vitamin D status in a professional American football team. Presented at American Orthopaedic Society of Sports Medicine 2011 annual meeting, San Diego, CA, July 2011.

139. Short, SH, and Short, WR. Four-year study of university athletes' dietary intake. J Am Diet Assoc 82:632-645, 1983.

140. Simpson, JL, Bailey, LB, Pietrzik, K, Shane, B, and Holzgreve, W. Micronutrients and women of reproductive potential: Required dietary intake and consequences of dietary deficiency or excess. Part I—Folate, vitamin B12, vitamin B6. J Matern Fetal Neonatal Med 23:1323-1343, 2010.

141. Sommer, A. Vitamin a deficiency and clinical disease: An historical overview. J Nutr 138:1835-1839, 2008.

142. Spector, SA, Jackman, MR, Sabounjian, LA, Sakkas, C, Landers, DM, and Willis, WT. Effect of choline supplementation on fatigue in trained cyclists. Med Sci Sports Exerc 27:668-673, 1995.

143. Suboticanec, K, Stavljenic, A, Schalch, W, and Buzina, R. Effects of pyridoxine and riboflavin supplementation on physical fitness in young adolescents. Int J Vitam Nutr Res 60:81-88, 1990.

144. Sullivan, G, Wells, KB, and Leake, B. Clinical factors associated with better quality of life in a seriously mentally ill population. Hosp Community Psychiatry

43:794-798, 1992.

145. Taghiyar, M, Ghiasvand, R, Askari, G, Feizi, A, Hariri, M, Mashhadi, NS, and Darvishi, L. The effect of vitamins C and E supplementation on muscle damage, performance, and body composition in athlete women: A clinical trial. Int J Prev Med 4:S24-S30, 2013.

146. Tang, G. Bioconversion of dietary provitamin A carotenoids to vitamin A in humans. Am J Clin Nutr 91:1468S-1473S, 2010.

147. Traber, MG. Vitamin E and K interactions—A 50-year-old problem. Nutr Rev 66:624-629, 2008.

148. Trang, H, Cole, D, Rubin, L, Pierratos, A, Siu, S, and Vieth, R. Evidence that vitamin D3 increases serum 25-hydroxyvitamin D more efficiently than does vitamin D2. Am J Clin Nutr 68:854-858, 1998.

149. Trivedi, DP, Doll, R, and Khaw, KT. Effect of four monthly oral vitamin D3 (cholecalciferol) supplementation on fractures and mortality in men and women living in the community: Randomised double blind controlled trial. BMJ 326:469, 2003.

150. U.S. Department of Agriculture. Nutrient Intakes From Food: Mean Amounts Consumed per Individual, by Gender and Age: What We Eat in America, NHANES 20092010. 2012.

151. U.S. Department of Agriculture. USDA National Nutrient Database for Standard Reference, Release 26. 2013.

152. U.S. Food and Drug Administration. Title 21: Food and drugs—Chapter 1: Food and Drug Administration—Subchapter B: Food for human consumption—Part 101: Food labeling. Code of Federal Regulations.

153. U.S. Food and Drug Administration. How to Understand and Use the Nutrition Facts Label. 2015.

154. U.S. Food and Drug Administration. Tanning Products. 2015.

155. U.S. Food and Drug Administration. Title

21: Food and drugs. Code of Federal Regulations, 2015.

156. U.S. Institute of Medicine. Dietary Reference Intakes for Thiamin, Riboflavin, Niacin, Vitamin B6, Folate, Vitamin B12, Pantothenic Acid, Biotin, and Choline.

157. U.S. Institute of Medicine. Dietary Reference Intakes for Vitamin C, Vitamin E, Selenium, and Carotenoids. Washington, DC: National Academies Press, 2000.

158. U.S. Institute of Medicine. Dietary Reference Intakes for Vitamin A, Vitamin K, Arsenic, Boron, Chromium, Copper, Iodine, Iron, Man-ganese, Molybdenum, Nickel, Silicon, Vana-dium, and Zinc. Washington, DC: National Academies Press, 2001.

159. U.S. Institute of Medicine. Dietary Reference Intakes: Guiding Principles for Nutrition Labeling and Fortification. Washington, DC: National Academies Press, 2003.

160. U.S. Institute of Medicine. Dietary Reference Intakes for Calcium and Vitamin D. Washington, DC: National Academies Press, 2011.

161. Valko, M, Rhodes, CJ, Moncol, J, Izakovic, M, and Mazur, M. Free radicals, metals and antioxidants in oxidative stress-induced cancer. Chem Biol Interact 160:1-40, 2006.

162. van der Beek, EJ, van Dokkum, W, Wedel, M, Schrijver, J, and van den Berg, H. Thiamin, riboflavin and vitamin B6: Impact of restricted intake on physical performance in man. J Am Coll Nutr 13:629-640, 1994.

163. van Etten, E, and Mathieu, C. Immunoregulation by 1,25-dihydroxyvitamin D3: Basic concepts. J Steroid Biochem Mol Biol 97:93101, 2005.

164. Veugelers, PJ, and Ekwaru, JP. A statistical error in the estimation of the recommended dietary allowance for vitamin D. Nutrients 6:4472-4475, 2014.

165. Vieth, R. Vitamin D supplementation, 25-hydroxyvitamin D concentrations, and safety. Am J Clin Nutr 69:842-856, 1999.

166. Virtamo, J, Pietinen, P, Huttunen, JK, Korhonen, P, Malila, N, Virtanen, MJ, Albanes, D, Taylor, PR, Albert, P, and Group, AS. Incidence of cancer and mortality following alpha-tocopherol and beta-carotene supplementation: A postintervention follow-up. JAMA 290:476-485, 2003.

167. Vognar, L, and Stoukides, J. The role of low plasma thiamin levels in cognitively impaired elderly patients presenting with acute behavioral disturbances. J Am Geriatr Soc 57:2166-2168, 2009.

168. Walsh, NP, Gleeson, M, Pyne, DB, Nieman, DC, Dhabhar, FS, Shephard, RJ, Oliver, SJ, Bermon, S, and Kajeniene, A. Position statement. Part two: Maintaining immune health. Exerc Immunol Rev 17:64-103, 2011.

169. Wang, Y, Hodge, AM, Wluka, AE, English, DR, Giles, GG, O'Sullivan, R, Forbes, A, and Cicuttini, FM. Effect of antioxidants on knee cartilage and bone in healthy, middle-aged subjects: A cross-sectional study. Arthritis Res Ther 9:R66, 2007.

170. War, AR, Paulraj, MG, Ahmad, T, Buhroo, AA, Hussain, B, Ignacimuthu, S, and Sharma, HC. Mechanisms of plant defense against insect herbivores. Plant Signal Behav 7:1306-1320, 2012.

171. Ward, KA, Das, G, Berry, JL, Roberts, SA, Rawer, R, Adams, JE, and Mughal, Z. Vitamin D status and muscle function in post-menarchal adolescent girls. J Clin Endocrinol Metab 94:559-563, 2009.

172. Webster, MJ. Physiological and performance responses to supplementation with thiamin and pantothenic acid derivatives. Eur J Appl Physiol Occup Physiol 77:486491, 1998.

173. Wharton, B, and Bishop, N. Rickets. Lancet 362:1389-1400, 2003.

174. Wilkinson, TJ, Hanger, HC, George, PM, and Sainsbury, R. Is thiamine deficiency in elderly people related to age or co-morbidity? Age Ageing 29:111-116, 2000.

175. Williamson, JD, and Scandalios, JG. Plant antioxidant gene responses to fungal pathogens. Trends Microbiol 1:239-245, 1993.

176. Willis, KS, Smith, DT, Broughton, KS, and Larson-Meyer, DE. Vitamin D status and biomarkers of inflammation in runners. Open Access J Sports Med 3:35-42, 2012.

177. Wood, B, Gijsbers, A, Goode, A, Davis, S, Mulholland, J, and Breen, K. A study of partial thiamin restriction in human volunteers. Am J Clin Nutr 33:848-861, 1980.

178. Woolf, K, and Manore, MM. B-vitamins and exercise: Does exercise alter requirements? Int J Sport Nutr Exerc Metab 16:453-484, 2006.

179. World Health Organization. Global Preva-lence of Vitamin A Deficiency in Populations at Risk 1995-2005: WHO Global Database on Vitamin A Deficiency. Geneva: World Health Organization, 2009.

180. Xanthakos, SA. Nutritional deficiencies in obesity and after bariatric surgery. Pediatr Clin North Am 56:1105-1121, 2009.

181. Yamaguchi, M. Role of carotenoid beta-cryptoxanthin in bone homeostasis. J Biomed Sci 19:36, 2012.

182. Yao, Y, Zhu, L, He, L, Duan, Y, Liang, W, Nie, Z, Jin, Y, Wu, X, and Fang, Y. A meta-analysis of the relationship between vitamin D deficiency and obesity. Int J Clin Exp Med 8:14977-14984, 2015.

183. Zeisel, SH, Da Costa, KA, Franklin, PD, Alexander, EA, Lamont, JT, Sheard, NF, and Beiser, A. Choline, an essential nutrient for humans. FASEB J 5:2093-2098, 1991.

184. Zempleni, J, Hassan, YI, and Wijeratne, SS. Biotin and biotinidase deficiency. Expert Rev Endocrinol Metab 3:715-724, 2008.

185. Zhang, FF, Driban, JB, Lo, GH, Price, LL, Booth, S, Eaton, CB, Lu, B, Nevitt, M, Jackson, B, Garganta, C, Hochberg, MC, Kwoh, K, and McAlindon, TE. Vitamin D deficiency is associated with progression of knee osteoarthritis. J Nutr 144:2002-2008, 2014.

186. Ziegler, PJ, Nelson, JA, and Jonnalagadda, SS. Nutritional and physiological status of U.S. national figure skaters. Int J Sport Nutr 9:345-360, 1999.

187. Zimmerman, H. Vitamin A (retinol): Drugs used in dermatotherapy. In Hepatotoxicity: The Adverse Effects of Drugs and Other Chem-icals on the Liver. Zimmerman, H, ed. Philadelphia, PA: Lippincott, 1999, pp. 727-729.

第 7 章

1. Allen, L, de Benoist, B, Dary, O, and Hurrell, R. Guidelines on Food Fortification with Micro-nutrients. Geneva: World Health Organization and Food and Agricultural Organization of the United Nations, 2006.

2. Allison, MC, Howatson, AG, Torrance, CJ, Lee, FD, and Russell, RI. Gastrointestinal damage associated with the use of nonsteroidal antiinflammatory drugs. N Engl J Med 327:749-754, 1992.

3. Althuis, MD, Jordan, NE, Ludington, EA, and Wittes, JT. Glucose and insulin responses to dietary chromium supplements: A meta-analysis. Am J Clin Nutr 76:148-155, 2002.

4. Anderson, RA, Bryden, NA, and Polansky, MM. Dietary chromium intake: Freely chosen diets, institutional diet, and individual foods. Biol Trace Elem Res 32:117-121, 1992.

5. Aoi, W, Ogaya, Y, Takami, M, Konishi, T, Sauchi, Y, Park, EY, Wada, S, Sato, K, and Higashi, A. Glutathione supplementation suppresses muscle fatigue induced by prolonged exercise via improved aerobic metabolism. J Int Soc Sports Nutr 12:7, 2015.

6. Bailey, RL, Fulgoni, VL, 3rd, Keast, DR, and Dwyer, JT. Dietary supplement use is associated with higher intakes of minerals from food sources. Am J Clin Nutr 94:13761381, 2011.

7. Barbagallo, M, Belvedere, M, and Dominguez, LJ. Magnesium homeostasis and aging. Magnes Res 22:235-246, 2009.

8. Barrett-Connor, E, Chang, JC, and Edelstein, SL. Coffee-associated osteoporosis offset by daily milk consumption: The Rancho Bernardo Study. JAMA 271:280-283, 1994.

9. Beard, JL. Iron biology in immune function, muscle metabolism and neuronal functioning. J Nutr 131:568S-579S, 2001.

10. Behrens, SB, Deren, ME, Matson, A, Fadale, PD, and Monchik, KO. Stress fractures of the pelvis and legs in athletes: A review. Sports Health 5:165-174, 2013.

11. Bermejo, F, and Garcia-Lopez, S. A guide to diagnosis of iron deficiency and iron deficiency anemia in digestive diseases. World J Gastroenterol 15:4638-4643, 2009.

12. Betteridge, DJ. What is oxidative stress? 49:3-8, 2000.

13. Bolland, MJ, Grey, A, Avenell, A, Gamble, GD, and Reid, IR. Calcium supplements with or without vitamin D and risk of cardiovascular events: Reanalysis of the Women's Health Initiative limited access dataset and meta-analysis. BMJ 342:d2040, 2011.

14. Brilla, LR, and Haley, TF. Effect of magnesium supplementation on strength training in humans. J Am Coll Nutr 11:326-329, 1992.

15. Brownlie, T, Utermohlen, V, Hinton, PS, Giordano, C, and Haas, JD. Marginal iron deficiency without anemia impairs aerobic adaptation among previously untrained women. Am J Clin Nutr 75:734-742, 2002.

16. Brownlie, T, Utermohlen, V, Hinton, PS, and Haas, JD. Tissue iron deficiency without anemia impairs adaptation in endurance capacity after aerobic training in previously untrained women. Am J Clin Nutr 79:437443, 2004.

17. Brun, JF, Dieu-Cambrezy, C, Charpiat, A, Fons, C, Fedou, C, Micallef, JP, Fussellier, M, Bardet, L, and Orsetti, A. Serum zinc in highly trained adolescent gymnasts. Biol Trace Elem Res 47:273-278, 1995.

18. Calton, JB. Prevalence of micronutrient deficiency in popular diet plans. J Int Soc Sports Nutr 7:24, 2010.

19. Caruso, TJ, Prober, CG, and Gwaltney, JM, Jr. Treatment of naturally acquired common colds with zinc: a structured review. Clin Infect Dis 45:569-574, 2007.

20. Carvil, P, and Cronin, J. Magnesium and implications on muscle function. Strength Cond J 32:48-54, 2010.

21. Chaudhary, DP, Sharma, R, and Bansal, DD. Implications of magnesium deficiency in type 2 diabetes: a review. Biol Trace Elem Res 134:119-129, 2010.

22. Chen, HY, Cheng, FC, Pan, HC, Hsu, JC, and Wang, MF. Magnesium enhances exercise performance via increasing glucose availability in the blood, muscle, and brain during exercise. PLoS One 9:e85486, 2014.

23. Chen, J, Gu, D, Huang, J, Rao, DC, Jaquish, CE, Hixson, JE, Chen, CS, Chen, J, Lu, F, Hu, D, Rice, T, Kelly, TN, Hamm, LL, Whelton, PK, and He, J. Metabolic syndrome and salt sensitivity of blood pressure in non-diabetic people in China: A dietary intervention study. Lancet 373:829-835, 2009.

24. Choi, HY, Park, HC, and Ha, SK. Salt Sensitivity and Hypertension: A Paradigm Shift from Kidney Malfunction to Vascular Endothelial Dysfunction. Electrolyte Blood Press 13:7-16, 2015.

25. Coris, EE, Ramirez, AM, and Van Durme, DJ. Heat illness in athletes: The dangerous combination of heat, humidity and exercise. Sports Med 34:9-16, 2004.

26. Dawson-Hughes, B, Harris, SS, Rasmussen,

H, Song, L, and Dallal, GE. Effect of dietary protein supplements on calcium excretion in healthy older men and women. J Clin Endocrinol Metab 89:1169-1173, 2004.

27. de Lordes Lima, M, Cruz, T, Pousada, JC, Rodrigues, LE, Barbosa, K, and Cangucu, V. The effect of magnesium supplementation in increasing doses on the control of type 2 diabetes. Diabetes Care 21:682-686, 1998.

28. de Sousa, EF, Da Costa, TH, Nogueira, JA, and Vivaldi, LJ. Assessment of nutrient and water intake among adolescents from sports federations in the Federal District, Brazil. Br J Nutr 99:1275-1283, 2008.

29. De Souza, MJ, Williams, NI, Nattiv, A, Joy, E, Misra, M, Loucks, AB, Matheson, G, Olmsted, MP, Barrack, M, Mallinson, RJ, Gibbs, JC, Goolsby, M, Nichols, JF, Drinkwater, B, Sanborn, C, Agostini, R, Otis, CL, Johnson, MD, Hoch, AZ, Alleyne, JM, Wadsworth, LT, Koehler, K, VanHeest, J, Harvey, P, Kelly, AK, Fredericson, M, Brooks, GA, O'Donnell, E, Callahan, LR, Putukian, M, Costello, L, Hecht, S, Rauh, MJ, and McComb, J. Misunderstanding the female athlete triad: Refuting the IOC consensus statement on Relative Energy Deficiency in Sport (RED-S). Br J Sports Med 48:1461-1465, 2014.

30. de Valk, HW, Verkaaik, R, van Rijn, HJ, Geerdink, RA, and Struyvenberg, A. Oral magnesium supplementation in insulin-requiring type 2 diabetic patients. Diabet Med 15:503-507, 1998.

31. DellaValle, DM, and Haas, JD. Impact of iron depletion without anemia on performance in trained endurance athletes at the beginning of a training season: A study of female collegiate rowers. Int J Sport Nutr Exerc Metab

32. Dickens, BF, Weglicki, WB, Li, YS, and Mak, IT. Magnesium deficiency in vitro enhances free radical-induced intracellular oxidation and cytotoxicity in endothelial cells. FEBS Lett 311:187-191, 1992.

33. Dickinson, KM, Clifton, PM, and Keogh, JB. Endothelial function is impaired after a high-salt meal in healthy subjects. Am J Clin Nutr 93:500-505, 2011.

34. Dickinson, KM, Keogh, JB, and Clifton, PM. Effects of a low-salt diet on flow-mediated dilatation in humans. Am J Clin Nutr 89:485490, 2009.

35. Eby, GA, and Halcomb, WW. Ineffectiveness of zinc gluconate nasal spray and zinc orotate lozenges in common-cold treatment: A double-blind, placebo-controlled clinical trial. Altern Ther Health Med 12:34-38, 2006.

36. Eftekhari, MH, Keshavarz, SA, Jalali, M, Elguero, E, Eshraghian, MR, and Simondon, KB. The relationship between iron status and thyroid hormone concentration in iron-deficient adolescent Iranian girls. Asia Pac J Clin Nutr 15:50-55, 2006.

37. Elin, RJ, Hosseini, JM, and Gill, JR, Jr. Erythrocyte and mononuclear blood cell magnesium concentrations are normal in hypomagnesemic patients with chronic renal magnesium wasting. J Am Coll Nutr 13:463-466, 1994.

38. Farquhar, WB, Edwards, DG, Jurkovitz, CT, and Weintraub, WS. Dietary sodium and health: More than just blood pressure. J Am Coll Cardiol 65:1042-1050, 2015.

39. Fenton, TR, Lyon, AW, Eliasziw, M, Tough, SC, and Hanley, DA. Meta-analysis of the effect of the acid-ash hypothesis of osteoporosis on calcium balance. J Bone Miner Res 24:1835-1840, 2009.

40. Finley, J, and Davis, C. Manganese deficiency and toxicity: Are high or low dietary amounts of manganese cause for concern? BioFactors 10:15-24, 1999.

41. Firoz, M, and Graber, M. Bioavailability of US commercial magnesium preparations. Magnes Res 14:257-262, 2001.

42. Ford, ES, and Mokdad, AH. Dietary magnesium intake in a national sample of US adults. J Nutr 133:2879-2882, 2003.

43. Freedman, AM, Mak, IT, Stafford, RE,

Dickens, BF, Cassidy, MM, Muesing, RA, and Weglicki, WB. Erythrocytes from magnesium-deficient hamsters display an enhanced susceptibility to oxidative stress. Am J Physiol 262:C1371-1375, 1992.

44. Fujimura, R, Ashizawa, N, Watanabe, M, Mukai, N, Amagai, H, Fukubayashi, T, Hayashi, K, Tokuyama, K, and Suzuki, M. Effect of resistance exercise training on bone formation and resorption in young male subjects assessed by biomarkers of bone metabolism. J Bone Miner Res 12:656-662, 1997.

45. Fulgoni, VL, 3rd, Keast, DR, Auestad, N, and Quann, EE. Nutrients from dairy foods are difficult to replace in diets of Americans: Food pattern modeling and an analyses of the National Health and Nutrition Examination Survey 2003-2006. Nutr Res 31:759-765, 2011.

46. Fulgoni, VL, 3rd, Keast, DR, Bailey, RL, and Dwyer, J. Foods, fortificants, and supplements: Where do Americans get their nutrients? J Nutr 141:1847-1854, 2011.

47. Fung, TT, Manson, JE, Solomon, CG, Liu, S, Willett, WC, and Hu, FB. The association between magnesium intake and fasting insulin concentration in healthy middle-aged women. J Am Coll Nutr 22:533-538, 2003.

48. Galan, P, Preziosi, P, Durlach, V, Valeix, P, Ribas, L, Bouzid, D, Favier, A, and Hercberg, S. Dietary magnesium intake in a French adult population. Magnes Res 10:321-328, 1997.

49. Galy, B, Ferring-Appel, D, Kaden, S, Grone, HJ, and Hentze, MW. Iron regulatory proteins are essential for intestinal function and control key iron absorption molecules in the duodenum. Cell Metab 7:79-85, 2008.

50. Garfinkel, D, and Garfinkel, L. Magnesium and regulation of carbohydrate metabolism at the molecular level. Magnesium 7:249-261, 1988.

51. Giolo De Carvalho, F, Rosa, FT, Marques Miguel Suen, V, Freitas, EC, Padovan, GJ, and Marchini, JS. Evidence of zinc deficiency in competitive swimmers. Nutrition 28:11271131, 2012.

52. Gu, D, Rice, T, Wang, S, Yang, W, Gu, C, Chen, CS, Hixson, JE, Jaquish, CE, Yao, ZJ, Liu, DP, Rao, DC, and He, J. Heritability of blood pressure responses to dietary sodium and potassium intake in a Chinese population. Hypertension 50:116-122, 2007.

53. Guerrera, MP, Volpe, SL, and Mao, JJ. Therapeutic uses of magnesium. Am Fam Physician 80:157-162, 2009.

54. Guerrero-Romero, F, Tamez-Perez, HE, Gonzalez-Gonzalez, G, Salinas-Martinez, AM, Montes-Villarreal, J, Trevino-Ortiz, JH, and Rodriguez-Moran, M. Oral magnesium supplementation improves insulin sensitivity in non-diabetic subjects with insulin resistance: A double-blind placebo-controlled randomized trial. Diabetes Metab 30:253-258, 2004.

55. Haase, H, and Rink, L. Multiple impacts of zinc on immune function. Metallomics 6:1175-1180, 2014.

56. Haddy, FJ, Vanhoutte, PM, and Feletou, M. Role of potassium in regulating blood flow and blood pressure. Am J Physiol Regul Integr Comp Physiol 290:R546-R552, 2006.

57. Hagler, L, Askew, EW, Neville, JR, Mellick, PW, Coppes, RI, Jr., and Lowder, JF, Jr. Influence of dietary iron deficiency on hemoglobin, myoglobin, their respective reductases, and skeletal muscle mitochondrial respiration. Am J Clin Nutr 34:2169-2177, 1981.

58. Hajjar, IM, Grim, CE, George, V, and Kotchen, TA. Impact of diet on blood pressure and age-related changes in blood pressure in the US population: Analysis of NHANES III. Arch Intern Med 161:589-593, 2001.

59. Hallberg, L, Brune, M, and Rossander, L. Iron absorption in man: ascorbic acid and dose-dependent inhibition by phytate. Am J Clin Nutr 49:140-144, 1989.

60. Hawley, JA, Dennis, SC, Lindsay, FH, and Noakes, TD. Nutritional practices of athletes: Are they sub-optimal? J Sports Sci 13 Spec No:S75-S81, 1995.

61. He, J, Gu, D, Chen, J, Jaquish, CE, Rao, DC, Hixson, JE, Chen, JC, Duan, X, Huang, JF, Chen, CS, Kelly, TN, Bazzano, LA, and Whelton, PK. Gender difference in blood pressure responses to dietary sodium intervention in the GenSalt study. J Hypertens 27:48-54, 2009.

62. Heaney, RP, Kopecky, S, Maki, KC, Hathcock, J, Mackay, D, and Wallace, TC. A review of calcium supplements and cardiovascular disease risk. Adv Nutr 3:763-771, 2012.

63. Heaney, RP, and Layman, DK. Amount and type of protein influences bone health. Am J Clin Nutr 87:1567S-1570S, 2008.

64. Heaney, RP, and Rafferty, K. Carbonated beverages and urinary calcium excretion. Am J Clin Nutr 74:343-347, 2001.

65. Heaney, S, O'Connor, H, Gifford, J, and Naughton, G. Comparison of strategies for assessing nutritional adequacy in elite female athletes' dietary intake. Int J Sport Nutr Exerc Metab 20:245-256, 2010.

66. Henry, YM, Fatayerji, D, and Eastell, R. Attainment of peak bone mass at the lumbar spine, femoral neck and radius in men and women: Relative contributions of bone size and volumetric bone mineral density. Osteo-poros Int 15:263-273, 2004.

67. Hinton, PS. Iron and the endurance athlete. Appl Physiol Nutr Metab:1-7, 2014.

68. Hinton, PS, Giordano, C, Brownlie, T, and Haas, JD. Iron supplementation improves endurance after training in iron-depleted, nonanemic women. J Appl Physiol 88:11031111, 2000.

69. Hoy, M, and Goldman, J. Potassium Intake of the U.S. Population: What We Eat in America, NHANES 2009-2010. U.S. Department of Agriculture, 2012.

70. Hoy, M, and Goldman, J. Calcium Intake

of the U.S. Population: What We Eat in America, NHANES 2009-2010. U.S. Department of Agriculture, 2014.

71. Huerta, MG, Roemmich, JN, Kington, ML, Bovbjerg, VE, Weltman, AL, Holmes, VF, Patrie, JT, Rogol, AD, and Nadler, JL. Magnesium deficiency is associated with insulin resistance in obese children. Diabetes Care

72. Imamura, H, Iide, K, Yoshimura, Y, Kumagai, K, Oshikata, R, Miyahara, K, Oda, K, Miyamoto, N, and Nakazawa, A. Nutrient intake, serum lipids and iron status of colligiate rugby players. J Int Soc Sports Nutr 10:9, 2013.

73. Jackson, S, Coleman King, S, Zhao, L, and Cogswell, M. Prevalence of excess sodium intake in the United States—NHANES, 2009-2012. Morbidity and Mortality Weekly Report, 2016.

74. Jeejeebhoy, KN, Chu, RC, Marliss, EB, Greenberg, GR, and Bruce-Robertson, A. Chromium deficiency, glucose intolerance, and neuropathy reversed by chromium supplementation, in a patient receiving long-term total parenteral nutrition. Am J Clin Nutr 30:531-538, 1977.

75. Juzwiak, CR, Amancio, OM, Vitalle, MS, Pinheiro, MM, and Szejnfeld, VL. Body composition and nutritional profile of male adolescent tennis players. J Sports Sci 26:1209-1217, 2008.

76. Kamel, K, Lin, S, Yang, S, and Halperin, M. Clinical disorders of hyperkalemia. In Seldin and Giebisch's The Kidney. 5th ed. Alpern, R, Moe, O, Caplan, M, eds. Philadelphia PA: Elsevier, 2013.

77. Kass, L, Weekes, J, and Carpenter, L. Effect of magnesium supplementation on blood pressure: A meta-analysis. Eur J Clin Nutr 66:411-418, 2012.

78. Keith, RE, O'Keeffe, KA, Alt, LA, and Young, KL. Dietary status of trained female cyclists. J Am Diet Assoc 89:1620-1623, 1989.

79. Kerstetter, JE, O'Brien, KO, Caseria, DM,

Wall, DE, and Insogna, KL. The impact of dietary protein on calcium absorption and kinetic measures of bone turnover in women. J Clin Endocrinol Metab 90:26-31, 2005.

80. Kim, SK, Kang, HS, Kim, CS, and Kim, YT. The prevalence of anemia and iron depletion in the population aged 10 years or older. Korean J Hematol 46:196-199, 2011.

81. Kramer, JH, Mak, IT, Phillips, TM, and Weglicki, WB. Dietary magnesium intake influences circulating pro-inflammatory neuropeptide levels and loss of myocardial tolerance to postischemic stress. Exp Biol Med (Maywood) 228:665-673, 2003.

82. Krebs, NF. Dietary zinc and iron sources, physical growth and cognitive development of breastfed infants. J Nutr 130:358S-360S, 2000.

83. Krotkiewski, M, Gudmundsson, M, Backstrom, P, and Mandroukas, K. Zinc and muscle strength and endurance. Acta Physiol Scand 116:309-311, 1982.

84. Leone, K. Calcium, magnesium, and phosphorus. In Emergency Medicine: Clinical Essentials. 2nd ed. Adams, J, ed. Philadelphia, PA: Elsevier Saunders, 2013.

85. Levenhagen, DK, Gresham, JD, Carlson, MG, Maron, DJ, Borel, MJ, and Flakoll, PJ. Postexercise nutrient intake timing in humans is critical to recovery of leg glucose and protein homeostasis. Am J Physiol Endocrinol Metab 280:E982-993, 2001.

86. Lewis, JR, Radavelli-Bagatini, S, Rejnmark, L, Chen, JS, Simpson, JM, Lappe, JM, Mosekilde, L, Prentice, RL, and Prince, RL. The effects of calcium supplementation on verified coronary heart disease hospitalization and death in postmenopausal women: A collaborative meta-analysis of randomized controlled trials. J Bone Miner Res 30:165175, 2015.

87. Lindberg, JS, Zobitz, MM, Poindexter, JR, and Pak, CY. Magnesium bioavailability from magnesium citrate and magnesium oxide. J Am Coll Nutr 9:48-55, 1990.

88. Linder, MC, and Hazegh-Azam, M. Copper biochemistry and molecular biology. Am J Clin Nutr 63:797S-811S, 1996.

89. Lopez-Ridaura, R, Willett, WC, Rimm, EB, Liu, S, Stampfer, MJ, Manson, JE, and Hu, FB. Magnesium intake and risk of type 2 diabetes in men and women. Diabetes Care 27:134-140, 2004.

90. Luft, FC, Weinberger, MH, and Grim, CE. Sodium sensitivity and resistance in normotensive humans. Am J Med 72:726-736, 1982.

91. Lukaski, HC. Vitamin and mineral status: Effects on physical performance. Nutrition 20:632-644, 2004.

92. Lukaski, HC. Low dietary zinc decreases erythrocyte carbonic anhydrase activities and impairs cardiorespiratory function in men during exercise. Am J Clin Nutr 81:10451051, 2005.

93. Lukaski, HC, and Nielsen, FH. Dietary magnesium depletion affects metabolic responses during submaximal exercise in postmenopausal women. J Nutr 132:930-935, 2002.

94. Malczewska, J, Raczynski, G, and Stupnicki, R. Iron status in female endurance athletes and in non-athletes. Int J Sport Nutr Exerc Metab 10:260-276, 2000.

95. Mandal, AK. Hypokalemia and hyperkalemia. Med Clin North Am 81:611-639, 1997.

96. Manoguerra, AS, Erdman, AR, Booze, LL, Christianson, G, Wax, PM, Scharman, EJ, Woolf, AD, Chyka, PA, Keyes, DC, Olson, KR, Caravati, EM, and Troutman, WG. Iron ingestion: An evidence-based consensus guideline for out-of-hospital management. Clin Toxicol (Phila) 43:553-570, 2005.

97. Massey, LK, and Whiting, SJ. Caffeine, urinary calcium, calcium metabolism and bone. J Nutr 123:1611-1614, 1993.

98. Maughan, RJ, and Leiper, JB. Sodium intake and post-exercise rehydration in man. Eur J Appl Physiol Occup Physiol 71:311-319, 1995.

99. McCarty, MF. Magnesium may mediate the favorable impact of whole grains on insulin sensitivity by acting as a mild calcium antagonist. Med Hypotheses 64:619-627, 2005.

100. Michaelsson, K, Melhus, H, Warensjo Lemming, E, Wolk, A, and Byberg, L. Long term calcium intake and rates of all cause and cardiovascular mortality: Community based prospective longitudinal cohort study. BMJ 346:f228, 2013.

101. Micheletti, A, Rossi, R, and Rufini, S. Zinc status in athletes: Relation to diet and exercise. Sports Med 31:577-582, 2001.

102. Mishell, DR, Jr. Pharmacokinetics of depot medroxyprogesterone acetate contraception. J Reprod Med 41:381-390, 1996.

103. Misner, B. Food alone may not provide sufficient micronutrients for preventing deficiency. J Int Soc Sports Nutr 3:51-55, 2006.

104. Monsen, ER. Iron nutrition and absorption: Dietary factors which impact iron bioavailability. J Am Diet Assoc 88:786-790, 1988.

105. Morris, RC, Jr., Sebastian, A, Forman, A, Tanaka, M, and Schmidlin, O. Normotensive salt sensitivity: Effects of race and dietary potassium. Hypertension 33:18-23, 1999.

106. Moshfegh, A, Goldman, J, Ahuja, J, Rhodes, D, and LaComb, R. What We Eat in America, NHANES 2005-2006: Usual Nutrient Intakes from Food and Water Compared to 1997 Die-tary Reference Intakes for Vitamin D, Calcium, Phosphorus, and Magnesium. U.S. Department of Agriculture, Agricultural Research Service, 2009.

107. Muhlbauer, B, Schwenk, M, Coram, WM, Antonin, KH, Etienne, P, Bieck, PR, and Douglas, FL. Magnesium-L-aspartate-HCl and magnesium-oxide: Bioavailability in healthy volunteers. Eur J Clin Pharmacol 40:437-438, 1991.

108. Muller, MJ, Bosy-Westphal, A, Klaus, S, Kreymann, G, Luhrmann, PM, Neuhauser-Berthold, M, Noack, R, Pirke, KM, Platte, P, Selberg, O, and Steiniger, J. World Health Organization equations have shortcomings for predicting resting energy expenditure in persons from a modern, affluent population: Generation of a new reference standard from a retrospective analysis of a German database of resting energy expenditure. Am J Clin Nutr 80:1379-1390, 2004.

109. Musso, CG. Magnesium metabolism in health and disease. Int Urol Nephrol 41:357362, 2009.

110. Naghii, MR, and Fouladi, AI. Correct assessment of iron depletion and iron deficiency anemia. Nutr Health 18:133-139, 2006.

111. National Insitutes of Health. Osteoporosis: Peak Bone Mass in Women. 2015.

112. National Institutes of Health. Multivitamin/Mineral Supplements. 2016.

113. Newhouse, IJ, and Finstad, EW. The effects of magnesium supplementation on exercise performance. Clin J Sport Med 10:195-200, 2000.

114. Nielsen, FH, and Lukaski, HC. Update on the relationship between magnesium and exercise. Magnes Res 19:180-189, 2006.

115. Nishiyama, S, Irisa, K, Matsubasa, T, Higashi, A, and Matsuda, I. Zinc status relates to hematological deficit s in middle-aged women. J Am Coll Nutr 17:291295, 1998.

116. Nishlyama, S, Inomoto, T, Nakamura, T, Higashi, A, and Matsuda, I. Zinc status relates to hematological deficits in women endurance runners. J Am Coll Nutr 15:359363, 1996.

117. Noda, Y, Iide, K, Masuda, R, Kishida, R, Nagata, A, Hirakawa, F, Yoshimura, Y, and Imamura, H. Nutrient intake and blood iron status of male collegiate soccer players. Asia Pac J Clin Nutr 18:344-350, 2009.

118. O'Donnell, M, Mente, A, Rangarajan, S, McQueen, MJ, Wang, X, Liu, L, Yan, H, Lee, SF, Mony, P, Devanath, A, Rosengren, A, Lopez-Jaramillo, P, Diaz, R, Avezum, A, Lanas, F, Yusoff, K, Iqbal, R, Ilow, R, Mohammadifard, N, Gulec, S, Yusufali, AH, Kruger, L, Yusuf, R, Chifamba, J, Kabali, C, Dagenais, G, Lear, SA, Teo, K, and Yusuf, S. Urinary sodium and potassium excretion, mortality, and cardiovascular events. N Engl J Med 371:612-623, 2014.

119. O'Neal, SL, and Zheng, W. Manganese toxicity upon overexposure: A decade in review. Curr Environ Health Rep 2:315-328, 2015.

120. Oh, YS, Appel, LJ, Galis, ZS, Hafler, DA, He, J, Hernandez, AL, Joe, B, Karumanchi, SA, Maric-Bilkan, C, Mattson, D, Mehta, NN, Randolph, G, Ryan, M, Sandberg, K, Titze, J, Tolunay, E, Toney, GM, and Harrison, DG. National Heart, Lung, and Blood Institute Working Group Report on Salt in Human Health and Sickness: Building on the Current Scientific Evidence. Hypertension 68:281-288, 2016.

121. Otten, J, Hellwig, J, and Meyers, L. Dietary Reference Intakes: The Essential Guide to Nutrient Requirements. Washington, DC: National Academies Press, 2006.

122. Paolisso, G, Scheen, A, Cozzolino, D, Di Maro, G, Varricchio, M, D'Onofrio, F, and Lefebvre, PJ. Changes in glucose turnover parameters and improvement of glucose oxidation after 4-week magnesium administration in elderly noninsulin-dependent (type II) diabetic patients. J Clin Endocrinol Metab 78:1510-1514, 1994.

123. Paolisso, G, Sgambato, S, Gambardella, A, Pizza, G, Tesauro, P, Varricchio, M, and D'Onofrio, F. Daily magnesium supplements improve glucose handling in elderly subjects. Am J Clin Nutr 55:1161-1167, 1992.

124. Park, SC, Chun, HJ, Kang, CD, and Sul, D. Prevention and management of nonsteroidal anti-inflammatory drugs-induced small intestinal injury. World J Gastroenterol 17:4647-4653, 2011.

125. Peake, JM, Gerrard, DF, and Griffin, JF. Plasma zinc and immune markers in runners in response to a moderate increase in training volume. Int J Sports Med 24:212-216, 2003.

126. Petry, N, Egli, I, Gahutu, JB, Tugirimana, PL, Boy, E, and Hurrell, R. Phytic acid concentration influences iron bioavailability from biofortified beans in Rwandese women with low iron status. J Nutr 144:1681-1687, 2014.

127. Prasad, AS, Beck, FW, Bao, B, Snell, D, and Fitzgerald, JT. Duration and severity of symptoms and levels of plasma interleukin-1 receptor antagonist, soluble tumor necrosis factor receptor, and adhesion molecules in patients with common cold treated with zinc acetate. J Infect Dis 197:795-802, 2008.

128. Ranade, VV, and Somberg, JC. Bioavailability and pharmacokinetics of magnesium after administration of magnesium salts to humans. Am J Ther 8:345-357, 2001.

129. Rink, L, and Gabriel, P. Zinc and the immune system. Proc Nutr Soc 59:541-552, 2000.

130. Risser, WL, Lee, EJ, Poindexter, HB, West, MS, Pivarnik, JM, Risser, JM, and Hickson, JF. Iron deficiency in female athletes: Its prevalence and impact on performance. Med Sci Sports Exerc 20:116-121, 1988.

131. Rivlin, RS. Magnesium deficiency and alcohol intake: Mechanisms, clinical significance and possible relation to cancer development (a review). J Am Coll Nutr 13:416-423, 1994.

132. Rodriguez-Moran, M, and Guerrero-Romero, F. Oral magnesium supplementation improves insulin sensitivity and metabolic control in type 2 diabetic subjects: A randomized double-blind controlled trial.

Dia-betes Care 26:1147-1152, 2003.

133. Rodriguez, NR, DiMarco, NM, Langley, S, American Dietetic, A, Dietitians of, C, American College of Sports Medicine, N, and Athletic, P. Position of the American Dietetic Association, Dietitians of Canada, and the American College of Sports Medicine: Nutrition and athletic performance. J Am Diet Assoc 109:509-527, 2009.

134. Ross, AC, Manson, JE, Abrams, SA, Aloia, JF, Brannon, PM, Clinton, SK, Durazo-Arvizu, RA, Gallagher, JC, Gallo, RL, Jones, G, Kovacs, CS, Mayne, ST, Rosen, CJ, and Shapses, SA. The 2011 report on Dietary Reference Intakes for calcium and vitamin D from the Institute of Medicine: What clinicians need to know. J Clin Endocrinol Metab 96:53-58, 2011.

135. Ross, AC, Manson, JE, Abrams, SA, Aloia, JF, Brannon, PM, Clinton, SK, Durazo-Arvizu, RA, Gallagher, JC, Gallo, RL, Jones, G, Kovacs, CS, Mayne, ST, Rosen, CJ, and Shapses, SA. Clarification of DRIs for calcium and vitamin D across age groups. J Am Diet Assoc 111:1467, 2011.

136. Rossi, L, Migliaccio, S, Corsi, A, Marzia, M, Bianco, P, Teti, A, Gambelli, L, Cianfarani, S, Paoletti, F, and Branca, F. Reduced growth and skeletal changes in zinc-deficient growing rats are due to impaired growth plate activity and inanition. J Nutr 131:1142-1146, 2001.

137. Sacks, FM, Svetkey, LP, Vollmer, WM, Appel, LJ, Bray, GA, Harsha, D, Obarzanek, E, Conlin, PR, Miller, ER, 3rd, Simons-Morton, DG, Karanja, N, and Lin, PH. Effects on blood pressure of reduced dietary sodium and the Dietary Approaches to Stop Hypertension (DASH) diet. N Engl J Med 344:3-10, 2001.

138. Sandstead, HH. Requirements and toxicity of essential trace elements, illustrated by zinc and copper. Am J Clin Nutr 61:621S624S, 1995.

139. Santos, DA, Matias, CN, Monteiro, CP, Silva, AM, Rocha, PM, Minderico, CS, Bettencourt Sardinha, L, and Laires, MJ. Magnesium intake is associated with strength performance in elite basketball, handball and volleyball players. Magnes Res 24:215-219, 2011.

140. Sawka, MN, Burke, LM, Eichner, ER, Maughan, RJ, Montain, SJ, and Stachenfeld, NS. American College of Sports Medicine position stand: Exercise and fluid replacement. Med Sci Sports Exerc 39:377-390, 2007.

141. Schmidlin, O, Forman, A, Sebastian, A, and Morris, RC, Jr. Sodium-selective salt sensitivity: Its occurrence in blacks. Hypertension 50:1085-1092, 2007.

142. Scott, SP, and Murray-Kolb, LE. Iron status is associated with performance on executive functioning tasks in nonanemic young women. J Nutr 146:30-37, 2016.

143. Seifter, J. Potassium disorders. In Goldman's Cecil Medicine. Goldman, L, Schafer, A, eds. Philadelphia, PA: Elsevier Saunders, 2016.

144. Setaro, L, Santos-Silva, PR, Nakano, EY, Sales, CH, Nunes, N, Greve, JM, and Colli, C. Magnesium status and the physical performance of volleyball players: Effects of magnesium supplementation. J Sports Sci 32:438-445, 2014.

145. Silva, MR, and Paiva, T. Low energy availability and low body fat of female gymnasts before an international competition. Eur J Sport Sci 15:591-599, 2015.

146. Singh, M, and Das, RR. Zinc for the common cold. Cochrane Database Syst Rev:CD001364, 2011.

147. Smith, SM, Heer, MA, Shackelford, LC, Sibonga, JD, Ploutz-Snyder, L, and Zwart, SR. Benefits for bone from resistance exercise and nutrition in long-duration spaceflight: Evidence from biochemistry and densitometry. J Bone Miner Res 27:1896-1906, 2012.

148. Song, Y, Manson, JE, Buring, JE, and Liu, S. Dietary magnesium intake in relation to plasma insulin levels and risk of type 2 diabetes in women. Diabetes Care 27:59-65, 2004.

149. Spencer, H, Norris, C, and Williams, D. Inhibitory effects of zinc on magnesium balance and magnesium absorption in man. J Am Coll Nutr 13:479-484, 1994.

150. Straub, DA. Calcium supplementation in clinical practice: A review of forms, doses, and indications. Nutr Clin Pract 22:286-296, 2007.

151. Tapiero, H, Gate, L, and Tew, KD. Iron: Deficiencies and requirements. Biomed Phar-macother 55:324-332, 2001.

152. Testa, G, Pavone, V, Mangano, S, Riccioli, M, Arancio, A, Evola, FR, Avonda, S, and Sessa, G. Normal nutritional components and effects on bone metabolism in prevention of osteoporosis. J Biol Regul Homeost Agents 29:729-736, 2015.

153. Toh, SY, Zarshenas, N, and Jorgensen, J. Prevalence of nutrient deficiencies in bariatric patients. Nutrition 25:1150-1156, 2009.

154. Tosiello, L. Hypomagnesemia and diabetes mellitus. A review of clinical implications. Arch Intern Med 156:1143-1148, 1996.

155. Turner, RB, and Cetnarowski, WE. Effect of treatment with zinc gluconate or zinc acetate on experimental and natural colds. Clin Infect Dis 31:1202-1208, 2000.

156. Tzemos, N, Lim, PO, Wong, S, Struthers, AD, and MacDonald, TM. Adverse cardiovascular effects of acute salt loading in young normotensive individuals. Hypertension 51:1525-1530, 2008.

157. U.S. Department of Agriculture. USDA National Nutrient Database for Standard Reference, Release 26. 2013.

158. U.S. Department of Agriculture. 2015-2020 Dietary Guidelines for Americans. 2015.

159. U.S. Department of Health and Human Services. Bone Health and Osteoporosis: A Report of the Surgeon General. Rockville, MD: U.S. Department of Health and Human Services,, 2004.

160. U.S. Food and Drug Administration. Title 21: Food and drugs—Chapter 1: Food and Drug Administration—Subchapter B: Food for human consumption—Part 101: Food labeling. Code of Federal Regulations.

161. U.S. Food and Drug Administration. Guidance for Industry: A Food Labeling Guide (Appendix F: Calculate the Percent Daily Value for the Appropriate Nutrients). 2013.

162. U.S. House of Representatives. Title 21: Food and drugs—Subchapter Ⅱ: Definitions—Chapter 9: Federal Food, Drug, and Cosmetic Act. United States Code, 2010.

163. U.S. Institute of Medicine. Dietary Reference Intakes for Calcium, Phosphorus, Magnesium, Vitamin D, and Fluoride. Washington, DC: National Academies Press, 1997.

164. U.S. Institute of Medicine. Dietary Refer-ence Intakes for Thiamin, Riboflavin, Niacin, Vitamin B6, Folate, Vitamin B12, Pantothenic Acid, Biotin, and Choline. Washington, DC: National Academies Press, 1998.

165. U.S. Institute of Medicine. Dietary Reference Intakes for Vitamin A, Vitamin K, Arsenic, Boron, Chromium, Copper, Iodine, Iron, Man-ganese, Molybdenum, Nickel, Silicon, Vana-dium, and Zinc. Washington, DC: National Academies Press, 2001.

166. U.S. Institute of Medicine. Dietary Reference Intakes for Water, Potassium, Sodium, Chlo-ride, and Sulfate. Washington, DC: National Academies Press, 2005.

167. U.S. Institute of Medicine. Washington, DC: National Academies Press, 2011.

168. U.S. Institute of Medicine, Strom, BL, Yak-tine, AL, and Oria, M. Sodium Intake in Popu-lations: Assessment of Evidence.

Washington, DC: National Academies Press, 2013.

169. U.S. Preventive Services Task Force. Final Recommendation Statement: Vitamin D and Calcium to Prevent Fractures: Preventive Medication. 2015.

170. Vaquero, MP. Magnesium and trace elements in the elderly: Intake, status and recommendations. J Nutr Health Aging 6:147-153, 2002.

171. Veronese, N, Berton, L, Carraro, S, Bolzetta, F, De Rui, M, Perissinotto, E, Toffanello, ED, Bano, G, Pizzato, S, Miotto, F, Coin, A, Manzato, E, and Sergi, G. Effect of oral magnesium supplementation on physical performance in healthy elderly women involved in a weekly exercise program: a randomized controlled trial. Am J Clin Nutr 100:974-981, 2014.

172. Volpe, SL. Magnesium and the athlete. Curr Sports Med Rep 14:279-283, 2015.

173. Walker, AF, Marakis, G, Christie, S, and Byng, M. Mg citrate found more bioavailable than other Mg preparations in a randomised, double-blind study. Magnes Res 16:183-191, 2003.

174. Wallace, KL, Curry, SC, LoVecchio, F, and Raschke, RA. Effect of magnesium hydroxide on iron absorption after ferrous sulfate. Ann Emerg Med 34:685-687, 1999.

175. Weaver, CM, Gordon, CM, Janz, KF, Kalkwarf, HJ, Lappe, JM, Lewis, R, O'Karma, M, Wallace, TC, and Zemel, BS. The National Osteoporosis Foundation's position statement on peak bone mass development and lifestyle factors: A systematic review and implementation recommendations. Osteo-poros Int 27:1281-1386, 2016.

176. Weglicki, WB, Dickens, BF, Wagner, TL, Chmielinska, JJ, and Phillips, TM. Immunoregulation by neuropeptides in magnesium deficiency: Ex vivo effect of enhanced substance P production on circulating T lymphocytes from magnesium-deficient mice. Magnes Res 9:3-11, 1996.

177. Whelton, PK, He, J, Cutler, JA, Brancati, FL, Appel, LJ, Follmann, D, and Klag, MJ. Effects of oral potassium on blood pressure: Meta-analysis of randomized controlled clinical trials. JAMA 277:1624-1632, 1997.

178. Wierniuk, A, and Wlodarek, D. Estimation of energy and nutritional intake of young men practicing aerobic sports. Rocz Panstw Zakl Hig 64:143-148, 2013.

179. Wierzejska, R. Tea and health—A review of the current state of knowledge. Przegl Epi-demiol 68:501-506, 595-509, 2014.

180. Yang, J, Punshon, T, Guerinot, ML, and Hirschi, KD. Plant calcium content: Ready to remodel. Nutrients 4:1120-1136, 2012.

181. Yokota, K, Kato, M, Lister, F, Ii, H, Hayakawa, T, Kikuta, T, Kageyama, S, and Tajima, N. Clinical efficacy of magnesium supplementation in patients with type 2 diabetes. J Am Coll Nutr 23:506S-509S, 2004.

182. Zalcman, I, Guarita, HV, Juzwiak, CR, Crispim, CA, Antunes, HK, Edwards, B, Tufik, S, and de Mello, MT. Nutritional status of adventure racers. Nutrition 23:404-411, 2007.

183. Zhang, X, Li, Y, Del Gobbo, LC, Rosanoff, A, Wang, J, Zhang, W, and Song, Y. Effects of magnesium supplementation on blood pressure: A meta-analysis of randomized double-blind placebo-controlled trials. Hypertension 68:324-333, 2016.

184. Ziegler, PJ, Nelson, JA, and Jonnalagadda, SS. Nutritional and physiological status of U.S. national figure skaters. Int J Sport Nutr 9:345-360, 1999.

第 8 章

1. Adan, A. Cognitive performance and dehydration. J Am Coll Nutr 31:71-78, 2012.

2. Adeleye, O, Faulkner, M, Adeola, T, and ShuTangyie, G. Hypernatremia in the elderly. 94:701-705, 2002.

3. Almond, CS, Shin, AY, Fortescue, EB, Mannix, RC, Wypij, D, Binstadt, BA, Duncan, CN, Olson, DP, Salerno, AE, New-burger, JW, and Greenes, DS. Hyponatremia among runners in the Boston Marathon. N Engl J Med 352:1550-1556, 2005.

4. American Academy of Pediatrics. Climatic heat stress and the exercising child and adolescent. Pediatrics 106:158-159, 2000.

5. Arieff, AI, Llach, F, and Massry, SG. Neurological manifestations and morbidity of hyponatremia: Correlation with brain water and electrolytes. Medicine (Baltimore) 55:121129, 1976.

6. Armstrong, LE. Assessing hydration status: The elusive gold standard. J Am Coll Nutr 26:575S-584S, 2007.

7. Armstrong, LE, Ganio, MS, Casa, DJ, Lee, EC, McDermott, BP, Klau, JF, Jimenez, L, Le Bellego, L, Chevillotte, E, and Lieberman, HR. Mild dehydration affects mood in healthy young women. J Nutr 142:382-388, 2012.

8. Armstrong, LE, Maresh, CM, Castellani, JW, Bergeron, MF, Kenefick, RW, LaGasse, KE, and Riebe, D. Urinary indices of hydration status. Int J Sport Nutr 4:265-279, 1994.

9. Baker, LB, Dougherty, KA, Chow, M, and Kenney, WL. Progressive dehydration causes a progressive decline in basketball skill performance. Med Sci Sports Exerc 39:11141123, 2007.

10. Bar-Or, O, Blimkie, CJ, Hay, JA, MacDougall, JD, Ward, DS, and Wilson, WM. Voluntary dehydration and heat intolerance in cystic fibrosis. Lancet 339:696-699, 1992.

11. Bar-Or, O, Dotan, R, Inbar, O, Rotshtein, A, and Zonder, H. Voluntary hypohydration in 10- to 12-year-old boys. J Appl Physiol Respir Environ Exerc Physiol 48:104-108, 1980.

12. Bardis, CN, Kavouras, SA, Kosti, L, Markousi, M, and Sidossis, LS. Mild hypohydration decreases cycling performance in the heat. Med Sci Sports Exerc 45:1782-1789, 2013.

13. Batchelder, BC, Krause, BA, Seegmiller, JG, and Starkey, CA. Gastrointestinal temperature increases and hypohydration exists after collegiate men's ice hockey participation. J Strength Cond Res 24:68-73, 2010.

14. Bergeron, MF. Heat cramps: Fluid and electrolyte challenges during tennis in the heat. J Sci Med Sport 6:19-27, 2003.

15. Bergeron, MF, Devore, CD, and Rice, SG. Climatic heat stress and exercising children and adolescents. Pediatrics 128:e741-e747, 2011.

16. Bergeron, MF, McLeod, KS, and Coyle, JF. Core body temperature during competition in the heat: National Boys' 14s Junior Championships. Br J Sports Med 41:779-783, 2007.

17. Bergeron, MF, Waller, JL, and Marinik, EL. Voluntary fluid intake and core temperature responses in adolescent tennis players: Sports beverage versus water. Br J Sports Med 40:406-410, 2006.

18. Binkley, HM, Beckett, J, Casa, DJ, Kleiner, DM, and Plummer, PE. National Athletic Trainers' Association position statement: Exertional heat illnesses. J Athl Train 37:329343, 2002.

19. Casa, DJ, Armstrong, LE, Hillman, SK, Montain, SJ, Reiff, RV, Rich, BS, Roberts, WO, and Stone, JA. National Athletic Trainers' Association position statement: Fluid replacement for athletes. J Athl Train 35:212-224, 2000.

20. Cheuvront, SN, Carter, R, 3rd, Castellani, JW, and Sawka, MN. Hypohydration impairs endurance exercise performance in temperate but not cold air. J Appl Physiol 99:19721976, 2005.

21. Conley, SB. Hypernatremia. Pediatr Clin North Am 37:365-372, 1990.

22. Coris, EE, Ramirez, AM, and Van Durme, DJ. Heat illness in athletes: The dangerous combination of heat, humidity and exercise. Sports Med 34:9-16, 2004.

23. Dalbo, VJ, Roberts, MD, Stout, JR, and Kerksick, CM. Putting to rest the myth of creatine supplementation leading to muscle cramps and dehydration. Br J Sports Med 42:567-573, 2008.

24. Davies, CT. Thermal responses to exercise in children. Ergonomics

25. Davis, JK, Laurent, CM, Allen, KE, Green, JM, Stolworthy, NI, Welch, TR, and Nevett, ME. Influence of dehydration on intermittent sprint performance. J Strength Cond Res 29:2586-2593, 2015.

26. Distefano, LJ, Casa, DJ, Vansumeren, MM, Karslo, RM, Huggins, RA, Demartini, JK, Stearns, RL, Armstrong, LE, and Maresh, CM. Hypohydration and hyperthermia impair neuromuscular control after exercise. Med Sci Sports Exerc 45:1166-1173, 2013.

27. Docherty, D, Eckerson, JD, and Hayward, JS. Physique and thermoregulation in prepubertal males during exercise in a warm, humid environment. Am J Phys Anthropol 70:19-23, 1986.

28. Draper, SB, Mori, KJ, Lloyd-Owen, S, and Noakes, T. Overdrinking-induced hyponatraemia in the 2007 London Marathon. BMJ Case Rep, 2009.

29. Duffield, R, McCall, A, Coutts, AJ, and Peiffer, JJ. Hydration, sweat and thermoregulatory responses to professional football training in the heat. J Sports Sci 30:957-965, 2012.

30. Engell, DB, Maller, O, Sawka, MN, Francesconi, RN, Drolet, L, and Young, AJ. Thirst and fluid intake following graded hypo-hydration levels in humans. Physiol Behav 40:229-236, 1987.

31. Fletcher, GO, Dawes, J, and Spano, M. The potential dangers of using rapid weight loss techniques. Strength Cond J 36:45-48, 2014.

32. Ganio, MS, Armstrong, LE, Casa, DJ, McDermott, BP, Lee, EC, Yamamoto, LM, Marzano, S, Lopez, RM, Jimenez, L, Le Bellego, L, Chevillotte, E, and Lieberman, HR. Mild dehydration impairs cognitive performance and mood of men. Br J Nutr 106:1535-1543, 2011.

33. Gerber, G, and Brendler, C. Evaluation of the urologic patient: History, physical examination, and the urinalysis. In Campbell-Walsh Urology. 10th ed. AJ, W, ed. Philadelphia, PA: Saunders Elsevier, 2011, pp. 1-25.

34. Gibson, JC, Stuart-Hill, LA, Pethick, W, and Gaul, CA. Hydration status and fluid and sodium balance in elite Canadian junior women's soccer players in a cool environment. Appl Physiol Nutr Metab 37:931-937, 2012.

35. Godek, SF, Peduzzi, C, Burkholder, R, Condon, S, Dorshimer, G, and Bartolozzi, AR. Sweat rates, sweat sodium concentrations, and sodium losses in 3 groups of professional football players. J Athl Train 45:364-371, 2010.

36. Gonzalez-Alonso, J, Calbet, JA, and Nielsen, B. Muscle blood f low is reduced with dehydration during prolonged exercise in humans. J Physiol 513:895-905, 1998.

37. Greenleaf, JE. Problem: Thirst, drinking behavior, and involuntary dehydration. Med Sci Sports Exerc 24:645-656, 1992.

38. Greenwood, M, Kreider, RB, Melton, C, Rasmussen, C, Lancaster, S, Cantler, E, Milnor, P, and Almada, A. Creatine supplementation during college football training does not increase the incidence of cramping or injury. Mol Cell Biochem 244:83-88, 2003.

39. Hayes, LD, and Morse, CI. The effects of progressive dehydration on strength and power: Is there a dose response? Eur J Appl Physiol 108:701-707, 2010.

40. Jentjens, RL, Achten, J, and Jeukendrup,

AE. High oxidation rates from combined carbohydrates ingested during exercise. Med Sci Sports Exerc 36:1551-1558, 2004.

41. Jequier, E, and Constant, F. Water as an essential nutrient: The physiological basis of hydration. Eur J Clin Nutr 64:115-123, 2010.

42. Jones, LC, Cleary, MA, Lopez, RM, Zuri, RE, and Lopez, R. Active dehydration impairs upper and lower body anaerobic muscular power. J Strength Cond Res 22:455-463, 2008.

43. Judelson, DA, Maresh, CM, Farrell, MJ, Yamamoto, LM, Armstrong, LE, Kraemer, WJ, Volek, JS, Spiering, BA, Casa, DJ, and Anderson, JM. Effect of hydration state on strength, power, and resistance exercise performance. Med Sci Sports Exerc 39:18171824, 2007.

44. Kavouras, SA. Assessing hydration status. Curr Opin Clin Nutr Metab Care 5:519-524, 2002.

45. Kavouras, SA, Arnaoutis, G, Makrillos, M, Garagouni, C, Nikolaou, E, Chira, O, Ellinikaki, E, and Sidossis, LS. Educational intervention on water intake improves hydration status and enhances exercise performance in athletic youth. Scand J Med Sci Sports 22:684-689, 2012.

46. Kovacs, EM, Senden, JM, and Brouns, F. Urine color, osmolality and specific electrical conductance are not accurate measures of hydration status during postexercise rehydration. J Sports Med Phys Fitness

47. Kovacs, MS. A review of fluid and hydration in competitive tennis. Int J Sports Physiol Perform 3:413-423, 2008.

48. Matias, CN, Santos, DA, Judice, PB, Magalhaes, JP, Minderico, CS, Fields, DA, Lukaski, HC, Sardinha, LB, and Silva, AM. Estimation of total body water and extracellular water with bioimpedance in athletes: A need for athlete-specific prediction models. Clin Nutr 35:468-474, 2016.

49. Maughan, RJ, and Leiper, JB. Sodium intake

and post-exercise rehydration in man. Eur J Appl Physiol Occup Physiol 71:311-319, 1995.

50. Maughan, RJ, Watson, P, and Shirreffs, SM. Heat and cold: What does the environment do to the marathon runner? Sports Med 37:396-399, 2007.

51. Meyer, F, Bar-Or, O, MacDougall, D, and Heigenhauser, GJ. Sweat electrolyte loss during exercise in the heat: effects of gender and maturation. Med Sci Sports Exerc 24:776781, 1992.

52. Mitchell, JB, Costill, DL, Houmard, JA, Fink, WJ, Roberps, RA, and Davis, JA. Gastric emptying: Influence of prolonged exercise and carbohydrate concentration. Med Sci Sports Exerc 21:269-274, 1989.

53. Montain, SJ, and Coyle, EF. Influence of graded dehydration on hyperthermia and cardiovascular drift during exercise. J Appl Physiol (1985) 73:1340-1350, 1992.

54. Morris, DM, Huot, JR, Jetton, AM, Collier, SR, and Utter, AC. Acute sodium ingestion before exercise increases voluntary water consumption resulting in preexercise hyperhydration and improvement in exercise performance in the heat. Int J Sport Nutr Exerc Metab 25:456-462, 2015.

55. Nadel, ER. Control of sweating rate while exercising in the heat. Med Sci Sports 11:3135, 1979.

56. National Center for Complementary and Integrative Health. "Detoxes" and "Cleanses."

57. National Institute on Alcohol Abuse and Alcoholism. Beyond Hangovers: Understand-ing Alcohol's Impact on Your Health. National Institutes of Health, 2010.

58. Nielsen, FH, and Lukaski, HC. Update on the relationship between magnesium and exercise. Magnes Res 19:180-189, 2006.

59. Noakes, TD, Sharwood, K, Speedy, D, Hew, T, Reid, S, Dugas, J, Almond, C, Wharam, P, and Weschler, L. Three independent biological mechanisms cause exercise-associated hyponatremia: Evidence

from 2,135 weighed competitive athletic performances. Proc Natl Acad Sci U S A 102:18550-18555, 2005.

60. O'Brien, C, Young, AJ, and Sawka, MN. Bioelectrical impedance to estimate changes in hydration status. Int J Sports Med 23:361366, 2002.

61. Oppliger, RA, Magnes, SA, Popowski, LA, and Gisolfi, CV. Accuracy of urine specific gravity and osmolality as indicators of hydration status. Int J Sport Nutr Exerc Metab 15:236-251, 2005.

62. Osterberg, KL, Horswill, CA, and Baker, LB. Pregame urine specific gravity and fluid intake by National Basketball Association players during competition. J Athl Train 44:53-57, 2009.

63. Palmer, MS, and Spriet, LL. Sweat rate, salt loss, and fluid intake during an intense on-ice practice in elite Canadian male junior hockey players. Appl Physiol Nutr Metab 33:263-271, 2008.

64. Penning, R, van Nuland, M, Fliervoet, LA, Olivier, B, and Verster, JC. The pathology of alcohol hangover. Curr Drug Abuse Rev 3:68-75, 2010.

65. Popkin, BM, D'Anci, KE, and Rosenberg, IH. Water, hydration, and health. Nutr Rev 68:439-458, 2010.

66. Popowski, LA, Oppliger, RA, Patrick Lambert, G, Johnson, RF, Kim Johnson, A, and Gisolf, CV. Blood and urinary measures of hydration status during progressive acute dehydration. Med Sci Sports Exerc 33:747753, 2001.

67. Raymond, JR, and Yarger, WE. Abnormal urine color: Differential diagnosis. South Med J 81:837-841, 1988.

68. Riebl, SK, and Davy, BM. The hydration equation: Update on water balance and cognitive performance. ACSMs Health Fit J 17:21-28, 2013.

69. Rivera-Brown, AM, Gutierrez, R, Gutierrez, JC, Frontera, WR, and Bar-Or, O. Drink composition, voluntary drinking, and fluid balance in exercising, trained, heat-acclimatized boys. J Appl Physiol 86:78-84, 1999.

70. Rogers, PJ, Heatherley, SV, Mullings, EL, and Smith, JE. Faster but not smarter: Effects of caffeine and caffeine withdrawal on alertness and performance. Psychopharmacology (Berl) 226:229-240, 2013.

71. Rowland, T. Fluid replacement requirements for child athletes. Sports Med 41:279-288, 2011.

72. Rowland, T, Hagenbuch, S, Pober, D, and Garrison, A. Exercise tolerance and thermoregulatory responses during cycling in boys and men. Med Sci Sports Exerc 40:282287, 2008.

73. Sawka, MN. Physiological consequences of hypohydration: Exercise performance and thermoregulation. Med Sci Sports Exerc 24:657-670, 1992.

74. Sawka, MN, Burke, LM, Eichner, ER, Maughan, RJ, Montain, SJ, and Stachenfeld, NS. American College of Sports Medicine position stand: Exercise and fluid replacement. Med Sci Sports Exerc 39:377-390, 2007.

75. Schoffstall, JE, Branch, JD, Leutholtz, BC, and Swain, DE. Effects of dehydration and rehydration on the one-repetition maximum bench press of weight-trained males. J Strength Cond Res 15:102-108, 2001.

76. Shanholtzer, BA, and Patterson, SM. Use of bioelectrical impedance in hydration status assessment: Reliability of a new tool in psychophysiology research. Int J Psychophysiol 49:217-226, 2003.

77. Sharma, S, and Hemal, A. Chyluria—An overview. Int J Nephrol Urol 1:14-26, 2009.

78. Shirreffs, SM, and Maughan, RJ. Urine osmolality and conductivity as indices of hydration status in athletes in the heat. Med Sci Sports Exerc 30:1598-1602, 1998.

79. Shirreffs, SM, and Maughan, RJ. Volume repletion after exercise-induced volume depletion in humans: Replacement of water and sodium losses. Am J Physiol 274:F868F875, 1998.

80. Shirreffs, SM, Taylor, AJ, Leiper, JB, and Maughan, RJ. Post-exercise rehydration in man: Effects of volume consumed and drink sodium content. Med Sci Sports Exerc 28:1260-1271, 1996.

81. Simerville, JA, Maxted, WC, and Pahira, JJ. Urinalysis: A comprehensive review. Am Fam Physician 71:1153-1162, 2005.

82. Smith, MF, Newell, AJ, and Baker, MR. Effect of acute mild dehydration on cognitive-motor performance in golf. J Strength Cond Res 26:3075-3080, 2012.

83. Spaeth, AM, Goel, N, and Dinges, DF. Cumulative neurobehavioral and physiological effects of chronic caffeine intake: Individual differences and implications for the use of caffeinated energy products. Nutr Rev 72 Suppl 1:34-47, 2014.

84. Stofan, JR, Zachwieja, JJ, Horswill, CA, Murray, R, Anderson, SA, and Eichner, ER. Sweat and sodium losses in NCAA football players: A precursor to heat cramps? Int J Sport Nutr Exerc Metab 15:641-652, 2005.

85. Stover, EA, Petrie, HJ, Passe, D, Horswill, CA, Murray, B, and Wildman, R. Urine specific gravity in exercisers prior to physical training. Appl Physiol Nutr Metab 31:320327, 2006.

86. Stover, EA, Zachwieja, J, Stofan, J, Murray, R, and Horswill, CA. Consistently high urine specific gravity in adolescent American football players and the impact of an acute drinking strategy. Int J Sports Med 27:330-335, 2006.

87. Taivainen, H, Laitinen, K, Tahtela, R, Kilanmaa, K, and Valimaki, MJ. Role of plasma vasopressin in changes of water balance accompanying acute alcohol intoxication. Alcohol Clin Exp Res 19:759-762, 1995.

88. Thomas, DT, Erdman, KA, and Burke, LM. Position of the Academy of Nutrition and Dietetics, Dietitians of Canada, and the American College of Sports Medicine: Nutrition and athletic performance. J Acad Nutr Diet 116:501-528, 2016.

89. Tilkian, S, Boudreau, C, and Tilkian, A. Clinical & Nursing Implications of Laboratory Tests. 5th ed. St. Louis, MO: Mosby, 1995.

90. Tripette, J, Loko, G, Samb, A, Gogh, BD, Sewade, E, Seck, D, Hue, O, Romana, M, Diop, S, Diaw, M, Brudey, K, Bogui, P, Cisse, F, Hardy-Dessources, MD, and Connes, P. Effects of hydration and dehydration on blood rheology in sickle cell trait carriers during exercise. Am J Physiol Heart Circ Physiol 299:H908-H914, 2010.

91. Tsuzuki-Hayakawa, K, Tochihara, Y, and Ohnaka, T. Thermoregulation during heat exposure of young children compared to their mothers. Eur J Appl Physiol Occup Physiol 72:12-17, 1995.

92. U.S. Department of Agriculture. USDA National Nutrient Database for Standard Reference, Release 26. 2013.

93. Caffeine for the Sustainment of Mental Task Perfor-mance: Formulations for Military Operations. National Academies Press.

94. U.S. Institute of Medicine. Fluid Replacement and Heat Stress. National Academies Press, 1994.

95. U.S. Institute of Medicine. Dietary Reference Intakes for Calcium, Phosphorus, Magnesium, Vitamin D, and Fluoride. Washington, DC: National Academies Press, 1997.

96. U.S. Institute of Medicine. Dietary Reference Intakes for Water, Potassium, Sodium, Chlo-ride, and Sulfate. Washington, DC: National Academies Press, 2005.

97. Urso, C, Brucculeri, S, and Caimi, G. Physiopathological, epidemiological, clinical and therapeutic aspects of exercise-associated hyponatremia. J Clin Med 3:1258-1275, 2014.

98. Volpe, SL, Poule, KA, and Bland, EG. Estimation of prepractice hydration status of National Collegiate Athletic Association Division I athletes. J Athl Train 44:624-629, 2009.

99. Wenos, DL, and Amato, HK. Weight cycling alters muscular strength and endurance, ratings of perceived exertion, and total body water in college wrestlers. Percept Mot Skills 87:975-978, 1998.

100. Whitfield, AH. Too much of a good thing? The danger of water intoxication in endurance sports. Br J Gen Pract 56:542-545, 2006.

101. Wilk, B, and Bar-Or, O. Effect of drink flavor and NaCl on voluntary drinking and hydration in boys exercising in the heat. J Appl Physiol (1985) 80:1112-1117, 1996.

102. Wilson, PB. Multiple transportable carbohydrates during exercise: Current limitations and directions for future research. J Strength Cond Res 29:2056-2070, 2015.

103. Yang, A, Palmer, AA, and de Wit, H. Genetics of caffeine consumption and responses to caffeine. Psychopharmacology (Berl) 211:245257, 2010.

104. Zhang, Y, Coca, A, Casa, DJ, Antonio, J, Green, JM, and Bishop, PA. Caffeine and diuresis during rest and exercise: A metaanalysis. J Sci Med Sport 18:569-574, 2015.

第9章

1. Akabas, SR, Vannice, G, Atwater, JB, Cooperman, T, Cotter, R, and Thomas, L. Quality Certification Programs for Dietary Supplements. J Acad Nutr Diet 116:1378-1379, 2016.

2. Alhosin, M, Anselm, E, Rashid, S, Kim, JH, Madeira, SV, Bronner, C, and Schini-Kerth, VB. Redox-sensitive up-regulation of eNOS by purple grape juice in endothelial cells: role of PI3-kinase/Akt, p38 MAPK, JNK, FoxO1 and FoxO3a. PLoS One 8:e57883, 2013.

3. American Academy of Pediatrics. 2016.

4. American College of Sports Medicine. ACSM Current Comment: Alcohol and Athletic Performance. 2016.

5. Andersen, T, and Fogh, J. Weight loss and delayed gastric emptying following a South American herbal preparation in overweight patients. J Hum Nutr Diet 14:243-250, 2001.

6. Astell, KJ, Mathai, ML, and Su, XQ. Plant extracts with appetite suppressing properties for body weight control: A systematic review of double blind randomized controlled clinical trials. Complement Ther Med 21:407-416, 2013.

7. Astell, KJ, Mathai, ML, and Su, XQ. A review on botanical species and chemical compounds with appetite suppressing properties for body weight control. Plant Foods Hum Nutr 68:213-221, 2013.

8. Astorino, TA, and Roberson, DW. Efficacy of acute caffeine ingestion for short-term high-intensity exercise performance: A systematic review. J Strength Cond Res 24:257265, 2010.

9. Baladia, E, Basulto, J, Manera, M, Martinez, R, and Calbet, D. Effect of green tea or green tea extract consumption on body weight and body composition: Systematic review and meta-analysis. Nutr Hosp 29:479-490, 2014.

10. Banned Substances Control Group. 2016.

11. arnes, MJ. Alcohol: Impact on sports performance and recovery in male athletes. Sports Med 44:909-919, 2014.

12. Berti Zanella, P, Donner Alves, F, and Guerini, DESC. Effects of beta-alanine supplementation on performance and muscle fatigue in athletes and non-athletes of different sports: A systematic review. J Sports Med Phys Fitness, 2016.

13. Boozer, CN, Daly, PA, Homel, P, Solomon, JL, Blanchard, D, Nasser, JA, Strauss, R, and Meredith, T. Herbal ephedra/caffeine for weight loss: a 6-month randomized safety and efficacy trial. Int J Obes Relat Metab Disord 26:593-604, 2002.

14. Bryan, NS, and Ivy, JL. Inorganic nitrite and nitrate: Evidence to support consideration as dietary nutrients. Nutr Res 35:643-654, 2015.

15. Burke, LM. Practical considerations for bicarbonate loading and sports performance. Nestle Nutr Inst Workshop Ser 75:15-26, 2013.

16. Burke, LM, Collier, GR, Broad, EM, Davis, PG, Martin, DT, Sanigorski, AJ, and Hargreaves, M. Effect of alcohol intake on muscle glycogen storage after prolonged exercise. J Appl Physiol (1985) 95:983-990, 2003.

17. Chorley, JN, and Anding, RH. Performance-enhancing substances. Adolesc Med State Art Rev 26:174-188, 2015.

18. Clements, WT, Lee, SR, and Bloomer, RJ. Nitrate ingestion: A review of the health and physical performance effects. Nutrients 6:5224-5264, 2014.

19. Cohen, PA. Hazards of hindsight—Monitoring the safety of nutritional supplements. N Engl J Med 370:1277-1280, 2014.

20. Cohen, PA, Maller, G, DeSouza, R, and Neal-Kababick, J. Presence of banned drugs in dietary supplements following FDA recalls. JAMA 312:1691-1693, 2014.

21. Collomp, K, Buisson, C, Lasne, F, and Collomp, R. DHEA, physical exercise and doping. J Steroid Biochem Mol Biol 145:206212, 2015.

22. DiMarco, NM, West, NP, Burke, LM, Stear, SJ, and Castell, LM. A-Z of nutritional supplements: Dietary supplements, sports nutrition foods and ergogenic aids for health and performance—Part 30. Br J Sports Med 46:299-300, 2012.

23. Esteghamati, A, Mazaheri, T, Vahidi Rad, M, and Noshad, S. Complementary and alternative medicine for the treatment of obesity: A critical review. Int J Endocrinol Metab 13:e19678, 2015.

24. Forstermann, U, and Munzel, T. Endothelial nitric oxide synthase in vascular disease: From marvel to menace. Circulation 113:1708-1714, 2006.

25. Am J Sports Med 43:734-744, 2015.

26. Gleeson, M, Siegler, JC, Burke, LM, Stear, SJ, and Castell, LM. A-Z of nutritional supplements: Dietary supplements, sports nutrition foods and ergogenic aids for health and performance—Part 31. Br J Sports Med 46:377-378, 2012.

27. Graham-Paulson, TS, Perret, C, Smith, B, Crosland, J, and Goosey-Tolfrey, VL. Nutritional supplement habits of athletes with an impairment and their sources of information. Int J Sport Nutr Exerc Metab 25:387-395, 2015.

28. Graham, T, and Spriet, L. Caffeine and exercise performance. Gatorade Sports Science Exchange 9, 1996.

29. Gurley, BJ, Steelman, SC, and Thomas, SL. Multi-ingredient, caffeine-containing dietary supplements: History, safety, and efficacy. Clin Ther 37:275-301, 2015.

30. Hatton, CK, Green, GA, and Ambrose, PJ. Performance-enhancing drugs: Understanding the risks. Phys Med Rehabil Clin N Am 25:897-913, 2014.

31. Hobson, RM, Saunders, B, Ball, G, Harris, RC, and Sale, C. Effects of beta-alanine supplementation on exercise performance: A meta-analysis. Amino Acids 43:25-37, 2012.

32. Hursel, R, Viechtbauer, W, and Westerterp-Plantenga, MS. The effects of green tea on weight loss and weight maintenance: A meta-analysis. Int J Obes (Lond) 33:956-961, 2009.

33. Hursel, R, and Westerterp-Plantenga, MS. Catechin- and caffeine-rich teas for control of body weight in humans. Am J Clin Nutr 98:1682s-1693s, 2013.

34. Informed Choice. 2016.

35. James, C-B, and Uhl, TL. A review of articular cartilage pathology and the use of glucosamine sulfate. Journal of Athletic Training 36:413-419, 2001.

36. Janssens, PL, Hursel, R, and Westerterp-Plantenga, MS. Nutraceuticals for body-weight management: The role of green tea catechins. Physiol Behav 162:83-87, 2016.

37. Jones, AM. Dietary nitrate supplementation and exercise performance. Sports Med 44:3545, 2014.

38. Jull, AB, Ni Mhurchu, C, Bennett, DA, Dunshea-Mooij, CA, and Rodgers, A. Chitosan for overweight or obesity. Cochrane Database Syst Rev:Cd003892, 2008.

39. Kelley, DS, Vemuri, M, Adkins, Y, Gill, SH, Fedor, D, and Mackey, BE. Flaxseed oil prevents trans-10, cis-12-conjugated linoleic acid-induced insulin resistance in mice. Br J Nutr 101:701-708, 2009.

40. Kim, HJ, Kim, CK, Carpentier, A, and Poortmans, JR. Studies on the safety of creatine supplementation. Amino Acids 40:1409-1418, 2011.

41. Kim, J, Lee, J, Kim, S, Yoon, D, Kim, J, and Sung, DJ. Role of creatine supplementation in exercise-induced muscle damage: A mini review. J Exerc Rehabil 11:244-250, 2015.

42. King, DS, Baskerville, R, Hellsten, Y, Senchina, DS, Burke, LM, Stear, SJ, and Castell, LM. A-Z of nutritional supplements: Dietary supplements, sports nutrition foods and ergogenic aids for health and performance—Part 34. Br J Sports Med 46:689-690, 2012.

43. Kley, RA, Vorgerd, M, and Tarnopolsky, MA. Creatine for treating muscle disorders. Cochrane Database Syst Rev:Cd004760, 2007.

44. Knapik, JJ, Steelman, RA, Hoedebecke, SS, Austin, KG, Farina, EK, and Lieberman, HR. Prevalence of dietary supplement use by athletes: Systematic review and meta-analysis. Sports Med 46:103-123, 2016.

45. Koboziev, I, Karlsson, F, and Grisham, MB. Gut-associated lymphoid tissue, T cell trafficking, and chronic intestinal inflammation. Ann N Y Acad Sci 1207:E86-E93, 2010.

46. Lamis, DA, Ellis, JB, Chumney, FL, and Dula, CS. Reasons for living and alcohol use among college students. Death Stud 33:277286, 2009.

47. Lanhers, C, Pereira, B, Naughton, G, Trousselard, M, Lesage, FX, and Dutheil, F. Creatine supplementation and upper limb strength performance: A systematic review and meta-analysis. 47:163-173, 2016.

48. Lehnen, TE, da Silva, MR, Camacho, A, Marcadenti, A, and Lehnen, AM. A review on effects of conjugated linoleic fatty acid (CLA) upon body composition and energetic metabolism. J Int Soc Sports Nutr 12:36, 2015.

49. Lopez-Garcia, E, van Dam, RM, Rajpathak, S, Willett, WC, Manson, JE, and Hu, FB. Changes in caffeine intake and long-term weight change in men and women. Am J Clin Nutr 83:674-680, 2006.

50. Mayo Clinic. Caffeine Content for Coffee, Tea, Soda and More. 2016.

51. Molfino, A, Gioia, G, Rossi Fanelli, F, and Muscaritoli, M. Beta-hydroxy-betamethylbutyrate supplementation in health and disease: A systematic review of randomized trials. Amino Acids 45:1273-1292, 2013.

52. Moloney, F, Yeow, T-P, Mullen, A, Nolan, JJ, and Roche, HM. Conjugated linoleic acid supplementation, insulin sensitivity, and lipoprotein metabolism in patients with type 2 diabetes mellitus. Am J Clin Nutr 80:887895, 2004.

53. Mora-Rodriguez, R, and Pallares, JG. Performance outcomes and unwanted side effects associated with energy drinks. Nutr Rev 72 Suppl 1:108-120, 2014.

54. National Center for Complementary and Integrative Health. Using Dietary Supplements Wisely: Safety Considerations. 2016.

55. National Center for Drug Free Sport. Drug Free Sport. 2016.

56. National Institutes of Health. College Drinking. 2015.

57. National Institutes of Health. Dietary Supplements for Weight Loss. 2016.

58. National Institutes of Health. Green Tea.

2016.

59. NSF International. 2016.

60. Onakpoya, I, Posadzki, P, and Ernst, E. Chromium supplementation in overweight and obesity: A systematic review and meta-analysis of randomized clinical trials. Obes Rev 14:496-507, 2013.

61. Onakpoya, I, Posadzki, P, and Ernst, E. The efficacy of glucomannan supplementation in overweight and obesity: a systematic review and meta-analysis of randomized clinical trials. J Am Coll Nutr 33:70-78, 2014.

62. Parr, EB, Camera, DM, Areta, JL, Burke, LM, Phillips, SM, Hawley, JA, and Coffey, VG. Alcohol ingestion impairs maximal post-exercise rates of myofibrillar protein synthesis following a single bout of concurrent training. PLoS One 9:e88384, 2014.

63. Persky, AM, and Rawson, ES. Safety of creatine supplementation. Subcell Biochem 46:275-289, 2007.

64. Pittler, MH, Abbot, NC, Harkness, EF, and Ernst, E. Randomized, double-blind trial of chitosan for body weight reduction. Eur J Clin Nutr 53:379-381, 1999.

65. Pittler, MH, Stevinson, C, and Ernst, E. Chromium picolinate for reducing body weight: Meta-analysis of randomized trials. Int J Obes Relat Metab Disord 27:522-529, 2003.

66. Pronsky, Z, and Crowe, S. Food Medica-tion Interactions. Birchrunville, PA: Food-Medication Interactions, 2015.

67. Pyne, DB, West, NP, Cox, AJ, and Cripps, AW. Probiotics supplementation for athletes—Clinical and physiological effects. Eur J Sport Sci 15:63-72, 2015.

68. Quesnele, JJ, Laframboise, MA, Wong, JJ, Kim, P, and Wells, GD. The effects of beta-alanine supplementation on performance: A systematic review of the literature. Int J Sport Nutr Exerc Metab

69. Riserus, U, Vessby, B, Arnlov, J, and Basu, S. Effects of cis-9,trans-11 conjugated linoleic acid supplementation on insulin sensitivity, lipid peroxidation, and proinflammatory markers in obese men. Am J Clin Nutr 80:279-283, 2004.

70. Sahlin, K. Muscle energetics during explosive activities and potential effects of nutrition and training. Sports Med 44 Suppl 2:S167-173, 2014.

71. Sawka, MN, Burke, LM, Eichner, ER, Maughan, RJ, Montain, SJ, and Stachenfeld, NS. American College of Sports Medicine position stand. Exercise and fluid replacement. Med Sci Sports Exerc 39:377-390, 2007.

72. Semwal, RB, Semwal, DK, Vermaak, I, and Viljoen, A. A comprehensive scientific overview of Garcinia cambogia. Fitoterapia 102:134-148, 2015.

73. Sindelar, JJ, and Milkowski, AL. Human safety controversies surrounding nitrate and nitrite in the diet. Nitric Oxide 26:259266, 2012.

74. Spriet, LL. Exercise and sport performance with low doses of caffeine. Sports Med 44 Suppl 2:S175-184, 2014.

75. Stohs, SJ, Preuss, HG, and Shara, M. The safety of Citrus aurantium (bitter orange) and its primary protoalkaloid p-synephrine. Phytother Res 25:1421-1428, 2011.

76. Stohs, SJ, Preuss, HG, and Shara, M. A review of the human clinical studies involving Citrus aurantium (bitter orange) extract and its primary protoalkaloid p-synephrine. Int J Med Sci 9:527-538, 2012.

77. Tarnopolsky, MA. Clinical use of creatine in neuromuscular and neurometabolic disorders. Subcell Biochem 46:183-204, 2007.

78. Tarnopolsky, MA. Caffeine and creatine use in sport. Ann Nutr Metab 57 Suppl 2:1-8, 2010.

79. Tarnopolsky, MA. Creatine as a therapeutic strategy for myopathies. Amino Acids 40:1397-1407, 2011.

80. Thomas, DT, Erdman, KA, and Burke, LM. Position of the Academy of Nutrition and Dietetics, Dietitians of Canada, and the American College of Sports Medicine: Nutrition and athletic performance. J Acad Nutr Diet 116:501-528, 2016.

81. Tian, H, Guo, X, Wang, X, He, Z, Sun, R, Ge, S, and Zhang, Z. Chromium picolinate supplementation for overweight or obese adults. Cochrane Database Syst Rev 11:Cd010063, 2013.

82. U.S. Anti-Doping Agency. 2016.

83. U.S. Anti-Doping Agency. Supplement 411. 2016.

84. U.S. Food and Drug Administration. FDA to Investigate Added Caffeine. 2013.

85. U.S. Food and Drug Administration. Dietary Supplements. 2016.

86. U.S. Food and Drug Administration. Food and Drug Administration Safety Alerts and Advisories. 2016.

87. U.S. Food and Drug Administration. Guidance for Industry: A Food Labeling Guide (Appendix A: Definitions of Nutrient Content Claims). 2016.

88. U.S. Food and Drug Administration. Guidance for Industry: A Food Labeling Guide (Appendix B: Additional Requirements for Nutrient Content Claims). 2016.

89. U.S. Food and Drug Administration. Guidance for Industry: A Food Labeling Guide (Appendix C: Health Claims). 2016.

90. U.S. Food and Drug Administration. Label Claims for Conventional Foods and Dietary Supplements. 2016.

91. U.S. Food and Drug Administration. "Natural" on Food Labeling. 2016.

92. U.S. Food and Drug Administration. Tainted Products Marketed as Dietary Supplements. 2016.

93. U.S. Food and Drug Administration. Why Isn't the Amount of Caffeine a Product Contains Required on a Food Label? 2016.

94. U.S. Food and Drug Admistration. Food Labeling Guide. 2016.

95. U.S. Pharmacopeial Convention. 2016.

96. United States Department of Agriculture. The Caffeine Content of Dietary Supplements Commonly Purchased in the U.S.: Analysis of 53 Products Having Caffeine-Containing Ingredients. 2007.

97. van Rosendal, SP, and Coombes, JS. Glycerol use in hyperhydration and rehydration: Scientific update. Med Sport Sci 59:104-112, 2012.

98. van Rosendal, SP, Osborne, MA, Fassett, RG, and Coombes, JS. Physiological and performance effects of glycerol hyperhydration and rehydration. Nutr Rev 67:690-705, 2009.

99. Vemuri, M, Kelley, DS, Mackey, BE, Rasooly, R, and Bartolini, G. Docosahexaenoic acid (DHA) but not eicosapentaenoic acid (EPA) prevents trans-10, cis-12 conjugated linoleic acid (CLA)-induced insulin resistance in mice. Metab Syndr Relat Disord 5:315-322, 2007.

100. Web MD. NSAIDs (Nonsteroidal Anti-Inflammatory Drugs) and Arthritis. 2016.

101. Wruss, J, Waldenberger, G, Huemer, S, Uygun, P, Lanzerstorfer, P, Müller, U, Höglinger, O, and Weghuber, J. Compositional characteristics of commercial beetroot products and beetroot juice prepared from seven beetroot varieties grown in Upper Austria. J Food Compost Anal 42:46-55, 2015.

102. Wu, H, Xia, Y, Jiang, J, Du, H, Guo, X, Liu, X, Li, C, Huang, G, and Niu, K. Effect of beta-hydroxy-beta-methylbutyrate supplementation on muscle loss in older adults: A systematic review and meta-analysis. Arch Gerontol Geriatr 61:168-175, 2015.

103. Zalewski, BM, Chmielewska, A, and Szajewska, H. The effect of glucomannan on body weight in overweight or obese children and adults: A systematic review

of randomized controlled trials. Nutrition 31:437-442, 2015.

104. Zalewski, BM, Chmielewska, A, Szajewska, H, Keithley, JK, Li, P, Goldsby, TU, and Allison, DB. Correction of data errors and reanalysis of "The effect of glucomannan on body weight in overweight or obese children and adults: A systematic review of randomized controlled trials". Nutrition 31:1056-1057, 2015.

105. Zanchi, NE, Gerlinger-Romero, F, Guimaraes-Ferreira, L, de Siqueira Filho, MA, Felitti, V, Lira, FS, Seelaender, M, and Lancha, AH, Jr. HMB supplementation: Clinical and athletic performance-related effects and mechanisms of action. Amino Acids 40:1015-1025, 2011.

106. Zhou, J, Heim, D, and Levy, A. Sports participation and alcohol use: Associations with sports-related identities and well-being. J Stud Alcohol Drugs 77:170-179, 2016.

第 10 章

1. Aguilar-Valles, A, Inoue, W, Rummel, C, and Luheshi, GN. Obesity, adipokines and neuroinflammation. 96:124134, 2015.

2. American College of Sports Medicine. ACSM's Resource Manual for Guidelines for Exercise Testing and Prescritption. Philadelphia: Wolters Kluwer-Lippincott, Williams, & Wilkins, 2014.

3. American Medical Association. Is Obesity a Disease? (Resolution 115-A-12). 2013.

4. Centers for Disease Control and Prevention. About Adult BMI.

5. Centers for Disease Control and Prevention. Adult Obesity Causes and Consequences.

6. Centers for Disease Control and Prevention. Assessing Your Weight.

7. Durnin, JVGA, and Womersley, J. Body fat assessed from total body density and its estimation from skinfold thickness: Measurements of 481 men and women aged from 17-72 years. Br J Nutr 32:77-97, 1974.

8. Etchison, WC, Bloodgood, EA, Minton, CP, Thompson, NJ, Collins, MA, Hunter, SC, and Dai, H. Body mass index and percentage of body fat as indicators for obesity in an adolescent athletic population. Sports Health 3:249-252, 2011.

9. Freedman, DS, and Sherry, B. The validity of BMI as an indicator of body fatness and risk among children. Pediatrics 124 Suppl 1:S23-34, 2009.

10. Hall, DM, and Cole, TJ. What use is the BMI? Arch Dis Child 91:283-286, 2006.

11. Heyward, VH, and Wagner, DR. Applied Body Composition Assessment. Champaign, IL: Human Kinetics, 2004.

12. Hoffman, J. Norms for Fitness, Performance, and Health. Champaign, IL: Human Kinetics, 2006.

13. Howley, E, and Thompson, D. Fitness Profes-sional's Handbook. Champaign, IL: Human Kinetics, 2017.

14. International Association for the Study of Obesity. Is Obesity a Disease?

15. Jackson, AS, and Pollock, ML. Practical assessment of body composition. Phys Sportsmed 13:76-90, 1985.

16. Jeukendrup, AE, and Gleeson, M. Sport Nutrition. Champaign, IL: Human Kinetics, 2010.

17. Jonnalagadda, SS, Skinner, R, and Moore, L. Overweight athlete: Fact or fiction? Curr Sports Med Rep 3:198-205, 2004.

18. Lohman, TG, and Going, SB. Multicompartment models in body composition research. Basic Life Sci 60:53-58, 1993.

19. Lohman, TG, Roche, AF, and Martorell, R. Anthropometric Standardization Reference Manual. Champaign, IL: Human Kinetics, 1988.

20. Manore, MM. Weight management for athletes and active individuals: A brief review. Sports Med 45 Suppl 1:83-92, 2015.

21. National Heart Lung and Blood Institute.

Clinical Guidelines on the Identification, Evaluation, and Treatment of Overweight and Obesity in Adults: The Evidence Report.

22. Nattiv, A, Loucks, AB, Manore, MM, Sanborn, CF, Sundgot-Borgen, J, and Warren, MP. American College of Sports Medicine position stand. The female athlete triad. Med Sci Sports Exerc 39:1867-1882, 2007.

23. Radiological Society of North America. Bone Densitometry. 2017.

24. Ross, CA, Caballero, B, Cousins, RJ, Tucker, KL, and Ziegler, TR. Modern Nutrition in Health and Disease. Baltimore, MD: Lippincott Williams & Wilkins, 2014.

25. Seidell, JC, Perusse, L, Despres, JP, and Bouchard, C. Waist and hip circumferences have independent and opposite effects on cardiovascular disease risk factors: The Quebec Family Study. Am J Clin Nutr 74:315321, 2001.

26. Siri, WE. Body composition from fluid spaces and density: Analysis of methods. In Techniques for Measuring Body Composition. Brozek, J, Henschel, A, eds. Washington, DC: National Academy of Sciences, 1961, pp. 223-244.

27. Stoner, L, and Cornwall, J. Did the American Medical Association make the correct decision classifying obesity as a disease? Australas Med J 7:462-464, 2014.

28. Thomas, DT, Erdman, KA, and Burke, LM. Position of the Academy of Nutrition and Dietetics, Dietitians of Canada, and the American College of Sports Medicine: Nutrition and athletic performance. J Acad Nutr Diet 116:501-528, 2016.

29. Thompson, JL, Manore, MM, and Vaughan, LA. The Science of Nutrition. Upper Saddle River, NJ: Pearson Education, 2017.

30. U.S. Food and Drug Administration. Medications Target Long-Term Weight Control.

31. Wallner-Liebmann, SJ, Kruschitz, R, Hubler, K, Hamlin, MJ, Schnedl, WJ, Moser, M, and Tafeit, E. A measure of obesity: BMI versus subcutaneous fat patterns in young athletes and nonathletes. Coll Antropol 37:351-357, 2013.

第 11 章

1. Baar, K. Nutrition and the adaptation to endurance training. Sports Med 44 Suppl 1:S5-S12, 2014.

2. Bartlett, JD, Hawley, JA, and Morton, JP. Carbohydrate availability and exercise training adaptation: Too much of a good thing? Eur J Sport Sci 15:3-12, 2015.

3. Beelen, M, Burke, LM, Gibala, MJ, and van Loon, LJC. Nutritional strategies to promote postexercise recovery. J Phys Act Health:1-17, 2010.

4. Bergstrom, J, Hermanssen, L, and Saltin, B. Diet, muscle glycogen, and physical perofrmance. Acta Physiol 71:140-150, 1967.

5. Brooks, GA. Bioenergetics of exercising humans. Compr Physiol 2:537-562, 2012.

6. Brooks, GA, and Mercier, J. Balance of carbohydrate and lipid utilization during exercise: The "crossover" concept. J Appl Physiol 76:2253-2261, 1985.

7. Burke, LM. Nutrition strategies for the marathon: Fuel for training and racing. Sports Med 37:344-347, 2007.

8. Burke, LM. Fueling strategies to optimize performance: Training high or training low. Scand J Med Sci Sports 20:48-58, 2010.

9. Burke, LM. Re-examining high-fat diets for sports performance: Did we call the "nail in the coffin" too soon? Sports Med 45 Suppl 1:S33-49, 2015.

10. Burke, LM, Hawley, JA, Wong, SHS, and Jeukendrup, AE. Carbohydrates for training and competition. J Sports Sci 29:S17-S27, 2011.

11. Burke, LM, Kiens, B, and Ivy, JL. Carbohydrates and fat for training and recovery. J Sports Sci 22:15-30, 2004.

12. Burke, LM, Loucks, AB, and Broad, N. Energy and carbohydrates for training and recovery. J Sports Sci 24:675-685, 2006.

13. Cermak, NM, and van Loon, LJC. The use of carbohydrates during exercise as an ergogenic aid. Sports Med 43:1139-1155, 2013.

14. Coyle, EF. Timing and method of increased carbohydrate intake to cope with heavy training, competition and recovery. J Sports Sci 9:29-51, 1991.

15. Donaldson, C, Perry, T, and Rose, M. Glycemic index and endurance performance. Int J Sport Nutr Exerc Metab 20:154-165, 2010.

16. Hawley, JA, and Burke, LM. Carbohydrate availability and training adaptation: Effects on cell metabolism. Exerc Sport Sci Rev 38:152-160, 2010.

17. Ivy, JL. Muscle glycogen synthesis before and after exercise. Sports Med 11:6-19, 1991.

18. Jensen, J, Rustad, PI, Kolnes, AJ, and Lai, Y-C. The role of skeletal muscle glycogen breakdown for regulation of insulin sensitivity by exercise. Front Physiol 2:112, 2011.

19. Jeukendrup, AE. Nutrition for endurance sports: Marathon, triathlon, and road cycling. J Sports Sci 29:S91-S99, 2011.

20. Jeukendrup, AE. Performance and endurance in sport: Can it all be explained by metabolism and its manipulation? Dialog Cardiovasc Med 17:40-45, 2012.

21. Jeukendrup, AE. Multiple transportable carbohydrates and their benefits. Gatorade Sports Science Exchange 26:1-5, 2013.

22. Jeukendrup, AE. A step towards personalized sports nutrition: Carbohydrate intake during exercise. Sports Med 44:S25-S33, 2014.

23. Jeukendrup, AE, and Gleeson, M. Sport Nutrition. Champaign, IL: Human Kinetics, 2010.

24. Jeukendrup, AE, Rollo, I, and Carter, JM. Carbohydrate mouth rinse: Performance effects and mechanisms. Gatorade Sports Science Exchange 26:1-8, 2013.

25. Jozsi, AC, Trappe, TA, Starlling, RD, Goodpaster, B, Trappe, SW, Fink, WJ, and Costill, DL. The influence of starch structure on glycogen resynthesis and subsequent cycling performance. Int J Sports Med 17:373-378, 1996.

26. Karpinski, C, and Rosenbloom, C. Sports Nutrition: A Handbook for Professionals. Chicago, IL: Academy of Nutrition and Dietetics, 2017.

27. Kenny, WL, Wilmore, JH, and Costill, DL. Physiology of Sport and Exercise. Champaign, IL: Human Kinetics, 2015.

28. Kreher, JB, and Schwartz, JB. Overtraining syndrome: A practical guide. Sports Health 4:128-138, 2012.

29. Kreitzman, SN, Coxon, AY, and Szaz, KF. Glycogen storage: Illusions of easy weight loss, excessive weight regain, and distortions in estimates of body composition. Am J Clin Nutr 56:292s-293s, 1992.

30. Manore, MM. Weight management for athletes and active individuals: A brief review. Sports Med 45 Suppl 1:83-92, 2015.

31. Manore, MM, Brown, K, Houtkooper, L, Jakicic, JM, Peters, JC, Smith Edge, M, Steiber, A, Going, S, Guillermin Gable, L, and Krautheim, AM. Energy balance at a crossroads: Translating the science into action. J Acad Nutr Diet 114:1113-1119, 2014.

32. Meeusen, R, Duclos, M, Foster, C, Fry, A, Gleeson, M, Nieman, D, Raglin, J, Rietjens, G, Steinacker, J, and Urhausen, A. Prevention, diagnosis, and treatment of the overtraining syndrome: Joint consensus statement of the European College of Sports Medicine and the American College of Sports Medicine. Med Sci Sports Exerc 45:186-205, 2013.

33. Mountjoy, M, Sundgot-Borgen, J, Burke, L, Carter, S, Constantini, N, Lebrun, C,

Meyer, N, Sherman, R, Steffen, K, Budgett, R, and Ljungqvist, A. The IOC consensus statement: Beyond the female athlete triad—Relative energy deficiency in sport (RED-S). Br J Sports Med 48:491-497, 2014.

34. National Academy of Sciences. Dietary Reference Intakes for Energy, Carbohydrate, Fiber, Fat, Fatty Acids, Cholesterol, Protein, and Amino Acids (Macronutrients). Washington, DC: National Academies Press, 2005.

35. O'Reilly, J, Wong, S, and Chen, Y. Glycaemic index, glycaemic load, and exercise performance. Sports Med 40:27-39, 2010.

36. Ormsbee, MJ, Bach, CW, and Baur, DA. Pre-exercise nutrition: The role of macronutrients, modified starches and supplements on metabolism and endurance performance. Nutrients 6:1782-1808, 2014.

37. Pfeiffer, B, Stellingwerf, T, Hodgson, AB, Randell, R, Pottgen, K, Res, P, and Jeukendrup, AE. Nutritional intake and gastrointestinal problems during competetive endurance events. Med Sci Sports Exerc 44:344-351, 2012.

38. Phillips, SM, and Van Loon, LJ. Dietary protein for athletes: From requirements to optimum adaptation. J Sports Sci 29 Suppl 1:S29-38, 2011.

39. Prado de Oliveira, E. Nutritional recommendations to avoid gastrointestinal complaints during exercise. Gatorade Sports Science Exchange 26:1-4, 2013.

40. Sports Med 44:S79-S85, 2014.

41. Roberts, MD, Lockwood, C, Dalbo, VJ, Volek, J, and Kerksick, CM. Ingestion of a high-molecular-weight hydrothermally modified waxy maize starch alters metabolic responses to prolonged exercise in trained cyclists. Nutrition 27:659-665, 2011.

42. Romijn, JA, Coyle, EF, Sidossis, LS, Zhangm, XJ, and Wolfe, RR. Relationship between fatty acid delivery and fatty acid oxidation during strenuous exercise. J Appl Physiol 79:1939-1945, 1995.

43. Rong, Y, Sillick, M, and Gregson, CM. Determination of dextrose equivalent value and number average molecular weight of maltodextrin by osmometry. J Food Sci 74:C33-C40, 2009.

44. Sands, AL, Leidy, HJ, Hamaker, BR, Maguire, P, and Campbell, WW. Consumption of the slow-digesting waxy maize starch leads to blunted plasma glucose and insulin response but does not influence energy expenditure or appetite in humans. Nutr Res 29:383-390, 2009.

45. Shaw, CS, Clark, J, and Wagenmakers, AJ. The effect of exercise and nutrition on intramuscular fat metabolism and insulin sensitivity. Annu Rev Nutr 30:13-34, 2010.

46. Sherman, WM, Costill, DL, Fink, WJ, and Miller, JM. The effect of exercise and diet manipulation on muscle glycogen and its subsequent use during performance. Int J Sports Med 2:114-118, 1981.

47. Spriet, LL. New insights into the interaction of carbohydrate and fat metabolis, during exercise. Sports Med 44:S87-S96, 2014.

48. Stellingwerff, T, Maughan, RJ, and Burke, LM. Nutrition for power sports: Middle-distance running, track cycling, rowing, canoeing/kayaking, and swimming. J Sports Sci 29 Suppl 1:S79-89, 2011.

49. Stephens, FB, Roig, M, Armstrong, G, and Greenhaff, PL. Post-exercise ingestion of a unique, high molecular weight glucose polymer solution improves performance during a subsequent bout of cycling exercise. J Sports Sci 26:149-154, 2008.

50. Tarnopolsky, LJ, MacDougall, JD, Atkinson, SA, Tarnopolsky, MA, and Sutton, JR. Gender differences in substrate for endurance exercise. J Appl Physiol 68:302-308, 1990.

51. Tarnopolsky, MA, Bosman, M, Macdonald, JR, Vandeputte, D, Martin, J, and Roy, BD. Postexercise protein-carbohydrate and carbohydrate supplements increase muscle glycogen in men and women. J Appl Physiol 83:1877-1883, 1997.

52. Tarnopolsky, MA, Gibala, M, Jeukendrup, A, and Phillips, SM. Nutritional needs of elite endurance athletes. Part I: Carbohydrate and fluid requirements. Eur J Sport Sci 5:3 - 14, 2005.

53. Thomas, DT, Erdman, KA, and Burke, LM. Position of the Academy of Nutrition and Dietetics, Dietitians of Canada, and the American College of Sports Medicine: Nutrition and athletic performance. J Acad Nutr Diet 116:501-528, 2016.

54. U.S. Department of Health and Human Services and U.S. Department of Agricul ture. 2015–2020 Dietary Guidelines for Americans, The Dietary Guidelines for Americans: What It Is, What It Is Not. 2016.

55. U.S. Food and Drug Administration. Food Labeling Guide. Silver Spring, MD: U.S. Food and Drug Administration.

56. U.S. Food and Drug Administration. How Sweet It Is: All About Sugar Substitutes. 2014.

57. United States Department of Agriculture. National Agricultural Library Nutrient Data Lab. 2016.

58. van Loon, LJ. Use of intramuscular triacylglycerol as a substrate source during exercise in humans. J Appl Physiol 97:1170-1187, 2004.

59. van Loon, LJ. Is there a need for protein ingestion during exercise? Sports Med 44 Suppl 1:S105-S111, 2014.

60. Walker, JL, Heigenhauser, GJ, Hultman, E, and Spriet, LL. Dietary carbohydrate, muscle glycogen content, and endurance performance in well-trained women. J Appl Physiol 88:2151-2158, 2000.

第 12 章

1. Antonio, J, Peacock, CA, Ellerbroek, A, Fromhoff, B, and Silver, T. The effects of consuming a high protein diet (4.4 g/kg/d) on body composition in resistance-trained individuals. J Int Soc Sports Nutr 11:19, 2014.

2. Apro, W, Wang, L, Ponten, M, Blomstrand, E, and Sahlin, K. Resistance exercise induced mTORC1 signaling is not impaired by subsequent endurance exercise in human skeletal muscle. Am J Physiol Endocrinol Metab 305:E22-E32, 2013.

3. Areta, JL, Burke, LM, Camera, DM, West, DW, Crawshay, S, Moore, DR, Stellingwerff, T, Phillips, SM, Hawley, JA, and Coffey, VG. Reduced resting skeletal muscle protein synthesis is rescued by resistance exercise and protein ingestion following short-term energy deficit. Am J Physiol Endocrinol Metab 306:E989-E997, 2014.

4. Atherton, PJ, Etheridge, T, Watt, PW, Wilkinson, D, Selby, A, Rankin, D, Smith, K, and Rennie, MJ. Muscle full effect after oral protein: Time-dependent concordance and discordance between human muscle protein synthesis and mTORC1 signaling. Am J Clin Nutr 92:1080-1088, 2010.

5. Baar, K. Using molecular biology to maximize concurrent training. Sports Med 44 Suppl 2:S117-S125, 2014.

6. Babault, N, Paizis, C, Deley, G, Guerin-Deremaux, L, Saniez, MH, Lefranc-Millot, C, and Allaert, FA. Pea proteins oral supplementation promotes muscle thickness gains during resistance training: A double-blind, randomized, placebo-controlled clinical trial vs. whey protein. J Int Soc Sports Nutr 12:3, 2015.

7. Balon, TW, Horowitz, JF, and Fitzsimmons, KM. Effects of carbohydrate loading and weight-lifting on muscle girth. Int J Sport Nutr 2:328-334, 1992.

8. Beaudart, C, Buckinx, F, Rabenda, V, Gil-lain, S, Cavalier, E, Slomian, J, Petermans, J, Reginster, JY, and Bruyere, O. The effects of vitamin D on skeletal muscle strength, muscle mass, and muscle power: A systematic review and meta-analysis of randomized controlled trials. J Clin Endocrinol Metab 99:4336-4345, 2014.

9. Biolo, G, Maggi, SP, Williams, BD, Tipton,

KD, and Wolfe, RR. Increased rates of muscle protein turnover and amino acid transport after resistance exercise in humans. Am J Physiol 268:E514-E520, 1995.

10. Bischoff-Ferrari, HA, Shao, A, Dawson-Hughes, B, Hathcock, J, Giovannucci, E, and Willett, WC. Benefit-risk assessment of vitamin D supplementation. Osteoporos Int 21:1121-1132, 2010.

11. Bohe, J, Low, JF, Wolfe, RR, and Rennie, MJ. Latency and duration of stimulation of human muscle protein synthesis during continuous infusion of amino acids. J Physiol 532:575-579, 2001.

12. Boisseau, N, and Delamarche, P. Metabolic and hormonal responses to exercise in children and adolescents. Sports Med 30:405-422, 2000.

13. Boisseau, N, Vermorel, M, Rance, M, Duche, P, and Patureau-Mirand, P. Protein requirements in male adolescent soccer players. Eur J Appl Physiol 100:27-33, 2007.

14. Borsheim, E, Cree, MG, Tipton, KD, Elliott, TA, Aarsland, A, and Wolfe, RR. Effect of carbohydrate intake on net muscle protein synthesis during recovery from resistance exercise. J Appl Physiol (1985) 96:674-678, 2004.

15. Bouillanne, O, Curis, E, Hamon-Vilcot, B, Nicolis, I, Chretien, P, Schauer, N, Vincent, JP, Cynober, L, and Aussel, C. Impact of protein pulse feeding on lean mass in malnourished and at-risk hospitalized elderly patients: A randomized controlled trial. Clin Nutr 32:186-192, 2013.

16. Brown, K, DeCoffe, D, Molcan, E, and Gibson, DL. Diet-induced dysbiosis of the intestinal microbiota and the effects on immunity and disease. Nutrients 4:1095-1119, 2012.

17. Brun, JF, Dieu-Cambrezy, C, Charpiat, A, Fons, C, Fedou, C, Micallef, JP, Fussellier, M, Bardet, L, and Orsetti, A. Serum zinc in highly trained adolescent gymnasts. 47:273-278, 1995.

18. Burke, LM. Fueling strategies to optimize performance: Training high or training low? Scand J Med Sci Sports 20 Suppl 2:4858, 2010.

19. Camera, DM, West, DW, Phillips, SM, Rerecich, T, Stellingwerff, T, Hawley, JA, and Coffey, VG. Protein ingestion increases myofibrillar protein synthesis after concurrent exercise. Med Sci Sports Exerc 47:82-91, 2015.

20. Campbell, B, Kreider, RB, Ziegenfuss, T, La Bounty, P, Roberts, M, Burke, D, Landis, J, Lopez, H, and Antonio, J. International Society of Sports Nutrition position stand: Protein and exercise. J Int Soc Sports Nutr 4:8, 2007.

21. Candow, DG, Burke, NC, Smith-Palmer, T, and Burke, DG. Effect of whey and soy protein supplementation combined with resistance training in young adults. Int J Sport Nutr Exerc Metab 16:233-244, 2006.

22. Casperson, SL, Sheffield-Moore, M, Hewlings, SJ, and Paddon-Jones, D. Leucine supplementation chronically improves muscle protein synthesis in older adults consuming the RDA for protein. Clin Nutr 31:512-519, 2012.

23. Cecelja, M, and Chowienczyk, P. Role of arterial stiffness in cardiovascular disease. JRSM Cardiovasc Dis 1, 2012.

24. Cermak, NM, Res, PT, de Groot, LC, Saris, WH, and van Loon, LJ. Protein supplementation augments the adaptive response of skeletal muscle to resistance-type exercise training: A meta-analysis. Am J Clin Nutr 96:1454-1464, 2012.

25. Charge, SB, and Rudnicki, MA. Cellular and molecular regulation of muscle regeneration. Physiol Rev 84:209-238, 2004.

26. Chen, HY, Cheng, FC, Pan, HC, Hsu, JC, and Wang, MF. Magnesium enhances exercise performance via increasing glucose availability in the blood, muscle, and brain during exercise. PLoS One 9:e85486, 2014.

27. Churchward-Venne, TA, Burd, NA, and Phillips, SM. Nutritional regulation of muscle protein synthesis with resistance

exercise: Strategies to enhance anabolism. Nutr Metab (Lond) 9:40, 2012.

28. Coburn, JW, Housh, DJ, Housh, TJ, Malek, MH, Beck, TW, Cramer, JT, Johnson, GO, and Donlin, PE. Effects of leucine and whey protein supplementation during eight weeks of unilateral resistance training. J Strength Cond Res 20:284-291, 2006.

29. Coffey, VG, Jemiolo, B, Edge, J, Garnham, AP, Trappe, SW, and Hawley, JA. Effect of consecutive repeated sprint and resistance exercise bouts on acute adaptive responses in human skeletal muscle. Am J Physiol Regul Integr Comp Physiol 297:R1441-R1451, 2009.

30. Coppola, G, Natale, F, Torino, A, Capasso, R, D'Aniello, A, Pironti, E, Santoro, E, Calabro, R, and Verrotti, A. The impact of the ketogenic diet on arterial morphology and endothelial function in children and young adults with epilepsy: A case-control study. Seizure 23:260-265, 2014.

31. Cribb, PJ, Williams, AD, and Hayes, A. A creatine-protein-carbohydrate supplement enhances responses to resistance training. Med Sci Sports Exerc 39:1960-1968, 2007.

32. Deutz, NE, Pereira, SL, Hays, NP, Oliver, JS, Edens, NK, Evans, CM, and Wolfe, RR. Effect of beta-hydroxy-beta-methylbutyrate (HMB) on lean body mass during 10 days of bed rest in older adults. Clin Nutr 32:704-712, 2013.

33. Deutz, NE, and Wolfe, RR. Is there a maximal anabolic response to protein intake with a meal? Clin Nutr 32:309-313, 2013.

34. Devries, MC, and Phillips, SM. Creatine supplementation during resistance training in older adults: A meta-analysis. Med Sci Sports Exerc 46:1194-1203, 2014.

35. Donges, CE, Burd, NA, Duffield, R, Smith, GC, West, DW, Short, MJ, Mackenzie, R, Plank, LD, Shepherd, PR, Phillips, SM, and Edge, JA. Concurrent resistance and aerobic exercise stimulates both myofibrillar and mitochondrial protein synthesis in sedentary middle-aged men. J Appl Physiol 112:1992-2001, 2012.

36. Duplanty, AA, Budnar, RG, Luk, HY, Levitt, DE, Hill, DW, McFarlin, BK, Huggett, DB, and Vingren, JL. Effect of acute alcohol ingestion on resistance exercise induced mTORC1 signaling in human muscle. 31, 2017.

37. Folland, JP, and Williams, AG. The adaptations to strength training: Morphological and neurological contributions to increased strength. Sports Med 37:145-168, 2007.

38. Frost, RA, and Lang, CH. Multifaceted role of insulin-like growth factors and mTOR in skeletal muscle. Endocrinol Metab Clin North Am 41:297-322, 2012.

39. Garfinkel, D, and Garfinkel, L. Magnesium and regulation of carbohydrate metabolism at the molecular level. Magnesium 7:249-261, 1988.

40. Gilani, GS, Cockell, KA, and Sepehr, E. Effects of antinutritional factors on protein digestibility and amino acid availability in foods. J AOAC Int 88:967-987, 2005.

41. Glynn, EL, Fry, CS, Drummond, MJ, Dreyer, HC, Dhanani, S, Volpi, E, and Rasmussen, BB. Muscle protein breakdown has a minor role in the protein anabolic response to essential amino acid and carbohydrate intake following resistance exercise. Am J Physiol Regul Integr Comp Physiol 299:R533-R540, 2010.

42. Gran, P, and Cameron-Smith, D. The actions of exogenous leucine on mTOR signalling and amino acid transporters in human myotubes. BMC Physiol 11:10, 2011.

43. Haff, GG, Koch, AJ, Potteiger, JA, Kuphal, KE, Magee, LM, Green, SB, and Jakicic, JJ. Carbohydrate supplementation attenuates muscle glycogen loss during acute bouts of resistance exercise. Int J Sport Nutr Exerc Metab 10:326-339, 2000.

44. Haff, GG, Lehmkuhl, MJ, McCoy, LB, and Stone, MH. Carbohydrate supplementation and resistance training. J Strength Cond Res

17:187-196, 2003.

45. Hall, KD, Chen, KY, Guo, J, Lam, YY, Leibel, RL, Mayer, LE, Reitman, ML, Rosenbaum, M, Smith, SR, Walsh, BT, and Ravussin, E. Energy expenditure and body composition changes after an isocaloric ketogenic diet in overweight and obese men. Am J Clin Nutr 104:324-333, 2016.

46. Hamada, K, Vannier, E, J.M., S, Witsell, AL, and Roubenoff, R. Senescence of human skeletal muscle impairs the local inflammatory cytokine response to acute eccentric exercise. FASEB Journal 19:264-266, 2005.

47. Hartman, JW, Tang, JE, Wilkinson, SB, Tarnopolsky, MA, Lawrence, RL, Fullerton, AV, and Phillips, SM. Consumption of fat-free fluid milk after resistance exercise promotes greater lean mass accretion than does consumption of soy or carbohydrate in young, novice, male weightlifters. Am J Clin Nutr 86:373-381, 2007.

48. Hatfield, DL, Kraemer, WJ, Volek, JS, Rubin, MR, Grebien, B, Gomez, AL, French, DN, Scheett, TP, Ratamess, NA, Sharman, MJ, McGuigan, MR, Newton, RU, and Hakkinen, K. The effects of carbohydrate loading on repetitive jump squat power performance. J Strength Cond Res 20:167-171, 2006.

49. Helge, JW, Watt, PW, Richter, EA, Rennie, MJ, and Kiens, B. Fat utilization during exercise: Adaptation to a fat-rich diet increases utilization of plasma fatty acids and very low density lipoprotein-triacylglycerol in humans. J Physiol 537:1009-1020, 2001.

50. Helms, ER, Aragon, AA, and Fitschen, PJ. Evidence-based recommendations for natural bodybuilding contest preparation: nutrition and supplementation. J Int Soc Sports Nutr 11:20, 2014.

51. Hubal, MJ, Gordish-Dressman, H, Thompson, PD, Price, TB, Hoffman, EP, Angelopoulos, TJ, Gordon, PM, Moyna, NM, Pescatello, LS, Visich, PS, Zoeller, RF, Seip, RL, and Clarkson, PM. Variability in muscle size and strength gain after unilateral resistance training. Med Sci Sports Exerc 37:964-972, 2005.

52. Hulmi, JJ, Laakso, M, Mero, AA, Hakkinen, K, Ahtiainen, JP, and Peltonen, H. The effects of whey protein with or without carbohydrates on resistance training adaptations. J Int Soc Sports Nutr 12:48, 2015.

53. Ivy, JL. Regulation of muscle glycogen repletion, muscle protein synthesis and repair following exercise. J Sports Sci Med 3:131-138, 2004.

54. Jacobs, I, Kaiser, P, and Tesch, P. Muscle strength and fatigue after selective glycogen depletion in human skeletal muscle fibers. Eur J Appl Physiol Occup Physiol

55. Judelson, DA, Maresh, CM, Anderson, JM, Armstrong, LE, Casa, DJ, Kraemer, WJ, and Volek, JS. Hydration and muscular performance: Does fluid balance affect strength, power and high-intensity endurance? Sports Med 37:907-921, 2007.

56. Judelson, DA, Maresh, CM, Farrell, MJ, Yamamoto, LM, Armstrong, LE, Kraemer, WJ, Volek, JS, Spiering, BA, Casa, DJ, and Anderson, JM. Effect of hydration state on strength, power, and resistance exercise performance. Med Sci Sports Exerc 39:1817-1824, 2007.

57. Judelson, DA, Maresh, CM, Yamamoto, LM, Farrell, MJ, Armstrong, LE, Kraemer, WJ, Volek, JS, Spiering, BA, Casa, DJ, and Anderson, JM. Effect of hydration state on resistance exercise-induced endocrine markers of anabolism, catabolism, and metabolism. J Appl Physiol (1985) 105:816-824, 2008.

58. Kapetanakis, M, Liuba, P, Odermarsky, M, Lundgren, J, and Hallbook, T. Effects of ketogenic diet on vascular function. Eur J Paediatr Neurol 18:489-494, 2014.

59. Kerksick, C, Thomas, A, Campbell, B, Taylor, L, Wilborn, C, Marcello, B, Roberts, M, Pfau, E, Grimstvedt, M, Opusunju, J, Magrans-Courtney, T, Rasmussen, C,

Wilson, R, and Kreider, RB. Effects of a popular exercise and weight loss program on weight loss, body composition, energy expenditure and health in obese women. Nutr Metab (Lond) 6:23, 2009.

60. Kerksick, CM, Wilborn, CD, Campbell, WI, Harvey, TM, Marcello, BM, Roberts, MD, Parker, AG, Byars, AG, Greenwood, LD, Almada, AL, Kreider, RB, and Greenwood, M. The effects of creatine monohydrate supplementation with and without D-pinitol on resistance training adaptations. J Strength Cond Res 23:2673-2682, 2009.

61. Kimball, SR, and Jefferson, LS. Regulation of protein synthesis by branched-chain amino acids. Curr Opin Clin Nutr Metab Care 4:39-43, 2001.

62. Koopman, R, Verdijk, L, Manders, RJ, Gijsen, AP, Gorselink, M, Pijpers, E, Wagenmakers, AJ, and van Loon, LJ. Co-ingestion of protein and leucine stimulates muscle protein synthesis rates to the same extent in young and elderly lean men. Am J Clin Nutr 84:623-632, 2006.

63. Krotkiewski, M, Gudmundsson, M, Backstrom, P, and Mandroukas, K. Zinc and muscle strength and endurance. Acta Physiol Scand 116:309-311, 1982.

64. Layman, DK. Dietary Guidelines should reflect new understandings about adult protein needs. Nutr Metab (Lond) 6:12, 2009.

65. LeBlanc, ES, Zakher, B, Daeges, M, Pappas, M, and Chou, R. Screening for vitamin D deficiency: A systematic review for the U.S. Preventive Services Task Force. Ann Intern Med 162:109-122, 2015.

66. Leenders, M, Verdijk, LB, van der Hoeven, L, van Kranenburg, J, Hartgens, F, Wodzig, WK, Saris, WH, and van Loon, LJ. Prolonged leucine supplementation does not augment muscle mass or affect glycemic control in elderly type 2 diabetic men. J Nutr 141:1070-1076, 2011.

67. Lemon, PW, and Mullin, JP. Effect of initial muscle glycogen levels on protein catabolism during exercise. J Appl Physiol Respir Environ Exerc Physiol 48:624-629, 1980.

68. Loenneke, JP, Loprinzi, PD, Murphy, CH, and Phillips, SM. Per meal dose and frequency of protein consumption is associated with lean mass and muscle performance. Clin Nutr 35:1506-1511, 2016.

69. Lundberg, TR, Fernandez-Gonzalo, R, Gustafsson, T, and Tesch, PA. Aerobic exercise alters skeletal muscle molecular responses to resistance exercise. Med Sci Sports Exerc 44:1680-1688, 2012.

70. Lundberg, TR, Fernandez-Gonzalo, R, Gustafsson, T, and Tesch, PA. Aerobic exercise does not compromise muscle hypertrophy response to short-term resistance training. J Appl Physiol (1985) 114:81-89, 2013.

71. MacDougall, JD, Ray, S, Sale, DG, McCartney, N, Lee, P, and Garner, S. Muscle substrate utilization and lactate production. Can J Appl Physiol

72. MacDougall, JD, Ray, S, Sale, DG, McCartney, N, Lee, P, and Garner, S. Muscle substrate utilization and lactate production during weight-lifting. Can J Appl Physiol 24:209-215, 1999.

73. Macnaughton, LS, Wardle, SL, Witard, OC, McGlory, C, Hamilton, DL, Jeromson, S, Lawrence, CE, Wallis, GA, and Tipton, KD. The response of muscle protein synthesis following whole-body resistance exercise is greater following 40 g than 20 g of ingested whey protein. Physiol Rep 4, 2016.

74. Mamerow, MM, Mettler, JA, English, KL, Casperson, SL, Arentson-Lantz, E, Sheffield-Moore, M, Layman, DK, and Paddon-Jones, D. Dietary protein distribution positively influences 24-h muscle protein synthesis in healthy adults. J Nutr 144:876-880, 2014.

75. Moore, DR, Churchward-Venne, TA, Witard, O, Breen, L, Burd, NA, Tipton, KD, and Phillips, SM. Protein ingestion

to stimulate myofibrillar protein synthesis requires greater relative protein intakes in healthy older versus younger men. J Gerontol A Biol Sci Med Sci 70:57-62, 2015.

76. Moore, DR, Robinson, MJ, Fry, JL, Tang, JE, Glover, EI, Wilkinson, SB, Prior, T, Tarnopolsky, MA, and Phillips, SM. Ingested protein dose response of muscle and albumin protein synthesis after resistance exercise in young men. Am J Clin Nutr 89:161-168, 2009.

77. Mori, H. Effect of timing of protein and carbohydrate intake after resistance exercise on nitrogen balance in trained and untrained young men. J Physiol Anthropol 33:24, 2014.

78. Negro, M, Vandoni, M, Ottobrini, S, Codrons, E, Correale, L, Buonocore, D, and Marzatico, F. Protein supplementation with low fat meat after resistance training: effects on body composition and strength. Nutrients 6:3040-3049, 2014.

79. Norton, LE, Layman, DK, Bunpo, P, Anthony, TG, Brana, DV, and Garlick, PJ. The leucine content of a complete meal directs peak activation but not duration of skeletal muscle protein synthesis and mammalian target of rapamycin signaling in rats. J Nutr 139:1103-1109, 2009.

80. Paddon-Jones, D, and Leidy, H. Dietary protein and muscle in older persons. Curr Opin Clin Nutr Metab Care 17:5-11, 2014.

81. Paddon-Jones, D, and Rasmussen, BB. Dietary protein recommendations and the prevention of sarcopenia. Curr Opin Clin Nutr Metab Care 12:86-90, 2009.

82. Paddon-Jones, D, Sheffield-Moore, M, Zhang, XJ, Volpi, E, Wolf, SE, Aarsland, A, Ferrando, AA, and Wolfe, RR. Amino acid ingestion improves muscle protein synthesis in the young and elderly. Am J Physiol Endocrinol Metab 286:E321-E328, 2004.

83. Paoli, A, Grimaldi, K, D'Agostino, D, Cenci, L, Moro, T, Bianco, A, and Palma, A. Ketogenic diet does not affect strength performance in elite artistic gymnasts. J Int Soc Sports Nutr 9:34, 2012.

84. Parkin, JA, Carey, MF, Martin, IK, Stojanovska, L, and Febbraio, MA. Muscle glycogen storage following prolonged exercise: effect of timing of ingestion of high glycemic index food. Med Sci Sports Exerc 29:220-224, 1997.

85. Pascoe, DD, Costill, DL, Fink, WJ, Robergs, RA, and Zachwieja, JJ. Glycogen resynthesis in skeletal muscle following resistive exercise. Med Sci Sports Exerc 25:349-354, 1993.

86. Pasiakos, SM, Cao, JJ, Margolis, LM, Sauter, ER, Whigham, LD, McClung, JP, Rood, JC, Carbone, JW, Combs, GF, Jr., and Young, AJ. Effects of high-protein diets on fat-free mass and muscle protein synthesis following weight loss: A randomized controlled trial. FASEB J 27:3837-3847, 2013.

87. Pasiakos, SM, Vislocky, LM, Carbone, JW, Altieri, N, Konopelski, K, Freake, HC, Anderson, JM, Ferrando, AA, Wolfe, RR, and Rodriguez, NR. Acute energy deprivation affects skeletal muscle protein synthesis and associated intracellular signaling proteins in physically active adults. J Nutr 140:745-751, 2010.

88. Pennings, B, Boirie, Y, Senden, JM, Gijsen, AP, Kuipers, H, and van Loon, LJ. Whey protein stimulates postprandial muscle protein accretion more effectively than do casein and casein hydrolysate in older men. Am J Clin Nutr 93:997-1005, 2011.

89. Pennings, B, Groen, BB, van Dijk, JW, de Lange, A, Kiskini, A, Kuklinski, M, Senden, JM, and van Loon, LJ. Minced beef is more rapidly digested and absorbed than beef steak, resulting in greater postprandial protein retention in older men. Am J Clin Nutr 98:121-128, 2013.

90. Perez-Schindler, J, Hamilton, DL, Moore, DR, Baar, K, and Philp, A. Nutritional strategies to support concurrent training. Eur J Sport Sci:1-12, 2014.

91. Phillips, SM. A brief review of critical processes in exercise-induced muscular

hypertrophy. Sports Med 44 Suppl 1:71-77, 2014.

92. Phillips, SM, Tipton, KD, Aarsland, A, Wolf, SE, and Wolfe, RR. Mixed muscle protein synthesis and breakdown after resistance exercise in humans. Am J Physiol 273:E99-E107, 1997.

93. Phinney, SD. Ketogenic diets and physical performance. Nutr Metab (Lond) 1:2, 2004.

94. Pugh, JK, Faulkner, SH, Jackson, AP, King, JA, and Nimmo, MA. Acute molecular responses to concurrent resistance and high-intensity interval exercise in untrained skeletal muscle. Physiol Rep 3, 2015.

95. Reidy, PT, Walker, DK, Dickinson, JM, Gundermann, DM, Drummond, MJ, Timmerman, KL, Fry, CS, Borack, MS, Cope, MB, Mukherjea, R, Jennings, K, Volpi, E, and Rasmussen, BB. Protein blend ingestion following resistance exercise promotes human muscle protein synthesis. J Nutr 143:410-416, 2013.

96. Rieu, I, Balage, M, Sornet, C, Giraudet, C, Pujos, E, Grizard, J, Mosoni, L, and Dardevet, D. Leucine supplementation improves muscle protein synthesis in elderly men independently of hyperaminoacidaemia. J Physiol 575:305-315, 2006.

97. Robinson, MJ, Burd, NA, Breen, L, Rerecich, T, Yang, Y, Hector, AJ, Baker, SK, and Phillips, SM. Dose-dependent responses of myofibrillar protein synthesis with beef ingestion are enhanced with resistance exercise in middle-aged men. Appl Physiol Nutr Metab 38:120-125, 2013.

98. Rodriguez, NR. Protein-centric meals for optimal protein utilization: Can it be that simple? J Nutr 144:797-798, 2014.

99. Rodriguez, NR. Introduction to Protein Summit 2.0: Continued exploration of the impact of high-quality protein on optimal health. Am J Clin Nutr, 2015.

100. Sarwar Gilani, G, Wu Xiao, C, and Cockell, KA. Impact of antinutritional factors in food proteins on the digestibility of protein and the bioavailability of amino acids and on protein quality. Br J Nutr 108 Suppl 2:S315-S332, 2012.

101. Schoenfeld, BJ, Aragon, AA, and Krieger, JW. The effect of protein timing on muscle strength and hypertrophy: A meta-analysis. J Int Soc Sports Nutr 10:53, 2013.

102. Schott, GD, and Wills, MR. Muscle weakness in osteomalacia. Lancet 1:626-629, 1976.

103. Stout, JR, Smith-Ryan, AE, Fukuda, DH, Kendall, KL, Moon, JR, Hoffman, JR, Wilson, JM, Oliver, JS, and Mustad, VA. Effect of calcium beta-hydroxy-beta-methylbutyrate (CaHMB) with and without resistance training in men and women 65+yrs: A randomized, double-blind pilot trial. Exp Gerontol 48:1303-1310, 2013.

104. Symons, TB, Sheffield-Moore, M, Wolfe, RR, and Paddon-Jones, D. A moderate serving of high-quality protein maximally stimulates skeletal muscle protein synthesis in young and elderly subjects. J Am Diet Assoc 109:1582-1586, 2009.

105. Tang, JE, Moore, DR, Kujbida, GW, Tarnopolsky, MA, and Phillips, SM. Ingestion of whey hydrolysate, casein, or soy protein isolate: Effects on mixed muscle protein synthesis at rest and following resistance exercise in young men. J Appl Physiol 107:987-992, 2009.

106. Tang, JE, Perco, JG, Moore, DR, Wilkinson, SB, and Phillips, SM. Resistance training alters the response of fed state mixed muscle protein synthesis in young men. Am J Physiol Regul Integr Comp Physiol 294:R172-R178, 2008.

107. Tarnopolsky, M. Caffeine and creatine use in sport. Ann Nutr Metab 57:1-8, 2010.

108. Tidball, JG. Inflammatory processes in muscle injury and repair. Am J Physiol Regul Integr Comp Physiol 288:R345-R353, 2005.

109. Tiidus, PM. Skeletal Muscle Damage and Repair. Champaign, IL: Human Kinetics, 2008.

110. Tipton, K, Gurkin, B, Matin, S, and Wolfe, R. Nonessential amino acids are not necessary to stimulate net muscle protein synthesis in healthy volunteers. J Nutr Biochem 10:89-95, 1999.

111. Tipton, KD, Elliott, TA, Cree, MG, Aarsland, AA, Sanford, AP, and Wolfe, RR. Stimulation of net muscle protein synthesis by whey protein ingestion before and after exercise. Am J Physiol Endocrinol Metab 292:E71-E76, 2007.

112. Tipton, KD, Ferrando, AA, Phillips, SM, Doyle, D, Jr., and Wolfe, RR. Postexercise net protein synthesis in human muscle from orally administered amino acids. Am J Phys-iol 276:E628-E634, 1999.

113. Tipton, KD, Rasmussen, BB, Miller, SL, Wolf, SE, Owens-Stovall, SK, Petrini, BE, and Wolfe, RR. Timing of amino acid-carbohydrate ingestion alters anabolic response of muscle to resistance exercise. Am J Physiol Endocrinol Metab 281:E197E206, 2001.

114. U.S. Department of Agriculture. Nutrient Intakes From Food: Mean Amounts Consumed per Individual, by Gender and Age: What We Eat in America, NHANES 2009-2010. 2012.

115. U.S. Department of Agriculture. USDA National Nutrient Database for Standard Reference, Release 26. 2013.

116. Van Koevering, M, and Nissen, S. Oxidation of leucine and alpha-ketoisocaproate to beta-hydroxy-beta-methylbutyrate in vivo. Am J Physiol 262:E27-E31, 1992.

117. Van Loan, MD, Sutherland, B, Lowe, NM, Turnlund, JR, and King, JC. The effects of zinc depletion on peak force and total work of knee and shoulder extensor and flexor muscles. Int J Sport Nutr 9:125-135, 1999.

118. Verdijk, L, Jonkers, R, Gleeson, B, Beelen, M, Meijer, K, Savelberg, H, Wodzig, W, Dendale, P, and van Loon, L. Protein supplementation before and after exercise does not further augment skeletal muscle hypertrophy after resistance training in elderly men. Am J Clin Nutr 89:608-616, 2009.

119. Verhoeven, S, Vanschoonbeek, K, Verdijk, LB, Koopman, R, Wodzig, WK, Dendale, P, and van Loon, LJ. Long-term leucine supplementation does not increase muscle mass or strength in healthy elderly men. Am J Clin Nutr 89:1468-1475, 2009.

120. Volek, JS, Noakes, T, and Phinney, SD. Rethinking fat as a fuel for endurance exercise. Eur J Sport Sci 15:13-20, 2015.

121. Vukovich, MD, Stubbs, NB, and Bohlken, RM. Body composition in 70-year-old adults responds to dietary beta-hydroxybeta-methylbutyrate similarly to that of young adults. J Nutr 131:2049-2052, 2001.

122. Walsh, S, Kelsey, BK, Angelopoulos, TJ, Clarkson, PM, Gordon, PM, Moyna, NM, Visich, PS, Zoeller, RF, Seip, RL, Bilbie, S, Thompson, PD, Hoffman, EP, Price, TB, Devaney, JM, and Pescatello, LS. CNTF 1357 G --> A polymorphism and the muscle strength response to resistance training. J Appl Physiol 107:1235-1240, 2009.

123. Wax, B, Brown, SP, Webb, HE, and Kavazis, AN. Effects of carbohydrate supplementation on force output and time to exhaustion during static leg contractions superimposed with electromyostimulation. J Strength Cond Res 26:1717-1723, 2012.

124. West, DW, and Phillips, SM. Associations of exercise-induced hormone profiles and gains in strength and hypertrophy in a large cohort after weight training. Eur J Appl Phys-iol 112:2693-2702, 2012.

125. White, AM, Johnston, CS, Swan, PD, Tjonn, SL, and Sears, B. Blood ketones are directly related to fatigue and perceived effort during exercise in overweight adults adhering to low-carbohydrate diets for weight loss: A pilot study. J Am Diet Assoc 107:1792-1796, 2007.

126. Wilkinson, DJ, Hossain, T, Hill, DS, Phillips, BE, Crossland, H, Williams, J, Loughna, P, Churchward-Venne, TA, Breen, L, Phillips, SM, Etheridge, T, Rathmacher, JA, Smith, K, Szewczyk, NJ, and Atherton, PJ. Effects of leucine and its metabolite beta-hydroxy-betamethylbutyrate on human skeletal muscle protein metabolism. J Physiol 591:2911-2923, 2013.

127. Wilkinson, S, Tarnopolsky, M, Macdonald, M, Macdonald, J, Armstrong, D, and Phillips, S. Consumption of fluid skim milk promotes greater muscle protein accretion after resistance exercise than does consumption of an isonitrogenous and isoenergetic soy-protein beverage. Am J Clin Nutr 85:1031-1040, 2007.

128. Wilson, JM, Marin, PJ, Rhea, MR, Wilson, SM, Loenneke, JP, and Anderson, JC. Concurrent training: A meta-analysis examining interference of aerobic and resistance exercises. J Strength Cond Res 26:2293-2307, 2012.

129. Witard, OC, Wardle, SL, Macnaughton, LS, Hodgson, AB, and Tipton, KD. Protein considerations for optimising skeletal muscle mass in healthy young and older adults. Nutrients 8:181, 2016. 130. Wolfe, RR. The underappreciated role of muscle in health and disease. Am J Clin Nutr 84:475-482, 2006.

130. Wolfe, RR. The underappreciated role of muscle in health and disease. Am J Clin Nutr 84:475-482, 2006.

第13章

1. Ainsworth, BE, Haskell, WL, Herrmann, SD, Meckes, N, Bassett, DR, Jr., Tudor-Locke, C, Greer, JL, Vezina, J, Whitt-Glover, MC, and Leon, AS. 2011 compendium of physical activities: A second update of codes and MET values. Med Sci Sports Exerc 43:1575-1581, 2011.

2. Arabin, B, and Stupin, JH. Overweight and obesity before, during and after pregnancy: Part 2: Evidence-based risk factors and interventions. Geburtshilfe Frauenheilkd 74:646-655, 2014.

3. Areta, JL, Burke, LM, Camera, DM, West, DW, Crawshay, S, Moore, DR, Stellingwerff, T, Phillips, SM, Hawley, JA, and Coffey, VG. Reduced resting skeletal muscle protein synthesis is rescued by resistance exercise and protein ingestion following short-term energy deficit. Am J Physiol Endocrinol Metab 306:E989-E997, 2014.

4. Baer, DJ, Gebauer, SK, and Novotny, JA. Measured energy value of pistachios in the human diet. Br J Nutr 107:120-125, 2012.

5. Barr, SB, and Wright, JC. Postprandial energy expenditure in whole-food and processed-food meals: Implications for daily energy expenditure. Food Nutr Res 54, 2010.

6. Barry, VW, Baruth, M, Beets, MW, Durstine, JL, Liu, J, and Blair, SN. Fitness vs. fatness on all-cause mortality: A meta-analysis. Prog Cardiovasc Dis 56:382-390, 2014.

7. Berg, J, JL, T, and L, S. Fuel choice during exercise is determined by intensity and duration of activity. In Biochemistr. 5th ed. New York: W H Freeman, 2002.

8. Boisseau, N, Vermorel, M, Rance, M, Duche, P, and Patureau-Mirand, P. Protein requirements in male adolescent soccer players. Eur J Appl Physiol 100:27-33, 2007.

9. Borchers, JR, Clem, KL, Habash, DL, Naga-raja, HN, Stokley, LM, and Best, TM. Metabolic syndrome and insulin resistance in Division 1 collegiate football players. Med Sci Sports Exerc 41:2105-2110, 2009.

10. Bouchard, C, Tchernof, A, and Tremblay, A. Predictors of body composition and body energy changes in response to chronic overfeeding. Int J Obes (Lond) 38:236-242, 2014.

11. Boutcher, SH. High-intensity intermittent exercise and fat loss. J Obes 2011:868305, 2011.

12. Bray, GA, Smith, SR, de Jonge, L, Xie, H, Rood, J, Martin, CK, Most, M, Brock, C, Mancuso, S, and Redman, LM. Effect of dietary protein content on weight gain, energy expenditure, and body composition during overeating: A randomized controlled trial. JAMA 307:47-55, 2012.

13. Brunstrom, JM, Shakeshaft, NG, and Scott-Samuel, NE. Measuring "expected satiety" in a range of common foods using a method of constant stimuli.Appetite 51:604-614, 2008.

14. Byrne, NM, Wood, RE, Schutz, Y, and Hills, AP. Does metabolic compensation explain the majority of less-than-expected weight loss in obese adults during a short-term severe diet and exercise intervention? Int J Obes (Lond) 36:1472-1478, 2012.

15. Campbell, B, Kreider, RB, Ziegenfuss, T, La Bounty, P, Roberts, M, Burke, D, Landis, J, Lopez, H, and Antonio, J. International Society of Sports Nutrition position stand: Protein and exercise. J Int Soc Sports Nutr 4:8, 2007.

16. Caronia, LM, Martin, C, Welt, CK, Sykiotis, GP, Quinton, R, Thambundit, A, Avbelj, M, Dhruvakumar, S, Plummer, L, Hughes, VA, Seminara, SB, Boepple, PA, Sidis, Y, Crowley, WF, Jr., Martin, KA, Hall, JE, and Pitteloud, N. A genetic basis for functional hypothalamic amenorrhea. N Engl J Med 364:215-225, 2011.

17. Casperson, SL, Sheffield-Moore, M, Hewlings, SJ, and Paddon-Jones, D. Leucine supplementation chronically improves muscle protein synthesis in older adults consuming the RDA for protein. Clin Nutr 31:512-519, 2012.

18. Chaston, TB, Dixon, JB, and O'Brien, PE. Changes in fat-free mass during significant weight loss: A systematic review. Int J Obes (Lond) 31:743-750, 2007.

19. Churchward-Venne, TA, Burd, NA, and Phillips, SM. Nutritional regulation of muscle protein synthesis with resistance exercise: Strategies to enhance anabolism. Nutr Metab (Lond) 9:40, 2012.

20. Cribb, PJ, Williams, AD, and Hayes, A. A creatine-protein-carbohydrate supplement enhances responses to resistance training. Med Sci Sports Exerc 39:1960-1968, 2007.

21. Cummings, DE, and Overduin, J. Gastrointestinal regulation of food intake. J Clin Invest 117:13-23, 2007.

22. Curioni, CC, and Lourenco, PM. Long-term weight loss after diet and exercise: A systematic review. Int J Obes (Lond) 29:1168-1174, 2005.

23. de Graaf, C, Blom, WA, Smeets, PA, Stafleu, A, and Hendriks, HF. Biomarkers of satiation and satiety. Am J Clin Nutr 79:946-961, 2004.

24. Deurenberg, P, Weststrate, JA, and Hautvast, JG. Changes in fat-free mass during weight loss measured by bioelectrical impedance and by densitometry. Am J Clin Nutr 49:33-36, 1989.

25. Devries, MC, and Phillips, SM. Creatine supplementation during resistance training in older adults: A meta-analysis. Med Sci Sports Exerc 46:1194-1203, 2014.

26. Dhurandhar, EJ, Kaiser, KA, Dawson, JA, Alcorn, AS, Keating, KD, and Allison, DB. Predicting adult weight change in the real world: A systematic review and metaanalysis accounting for compensatory changes in energy intake or expenditure. Int J Obes (Lond) 39:1181-1187, 2015.

27. Diliberti, N, Bordi, PL, Conklin, MT, Roe, LS, and Rolls, BJ. Increased portion size leads to increased energy intake in a restaurant meal. Obes Res 12:562-568, 2004.

28. Djiogue, S, Nwabo Kamdje, AH, Vecchio, L, Kipanyula, MJ, Farahna, M, Aldebasi, Y, and Seke Etet, PF. Insulin resistance and cancer: The role of insulin and IGFs. Endocr Relat Cancer 20:R1-R17, 2013.

29. Duhamel, TA, Perco, JG, and Green, HJ. Manipulation of dietary carbohydrates after prolonged effort modifies muscle sarcoplasmic reticulum responses in

exercising males. Am J Physiol Regul Integr Comp Physiol 291:R1100-R1110, 2006.

30. Duncan, GE. The "fit but fat" concept revisited: Population-based estimates using NHANES. Int J Behav Nutr Phys Act 7:47, 2010.

31. Elsayed, EF, Tighiouart, H, Weiner, DE, Griffith, J, Salem, D, Levey, AS, and Sarnak, MJ. Waist-to-hip ratio and body mass index as risk factors for cardiovascular events in CKD. Am J Kidney Dis 52:49-57, 2008.

32. Fox, CS. Cardiovascular disease risk factors, type 2 diabetes mellitus, and the Framingham Heart Study. Trends Cardiovasc Med 20:90-95, 2010.

33. Frost, E. Effect of Dietary Protein Intake on Diet-Induced Thermogenesis During Overfeeding. Oral abstract presentation at The Obesity Society Annual Meeting, 2014.

34. Garthe, I, Raastad, T, Refsnes, PE, Koivisto, A, and Sundgot-Borgen, J. Effect of two different weight-loss rates on body composition and strength and power-related performance in elite athletes. Int J Sport Nutr Exerc Metab 21:97-104, 2011.

35. Gastaldelli, A, Miyazaki, Y, Pettiti, M, Matsuda, M, Mahankali, S, Santini, E, DeFronzo, RA, and Ferrannini, E. Metabolic effects of visceral fat accumulation in type 2 diabetes. J Clin Endocrinol Metab 87:5098-5103, 2002.

36. Golan, R, Shelef, I, Rudich, A, Gepner, Y, Shemesh, E, Chassidim, Y, Harman-Boehm, I, Henkin, Y, Schwarzfuchs, D, Ben Avraham, S, Witkow, S, Liberty, IF, Tangi-Rosental, O, Sarusi, B, Stampfer, MJ, and Shai, I. Abdominal superficial subcutaneous fat: A putative distinct protective fat subdepot in type 2 diabetes. Diabetes Care 35:640-647, 2012.

37. Greer, BK, Sirithienthad, P, Moffatt, RJ, Mar-cello, RT, and Panton, LB. EPOC comparison between isocaloric bouts of steady-state aerobic, intermittent aerobic, and resistance training. Res Q Exerc Sport 86:190-195, 2015.

38. Gregor, MF, and Hotamisligil, GS. Inflammatory mechanisms in obesity. Annu Rev Immunol 29:415-445, 2011.

39. Guffey, CR, Fan, D, Singh, UP, and Murphy, EA. Linking obesity to colorectal cancer: Recent insights into plausible biological mechanisms. Curr Opin Clin Nutr Metab Care 16:595-600, 2013.

40. Hall, DM, and Cole, TJ. What use is the BMI? Arch Dis Child 91:283-286, 2006.

41. Hall, KD, Chen, KY, Guo, J, Lam, YY, Leibel, RL, Mayer, LE, Reitman, ML, Rosenbaum, M, Smith, SR, Walsh, BT, and Ravussin, E. Energy expenditure and body composition changes after an isocaloric ketogenic diet in overweight and obese men. Am J Clin Nutr 104:324-333, 2016.

42. Hall, KD, Heymsfield, SB, Kemnitz, JW, Klein, S, Schoeller, DA, and Speakman, JR. Energy balance and its components: Implications for body weight regulation. Am J Clin Nutr 95:989-994, 2012.

43. Hall, KD, Sacks, G, Chandramohan, D, Chow, CC, Wang, YC, Gortmaker, SL, and Swinburn, BA. Quantification of the effect of energy imbalance on bodyweight. Lancet 378:826-837, 2011.

44. Hardy, OT, Czech, MP, and Corvera, S. What causes the insulin resistance underlying obesity? Curr Opin Endocrinol Diabetes Obes 19:81-87, 2012.

45. Harnack, LJ, Jeffery, RW, and Boutelle, KN. Temporal trends in energy intake in the United States: An ecologic perspective. Am J Clin Nutr 71:1478-1484, 2000.

46. Harris, J, and Benedict, F. A biometric study of basal metabolism in man. Washington, DC: Carnegie Institution, 1919.

47. Hector, AJ, Marcotte, GR, Churchward-Venne, TA, Murphy, CH, Breen, L, von Allmen, M, Baker, SK, and Phillips, SM. Whey protein supplementation preserves postprandial myofibrillar protein synthesis during short-term energy restriction in overweight and obese adults. J Nutr 145:246-252, 2015.

48. Heydari, M, Freund, J, and Boutcher, SH. The effect of high-intensity intermittent exercise on body composition of overweight young males. J Obes 2012:480-467, 2012.

49. Heymsfield, SB, Gonzalez, MC, Shen, W, Redman, L, and Thomas, D. Weight loss composition is one-fourth fat-free mass: A critical review and critique of this widely cited rule. Obes Rev 15:310-321, 2014.

50. Hill, JO, and Peters, JC. Environmental contributions to the obesity epidemic. Science 280:1371-1374, 1998.

51. Horton, TJ, Drougas, H, Brachey, A, Reed, GW, Peters, JC, and Hill, JO. Fat and carbohydrate overfeeding in humans: Different effects on energy storage. Am J Clin Nutr 62:19-29, 1995.

52. In st it ute, NHLaB. What Is Choles-terol?

53. Jensen, MD, Ryan, DH, Apovian, CM, Ard, JD, Comuzzie, AG, Donato, KA, Hu, FB, Hubbard, VS, Jakicic, JM, Kushner, RF, Loria, CM, Millen, BE, Nonas, CA, Pi-Sunyer, FX, Stevens, J, Stevens, VJ, Wadden, TA, Wolfe, BM, Yanovski, SZ, Jordan, HS, Kendall, KA, Lux, LJ, Mentor-Marcel, R, Morgan, LC, Trisolini, MG, Wnek, J, Anderson, JL, Halperin, JL, Albert, NM, Bozkurt, B, Brindis, RG, Curtis, LH, DeMets, D, Hochman, JS, Kovacs, RJ, Ohman, EM, Pressler, SJ, Sellke, FW, Shen, WK, Smith, SC, Jr., and Tomaselli, GF. 2013 AHA/ACC/TOS guideline for the management of overweight and obesity in adults: A report of the American College of Cardiology/American Heart Association Task Force on Practice Guidelines and The Obesity Society. Circulation 129:S102-S138, 2014.

54. Johannsen, DL, Knuth, ND, Huizenga, R, Rood, JC, Ravussin, E, and Hall, KD. Metabolic slowing with massive weight loss despite preservation of fat-free mass. J Clin Endocrinol Metab 97:2489-2496, 2012.

55. Johnston, BC, Kanters, S, Bandayrel, K, Wu, P, Naji, F, Siemieniuk, RA, Ball, GD, Busse, JW, Thorlund, K, Guyatt, G, Jansen, JP, and Mills, EJ. Comparison of weight loss among named diet programs in overweight and obese adults: A meta-analysis. JAMA 312:923-933, 2014.

56. Jonnalagadda, SS, Skinner, R, and Moore, L. Overweight athlete: Fact or fiction? Curr Sports Med Rep 3:198-205, 2004.

57. Kelleher, AR, Hackney, KJ, Fairchild, TJ, Keslacy, S, and Ploutz-Snyder, LL. The metabolic costs of reciprocal supersets vs. traditional resistance exercise in young recreationally active adults. J Strength Cond Res 24:1043-1051, 2010.

58. Kelly, B, King, JA, Goerlach, J, and Nimmo, MA. The impact of high-intensity intermittent exercise on resting metabolic rate in healthy males. Eur J Appl Physiol 113:3039-3047, 2013.

59. Kerksick, CM, Wilborn, CD, Campbell, WI, Harvey, TM, Marcello, BM, Roberts, MD, Parker, AG, Byars, AG, Greenwood, LD, Almada, AL, Kreider, RB, and Greenwood, M. The effects of creatine monohydrate supplementation with and without D-pinitol on resistance training adaptations. J Strength Cond Res 23:2673-2682, 2009.

60. King, LK, March, L, and Anandacoomarasamy, A. Obesity & osteoarthritis. Indian J Med Res 138:185-193, 2013.

61. Knuth, ND, Johannsen, DL, Tamboli, RA, Marks-Shulman, PA, Huizenga, R, Chen, KY, Abumrad, NN, Ravussin, E, and Hall, KD. Metabolic adaptation following massive weight loss is related to the degree of energy imbalance and changes in circulating leptin. Obesity (Silver Spring) 22:2563-2569, 2014.

62. Kristeller, JL, and Wolever, RQ. Mindfulness-based eating awareness training for treating binge eating disorder: The conceptual foundation. Eat Disord 19:49-61, 2011.

63. Layman, DK. Dietary Guidelines should reflect new understandings about adult protein needs. Nutr Metab (Lond) 6:12, 2009.

64. Leidy, HJ, Bales-Voelker, LI, and Harris, CT. A protein-rich beverage consumed as a breakfast meal leads to weaker appetitive and dietary responses v. a protein-rich solid breakfast meal in adolescents. Br J Nutr 106:37-41, 2011.

65. Leidy, HJ, Bossingham, MJ, Mattes, RD, and Campbell, WW. Increased dietary protein consumed at breakfast leads to an initial and sustained feeling of fullness during energy restriction compared to other meal times. Br J Nutr 101:798-803, 2009.

66. Levine, JA. Non-exercise activity thermogenesis (NEAT). Best Pract Res Clin Endo-crinol Metab 16:679-702, 2002.

67. Li, C, Ford, ES, Zhao, G, Balluz, LS, and Giles, WH. Estimates of body composition with dual-energy X-ray absorptiometry in adults. Am J Clin Nutr 90:1457-1465, 2009.

68. Lima, MM, Pareja, JC, Alegre, SM, Geloneze, SR, Kahn, SE, Astiarraga, BD, Chaim, EA, Baracat, J, and Geloneze, B. Visceral fat resection in humans: Effect on insulin sensitivity, beta-cell function, adipokines, and inflammatory markers. Obesity (Silver Spring) 21:E182-189, 2013.

69. Long, SJ, Jeffcoat, AR, and Millward, DJ. Effect of habitual dietary-protein intake on appetite and satiety. Appetite 35:79-88, 2000.

70. Longland, TM, Oikawa, SY, Mitchell, CJ, Devries, MC, and Phillips, SM. Higher compared with lower dietary protein during an energy deficit combined with intense exercise promotes greater lean mass gain and fat mass loss: A randomized trial. Am J Clin Nutr 103:738-746, 2016.

71. Lowery, LM. Dietary fat and sports nutrition: A primer. J Sports Sci Med 3:106-117, 2004.

72. MacDougall, JD, Ray, S, Sale, DG, McCartney, N, Lee, P, and Garner, S. Muscle substrate utilization and lactate production. Can J Appl Physiol 24:209-215, 1999.

73. Makr is, A, and Foster, GD. Dietary approaches to the treatment of obesity. Psychiatr Clin North Am 34:813-827, 2011.

74. Mamerow, MM, Mettler, JA, English, KL, Casperson, SL, Arentson-Lantz, E, Sheffield-Moore, M, Layman, DK, and Paddon-Jones, D. Dietary protein distribution positively influences 24-h muscle protein synthesis in healthy adults. J Nutr 144:876-880, 2014.

75. Manore, MM. Weight management for athletes and active individuals: A brief review. Sports Med 45 Suppl 1:S83-S92, 2015.

76. Marshall, NE, and Spong, CY. Obesity, pregnancy complications, and birth outcomes. Semin Reprod Med 30:465-471, 2012.

77. Martin, CK, Heilbronn, LK, de Jonge, L, DeLany, JP, Volaufova, J, Anton, SD, Redman, LM, Smith, SR, and Ravussin, E. Effect of calorie restriction on resting metabolic rate and spontaneous physical activity. Obesity (Silver Spring) 15:2964-2973, 2007.

78. McArdle, W, Katch, F, and Katch, V. Exercise Physiology, Energy, Nutrition, and Human Performance. 6th ed. Baltimore, MD: Lippincott Williams & Wilkins, 2007.

79. McCrory, MA, Fuss, PJ, Hays, NP, Vinken, AG, Greenberg, AS, and Roberts, SB. Overeating in America: Association between restaurant food consumption and body fatness in healthy adult men and women ages 19 to 80. Obes Res 7:564-571, 1999.

80. Miller, M, Stone, NJ, Ballantyne, C, Bittner, V, Criqui, MH, Ginsberg, HN, Goldberg, AC, Howard, WJ, Jacobson, MS, Kris-Etherton, PM, Lennie, TA, Levi, M, Mazzone, T, and Pennathur, S. Triglycerides and cardiovascular disease: A scientific statement from the American Heart Association. Circulation 123:2292-2333, 2011.

81. Mojtahedi, MC, Thorpe, MP, Karampinos, DC, Johnson, CL, Layman, DK, Georgiadis, JG, and Evans, EM. The effects of a higher

protein intake during energy restriction on changes in body composition and physical function in older women. J Gerontol A Biol Sci Med Sci 66:1218-1225, 2011.

82. Moore, DR, Robinson, MJ, Fry, JL, Tang, JE, Glover, EI, Wilkinson, SB, Prior, T, Tarnopolsky, MA, and Phillips, SM. Ingested protein dose response of muscle and albumin protein synthesis after resistance exercise in young men. Am J Clin Nutr 89:161-168, 2009.

83. Mori, H. Effect of timing of protein and carbohydrate intake after resistance exercise on nitrogen balance in trained and untrained young men. J Physiol Anthropol 33:24, 2014.

84. Multhoff, G, Molls, M, and Radons, J. Chronic inflammation in cancer development. Front Immunol 2:98, 2011.

85. Murphy, CH, Churchward-Venne, TA, Mitchell, CJ, Kolar, NM, Kassis, A, Karagounis, LG, Burke, LM, Hawley, JA, and Phillips, SM. Hypoenergetic diet-induced reductions in myofibrillar protein synthesis are restored with resistance training and balanced daily protein ingestion in older men. Am J Physiol Endocrinol Metab 308:E734-E743, 2015.

86. Murphy, CH, Hector, AJ, and Phillips, SM. Considerations for protein intake in managing weight loss in athletes. Eur J Sport Sci:1-8, 2014.

87. National Heart Lung and Blood Institute. Clinical Guidelines on the Identification, Evaluation, and Treatment of Overweight and Obesity in Adults. Bethesda, MD: National Heart Lung and Blood Institute, 1998.

88. National Heart Lung and Blood Institute. Atherosclerosis. 2014.

89. National Institute of Diabetes and Digestive and Kidney Diseases. Bethesda, MD: National Institutes of Health, 2014.

90. Nordestgaard, BG, and Varbo, A. Triglycerides and cardiovascular disease. Lancet 384:626-635, 2014.

91. Novotny, JA, Gebauer, SK, and Baer, DJ. Discrepancy between the Atwater factor predicted and empirically measured energy values of almonds in human diets. Am J Clin Nutr 96:296-301, 2012.

92. Ogden, CL, Carroll, MD, Kit, BK, and Flegal, KM. Prevalence of childhood and adult obesity in the United States, 2011-2012. JAMA 311:806-814, 2014.

93. Ortenblad, N, Nielsen, J, Saltin, B, and Holm-berg, HC. Role of glycogen availability in sarcoplasmic reticulum Ca2+ kinetics in human skeletal muscle. J Physiol 589:711-725, 2011.

94. Ortenblad, N, Westerblad, H, and Nielsen, J. Muscle glycogen stores and fatigue. J Physiol 591:4405-4413, 2013.

95. Paddon-Jones, D, and Leidy, H. Dietary protein and muscle in older persons. Curr Opin Clin Nutr Metab Care 17:5-11, 2014.

96. Paddon-Jones, D, and Rasmussen, BB. Dietary protein recommendations and the prevention of sarcopenia. Curr Opin Clin Nutr Metab Care 12:86-90, 2009.

97. Paschos, P, and Paletas, K. Non alcoholic fatty liver disease and metabolic syndrome. Hippokratia 13:9-19, 2009.

98. Pasiakos, SM, Cao, JJ, Margolis, LM, Sauter, ER, Whigham, LD, McClung, JP, Rood, JC, Carbone, JW, Combs, GF, Jr., and Young, AJ. Effects of high-protein diets on fat-free mass and muscle protein synthesis following weight loss: A randomized controlled trial. FASEB J 27:3837-3847, 2013.

99. Pasiakos, SM, Vislocky, LM, Carbone, JW, Altieri, N, Konopelski, K, Freake, HC, Anderson, JM, Ferrando, AA, Wolfe, RR, and Rodriguez, NR. Acute energy deprivation affects skeletal muscle protein synthesis and associated intracellular signaling proteins in physically active adults. J Nutr 140:745-751, 2010.

100. Peters, HP, Boers, HM, Haddeman, E, Melnikov, SM, and Qvyjt, F. No

effect of added beta-glucan or of fructooligosaccharide on appetite or energy intake. Am J Clin Nutr 89:58-63, 2009.

101. Phillips, SM. A brief review of critical processes in exercise-induced muscular hypertrophy. Sports Med 44 Suppl 1:71-77, 2014.

102. Phillips, SM. A brief review of higher dietary protein diets in weight loss: A focus on athletes. Sports Med 44 Suppl 2:S149-S153, 2014.

103. Pi-Sunyer, X. The medical risks of obesity. Postgrad Med 121:21-33, 2009.

104. Polednak, AP. Estimating the number of U.S. incident cancers attributable to obesity and the impact on temporal trends in incidence rates for obesity-related cancers. Cancer Detect Prev 32:190-199, 2008.

105. Pouliot, MC, Despres, JP, Lemieux, S, Moorjani, S, Bouchard, C, Tremblay, A, Nadeau, A, and Lupien, PJ. Waist circumference and abdominal sagittal diameter: Best simple anthropometric indexes of abdominal visceral adipose tissue accumulation and related cardiovascular risk in men and women. Am J Cardiol 73:460-468, 1994.

106. Roberts, DL, Dive, C, and Renehan, AG. Biological mechanisms linking obesity and cancer risk: New perspectives. Annu Rev Med 61:301-316, 2010.

107. Rolls, BJ, Morris, EL, and Roe, LS. Portion size of food affects energy intake in normal-weight and overweight men and women. Am J Clin Nutr 76:1207-1213, 2002.

108. Rolls, BJ, Roe, LS, Kral, TV, Meengs, JS, and Wall, DE. Increasing the portion size of a packaged snack increases energy intake in men and women. Appetite 42:63-69, 2004.

109. Rolls, BJ, Roe, LS, Meengs, JS, and Wall, DE. Increasing the portion size of a sandwich increases energy intake. J Am Diet Assoc 104:367-372, 2004.

110. Ryan, DH, and Kushner, R. The state of obesity and obesity research. JAMA 304:18351836, 2010.

111. Schmieder, RE, and Messerli, FH. Does obesity influence early target organ damage in hypertensive patients? Circulation 87:1482-1488, 1993.

112. Schoenfeld, BJ, Aragon, AA, and Krieger, JW. The effect of protein timing on muscle strength and hypertrophy: A meta-analysis. J Int Soc Sports Nutr 10:53, 2013.

113. Schwab, RJ, Pasirstein, M, Pierson, R, Mack-ley, A, Hachadoorian, R, Arens, R, Maislin, G, and Pack, AI. Identification of upper airway anatomic risk factors for obstructive sleep apnea with volumetric magnetic resonance imaging. Am J Respir Crit Care Med 168:522-530, 2003.

114. Schwingshackl, L, Dias, S, and Hoffmann, G. Impact of long-term lifestyle programmes on weight loss and cardiovascular risk factors in overweight/obese participants: A systematic review and network meta-analysis. Syst Rev 3:130, 2014.

115. Seagle, HM, Strain, GW, Makris, A, Reeves, RS, and American Dietetic, A. Position of the American Dietetic Association: Weight management. J Am Diet Assoc 109:330-346, 2009.

116. Shaw, K, Gennat, H, O'Rourke, P, and Del Mar, C. Exercise for overweight or obesity. Cochrane Database Syst Rev:CD003817, 2006.

117. Spriet, LL. New insights into the interaction of carbohydrate and fat metabolism during exercise. Sports Med 44 Suppl 1:S87-S96, 2014.

118. Stark, M, Lukaszuk, J, Prawitz, A, and Salacinski, A. Protein timing and its effects on muscular hypertrophy and strength in individuals engaged in weight-training. J Int Soc Sports Nutr 9:54, 2012.

119. Stefan, N, Haring, HU, Hu, FB, and Schulze, MB. Metabolically healthy obesity: epidemiology, mechanisms, and clinical implications. Lancet Diabetes Endocrinol

1:152-162, 2013.

120. Stephens, AM, Dean, LL, Davis, JP, Osborne, JA, and Sanders, TH. Peanuts, peanut oil, and fat free peanut flour reduced cardiovascular disease risk factors and the development of atherosclerosis in Syrian golden hamsters. J Food Sci 75:H116-H122, 2010.

121. Stiegler, P, and Cunliffe, A. The role of diet and exercise for the maintenance of fat-free mass and resting metabolic rate during weight loss. Sports Med 36:239-262, 2006.

122. Sundgot-Borgen, J, and Garthe, I. Elite athletes in aesthetic and Olympic weight-class sports and the challenge of body weight and body compositions. J Sports Sci 29 Suppl 1:S101-S114, 2011.

123. Sundgot-Borgen, J, Meyer, NL, Lohman, TG, Ackland, TR, Maughan, RJ, Stewart, AD, and Muller, W. How to minimise the health risks to athletes who compete in weight-sensitive sports: Review and position statement on behalf of the Ad Hoc Research Working Group on Body Composition, Health and Performance, under the auspices of the IOC Medical Commission. Br J Sports Med 47:1012-1022, 2013.

124. Syrotuik, DG, and Bell, GJ. Acute creatine monohydrate supplementation: A descript tive physiological profile of responders vs. nonresponders. J Strength Cond Res 18:610617, 2004.

125. Thomas, DM, Bouchard, C, Church, T, Slentz, C, Kraus, WE, Redman, LM, Martin, CK, Silva, AM, Vossen, M, Westerterp, K, and Heymsfield, SB. Why do individuals not lose more weight from an exercise intervention at a defined dose? An energy balance analysis. Obes Rev 13:835-847, 2012.

126. Thomas, EL, Frost, G, Taylor-Robinson, SD, and Bell, JD. Excess body fat in obese and normal-weight subjects. Nutr Res Rev 25:150-161, 2012.

127. Thompson, J, and Manore, MM. Predicted and measured resting metabolic rate of male and female endurance athletes. J Am Diet Assoc 96:30-34, 1996.

128. Thompson, J, Manore, MM, and Skinner, JS. Resting metabolic rate and thermic effect of a meal in low- and adequate-energy intake male endurance athletes. Int J Sport Nutr 3:194-206, 1993.

129. Thompson, W. ACSM's Guidelines for Exercise Testing and Prescription. Philadelphia, PA: Lippincott Williams & Wilkins.

130. Traoret, CJ, Lokko, P, Cruz, AC, Oliveira, CG, Costa, NM, Bressan, J, Alfenas, RC, and Mattes, RD. Peanut digestion and energy balance. Int J Obes (Lond) 32:322-328, 2008.

131. Tsai, AG, and Wadden, TA. Systematic review: An evaluation of major commercial weight loss programs in the United States. Ann Intern Med 142:56-66, 2005.

132. Tsintzas, K, and Williams, C. Human muscle glycogen metabolism during exercise. Effect of carbohydrate supplementation. Sports Med 25:7-23, 1998.

133. Turocy, PS, DePalma, BF, Horswill, CA, Laquale, KM, Martin, TJ, Perry, AC, Somova, MJ, and Utter, AC. National Athletic Trainers' Association position statement: Safe weight loss and maintenance practices in sport and exercise. J Athl Train 46:322-336, 2011.

134. Urban, LE, McCrory, MA, Dallal, GE, Das, SK, Saltzman, E, Weber, JL, and Roberts, SB. Accuracy of stated energy contents of restaurant foods. JAMA 306:287-293, 2011.

135. Urban, LE, Weber, JL, Heyman, MB, Schichtl, RL, Verstraete, S, Lowery, NS, Das, SK, Schleicher, MM, Rogers, G, Economos, C, Masters, WA, and Roberts, SB. Energy contents of frequently ordered restaurant meals and comparison with human energy requirements and US Department of Agriculture database

information: A multisite randomized study. J Acad Nutr Diet 116:590-598, 2016.

136. Valassi, E, Scacchi, M, and Cavagnini, F. Neuroendocrine control of food intake. Nutr Metab Cardiovasc Dis 18:158-168, 2008.

137. van Loon, LJ, Greenhaff, PL, Constantin-Teodosiu, D, Saris, WH, and Wagenmakers, AJ. The effects of increasing exercise intensity on muscle fuel utilisation in humans. J Physiol 536:295-304, 2001.

138. Vianna, JM, Werneck, FZ, Coelho, EF, Damasceno, VO, and Reis, VM. Oxygen uptake and heart rate kinetics after different types of resistance exercise. J Hum Kinet 42:235-244, 2014.

139. Wadei, HM, and Textor, SC. The role of the kidney in regulating arterial blood pressure. Nat Rev Nephrol 8:602-609, 2012.

140. Wang, SC, Bednarski, B, Patel, S, Yan, A, Kohoyda-Inglis, C, Kennedy, T, Link, E, Rowe, S, Sochor, M, and Arbabi, S. Increased depth of subcutaneous fat is protective against abdominal injuries in motor vehicle collisions. Annu Proc Assoc Adv Automot Med 47:545-559, 2003.

141. Wang, Z, Ying, Z, Bosy-Westphal, A, Zhang, J, Heller, M, Later, W, Heymsfield, SB, and Muller, MJ. Evaluation of specific metabolic rates of major organs and tissues: Comparison between men and women. Am J Hum Biol 23:333-338, 2011.

142. Weinheimer, EM, Sands, LP, and Campbell, WW. A systematic review of the separate and combined effects of energy restriction and exercise on fat-free mass in middle-aged and older adults: Implications for sarcopenic obesity. Nutr Rev 68:375-388, 2010.

143. Whitmore, C. Type 2 diabetes and obesity in adults. Br J Nurs 19:880, 882-886, 2010.

144. Williams, RL, Wood, LG, Collins, CE, and Callister, R. Effectiveness of weight loss interventions—Is there a difference between men and women: A systematic review. Obes Rev 16:171-186, 2015.

145. Wishnofsky, M. Caloric equivalents of gained or lost weight. Am J Clin Nutr 6:542-546, 1958.

146. Yerrakalva, D, Mullis, R, and Mant, J. The associations of "fatness," "fitness," and physical activity with all-cause mortality in older adults: A systematic review. Obesity (Silver Spring) 23:1944-1956, 2015.

147. Zanker, CL. Regulation of reproductive function in athletic women: An investigation of the roles of energy availability and body composition. Br J Sports Med 40:489-490; discussion 490, 2006.

148. Zhou, Y, and Rui, L. Leptin signaling and leptin resistance. Front Med 7:207-222, 2013.

第 14 章

1. Adan, A. Cognitive performance and dehydration. J Am Coll Nutr 31:71-78, 2012.

2. American College of Obstetricians and Gynecologists. ACOG Committee opinion no. 548: Weight gain during pregnancy. Obstet Gynecol 121:210-212, 2013.

3. American College of Obstetricians and Gynecologists. ACOG Committee opinion no. 650: Physical activity and exercise during pregnancy and the postpartum period. Obstet Gynecol 126:e135-e142, 2015.

4. American Psychiatric Association. Anxiety Disorders: DSM-5 Selections. Arlington, VA: American Psychiatric Association Publishing, 2016.

5. Bennell, KL, Malcolm, SA, Wark, JD, and Brukner, PD. Skeletal effects of menstrual disturbances in athletes. Sc and J Med Sci Sports 7:261-273, 1997.

6. Bernhardt, IB, and Dorsey, DJ. Hypervitaminosis A and congenital renal anomalies in a human infant. Obstet Gynecol 43:750-755, 1974.

7. Bratland-Sanda, S, Martinsen, EW, and Sundgot-Borgen, J. Changes in physical fitness, bone mineral density and body composition during inpatient treatment of underweight and normal weight females with longstanding eating disorders. Int J Environ Res Public Health 9:315-330, 2012.

8. Bui, T, and Christin-Maitre, S. Vitamin D and pregnancy. Ann Endocrinol (Paris) 72 Suppl 1:S23-S28, 2011.

9. Burke, DG, Chilibeck, PD, Parise, G, Candow, DG, Mahoney, D, and Tarnopolsky, M. Effect of creatine and weight training on muscle creatine and performance in vegetarians. Med Sci Sports Exerc 35:1946-1955, 2003.

10. Cadore, EL, Rodriguez-Manas, L, Sinclair, A, and Izquierdo, M. Effects of different exercise interventions on risk of falls, gait ability, and balance in physically frail older adults: A systematic review. Rejuvenation Res 16:105-114, 2013.

11. Campbell, MK. Biochemistry. 3rd ed. Philadelphia: Saunders, 1999.

12. Churchward-Venne, TA, Burd, NA, Mitchell, CJ, West, DW, Philp, A, Marcotte, GR, Baker, SK, Baar, K, and Phillips, SM. Supplementation of a suboptimal protein dose with leucine or essential amino acids: Effects on myofibrillar protein synthesis at rest and following resistance exercise in men. J Physiol 590:2751-2765, 2012.

13. Churchward-Venne, TA, Tieland, M, Verdijk, LB, Leenders, M, Dirks, ML, de Groot, LC, and van Loon, LJ. There are no nonresponders to resistance-type exercise training in older men and women. J Am Med Dir Assoc 16:400-411, 2015.

14. Cowell, BS, Rosenbloom, CA, Skinner, R, and Summers, SH. Policies on screening female athletes for iron deficiency in NCAA Division I-A institutions. Int J Sport Nutr Exerc Metab 13:277-285, 2003.

15. Craig, WJ, and Mangels, AR. Position of the American Dietetic Association: Vegetarian diets. J Am Diet Assoc 109:1266-1282, 2009.

16. DeFronzo, RA. Dysfunctional fat cells, lipotoxicity and type 2 diabetes. Int J Clin Pract Suppl:9-21, 2004.

17. DellaValle, DM. Iron supplementation for female athletes: Effects on iron status and performance outcomes. Curr Sports Med Rep 12:234-239, 2013.

18. Desbrow, B, McCormack, J, Burke, LM, Cox, GR, Fallon, K, Hislop, M, Logan, R, Marino, N, Sawyer, SM, Shaw, G, Star, A, Vidgen, H, and Leveritt, M. Sports Dietitians Australia position statement: Sports nutrition for the adolescent athlete. Int J Sport Nutr Exerc Metab 24:570-584, 2014.

19. Donnelly, JE, Blair, SN, Jakicic, JM, Manore, MM, Rankin, JW, and Smith, BK. American College of Sports Medicine position stand: Appropriate physical activity intervention strategies for weight loss and prevention of weight regain for adults. Med Sci Sports Exerc 41:459-471, 2009.

20. Driskell, JA, and Wolinsky, I. Sports Nutrition: Vitamins and Trace Elements. 2nd ed. Boca Raton, FL: Taylor & Francis, 2005.

21. Durham, HA, Morey, MC, Lovelady, CA, Namenek Brouwer, RJ, Krause, KM, and Ostbye, T. Postpartum physical activity in overweight and obese women. J Phys Act Health 8:988-993, 2011.

22. Fink, HH, Burgoon, LA, and Mikesky, AE. Practical Applications in Sports Nutrition. 2nd ed. Sudbury, MA: Jones and Bartlett, 2009.

23. Fink, HH, Mikesky, AE, and Burgoon, LA. Practical Applications in Sports Nutrition. 3rd ed. Sudbury, MA: Jones and Bartlett, 2012.

24. Curr Sports Med Rep 9:233-241, 2010.

25. Gallen, I, Hume, C, and Lumb, A. Fueling the athlete with type 1 diabetes. Diabetes Obes Metab 13:130-136, 2011.

26. Garner, DM. Eating Disorder Inventory-3:

Professional Manual. Lutz, FL: Psychological Assessment Resources, 2004.

27. Hanne, N, Dlin, R, and Rotstein, A. Physical fitness, anthropometric and metabolic parameters in vegetarian athletes. J Sports Med Phys Fitness 26:180-185, 1986.

28. Holick, MF, Binkley, NC, Bischoff-Ferrari, HA, Gordon, CM, Hanley, DA, Heaney, RP, Murad, MH, and Weaver, CM. Evaluation, treatment, and prevention of vitamin D deficiency: An Endocrine Society clinical practice guideline. J Clin Endocrinol Metab 96:1911-1930, 2011.

29. Hunt, JR. Bioavailability of iron, zinc, and other trace minerals from vegetarian diets. Am J Clin Nutr 78:633s-639s, 2003.

30. Institute of Medicine. Dietary Reference Intakes for Vitamin A, Vitamin K, Arsenic, Boron, Chromium, Copper, Iodine, Iron, Man-ganese, Molybdenum, Nickel, Silicon, Vana-dium, and Zinc. Washington, DC: National Academies Press, 2001.

31. Institute of Medicine. Dietary Reference Intakes for Energy, Carbohydrate, Fiber, Fat, Fatty Acids, Cholesterol, Protein, and Amino Acids (Macronutrients). Washington, DC: National Academies Press, 2005.

32. Institute of Medicine and National Research Council Committee to Reexamine Institute of Medicine Pregnancy Weight Guidelines. The National Academies Collection: Reports funded by National Institutes of Health. In Weight Gain During Pregnancy: Reexamining the Guidelines. Rasmussen, KM, Yaktine, AL, eds. Washington, DC: National Academies Press, 2009.

33. Institute of Medicine Subcommittee on the Interpretation and Uses of Dietary Reference Intakes. Dietary Reference Intakes: Applica-tions in Dietary Planning. Washington, DC: National Academies Press, 2003.

34. Jager, TE, Weiss, HB, Coben, JH, and Pepe, PE. Traumatic brain injuries evaluated in U.S. emergency departments, 1992-1994. Acad Emerg Med 7:134-140, 2000.

35. Jakicic, JM, and Otto, AD. Physical activity considerations for the treatment and prevention of obesity. Am J Clin Nutr 82:226s-229s, 2005.

36. Jensen, J. Nutritional concerns in the diabetic athlete. Curr Sports Med Rep 3:192-197, 2004.

37. Johnson, NF, Gold, BT, Bailey, AL, Clasey, JL, Hakun, JG, White, M, Long, DE, and Powell, DK. Cardiorespiratory fitness modifies the relationship between myocardial function and cerebral blood flow in older adults. Neuroimage 131:126-132, 2016.

38. Joy, E, De Souza, MJ, Nattiv, A, Misra, M, Williams, NI, Mallinson, RJ, Gibbs, JC, Olmsted, M, Goolsby, M, Matheson, G, Barrack, M, Burke, L, Drinkwater, B, Lebrun, C, Loucks, AB, Mountjoy, M, Nichols, J, and Borgen, JS. 2014 female athlete triad coalition consensus statement on treatment and return to play of the female athlete triad. Curr Sports Med Rep 13:219-232, 2014.

39. Kim, JS, Wilson, JM, and Lee, SR. Dietary implications on mechanisms of sarcopenia: roles of protein, amino acids and antioxidants. J Nutr Biochem 21:1-13, 2010.

40. Kushi, LH, Doyle, C, McCullough, M, Rock, CL, Demark-Wahnefried, W, Bandera, EV, Gapstur, S, Patel, AV, Andrews, K, and Gansler, T. American Cancer Society guidelines on nutrition and physical activity for cancer prevention: Reducing the risk of cancer with healthy food choices and physical activity. CA Cancer J Clin 62:30-67, 2012.

41. Landi, F, Liperoti, R, Russo, A, Giovannini, S, Tosato, M, Capoluongo, E, Bernabei, R, and Onder, G. Sarcopenia as a risk factor for falls in elderly individuals: Results from the ilSIRENTE study. Clin Nutr 31:652-658, 2012.

42. Leenders, M, Verdijk, LB, van der Hoeven, L, van Kranenburg, J, Nilwik, R, and van Loon, LJ. Elderly men and women benefit

equally from prolonged resistance-type exercise training. J Gerontol A Biol Sci Med Sci 68:769-779, 2013.

43. Lukaski, HC. Vitamin and mineral status: Effects on physical performance. Nutrition 20:632-644, 2004.

44. Lukaszuk, JM, Robertson, RJ, Arch, JE, Moore, GE, Yaw, KM, Kelley, DE, Rubin, JT, and Moyna, NM. Effect of creatine supplementation and a lacto-ovo-vegetarian diet on muscle creatine concentration. Int J Sport Nutr Exerc Metab 12:336-348, 2002.

45. Lukaszuk, JM, Robertson, RJ, Arch, JE, and Moyna, NM. Effect of a defined lacto-ovo-vegetarian diet and oral creatine monohydrate supplementation on plasma creatine concentration. 19:735-740, 2005.

46. Martinsen, M, and Sundgot-Borgen, J. Higher prevalence of eating disorders among adolescent elite athletes than controls. Med Sci Sports Exerc 45:1188-1197, 2013.

47. Maughan, RJ. Sports Nutrition. Wiley, 2013.

48. Mayo Clinic. Pregnancy Weight Gain: What's Healthy. 2017.

49. Melina, V, Craig, W, and Levin, S. Position of the Academy of Nutrition and Dietetics: Vegetarian diets. J Acad Nutr Diet 116:1970-1980, 2016.

50. Merkel, DL. Youth sport: Positive and negative impact on young athletes. Open Access J Sports Med 4:151-160, 2013.

51. Mountjoy, M, Sundgot-Borgen, J, Burke, L, Carter, S, Constantini, N, Lebrun, C, Meyer, N, Sherman, R, Steffen, K, Budgett, R, and Ljungqvist, A. The IOC consensus statement: Beyond the female athlete triad—Relative energy deficiency in sport (RED-S). Br J Sports Med 48:491-497, 2014.

52. National Heart Lung Blood Institute. Expert panel on integrated guidelines for cardiovascular health and risk reduction in children and adolescents: Summary report. Pediatrics 128 Suppl 5:S213-256, 2011.

53. National Institute of Arthritis and Musculoskeletal and Skin Diseases. Preventing Musculoskeletal Sports Injuries in Youth: A Guide for Parents. 2016.

54. National Institute of Diabetes and Digestive and Kidney Diseases. Helping Your Child Who Is Overweight. 2016.

55. Nattiv, A, Loucks, AB, Manore, MM, Sanborn, CF, Sundgot-Borgen, J, and Warren, MP. American College of Sports Medicine position stand: The female athlete triad. Med Sci Sports Exerc 39:1867-1882, 2007.

56. Ogden, CL, Carroll, MD, Fryar, CD, and Flegal, KM. Prevalence of obesity among adults and youth: United States, 2011-2014. NCHS Data Brief:1-8, 2015.

57. Paddon-Jones, D, and Leidy, H. Dietary protein and muscle in older persons. Curr Opin Clin Nutr Metab Care 17:5-11, 2014.

58. Peeling, P, Dawson, B, Goodman, C, Landers, G, and Trinder, D. Athletic induced iron deficiency: New insights into the role of inflammation, cytokines and hormones. Eur J Appl Physiol 103:381-391, 2008.

59. Peternelj, TT, and Coombes, JS. Antioxidant supplementation during exercise training: Beneficial or detrimental? Sports Med 41:1043-1069, 2011.

60. Praet, SF, Manders, RJ, Meex, RC, Lieverse, AG, Stehouwer, CD, Kuipers, H, Keizer, HA, and van Loon, LJ. Glycaemic instability is an underestimated problem in type II diabetes. Clin Sci (Lond) 111:119-126, 2006.

61. Praet, SF, and van Loon, LJ. Optimizing the therapeutic benefits of exercise in type 2 diabetes. J Appl Physiol 103:1113-1120, 2007.

62. Rizzoli, R, Reginster, JY, Arnal, JF, Bautmans, I, Beaudart, C, Bischoff-Ferrari, H, Biver, E, Boonen, S, Brandi, ML, Chines, A, Cooper, C, Epstein, S, Fielding, RA, Goodpaster, B, Kanis, JA, Kaufman, JM, Laslop, A, Malafarina, V, Manas, LR, Mitlak, BH, Oreffo, RO, Petermans, J, Reid, K, Rolland, Y, Sayer, AA, Tsouderos,

Y, Visser, M, and Bruyere, O. Quality of life in sarcopenia and frailty. Calcif Tissue Int 93:101-120, 2013.

63. Rosenbloom, C, and Bahns, M. What can we learn about diet and physical activity from master athletes? 20:161-166, 2006.

64. Ross, AC, Manson, JE, Abrams, SA, Aloia, JF, Brannon, PM, Clinton, SK, Durazo-Arvizu, RA, Gallagher, JC, Gallo, RL, Jones, G, Kovacs, CS, Mayne, ST, Rosen, CJ, and Shapses, SA. The 2011 Dietary Reference Intakes for calcium and vitamin D: What dietetics practitioners need to know. J Am Diet Assoc 111:524-527, 2011.

65. Savoie, FA, Kenefick, RW, Ely, BR, Cheuvront, SN, and Goulet, ED. Effect of hypo-hydration on muscle endurance, strength, anaerobic power and capacity and vertical jumping ability: A meta-analysis. Sports Med 45:1207-1227, 2015.

66. Schneider, MB, and Benjamin, HJ. Sports drinks and energy drinks for children and adolescents: Are they appropriate? Pediatrics 127:1182-1189, 2011.

67. Stahler, C. How many vegetarians are there? Vegetarian Journal, 2009.

68. Sterling, DA, O'Connor, JA, and Bonadies, J. Geriatric falls: Injury severity is high and disproportionate to mechanism. J Trauma 50:116-119, 2001.

69. Stipanuk, MH. Biochemical and Physiological Aspects of Human Nutrition. Philadelphia: W.B. Saunders, 2000.

70. Sundgot-Borgen, J. Prevalence of eating disorders in elite female athletes. Int J Sport Nutr 3:29-40, 1993.

71. Sundgot-Borgen, J, Meyer, NL, Lohman, TG, Ackland, TR, Maughan, RJ, Stewart, AD, and Muller, W. How to minimise the health risks to athletes who compete in weight-sensitive sports: Review and position statement on behalf of the Ad Hoc Research Working Group on Body Composition, Health and Performance, under the auspices of the IOC Medical Commission. Br J Sports Med 47:1012-1022, 2013.

72. Sundgot-Borgen, J, and Torstveit, MK. Prevalence of eating disorders in elite athletes is higher than in the general population. Clin J Sport Med 14:25-32, 2004.

73. Sundgot-Borgen, J, and Torstveit, MK. Aspects of disordered eating continuum in elite high-intensity sports. Scand J Med Sci Sports 20 Suppl 2:112-121, 2010.

74. Szabo, AN, Washburn, RA, Sullivan, DK, Honas, JJ, Mayo, MS, Goetz, J, Lee, J, and Donnelly, JE. The Midwest exercise trial for the prevention of weight regain: MET POWeR. Contemp Clin Trials 36:470-478, 2013.

75. Tanaka, H, and Seals, DR. Endurance exercise performance in masters athletes: Age-associated changes and underlying physiological mechanisms. The Journal of Physiology 586:55-63, 2008.

76. Thomas, DT, Erdman, KA, and Burke, LM. American College of Sports Medicine joint position statement: Nutrition and athletic performance. Med Sci Sports Exerc 48:543-568, 2016.

77. Thompson, J, and Manore, MM. Predicted and measured resting metabolic rate of male and female endurance athletes. J Am Diet Assoc 96:30-34, 1996.

78. Tipton, KD, and Witard, OC. Protein requirements and recommendations for athletes: Relevance of ivory tower arguments for practical recommendations. Clin Sports Med 26:17-36, 2007.

79. Tseng, BY, Uh, J, Rossetti, HC, Cullum, CM, Diaz-Arrastia, RF, Levine, BD, Lu, H, and Zhang, R. Masters athletes exhibit larger regional brain volume and better cognitive performance than sedentary older adults. J Magn Reson Imaging 38:1169-1176, 2013.

80. U.S. Department of Agriculture and U.S. Department of Health & Human Services. Dietary Guidelines for Americans 2015-2020. 2015.

81. United Nations Department of Economic and Social Affairs Population Division. Population Pyramids of the World from 1950 to 2100.

2015.

82. Velez, NF, Zhang, A, Stone, B, Perera, S, Miller, M, and Greenspan, SL. The effect of moderate impact exercise on skeletal integrity in master athletes. Osteoporos Int 19:1457-1464, 2008.

83. Venderley, AM, and Campbell, WW. Vegetarian diets: Nutritional considerations for athletes. Sports Med 36:293-305, 2006.

84. von Haehling, S, Morley, JE, and Anker, SD. An overview of sarcopenia: Facts and numbers on prevalence and clinical impact. J Cachexia Sarcopenia Muscle 1:129-133, 2010.

85. Wentz, L, Liu, PY, Ilich, JZ, and Haymes, EM. Dietary and training predictors of stress fractures in female runners. Int J Sport Nutr Exerc Metab 22:374-382, 2012.

86. Wicherts, IS, van Schoor, NM, Boeke, AJ, Visser, M, Deeg, DJ, Smit, J, Knol, DL, and Lips, P. Vitamin D status predicts physical performance and its decline in older persons. J Clin Endocrinol Metab 92:2058-2065, 2007.

87. Wilks, DC, Winwood, K, Gilliver, SF, Kwiet, A, Sun, LW, Gutwasser, C, Ferretti, JL, Sargeant, AJ, Felsenberg, D, and Rittweger, J. Age-dependency in bone mass and geometry: A pQCT study on male and female master sprinters, middle and long distance runners, race-walkers and sedentary people. J Musculoskelet Neuronal Interact 9:236-246, 2009.

88. Young, VR, and Pellett, PL. Plant proteins in relation to human protein and amino acid nutrition. Am J Clin Nutr 59:1203s-1212s, 1994.

玛利亚·A. 斯帕诺（Marie A. Spano），理科硕士（MS）、注册营养师（RD）、美国国家体能协会体能训练认证专家（CSCS）、运动膳食学认证专家（CSSD）。斯帕诺是美国著名的运动营养学家，是亚特兰大老鹰队（Atlanta Hawks）（篮球队）、亚特兰大勇士队（Atlanta Braves）（棒球队）和亚特兰大猎鹰队（Atlanta Falcons）（橄榄球队）的运动营养师。她将科学理论与实际经验相结合，帮助运动员将量身定制的营养计划付诸实践，以最大限度地提高运动表现、加快身体恢复和延长职业生涯。同时，作为一名营养学知识传播专家，斯帕诺也曾出现在美国有线新闻网（CNN）、美国全国广播公司（NBC）、美国广播公司（ABC）、福克斯广播公司（Fox）和哥伦比亚广播公司（CBS）等传媒集团旗下的各媒体平台上。她在各杂志和公共刊物上发表了数百篇文章，还在书籍《美国国家体能协会体能训练精要》（暂定名）（NSCA's Essentials of Strength Training and Conditioning）和《美国国家体能协会私人训练精要》（暂定名）（NSCA's Essentials of Personal Training）中撰写了一些章节。斯帕诺还是《美国国家体能协会运动营养指南》（NSCA's Guide to Exercise and Sport Nutrition）的共同编著者之一。

斯帕诺在读大学时曾是3个体育项目的运动员，她在佐治亚大学（University of Georgia）获得营养学硕士学位，在那里，她曾在体育系担任过本科生运动营养学课程的助教。她在北卡罗来纳大学格林斯伯勒分校（University of North Carolina at Greensboro）获得体育运动学学士学位，并参加越野跑运动。大学期间的运动员经历，让她在与各种水平的运动员（尤其是学生运动员）相处时都具备有效的洞察力，会让她能够感同身受地了解到运动员的各种需求，受伤、睡眠、恢复和营养等方面以及心理层面的东西，会如何影响运动员的整体健康状态和运动表现。

劳拉·J.克鲁斯卡（Laura J. Kruskall），博士、注册营养师（RD）、体育营养学认证专家（CSSD）、执照营养师（LD）、美国运动医学会会员（FACSM）、营养与膳食学会会员（FAND）。克鲁斯卡是内华达大学拉斯维加斯分校（University of Nevada, Las Vegas）营养学系副教授和主任。她负责监管该校的营养学学位课程，并担任营养教育认证委员会（ACEND）认证的饮食实习项目主任。同时，她还在美国本地、本州和国家各级机构中担任多项领导职位，其中包括美国运动医学会（ACSM）理事会成员，以及2014年由《营养与膳食学会期刊》（*Journal of the Academy of Nutrition and Dietetics*）发布的"运动营养学与膳食学领域注册营养师的执行标准和专业表现标准（合格、良好、专家）"起草委员会的共同主席。克鲁斯卡目前担任美国运动医学会（ACSM）健康与健身峰会暨展览会（ACSM Health and Fitness Summit and Exposition）的营养学课程主席，同时还是美国运动医学会（ACSM）《健康与健身杂志》（*Health & Fitness Journal*）的编辑部成员。由于在专业上杰出的领导与贡献，克鲁斯卡博士同时被美国运动医学会（ACSM）和营养与膳食学会（Academy of Nutrition and Dietetics）授予常务理事身份。

克鲁斯卡博士擅长运动营养、体重管理和营养医疗等领域的教学和实践。她的研究兴趣涉及营养和运动干预措施对身体成分和能量代谢的影响，以及维生素D对大学生运动员骨骼健康和运动表现所起的作用。除了在大学内进行学术研究外，她还是拉斯维加斯的峡谷大农场水疗俱乐部（Canyon Ranch SpaClub）和太阳马戏团（Cieque du Soleil）的营养学顾问。

克鲁斯卡博士的博士学位是在宾夕法尼亚州立大学（Penn State University）获得的。她同时具有膳食学注册委员会（Commission on Dietetic Registration）颁发的成人体重管理二级训练认证，并被美国运动医学会（ACSM）授予运动生理学专家资质，还持有美国运动医学会（ACSM）颁发的"运动是良医"二级证书，并且是一名认证体育营养学专家成员。

特拉维斯·托马斯（Travis Thomas），博士（PhD）、注册营养师（RD）、认证体育营养学专家（CSSD）、执照营养师（LD）、营养与膳食学会会员（FAND）。

托马斯博士是肯塔基大学健康学学院临床与运动营养学副教授，同时还是人类表现营养学本科生认证课程的主管。托马斯博士是一名认证体育营养学专家成员，他担任了SCAN（膳食与营养学会的一个膳食学实践小组）的多个全国性领导职位，并因担任了"运动表现所需营养"（于2016年3月发表在3份期刊上）这一立场声明的领头执笔而获得殊荣。

托马斯博士于2001年成为注册营养师，在北卡罗来纳州的格林斯伯勒从事临床营养师工作，为普通疾病、心脏病、康复和重症监护病房的各类患者的营养医治保驾护航。之后，托马斯博士在北卡罗来钠大学格林斯伯勒分校完成了其营养学博士课程，并在堪萨斯大学（University of Kansas）获得博士后职位。在其博士和博士后求学期间，他将自己的临床医学知识基础扩展至包括运动生理学、运动营养学、身体成分和激素生理学等多方面领域。

托马斯博士开展人体营养学研究已经超过了9年，其研究涵盖了各种贯穿整个生命周期的营养和运动干预措施。在最近的6年中，托马斯博士一直着重研究与维持和提高骨骼肌功能和表现有关的营养问题，并为此开展了几个研究项目。这些研究包括考察维生素D和肌肉代谢功能之间的关系；探究老年人和运动员的营养状况和生理功能；研究可减缓重度心力衰竭病人症状的营养干预措施，以及研究可维持头颈癌患者的生理表现和瘦体重的营养策略。他的研究工作带来了多篇论文的发表，并促使国家卫生研究院（NIH）出资，赞助研究维生素D对肌肉代谢功能所起的作用。

托马斯博士已婚并育有两个孩子，艾佛利（Avirie）和科林（Collin）。在空闲时，他喜欢旅行、运动、烹饪和园艺，他还是大学生运动的狂热粉丝。

张雪峰，原国家队铁人三项运动员，连续五届亚锦赛国家队主力成员。曾获得1993年亚锦赛青年个人季军，全国锦标赛团体冠军；1994年亚锦赛团体亚军，亚洲杯中国站（三亚）冠军，全国锦标赛个人冠军团体冠军；1995年亚锦赛青年个人冠军，亚洲杯中国站（北戴河）个人亚军，全国锦标赛冠军；1996年全国锦标赛亚军；1997年全国锦标赛亚军，亚锦赛团体铜牌。退役后从事餐饮食材行业工作，并致力于运动营养的研究与开发。现任山东省铁人三项队总教练。

汪婧琪，北京体育大学运动人体科学学士，运动人体科学硕士在读，主修运动生物化学、运动营养学、运动生物力学、运动医学和运动处方等课程，长期参与运动营养及健身领域的书籍翻译及校对工作。本科期间连续三年获北京体育大学校级"三好学生"，2018年7~12月期间，参与为国家游泳队备战雅加达亚运会科研保障工作，协助教练员进行科研测试，参与比赛的技术解析工作等。